国家社会科学基金资助项目（项目编号：10BZW050）
浙江师范大学江南文化研究中心资助项目

晚明望族编刊活动研究
——以湖州闵、凌、茅、臧四大望族为中心

赵红娟 ◎ 著

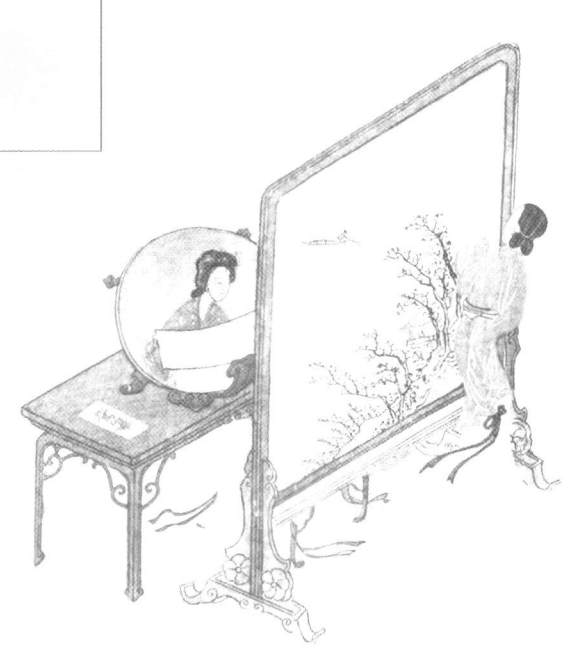

中国社会科学出版社

图书在版编目(CIP)数据

晚明望族编刊活动研究：以湖州闵、凌、茅、臧四大望族为中心／赵红娟著． —北京：中国社会科学出版社，2021.4
ISBN 978-7-5203-7900-7

Ⅰ.①晚⋯ Ⅱ.①赵⋯ Ⅲ.①家族—文化史—研究—湖州—晚明 Ⅳ.①K820.9

中国版本图书馆 CIP 数据核字（2021）第 027719 号

出版人	赵剑英
责任编辑	郭晓鸿
特约编辑	杜若佳
责任校对	师敏革
责任印制	戴　宽

出　　版	中国社会科学出版社
社　　址	北京鼓楼西大街甲 158 号
邮　　编	100720
网　　址	http://www.csspw.cn
发 行 部	010-84083685
门 市 部	010-84029450
经　　销	新华书店及其他书店
印　　刷	北京明恒达印务有限公司
装　　订	廊坊市广阳区广增装订厂
版　　次	2021 年 4 月第 1 版
印　　次	2021 年 4 月第 1 次印刷
开　　本	710×1000 1/16
印　　张	32.25
插　　页	2
字　　数	530 千字
定　　价	188.00 元

凡购买中国社会科学出版社图书，如有质量问题请与本社营销中心联系调换
电话：010-84083683
版权所有　侵权必究

目　录

绪　论 …………………………………………………………（1）

第一章　晚明望族编刊活动的经济基础 ……………………（7）
第一节　茅氏编刊活动的经济基础 …………………………（7）
第二节　闵、凌编刊活动的经济基础 ………………………（13）
第三节　臧氏编刊活动的经济基础 …………………………（19）
第四节　明清鼎革后望族经济衰弱 …………………………（21）

第二章　晚明望族编刊活动的社会基础 ……………………（27）
第一节　四大望族的科举仕宦 ………………………………（27）
第二节　四大望族的联姻情况 ………………………………（35）
第三节　四大望族的社会交游 ………………………………（42）

第三章　晚明望族编刊活动的文化基础 ……………………（60）
第一节　闵氏读书著述之风 …………………………………（60）
第二节　茅氏读书著述之风 …………………………………（66）
第三节　凌氏读书著述之风 …………………………………（80）
第四节　臧氏读书著述之风 …………………………………（88）
第五节　四大望族藏书之风 …………………………………（90）

第四章　晚明望族编刊活动盛况 ……………………………（97）
第一节　现存四大望族所编刊书籍 …………………………（97）
第二节　四大望族编刊家及所刊书籍 ………………………（117）

第三节　编刊者阶层、所刊书类别、书工刻工等……………（127）
　　第四节　《史记》《汉书》的编选、评点与刊刻……………（138）
　　附　录　晚明四大望族刻书简谱……………………………（153）

第五章　晚明望族编刊活动的商业特征……………………（160）
　　第一节　四大望族编刊的商业背景……………………………（160）
　　第二节　四大望族刻书的精品意识……………………………（164）
　　第三节　四大望族刻书的谋利手段……………………………（172）
　　第四节　四大望族编刊活动的互助与竞争……………………（178）
　　第五节　四大望族刻书与一般坊刻的差异……………………（181）

第六章　晚明望族的编刊活动与都市、评点及科举…………（185）
　　第一节　四大望族的编刊活动与晚明都市……………………（185）
　　第二节　四大望族的编刊活动与评点…………………………（193）
　　第三节　四大望族的编刊活动与科举…………………………（198）

第七章　闵齐伋的编刊活动、编刊特点及其刊本流布………（203）
　　第一节　闵齐伋家世与生平交游………………………………（203）
　　第二节　闵齐伋编刊活动与特点………………………………（212）
　　第三节　刊刻影响与刊本流布…………………………………（227）

第八章　凌濛初的编刊活动、编刊特点及《两拍》的编撰传播………（232）
　　第一节　生平事迹考述…………………………………………（232）
　　第二节　编刊活动与特点………………………………………（251）
　　第三节　《两拍》的编撰与传播………………………………（285）

第九章　茅氏的编刊活动、编刊特点及《唐宋八大家文抄》的编刊传播……………………………………………（300）
　　第一节　世系传承与家族特点…………………………………（300）
　　第二节　编刊活动与编刊特点…………………………………（319）
　　第三节　《唐宋八大家文抄》的编刊与传播…………………（354）

第十章　臧懋循的藏书与编刊活动及其《元曲选》的编刊传播 …… (369)
　　第一节　家世生平与个性交游…………………………………… (369)
　　第二节　藏书与著述编刊活动…………………………………… (393)
　　第三节　《元曲选》的编刊与传播……………………………… (410)

余论　晚明湖州望族编刊活动在中国文化史上的意义………… (421)
附　录…………………………………………………………………… (424)
参考书目………………………………………………………………… (486)
后　记…………………………………………………………………… (505)

绪 论

中国出版业在晚明达到了最繁盛的顶峰,而晚明出版业最繁荣的地区是经济文化发达的江南。当时江南涌现了南京、杭州、苏州、常熟、湖州等著名出版中心,每个中心都有一些家族在支撑着极其红火的出版业。而就世家望族参与著述、编刊活动情况来看,同处湖州一地的闵、凌、茅、臧四大望族堪称典范。这些望族在晚明都有大批士人参与编刊活动,其中最著名的是闵齐伋、凌濛初、臧懋循、茅坤、茅维等。他们的出版活动涉及经史子集各个方面,仅就文学作品来看,就几乎囊括除长篇白话小说之外的整个中国古代文学精华,其中包括《诗经》《楚辞》《文选》《花间集》《玉台新咏》《古诗归》《唐诗归》《唐诗选》《李诗选》《杜诗选》《唐宋八大家文抄》《元曲选》等著名总集、选本,《曹子建集》《陶靖节集》《唐骆先生集》《孟浩然诗集》《王摩诘诗集》《韦应物集》《韩文》《柳文》《李长吉歌诗》《孟东野诗集》《欧阳文忠公文抄》《苏老泉文集》《东坡先生全集》等文学史上最著名的文学家别集,以及《世说新语》《虞初志》《拍案惊奇》《二刻拍案惊奇》①《西厢记》《幽闺记》《琵琶记》《牡丹亭》《紫钗记》《邯郸梦》《南柯记》《明珠记》《绣襦记》《红梨记》等小说戏曲史上的经典之作,而且像《唐宋八大家文抄》《元曲选》《两拍》等光耀中国文学史的作品,如果没有这些望族的著述与编刊,就不可能诞生。更为难得的是,该四大望族所刊之书,尤其是套色评本,不仅在当时非常畅销,而且至今影响深远。像凌刊《西厢记》,是公认的《西厢记》刻本典范,当代几部著名《西厢记》印本均以之为底本。

正是基于闵、凌、茅、臧四大望族编刊活动与传播的上述盛况,本课

---

① 《拍案惊奇》与《二刻拍案惊奇》,以下简称"《两拍》"。

题选择它们作为研究对象。目前学界有四个层面的研究涉及本课题。一是世家望族研究。不仅有史学界侧重于历史政治方面的研究，多集中于六朝，其中明清方面的论著主要有潘光旦《明清两代嘉兴的望族》（商务印书馆1947年版）、吴仁安《明清时期上海地区的著姓望族》（上海人民出版社1997年版），而且有文学界侧重于文学创作的研究，多集中在六朝与明清，其中明清方面的论著主要有李真瑜《明清吴江沈氏文学世家论考》（香港国际学术文化资讯出版公司2003年版）、朱丽霞《清代松江府望族与文学研究》（上海古籍出版社2006年版）、赵红娟《明清湖州董氏文学世家研究》（中国社会科学出版社2011年版）等。二是晚明江南刻书研究，主要侧重于历史文献、出版印刷，主要论著有杜信孚《明代版刻综录》（江苏广陵古籍刻印社1983年版）、叶树声《明清江南私人刻书史略》（安徽大学出版社2002年版）等。近年来亦出现了书坊刻书与文学关系的研究，如程国赋《明代书坊与小说研究》（中华书局2008年版）等。三是古代文学传播研究，代表性著作有宋莉华《明清时期的小说传播》（中国社会科学出版社2004年版）、曹萌《中国古代戏剧的传播与影响》（中国社会科学出版社2006年版）等。四是闵、凌、茅、臧四大望族刻书研究，主要集中在凌、闵、茅套色本上，且集中在版本、印刷、插图方面，如蒋文仙《明代套色印本研究》（博士学位论文，华东师范大学，2005年，以下简称"蒋文"）、王荣国等《明代闵、凌刻套印本图录》（广陵书社2006年版）、董捷《明末湖州版画创作考》（博士学位论文，中国美术学院，2008年，以下简称"董文"）等①。但迄今为止，国内外学术界对闵、凌、茅、臧四大望族编刊活动的整体情况，还没有作过系统深入的研究，还没有一部相关研究专著问世。

本课题重在对晚明湖州四大望族的编刊活动进行系统而深入的研究，这是鉴于目前相关领域研究现状和本课题的实际需要而作出的决定，其意义主要有三。一是对世家望族研究的意义。此前的望族研究多侧重于史学，即使是文学界的研究，也是重在文学创作及其成就，而本课题的研究则侧重在编刊活动与传播情况。二是对晚明出版文化研究的意义。此前研究更多的是侧重于印刷、版本，而本课题则力图从区域经济、区域文化、

---

① 蒋文仙是从文献角度研究明代套色印本，董捷主要是研究湖州套色印本的插图，而本课题考察的对象是闵、凌、茅、臧四大家族编刊的全部书籍，包括众多墨刻本。董文后来出版，即《版画及其创造者——明末湖州刻书与版画创作》，中国美术学院出版社2015年版。

望族集团出版、文化传播等角度来研究，把望族的编刊活动作为晚明社会经济文化的一个生动缩影。三是对于中国文学研究的意义。本课题重点研究的闵、凌、茅、臧四大望族的文学出版活动，几乎囊括了除长篇白话小说之外的整个中国古代文学精华，对这些文学作品的编撰、刊刻、传播、接受等过程进行研究，可填补传统文学史研究的一些空白。

就具体内容而言，本课题主要通过对闵、凌、茅、臧四大望族经济实力、科举仕宦、文化素养、人脉资源、编刊活动、编刊家个案、刊本传播等方面的考察，来揭示晚明世家望族编刊活动的特征及其意义。其基本思路是：首先利用目前学界历史、经济、出版、传播和家族研究的成果，以及方志、家谱、文集、笔记等古籍文献，对闵、凌、茅、臧四大望族的经济基础、科举仕宦、社会交游、著述与藏书传统等进行深入细致的考察；其次是利用现存四大望族所编撰、刊刻的古籍及其序跋、凡例、明清诗文笔记、目前文献学研究成果等，对四大望族的著述编撰活动、出版刊刻情况、编选家与出版家个案、著名文学选本与刊本流布情况等进行全面深入考察；最后通过对四大望族以上情况的考察，总结晚明望族编刊活动的特征及其文化意义。其研究难度有三：一是四大望族著述编刊的书籍总量庞大，许多记载有出入，研究中如何尽可能看到现存刊本，以力求准确；二是出版传播方面的资料收集很困难，特别是传播过程、传播受众、传播效果方面的资料；三是如何通过对四大望族著述编刊活动的考察，来揭示晚明生员、退职官吏等阶层的文化创造力及其质量品位，并进一步评价四大望族著述编刊活动在中国文学文化史上的意义。

在研究中，笔者较注意吸取跨学科的研究方法，以便将不同学科的研究思维和方法有机结合起来，尽量做到优势互补，努力避免主观化与简单化。一是编刊活动与家族学研究相结合。四大望族的书籍编撰与出版活动是一种家族集团作战，而且由于同处湖州一地，相互之间既有联姻交游、出版互助，又有竞争仇妒。编刊活动与家族学的结合可以将家族、地域、文学、文化等贯通起来，在各学科的多边互镜中重现作品编刊活动的社会历史语境。二是出版学与传播学研究相结合。作品的刊刻出版离不开传播，这两者的结合，可以将文学、社会学、心理学、信息学等贯通起来，有利于深入揭示晚明江南望族文学出版和传播规律。

晚明出版业与中国古代出版史其他阶段相比，晚明江南出版活动与当时全国其他地方相比，晚明湖州四大望族出版活动与当时全国其他望族相比，都更具典范性。在家族集团作战、著名编刊家的涌现、出版者身份的士商合一、区域与家族经济文化的繁荣、编选评点水平与图像审美、版刻内容多样与形式精美、书籍的畅销度与后世传播等方面，晚明江南湖州四大望族编刊活动的典范性体现得尤为鲜明。作为晚明江南社会文化的一个生动缩影，四大望族的编刊活动及其商业特征不仅展示了明末江南成熟文化产业的特质，而且揭示了晚明民间营利性出版业的真相，以及晚明生员阶层、退职官吏文化创造的巨大能量。四大望族的编刊活动对相关文体、文化的发展与繁荣，对中国各类文化经典的保存与传播，更是意义重大。仅就文学史意义而言，凌濛初编撰《两拍》与中国白话短篇小说的发展繁荣，臧懋循编撰、刊刻《元曲选》与元杂剧的保存传播及晚明戏剧的繁荣，茅坤编选、评点《唐宋八大家文抄》以及茅一桂、茅著对是书的先后刊刻与唐宋八大家经典地位的确立及唐宋派的形成，闵齐伋以三色套印，钟惺、谭元春编选、评点的《古诗归》《唐诗归》对竟陵派的形成与影响的扩大，等等，毫无疑问，都起到了重要作用。就闵齐伋的例子来说，他"把钟、谭的评点分别以两种颜色印刷，从而极大地突出了编选、评点者的贡献，让读者觉得买的不仅是前代诗人的作品，还包括这两位作家对这些作品的独特见解"①，所以海外学界说，"正是因为钟、谭有这两部选集以及闵齐伋的这种独特的套色印制，使得竟陵派的影响在某种程度上远远超过公安派"②。总之，晚明江南时空区域与闵、凌、茅、臧四大望族文学编刊活动的典范性，决定了本课题研究的价值与意义。

作为 2010 年国家社科基金项目，本课题原先的题目是"晚明江南望族的文学编刊与传播研究——以闵、凌、茅、臧四大望族为中心"，现结项出版的成果名称为"晚明望族编刊活动研究——以湖州闵、凌、茅、臧四大望族为中心"③，这主要是基于以下三方面考虑：一是笔者通过材料的搜集后发现，四大望族文学以外的编刊活动资料也非常丰富，若仅限于文学编刊活动研究，难以较好地揭示四大望族编刊的特点与规律，所以现在把研究对象扩展到了四大望族整个编刊活动研究，把经史子集四部全都纳入；二是由于四大望族所刊书籍传播方面的文献材料很少，以及笔者自

---

① 参见孙康宜、宇文所安主编《剑桥中国文学史》，生活·读书·新知三联书店 2013 年版，第 110—112 页。
② 同上。
③ 关于本书题目，非常感谢已故南京师范大学陆林教授的建议。

己学识所限，课题成果中有关传播方面的论述其实不多，所以索性去掉项目名称中的"传播"两字，使得题目与内容更相符；三是四大望族编刊活动内容本身就已经很丰富，书稿几乎没有涉及四大望族之外的其他晚明江南望族，而这四大望族又同处湖州一地，所以正标题不冠"江南"，而副标题冠以"湖州"。

最后还要说明的是，鉴于目前学界有关晚明政治、经济、出版文化等方面的研究成果非常丰富，所以本课题成果中有关晚明背景不作过多引述，而重在深入挖掘四大望族自身的政治、经济、文化状况，力求呈现些许"干货"给学界。另外，在研究过程中，笔者编了20万字的《晚明湖州四大望族编刊本序跋凡例汇辑》，这些资料多为本人翻阅各大图书馆藏书所得，但因字数问题，不能一起出版。

本书没有请人作序，但2015年课题结项时有幸得到陆林先生审阅。承蒙其关爱，发我洋洋四千余字的审阅意见，以便我更好地修改与打磨书稿。从题目到措辞，到行文规范，到考证的细致性，到标点和文字，他都提出了具体修改意见，且所指出的问题都注明了页码和行数。当时我正在哈佛大学访学，感动之中，即利用哈佛燕京图书馆丰富的馆藏资料，认真做了修改。当然，在提意见之前，陆老师也说了一番勉励的话，引之如下，以作结尾：

> 明清江南家族图书编刊活动研究，是一个涉及家族文化、文学传播、书籍出版的重要课题，是跨越文学、史学、文献学、文化学、社会学、出版学、传播学等多学科的综合研究。本书稿通过对晚明湖州闵、凌、茅、臧四大望族编选、评点、序跋、刊刻活动的系统研究，从经济状况、科举仕宦、文化素养、婚姻关系、编刊特征等方面，来揭示晚明江南望族图书编撰、刊刻和传播的特点、规律和文化意义，选题颇有学术价值。该成果有三大特点：
>
> 一是文化视野。作者对相关论题的研究，不是单一的视角，而是多维的，既扣住区域经济文化的特征，又注意梳理各大望族生成、发展的独特历史，综合运用家族学、地域学、心理学、统计学，去探讨家族书籍编刊和传播的各自特点和相关规律。同时，作者始终将阶段性的研究，置于历史发展的大视野中，去把握晚明湖州四大望族编刊活动"在中国文化史上的意义"，放眼现存所有古籍，去评价晚明湖

州望族的"文化创造能量"。

二是文献功力。无论是家族生成、社会交游研究，还是编刊规律、版刻特点研究，其研究方法的核心就是文献学。对于前者，作者广泛利用家谱、乡镇志、文集、笔记等珍稀史料，在家族成员关系和师友宦游关系等方面，大大超出前人同题研究；对于后者，作者以实地调查、目验手翻为主，阅读、比勘了大批闵、凌、茅、臧编刊的现存古籍，纠正了先贤的许多误解，解决了一批疑难问题。

三是文学重心。作者研究四大望族的编刊活动，虽然系统介绍了经史子集各个方面，重点还在评述有关古代文学书籍的编刊。如凌濛初《两拍》、茅坤《唐宋八大家文抄》、臧懋循《元曲选》等，均是中国文学史上的著名典籍，本书对其编撰、刊行和传播的研究，不仅在个案研究的深度上超越前人，同时也揭示了望族文化活动对保存中国文化经典的重要作用。

第一章　晚明望族编刊活动的经济基础

晚明四大望族的编刊活动，尤其是像《唐宋八大家文抄》《元曲选》《史记抄》《史记评林》《武备志》等大型图书，以及五色本《文心雕龙》、四色本《世说新语》、绘图本《西厢记》等精美套色本的刊刻，需要雄厚的经济实力作支撑。从各方面所反映的情况来看，闵、凌、茅、臧四大望族中，除臧氏经济实力稍弱外，其他三大家族都是典型的巨富之家。经过数世的安居殖产，四大望族的经济实力在晚明都达到了顶峰状态。虽然明清的鼎革没有完全中断这四个家族的延续，但都是元气大伤，特别是茅氏。四大望族在清代的经济表现，与晚明的豪富差距不啻千里，而四大望族在晚明的豪富离不开晚明江南商品经济繁荣这个大背景。

第一节　茅氏编刊活动的经济基础

明中叶前湖州市镇经济还是较为落后的。虽然北宋景德间湖州一地即有施渚、大钱、东林、乌墩、东迁、巡莫、新市、梅溪、水口等十六镇，但当时这些镇的规模很小，仅设监镇，管理火禁和酒税。其中巡莫，即琏市，又名练市，在湖州城东八十里，茅氏世居之地花林即隶属该镇，不少茅氏族人定居镇上。嘉靖以来，该镇经济繁荣，民风豪奢，"惟以资财气力相雄长"[①]。湖州菱湖成化时尚称"市"[②]，万历时却已成为"万家烟火"、丝业甲一邑的"东南巨都"[③]。湖州双林从元代到明初尚为"户不过

---

① 朱闻：《练溪文献·风俗》，同治十一年本。
② 孙志熊：《菱湖镇志》卷十三引成化《重建真武祠记》，光绪十九年本。
③ 孙志熊：《菱湖镇志》卷十三引万历《重修永宁禅院记》。

数百，口不过千余"的"村落"①，成化时人口倍增，嘉靖万历间则已工各居肆，百业俱备，"庐井千区，于郡城东南称巨镇"②，并"生齿日繁，氓隶杂处。凫沙寥岸变作桑田，花坞板桥翻为机杼……百货狼藉，走万里之估客"③。湖州历史悠久的乌镇与南浔，至晚明亦有新发展。乌镇嘉靖时"人烟辐辏，环带数千家"④，万历时"本镇居民近万"⑤；南浔在嘉靖万历间也是"市廛云屯栉比"⑥，乃商贾辐辏之所。

可见，到了晚明，湖州市镇不仅数量多，而且规模大，经济繁荣。茅坤就曾这样说："至于市镇，如我湖归安之双林、菱湖、练市，乌程之乌镇、南浔，所环人烟，小者数千家，大者万家。即其所聚，当亦不下中州郡县之饶者。"⑦晚明湖州区区一个市镇，其富足程度竟可敌中原地区一个县乃至一个府，这其中最主要的原因是蚕丝业的发达，双林、菱湖、练市、乌镇、南浔都是当时江南丝织业巨镇，而茅氏的经济活动与这些市镇关系十分密切。

茅氏是在晚明蚕丝业繁荣背景下，因经营专业化桑园而发家致富，并在此基础上投资丝织业、酒楼业、刻书业等其他商业活动而成豪富的望族典型。据湖州练市人所撰《沈氏农书》，当时雇工1名，种地4亩，种田8亩，其收益要比出租土地增加银10两⑧。这使得以出租土地为特征的封建地主开始向以雇工为特征的经营地主转变，并意味着晚明江南地区已出现资本主义萌芽。而明中叶以来，湖州成为江南丝织业中心，湖丝基本垄断了国内生丝市场，对桑叶需求猛增，种桑因此比种田更有利可图。茅氏世居练市花林，原以治筏为生，大致于嘉靖间茅坤之父茅迁开始，拥有雇工，并调整产业结构，由种田转到更有经济效益的栽桑，进行规模化生产。唐顺之《重刊荆川先生文集》卷十五《茅处士妻李孺人合葬墓志铭》曰："湖俗以桑为业，而处士治生喜种桑，则种桑万余唐家村上。"茅迁善

---

① 蔡蓉升、蔡蒙：《双林镇志》卷十八，民国六年上海商务印书馆铅印本。
② 蔡蓉升、蔡蒙：《双林镇志》卷三十一引嘉靖四十年沈桐《庆善庵新建观音楼序》。
③ 蔡蓉升、蔡蒙：《双林镇志》卷三十一引万历陈所志《双林赋》。
④ 乾隆《乌青镇志》卷二引嘉靖茅坤《分署纪事本末序》。
⑤ 万历《湖州府志》卷三。
⑥ 乾隆《乌程县志》卷十一。
⑦ 茅坤：《茅鹿门先生文集》卷二《与李汲泉中丞议海寇事宜书》，见张大芝、张梦新点校《茅坤集》（因频引此书，以下简称《茅坤集》），浙江古籍出版社1993年版，第222页。
⑧ 钱尔复订正：《沈氏农书》，《丛书集成新编》第47册，第490页。

于经营,"其治生,操纵出入,心算盈缩,无所爽"①。若干年后,积财"数千金而羡"②,"家大饶",以致有实力"岁入粟千余,悉分赈人","割田百亩赡宗人"③。去世时,有家财万金、田产1600亩④。

茅迁第三子艮最能承继父业,于稼穑最精⑤。他雇用更多人工,在唐家村扩种桑树数十万株⑥,面积数百亩⑦,而且事必躬亲,精耕细作,薙草化土,辇粪饶土,种田收入要比普通农民增加一倍,种桑收入比普通桑农增加十倍甚至百倍,家财累积至数万金。茅坤《茅鹿门先生文集》卷二十三《亡弟双泉墓志铭》曰:

> 君起田家子,少即知田。年十余岁,随府君督农陇亩间,辄能身操畚锸,为诸田者先。其所按壤分播、薙草化土之法,一乡人所共首推之者。已而树桑,桑且数十万树,而君并能深耕易耨,辇粪畜以饶。桑所患者蛀与蛾,君又一一别为劚之,拂之,故府君之桑首里中。而唐太史应德尝铭其墓曰:"唐村之原,有郁维桑兮。生也游于斯,死以为葬兮。"盖善府君之治桑而没,且歌于其墓也,而不知于中君之力为多。故其桑也,亦一乡人所共首推之者。君之田,倍乡之所入;而君之桑,则又什且百乡之所入。故君既以田与桑佐府君,起家累数千金而羡;而其继也,君又能以田与桑自为起家,累数万金而羡。⑧

由于桑园规模大,种植技术先进,管理水平高,因此茅艮巨富。其生前分

---

① 唐顺之:《重刊荆川先生文集》卷十五《茅处士妻李孺人合葬墓志铭》。按:《练溪文献·艺文志》题作《南溪茅处士妻李氏合葬墓志铭》。
② 茅坤:《茅鹿门先生文集》卷二十三《亡弟双泉墓志铭》,见《茅坤集》,第682页。
③ 屠隆:《明河南按察司副使奉敕备兵大名道鹿门茅公行状》,见《茅坤集》,第1350页。
④ 茅坤:《茅鹿门先生文集》卷二十三《伯兄少溪公墓志铭》以及《耄年录》卷七《年谱》,《茅坤集》,第678、1244页。
⑤ 学术界一般以为茅迁有三子,艮为其幼。然据茅坤《伯兄少溪公墓志铭》,茅迁临终时以财产"授少子大有,次者艮,次者乾,次则坤",则迁有四子,其幼名大有。
⑥ 茅氏种桑数十万株,那就非使用一定数量的雇工不可,特别是剪桑工、捉虫工等专门技术之工人。参见傅衣凌《明代江南地主经济新发展的初步研究》,《厦门大学学报》(文史版)1954年第5期。
⑦ 当时"四十亩之家,百人而不得一也。其躬亲买置者,千人而不得一也",见张履祥著,陈祖武点校《杨园先生全集》卷八《与徐敬可》,中华书局2002年版,第227页。
⑧ 《茅坤集》,第681—682页。

授夔、龙、皋三子田产家财，各"殆且万也"。卒后还有"存田八百亩，别属三兄弟之奴者五百五十金，米谷二千五百有奇，他所贮僮仆什器称是，大较犹及五千金而羡"①。茅昆还善于总结生产经验，著有《农桑谱》六卷，为茅氏家族及姻亲的农桑经营提供了宝贵经验。

茅迁次子坤，虽以科第显，但受家风影响，中年落职后，亦重视治生。特别是其妻姚氏，善操内秉，"督诸僮奴臧获十余辈，力田里，勤纺织"②。不数年，"家大饶于桑麻"③。茅坤曾写信给练市瑶庄的外甥顾儆韦，向他介绍种桑的经济效益："大略地之所出，每亩上者桑叶二千斤，岁所入五六金；次者千斤；最下者，岁所入亦不下一二金。故上地之值，每亩十金，而上中者七金，最下者犹三四金。"④也就是说，每亩桑地产值上者十金，最下者三四金，除去雇工工资及其他成本，每亩可得净利上者五六金，最下者也有一二金。凭着种桑，茅氏及其姻亲均成为里中巨富。明末张履祥曰："归安茅氏，农事为远近最。"⑤又曰："（茅氏）治生有法，桑田畜养所出，恒有余饶，后人守之，世益其富"，"鹿门之甥为顾侍御，为富大略慕效茅氏"。⑥除了外甥顾氏，茅坤外祖父李氏一家亦以农桑丝织成为里中巨富：

> 予外大父守素李翁珪，农业起家；而外大母施孺人，复佐以机杼，家故颇饶。已而，伯舅氏观稼公深，稍稍世其业而昌大之。仲舅氏怡稼公渊，……躬督诸僮奴以耕于林墟之西，星而出，星而入，虽风雨寒暑无间也。……又习见母（舅母邵氏）躬督诸婢妾以织于其家，篝火而作，篝火而息，虽风雨寒暑无间也。……故田之所入，数以倍他人；织之所鬻，他贩者来，数争操厚价以购之。虽里中转相效，弗能也。故并观稼公累赀而富，遂以甲于里邑中，为名族。⑦

---

① 茅坤：《茅鹿门先生文集》卷二十七《祭亡弟参军文》，《茅坤集》，第763页。
② 茅坤：《茅鹿门先生文集》卷二十四《敕赠亡室姚孺人墓志铭》，《茅坤集》，第701页。
③ 屠隆：《明河南按察司副使奉敕备兵大名道鹿门茅公行状》，《茅坤集》，第1356页。
④ 《茅鹿门先生文集》卷六《与甥顾儆韦侍御书》，《茅坤集》，第307—309页。
⑤ 张履祥辑补，陈恒力校释，王达增订：《补农书校释》（增订本），农业出版社1983年版，第152页。
⑥ 同上书，第1037页。
⑦ 茅坤：《茅鹿门先生文集》卷二十二《舅氏怡稼李公并邵母合葬墓志铭》，《茅坤集》，第668页。

第一章　晚明望族编刊活动的经济基础　/　11

茅迁长子乾除继承田产、经营农桑外，还很有商业头脑，曾外出经商。茅坤《伯兄少溪公墓志铭》曰："间操赀出游燕，累数千金而归。"又，祝世禄《南宁判少溪茅公暨配郭安人墓表》曰："时藏名于贾，则贾起万金。"① 由于家业丰厚，茅乾平日生活豪奢，逍遥于裘马声伎之场，混迹于纨绔子弟之群；遇到美女，就挥金买归，一生妻妾众多。茅坤《伯兄少溪公墓志铭》曰："两孺人兮早亡，窀左右兮卧明珰。"又，《亡嫂郭孺人行状》曰："少操赀贾游四方，一来归，辄买一姬"，"一日从商舶中载而来归者三人，内外且大骇"，"故予兄所后先帷侍者十二人，燕、赵、瓯、越，杂沓以进"。

茅氏通过蚕桑业积累了大量资金，而这些资金又被投入店铺业、丝织业、刻书业，甚至高利贷等商业活动中，以获取更大收益。如茅坤就在附近双林镇经营店铺②，形成极其繁华的市廛"赛双林"。《双林镇志》卷二十二曰："（茅坤）家素饶，既显，筑花园于镇北，广田宅，起市廛，人称曰赛双林，年九十犹往来花林而自督租。"又《双林镇志》卷四《街市》"赛双林"条曰："在成化桥北，明茅鹿门宪副所构市廛，旗亭百队，环货喧阗，故名。渔唱曰：'旗亭百队列方塘，环货喧阗作市场。却笑白华风雅客，苦将钟鼎媲翁张。'""旗亭"即酒楼，"旗亭百队"可见街市之繁华，其店面房租、日常营业等收入也必定可观。

当时湖州双林等地能产生高额利润的还有丝织业。《双林镇志》卷十六《沈泊村乐府》曰："商人积丝不解织，放与农家预定值。盘盘龙凤腾向梭，九月辛勤织一匹。"注曰："庄家有赊丝与机户，即取其绢，以牟重利者。"据此可知，豪富之家利用资金收购蚕丝，分包给机户加工成丝织品，出售后就能赚取大利。而茅氏巨富，又有商业意识和眼光，参与当时繁荣的丝织业是自然而然的事③。也就是说，赛双林不仅是店铺房产投资，而且应是茅氏丝织品加工、销售场所。双林河塘可以通往嘉兴、杭州、吴淞等地，茅坤沿河塘开辟市场，首先在销售方面占据了地理优势。

---

① 朱闻：《练溪文献·艺文志》，同治十一年本。
② 双林在湖州城东五十四里，属归安县，崇祯时有人口一万六千余。东南至练市二十里，西北至晟舍十八里。花林在双林北。
③ 祝世禄：《南宁判少溪茅公暨配郭安人墓志铭》言茅乾妻郭氏卒后，"蚕妾过而哭者千人"（《练溪文献·艺文志》）。笔者以为这些很可能是与茅氏在蚕桑丝织业方面有业务往来的农妇。

茅氏家族的编刊活动也是一种商业行为，他们在练市列肆刻书，形成"书街"①。所刻之书还发往南京等地销售，茅坤《与唐凝庵礼部书》曰："族子遣家童，囊近刻韩、柳以下八大家诸书，过售金陵。"《唐宋八大家文钞》后来"盛行于世，海内乡里小生无不知茅鹿门者"②，由此可以想象该书编刊带来的商业利润。

茅氏资产剧增与高利贷收益、门第势力等也关系密切。茅坤就曾言，妻子姚氏除致力蚕桑纺织，"间操子母钱，以筹时赢"③。同里吴梦旸甚至将茅坤的发家致富直接归于姚氏高利贷，其《茅公鹿门传》曰：

> 公之罢大名归，橐如洗也。兄若弟皆息处士公业而雄于赀。公配姚孺人戏谓公云："公业儒，乃不得为富家翁。"公大笑。姚孺人固有心计，善操内秉，逐十一之息，锱铢无爽。居数岁，赀遂于里中豪埒。④

茅坤先官后商，凭借门第影响和家族经济实力，很容易成为商业战场中的强者。施槃《何淑人六秩文》中谈到凌仲郁在双林"有别业数十间，当市之孔道，度直可千金。鹿门茅先生心欲之，而未敢言。公揣知其意，立简原券畀先生，无难色"⑤。凌仲郁属湖州凌氏双林支，与晟舍凌氏同宗，乃名医凌汉章之后，且亦以医术名，与不少显宦有往来，故产业颇丰，然而他却主动将繁华地段的房产以原价相让，可见茅氏家族的强大势力。

因善于治生，商业经营多样，茅氏资产雄厚，成为江南豪富望族典型。这从其园第数量之多、建筑之豪华可见一斑。茅坤在花林构筑了拥书数万卷号称明代四大藏书楼之一的"白华楼"；在繁华市镇双林营构了别业，茅家巷也因此得名⑥；在郡城拥有横塘别业，它原为赵孟頫故宅，甚有名气。其子茅国缙财力雄厚，万历间曾购得号称湖州城东第一家的沈氏西楼⑦，复筑双鹤堂、翠云楼。《练溪文献·园第》引沈象先《寓黎废言》曰："东栅旧宅美轮美奂，号城东第一家。万历初始易主。"又引旧志曰：

---

① 同治《练溪文献·乡村》"书街"条。
② 光绪《归安县志》卷三十六《文苑》。
③ 茅坤：《茅鹿门先生文集》卷二十四《敕赠亡室姚孺人墓志铭》，《茅坤集》，第701页。
④ 《茅坤集》，第1369—1670页。
⑤ 顺治间抄本《凌氏宗谱》卷七，以下简称"《顺治凌谱》"。
⑥ 民国《双林镇志》卷四《街市》。
⑦ 明知府沈熊之子沈环筑，在练市文星桥东。

"庄丽甲一镇","旧传前后左右共五千零四十八间"。规模之大,简直难以想象,远超当时号称东南巨富的亲家董份在南浔所筑之百间楼。其孙茅元仪在南京著名景点赏心亭旁拥有私邸,"该博"即为此宅中堂名。又湖州花林西南有其侄茅一相所筑豪园——华林园。茅国缙《苕朔和鸣稿引》曰:"康伯辞官拂衣,处华林园,自号园公。"园中有连塍街、文霞阁、竹径、沧浪亭、几桥、竹坞、荷薰汇、澄襟塘、红薇亭、蕉龛、柿偃、啸堂、曲水轩、瘗鹤处、晖照滩诸胜,茅国缙皆有题咏。

因家业富饶,以赀入太学或以赀为郎的,在茅氏家族成员中时有见之,茅乾、茅艮等皆是。也因家业丰厚,其后世子孙茅翁积、茅维、茅元仪等风流放宕,一掷千金。这一切都让时人将该家族与"好利"挂起钩来。如茅坤虽进士出身,曾任兵备副使,但有人就当众呼其为茅翁,"讥其好利而不自揣度,则好利之尤者也"①。朱彝尊甚至认为,茅坤之所以拿到了"唐宋八大家"的冠名权,就是因其有钱而能抢先刊刻《唐宋八大家文抄》,"茅氏饶于赀,遂开雕行世"②。

凭着经济实力,茅氏家族创造了良好的隐读、著述与刊刻条件。章嘉祯《题华林园诗》写罢官后的茅一相在华林园以著述自娱,曰:"缥缃娱曛旭,含毫晷恒移。"陈尚古《簪云楼杂说》更是记载了这样一个传奇故事:茅坤子茅镳③,偶向众友吹嘘家中有奇书,然"实无此书。暮归,即鸠工匠及内外誊写者百余人","或以口语,或以手授,随笔随刊","天将曙,而百回已竣,序目评阅俱备","题曰《祈禹传》"④。因茅镳此人无法考证,故笔者只能目之为传说。然而这个传说背后所隐含的茅氏编刊活动的雄厚实力是真实的,那就是:拥有人员数量庞大的编刊队伍,可以编撰、誊写、刻板、印刷、装订一条龙服务,只要有需要,可随时出书,甚至像《祈禹传》这样篇幅百回的巨著,亦可一夕而就。

第二节　闵、凌编刊活动的经济基础

凌、闵二氏同居于湖州府乌程县晟舍镇。镇在湖州城东三十里,"相

---

① 周庆云:《南浔志》卷五十一《志余》引李乐《见闻杂记》。
② 朱彝尊:《明诗综》卷四十七,人民文学出版社1998年版,第492页。
③ 就笔者现在掌握的研究资料来看,茅坤未有名镳的儿子。
④ 陈尚古:《簪云楼杂说》,《四库存目丛书》子部第250册,齐鲁书社1997年版,第507页。

传唐李晟舍此，故名"①。虽然面积不大，"东西广十一里，南北袤十二里，周围三十三里"，但交通极其便利，"水路皆通"②。荻塘河在镇南，晟溪穿镇而过，镇内其他大小河港、兜漾更是多不胜数。通溇大溪一望无际，支河汊港四路皆通，这是一个典型的家家临水、处处瞰波的江南水乡。它处于太湖之滨，西北近明代南方政治文化中心南京，东北与经济人文渊薮苏州隔湖相望，东面是江南富庶之地松江、嘉兴，南临浙江省会杭州，是一个易于外出、信息灵通、与时俱进的地方。有资料表明，闵氏最著名的编刊家闵齐伋曾住在南京书籍集散地三山街一带，自号三山谩客。凌氏最著名的编刊活动家凌濛初则与上述之地及北京都有往来：屡赴杭州乡试，进京应试与选官，坐船游玩苏州，在南京开设书坊，为宦松江府上海县数年等。闵齐伋、凌濛初等人往来于当时中国这些经济文化最繁荣的地区，可以想见他们视野的开阔和商业意识的强烈。也就是说，此地士子在科举败北后，以文士身份投身于商业出版文化大潮，不足为奇。

晟舍虽因唐代名将李晟驻兵而得名，但唐时这里还是人烟稀少、芦苇遍野之地。唐以后始有钦、黄、顾、叶、李诸姓居住。宋室南渡时，闵氏从北方山东迁此定居。明中叶后，又有马氏与凌氏等从湖州归安练市镇迁来，于是人气大旺，簪缨辈出。加上土地气候适宜蚕桑，货物流通方便，只是弹丸之地的晟舍，到晚明一跃而为湖州城东经济大镇。镇内街巷繁多，有资政坊、石路、晓珠街、五道前、八间楼、狮子弄、西前门、槐树下等。像资政坊，"明季此处大厦连云，中有大路"③，是个非常闹猛的街区。又如观音桥，"明季桥北成市，接至笋店桥"，街区繁华且长。在这个繁华的市镇上，最大望族首推闵氏。乾隆五十九年闵鹗元《甲寅重修宗谱序》曰："吾闵氏苕霅流长，自将仕公至中和公，以孝友、家法、世德相承，梅隐公、竹深公，埙篪一堂，耆年硕德，培植益深，庄懿公、午塘公、昭余公、曾泉公宫保四尚书，遂相继而起，事业勋名、文物衣冠之盛，代有传人，为浙西望族，迄今四百余载。"④

---

① 同治《晟舍镇志》卷一《舆图》。
② 《晟舍镇志》卷一《界域》。
③ 《晟舍镇志》卷一《衢巷》。
④ 见道光十三年（1833）刊《闵氏家乘》，以下简称"《闵谱》"。

望族一般是如何形成的？笔者的概括是："数世不迁，安居殖产"①，"家裕而文"②，因文而仕，然后仕、产、文，也就是科举仕进、经济治生与读书著述，三者互相促进，形成良性循环，就可以诞生世家望族。在这个链条中，使经济上"家裕"的关键，就是"数世不迁，安居殖产"。道光间《闵谱》曰："将仕公自宋宝庆间由济上南迁，世居吴兴晟舍，数传而族日盛。"闵氏自南渡迁来晟舍后，安居乐业，默默耕耘，到元代闵德渊时已较富有，修建崇顺庵，"割田土贰顷有奇，以给祀事、廪食之需"③。德渊之子闵天福，建有别墅聚芳亭，载入郡县志④，名气颇大。闵氏后先积累之盛至闵珪而始大发。闵珪中进士任高官后，闵氏家族经济基础更是得到夯实。《晟舍镇志》卷一"万千漾"条曰："南至桊栳坝，北至许家坝，东至吴家坝，西至西兜，相传三百六十亩，为闵氏西支祀产，为闵氏恒产。"此漾"不通外河，四面皆翠柳青桑环绕，明永乐朝夏忠宣公原吉，奉召治五湖水，苕中凡有薮泽处而田洼下者，皆筑堤堰之，故大旱不随群溪而涸，大涝不偕众港而溢，沿漾十八圩田，借此水为利。又言万钞，盖甚言其贵也"。随着社会的安定、产业的扩大，闵氏人口迅速庞大，"族指数千"⑤，而"蛟腾凤起者后先望也"⑥，而这进一步推动着闵氏财富的积聚。

闵氏政治和经济实力的主要表征是"甲第连云"⑦。据《晟舍镇志》卷二统计，闵氏有宅第园林 30 余座。其中闵珪有达尊堂、昭德堂、承恩堂、菊花圃、橘园；闵如霖有章庆堂、侯在堂、息影庐；闵世魁有振藻堂；闵元衢有㧑园、一草堂；闵洪学有昼锦堂、浣香斋；闵梦得有式宏堂；闵宜邵宅第名抱宏堂，别墅名大花园；闵深有竹深园，"叠石构亭，聚异书名画，琴瑟彝鼎"⑧；闵光德别墅名"三层楼"，"前有池二亩许，叠以太湖石，高十数丈，阔数十丈"⑨。晚明闵氏的望族地位由此可

---

① 《晟舍镇志》卷七《崇顺庵兰若记》。
② 同上。
③ 同上。
④ 同治《晟舍镇志》卷二《古迹》；乾隆《乌程县志》卷三《古迹》。
⑤ 《闵谱》之乾隆五十九年钱大昕《闵氏家乘序》。
⑥ 《闵谱》之高淮《嘉靖辛丑谱序》。
⑦ 同上。
⑧ 《晟舍镇志》卷二《古迹》。
⑨ 同上。

见一斑。

凌氏亦湖州望族,"自三国至元季,代有闻人:仕吴者曰操、曰统,为车骑将军;仕唐者曰准,为度支尚书;仕宋者曰景夏,为平章;曰哲,为华文阁待制;仕元者曰时中,为秘书监少监;时中生懋翁,为翰林直学士,世居吴兴安吉"①。懋翁之子寿四迁湖州归安练溪,寿四之孙贤官至应天府治中。贤之子晏如起家中书,官至都察院右佥都御史。晏如为官清廉,卒后家境贫困,其子凌敷因入赘晟舍闵氏。凌敷为晟舍凌氏始祖,经过其子凌震一代,到其孙凌约言嘉靖间罢官隐居时,家中赀财已非一般。约言曾为太白山人孙一元建吹箫楼,又自建凤笙阁,阁内藏书数万卷,为自己读书及与士人饮酒赋诗之所。据其《空庵多病道人自叙》,"(凤笙阁)室右偏有薜荔园、翠芬亭、丛桂山房、夫容别墅,植竹护垣,栽花绕阑。亭背又叠石为山,虚其中为云石洞。洞门逶迤而入,题曰'曲径通幽';磬折而出,题曰'排云出岫'"②。约言所建吹箫楼与凤笙阁均在晟舍西北盘渚漾边,风光旖旎。特别是凤笙阁,建在漾东伸入水中央的一条火鱼埂上,水阁相映,飞檐流丹,凭栏挹翠,风光无限。凌氏后人乾隆时进士凌鸣喈曾画有《盘溪归钓图》,以彰显其先人的隐逸之趣。此阁明末时被毁,凌氏后人凌介禧有诗回忆说:"西溪三亩宅,南面百城书。凤管留遗韵,嫏嬛境宛如。"③

约言之子凌迪知进士出身,于时家更饶富。其所筑且适园为万历时名园,"中有一石,名美人峰,又名一片云,玲珑高耸十数丈。以重大不可致,乃演戏,聚千人之力,借以韭,曳之而上。其下有池,池畔有仙人桥,由桥而东有仙人洞,垒石为之"④。此园是迪知罢官归家后交游宴饮、著述编刊之所,《嘉庆凌谱》卷三《著述录》之"绎泉公(凌迪知)"条曰:"(公)归而斥舍傍为名园且适,房栊靓深,花竹互亚,客至必命酒击鲜,徜徉竟日;去则闭户著书,雅志春秋大业,梨人枣人,终岁满户下。"

---

① 郑龙采:《别驾初成公墓志铭》,见光绪甲辰重修《凌氏宗谱》(以下简称"《光绪凌谱》")卷四《碑志》;或见《凌濛初考论》,黄山书社2001年版,第53页。
② 嘉庆乙丑刊《凌氏宗谱》(以下简称"《嘉庆凌谱》")卷三《艺文录》。
③ 《晟舍镇志》卷二《古迹》。
④ 此园后归闵梦得,易名适园。闵梦得"致仕后,作归来堂,缭以周垣,佐以名花,为游息觞咏之所。登其石,则西北诸山环拱于石,俯瞰盘渚漾,波澜微动,荇藻交横,亦殊清旷幽雅"。见《晟舍镇志》卷二《古迹》。

迪知之弟凌述知亦有名园盟鸥馆，筑于其家水霞楼旁，"馆之外又有水云居、翠雨奥、玉芝堂、露华台、白雪窝，以为之翊"①。此园声名达之于秦淮名妓马湘兰和著名戏曲家梁辰鱼。梁氏《九疑山·寄情》有"水馆缔深盟，这忘机鸥鹭休亲"二句，凌濛初批语曰："此旧院马湘兰赠先季父者，余犹及见其画扇上手书此词，所云'水馆'二语，盖季父有馆名'盟鸥'也。然实是少白代作，启口便露少白面目矣。"②"少白"即梁辰鱼。

因家中富有，凌迪知的几个儿子已开始收藏书画，长子凌湛初《与文休承》曰："某雅喜翰墨，自宋元间及近时诸名公手迹，所藏颇夥，而先生家墨宝则尤什袭之，为奇观。尝为小句，揭之壁曰：'匣无陆氏千金剑，架有文家几卷书。'"③又，《答陈君常问病》曰："室中藏古今画百余幅，日易一幅挂壁上。"④ 四子凌濛初在南京闹市区珍珠桥购有寓所，中有玉光斋，插架甚富，曾与吴梦旸共赏⑤。书斋还挂有"南宋四家"之一刘松年名画，袁中道《游居柿录》卷三记金陵事云："珍珠桥晤湖州凌初成，见壁间挂刘松年画，两人对弈，作深思状，作叹以为人物之工如此。"⑥

万历二十二年（1594），湖州发生民变。此事震动朝廷，并波及整个东南。许多巨富家族，如湖州董氏、范氏，刹那间身槁产落。朱国祯《缮部绎泉公（迪知）行状》曰："方料理分析事，而董、范之变起。斧斤所及，批引根绳，自一二寒俭外，无不累息悔祸，蜂起攻剽，若不可一朝处。公虽啬于橐，其居产颇饶，又子弱卧病不能起，群小环视断断然，卒未闻哄于室、讼于官者。其良心不死，抑先生有别术，能柔且弥之耶？"⑦虽然凌氏最终并未像董、范两望族卷入诉讼，遭到哄抢，但"居产颇饶"，"群小环视"，叫嚣喧哗，这一切充分说明晚明时凌氏经济基础的雄厚。其

---

① 《晟舍镇志》卷七文嘉《盟鸥馆记》。
② 《南音三籁·散曲下》梁伯龙《九疑山·寄情》后凌濛初按语，《凌濛初全集》第四册，凤凰出版社 2010 年版，第 137 页。
③ 凌迪知编：《国朝名公翰藻》卷五十二，《四库存目丛书》集部第 314 册，第 595 页。
④ 同上书，第 609 页。
⑤ 见上海图书馆编《上海图书馆藏明代尺牍》第 7 册所收凌濛初尺牍，上海科学技术文献出版社 2002 年版，第 35 页。
⑥ 见陈文新译注《日记四种》，湖北辞书出版社 1997 年版，第 198 页。
⑦ 《嘉庆凌谱》卷五。

"居产颇饶"有一个数据可以参照,就是迪知中年罢官来归时,其父约言庆幸说:"(汝)今幸善归。家有田数十顷,书万卷,吾饰吾凤笙阁待也。"①"数十顷"就是几千亩,那么在进士迪知手上,发展为万亩上下应有可能②。

虽然闵、凌二氏田产、钱财的具体数目,几无文献可考,但财富的累积过程,当与同处湖州的茅氏一样,不外乎蚕桑业、丝织业、店铺业、刻书业等。《嘉庆凌谱》卷三《著述录》曰:"(迪知)家乌程晟舍,去城三十里。以蚕桑稼穑为务,又席累世簪裾,赀故饶。"又据《晟舍镇志》卷二:"乡间妇女自育蚕毕后,比户终日打线至八九月间,咸织成绸,鬻于郡城、南浔、双林等。延其绸阔,准尺在二尺以外,长四五丈至十余丈不等。"由于晟舍所产绵绸,门幅宽,又有长度,所以畅销湖州各地,闵、凌二氏当亦雇人从事这种丝织活动。嘉靖间,闵午塘开始在双林经营店铺。《双林镇志》卷四《街市》"闵家巷"条曰:"在陆府前,东北通永宁桥。大街,明晟舍闵午塘宗伯市廛,故名。"③

又如刻书业,晟舍是当时全国刻书的一个中心。《嘉庆凌谱》卷二曰:"明季晟之村北多书肆,凌氏藏板皆在焉。"凌家不仅设有书坊,还雇用许多刻工,凌迪知万历三年所刊《国朝名世类苑》动用刻工16人,而凌稚隆万历五年出版的《史记评林》,其刻工竟达70余人。不少凌、闵二氏族人,在读书仕进之余,参与到书籍编刊活动中。由于学问深厚和刻印技术先进,加上凌、闵二氏中仕途显达者名气与财力的支撑,凌、闵二氏所刊之书在当时名闻天下。如朱国祯《缮部绎泉公(凌迪知)行状》曰:"长子湛初、次子润初颖甚,先生益发舒,与元美、子与两家,时议论校刻秦汉诸书,义例纲领,一经裁定,井井可观。于是凌氏书布天下,干麾所指,多及其庐。"④ 而刻书业又带动了晟舍一带村落的贩书业,弹丸小镇成了当时著名书籍集散地。同治《湖州府志》卷三十三"书船"条引郑元庆《湖录》曰:

---

① 《嘉庆凌谱》卷五。
② 当时同里董氏,田产数是数万。沈德符《敝帚斋余谈》:"时南浔董氏有田数万在吴江。"董嗣成《董礼部尺牍》卷上《与李二府》:"家下户田在吴江者,向有二万余亩。"范守己《曲洧新闻》卷二:"(董份)田连苏、湖诸邑,殆千百顷,有质舍百余,各以大商主之,岁得子钱数百万。"
③ 明时双林街市繁华,不少望族在此经营店铺。如东迁沈棨在新街"构市廛,为收绢所"。棨,字文五,崇祯丙午举人,马腰南尚书沈演嗣子。见《双林镇志》卷四《街市》"新街"条。
④ 《嘉庆凌谱》卷五。

书船出乌程织里及郑港、谈港诸村落。吾湖藏书之富，起于宋南渡后，直斋陈氏著《书录解题》，所蓄书至五万二千余卷，弁阳周氏书种、志雅二堂藏书，亦称极富。明中叶，如花林茅氏、晟舍凌氏、闵氏、汇沮潘氏，雉城臧氏，皆广储签帙。旧家子弟好事者，往往以秘册镂刻流传。于是织里诸村民以此网利，购书于船，南至钱塘，东抵松江，北达京口，走士大夫之门，出书目袖中，低昂其价。所至每以礼接之，客之末座，号为书客。二十年来，间有奇僻之书，收藏家往往资其搜访。

可见，当时贩书业之盛，营销范围之广，而贩书业的兴盛反过来又促进了望族编刊事业的繁荣，并因此积累更多财富，这是一个循环发展过程。

第三节 臧氏编刊活动的经济基础

臧氏世居湖州长兴水口镇，"镇在县北三十里，顾渚山之水从此出，故名"。[①] 顾渚山是唐代中期著名贡茶——紫笋茶的产地，唐代颜真卿、张文规、杨汉公、袁高、于頔、杜牧、白居易、皮日休、陆龟蒙、皎然、陆羽等均曾至此品茗赏景，赋诗题咏。而水口地处顾渚山之阳，是出入顾渚山的必经之地，因此在唐时已形成较繁荣的市镇。唐杜牧《水口草市》诗曰："倚溪侵岭多高树，夸酒书旗有小楼。惊起鸳鸯岂无恨，一双飞去却回头。"北宋景德间《吴兴统记》载有湖州市镇十六个，水口亦名列其中。晚明长兴顾渚山贡茶之役仍有，尤以罗岕茶名声最响。臧懋循《赠熊明府子良》曰："顾渚山头五色霞，使君行部到山家。胜游端自兼公事，春雨年年采贡茶。"又，汪道会《和茅孝若试岕茶歌兼订分茶之约》："江东顾渚夙擅名，会稽灵苑称日铸。松罗晚年出吾乡，几与虎丘争市利。评者往往为吴兴，清虚淡穆有幽致。去年春尽客西泠，茅君遗我岕一器。更寄新篇赋岕歌，蝇头小书三百字。为言明月峡中生，洞山庙后皆其次。"明月峡、洞山、庙后皆是明代长兴茶的最佳产地，这些地方多为大户人家私人经营。臧懋循《与曹能始书》曰："敝邑巘茶最佳者为庙后，多姚业。"[②] "姚"即臧懋循友人姚

[①] 光绪《长兴县志》卷一《镇市》。
[②] 臧懋循：《负苞堂文选》卷四，赵红娟点校《臧懋循集》，浙江古籍出版社2012年版（后文频引，仅注书名），第146页。

绍宪。其《题然明茶疏序》曰："陆羽品茶，以吾乡顾渚所产为冠，而明月峡尤其所最佳者也。余辟小园其中，岁取茶租自判，童而白首，始得臻其玄诣。"① 从顾渚山茶事的兴盛可知，臧氏所居乃经济富裕之地。

臧氏自宋进士臧含文徙居长兴以来，或以德义著，或以学术闻，代有其人。特别是明代，从臧懋循高祖辈臧琼、伯祖应奎、父继芳，到臧懋循、臧懋中从兄弟，再到懋中之子炅如、照如，臧氏一门七进士，成为长兴著名望族。作为望族，臧氏亦号称富裕。元时即有盛一翁"纳粟补官"，三传至明初仲和，"家益殷富"。仲和子思聪，"献纳粟马，朝廷宠异冠带，复旌其门"。思聪子名臧海（1423—1482），乃臧懋循伯高祖，当岁歉，"尝出粟千斛，助官赈济"②。南京刑部尚书张瑄在臧懋循高祖臧瑊墓志铭中曰："（臧氏）为一邑望族，宗派百余门，而君实称素封，自大父而已然矣"；"（父思聪）饶赀好礼"，"至君益振其业"③。仲和之弟季和，季和之子恭，恭之子禧，"相继善干蛊，家业益昌"④，其中臧恭曾"一身代完该邑条漕数万"⑤。

臧氏家族办理子女婚嫁，仪礼繁复，颇有排场。如臧懋循之兄懋德"缔姻巨室，仪文浩繁"⑥。臧懋和"家世缨绂"，"婚嫁名族，礼必从腆"⑦；在世时，"娶妇六，嫁女四，所缔皆上家，方幅成礼，几费累千金"⑧。臧懋循嫡母为长兴望族吴氏，其"曾大父巢松公富甲海内"，"大父拙逸公、父东原公以赀任南京都察院照磨"，"甲第衣冠，后先奕奕"。吴氏"生长富室，随外父之官，贵富赫奕"，不知有农家事⑨。臧懋中嫡母吴氏则为"归安前丘甲族，素豪华鼎食"，"不能为纤啬"⑩。

据《长兴县志》卷十四《古迹》，臧氏族人亦有不少知名别墅，如臧熹如之绮园，在长兴吉祥门外，"旧名梅花墅，中有古梅，围可数尺，盖

---

① 许次纾：《茶疏》，民国影印明宝颜堂秘笈本。
② 以上见民国二十三年（1934）刊《臧氏族谱》（以下简称《臧谱》）卷五刘宣《明故耕乐处士孺人周氏合葬墓志铭》。
③ 《臧谱》卷五张瑄《明故润庵处士臧公墓志铭》。
④ 《臧谱》卷五顾应祥《明故龙南县知县北山臧君墓志铭》。
⑤ 《臧谱》卷二《贡士臧恭乡贤录》。
⑥ 《臧谱》卷一臧继芳《先妻吴安人行实》。
⑦ 《臧谱》卷一臧照如《季父位宇公传》。
⑧ 《臧谱》卷一臧炅如《明故上林丞位宇府君行状》。
⑨ 《臧谱》卷一臧继芳《先妻吴安人行实》。
⑩ 《臧谱》卷五沈圣岐《广西按察司佥事静涵臧公暨元配沈孺人合葬墓志铭》。

百余年物体。台榭参差，花木掩映，西向一亭，五峰诸山如列几筵，尤为声绝"。又如臧照如之庵园，在紫金桥西庵画溪，"幽廊邃阁，梅橑药房，溪游憩此，恍如辋川"。

万历、天启间，臧氏由于商业经营较缺乏而又生齿浩衍，"族丁以千百计"①，其整体经济实力不能与茅、闵、凌等号称巨富的望族相比。读茅坤诗文，让人感觉茅家是宾客盈门，堪舆者、医者、道士、僧侣、画师，以及打着这些名头的行骗者、各类打秋风者，出入往来，热闹非凡。而读臧懋循诗文，则发觉他常常叹穷，不时还亲自外出打秋风。其《与曹能始书》曰："弟入春来，为第四子娶妇，空囊本不能有所营办，而妇家又不见怜，往往求多，几至析骸决脑矣。屡谋入都，旋为债家所束，两月间怀抱恶甚，未可为知己道也。"又《寄姚通参书》曰："弟播弃以来，值岁之不时，更为婚嫁所累，先人遗产荡不复存，乃汗漫江湖，佣文自活，穷途洒泣，谁见怜之。"

由于子女数量多、婚嫁开支大，导致臧懋循经济上较为拮据。因此在编刊事业上，也就不能太随心所欲。特别是刊行大部头著作时，就只能以前后集等形式分次刊刻。其《寄黄贞父书》曰："刻元剧本拟百种，而尚缺其半。搜辑殊不易，乃先以五十种行之，且空囊无以偿梓人，姑借此少资缓急。兹遣奴子赍售都门，亦先以一部呈览，幸为不佞吹嘘交游间，便不减伯乐之顾，可作买纸计矣。倘有所须，自当续致，不敢以此啗丈也。"又《寄姚通参书》曰："弟雕虫之嗜，老而不衰，以其暇辑古诗、初盛唐诗若干卷，命曰《诗所》。窃附于雅、颂各得之义，敬以奉览。别遣奴子，赍售都门，将收其值，以给中晚唐诗杀青资斧。幸丈留意，于长安贵人及计吏间多方借之吹，是即诗林大檀施，不独弟一婆人怀感已也。"两书皆先刻前集，等卖得钱后，再谋刻后集，这种刊行方式主要是因为臧氏财力所限。

第四节 明清鼎革后望族经济衰弱

晚明商品经济繁荣而程朱理学控制减弱，由此带来了礼法观念与社会风俗的巨大变化。闵远庆《万历辛丑谱序》即谈到万历前后风气之变，

---

① 《臧谱》卷一臧照如《臧氏族谱序》。

曰:"今之不昔若也远。昔班在卑幼,习见诸祖父之御子姓也,拜则长揖而不答,揖则隅立以明尊,语及之则指行,……固云疏节,犹觇淳风。今不其然,钧礼矣,比肩矣,左右列主宾矣,动以号称,若他姓然矣。尊者日降而自抑,将卑者渐亢而自大目为故常,恬弗为意。稍或棱棱,辄反唇偶语,曰:'胡迂也,胡倨也。'浸淫而喧哗于樽俎,恣睢于陆博,甚且立户分门,党同伐异,毁誉定于爱憎,淄渑混于舌端,名为宗枝,实同吴越。"① 闵世魁《万历丁未谱引》也谈到当时社会风气的恶劣:"声华是兢,势利是炫,独为君子则忌之,蒙诟声则幸之。贫贱者凌之,患难者乘之,蔑而尊亲,弃而死丧。"② 又《练溪文献·风俗》引嘉靖间唐枢论湖州风俗曰:"宏正以前颇存古意,尊长过之,必站立,贵贱不相干。嘉靖初,犹未尽漓。迩来人渐浇讹,恶少相诱讦讼,又有团局劫赌,子弟之幼稚者,往往入其计中……风俗之弊,莫可挽矣。"尊卑无序,立户分门,赌博诈骗,豪奢势利,礼崩乐坏的种种情形,在晚明时代都出现了。

伴随着社会风气的变化,人们的价值观也在不断发生变化,传统的轻商抑商观念逐渐发生动摇。晚明新思潮的代表人物李贽曾大声责问:"商贾亦何可鄙之有?"③ 万历间《斗阳公(闵世魁)族谱凡例》曰:"士农工商,唯其材质所近,可力为也。"④ 湖州朱国祯所言"农商为国根本,民之命脉"⑤、湖州唐枢所言"近惟以资财气力相雄长,而诗书故家,又复以和光同尘为尚"⑥,从正反两个方面说明了传统价值观在巨变。经商致富,在诗书故家看来,也不可耻,而晚明望族的商业编刊活动,除了需要雄厚的经济基础,还必须有这种新的商业价值观开路。可以说,正是在晚明商业经济繁荣与社会价值观巨变的背景与前提下,晚明望族的商业编刊活动才蓬蓬勃勃地开展起来。

然而如果望族编刊的经济基础不存在,即使商业价值观念不成障碍,其编刊事业也必然走向衰弱。入清后,闵、凌、茅、臧四大望族的商业编

---

① 《闵谱》第一册《序跋》。
② 同上。
③ 李贽:《焚书》卷二《又与焦弱侯》,刘幼生整理,社会科学文献出版社2000年版,第59页。
④ 《闵谱》第一册《序跋》。
⑤ 朱国祯:《涌幢小品》卷九。
⑥ 朱闻:《练溪文献·风俗》引。

刊活动不仅繁荣不再，而且几乎可以说是销声匿迹。这其中最主要的原因是鼎革之际，盗贼横起，房屋被焚，家族经济萧条。其中郑九是《晟舍镇志》中反复被提及、破坏力极大的一个匪盗。该志卷一《舆图》曰："明季倭寇虽未至，而巨盗郑九率党羽焚掠，十室九空。"又，卷六《杂记》："我里自明季郑九焚掠，房屋渐少。"卷一《河渠》："闵吏部宅为巨寇郑九所焚。"卷一《衢巷》："新开河东，前朝宅第连云，明季为巨寇郑九所毁，只存数宅。"卷一《桥梁》："明季织里农人郑九为寇，聚众至晟焚掠"；"观音桥，明季桥北成市，接至笋店桥，后为郑九所毁。凌介禧诗：'桥北昔闻市肆饶，可怜一炬土全焦。街衢泯灭无遗迹，隔水只存笋店桥。'"除了郑九，赤脚张三亦曾劫掠晟舍。该志卷六《杂记》曰："明季赤脚张三，宋溇人，湖滨大盗也。张黄盖，竖五色旗，往来湖边，各溇无不被其荼毒，未几至晟里。"

在巨盗们的烧杀劫掠下，凌、闵二氏的刻板与书籍亦化为灰烬。如凌氏书林楼所藏刻板即毁于郑九之手。凌介禧诗曰："观音桥北旧书林，郑九当年一炬侵。板莫重雕楼莫筑，半成禾亩半成荫。"①又，《凌氏著述叙录》曰："闻明晟之村北多书肆，凌氏藏板皆在焉。鼎革时，为织里郑匪一炬，由是寥寥。今虽无力广购前本，重付诸梓，而篇目尚存，悉著于录。"②闵洪学之子闵亥生亦曾言："乱后彼中（指滇南）刻板与予家藏本尽付劫灰。"③闵我备《闵遇五传》谈到《六书通》一书时曰："今刻板毁于兵燹，其书亦仅有存者。"④

当然，凌、闵两望族经济上的衰弱还与鼎革之际家族中仕宦者相继死亡、政治势力削弱有关。凌族中显宦凌义渠闻知崇祯帝吊死煤山后，自缢殉国。其弟凌犀渠永明监国时为潮州知府，被叛将车任重所杀；石渠、熊渠亦"殉身王事"⑤。著名编刊家凌濛初于明亡这一年在徐州房村抵抗"流寇"，吐血而亡⑥。凌氏后人凌介禧诗曰："五记登科命转穷，竹林何

---

① 见《晟舍镇志》卷二《园第》。
② 《嘉庆凌谱》之《著述录》。
③ 《闵谱》之《著述录》闵洪学《滇南志》条引。
④ 同治《晟舍镇志·艺文》。
⑤ 《光绪凌谱》卷八。
⑥ 《嘉庆凌谱》卷二《忠节录》曰："闯贼之乱，凌氏死节之臣初成、忠介、龙翰三公，事业见于朝廷，忠义闻于天下，已堪俎豆不朽。他若石渠、熊渠二公，即忠介弟也，殉身王事，忠节亦不让前人。"初成即凌濛初，忠介即凌义渠，龙翰乃安徽歙县凌氏。

处器双忠。徐州判与潮州守，两殉封疆寇难中。"① 所谓"双忠"即指凌濛初与凌犀渠，一殉于徐州通判任上，一殉于潮州知府任上。闵族中亦有闵洪得在四川抵抗张献忠而身亡，闵宾孟为中军都督府同知，国破殉难。如此等等，不胜枚举。据《闵谱》，鼎革之际，闵氏族人为僧、未娶的情况很多，这也说明闵氏家族实力的衰落。

长兴臧氏在臧懋循孙辈经历明清易代，"维时两县鼎革，沧桑变无从，田园废尽，东山一墅且化为灰烬。期间流离播迁之事，不可胜数"②。《臧谱》卷五《太学生勇青臧公墓志铭》也谈到③："鼎革兵燹之余，家业大半为山孽毁废。"茅氏在入清后亦繁华不再。施之桓《秋后渡花林》诗曰："西江历乱蕴芦风，借渡花林挠路穷。光禄池台寒树里，秘书粉腻夕阳中。砧催落叶孤村远，帆入深林一雁同。只有白华楼数卷，依稀犹认鲁王宫。"白华楼早已无存，董说清初所撰《栋花矶随笔》曰："南浔报国寺后亦茅鹿门先生白华楼旧材。"④ 茅国缙万历时所购沈氏西楼在崇祯间即成废墟，清初时有书生过此楼，题诗云："此第荣传三百年，身登金阙七人贤。当年第一城东号，今日萧然变海田。"⑤ 茅氏在双林的产业入清后亦零落无几，"今半植桑麻，惟茅家巷尚存花厅数椽而已"⑥。

就四大望族来看，茅氏家族的生命周期最为短暂。从嘉靖十七年（1538）茅坤中进士发家到万历间的极盛，再到1644年明清鼎革时衰落，最后到1661年因明史案发而败亡殆尽，前后仅一百二十余年。关于茅氏的盛衰过程与情形，明末清初著名学者张履祥有很好的总结：

> 邑有茅氏，自鹿门以科名起家。兄弟三人，伯服贾善筹画，季力田精稼穑，鹿门其仲也，各以多财雄乡邑。广田畴，丰栋宇，多僮仆，其家风也。然治生有法，桑田畜养所出，恒有余饶。后人守之，世益其富，科名亦不绝四五世。间惟长支子姓渐少，家业浸薄；中支世业虽损，博学能文之士不乏也；少支方伯继起，子姓益繁于前，有

---

① 同治《晟舍镇志》卷五《凌犀渠传》。
② 《臧谱》卷五《明吏部文选司郎中醒涵臧公暨元配敕封吴氏合葬墓志铭》。醒涵乃臧懋循之子臧照如，所引之言乃臧照如卒后情形。
③ 勇青乃臧照如子，名基辰，生于万历丙辰（1616），卒于康熙己未（1679）。
④ 董说：《栋花矶随笔》，上海图书馆藏红印本。
⑤ 见《练溪文献·园第》。
⑥ 《双林镇志》卷四《街市》"赛双林"条。

光矣。族人仿效起家颇众，虽无显爵名贤，而阡陌衣冠，为百里著姓矣。二十年来败亡略尽，昔时堂户罔不邱墟，广陌无非萑苇。入其故里，惟族之贫者一二存焉。①

关于茅氏败亡原因，张氏亦有探讨。一是兼并土地，无厚泽于人，"窃谓占田之广，祖宗必以兼并得之，桑梓穷人不得耕其先畴者众矣，恶得无罪？"万历二十二年（1594），茅氏姻亲南浔董份家族因土地兼并而爆发民变，事件后来波及整个东南望族，作为巨富的茅氏当然也是被冲击者之一。二是遭遇罪刑，并涉庄廷鑨明史案，"又谓鹿门之后世有罪刑，近复史事被戮，本乎白华楼著述，好恶取舍徇于私，以是为余殃也"。所谓"有罪刑"概指茅坤长子翁积因违法瘐死，季子维因涉党祸而被人诬陷下狱，孙元仪因海运案而被追摄②；所谓"史事被戮"即指茅坤孙元铭、曾孙次莱因名列庄氏《明史辑略》参订姓氏而获罪，导致家产被抄，家人或被杀，或远遁。张鉴曾引茅湘客《絮吴羹》曰："元铭，字鼎叔，著名复社，以贡宰朝邑，为史祸株累，死者数人，子弟多远引。有兄之子名兆汾，字巨澜，号遁邱，实鹿门先生曾孙也。曾仕至参将，因弃为僧，名今渐，居匡庐，晚始改服归里。"③清《研堂见闻杂记》曰："《明史》之狱，决于康熙二年之五月二十六日。得重辟者七十人，凌迟者十八人，茅氏一门得其七，当是鹿门后人。"

茅氏的败亡，除了晚明的民变和牵连罪刑、清初的文字狱，还有鼎革之际的匪盗劫掠和繁重赋税。茅氏所在练市附近有含山，《归安县志》卷四十九曰："含山如盔形，其下常出强盗。若潘榜、徐龙、周道士，相继不绝。明末盗亦多，有富大、富二等，与泖湖诸贼相通，来至五里，乘大船，发号炮，鸣锣击鼓，声势最为可骇。"至于赋税的繁重，张履祥在谈到茅坤外甥顾氏时曾言："为富大略慕效茅氏，豪横过之，辟土虽不及，占田已侈，科名世世相颉颃也。迹其败亡，与茅相先后，势则较重，岁负

---

① 《归安县志》卷四十九《杂识》引张履祥《杨园先生集》。
② 所谓海运案被追摄，是指崇祯间茅元仪为权奸所中，借口昔日所募楼船沉海之事，被"从戍所逮回，代人偿海运"，见茅元仪《三戍丛谈》卷三。等到"奔走竣其事"，"家田庐已尽，独留'又岘'"，见茅元仪《石民又岘集序》，《四库禁毁书丛刊》集部第110册，北京出版社1997年版，第142页。
③ 周庆云：《南浔志》卷五十七《志余》引张鉴《蝇须馆诗话》。

赋钱，男女桎梏相属也，幸者播逃，不可踪迹。"①

"至其盛也，丰阜乐逸"，"比其衰也，瓦砾之场，蒹葭之薮"②，明清鼎革后望族经济衰落，其编刊活动失去财力支撑，繁荣不再，且从此一蹶不振。

---

① 张履祥：《杨园先生全集》卷三十八《近鉴》，中华书局2002年版，第1037页。
② 同上。

第二章 晚明望族编刊活动的社会基础

晚明望族的编刊活动以一大批科举不得意的庠生、贡生为基础，也有退职官吏的参与以及在职名宦的支持。与一般坊刻不同，望族编刊可以请到更多的名人作序，容易得到名人的批点本，这与望族成员因联姻和交游所织就的庞大关系网有关。因此，要探讨望族的编刊活动，很有必要考察其科举、仕宦以及交游、联姻情况，以揭示望族在当时所处的社会地位。

第一节 四大望族的科举仕宦

由于晚明江南经济发达，人口剧增，以及对科举教育的重视，其科举文化也达到繁盛的顶峰。晚明江南府县一届数人，甚至十数人中举、中进士的情况已非罕见。仅以湖州一地为例，即可见一斑。

嘉靖十年（1531），湖州有四人同时中举，他们是闵宜劭、施峻、蔡如楠、陈相，湖州黄沙路"四俊"牌坊因此而立。

万历元年（1573），湖州有十人同时中举，他们是闵一范、姚舜牧、吴维魁、臧懋循、沈元壮、董道醇、王谦、陈允升、吴仕诠、顾尔行，湖州府前大街"历元十俊"牌楼因此而立。

万历七年（1579），湖州有十人同时中举，他们是闵世翔、朱凤翔、王永宁、董嗣成、章嘉祯、施汀、张居敬、钱如梁、陆永思、吴云程，湖州府前大街因立"贞元盛际"牌楼。

万历八年（1580），湖州有十三人同时中进士，他们是闵一范、闵世翔、凌嗣音、沈子来、孙一致、莫扬、臧懋循、姜梦龙、沈儆烇、章嘉祯、王永宁、钱士完、董嗣成，湖州定安门内因立"十三进士"牌楼。

万历十年（1582），湖州有十八人同时中举，他们是闵元庆、孙懋昭、申用嘉、潘士达、王应芳、潘大复、沈之鉴、沈裕、温允治、茅国缙、孙弘绪、丁周、徐彦登、严自省、沈子烨、方从哲、沈之唫、王有绍，湖州定安门内因立"瀛洲茂选"牌楼。

万历二十五年（1597），湖州有十五人同时中举，他们是闵洪学、温体仁、茅瑞征、吴尚文、王德坤、张杞、庄元臣、蔡演传、戴启星、施樑、张明宪、胡尔慥、潘绍渊、潘名卿、朱汝鳌，湖州定安门马道上因立"奎璧峥嵘"牌楼。

万历二十六年（1598），湖州有九人同时中进士，他们是闵梦得、闵洪学、唐世济、温体仁、陈允升、臧懋中、金明时、沈肇元、骆骖曾，湖州定安门内因立"戊戌进士"牌楼。

万历三十一年（1603），湖州有八人同时中举，他们是闵宗德、吴振缨、陈乾阳、张时化、任邦俊、吴世熙、茅兆河、庄世催，湖州仪东门外接待寺前因立"文昌映秀"牌楼。

万历三十七年（1609），湖州有十六人同时中举，他们是闵良士、王继廉、韩敬、费二宏、潘曾纮、沈象先、潘士遴、沈起蛟、严自完、嵇之楚、钱之璋、陈起淳、臧照如、韦明杰、吴时亮、李承佐，湖州仪凤桥南因立"元凯汇升"牌楼[1]。

就总体情况而言，这些举人、进士多出自晚明世家望族。当时这些望族中，一门十数人进士和举人，或一届科考及第数人，或祖孙、父子、兄弟进士的现象已十分普遍。像湖州郡城姚氏，自万历初姚舜牧以举人中试后，其长子祚端、孙延著与延启均成进士。湖州南浔董氏则号称"一门三代四进士"，且祖父孙进士同时俱在，其中董份为嘉靖二十年辛丑（1541）沈坤榜进士，份孙董嗣成为万历八年庚辰（1580）张懋修榜进士，份子董道醇为万历十一年癸未（1583）朱国祚榜进士，份另一孙董嗣昭为万历二十三年乙未（1595）进士。湖州汇沮潘氏第一个进士是潘仲骖，第二个是其弟潘季驯，此后科第蝉联，簪缨代有。如仲骖曾孙潘曾纮，进士出身，官至南赣巡抚；季驯子潘大复，进士出身，官至刑部主事、刑部员外郎。

在科举仕宦方面，晟舍闵氏、凌氏、花林茅氏、长兴臧氏也是晚明湖

---

[1] 以上据《闵谱》之《坊表志》。

州望族中的佼佼者。特别是闵氏，其枝叶繁衍，门才鼎盛，绝非一般望族所能比。乾隆间闵廷枢《闵氏荐绅纪序》曰："累世簪缨，后先辉映。科第则五叶蝉联，荣戟则一门森植。登仕版者以百计，跻崇阶者以十计。"①据道光十三年所修《闵谱》统计，晟舍闵氏登仕版者为235人，除去所附黄氏27人②，仍有208人。闵廷枢言"登仕版者以百计"，一点也不夸张。在这数百仕宦者中，官居尚书高位的就有四人③：闵珪、闵如霖、闵洪学、闵梦得。闵珪字朝瑛，是潘季驯外祖父。明天顺八年（1464）进士，官至刑部尚书，太子太保。因政绩卓著，被誉为弘治朝"九老"之一。闵如霖字师望，号午塘，闵珪从孙④。嘉靖十一年（1532）进士，嘉靖三十年任国子监祭酒，最后官至南京礼部尚书。闵洪学字周先，号曾泉，闵如霖曾孙。万历二十六年（1598）进士，曾任云南巡抚，天启七年（1627）因平贼有功，官至吏部尚书。闵梦得字翁次，号昭余，闵洪学从兄。与洪学同年中进士，累官至兵部右侍郎戎政尚书。闵氏可谓缙绅贯联，簪缨继起，至闵珪而始大，至闵如霖而益华，至闵梦得、闵洪学而荣宠至极。闵梦得《恩荣九代录》自跋曰：

> 我闵自庄懿公（闵珪）起家太保，为吴兴衣冠鼻祖。由公而上，为世者三，并以公贵驰赠太子太保刑部尚书；由公而下，以逮梦得之身，为世者五，高大父琴轩公则以子贵，初封文林，再赠承德，曾大父以下，俱以梦得叨忝官衔，并驰赠太子太保兵部尚书。九叶之间，一品者八，而从曾大父宗伯公、从大父孝廉公、从父郡守公，以从弟冢宰周先（闵洪学）贵，并驰赠太子太保右都御史⑤。

除四尚书、九叶之间一品者八等盛事，闵氏家族还出过五位兵备道，晟舍街巷因有"五道前"之名。《晟舍镇志》卷一《衢巷》"五道前"条曰："闵元庆、闵世翔、闵宗德、闵度、闵洪学等五位兵备道均曾居于此，

---

① 见《闵谱》之《荐绅纪》。
② 晟舍黄、闵二氏有血缘关系。南宋时，闵将仕之子闵德源曾入赘晟舍黄氏。德源生衍（从黄姓），衍第五子逊（从黄姓），过继给闵天福，归宗复闵姓，是为闵珪高祖。
③ 民间有闵氏尚书四个半之说，另半个，或以为是工部尚书严震直，他是闵珪的外大父。
④ 王世贞：《弇山堂别集》卷二《盛事述》（中华书局1985年版，第30页），言闵珪、闵如霖为"叔侄尚书"，然据《闵谱》，闵珪为八世，闵如霖为十世，乃叔祖从孙关系。
⑤ 见《闵谱》之《著述录》。

故名。"清代凌介禧诗曰:"牌楼楠木忆当年,十进士来五道前。不独联翩科第盛,坊留名教郡街传。"由于登仕版者众多,闵氏同族兄弟、叔侄等常在选官方面撞车,最后不得不因回避而改选他地。

由于闵氏得皇恩甚隆,因此不断有族人裒集诰敕等,编撰成书,以彰显家族之荣耀,仅有明一代就有四种①。先是闵珪《荣遇录》,"录其先世褒赐之典及公(闵珪)封拜之制","弁之以天语","缀之以宗工硕儒志铭、挽赠之作",并请余姚状元王华作序;继则闵远庆《恩纶志》,"汇辑恩纶,裒为一帙","以见庆泽之相承";再继者乃闵梦得《恩荣九代录》,辑录元末闵性以来三百余年间闵氏所得之恩宠;最后是闵象鼎《闵氏天语录》,"裒其宗乘所载累朝宠秩誉命而次第纪之"。陶铸《闵氏天语录序》曰:"历年三百,传世凡几,承一品者十有二,纶綍宣自兰台者满百道。自锡姓以来,谱牒所记闻人右族,罕有如斯录之盛者。"②

在科举方面,闵氏亦盛事多多,祖孙进士、父子进士、兄弟进士等佳话不断。闵洪学父闵世翔与闵梦得父闵一范同登万历庚辰(1580)进士,而闵洪学与闵梦得同登万历戊戌(1598)进士,这种父子两代同年的佳话,在科举史上十分罕见。更难得的是闵梦得、闵洪学还是堂兄弟,且两人最后均致位尚书。崇祯十年(1637),闵度、闵肃同登进士;万历天启间,闵洪学、闵及申父子两代进士;万历间,闵如霖、闵世翔、闵洪学、闵及申祖、孙、曾孙、玄孙四代四进士,且祖、曾孙均致位尚书③。直到清乾隆间,闵氏还出现了闵鹗元、闵思诚、闵受昌祖父孙三代进士。

《闵氏坊表志序》曰:"吾湖自前明以来,科第勋名之盛,冠于他郡,而闵氏又冠于吾湖。故由郡南定安门,至东关接待寺,绰楔连云,目不暇接,大约吾宗居十之三四。"其中闵宜劭名镌嘉靖辛卯"四俊"牌坊,闵一范名镌万历癸酉"历元十俊"牌楼,闵世翔名镌万历己卯"贞元盛际"牌楼,闵一范、闵世翔名镌万历庚辰"十三进士"牌楼,闵元庆名镌万历壬午"瀛洲茂选"牌楼,闵洪学名镌万历丁酉"奎璧峥嵘"牌楼,闵梦得、闵洪学名镌万历"戊戌进士"牌楼,闵宗德名镌万历癸卯"文昌映秀"牌楼,闵良士名镌万历己酉"元凯汇升"牌楼。如此种种,在世家望族中确为罕见。

---

① 入清后还有闵广《国华录》、闵文山《诵芬录》等。
② 以上均引自《闵谱》之《著述录》。
③ 进士闵宗德也是闵如霖曾孙。

第二章　晚明望族编刊活动的社会基础　/　31

除了以上可圈可点的盛事，闵氏进士、举人与贡生的数量也颇为可观。据《晟舍镇志》卷三《进士》《举人》《贡生》等统计，明清两朝晟舍闵氏共有进士 21 人[①]、举人 32 人（不含进士）、贡生 53 人（不含举人、进士）。其中属于明代的分别是 14 人、9 人、16 人。关于闵氏庠生、廪生、增生、太学生情况，则《闵谱》之《支图谱录》有载，其中出生于明代的共 283 人，参见本书所附《明晟舍闵氏科举仕宦情况表》。

闵氏如此庞大的读书仕宦阶层——无论是进士、举人、仕宦者数量，还是庠生、廪生、增生、贡生阶层数量，在整个明代江南望族中都十分突出。特别值得注意的是，这些进士、举人、贡生、廪生、增生、庠生，其生平绝大多数跨越了万历、泰昌、天启、崇祯四朝中某一朝或数朝，亦即经历了学术界所谓的晚明时期。就《明晟舍闵氏科举仕宦情况表》中有生卒年的 283 名庠生、廪生、增生、太学生来考察，共有 254 名属于这种情况，占近 90%，这有力地反映了晚明闵氏编刊活动人员基础的壮大，也是其编刊活动繁荣于晚明的主要原因之一。从后面研究可知，目前文献可考的参与编刊活动的闵氏族人中，或为官员，或为贡生、廪生、增生、太学生，仅闵于忱没有功名。

凌氏家族明中叶后始从湖州归安练溪迁乌程晟舍，其始迁祖是凌敷。在凌敷前，凌氏已两度显赫，一在元代安吉凌时中、凌懋翁父子时，二在明初归安练溪凌贤、凌晏如父子时。凌时中，字德庸，号吉川，元至元辛巳（1281）进士，因招抚安吉、武康、德清三县有功，官至秘书监少监，赠集贤殿直学士、轻车都尉，封吴兴郡侯。凌时中居湖州安吉，晟舍凌迪知修谱时，将其奉为一世。其长子懋翁，字师德，号震峰，为元泰定乙丑（1325）进士，历官至翰林院直学士、通议大夫、秘书监正监。次子懋老，字师郎，号隆峰，生有四子。其中长子凌说为元至正九年（1349）进士，元末时弃官归田，隐居著述，有《六经疏义》及诗歌《天目晴雪》等八咏。入明后，应明太祖朱元璋召，官至都察院右佥都御史。懋翁时，已值元末，社会动乱即将开始。据《光绪凌谱》之《晟舍谱系考》，懋翁由连州知州转任嘉兴郡守，坐船回安吉老家，途经归安练溪，因觉风土幽胜，"爰命一子家焉"。安吉宗人迎问之，懋翁曰："元政不刚，乱将作矣。吾

[①]　梅新林：《中国文学地理形态与演变》有明清时期部分江南名镇进士与举人数量统计，见复旦大学出版社 2006 年版，第 383 页。晟舍与这些名镇相比，也不逊色。

族太盛，其能免乎？"于是其十六子均感悟，同时而迁，相约以寿为行，以卦为名，分散在江浙各地，其中凌谦即为元末明初迁归安练溪之始祖。

凌氏二度显赫时的凌晏如乃凌谦曾孙。晏如（1382—1434），字安然，号云溪。起家中书，累官至都察院右佥都御史，历事成祖、仁宗、宣宗三朝，声望颇高，与都御史顾佐齐名，卒后翰林院侍读苗衷、尚书王直俱志其墓①。其父贤，字彦能，举洪武二十年（1387）浙江乡试，选玉山县教谕，升武冈州知州，转应天府治中，出知郑州，不久谪均州。一日晏如奏事毕，宣宗皇帝问起其父情况。晏如说自己父亲去乡四千里，现已七十岁，希望皇上能矜怜之。凌贤任应天府治中时名声很好，宣宗皇帝听说过他的名字，于是命吏部驰驿召还。此时正好隆平侯张信自湖北荆州还，向皇帝推荐凌贤可当大任。宣宗异之，召见后，果然很满意，于是命晋兵部尚书，又命掌都察院事，均不受。于是嘉其高行，御书"赐老堂"三字，褒而遣之，命以其子之官，退休还乡。这在封建社会简直是莫大恩宠，吏部尚书华盖殿大学士杨士奇作《赐老堂记》曰："于是凌氏父子拜赐殿廷之下，公卿大夫之在列者亲见其遭逢之盛。既退，相与咨嗟歆羡，而求彦能甫之为人。"凌贤离京时，一时士大夫皆赋诗送之，场面十分壮观，著名者有曾鹤龄、吕文质、曾棨、王直等。他们的诗文或被收入《凌氏宗谱》，或被载入《练溪文献》，成为一族或一地兴盛荣耀的象征。

也就是说，晟舍凌氏在凌敷前，已有足以让家族成员自豪的门第家世。再加上懋翁有十六子散居江浙各地，特别是属湖州府的双林、苕濠、练溪等支与晟舍凌氏关系密切，因此其门第之盛、族众之庞大，也非一般江南望族所能比。至于明清晟舍凌氏科第数量情况，据《晟舍镇志》卷三《进士》《举人》《贡生》等统计，有进士8人、举人7人（不含进士）、贡生25人（不含举人、进士）②。其中属于明代的分别是3人、1人、5人。关于晟舍凌氏庠生、廪生、增生、太学生等情况，则《光绪凌谱》卷八有载，其中明代共54人，参见本书所附《明晟舍凌氏科举仕宦情况表》。据表，凌氏无论在进士、举人、贡生、庠生、廪生、太学生的数量上，还是仕宦的级别上，都明显弱于闵氏，但相较于一般望族，则其科举

---

① 据《练溪文献·墓域》，凌贤、凌晏如父子的墓在练溪永亭村藏字圩，东西异域，康熙间被盗掘发，遂湮。

② 若据《嘉庆凌谱》统计，从元代凌时中到明末，凌氏登仕版者有近100人，但这里包括由凌懋翁十六子播迁的其他支凌氏，而不纯是晟舍支系。

仕宦业绩已属不错。

晚明江南这些望族营造了浓厚的读书科举之风，连续的科举成功者会不断夯实其家族的政治与经济基础，而那些失败的庠生、贡生则更多地投身于晚明文化事业，成为当时文化出版舞台的主角。无论是贴上"不乐仕进"标签的闵齐伋①，还是"雌黄铅椠，未尝一日去手"的凌稚隆②，这些编刊活动中最积极、成就最高的人，其实都是与屡中副车的凌濛初一样，是科举考试的失败者。这里面甚至有读书一辈子，却连秀才也不是的编刊者，如凌性德。因此，晚明望族编刊活动的高涨，一个重要原因是家族科举实力雄厚与人口数量庞大③，以及在此基础上产生的一定比例的读书人，特别是秀才、贡生阶层。万历八年，弹丸之地晟舍居然有闵一范、闵世翔、凌嗣音三人同中进士，这对该地读书人的鼓舞，对科举仕进风的增浓，是显而易见的，而这些望族成员编刊时着眼于举业目的，重视举业类书籍的刊刻，也就可以理解。

据《练溪文献》之《科第》《辟荐》《历仕》《封荫》，以及《归安县志》之《恩锡录》《选举录》，有明一代，茅氏共有进士6人，举人4人（不含进士），贡生10人（不含进士、举人），由监生而入仕者10人，封荫者7人，辟荐者2人④，参见本书所附《明花林茅氏科举仕宦情况表》。据此表可知，虽然茅氏历官高者不过是从三品的光禄寺卿、正四品的知府之类，但茅氏的科举仕宦主要集中在晚明，以茅坤中举的嘉靖甲午年（1534）来算，明亡前110年内，茅氏出了33名有功名或仕宦经历的人，这就很了不起。而且茅氏家族的显著特点还在于其家族成员良好的商业头脑、军事天赋、文学素养，他们主要是以文章著述传家。

---

① 《晟舍镇志》卷五《人物》。
② 同上。
③ 据《顺治凌谱》之《明都察院安然公第五子怡云公晟舍支世系》统计，晟舍凌氏从凌敷（1424—1511）到顺治间，有男性300余人。
④ 另有清初举人3人，他们是：茅张琛（武举），字子昭，茅允昌子；茅启光，字升扶，茅栻子；茅煐。贡生9人，他们是：茅允庆，顺治乙酉岁贡，字子建，瑞征子；茅荟，顺治壬辰岁贡，字芳茹，任教谕；茅元铭，顺治辛丑岁贡，字鼎叔，任陕西朝邑知县，坤孙；茅曙光，康熙间贡生；茅乐，康熙间贡生，允隆子，字吉人；茅栻，康熙丙戌贡生；茅应奎，康熙庚子贡生；茅锡兰，康熙间贡生；茅星来，康熙间贡生，曾勋孙。封荫者2人，他们是：茅允修、茅丕承父子，以茅煐赠知县。又据《归安县志》卷三十二，清初茅氏有两名武举进士，他们是：茅兆吉，顺治九年壬辰进士（顺治八年辛卯举人）；茅世膺，顺治十二年乙未进士（顺治十一年甲午举人）。

据《练溪文献》以及《归安县志》所引，历史上有过《茅氏家乘》，惜已不存，因此茅氏家族男性成员以及庠生阶层的数量不明①。另外，像茅荌，虽然是顺治壬辰岁贡，但他也参与晚明的编刊活动，评点刊刻有朱墨本《春秋胡安国传》三十卷。

据《长兴县志》之《职官》、《选举》、《例仕》以及《臧谱》之《世系表》等统计，臧氏明清两代共有进士9人、举人13人（不含进士）、贡生48人（不含进士、举人）。其中属于明代的分别是7人、2人、18人。又据《长兴县志》之《封赠》《荫袭》《人物》，其他仕宦、封赠、荫袭者有16人。因为《臧谱》之《世系表》不载生卒年，因此有明一代臧氏庠生、廪生、增生等的具体数量未明。但据《臧谱》之世系，臧懋循属十五世，故最有可能处于晚明的是臧氏十四世、十五世、十六世、十七世，遂将此四世中庠生、廪生、增生等，与臧氏进士、举人、贡生一起，列《明长兴臧氏科举仕宦情况表》，参见本书附录四。

据表可知，明代长兴臧氏一门七进士，且这些进士都是臧懋循近支。臧懋循父辈至臧懋循孙辈，时间大致是明中叶至清初，臧氏四代共有庠生、增生、廪生等152人。虽然这152人中部分可能已入清，但据此亦可了解臧氏的读书科举氛围。虽然像臧懋循所刊《元曲选》这样的大型丛书中，并不见参与校刊的臧氏族人名字，但其背后无疑是有臧氏贡生、庠生等这样一批底层士人为基础的。

臧氏好理学，其读书仕宦者多节概②。《长兴县志》卷四记载明代长兴入乡贤祠的凡64人，其中臧氏即有19人，他们是臧恭、臧琼、臧应璧、臧应奎、臧继芳、臧继华、臧懋中、臧懋和、臧懋循、臧昇、臧照如、臧炅如、臧焯如、臧瀹如、臧维、臧继荐、臧尔焕、臧尔焜、臧燮如。其中臧应奎师事著名理学家湛若水③，嘉靖时参与议大礼，上正祀典

---

① 明代茅氏有两名庠生收入《练溪文献·列传》，他们是：茅遇，字于巷，号介川；茅霞杲，兆河子，字扶光。

② 臧氏明清两代有十七人建有专祠。

③ 臧应奎时代，湖州有一批理学名人，湛若水《礼部精膳清吏司主事贤征臧公墓志铭》曰："余求志于圣人之学者，于天下仅数百人，得其门者几人。其在湖州，自吾贤征之外，有若评事韦希尹商臣，有若刑曹唐子正枢、陈忠甫良谟。其在广之顺德，则有仪制主事张景川溁。溁与应奎以诤礼跪门，同死于杖。商臣以言礼刑，落职清江丞；枢亦以论大狱，褫职编管。良谟虽不死，亦病且去。"

疏。后又参与左顺门跪哭事件，事后毙于杖。臧焯如"早岁游顾泾阳、许敬庵之门，与从兄吏部郎照如皆以正学称海内"①。臧照如缔交著名东林党人高攀龙，其侧室乃高攀龙侄女。崇祯元年，照如有《上怀宗皇帝惩逆党豁邪论疏》《上怀宗皇帝谥死起废疏》两疏。这些乃臧氏家族的荣耀，在臧氏族人墓志铭中被反复提及，如臧岸墓志铭曰："宪宗时给事工科琼，抗言西厂汪直、辅臣万安，救马文升于狱。世庙时则有礼部精膳司应奎，议大礼，毙于杖。熹庙时则有南吏部郎照如愤恨珰逆，独师事高忠宪攀龙；至怀宗则疏请谥死起废。"②臧琼除了抗言汪直、万安，还曾弹劾万贵妃，有"小星在帷，老娥入床"之语，湖州地方上因有"折槛批鳞，扫禁中之虺蜴""精忠贯日，劲节凌霜"等评语③。另外，孝廉臧爌如为长兴知县熊檀石、同邑丁长孺所器重，名藉甚。天启辛酉，钱谦益典浙试，读其卷，大奇之，与伯兄臧炅如、仲兄臧照如，"俱以文章节义为高"④。以上或许多少可以解释，臧氏一族参与编刊活动人数不如闵、凌、茅三氏的原因。

第二节 四大望族的联姻情况

除了通过科举仕宦来获取政治地位与权力，世家望族还凭借与其他望族的联姻来扩大影响、光耀门户。日本学者佐藤仁史《清朝中期江南的一宗族与区域社会——以上海曹氏为例的个案研究》曰："在处于极度重视血缘关系的传统社会里的中国人心目中，以女性为媒介的婚姻关系仅次于血缘关系。"⑤ 在著姓望族中，婚姻的选择尤其显得重要。除了仕途上的同年同事，封建时代望族的子女婚姻主要是当地望族。因为联姻，晚明湖州望族间形成了千丝万缕的关系，这对各望族政治、经济、文化的影响巨大，包括著述刻书。本书后面谈到的四大望族间编刊活动的跟风现象、闵凌二氏的合作编刊，以及茅氏、臧氏评本被凌、闵二氏所刊等情况，均与这些望族间的联姻密不可分，因此很有必要考察这些望族的联姻情况。

---

① 《臧谱》卷五《敕赠文林郎臧铁崖公暨元配周孺人合葬墓志铭》。
② 同上。
③ 《臧谱》卷二《明故两京工科都给事中升河南布政司左参澹庵臧公乡贤录》。
④ 《臧谱》卷三凌义渠《臧孝廉传》。
⑤ ［日］佐藤仁史：《清朝中期江南的一宗族与区域社会——以上海曹氏为例的个案研究》，《学术月刊》1996 年第 4 期。

晟舍凌氏依靠闵氏发展壮大。闵氏早在宋室南渡时就迁晟舍居住，凌氏则明中叶始从归安练溪迁来，其中原因就是凌敷入赘闵氏。《晟舍镇志·杂记》云："凌怡云（敷）练市人，金都御史晏如子，幼极贫。闵庄懿公相识于京师，甚器之，归而白于梅隐伯，赘为婿，为凌氏迁晟舍始祖。"凌敷之子震为贡生，孙约言为举人，到曾孙迪知始成进士。由于子孙绵延、科举兴盛，到明万历时凌氏已继闵氏成为晟舍第二大望族。两姓子孙互相联姻，世世不断。如凌敷之孙绅继配为闵氏，凌震之子约言有一女适闵宜贺，凌濛初叔遂知有一女适闵振彦，振彦之子无颇是晚明闵氏编刊家。濛初弟浚初有女适闵毕成，兄涵初不仅娶的是本里闵道孚女，而且其女嫁的亦是本里闵洪德。与凌濛初同辈的允仁、沐初、浣初、洽初等娶的均是本里闵氏①，且沐初、浣初、涵初之女分别适闵氏之遴德、缙延、洪德，而闵洪德刊有三色印本《苏文》，参与裁定《秦汉文抄》。这种情况在濛初子侄辈中更是普遍，如若冲、怀德、相臣、森发、义征、义果等均娶闵氏②，楷、棐、琛、璪、栻、启康、义渠、义康、义远、汝樛、汝樑、翘椿、森生、森发等均有女适闵氏③，其中凌翘椿女适闵象泰，而象泰参与闵氏第一个朱墨印本《春秋左传》的编刊工作。另外，闵氏著名刻书家闵于忱，有女适同里凌元爔，而元爔乃凌氏著名刻书家凌弘宪之子，参与其父所刊《楞严经》的校阅工作。可以说，自凌敷入赘闵氏，凌、闵二氏世为姻戚，关系千丝万缕。《晟舍镇志》卷六《杂记》曰：

> 我里闵与凌世为婚姻，元旦两姓互相至宗祠团拜。阳年，凌先谒闵祠，四拜，曰："恭贺。"闵陪拜，答曰："岂敢。"拜毕，闵先出，肃立两旁，以伺凌出大门。即随至凌氏祠，亦四拜，曰："奉答。"凌亦陪拜，曰："返劳。"拜毕，亦先出，肃立两旁，以伺候闵氏出大门而散。阴年，闵先至凌祠，余仪同。

---

① 除允仁岳父未知外，其他三人岳父依次是：举人闵道鸣、布政司经历闵允庆、进士邵武知府闵世翔。其中闵允庆之子一栻、闵世翔之子元衢均为编刊家。闵洪学是世翔之子，凌义渠是洽初之子，也就是凌义渠之母与闵洪学是亲兄妹。

② 其岳父名字依次是：闵大纲、闵世文、闵振胄、闵晋德、闵完生、闵宗圣。

③ 其女婿名字可考的是：楷——闵寅生、琛——闵皋、启康——闵廓正、义渠——闵南仲、义康——闵昶、义远——闵士瑛、汝亨——闵允锡、汝樑——闵元赏、翘椿——闵象泰、森生——闵完孟、森发——闵中琛。

闵氏后人闵鑛因有诗曰:"随班趋步路迟迟,文物衣冠聚一时。小邾归来盘渚去,从容团拜两宗祠。"凌氏后人凌介禧亦有诗曰:"两家仪物礼相齐,不让朱陈是晟溪。婚媾云初十数世,凌南北与闵东西";"岁朝家庙肃雍将,合族衣冠迎送忙。拜罢先人更拜贺,往来凌闵两祠堂。"① 可见两姓关系之密切。

然而,两姓同居一地,除了互相支撑、壮大,自然也不免互相仇妒。凌濛初的亲家冯梦祯就说:"(晟舍)凌闵二姓所居,世为姻戚而不免仇妒。"② 尽管历史并没有给我们留下凌、闵两姓互相仇妒的具体记载,但从大的方面来讲,不外乎因功名显耀程度不一,造成地位悬殊与财势差异,从而导致各种猜疑、嫉妒和怨恨。从前面提到的凌、闵两姓科举和仕宦的情况来看,有一个事实无法回避,那就是闵姓占了绝对优势。在这种情形下,凌氏作为入赘来晟舍的家族,与闵氏在科考场上的竞争,以及双方在财产、婚姻方面的各种纠葛,均可想象。特别是晚明两姓从事编刊活动时,商场上的竞争与仇妒更加难免。当然,两氏编刊活动中更多的应是商业合作,如闵声甫参与凌迪知所刊《左国腴辞》的辑录工作、闵振声为凌瀛初所刊《千秋绝艳图》作跋宣扬等,具体参见第五章第四节。

闵氏与臧氏亦往来密切,其互为婚姻、累世婚姻、连环婚姻的现象延续整个明清。闵氏发家人闵珪即娶臧氏,其从兄珵、珵子蓁均有女适臧氏。到了晚明,闵氏编刊家闵暎璧娶臧氏,闵氏显贵闵洪学、闵宗德亦娶臧氏③,且后代人丁兴旺。《晟舍镇志》卷一《寺庙》"古性庵"条曰:"明湖广布政闵宗德妻臧氏和吏部尚书闵洪学妻臧氏,两夫人为求子捐资合建。……按:布政公夫人为鸿胪寺序班臧懋德女,冢宰公夫人为广西金事臧懋中女,共祖姊妹。后姊生子八:自寅,万历壬子举人,官常州知府;及申,崇祯戊辰进士,官礼部员外;亥生,崇祯壬午举人,官陕西西乡知县;余俱入邑庠。妹生子三,燧,崇祯癸未拔贡;皋,崇祯癸未选贡,官松江通判;肃,崇祯癸未进士,官福建福兴泉道。"臧懋中与女婿闵洪学同为万历二十六年进士;臧懋中长子昃如与其外甥闵自寅同登万历

---

① 两诗均见同治《晟舍镇志·杂记》。
② 冯梦祯:《快雪堂集》卷二十八《乙巳十月出行记》,《四库存目丛书》集部第164册,第419页。
③ 臧懋中、臧懋德分别是臧懋循从兄、兄。

四十年举人，之前懋中次子照如已中举，"公偕两子一甥入都"①，后照如、炅如均成进士，荣耀无比。懋中第五子燧如娶臧友会女，而臧友会又娶臧继华女，臧继华乃懋循叔父，因此闵友会之子著名编刊家闵声与臧懋循乃甥舅关系②。懋中外甥闵自寅"幼尝畜于舅氏"③，亦娶臧氏，乃臧炜如女。闵洪学《孙孺人奠章》曰："予之内子于孺人为姑，而孺人之婿，予之弱息焉。"④ 而臧炜如继配为闵洪学妹，炜如弟烨如有女适闵爌，同族兄弟旭如娶闵世南女。上言闵宗德娶臧懋德女，其女则适臧懋循之孙世基⑤；闵应德亦娶臧懋德女，而臧懋德本人娶的是闵纯庆女，纯庆之子闵心镜乃万历间举人、天启间进士。闵晋德女嫁臧懋和之孙基鲁，而臧懋和女适闵元德，懋和子焯如娶闵氏⑥，为"故礼部尚书午塘闵公之裔，邵武守赠闽左辖凤寰闵公之女，而滇抚曾泉闵公之妹也"⑦。凤寰闵公即进士闵世翔，曾泉闵公即吏部尚书闵洪学。即此可知，闵、臧二氏因联姻而导致的错综复杂的关系以及家族政治地位的提升。由于世代联姻，闵、臧二氏在编刊事业中时有合作。臧懋循曾辑评、校阅《兵垣四编》，这个辑本后来被其外甥闵声所得，并与其侄闵暎张共同刊行出来，时间是天启元年⑧。臧懋循还曾参与闵声、闵暎张所刊《董解元西厢记》四卷的点定工作⑨，并为闵氏套印本《秦汉文抄》作序，对其编刊活动进行宣传、肯定。序曰："我湖闵氏称望族，古文词大半为其家刻，而曰斯（闵迈德）诸君，复取秦汉文一订正之。批点宗融博氏，参评集诸大家，闭户精批，阅岁而告成事。属余弁诸首，则文仲君（闵暎璧）也。"

闵、茅二氏亦互为婚姻，并进而影响编刊活动。茅坤之子翁积娶闵宜

---

① 《臧谱》卷四沈圣岐《广西按察使金事静涵臧公暨元配沈孺人合葬墓志铭》。
② 闵声女适臧焘。
③ 《臧谱》卷四《闵洪学孙孺人奠章》。
④ 见《臧谱》卷四《奠章》。
⑤ 世基早卒，无子，"闵以庚申随父任，殁于晋署"。见《臧谱》卷五臧尔炳《腾字号圹碑记》。
⑥ 臧焯如与凌濛初连襟，闵元衢、元京是他们妻兄或妻弟。
⑦ 《臧谱》卷一臧基鲁《闵母行实》。按：臧焯如继娶之妻亦闵氏。
⑧ 上海图书馆藏《兵垣四编》臧懋循跋曰："因手辑诸编，而附以《边海图论》，汇为六卷，存之箧中，以俟知兵者识兵机之有在。"又闵声跋曰："曾于先渭阳晋叔氏手受诸编。"又闵暎张跋曰："兹汇而梓之以传者，则张从父襄子氏也。……而张不敏，得共刊阅，书成辄志数语。"又天启元年陈继儒跋曰："臧晋叔酷好此书，高卧山中，批阅点定，悠然有隆中抱膝之思焉。闵襄子得之，因付剞劂氏。"
⑨ 闵暎张乃闵暎璧之弟。

力之女，翁积孙兆河娶闵光德孙女，兆河子霞杲娶闵晋德女。闵、茅这两支在晚明编刊活动中均十分活跃，著名编刊家闵振声、闵振业就是闵宜力之孙，两人合刊有《唐诗选》七卷、《东坡文选》二十卷、《唐诗归》三十六卷、《古诗归》十五卷等，其中闵振业还独自刊有《花间集》《李诗选》《杜诗选》《草堂诗余》《艳异编》《史记抄》等众多套印本。而茅坤、茅翁积、茅暎、茅兆河均是茅氏著名编刊家，茅坤曾编选、辑评《唐宋八大家文抄》《苏文嗜》等，茅翁积曾辑《绝祖》三卷，刻《白华楼藏稿》十一卷等，茅暎曾刊朱墨本《牡丹亭记》四卷、朱墨本与墨本《词的》四卷，茅兆河曾刊朱墨本《绝祖》三卷与《解庄》十二卷等。根据目前所见刻书资料，茅氏刊本以墨本为主，套色本少见，茅暎与茅兆河、兆海兄弟以及兆河或兆海子荚菜是茅氏五位套版刻书家中的四位（另一位是茅震东），这很可能是受闵氏套版刻书影响。闵氏著名著述家、编刊家闵元衢亦与茅氏联姻，其女适茅氏编刊家茅琛征，琛征刊有《鹿门先生批点汉书抄》。与琛征同辈的著名编刊家茅瑞征刊有《禹贡汇疏》十二卷等多种书籍，其子茅允庆娶的是闵洪学之女。另外，闵氏中闵昭明还参与校阅茅震东所刊《新镌武经七书》。

闵氏与湖州及附近其他望族亦多有联姻，如南浔董氏、朱氏，马腰沈氏，七里温氏，汇沮潘氏，竹墩沈氏，骥村严氏，郡城姚氏，吴江沈氏等。南浔董氏以董份起家，官至礼部尚书，其子董道醇，孙董嗣成、董嗣昭均成进士，号称一门四进士。闵洪学弟元宏娶董嗣成女，董份曾孙说、玄孙樵、牧、耒、舫等均娶闵氏[①]，董份孙斯张、曾孙说亦有女适闵氏[②]。南浔朱氏家族之朱国祯，天启间官至宰辅，娶闵一贯之女，其子娶闵世魁女[③]。马腰沈氏淙、灌、演三兄弟，淙为举人，灌、演为同科进士，其中演官至南京刑部尚书，灌则官至宰辅，而灌娶闵一清女，灌之祖沈塾娶闵如松女[④]。七里温氏之温体仁乃崇祯朝首辅，与闵洪学关系密切，提拔其任吏部尚书，闵洪学对此也感恩戴德。闵洪学之弟元衡娶温体仁之姊，温氏无子，继闵洪学次子酉生为子。汇沮潘氏之仲骖、季驯兄弟均进士出

[①] 董说娶闵洪得女；董樵娶闵光德之子闵启女；董牧娶闵元衢子闵三台女；董耒娶闵齐华之子闵广生女，闵维申女亦嫁董耒；董舫娶闵洪觉之子闵晖吉女。

[②] 闵元衢子三台娶董斯张女，闵声继子晁娶董说女。

[③] 闵世魁曾语朱国祯曰："子，闵婿也；汝子，又我婿也。"见《闵谱》之朱国祯《万历戊申谱序》。

[④] 另外，刻书家闵昭明之母乃马腰沈氏。

身，其中季驯官至尚书，而闵珪孙女适两兄弟之父潘夔。闵一范长子文齐女适仲骖曾孙潘曾纮①。曾纮亦进士出身，官至南赣巡抚，且是著名藏书家。文齐之弟闵齐伋崇祯十三年所刊《唐孙职方集》十卷，其底本即潘曾纮所赠②。闵世文入赘潘可教，其女适太学生闵怀德，其子闵绳初娶潘允治女。绳初乃五色本《刘子文心雕龙》二卷的刊刻者之一。竹溪沈氏子木、子来兄弟均为进士，子木之子儆烊、儆炌，儆炌之子胤培亦进士出身，且子来、儆烊乃同科进士。因此竹溪沈氏是著名的兄弟两代进士、祖父孙三代进士、叔侄同科进士的罕见科举世家。其中沈儆烊官至工部郎中，其女适刻书家闵元衢；沈胤培官至大理寺卿，娶湖广左布政闵宗德女。另外，儆炌第三子璇卿官至南京工部清吏司员外郎，娶昌化教谕闵子京女；璇卿长子钟毓，娶闵宗德孙女；璇卿子辈钟兆娶闵洪学女，钟兖娶闵祥鼎女，钟屺娶进士闵肃女③。闵、沈联姻可谓密切矣。骥村严氏之严震直，官至工部尚书，其孙女适闵珪之父闵节，闵、严二氏自此亦联姻甚多，如编刊家闵迈德即娶骥村严氏。郡城姚氏以明中叶举人、理学家姚舜牧发家，其长子祚端、孙延著、延启均进士出身。晚明时，闵、姚联姻颇多，如闵度娶姚祚所之女。吴江沈氏乃明清江南著名望族，与闵氏联姻在在可见，其中著名戏曲家沈璟即娶闵弘庆女。

凌与茅、臧的联姻较少见，仅凌超娶编刊家茅瑞征女、编刊家凌琛女适茅方起、凌义渠女适茅曦蔚等数例。凌氏与湖州其他望族的联姻，主要集中在汇沮潘氏、前丘吴氏、马腰沈氏、竹墩沈氏等。如凌约言娶潘季驯伯父潘应元之女，凌元灿娶进士潘曾纮之女，凌稚隆女适潘仲骖子潘文阳等，而潘季驯之孙潘湛，乃凌濛初表兄弟，是凌濛初《言诗翼》《圣门传诗嫡冢》的校订者之一；凌述知娶许州同知前丘吴凤翔女，凌苣初娶庠生前丘吴仕谅女，凌翘椿娶进士前丘吴仕佺女，凌纳言女适江阴训导前丘吴应芳，凌约言女适乐平主簿前丘吴仕际，凌稚隆女适举人前丘吴世熙；凌遂知娶马腰沈墅女，凌汝亨娶马腰沈氏，凌涵初女适马腰沈树人；凌濛初娶竹溪进士沈子来女，凌后嘉娶竹溪进士沈子木女等。

---

① 闵文齐弟闵梦得、闵齐华、闵齐伋均是闵氏编刊活动家。
② 闵齐伋刊《唐孙职方集·跋》："家有写本，为吾亡友潘昭度所遗，存箧中久矣。"
③ 这种联姻一直延续到清代。清代闵若孩对詹事府少詹事兼翰林院侍讲学士竹溪沈涵曰："子为我姑所出，且族婿也。"见《臧谱》之沈涵《康熙己丑续修藏谱序》。

茅与臧的联姻也少见，臧氏主要与吕山吴氏、长兴姚氏、丁氏、德清蔡氏等望族联姻。顾应祥曰："吾邑右族，好礼而屡发科第者，曰吕山吴，曰水口臧。"① 吴氏乃名门望族，吴麟、吴龙两兄弟及吴麟之子维岳、维京，皆于嘉靖年间中进士，时称"父子叔侄四进士"。臧、吴二氏可谓累世婚姻，臧氏应璧、继芳、懋循、尔炳、尔灿祖、父、孙、曾孙四代均娶吴氏之女，其中懋循娶吴维京女。长兴姚氏之姚一元乃嘉靖二十三年进士，官至顺天府尹。其子绍科、绍宪、孙光佑均以风雅著称，且与臧懋循交往密切。其中绍科、绍宪是懋循平辈朋友，光佑则是懋循学生辈。懋循长子尔焕娶绍宪女。康熙间进士钱兆沆《臧氏族谱序》曰："夫先辈之婿于臧者，如蔡白石、丁长孺、闵曾泉诸先生而外，指不胜屈，亦云盛矣。"② 钱氏所言臧氏三位著名女婿，闵曾泉前已言及，即闵洪学；蔡白石即德清蔡汝楠，乃嘉靖十一年进士，官至兵部侍郎，娶臧继芳之姊；丁长孺即丁元荐，万历十四年（1586）进士，官至尚宝司少卿，以气节学问著称于当时，其妻乃臧继华之女，与懋中是兄妹。臧氏缔姻的煊赫可见一斑，且臧氏与蔡氏、丁氏也是累世婚姻，此不赘举。

茅氏主要与晟舍闵氏、南浔董氏、汇沮潘氏、德清蔡氏、乌程沈氏、秀水朱氏等联姻。茅坤长子翁积娶赠刑部尚书闵宜力女，次子国缙娶兵部侍郎蔡汝楠女，季子维娶工部郎沈理女。茅坤次女适董份之子进士董道醇，生嗣成、嗣昭，均成进士；茅国缙有七女，一适董道醇子嗣晖，一适吏部侍郎秀水朱国祚子大烈，一适惠州通判德清蔡炳齐，一适进士汇沮潘大复子启纯。这些联姻以及年家之谊，影响四大望族的编刊活动。如茅氏所刊《武备全书》，其纂辑者乃潘曾纮，潘氏《题武备全书辞》曰："余从父崟山好谭边事，谓此书切近时务，毁而存之，不若镌而广之，而年家巨宗茅氏，雅好剞劂，谓此书不宜私藉也，刻而广之。"

通过联姻，"各个家族的清华声誉可以相互借重，社会基础可以互相结合，姻党戚群可以成为不宣自成的联盟，变成一股强大的能够对政治、文化、社会实际控制的力量"③。如上所述，这种联姻的影响也体现在书

---

① 《臧谱》卷五《明故敕封安人臧母吴氏墓志铭》。
② 见《臧谱》卷一。
③ 见罗时进《地域·家族·文学——清代江南诗文研究》，上海古籍出版社2010年版，第51页。

籍编刊这样的文化与商业活动中，包括刻印技术、刻印内容的相互影响以及底本的获得、评点、作序等各个方面。

第三节　四大望族的社会交游

四大望族与太仓王氏家族均有交游。太仓王氏乃江南著名望族，族中人才辈出，其中著名者有文坛盟主王世贞。王世贞（1526—1590）字元美，号凤洲，又号弇州山人，是嘉靖二十六年（1547）进士，官至刑部尚书。他与李攀龙同为"后七子"首领，主张"文必秦汉，诗必盛唐"。《晟舍镇志·流寓》曰："（王世贞）解组后，与闵一鹤为至友，放棹来湖，勾留数月，杯酒论文无虚日，有忘归之乐云。"闵一鹤字声甫，号芝山，乃闵珪玄孙。隆庆二年（1568），王世贞应闵一鹤之请，为闵氏聚芳亭作跋①。隆庆三年（1569）秋八月，王世贞又为闵氏所藏《甲申十同年图》作跋②。

凌、王两家因刻书、作序等原因，相互间往来更为频繁。凌约言有书信集《凤笙阁简抄》，其子凌迪知付梓时，请王世贞为序。王氏赞曰："余友人济南李攀龙、歙县汪道昆、吴都俞允文皆以尺牍名，今并凌公四矣。凌氏尤精二氏学，俱见集中。"凌约言卒后，王世贞为之题墓，评其诗曰："晚乃多病，不数为诗，其传者三百余章，皆有唐人风致。论诗十法，凿乎其言之也。"③其弟王世懋亦作有《比部藻泉公诔》。凌迪知、稚隆兄弟，在其父凌约言《史记评抄》的基础上广搜群籍，集其大成，共同刊刻了《史记评林》一书，王世贞为之宣扬曰："发简而了如指掌，又林然若列怀宝于肆者也。"④凌迪知所著《古今万姓统谱》、其长子湛初所著

---

① 见同治《晟舍镇志》卷七《艺文》之王世贞《聚芳亭跋》。
② 见同治《晟舍镇志》卷八《艺文》之王世贞《甲申十同年图书后》。《甲申十同年图》所绘乃明天顺八年（1464）十位进士。此十人均为当时朝廷重臣：户部尚书谨身殿大学士李东阳、都察院左都御史戴珊、兵部尚书刘大夏、刑部尚书闵珪、工部尚书曾鉴、南京户部尚书王轼、吏部左侍郎焦芳、户部右侍郎陈清、礼部右侍郎谢铎和工部右侍郎张达。其中李东阳等九人在北京任职，王轼则在南京任职。弘治十六年三月二十五日，适逢王轼来朝，十人在闵珪宅中聚会，其后特请画工绘制群像，并各自题诗纪念。在六十七年之后，闵一鹤、一琴持此图示王世贞，王氏因为之跋。
③ 见王世贞《弇州四部稿》卷九十四《南京刑部郎郎进朝列大夫藻泉凌君墓表》，影印文渊阁《四库全书》第1280册，上海古籍出版社1987年版，第521页。
④ 见同治《晟舍镇志》卷六《著述》"《史记评抄》"条。

《赫蹏书》、次子润初所著《叹逝录》,均请王世贞为序①。其中《赫蹏书序》略曰:"按班史《赵后传》,箧有裹药二枚、赫蹏书。应劭译曰:'薄小纸也。'元(玄)旻之为书,大者数百千言矣,称'赫蹏',示抑也。"②凌迪知、湛初父子与王世贞、世懋兄弟书信往来频繁。《国朝名公翰藻》卷三十二收王世贞与凌迪知书信三通、与湛初书信两通,卷四十一收王世懋与凌迪知书信三通,卷五十二收凌湛初与王世贞尺牍两通,这些尺牍不少涉及凌氏刻书求序之事。湛初卒后,王世贞还为之撰《凌玄旻墓志铭》。湛初仅活了二十五岁,他能与太仓王氏交游,并得王世贞为序,显然是源于凌、王两家世交之谊。

凌迪知二弟述知与王世贞亦有交游。述知字雅明,号次泉,有隐逸之思。他在盘渚漾旁建盟鸥馆,馆外有水云居、乐鱼矶,淡翠浅绿,一望无际。王世贞曾作盟鸥馆排律寄之③。凌迪知三弟稚隆,原名遇知,与王氏交往更为密切。王氏《弇州续稿》收与稚隆相关书信三通④,《国朝名公翰藻》卷三十二收与稚隆书信二通。王氏对凌稚隆的史才评价很高,尝云:"我高皇帝德逾汉高万万,文献即小未称,亦不下武宣叔季,有能整齐其业,以上接班、马,舍以栋,奚择哉!"⑤凌稚隆编刊《史记纂》《汉书评林》《史记评林》《春秋左传注评测义》皆由王氏作序。这些序对凌稚隆编刊活动均褒奖有加,如《春秋左传注评测义序》略曰:"以栋少习《春秋》,于左氏尤精诣,尽采诸家之合者荟蕞之,发杜预之所不合者而针砭之,诸评骘左氏而嬺者皆胪列之,左氏之所错出而不易考者,或名或字,或谥或封号,咸置之编首,一开卷而可得。"⑥

凌氏一族在编刊活动中,常请王世贞等名人出谋划策,借以提高书籍

---

① 其中《叹逝录序》,为润初卒后,凌湛初托俞氏请王世贞所作。凌湛初《上王观察元美》:"曩俞君之以《叹逝》序请也,谓先生当噤吟哦也,而先生乃许我也。"(《国朝名公翰藻》卷五十二,《四库存目丛书》集部第314册,第606页。)又王世贞《与凌玄旻》曰:"昨从匆匆中叙《叹逝》,乃足下加灾于木矣。今复欲序《薄蹏书》,何足下之偏嗜也。"(《国朝名公翰藻》卷三十二,《四库存目丛书》集部第314册,第110页。)按:《薄蹏书》,《晟舍镇志》卷六《著述》作"《赫蹏书》"。

② 《晟舍镇志》卷六《著述》。

③ 《国朝名公翰藻》卷三十二王世贞《与凌以栋》,《四库存目丛书》集部第314册,第110页。

④ 参看冯保善《凌濛初家世略》,《艺术百家》2003年第2期。

⑤ 见《顺治凌谱》卷六范应期《鸿胪寺磊泉公传》。

⑥ 见《晟舍镇志》卷六《著述》。

质量和知名度。朱国祯《缮部绎泉公（凌迪知）行状》曰："长子湛初、次子润初颖甚，先生益发舒，与元美、子与两家①，时议论校刻秦汉诸书，义例纲领，一经裁定，井井可观。于是凌氏书布天下，干麾所指多及其庐。"太仓王氏对凌氏编刊事业确实贡献不小，凌氏《唐诗选》等书的刊刻也与王世贞有关。先是李攀龙选古今诗于历下，王世贞携之吴中，馆客某抄录之而付凌述知，凌氏择其唐诗而授诸梓，名曰《唐诗选》，时在万历三年。后世贞晤凌迪知，见到该墨刻本，谓馆客有抄漏，并告知徐中行别有校本，较此本稍全。于是凌氏昆仲凌瑞森、凌南荣据徐中行本再刻，题为《唐诗广选》，由凌濛初为序②。此乃朱墨刊本，估计当时非常畅销，以致后来凌弘宪又去掉凌濛初序，再次将它改头换面而刊行③。王世懋是凌氏刻本中常见的评点者，凌瀛初曾得王世懋《世说新语》批点本而附之梓④。

尽管王世贞万历十八年（1590）卒时凌濛初才十一岁，但王世贞兄弟对凌濛初成年后的文化事业影响颇大。凌濛初的戏曲理论著作《谭曲杂札》对王世贞的文学主张有许多深刻评价。在编刊方面，凌濛初也很能利用王世贞的名气来抢抓商机。如王世贞曾据刘义庆《世说新语》和何良俊《语林》删编成《世说新语补》。由于王氏久负盛名，所以此书由张文柱刊刻出版后，非常畅销，以致《世说新语》原书反而湮没不闻。凌濛初刻本则"遵古本分为六卷，附以弇州所续，另为一帙，名曰《鼓吹》"⑤，这就不仅巧妙地利用了王世贞《世说新语补》的流行效应，而且还新增了一个卖点，那就是，可以对外宣传此书恢复了宋本《世说新语》的原貌。

王世贞与茅坤及其伯子翁积、仲子国缙俱有交往。其《茅章丘传小序》曰："吴兴有茅鹿门先生者，其居官所至，负才术，顾厄于才，不尽究，归而以文学收远近声。其伯子翁积能嗣茅先生为文，而以不胜任侠

---

① "子与"即长兴徐中行，与王世贞同属明代后七子成员。徐氏与凌迪知之父凌约言有交游，《国朝名公翰藻》卷三十四收徐中行《与凌藻泉（约言）》尺牍两通，卷三十八收凌约言《简龙湾徐比部（徐中行）》《简龙湾》尺牍两通。
② 见凌瑞森、凌南荣（楷）刻朱墨本《唐诗广选》之凌濛初序。
③ 《四库全书存目丛书补编》第34辑影印北图分馆藏本《李于鳞唐诗广选》乃凌瑞森、凌南荣刊本，却题为李攀龙、凌弘宪辑，盖受到《四库提要》著录的影响。
④ 见凌刻六卷本《世说新语》之凌濛初跋。
⑤ 沈荃：《重刻世说新语鼓吹序》，转引自潘建国《凌濛初刊刻、评点〈世说新语〉考述》，《上海师范大学学报》（哲学社会科学版）2004年第5期。

夭，父子余俱识之。……且以寿鹿门先生，曰：'先生有子，先生所未竟者，荐卿尽之矣。'"① 茅章丘，即国缙，字荐卿，曾任章丘县令。茅坤与王世贞虽多有交往，然同为文坛领袖，亦未免争名相轧。这种争名较胜甚至延及其子孙后人。茅元仪有诗文评《艺活甲编》五卷，《四库提要》卷一百九十七曰："此编皆评诗论文之语。当嘉靖中，元仪祖坤与王世贞争名相轧。坤作《史记抄》，世贞未见其书，即先断其必不解。又世贞题《归有光集》，诋坤《八家文抄》右永叔而左昌黎。元仪修先世之憾，故此书大旨主于排斥世贞。然世贞摹拟之弊，虽可议者多，而元仪评论古人，又往往大言无当，所见实粗。其任意雌黄，亦皆不为定论也。"

关于臧懋循与王世贞，虽然没有找到他们交游的诗文，然据朱彝尊《静志居诗话》卷十五，两人是老朋友。因为朱氏说，臧懋循虽然与明代后七子之首王世贞宴游，但诗歌"不堕七子之习"，是一位"磊落之士"。臧懋循与王世贞在戏曲观念上也是对立的，一主张本色，一主张绮丽。如在明代《琵琶记》和《拜月亭》（亦名《幽闺记》）高下的争论中，臧懋循就赞同何良俊《拜月亭》胜于《琵琶记》之说，认为《琵琶记》【梁州序】【念奴娇序】二曲是刻意求工，不类高明口吻，是后人窜入；而讥笑王氏以修饰词章为美，对这些赝曲"津津称诩不置"，"是恶知所谓《幽闺》者哉"②。如此看来，两位当是诤友。

四大望族与明代著名文学家、戏曲家屠隆也多有交游。屠隆（1543—1605），字长卿，一字纬真，号赤水、鸿苞居士，浙江鄞县人。万历五年（1577）进士。他曾为凌迪知所刊《国朝名公翰藻》作序，曰："吴兴凌君稚哲人伦之□□古，藏书为当今邺侯家，诸所□□业遍方内，又博搜我朝学士大夫尺牍，汇为一编，名之曰《国朝名公翰藻》。"《国朝名公翰藻》卷四十九收屠隆《与凌稚哲》尺牍三通。

屠隆与茅坤父子交往密切，曾曰："吴兴鹿门先生，执海内文章牛耳，意不可一世，独奖借余。余生也晚，犹及因先生仲子荐卿、季子孝若而一再望见先生眉宇。"③ 茅坤卒后，屠氏前往吊之，茅国缙、茅维兄弟"遂以状属焉"④。屠隆还曾为茅坤侄一夔撰墓志铭。万历丙申（1596）夏五

---

① 见《练溪文献·艺文志》。
② 见臧懋循《元曲选序》，《臧懋循集》，第114页。
③ 屠隆：《明河南按察司副使奉敕备兵大名道鹿门茅公行状》，《茅坤集》，第1349页。
④ 同上。

月，屠隆于杭州南屏禅舍为茅维《十赉堂初集（甲集）》作叙。万历三十八年（1610），茅元仪刊刻屠隆《鸿苞集》四十八卷。

屠氏与臧懋循交好，章嘉祯谈到臧懋循之交游时，即曰懋循"于甬东善屠长卿"①。臧、屠两人不仅共好词曲，而且同好男风。万历十二年（1584），时任礼部主事的屠隆因与西宁侯宋世恩"淫纵"而被劾，削籍归鄞。次年五月，臧懋循也同样因好男风而被国子监祭酒黄仪庭弹劾，罢官回湖。此时两人的共同朋友汤显祖正在南京任职，因写诗送别臧懋循，并寄屠隆②。

闵、凌、茅三大家族与明代竟陵派领袖谭元春、钟惺亦有或多或少之关系。闵宗德万历间官湖广时，与谭元春、刘侗、黄正色等三楚名士论文讲艺③。凌义渠与谭元春的相识与闵宗德类似。凌义康《明大廷尉忠介公行状》曰："（凌义渠）生平好延揽文士，干旌子指，先及名宿，在吴则识徐丈方广及徐波、杨彝诸子，使楚则识谭元春、易遐道、刘敷仁诸子。"万历三十七年（1609）秋冬之间，凌濛初与钟惺、朱无瑕、潘之恒等人在秦淮河畔结社吟诗④。天启四年（1624），凌濛初因选官淹留京城，在重阳日，与谭元春等共集妓女郝月娟邸中，饮酒赋诗⑤。茅维亦参加了这次雅集。茅维侄子茅元仪有《怀谭友夏》诗，作于天启八年（1628）。诗歌回忆了以前的聚首共饮、梦中的往还，并感叹"几次诗成未寄君"。钟惺与谭元春论文重性灵，反对摹古，倡导幽深孤峭的风格，茅元仪诗歌创作颇受其影响。朱彝尊就认为其诗歌"下笔未能醇雅"，是因为"竟陵之派方盛，又与友夏衿契，宜其染素为缁也"⑥。钟、谭又是著名评选家，曾评选唐人诗为《唐诗归》，隋以前诗为《古诗归》，流布天下。闵振业与闵振声不仅合刻有三色本《唐诗归》三十六卷、《古诗归》十五卷，还合

---

① 章嘉祯：《南京国子监博士臧顾渚公暨配吴孺人合葬墓志铭》（以下简称章嘉祯《墓志铭》），《臧懋循集》，第179页。

② 见汤显祖《送臧晋叔谪归湖上时唐仁卿以谈道贬同日出关并寄屠长卿江外》，《汤显祖集》，上海人民出版社1973年版，第204页。

③ 《晟舍镇志》卷五《人物》"闵宗德"条。

④ 潘之恒：《亘史·外纪》卷六《朱无瑕传》："己酉（万历三十七年），与秦玉结吟社者凡五，所集皆天下名流，粤之韩、楚之钟、吴之蒋若陈若俞、越之吴若凌、闽之二林。"其中"楚之钟"即钟惺；"越之吴若凌"中的"凌"即凌濛初。

⑤ 见茅维《十赉堂丙集》卷五《甲子重九集葛震甫、于鄗先、王开美、周安期、谭友夏、程应止、张葆生、沈定之、沈不倾、凌初成、侄厚之郝姬月娟邸中，限赋八韵，分得深字》。

⑥ 朱彝尊：《静志居诗话》卷十九，人民文学出版社1998年版，第589页。

刻了题为"钟惺伯敬"评选的《东坡文选》二十卷。凌濛初则不仅喜欢以钟惺的观点评论诗歌，而且两次刻《诗经》均采用钟惺的评点本，可见受钟惺的影响之大。

凌、茅、臧三氏与吴郡王穉登均有交往。王穉登（1535—1612），字伯谷，常州府武进县人，后移居苏州。《明史》卷二百八十八、《列朝诗集小传·丁集中》等有传。王氏不仅以其诗文、戏曲名扬江南，而且也以他的高风亮节闻名吴郡。他喜爱湖州山水清远，曾前后两次游玩，并集两次游玩诗作为《清苕集》，自序曰：

> 吴兴物产丰饶，山溪清远，僧庐道院，园墅林亭，隐见于峭蒨青葱间，似武陵桃源，非复人境。……万历丙申之岁，谢使君在杭为郡司里，余始一至。后八年为今岁癸卯，陈使君惠甫为郡将，余乃再至。……丙申之岁，余方神王，时当冰雪凝寒，犹能蜡屐，从事道场、苍弁游，得十二焉。今年秋暑如炮烙，余又困河鱼之疾，养疴白雀方丈。……既归园庐，命童子检前后二游诗若干篇，丙申六之，癸卯四之，授友人范东生窜定，且就剞焉，名《清苕集》①。

集中有《臧晋叔见访不值》诗，赞扬臧懋循，并告知对方将赴顾渚山会面。集中与茅维交游的诗歌更是在在可见，如《客居慈感寺茅孝若见过》《茅孝若斋头》《答茅孝若》《茅孝若虎丘看月贻书问余白雀寺却寄》等。

当然要说交往的密切，那还是凌氏，其一门三代与王氏均有往来，并因此影响到凌氏的编刊活动。关于凌家与王穉登的过从，笔者曾据《光绪凌谱》中所收朱国祯《善部绎泉公行状》一文，认为始于凌濛初之父迪知。这个结论没有问题，但因为当时所据仅此行状，所以"凌迪知在常州同知任上，因逮捕犯人与王穉登相识"的话就讲得不正确②。笔者此说有学者引用，为避免再以讹传讹，现据新的材料澄清如下。

据缪荃孙手抄本《王百穀先生集外诗文》③，凌迪知去世后，王穉登

---

① 王穉登：《清苕集》，《四库禁毁书丛刊》集部第175册，第106页。
② 赵红娟：《凌濛初交游新探》，《文教资料》2001年第1期。另外，赵红娟所著《拍案惊奇——凌濛初传》（浙江人民出版社2007年版，第21、39页）中亦有同样错误，一并改正。
③ 湖州书商顾某曾从海宁访得一批古籍，缪氏手抄本《王百穀先生集外诗文》是其中之一，笔者曾有幸一阅，并抄录了书中《祭凌常州文》。

曾作《祭凌常州文》。该文详细记录了两人因偶发事件而相识的经过：

> 公昔量移毗陵日，武进有鸷令，疑不肖匿亡人，破柱取之，不得，将甘心于我。是时，不肖就逮至毗陵，公与郡将李公元树犹未识不肖，相与下记，援而出之虎口，令眈眈，莫敢若何。不肖齿发之余，皆二公赐也。

可知，当时武进县令怀疑王氏藏匿犯人，于是将其逮至常州府。后来在凌迪知和李元树的帮助下，才脱离牢狱之灾。由此可见，逮逃犯和逮藏匿逃犯的均是武进县令，与凌迪知无关。凌氏所做的是，援助藏匿犯人的王氏，"出之虎口"。所用的方法，朱国祯《善部绎泉公行状》有记载：

> 某孝廉捕急，匿友王稺登所，王身当之。吏捕将诣县。先生素不识王，遇诸途，戒迟一昔。召县令饮，示王扇诗，令亦称善。先生因曰："假士如平原君匿魏齐，谬曰：'在，固不出也！'将如何？"令嘿，未有以应。明日见王悟，遂得解。

凌迪知招县令来饮酒，宴饮中展示王氏诗扇，宣扬王氏的诗歌和书法才华，旨在赢得县令对王的赏识。然后以平原君藏匿魏齐的典故，说明王氏这样做乃讲朋友之义气。由于上司凌迪知的巧妙说情，原本铁面无私对王氏藏匿行为颇为气愤的县令，最后妥善处理了此事。两文均言事前凌、王并不相识，可知凌氏之解救王氏主要是慕王之名。

在这个事件中，一起参与说情的还有李元树，但李是楚人，距离遥远，王氏后来与他联系较少，而湖州"去吴门一衣带水"，故此后岁时节日两家就时相往来，成了知己。《祭凌常州文》曰：

> 岁时，尝得拜公，床下奏起居，为公祝鲤祝喧。公见不肖至，辄色喜，曰："有心哉，王生。"烹鱼沽酒留客，剪西窗烛，娓娓谈苍弁、清茗之胜；或出所著书，商略品骘；又或述司空郎与倅天雄贰守常州时事，漏不下二十五声，不听客寝。

祭文还谈到，凌迪知七十岁生日时，王因病不能亲自前往凌家祝寿，但仍不忘撰写贺文。凌迪知目王氏为"南州孺子",王氏对凌迪知也十分敬重与感恩。王氏《竹箭编》卷上有《凌使君且适园》《答凌使君》两诗,《谋野集》卷一又有尺牍《与凌使君》。其中《凌使君且适园》一诗,既夸赞凌迪知为官政绩,也写到其归隐后的著述情怀。

凌迪知卒后,万历三十一年癸卯(1603),王穉登游湖州,涵初、濛初、浚初三兄弟前往拜见。王氏《清苔集》卷下《凌玄渤、玄房、玄静携酒问病》赞美凌氏三兄弟曰:"公子气翩翩,才华总少年。凤元非一薛,荆可比三田。"① 在凌氏三兄弟的盛情邀请下,王氏扶病重游且适园,写下了情真意切的怀念之作:"水木清华池,重来迹已陈。楼空惟鸟毛,松老半龙鳞。把酒怀知己,看花无主人。西州门下路,但到即沾巾。"② 有了这层世交关系,凌湛初之《申椒馆敝帚集》由王穉登校阅,也就容易理解。也由于这层世交关系,凌濛初刊行自己学术著作《后汉书纂》时,为抬高身价、打造影响,就请了王穉登这位名人兼父执作序。凭借与王氏的交往和了解,凌濛初曾对《吴骚集》的一个注语进行了纠正③,认为其所收《月云高》曲并非王氏所撰。王穉登善书法,行草篆隶皆精,钱谦益云:"穉登妙于书及篆隶","闽粤之人过吴门者,虽贾胡穷子,必踵门求一见,乞其片缣尺素,然后去"。④ 凌濛初之侄凌毓柟所刻《楚辞》十七卷,首有《屈原贾生列传》一篇,即请王穉登书写。

凌氏与苏州文氏家族关系密切,其交游首先源于凌震与文征明。文征明是明代吴中书画大家,凌震在京候选时,因文采出众,为其所敬重。陈良谟《简藻泉比部公(凌约言)》曰:"先尊昔年需次京师甚久,芳誉藉藉播缙绅间。即如刑部诸郎署,每夜必轮一人直宿省中,凡当直者,必邀练溪先生同往。酌酒论文,赓诗联句,月无虚夕。不但浙中乡友,虽异省东西南北之人亦无不尔。至于出游西山诸名胜,必固请谐行,曰:'坐中若无凌君,自觉无兴趣耳。'翰林如陈石亭、文衡山二公,尤敬慕焉。"⑤ 与文征明的西山之游,有凌震自己《同陈石亭、文衡山、马积石三太史及

---

① 王穉登:《清苔集》卷下,《四库禁毁书丛刊》集部第175册,第118页。
② 王穉登:《清苔集》卷下《重游且适园怀故凌使君稚哲》,第118页。
③ 凌濛初:《南音三籁》卷下收有无名氏小令《月云高·闺怨》,凌氏按语云:"《吴骚》注以王百穀,非也。百穀与余交,生平未尝为曲。"见《凌濛初全集》第四册,凤凰出版社2010年版,第147页。
④ 钱谦益:《列朝诗集小传·丁集中》,上海古籍出版社2008年版,第482页。
⑤ 《嘉庆凌谱》卷三《荣赠录》。

袁邦正太学同游西山道中》一诗为证①。文征明亟称凌震"明淑博雅"②，曾数次为凌震挥毫泼墨。凌湛初《与文子悱书》曰："先王父练溪公与先太史雅相友善，太史尝为作《练溪图》，自言十年来未有此笔。又匹纸写苏、黄、米、蔡四家字。"③凌震一日访文征明，文氏正吃饭，接到名帖后，"亟吐哺出迓，仓卒致伤一足，至老不良能行"④。凌震后选为黔阳训导，文氏有《送凌震训导黔阳》诗，曰："短棹沅湘路不迷，黔阳更在武陵西。平生事业经千里，晚岁文章到五溪。荏苒雪泥鸿雁迹，阴深云木鹧鸪啼。莫言游宦伤行役，剩有江山入品题。"凌震卒后，刘麟为之作墓志铭，文征明为之篆盖⑤。

以凌震与文征明的交往为开端，凌、文二氏在此后数代均有往来。文征明长子曰彭，字寿承；文彭之子曰元发，字子悱。凌约言曾有科举提拔之恩于文彭，凌湛初《与文子悱书》曰："家大夫观铨政时，值尊公以贡计谐，既而得阅贡卷，首拔公于吴。"家大夫，即凌约言。凌约言曾以东宫恩诏，进阶朝列大夫。凌湛初为凌迪知之子，凌约言之孙，从辈分上看，是文元发的晚辈。但两人因年龄相仿，所以言谈较为亲近。《与文子悱书》曰："尚书公绅络世谊⑥，足下盖不佞长公辈也。亟欲伸孔、李之义，冀不陨前好，而块处霅上，无从执鞭珥笔，以充锥刀之用。何间梦入吴王城，与足下散发对膝，出梨花春，相与倾百斛哉！"信中凌湛初高度赞扬了文氏一门三代的艺术才华：

> 不佞生晚，不及挹先太史清扬。然先太史声称，自龀角时，窃喷喷艳之矣。先太史为明宗英，书画与希哲、启南一时擅美天下。尊公寿承公，惠徽先太史芬芳，行楷篆隶，号当代独步，而草书悟入孙、钱佳境，其菁名馺沓宇宙间，业五十余祀。休承、德承，又皆赤帙艺府。追及足下，不特克继先太史、尊公书钵，而倚马才高，行将移龙舟，馔夺兽袍。嗟乎！即唐宋以来，谁见三叶嶙峋如此！难矣，难矣！

---

① 《嘉庆凌谱》卷三《艺文录》。
② 《顺治凌谱》之《明故练溪先生元配王夫人合葬墓志铭》。
③ 《嘉庆凌谱》卷三《艺文录》。
④ 《嘉庆凌谱》卷三陈良谟《简藻泉比部公》。
⑤ 《嘉庆凌谱》卷五《碑志》之刘麟《学博练溪公墓志》。
⑥ 尚书公指凌约言。以曾孙凌义渠殉难，凌约言被追赠为太子太保、刑部尚书。

"休承"乃文征明仲子文嘉之字。文嘉,号文水,能诗,工书,尤擅画。其画得父真传,是吴门画派代表画家。曾为湖州府乌程县训导,与凌氏交往密切。凌约言卒后,文嘉为之作诔①。文嘉与凌约言次子凌述知亦交好。述知盟鸥馆建成后,请其作记。《盟鸥馆记》曰:"盟鸥馆者,光禄次泉凌君新筑也。光禄一日过吴诣予,请记之。"凌迪知所刊《国朝名公翰藻》卷五十二中收有不少凌氏与文嘉、文元发的尺牍。凌湛初刻《申椒馆敝帚集》,文嘉为之序,并参与校订工作。

　　凌氏与琼州唐氏家族亦世代交好。琼州唐氏是名门望族,自宋淳祐间唐震以台阁大臣身份贬琼州刺史而落籍琼山以来,名人辈出,代不乏人。其中明代就出了6名进士,他们是:唐舟、唐亮、唐绢、唐萧、唐胄、唐穆。其中唐舟和唐亮、唐胄和唐穆均是父子进士。唐舟(1368—1449),字汝济,永乐甲申(1404)进士,官至浙江巡按。为官30余年,所至多有政绩。为人光明磊落,曾自题门联曰:"雪霜自染中年鬓,天地应知暮夜心。"其子唐亮,永乐戊戌(1418)进士,官至给事中。唐胄(1471—1539),字平侯,号西洲。弘治十五年(1502)进士,官至山东巡抚。嘉靖时,因议礼而被削籍归乡。其子唐穆,嘉靖十七年(1538)进士,官至礼部员外郎。

　　这两对父子进士及其后人均与凌氏关系密切。凌晏如丧偶后,娶御史唐舟之爱女为继配。唐舟《琼山唐氏姻书》曰:"余昔以事谪戍居庸,携家憩安定寓舍。时吴兴凌氏安然,室家未庆,执柯者屡请求之。余次且未允者再。适男亮扈从来,具道其共事黄门,素知其贤,且簪缨世裔。余感其言,慨然许以爱女妻之,聘仪绝无较焉。"可知,凌晏如与唐亮交好,其娶唐氏,即得力于此。唐舟十分看重此次缔姻,以为姻缘天赐,因赋诗两首以赠其婿。其一曰:"种玉蓝田岂偶然,检书月下系前缘。琼台毓秀尤贞淑,湖郡抡才亦俊贤。万里奇逢佳伉俪,百年亲爱永纯全。冰翁乐道姻缘事,留与儿孙世代传。"其二曰:"素位安行付自然,穷通用舍总天缘。家山淹滞嗟予老,馆阁修裁羡汝贤。圣代恩威覃四表,男儿忠孝贵双全。得时须展经纶志,要使香名远近传。"唐夫人仅生一子,即凌氏迁晟舍之始祖凌敷。凌约言《简内台唐尧封》曰:"先是,曾祖讳晏如,以都台丧偶,而令高祖讳舟者,时为御史,因娶其女,遂为唐夫人。唐夫人举

---

① 见《嘉庆凌谱》卷五《碑志》。

一子，讳敷，弟之祖也。"嘉靖时，凌敷之子凌震与唐舟之孙唐胄曾一会于京师，再会于黔阳。凌约言《简内台唐尧封》曰：

> 嘉靖初，令祖西洲公与先君会于京师，款接极欢。嗣以督府过黔阳，再申前睦，且曰："吾两家亲远，非仕宦不能相通，幸各勉旃。"其情抑何厚也。

西洲公即唐胄，乃唐夫人之侄①，凌震称之为表叔。凌震在京师候选时，两人相识。后凌震选为黔阳训导，唐胄按察广西时，路过黔阳，两人再次相会。凌震作有《送唐西洲表叔按察桂岭十五韵》，诗曰：

> 惟昔联姻好，于兹盖百年。祖孙情未远，中表世仍延。叔父声名起，儒林藉甚传。曾将书过岭，忽又雁回燕。瞻望音尘隔，倾依岁月迁。欻从京国见，复漫别离楚。士论新收价，人区旧有缘。官程虽凤夜，王事要劳贤。桂郡征骖解，霜台属史虔。清风常洒匕，周道亦平平。更喜乡山近，兼应土俗便。桄榔春叶暗，荜拨夏笛鲜。内外俱勋业，安攘间后先。望之辞魏阙，长孺卧淮墙。请借埋轮手，归来早秉铨。②

凌震卒后，其墓志铭由唐胄书丹，当时唐氏官衔是通议大夫、户部右侍郎。唐胄之子唐穆、唐穆之子唐尧封，与凌约言父子亦多有往来。凌约言《简内台唐尧封》曰："尊翁礼部公亦两承翰寄，惜无由一面，以尽所怀。今儿辈得遇兄于南都，且辱缱绻。非天假之缘，其会合能至是哉！"礼部公即唐穆。据此，凌氏与唐氏的交往，由永乐间一直延续到了嘉靖万历间，几乎贯穿整个明代。

　　值得一说的是，晟舍凌氏万历间曾三修宗谱，这使得其与各地凌氏往来频繁，并有可能影响到其刻书业。这三次修谱依次是：万历己卯（1579）凌迪知修、万历戊申（1608）凌嗣音继修、万历乙卯（1615）凌嗣音从弟嗣功纂续。凌迪知等修谱以元代凌时中为一世、凌懋翁为二世。凌懋翁生

---

① 《嘉庆凌谱》卷五《学博练溪公墓志》："夫人，广东琼台宦族，今户部侍郎唐公平侯之姑。"按：唐胄，字平侯。

② 见《嘉庆凌谱》之《艺文录》。

活于元末，预感到一场社会动乱即将发生，为避免全族毁灭，于是让其十六子"以寿为行"迁徙各地。其中寿四迁居湖州归安练溪，晟舍凌氏即为寿四后裔；寿一则迁居湖州归安双林。据《顺治凌谱》所载诸序，这三次修谱的访查工作很细，联络到了元末这十六支凌氏的诸多后裔。对晟舍凌氏刻书业有影响的主要是同处湖州的双林凌氏。寿一迁双林后，其玄孙名云，字汉章，号卧岩，郡廪生，以孝感异人授针术，为太医院吏目。云有孙曰瑄，号双湖；双湖长子曰仲郁，号藻湖；仲郁第四子曰士麟，号振湖，均为针灸名医，且以号名世。弘治间，秦王两脚麻木无力，恭请汉章为其医治。治愈后，秦王有《送汉章公还乡四律》。嘉靖间，宗藩定襄王曾延请双湖治其小儿，不仅亲自写信相求，而且请总督胡宗宪以礼致聘，又请凌氏同乡显宦董份写信劝行。天启间，河南周藩朱勤美曾请振湖治其痿疾。振湖回乡，周藩制序赠别，有《赠振湖君文》。这些藩王均好文能诗，且府中藏书丰富。而汉章曾与晟舍刻书家凌森美、练市凌斗光等重修宗谱。又万历间福建巡抚沈桐的外祖父是双林支凌昊，字钦伯，别号味清，乃汉章之侄①。生前曾感慨子孙业医而无以儒显者，希望能"弃术业儒"。凌迪知修谱时，奉双林寿一支为大宗，沈桐及其表弟凌濂将双林支材料贡献于凌迪知，并希望双林支子弟能籍进士凌迪知以兴族②。

可见，凌氏各族支间因修谱，多有往来。他们与名人的交游，特别是与藩府有交往的双林凌氏，很可能是晟舍凌氏获取刻书底本的一个桥梁。如凌氏御医双湖公像③，由丰坊撰，这不由地让人想起凌濛初《圣门传诗嫡冢》。此书在《孔门两弟子言诗翼》基础上，添加了毛传、郑笺，以丰坊诗传冠各篇之首，互考其异同，并在末尾附录丰坊所作《申公诗说》。是书编成后，凌濛初非常满意，自以为对圣门传诗的渊源探究，比千百年来率意而为的要高明很多，甚至可以解决千百年来《诗经》的疑案。又凌濛初自言其所刊《西厢记》用的是"周宪王元本"④，然学界对此多持否定态度，郑振铎就认为所谓周宪王本是"子虚公子"一流，不过是凌氏"托古改制"的一种手段⑤。笔者认为，从上述凌氏族人与周藩的往来看，

---

① 汉章孙仲郁第三子曰士麒，娶沈桐长男沈规甫之次女。
② 见万历八年沈桐《双林凌氏族谱序》。
③ 即双林支凌瑄，太医院御医，卒于隆庆二年。
④ 凌濛初刊《西厢记·凡例十则》。
⑤ 参见郑振铎《西厢记的本来面目是怎样的》，收入《郑振铎全集》第4卷，花山文艺出版社1998年版，第573—574页。

凌濛初有可能得到这种本子。

凭借交游关系而得到善本或名家批点本，从而对自己家族编刊活动起重要作用的典型人物，是官居高位而又雅好书籍的闵梦得。闵齐伋曾刊戴君恩《读风臆评》，其底本即来自闵梦得为官四川时所得。龚惟敬《绘孟跋》云："初，先生（戴君恩）令巴，有《读风臆评》四卷"，"已而乌程闵遇五太学得于其尊兄方伯昭余先生，复加朱黛，为刻于吴中，海内人士竟相传诵"。闵齐伋《书戴忠甫读风臆评后》亦曰："戊午之后，我仲兄翁次氏承乏监试蜀闱，遂得与先生朝夕焉。而读其所以读《风》者，火齐不夜，枕中可得而秘与？是宜广其读，以与《三百篇》同不朽矣。"如果没有闵梦得与戴氏的官场交游，闵齐伋就不可能得到戴氏《读风臆评》，也就不可能产生风行海内的《读风臆评》闵齐伋套印本。闵梦得在南京为官时，与时任南京兵部尚书的孙鑛交游，因得其所评《春秋左传》《文选》，交由自己两位兄弟刊行。闵齐伋万历四十四年（1616）所刊《春秋左传凡例》第七则云："大司马孙月峰先生研几索隐，句字不漏，其所指摘处，更无不透入渊微，岂唯后学之指南，即起盲史而面证之，当亦有心契者。家翁次兄为水部留都时，遂得手受于先生，不敢自秘，用以公之同好。"又，闵齐华天启二年所刊《孙月峰先生评文选》之《凡例》云："大司马孙月峰先生博览群书，老而不倦，兹评则其林居时所手裁也。仲兄翁次，宦游南都，先生手授焉。"可见，齐伋所刊孙氏评点本《春秋左传》、齐华所刊《孙月峰先生评文选》也都是闵梦得交游官场所得。另外，闵氏所撰所刊诸书，也会通过仕宦的闵梦得传播到政界各官员手中。如叶秉敬序闵元衢著作曰："往予与闵昭余公同在冬官时，得康侯手书，并得《（欧余）漫录》诸刻而读焉，予辄赏心而不能自已。兹复得《草堂赓咏》与其《咫园吟》而反复讽诵，若有一阵清风，不知何自而来。"总之，正如董捷所言，"梦得的官场交际，对于提高其家族刻书的质量并扩大影响，是有相当帮助的"[①]。

而从四大望族所编刊的书籍序跋来看，凌稚隆、茅维、闵元衢、凌濛初、凌启康等的交游都很广泛。如凌稚隆，除前面提到的后七子领袖王世贞外，还有以下11人。

1—2. 金学曾与张之象。凌稚隆编刊的《史记评林》，有他本人识语，曰："乃伯兄稚哲、友人金子鲁来自国门，获所录诸名家批评总总焉，私

---

① 董文，第92页。

窃艳之。而云间张玄超持所纂发微者,造余庐而印证也。"其中金子鲁,名学曾,钱塘人。善草书。隆庆二年(1568)进士,官至福建巡抚。金氏与凌稚隆伯兄凌迪知亦有交游,《国朝名公翰藻》卷四十三收有金氏《与凌稚哲(迪知)》尺牍两通。

张玄超,名之象,别号碧山外史,上海人。出身簪缨之家,祖萱为湖广参政,父鸣谦为顺天通判。张之象自幼颖异,曾游学南京,与前辈何良俊、黄姬水等赋诗染翰,才情蕴藉,为时贤所推许,与文征明、董宜阳、彭孔嘉等为莫逆交。后由太学生入赀为郎,授浙江布政司经历。为人耿直,罢官家居后,闭户著书,冬夏不辍,诗文均有声名。曾协修万历《上海县志》,品叙详雅,为世所重。其撰述不下千卷,有《韵学统宗》《诗学指南》《彤管新编》《古诗类苑》《唐诗类苑》《唐雅》《回文类聚》等。张氏亦好刻书,"其室经籍纷披,客来无坐处"①,与凌稚隆可谓志同道合。

3. 范应期(1527—1594),字伯桢,号屏麓,湖州府乌程县人。嘉靖四十四年(1565)状元,官至国子监祭酒,著有《玉拙堂集》。范应期曾为凌稚隆《五车韵瑞》作叙,曰:"自经史以及诗歌,凡名儒、硕卿、骚人、处士绮思玮句,莫不依韵而甄裁之,使采拾者如入邓林,泛瑶海,金波缛羽,无非异光,驱使古人,俨然南面而门内外坐之,真洋洋大观也。"亦曾为凌氏《春秋左传注评测义》作序,曰:"余友凌以栋氏,笃古耆修,下帏发愤,业已校评班、马二史,梓行海内,播诵艺林颇久。顷复潜心左氏,搜集群书,阅五载而成。"凌稚隆卒后,范应期为之作像赞及《鸿胪寺磊泉公传》,该传就是对凌稚隆一生编刊活动的记载:从《史记评林》《汉书评林》到《春秋左传注评测义》,再到《五车韵瑞》《文林绮绣》②,最后辑《三才统志》,未竟而卒。

4—5. 王宗沐与蔡汝佐。王宗沐(1524—1592),字新甫、敬所,号㼆宁子,浙江临海人。嘉靖二十三年(1544)进士,官至刑部左侍郎。与李攀龙、王世贞辈相友善,有《敬所文集》等。凌稚隆刊行《汉书评林》时,曾通过友人蔡大节问序于王宗沐③,王氏因"述其大者,以复凌君,

---

① http://www.shtong.gov.cn/node2/node4/node2250/shanghai/node54197/node54199/node63622/userobject1ai52020.html.
② 《文林绮绣》由凌迪知编刊,凌稚隆大概亦参于其中,故范氏及之。
③ 王宗沐《刻汉书评林叙》:"因友人蔡生大节而问序于余。"见上海图书馆藏万历刻本《汉书评林》。

使刻焉"①。《国朝名公翰藻》收有王宗沐与凌稚隆尺牍一札,乃回复凌氏刻《汉书评林》求序之事,曰:"高贤家学,文藻丕振,《汉史》重刻,不自措手,而以付拙工,海内览之,其谓公何?翰音下逮,适抱疴山中,方欲与赤松为侣,而归使又迫使寒浅,益艰于报命。尚祈蔡君归时,或能勉卒请教也。"②此"蔡君"即王氏《刻汉书评林叙》所言替凌氏求序的蔡大节。王宗沐尺牍又曰:"冲寰每会,辄道及大雅。"按:明代万历间新安蔡汝佐,字元勋,号冲寰,善画,尤工诗意图,亦能刻版画,当时传奇图像多为其所画。凌刻本戏曲插图多出自新安版画家,因此号冲寰的蔡汝佐有可能即王氏尺牍所言之"冲寰"。而从王序与尺牍上下文来看,这个"冲寰"应是替凌氏来求序的"蔡君""蔡生大节",但目前还未找到蔡汝佐又字大节的文献依据。

6. 何洛文,字启图,河南信阳人。何景明孙。嘉靖四十四年(1565)进士,官至礼部左侍郎兼翰林院学士。曾为凌稚隆所刊《汉书评林》作序,曰:"先是吴兴凌子稚隆镂《史记评林》,海内学士读而赏者半,病者半。凌子意不自持,间以问余","余为之说",而"凌子爽然释,坚然信,归复镂《汉书评林》,而以余言弁其端。"可见,两人有交游。

7. 陈文烛(1525—?),字玉叔,号五岳山人,湖北沔阳人。嘉靖四十四年进士(1565),官至南京大理寺卿。有《二酉园诗集》十二卷、《文集》十四卷、《续集》二十三卷。陈氏序凌稚隆《汉书评林》曰:"吴兴凌以栋博学善藏书,承其先大夫季默与其兄工部郎稚哲之训,作《史记评林》,复取《汉书》者而汇次之。"工部郎稚哲,即凌迪知,亦与陈氏有交游,《国朝名公翰藻》卷四十三就收有陈氏《与凌稚哲(迪知)》尺牍两通。

8. 茅坤,同郡归安人,与凌稚隆关系密切。《茅鹿门先生文集》卷五有《与凌太学书》,"凌太学"即凌稚隆。茅氏曾先后为凌稚隆所刊《史记评林》《汉书评林》作序。茅氏对《史记评林》溢美有加,曰:"兹编也,殆亦渡海之筏也。而后之读其书,想见其至,当必有如古人所称'湘灵鼓瑟于秋江之上,曲终而人不见'者。"③茅氏《刻汉书评林序》曰:

---

① 王宗沐:《刻汉书评林叙》,见上海图书馆藏万历刻本《汉书评林》。
② 见《国朝名公翰藻》卷二十四王宗沐《与凌以栋》,《四库存目丛书》集部第313册,第746页。
③ 《茅鹿门先生文集》卷十四《史记评林序》,《茅坤集》,第478页。

"凌太学曩抱先大夫藻泉公所手次诸家读《史记》者之评,属序而梓之,已盛行于世矣。世之缙绅先生嘉其梓之工,与其所采诸家者之评,或稍稍概于心也,复促之《汉书》为一编。工既竣,复来属予序之。"① 作为唐宋派领袖,茅氏之序跋,对凌氏书籍的传播行世当有促进作用。

9. 徐中行(1517—1578),字子舆,一作子与,号龙湾,浙江长兴人。嘉靖二十九年(1550)进士,官至江西布政使。明"后七子"之一,与长兴县丞吴承恩友善,著有《天目先生集》等。徐、凌二氏是世交,徐中行与凌约言多有尺牍往来,是凌稚隆父执。其《史记评林序》不仅指出了凌氏的史学传统,而且盛赞凌稚隆之史才:"凌氏以史学显著,自季默(凌约言)有概矣,加以伯子稚哲(凌迪知)所录,殊致而未同归。以栋按其义以成先志,集之若林而附于司马之后。观乎所裒次,其才可概见已。使绁金匮石室,其自成一家言,何如哉!"

10. 王兆云,字元桢,湖北麻城人。万历二十九年前后在世,著有《词林人物考》《碣石剩谈》等。王氏在给凌稚隆万历十一年刊《汉书纂》所作序中,自称"楚黄友弟",盛赞友人凌氏"闳材兼总,其于编摩家,盖能博约互为用",并勾勒了凌氏一生编刊事迹。先是"《史(记)评林》成,艺苑大匠便之";又因"虑博士子弟未便也,复辑《史(记)纂》";"乃者《汉书评林》成,以栋复辑《汉书纂》,亦如《史(记)纂》也者";《汉书纂》杀青后,又"大搜古今竹素类缀之,命曰《三才志统》,即《汉书》不过其畸支耳"。

11. 谢肇淛(1567—1624),字在杭,号小草斋主人,福建长乐人。万历二十年(1592)进士,曾任湖州推官,天启元年官至广西右布政使。为闽派诗人代表,有《小草斋集》。凌稚隆刊《五车韵瑞》请其作序,而谢氏笔记《五杂组》对晚明湖州刻书特点、凌氏刻书的射利特征均有论述。

书籍刊刻出版时,请当时名公巨卿作序,以提高书籍的知名度,这是自然而然的事。然而能请到什么人,请到多少人,还得看家族与出版者本人政治地位和经济力量之高下及其交游的广泛程度。如编刊家闵齐华崇祯庚午以岁贡为常熟训导,成为钱谦益的父母官。钱氏与陈必谦曾为之撰《虞司训去思碑记》,曰:"推租却赘,诸生凛凛受绳,感佩无致。葺宫墙,

---

① 《茅鹿门先生文集》卷十四《史记评林序》,《茅坤集》,第494页。

复书院,赒僚友,俸薪不给,佐以橐资。"① 有这样的交游作基础,闵齐华所纂《文选瀹注》(即《孙月峰先生评文选》)由钱谦益作序就顺理成章②。又如崇祯四年(1631),凌濛初出游福建,请到了何万化为自己的学术著作《圣门传诗嫡冢》十六卷作序,并于是年刊行。何万化,字宗元,上海人,明天启二年进士,时任福建提学副使。其《圣门传诗嫡冢序》曰:

> 西吴凌子初成,穷经嗜古,尝以合子夏序为《孔门两弟子言诗翼》,已深玩笃好。更合《鲁诗》毛传、郑笺诠正,以己意名曰《圣门传诗嫡冢》。寅长潘昭度先生,其戚也,居闽,尝出示余索序。予始而愕,继而喜,渐觉其义味之有沁于予心也。

可见,凌濛初之所以能请到何氏作序,凭借的是其在福建任职的亲戚潘曾纮的关系。在为四大望族所刊书籍作序跋的当时政治文化名流中,像闵齐华与钱谦益、凌濛初与何元化、凌稚隆与王世贞、陈文烛、王兆云等的交游,均有一定文献资料为证,但更多的是没有留下任何蛛丝马迹。然而不管情形如何,有一点是无疑的,就是这些序跋作者与四大望族间一定有某种社交关系。

据笔者初步统计,现存的四大望族出版物之序跋与凡例,共涉及四大望族编刊成员与155人次的交游,参见本书所附《四大望族出版物之序跋凡例所涉与名人交游关系表》。这里主要包括两种情况:一是四大望族出版物中名人序跋涉及的该名人与四大望族成员的交游;二是四大望族出版物中编刊者本人或亲属序跋及凡例所揭示的望族成员与名人的交游,以及望族成员之间的交往互助。另外,还有个别情况是,刊本已佚,但通过散见于名人别集中的四大望族出版物序跋,或编刊者与名人往来尺牍中的信息,我们知道该名人曾为某个刊本作过序跋。

《四大望族出版物之序跋凡例所涉与名人交游关系表》不能反映的一种情况是,某刊本的名人序跋文字虽未反映与编刊者交游关系,但基本上能确知其序跋是为本刊本所作。如辽图③藏套色本《东坡志林》五卷扉页

---

① 见《晟舍镇志》卷五。
② 序中,钱谦益频以"先生"称闵齐华,而自称"虞乡老民"。
③ 辽宁省图书馆、国家图书馆、上海图书馆、南京图书馆、浙江图书馆,分别简称辽图、国图、上图、南图、浙图;其他××省、××市、××单位,是指该省、该市、该单位图书馆;各大学在无歧义的情况下用简称。

右上角有"闵"印、左下角有"遇五氏"印，据此可判定该书为闵齐伋刊，而该书有沈绪蕃《东坡志林小引》，沈氏为湖州人，给凌汝亨、闵于忱等人刊本作过序，是闵齐伋同时代人，因此可确定沈氏该小引当为闵齐伋刊本《东坡志林》所作。又如闵振业、闵振声刊《东坡文选》有钟惺万历四十八年序，而钟惺又与闵氏家族闵宗德有交集，所以钟氏序也很可能是为闵氏刊本而作。这种情况应该还是比较多的，但尽管如此，《四大望族出版物之序跋凡例所涉与名人交游关系表》已足以见出四大望族编刊活动背后所存在的社交关系网络的庞大，而这个庞大的社交关系网络既是四大望族提高编刊活动知名度、立足出版市场的重要支撑，也体现了四大望族编刊活动在当时的地位与影响。

值得关注的是，某些刊本的旧序旧跋由刊刻者聘请当时名人或书法家书写，这也反映了望族编刊者的社会交游关系。其中松陵盛文明①、乌程冯年是出现频率极高的两个人。如凌濛初刊《苏长公表启》之钱榗序、凌弘宪刊《楞严经证疏》之乐纯跋、凌弘宪刊《会稽三赋》之陶望龄序均为盛文明所书；茅一桢刊《花间集》之欧阳炯序、茅一桂刊《唐宋八大家文抄》之顾尔行题辞、茅一相刊《欣赏续编》之顾元庆《大石山房十友谱序》均为冯年所书。

另外，从一些刊本的校订评阅者，亦可考察四大望族的社会关系，如凌湛初《申椒馆敝帚集》由王穉登校，凌濛初刊《圣门传诗嫡冢》由潘湛校订，茅献征刊《吴兴掌故集》由"延州布衣吴梦旸阅"，茅一桂辑《史汉合编》署"同郡陆弘祚校"等。又如凌濛初撰刊《孔门两弟子言诗翼》，其校阅者有沈汝法、潘湛、凌瀛初、凌义渠等；茅震东刊《新镌武经七书》，其参阅者有余姚王承锦䌹父、乌程闵昭明伯跂、归安潘荣铨子仪、归安施元熊尚父等。

---

① 号盛山山人。

第三章　晚明望族编刊活动的文化基础

关于政治地位、经济力量与家族文化三者之间的关系，罗时进先生说："与其说政治地位与经济力量孵化、催成了其家族文化，倒不如说是家族文化奠定了其政治基础，并巩固了其经济力量。"[①] 可见家族文化的巨大作用。晚明四大望族的编刊活动与各自的家学传统，以及由此营造的浓厚的著述（包括评点）与藏书之风密切相关。四大望族所编刊的书籍有很大一部分是他们自己编纂或收藏的。晚明四大望族文化的发展与繁荣，与晚明湖州区域文化以及整个晚明社会文化的发展与繁荣，具有高度的一致性。晚明文化与湖州区域文化的繁荣不仅是四大望族编刊活动的文化基础或背景，也是四大望族编刊特征形成的重要因素。关于晚明文化以及包括湖州在内的整个中国东南沿海一带文化的发展与繁荣，学术界已有诸多论述，本章重点谈四大望族本身的读书、著述与藏书之风。

第一节　闵氏读书著述之风

闵氏子姓蔓衍，读书著述者，代不乏人。《闵谱》设《著述录》以明闵氏文章著作之盛。闵廷枢《闵氏著述录序》曰："吾家自庄懿公科第发祥，午塘公以文学侍从趾美辉映，维时两公俱有专集流布远近。嗣是，家学相承，读书稽古者继继绳绳，每多撰述。"据《闵谱》，闵氏从明弘治间至清道光间共有撰著者72人，著述155种，其中诗文别集60余种。简述其中属于明代且能影响或彰显晚明闵氏文学著述风气的撰著者及其撰述

[①] 罗时进：《地域·家族·文学——清代江南诗文研究》，上海古籍出版社2010年版，"前言"第4页。

如下。

闵珪《庄懿公集》二十卷①。此乃晟舍闵氏最早之著述，由永嘉王瓒作序，略曰："公由御史洊历宫保，前后四十余年，大政庶务丛集沓至，无一日之隙也。其诗若文皆搦管于薄书案牍之际，而成章于谭笑应酬之顷。不费锻琢，不尚饰绘，而随物呈形，必当乎理；即景叙事，必切于情。未尝为瑰诡幽滞之语，而蹈乎浮靡淫蛙之习。冲澹整洁，光明骏发，类其行事，近世大臣善制作者鲜或逾焉。"此乃闵珪公务之余所作诗文集，是闵氏家族"因仕而文"的开端，对闵氏家族文学著述浓厚风气的形成不无影响。集中多与名公唱和之诗文，是闵氏一族荣耀之象征。其从孙闵如霖序曰："大父退朝之余，时与西涯、方石、木斋诸老，赓唱迭和，以鸣一时之盛。"西涯即李东阳，天顺八年进士，累官礼部侍郎兼文渊阁大学士。方石即谢铎，天顺八年进士，著名理学家、文学家，与李东阳同为茶陵诗派的核心人物。木斋即谢迁，成化十一年状元，累官太子太保、兵部尚书兼东阁大学士，与李东阳、刘健时称"天下三贤相"。闵氏祖上能与如此名流交游唱和，其后人的自豪可以想见。

闵如霖《午塘先生集》二十四卷。是乃闵如霖日常唱和之诗文集。闵如霖曾任职翰林院，参与修史，无疑是一位文章高手。现存万历二年刊十六卷本，已收入《四库全书存目丛书》集部第96册。嘉靖三十二年进士嘉兴姚弘谟序曰②："先生官史局，吏事鲜少，因得穷研理窟，深探词源。朝廷有大议论、大著作出先生手笔者，悉当上意，诸学士莫与并。其文皆关系国典，练习朝章，藏在天府，非私家所得传有。兹所录，独赠送之篇，赓唱之什，交际尺牍，死丧志状，大都皆应酬作耳。然先生之渊识宏抱，杰才精诣，此足以窥其万一矣。"《闵谱》之《著述录》引吕本《墓志铭》云："公所纂修《艺文》《会典》《宋史》诸书，不下数千卷，为文清丽典则，能以理胜，诗如其文。"又引袁炜《行状》云："公所纂修诸书数千卷，藏于中秘。其私家著述选辑者，悉为祝融所烬。公子道孚，收集散逸，得若干卷藏于家。"据此，是书辑录者为其子闵道孚。其孙闵

---

① 按：《明史·艺文志四》载《闵珪文集》十卷。《四库总目提要》卷一百七十五著录《闵庄懿公集》八卷，曰："是编乃其诗集，集中七言律诗多至六卷，大抵皆酬赠之作。盖珪老成持重，治狱平允，为当代名臣，后以不阿刘瑾告归。其立身自有本末，吟咏则非所留意云。"现存万历十年刻本《闵庄懿公诗集》八卷，亦乃诗集，收入《四库全书存目丛书》集部第38册。而《闵谱》所载二十卷本，据其所引王瓒序，乃诗文集。

② 《晟舍镇志·著述》作"姚宏谟"，此据《四库全书存目丛书》本《午塘先生集》。

世誉也参与了编刊活动,姚弘谟序曰:"兹集为午塘先生遗文若诗,其子道孚、孙世誉辑而刻之。"

闵一范编刊《两尚书诗集》。两尚书即指闵珪及其从孙闵如霖,他们是闵氏最早的"由仕而文"、仕宦与文学并举者。是书乃闵一范令颍时所刊,自跋曰:"不肖一范锲我先庄懿公诗既矣,乃合我从大父午塘公诗若干言锲之,号《两尚书集》云。"又曰:"先庄懿于孝、武两朝称执法臣,午塘公于世庙为侍从臣。侍从与执法特异,非矫厉不足言执法,非雍和不足言侍从。以声诸诗,各以心应已。《两尚书集》具在,试读之,则先庄懿闲闲尔,何冲以穆也;公则莘莘锵锵,何雄瑰若是,岂所谓心声非邪?"又,汉阳萧良有叙曰:"庄懿公诗如吸醇饮玄,煦煦熙熙,登春台而游华胥,窅然丧其六合矣。午塘不袭庄懿而规于道,殆入花丛锦堆,可采可撷,而盈盈其在抱也。"可知,两人的诗歌风格完全不同,而且与他们的职业风格正好相反。

闵振声,即闵声,有《泌庵集》与《雪裳诗稿》。闵振声是晚明闵氏家族中以文学著称的廪生、副贡,参与了《兵垣四编》等套版书的刊刻工作。《泌庵集》乃其文集,"集中有《泌庵小言》并《遗文》若干卷"①。余姚黄宗羲曰:"君卓荦不群,为文芒彩透出纸外,不屑嵬琐之学。"② 又曰:"君好苦吟,与吴敬夫批选唐诗,名《岭云集》。"③ 明史案发,闵振声与吴宗潜牵连下狱,"在狱一载,朱墨伊优","日为诗自娱"④,《雪裳诗稿》即其诗集。

闵梦得是闵氏家族成员中官居高位而嗜书好文的典型,有《小草日记》、《遂初日记》、《宦牒辜功》十二卷、《解颐三编》、《吴兴实录》、《诗文集》两卷、《尺牍偶存》二卷、《漳州府志》三十八卷、《恩荣九代录》,共计9种著作。天启间闵梦得因镇压贵阳苗民起义有功,升兵部侍郎,总督四川、湖广、云南、贵州、广西五省军务。时魏珰权炽,见闵梦得上任而无颂词,遂罢其官。崇祯二年(1629),闵梦得以原官起任,《小草日记》即作于是年。闵氏自跋曰:

---

① 见《闵谱》之《著述录》。
② 见黄宗羲《雪裳闵君墓志铭》,收入吴光整理《黄宗羲南雷杂著稿真迹》,浙江古籍出版社1987年版,第204页。
③ 同上书,第205页。
④ 同上。

余于天启丁卯（1627）四月忤阉归里，八月新君践祚，逆阉与媚子次第剪除，往时废锢诸贤，征书四下，余亦奉有忤奸未究厥施即与起用之旨。已巳五月，始正右枢之推，报可。自维犬马之齿，卦数已周，夜行不休，昔人所戒。惟是隆恩未酬万一，区区隐衷，不能恝然，然愧远志多矣。以八月遣符，八日起行，作《小草日记》。

《遂初日记》则作于崇祯四年（1631）闵梦得告假时。自跋曰："自念出山甫二载，秩晋一品，恩驰四代，赏延再世。兹复予以休沐，俾乘传归。小臣不佞，荷上宠灵，至优至渥，而未能报塞万分之一，跼高蹐厚，何以自容。窃自慰者，寇至则奔命趋朝，寇再至再退，则束身还里。出处关头，差不违于规则耳，作《遂初日记》。"《宦牒辜功》十二卷收闵梦得天启二年至崇祯四年这十年为官期间文移、案牍及奏启等。闵梦得崇祯八年（1635）自跋曰："余浮沉宦谍，几周三纪，所至辄不自揆，希效一割之用。权关芜阴，剖符漳南，见之播告。公移、条议之属，亦略有可采。今都弃去不复存。壬戌以逮今上辛未，监军于蜀，董戎于沅，典禁旅于燕，首尾十年，强半缉身刁斗，发斑齿摇，实自蜀始。予告还山，偶启故簏，儿辈乃简十之四，录而藏之。弟侄辈又复好事，衰而梓之。"《解颐三编》则是闵梦得辑录之书。其子闵豫生述曰："府君平日无他嗜，独嗜书，晚而弥笃，即当戎马倥偬、应酬纷沓之际，未尝一日释卷。自六经子史，以及国家典故，毋论金匮石室之藏，即稗官野乘，靡不手录而汇之，曰《解颐内编》《外编》《杂编》。"

闵元衢是闵氏家族成员中以诸生身份投身于文学创作与学术研究的典型代表，其所撰或参与撰写的著作共有13种：《一草堂赓咏》、《咫园吟》、《欧余漫录》十二卷、《增定玉壶冰》二卷《补》一卷、《梅听录》、《合疏董彦远除正字谢启》一卷、《大明会典士民便览》十二卷、《白法志》、《吴兴艺文补》七十卷、《吴兴备志》、《五宗会元佛主禅宗本支世系图》、《罗江东外纪》三卷、《类次书肆说铃》二卷。其《罗江东外纪》自叙曰："昭谏屡举不第，已以为憾，人以为嗤。顾其受知武肃，优游吴越，寿老而终，远为邺王所重，欣托同宗，亦大快哉！余之失志，与昭谏同，而其知希，与昭谏异。爰辑外纪，仰止高山。"据此可知，闵元衢是因仕途失意而埋头于著述的。

闵元衢有咫园，咫园中有一草堂，《咫园吟》与《一草堂赓咏》是其文学著作。万历间进士叶秉敬序曰:"兹复得《草堂赓咏》与其《咫园吟》而反复讽诵,若有一阵清风,不知何自而来。噫!是可以为风矣。"①两书当有不少怀才不遇之叹,可惜已佚。闵元衢《增定玉壶冰》二卷,《四库提要》卷一百三十二子部杂家类存目著录,曰:"初,都穆采古来高逸之事,题曰《玉壶冰》。宁波张孺愿稍删补之,题曰《广玉壶冰》。元衢以为未尽,复增定此编。分纪事、纪言为二卷,仍列穆之原书,于所加者则注增字以别之。山人墨客,莫盛于明之末年,剌取清言,以夸高致,亦一时风尚如是也。据《浙江通志》,此二卷外尚有《补玉壶冰》一卷,亦元衢所著。此本不载。"又吴梦旸序曰:"吴郡都元敬尝辑书曰《玉壶冰》,盖志洁也。康侯好而广之,由汉革以降,明兴以前,事必穷搜,言惟殚述,务使针砭聋俗,开涤尘怀。元敬兴怀,绮岁竣役。颓龄答所,由来安知无托。乃康侯刃方发硎,遽厌高华,直耽恬漠,犹足多者。"可知,闵元衢编此书亦因怀才不遇而有所托。

闵元衢《欧余漫录》亦属子部杂家类著作,焦竑为之序,略曰:"闵君康侯,英年积学,乐善好古,每有闻见,辄登之录,洒洒千言,纠传闻之讹,补史乘之阙,阐先世之轶事,述名贤之伟撰,此古称有为而作者。虽典常傲诡,闻见迭出,与寻常稗官者流异矣。昔刘原父简王深父云:'足下与原父不好小说,任作端士;贡父自看小说,不害为通人。'然则通人、端士合而为一人者,康侯也夫。"②

闵元衢《梅听录》由其连襟董斯张作序,赞扬闵氏"稚节嗜古,擅淹通之声","所著《欧余漫录》为澹园(焦竑)、眉公(陈继儒)印可","近复有《梅听录》一书,'纶巾辩'出晦伯、元瑞意外,升庵复生,当首肯康侯矣"。升庵,即明人杨慎,以博学著称。其所著《丹铅录》《谭苑醍醐》诸书,征引赅博,世所罕有。晦伯,即明人陈耀文,有过目不忘之本领,对杨慎的博学颇感不服,曾作《正杨》一书,指出杨氏《丹铅录》诸书错误150条。元瑞,即明人胡应麟,曾仿杨慎《丹铅录》而作《丹铅新录》,仿杨慎《艺林伐山》而作《艺林学山》,以订正杨氏之误,并自以为胜过陈氏。据此,《梅听录》亦当属子部杂家类的考证之书。

---

① 《晟舍镇志》卷六《著述》。
② 同上。

《合疏董彦远除正字谢启》一卷,为闵元衢与董斯张合疏①。董彦远之启原载南宋王应麟《困学纪闻》。董斯张序曰:"吾家彦远《除正字启》,即困学翁(王应麟)不能详其所出。康侯以数年排纘力,探微剖赜,语语分疏之。《累瓦编》所云:'未尽解者,一旦抉其藏而发其滞,伯厚(王应麟)有知,不旷世称大快哉!'康侯自云,得十之八。余复得为卷为端一义。又康侯疏其事,而未阐其意,效李善注《文选》法也。余复求彦远意疏之,并质康侯。吾两人得十之九,且留其一以待来者。"闵元衢与董斯张参互考究,尽显通博之才。陈继儒读此合疏后,赞曰:"前读吾丈与遐周先生合疏董启,真国朝第一奇博,即起用修、元美两先生而问之,愕不知置对。弟如塞卫,岂能追穆王之骏、列子之风乎?已矣!不敢复叙矣。当刻之稗官家,传示海内,使寒肤嗛腹者见之,知江东有如此两异人耳。"② 该书有毛氏汲古阁刻本。

《吴兴备志》与《吴兴艺文补》是闵元衢与董斯张合辑之书。其侄闵广生曰:"公父邵武而兄家卿,眉宇间绝无贵介气。匿影草堂,拥书万卷,泛览百家,留心郡乘,与浔上董斯张邮筒往返,纂辑《备志》,奇僻异呈,未登梨枣,遽赋玉楼,惜哉!"《吴兴备志》三十二卷,分二十六门,采摭极富,于吴兴一郡遗闻琐事征引略备,每门皆全录古书,载其原文,有所考正,则附录于下。《四库提要》卷六十八著录,评价极高:"典雅确核,足资考据","当时著书家影响附会之谈,剽窃挦扯之习,实能一举而空之"。然著录于董斯张名下,后世刊行本亦无闵元衢署名。《吴兴艺文补》七十卷,有明崇祯刻本。陈以诚序曰:"今日闳览之士,如董遐周、闵康侯、韩圣开、韩仲弓诸君,合志同方,广搜博证,自正史以及稗官,自家乘以及杂部,或人非湖产而故实相关,或文寓他题而觚藻从掞,皆极为表襮,列之序皇。自唐季以前,董君为政;宋元而后,闵、韩共莅。"《四库提要·集部·总集类存目》亦云:"是书采录自汉至明艺文之有关湖州者,汇为一编,以补旧志所未备,其自唐以前为斯张手辑,宋元以后则元衢、千秋诸人共成之。"这是一部颇有影响的文学总集,《明史·艺文》、《续文献通考》卷一百九十八、《千顷堂书目》卷三十一等均著录,但因其编写发起人和主要编撰者是董斯张,所以该书也归入董斯张名下。

---

① 董斯张:《吹景集》卷十三亦收入该书,《续修四库全书》子部第1134册,第110—120页。
② 《吹景集》卷十三《陈眉公答康侯问》,同上,第119页。

崇祯刻本则题乌程董斯张遐周汇编、闵元衢康侯参辑、韩千秋圣开增定。值得一提的是，从《吴兴艺文补》的编纂来看，当时湖州文人有集体编纂书籍的风气。

《白法志》亦是闵元衢与董斯张合辑之书。"白法"是佛教用语，乃一切善法之总称。韩昌箕《吴兴艺文补纪事》即言此书为"方外之乘"①。乾隆《浙江通志》卷二百四十四也将其归之"仙释类"。因此，该书是一部关于释教内容的著作。闵谱《著述录》"《白法志》"条下有按语云："案康侯又曾与修刘志，跋载志中。徐朴《修志原委》略云：'宫保闵梦得未逝时，亦留神兹乘，以乃弟文学闵元衢素称渊博，使之参订，增所未备，庶今不竽，古不漏，可垂不朽矣。'"可知，《白法志》的编纂亦与闵梦得有关。闵元衢还留意于实用性书籍的编纂，如《大明会典士民便览》。其自序曰："《大明会典》一书，卷帙浩繁，愚意除军国重务外，其有关官民乡里日用之不可缺者，采掇凡一十二卷。"

由上可知，闵元衢在考据、方志、释教等方面均有所成，是彰显闵氏浓厚读书著述风气的一个典型。《晟舍镇志》卷五曰："终岁勤考据，证古今，著作等身，与南浔董斯张为僚婿，互相考证。阎百诗（阎若璩）、胡朏明（胡渭）、何屺瞻（何焯）三人皆服其赅博。"读书著述总是与编刊活动联系在一起，闵元衢的著述或自己刊行，如《欧余漫录》，或为他人所刊，如《合疏董彦远除正字谢启》。当然，作为撰述家的闵元衢也刊刻过不少别人的著作，如刊陈良谟《见闻记训》二卷、都穆《游名山记》六卷等，这将在后面的章节中论述。

第二节　茅氏读书著述之风

茅氏虽以农起家，但从茅坤辈开始，读书著述之风逐渐浓厚。茅坤从孙瑞征酷嗜读书著述，自号苕上愚公，曾自传曰："自先世事力稍，而公独酷嗜书。当其坐拥残帙，伊吾自喜，则私谓天壤间虽有他乐，吾不以易也。"特别是中年解组归田后，茅瑞征"每好著书"，且特色鲜明，"多杂以兵事"②，如《职方存草》。像这样的读书著述种子，在晚明茅氏家族成

---

① 见《吴兴艺文补》，《续修四库全书》集部第 1678 册，上海古籍出版社 1995 年版，第 10 页。
② 见茅瑞征浣花居刊本《东夷考略》所附《苕上愚公传》。

员中并不少见，而且茅氏的著述之风延续到了清代。如茅坤七世孙清代茅星来有《近思录集注》十四卷《附说》一卷、《钝叟文抄》三卷、《时文稿》一编，茅曦蔚有《大廷尉茗柯凌公殉节纪略》一卷，茅湘客有《絜吴蓁诗选》，茅应雷有《客游吟》等。据笔者统计，从茅坤辈开始，茅氏祖、父、孙、曾孙 4 代 11 人，共有著述 100 余种 5000 余卷。

茅氏所撰多文学书籍，而且这些著作多有刊本，择要考述如下。

1. 茅乾《晚汀吟草》六卷。茅瑞征刊，现佚。瑞征乃茅乾从孙，跋曰："公因侠显名，间以其轩髯高视之气，一寓之诗，此宁屑与老博士角宫商，分月露，而矢口应已神隽，所谓铁网取珊瑚，自不作凡相。吾宗固多善诗，恐终当俎豆公也。"

2. 茅坤《白华楼藏稿》十一卷、《续稿》十五卷、《吟稿》八卷、《玉芝山房稿》二十二卷、《耄年录》七卷①。《四库提要》卷一百七十七著录，曰："是编《藏稿》《续稿》皆其杂著之文，《吟稿》则皆诗也，《玉芝山房稿》文十六卷、诗六卷，《耄年录》则诗文杂编，不复分类。坤刻意摹司马迁、欧阳修之文，喜跌宕激射，所选《史记抄》《八家文抄》《欧阳史抄》，即其生平之宗旨。然根柢少薄，摹拟有迹。秦汉文之有窠曰，自李梦阳始；唐宋文之亦有窠曰，则自坤始。故施于制义则为别调独弹，而古文之品，终不能与唐顺之、归有光诸人抗颜而行也。至《耄年录》，则精力既衰，颓唐自放，益非复壮盛之时刻意为文之旧矣。"以上著述均曾刊行。《白华楼藏稿》有嘉靖四十三年茅翁积刻本②，王宗沐序曰："盖其倜傥奇峭者，既不得济于世，独敛缩而发于文，宜其有过人者。"③《续稿》及《吟稿》有万历十一年（1583）茅国缙刻本④，由茅坤内弟姚翼编。《玉芝山房稿》亦有万历十六年（1588）茅国绶刻本⑤。《耄

---

① 此据《四库总目提要》，现存刻本《吟稿》为十卷、《耄年录》为九卷。参见《茅坤集》之《前言》，浙江古籍出版社 1993 年版，第 2 页。

② 茅坤：《玉芝山房稿引》曰："长儿积尝刻《白华楼藏稿》若干卷，属大中丞王敬所公序之矣。"王宗沐序曰："（茅坤）因出其子翁积所裒刻《白华楼集》若干卷，曰：'平生竭力在此，何如作者？君为我序之。'"分别见《茅坤集》第 929、187 页。

③ 此序目前虽见于万历刻本《茅鹿门先生文集》，实际上却是嘉靖四十三年王氏为《白华楼藏稿》所作之序。

④ 茅坤：《玉芝山房稿引》曰："后二十年，仲儿缙举进士，以行役来归，复倒故箧，得《续稿》若干卷，已而又得《吟稿》若干卷，惧渐或散失，并序而刻之。"见《茅坤集》，第 929 页。

⑤ 茅坤：《玉芝山房稿引》曰："甲申以来四五年间"，"又共得诗文若干卷，贡儿复请刻之"。见《茅坤集》，第 929 页。按：贡儿即茅坤第三子茅国绶。

年录》有万历二十三年（1595）茅氏刻本，茅坤自序。

3. 茅坤《鹿茅门先生文集》三十六卷。中国科学院图书馆、浙大图书馆等藏有其万历十六年刻本，收入《续修四库全书》集部第1344、1345册。依次有王宗沐序、王宗沐《观察鹿门茅公像赞》、莫如忠《鹿门先生像赞》、陈文烛序。王序虽名《茅鹿门先生文集序》，实际上却是一篇旧序，是其嘉靖四十三年为茅翁积刊《白华楼藏稿》所作之序。陈序名《白华楼稿序》，"白华楼稿"是指茅坤文章全集，与此前所刊《白华楼藏稿》有别。也就是说，这才是真正为此书所作之序。序略曰："先生文章摹画古人，其神气本于龙门令，而恢张变化，莫可窥测。或谓书似昌黎，而不知为《报任少卿》之遗也；记似柳州，而不知为《世家》之遗也；记战功似子瞻，而不知为《八书》之遗也；赠、送似永叔，而不知为《列传》之遗也；杂著似介甫，而不知为《赞词》之遗也。观先生之形者，诸大家；观先生之神者，太史公；而原则六艺尽之矣。昔人言，文如万斛之珠，取之不竭，根之茂者其实遂，膏之沃者其光晔。又如千兵万马，风恬云霁，寂无人声，此不可品先生哉！先生之文在天壤，与日月而并远也。"

4. 茅坤《鹿门先生诗选》三卷。有茅元仪重刻本①。朱国祯《涌幢小品》卷二十二《俚诗有本》曰："茅鹿门先生文章擅海内，尤工叙事志铭，国朝诸大家皆不及也。晚喜作诗，自称半路修行，语多率易。次子国缙登第，喜而口占曰：'堂前正索千金赏，门外高悬五丈旗。'闻者皆笑。"又，朱彝尊《静志居诗话》卷十二曰："鹿门诗亦庸钝，观其酬酢，多医卜星相之流，知非意所存也。"就笔者看来，两朱氏之言符合茅诗实际情况。茅坤虽为文章大家，但其诗确实很平庸，特别是那些数量不少的与医卜星相之流的酬唱之作，语句多有雷同，几成模式。

5. 茅翁积《芸晖馆稿》十四卷，佚。《四库提要》卷一百七十八曰："翁积字穉延，归安人，副使坤之子也。豪荡不羁，以任侠自负，故所作多文酒宴会之词。是集凡诗十卷，文二卷，乐府二卷，而以行状、墓志铭、小传附其后。"茅坤《祭积儿文》曰："尔既殁，而汝之子元祯稍出尔手刻杂诗及从狱中所自序千余言，予览之，一字一泪。"

---

① 《归安县志》卷二十认为茅元仪重刻是在丙戌（1586年或1646年），这不合茅元仪生卒年（1594—1640），俟考。

第三章　晚明望族编刊活动的文化基础 / 69

6. 茅国缙《荐卿集》二十卷、《菽园诗草》六卷。茅元仪序《荐卿集》曰："先君子弃孤时，孤年十四，坫块中即辑遗稿，诗已定为《菽园集》行世。其稿则病榻间手自窜定以授孤，孤即长跪请交稿，曰已忘之矣。盖先君之诗，神渊骨耸，冲容大方，士大夫类能言之。至其文苍简为质，而渺波万顷，常在咫尺之间，叙事则描生化工，论事则言短物尽。先王父鹿门先生宗欧祖马，得文章正法而领袖本朝学者，而先君传其家学，一出于简峻，以班佐马，以王佐欧，窃谓近焉。然每慎出之，即出，复不自珍惜，故散佚无遗。自丁未至丙寅，凡缀葺二十年而仅得八卷，合诗十二卷，以为《荐卿先生集》。其政绩、家乘十二卷别为外集，不敢附此者，恐以掩先生之文也。虽然，乌可掩乎？敬为序。"《菽园诗草》六卷，吴梦旸序，日本内阁文库藏有其明刻本。六卷依次为《楚游》《在告》《北征》《白门》《闽游》《再过白门》）。

7. 茅维《十赉堂甲集》《乙集》《丙集》①。《千顷堂书目》著录，均存。上图藏有《十赉堂甲集诗部》五卷、《十赉堂甲集文部》十二卷、《十赉堂乙集诗部》十八卷，万历四十六年刊本。有冯时可、屠隆、吴梦旸、陈继儒、梅守箕、黄汝亨等名人序或诗评。冯时可《十赉堂甲乙集序》曰："孝若结集，自名《甲乙》，岂有仿于樊南生耶？彼其削笔衡山，洗研湘江，以放废之余，集破裂之册以签署，盖非得已。孝若亦岂有托耶？其称'十赉'，则又有取于陆敬游受陶隐居策，为栖静居士，甘宅山焉。然以孝若高文大版传样鸡林，甲乙之观，终当在紫清丹箓间，岂长阿连石四雷轩中所可羁耶？"又黄汝亨序略云："门人茅孝若，天挺异材，而嗣鹿门先生业于唐宋大家书。既已咀英撷华，又浸淫三史，沿溯六经，故其文俊韵朗气，湛识古姿，追攀往哲，凌跨一时。昔人有言，老父应让此人一头地，予于孝若亦云。"《十赉堂丙集》诗十一卷词一卷，国图藏有明末刻本，已收入《原国立北平图书馆甲库善本丛书》第890册②。

8. 茅维《北闱赘言》二卷，存。附于上图藏《十赉堂甲乙集》中，依次有朱国祯、李衷纯、夏嘉遇、王士昌、温体仁、章光岳等名人序，并

---

① 茅维当还有《十赉堂丁集》，佚。《洁溪花史》卷下标题有自注曰："已刻乙、丙、丁三集内。"笔者理解是，《洁溪花史》卷下中的诗歌有的刻入《十赉堂乙集》，有的刻入《十赉堂丙集》，有的刻入《十赉堂丁集》。

② 哈佛大学燕京图书馆藏该书胶卷，其介绍项为：六册，十二卷，九行十八字，天启崇祯间刊本。

自序。《归安县志》卷二十一引《湖录》曰:"自丙午科至乙卯后场诸艺汇而梓之,盖痛骨鲠见摈而以刘去华自伤也。"

9. 茅维《茅洁溪集》二十四卷。台湾"中央"图书馆藏明崇祯间茅氏凌霞阁刊本,三册。哈佛大学燕京图书馆有该书胶卷,依次是[1]:《还山三体诗》四卷,包括《感寓诗》一卷、《闲适诗》一卷、《还山酬寄诗》二卷,壬申秋孟临川友弟章光岳序、茅维《感寓诗引》《酬寄诗引》;《冬馆诗》一卷,有崇祯冬季自序;《盟宗祠文》等一卷;《拟献丹扆六箴》一卷;《辕下商歌》三卷,有茅氏崇祯丙子自序;《迂谈》一卷,有茅氏崇祯甲戌自引、唐世济小引、宋献引、崇祯甲戌尹伸题辞;《告宗祠文》《告仲兄文》《正议》《悲双松》《悲蔌园》《舟中纪实》《答止生侄书》等一卷;《续商歌》一卷;《洁溪花史》二卷,有茅氏自引;《梅帖》《桂帖》《牡丹帖》各一卷,有崇祯癸酉茅氏《梅桂牡丹三帖总引》;《凌霞阁小品》一卷;《春明祖帐》一出;《云壑寻盟》一出[2]。

10. 茅维《菰园初集》六卷,日本内阁文库藏万历二十四年(1596)刊本。依次是屠隆、陈继儒、吴梦旸序,梅守箕诗评。诗歌起自万历辛卯(1591),止于万历丙申(1596),每年一卷。

11. 茅维《凌霞阁内外编》。此乃茅维所作十五个杂剧总集,茅维《凌霞阁新著总引》有"演《内外编》十五剧"之语。顾简序,略云:"予闻之茅孝若尝以所作杂剧属钱谦益序,已而语人曰:'轻我。近舍汤临川而远引关汉卿、马东篱,是不欲我代临川也。'其矞兀如此。"[3] 茅维杂剧现存其八,其中《苏园翁》《秦廷筑》《金门戟》《醉新丰》《闹门神》《双合欢》六剧见于清初邹式金所辑《杂剧三集》,《春明祖帐》《云壑寻盟》二剧见于笔者发现的《茅洁溪集》[4],另有《没奈何》《贺声钟》两剧仅存剧名[5]。这些杂剧仅《春明祖帐》《云壑寻盟》可以确定是《凌霞阁内外编》诸曲。

12. 茅瑞征《澹朴斋集》二十一卷。其明刊本现存日本尊经阁文库,

---

[1] 据著录,有 24 卷。然笔者核对哈佛胶卷本,却没有 24 卷之数,可能录制成胶卷时有遗漏。
[2] 参见赵红娟《哈佛燕京图书馆藏茅维〈茅洁溪集〉及其价值》,《中国文学研究》第 31 辑,复旦大学出版社 2018 年版,第 146—156 页。
[3] 《归安县志》卷二十一《艺文》。
[4] 参见赵红娟《新发现的明代戏剧家茅维两个杂剧》,《戏曲与俗文学研究》第 4 辑,社会科学文献出版社 2017 年版,第 226—242 页。
[5] 参见赵红娟《茅维〈凌霞阁内外编〉相关问题考述》,未刊发。

包括：《澹朴斋初集》十七卷，其中前十三卷为文，后四卷为诗；《澹朴斋外集》四卷三种，即《愚公麈谈》上下卷、《燕槎碎录》一卷、《武部杂志》一卷①。《澹朴斋初集》有崇祯七年（1634）自序，曰："《澹朴斋初集》者，儿辈辑予五十以前存稿，稍为诠次，因系以所居斋名以志。予少壮时论著，且谓继此将有待也，然予与古文辞曾无意闯作者之藩，噉名引重，而意有所会，沉吟控揣，务写予意中所了，意尽则止，亦不问好丑工拙，至序述结构，总使一片朴实肺肠流出，自谓于此道中别有真相，颇亦时时见推于先辈中。间多所散佚，尚存斯集，犹及相见生平出处、交游本末。"②

13. 茅元仪《石民四十集》。《归安县志》著录为一百四十八卷。现存崇祯刻本为九十八卷，收入《续修四库全书》第1386—1387册，亦收入《四库禁毁书丛刊》集部第109—110册。自序曰："或曰文章与日俱老，将无然。仆十一岁学制举文，十三四学为古文词，今所存箧中者尚有十八九时作。且行年四十矣，文不加进，岂犹未老耶？然仆老于事矣。少年气蓬勃，恶人之拟其锐也，好为沉鸷之言；今其气沉矣，又恶人之抑其钝也，好为剽悍之言。然设境以参之，其犹昔锐而今钝，文境亦约略如是也。此岂所谓与日俱老者耶？然其情日纤也，局日严也，脉日微也，似得之钝而不得之锐也。此岂所谓与日俱老者耶？然始之欲驾乎古也，今之企古而如不可及也。始之嗜古而古不见其及也，今之忘古而并不见其古也，直谓之钝也，将无然。乃汇至四十除而止，其汰者始多而今寡，存者今多而始寡，亦若以年为梯，其犹今之我耶。姑名曰《四十集》。"③

14. 茅元仪《未出集》二十卷。明天启七年刻本，收入《四库禁毁书丛刊补编》第73册。自序略曰：《未出集》三种皆未出山前言用兵以来之事也。其一曰《藿谋》，盖用兵以来，公卿大夫虚怀下询，故承问出位而答之者也。其一曰《冒言》，盖是时军费繁，县官未患弱先患贫，贫则弱矣。有天下而患贫哉！故仰屋窃筹裕国而无病民之术也。其一曰《靖草》，盖壬癸间，奴酋据全辽，莲妖扰中原，时欲两用之，故请犯难以当前，及妖稍已，愚不自爱其身，蹈险尝死之言也。《藿谋》十三卷，《冒

---

① 感谢友人浙江计量大学赵素文女士将日本尊经阁文库本复印件慨然相赠，谨此致谢。
② 见光绪《归安县志》卷二十一《艺文》。按：《归安县志》著录为"《澹朴斋集》十五卷、《楚游稿》一卷、《金陵稿》一卷、《闽游稿》一卷"。
③ 按：光绪《归安县志》卷二十一《艺文》所引该书自序，文字多有误。此据《续修四库全书》本。

言》四卷,《靖草》三卷。三书者,已久刻布,今特集而名之。

15.《石民诗集》五十二卷。《归安县志》卷二十一《艺文》引《湖录》曰:"诗凡六种,《赏心集》八卷、《渝水集》六卷、《西崦集》三卷、《江村集》二十卷、《横塘集》十卷、《又岘集》五卷,皆自序。"又引《静志居诗话》卷十九曰:"止生宣力戎行,富有撰述,其论诗云:'今人与古人,欲合当先离。'其言诚是,特下笔未能醇雅,盖竟陵之派方盛,又与友夏袗契,宜其染素为缁也。"以上六种诗集之明崇祯刻本,收入《四库禁毁书丛刊》,其中《江村集》为集部第 70 册,《西崦集》为补编第 73 册,其他四种为集部 110 册。

《赏心集》八卷为元仪三十岁赴渝水前所作。元仪七岁能诗,有"斗酒犹不醉,兴来嘘天风"之句。十七岁读书金盖山,始录所作,然随录随毁。十九岁北闱下第,归而寓居南京。次年游吴越,《赏心集》诗"大率始吴越游,先此者百一耳"。之所以名《赏心集》,是因为茅元仪所居在南京赏心亭旁,"其诗约略其地所作也"。渝水在辽宁,《渝水集》自序曰:"当天启癸亥,仆奉征书起家。盖是时役渝水者,十无一还。仆顾瞻坟墓,俯瞬妻孥,俱付之辽东鹤矣。乃竟恢辽西四百里,而始以忤珰罢。罢之岁为丙寅,至八月抵旧京私第,始卒渝水之役,其间得诗六卷。"元仪天启六年丙寅(1626)罢官后,隐居苏州石址,西崦在石址附近。《西崦集》乃元仪隐居期间所作,前后时间大概一年多。自序曰:"迹其岁余之诗,虽时有不齐,心魂无非我石址也。将留石址,以名终老之诗,姑以始至之西崦,以识其始择隐之诗耳。""江村"是元仪友人鹿善继老家,在河北定兴县,元仪曾在此隐居避祸,首尾三年(1627—1629),约五百日,"所得诗文杂述纂辑共百二十卷,其七之一为诗,乃以自环召及未抵闽一日诗附益之,共厘为二十卷"①,名《江村集》,以示不忘其友。所谓"抵闽",是指崇祯二年(1629)时任副总兵的茅元仪因觉华岛兵变事件获罪而遣戍福建漳浦。《横塘集》为在闽及从闽归来后一段时间所作诗。横塘原为赵孟𫖯故宅,明时为茅坤所有。元仪从闽流放归来后,此宅最后数椽亦归他人,因名其集曰《横塘》,以示"不敢忘先君所偃息也"②。"又岘"乃舟名,《又岘集》自序曰:"明年(天启六年)削为氓,较事者

---

① 茅元仪:《江村集序》,《四库禁毁书丛刊》集部第 70 册,第 371 页。
② 茅元仪:《横塘集序》,《四库禁毁书丛刊》集部第 110 册,第 191 页。

踵之，不暂释不敢见人，人亦畏其居于此，遂谋治一舟，为泛宅焉，颜之曰又岘"，"至（崇祯癸酉）（1633）除夕，得诗五卷，大约皆舟中作也，名曰《又岘集》"。①

与政治、历史、地理、兵事、农桑等相关的经世致用书籍，也是茅氏撰述与刊刻的一个重点，择要考述如下。

1. 茅坤《徐海本末》一卷。存，收入《海寇后编》，有明刻本、清嘉庆虞山张氏刻本、《丛书集成续编》本、《四库存目丛书》本等。《四库提要》卷六十四著录，曰："坤好谈兵，罢官后值倭事方急，尝为胡宗宪招入幕，与共筹兵计。此编乃纪宗宪诱诛寇首徐海之事。皆所亲见，故叙述特详，与史所载亦多相合。袁褧以此书与《汪直传》合刻，入《金声玉振集》中，题曰《海寇后编》。今析出，各著于录焉。"

2. 茅坤《浙省分署纪事本末》六卷。《四库提要》卷八十著录，曰："是书之作，盖以湖州乌戍一镇，界连六县，跨带两省，奸盗易于窟穴。郡人致仕副使施儒，以嘉靖十七年疏于朝，请设县不果，议置通判。后因通判权轻，不足以弹制诸属，旋亦汰除。万历元年始设同知以统之，因作是书以纪其始末。"

3. 茅艮《农桑谱》六卷。艮"好稼穑，尤精治桑，桑之利倍收于田，以故家益饶裕。嘉靖中以例为河南布政司经历，作是谱，颁示中州"②。

4. 茅瑞征《万历三大征考》。《归安县志》卷二十一著录为五卷，包括《图说》一卷、《哱氏》一卷、《关白》两卷、《杨应龙》一卷③。这是一部纪事本末体史书，成书于天启元年（1621）。自序略曰："尝阅《两朝平攘录》，摭拾多不雅驯，已得瞿待诏《武功录》，所述哱、播情事，似属详尽而铺张，间涉厄蔓，朝鲜一案缺焉不备。往岁归舟，挈有《本兵稿略》，因出次第参订，僭为删辑，天启辛酉夏日。"该书主要记述万历朝的三次大规模用兵：一是万历二十年出兵宁夏，历时九个月，平定宁夏致仕副总兵哱拜叛乱；二是万历二十年出兵援朝，与日人相持八年，最终取得胜利；三是万历二十五年出兵播州，历时三年，平定播州宣慰使杨应龙叛乱。在记叙三大征后，作者还以

---

① 茅元仪：《又岘集序》，《四库禁毁书丛刊》集部第110册，第142页。
② 《归安县志》卷二十。
③ 现存。一为北大藏旧钞本，收入《四库禁毁书丛刊》史部第70册，三卷：《哱氏》一卷、《倭上》《倭下》一卷、《播州》一卷，据目录附有《宁夏图》《日本图》《岛夷入犯图》《朝鲜图》《播州图》；二为上图藏明天启刻本，收入《续修四库全书》史部第436册，卷数与目录均同。按：两书均有清远居士序，从该序所附印章来看，清远居士并非茅瑞征。

"外史氏曰"的方式，表明自己的观点。另外，该书还附有五图，分别为：《宁夏总图》《日本总图》《岛夷入寇之图》《辽东连朝鲜图》《播州总图》①。总之，是书记事翔实，图文兼备，是晚明重要的军事书籍。

5. 茅瑞征《东夷考略》一卷《东事答问》一卷。此书《归安县志》不著录。上图藏有明天启刻本，收入《续修四库全书》史部第436册、《四库禁毁书丛刊》补编第17册。其内容包括女真通考，海西女真考，建州女真考以及辽东全图、沈阳图、东事问答，是有关明代女真族的重要史料。

6. 茅瑞征《皇明象胥录》八卷。茅瑞征曾官兵部职方司，因据历代史牒及耳闻目见，撰为此书，以补嘉靖郑晓《皇明四夷考》。其自序曰："郑端简公《吾学编》所次《四夷考》，精核简严，而根据多略，编纂亦止于世庙。余往在职方，间按历代史牒及耳目近事，稍为增定，以讫万历纪年。如佛郎机、鲁迷诸国，前考所缺者，并掇摭订入，庶几展卷可晰本末，蛮陬夷落如指诸掌"，"因搜录成书，貂续端简，题曰《象胥》，以志国家宾师之略。其他如北虏、女真及西南溪洞诸蛮夷，别有裒辑"。是书对明代边境和通使梯航诸国，罗列略备。现存明崇祯二年（1629）刊本，收入《国立北平图书馆善本丛书》第一集、《四库禁毁书丛刊》史部第10册。

7. 茅瑞征《职方存草》。此乃瑞征官兵部职方司时章奏、文移，已佚。《归安县志》卷二十一引其自序曰："尝考六曹职守，衡重本兵，独号机务，意若有所深秘，而职方剧冗，为他曹最。每入署，诸边白上副封，厅事为满。余以寡才承乏，兼之五年，军政凑集，而又是年适当秋防多儆，日从左右两司马后，笔墨裁牍，自谓心力殚竭，而竟以十月之拮据供人弹射。归来偶启敝箧，题识宛然，因遂辑，存其略，以志官守。盖章奏至今日庞杂极矣，而停壅亦最甚。言路痛苦流涕之说十上十格，六曹时引职守争犀，一披答而本兵事十九报闻，说者谓上留意边陲，应机立断。今日即尺幅可征实事者，独本兵奏牍耳。而塞上以虚文播弄，已成习套。一番申饬，空挂墙壁，即当事亦多借题署弛。狐埋狐搰，谁执其咎，而况又口或关之，时或掣之，成或挠之乎？今之机务，吾更虞其停壅在下，以实程而以虚应也。余以一屦书生，轻把三寸翰，预入封疆事，非有奇谋秘画可佐缓急。幸值天子明圣，边境无大变动，得以文墨议论曲解，贳于停壅之罪。故牍具在，其亦拙者为政也夫。"

---

① 按：正文中所标图名与目录中所言图名，微有差异。

8. 茅元仪《武备志》二百四十卷。自序略曰："国家承平者二百五十载，士大夫无所寄，其精神杂出于理学声歌、工文博物之场，而布衣在下，不得显于时，亦就士大夫之所喜而为之，至介弁之流，亦舍其所当业，而学士大夫之步，故朝野之间，莫或知兵，余窃悲之，为作《武备志》。"茅元仪编纂此书的主要目的是保卫国家，抗击当时的后金政权。书成于南京，《归安县志》卷二十一引《江宁府志》曰："元仪寓居金陵，作《武备志》，崇祯元年三月进呈，天语其赅博，元仪即颜其堂曰赅博。宋比玉擘窠作八分书，广三尺许，比玉平生得意之笔。堂在定武桥东，今已数易其主，额不知所在矣。"《武备志》现有天启刻本，收入《四库禁毁书丛刊》子部第23—26册和《续修四库全书》子部第963—966册。全书共240卷、200余万字、738幅图，是一部大型的百科全书式的兵书，在我国军事史上有很高地位。它汇集了历朝以来2000余种兵书，将之分门别类。全书由"兵诀评""战略考""阵练制""军资乘""占度载"五大类组成，每类前各有序言，考镜源流，概括内容，说明编撰的指导思想和资料依据。大类下又分若干小类，小类下则根据需要设置细目。如《阵练制》四十一卷，由"阵"和"练"两部分组成，前者强调要详细，后者强调要适用。"阵"下又分94个细目，附录300余幅阵图，详细记载了从先秦至明代各种阵法阵图，资料价值十分丰富。

9. 茅元仪《平巢事迹考》一卷。关于该书作者，一开始有争议，四库馆臣以为茅元仪。《四库提要》卷五十二曰："《平巢事迹考》一卷，浙江巡抚采进本。旧本题曰宋人撰，不著名氏，曹溶收入《学海类编》。近时平湖陆烜又刊入《奇晋斋丛书》，后有烜跋，称为元人抄本。今考其书，即明茅元仪之《平巢事迹考》，但删去元仪原序耳。盖溶为狡黠书贾所绐，烜又沿溶之误也。"当代学者有进一步考证①，其作者为茅元仪已是定论。是书现有清初抄本。茅元仪撰写此书，是想建议当局仿效唐末平黄巢之事，来对付明季农民起义，是一部治世之书。四库馆臣曰："是编因明季流贼猖獗，官兵不能御。元仪建策，欲用宣大降丁剿之。因谓唐黄巢发难时，沙陀五百即能歼其众，而唐人疑不肯用，迄至亡国。故叙录其事，冀鉴其祸而用己说。其大旨见自序中，然亦一偏之见。自古以来，召外兵以救内难，无论克与不克，未有不终于致乱者也。"关于是书的学术价值，

---

① 臧嵘：《〈平巢事迹考〉为茅元仪所著考——兼及茅元仪著作》，《文献》1982年第1期。

四库馆臣评价不高："书中所载，始于唐僖宗乾符元年王仙芝作乱，迄于中和四年平黄巢，皆全剿《资治通鉴》之文。有删除他事不尽者，如乾符五年郑畋、卢携愤争南诏事是也；有偶遗本事者，如广明元年漏载义武军节度使王处存举兵入援，而其下叙王重荣事，突出处存之名，莫知所自来是也。盖元仪姑借巢事以寄意，故疏略至于如是耳。"①

10. 茅元仪《青油史漫》二卷。《四库提要》卷九十《史部》四十六《史评类存目》二曰："是书杂论史事，多为明季而发。如称汉高祖令吏敬高爵，则为当时轻武而言；诋魏征抑法以沽直，太宗矫情以听谏，则为当时科道横议而言；论西汉亡于元帝，东汉亡于章帝，则为神宗而言。亦胡寅《读史管见》借事抒议之类，而矫枉过正，故其词多失之偏僻。"任道斌先生认为该书"今佚"②，误。上图藏有其清初抄本③，已收入《四库全书存目丛书》史部第 288 册。

另外，像茅维《嘉靖大政记》二卷④、茅元仪《辽事砭呓》六卷⑤、《督师纪略》十三卷⑥、《三成丛谭》十三卷⑦、《启祯臣节录》二卷等⑧，亦是涉及政治军事的经世之作。实际上，茅氏撰述中，注释、考证一类学术著作，以及子部小说类著作，亦多有用世之心，试举例如下。

1. 茅瑞征《虞书笺》二卷。中国人民大学图书馆藏有该书崇祯刻本，已收入《四库全书存目丛书》经部第 52 册。此书乃茅瑞征官南京光禄寺卿时所作。崇祯壬申自序曰：

今主上每事诵法尧舜，而廷臣将顺，不遑率孙处于稷、契、夔、龙之后，曰：天王圣明，为臣不易。顷岁，边庭告急，水旱时闻，大似唐虞儆予之日，惟诸臣共以尧舜事君，而无空以尧舜颂吾君。明良喜起，弘济艰难，此亦千载一时矣。少习书传，白首茫然。南局多暇日，取唐虞论治之书，再四读之，意有所会，辄次数语简端，久便成

---

① 以上参见《四库提要》卷五十四。
② 任道斌编：《方以智、茅元仪著述知见录》，书目文献出版社 1985 年版，第 89 页。
③ 另外，台湾"中央"图书馆有明崇祯刻本。
④ 《明史·艺文志》著录。
⑤ 有清抄本，收入《四库禁毁书丛刊》补编第 22 册。
⑥ 有明末刻本，收入《四库禁毁书丛刊》史部第 36 册。
⑦ 有国家图书馆藏明崇祯刻本，收入《续修四库全书》子部第 1133 册。
⑧ 与孙承宗合撰，清尹琮辑，有清康熙刻本。

帙，儿子偶发废篑，请付副墨，因漫题曰《虞书笺》。

明季内忧外患，茅瑞征希望皇帝能效法尧舜，诸臣能以稷、契为榜样事君，以弘济时难，其用世之心十分明显。《四库提要》卷十四著录该书，虽肯定茅瑞征其人，但对其所笺评价很低，曰："考《定陵注略》，瑞征官职方郎中时，欲黜一副将不遂，反为所构。又御史姚永济、韩浚皆有所请托，瑞征不从，遂合力排挤之去。其人盖亦铮铮者，而此书所笺，大抵敷衍旧说，无所发明。如解'柔远能迩'句，云'柔字下得最妙'；解'惟时亮天工'句，云'即熙帝载意'；解'天叙有典'节，云'两我字正与两天字相应'；解'慎乃在位'句，云'即慎乃有位'，皆肤浅不足采录。殆以闲曹无事，姑以遣日，本无意于著书，而其子漫付剞劂耳。"

2. 茅瑞征《禹贡汇疏》十五卷。作于崇祯壬申，包括《禹贡汇疏》十二卷、《图经》二卷、《别录》一卷，有自序、闽观察使申绍芳序及樵李门人黄承昊跋，北大图书馆藏有崇祯刻本，收入《四库存目丛书》经部第52册、《续修四库全书》经部第54册。自序曰："间考苏端明《书传》，意解各殊，及参以《大全》，诸儒论著，问难蜂起。因从诵读之余，凡关《禹贡》疑义，信手摘录，爰采群碎，汇为全书。"①《四库提要》卷十四著录此书，曰："其书前冠《图经》二卷，上卷二十四图，皆郑晓原本；下卷二十四图，则瑞征所补辑也。次以九州为九卷，《导山》《导水》各一卷，而'九州攸同至末'自为一卷。又采摭大禹神怪之事为《附录》一卷。"②《提要》对其汇疏，同样评价较低，曰："征引浩繁而无所断制，动引及天文分野，未免泛滥。至其《附录》一卷，尽摭杂家之言，侈谈灵异，则非惟无与于经义，亦并无关于时事矣，岂说经之体哉？"然《提要》已指出是书"多借以抒写时事"，"盖其志不在于解经也"。正如茅氏自序曰："读《禹贡》者，详九州之山川，则可供聚米之画；习漕渠之歧路，则可商飞挽之宜；察东南之物力，则当念杼轴之空；考甸服之遗制，则当兴树艺之利，而挈要于底慎财赋一语。疏解浩繁，可一言以蔽之。如必句栉字比，执今图志，疑古山川……此不离经生之耳食，亦何益孔蔡之

---

① 光绪《姚氏家乘》卷二十《艺文》，收姚舜牧《虞书笺》二卷、《禹贡汇路（疏）》，且所引姚氏两书自序，除个别文字外，均与茅瑞征著作同，不知何据。可能是家谱编撰者把茅氏著作误为姚氏著作。

② 按：据该书《禹贡汇疏目录》及正文版心，"《附录》一卷"应作"《别录》一卷"。

旧闻?"可知,该书实际上是一部用世之书。

3. 茅元仪《西峰淡话》四卷。现有清顺治三年宛委山堂刻《说郛续》本,收入《四库存目丛书》子部第244册,然仅一卷十条①。《四库提要》卷一百四十三子部小说家类存目著录为四卷,曰:"是书多论明末时政。其论有明制度,多本于元,尤平情之公议,非明人挟持私见曲相排抑者可比。然其中愤激已甚之词,亦不能免,仍当时诟争之积习也。"

收入《归安县志》的茅氏著述,还有一类是茅氏评刊或编刊的,主要有以下几种。

1. 茅坤《八大家文抄》一百四十四卷。是书通行本为一百六十四卷②,在明代一再翻刻,"初刻于明万历七年(1579),再刻于崇祯元年(1628),三刻于崇祯四年(1631),一再翻刻,需求日增"③,是晚明畅销书。有关其内容、成书及刊刻流布等情况,《四库提要》卷一百八十九有评述与辨析:

> 《明史·文苑传》称坤善古文,最心折唐顺之。顺之所著《文编》,唐宋人自韩、柳、欧、三苏、曾、王八家外无所取,故坤选《八大家文抄》。考明初朱右已采录韩、柳、欧阳、曾、王、三苏之作,为《八先生文集》,实远在坤前。然右书今不传,惟坤此集为世所传习。凡韩愈文十六卷,柳宗元文十二卷,欧阳修文三十二卷附《五代史抄》二十卷,王安石文十六卷,曾巩文十卷,苏洵文十卷,苏轼文二十八卷,苏辙文二十卷,每家各为之引。说者谓其书本出唐顺之,坤据其稿本刊版以行,攘为己作,如郭象之于向秀。然坤所作序例明言以顺之及王慎中评语标入,实未讳所自来,则称为盗袭者,诬矣。其书初刊于杭州,岁久漫漶。万历中,坤之孙著,复为订正而重刊之,始以坤所批《五代史》附入欧文之后。今所行者,皆著重订本也。……今观是集,大抵亦为举业而设。其所评语疏舛,尤不可枚举。……然八家全集浩博,学者遍读为难,书肆选本,又漏略过甚,坤所选录,尚得烦简之中。集中评语,虽所见未深,而亦足为初学之门径。一二百年以来,家弦户诵,固亦有由矣。

---

① 任道斌认为该书佚。见《方以智、茅元仪著述知见录》,书目文献出版社1985年版,第97页。
② 欧阳修文三十二卷后附《五代史抄》二十卷。
③ 参见夏咸淳《〈唐宋八大家文钞〉与明代唐宋派》,《天府新论》2002年第3期。

按：茅著刊本之茅著跋署"岁在辛未仲秋之望"，"辛未"当为崇祯四年（1631）辛未，而万历间无"辛未"，故《四库提要》言坤孙著重刊于"万历中"有误，应为"崇祯中"。

2. 茅坤《史记抄》，存。《四库提要》卷六十五著录，曰："是编删削《史记》之文，亦略施评点。然坤虽好讲古文，恐未必能刊正司马迁也。"具体参见第四章第四节。

3. 茅一相《欣赏续编》十卷，存。国图、上图、南图等藏有其万历八年刻本。徐中行序曰："先是吴郡沈润卿有《欣赏编》十卷，一相爱之，复以己意为续，分甲乙十集。"沈润卿，名津，长洲人。《欣赏编》是他正德间辑刻的一部说部丛书，所收十种书是当时士大夫集古、博戏、谈艺、养生之类的娱情悦性书籍。《欣赏续编》仿此而作，主要是辑刻他人著作，只有《茶具图赞》一卷、《绘妙》一卷为茅一相自己所撰。具体参见本书第九章第二节"茅一相"条。

4. 茅元仪辑《全唐诗》一千二百卷。《归安县志》卷二十一引《湖录》曰："元仪辑此书颇费苦心。先之者，东生范氏讷也。讷既殁，元仪得而辑成之。会国变，稿俱散亡，或云尚存白门，已为他人取去，幸其《凡例》刻于《（石民）四十集》中，为录之。"

5. 茅元仪辑《鸿宝》一千二百卷。此书卷帙浩繁，但具体内容未明。自序略曰："余自束发以来，慨百代之泛滥，冀一轨以可依，独念上下千古登替，昔哲信心之难先于信世，因循十载，迄无所成。又念占筮编技各有专书，百工小艺亦有独授，故其用博而守约，精专而造远，自顾所业，不觉汗腾颊赭也。已未春，行年三十有六，学《易》之年已失半矣。忽忽若丧，冥冥不怿。既而悟曰：信心之难，繇欲信世也。求信世而不能信心，姑信心而置信世乎？客曰：'信心者所以信世也。'曰：'是非吾所及也。'命曰《鸿宝》，誓终于枕中，而已为四部十二门，条其义于左。"

6. 茅元仪校刊《嘉靖大政类编》二卷。《四库提要》卷五十四以为是书乃元仪撰，并曰："是编记嘉靖一朝大政，自大礼、四郊以下，计十九类。抄本多阙讹。末有万历己酉（1609）跋语，记兹编始事于癸巳（1593），脱稿于丁酉（1597），藏之箧笥，已侵蟫蠹，屡有目眚，弗能再加订正，爰口占数语，付诸剞劂之后。然则当时盖别有刻本矣。"据所引跋语，此书万历丁酉（1597）已脱稿，而茅元仪生于万历甲午（1594），显然非其所撰。此书现存万历刻本，前有自序，署"清源山人黄凤翔谨识"，可知是书乃黄凤翔撰。上述《四库提要》所引,乃黄氏自跋。有目录,凡大礼、四郊、庄肃谥议、章圣南祔、二后丧祔、册立分封、宸章召对、京营、河道、阉宦、大狱、张延龄狱、甘州兵变、大同兵变、大同再变、辽东兵变、南京兵变、北虏、南倭十九目。封面大书书名,双行。中小字一行云,"曼山馆藏板"。上有朱文长方印,三行,"此系茅衙藏板,今在曼山馆发行。如有翻刻,千里必治"。① 据此可知,是书最先由茅元仪校刊行世,后茅氏藏版为曼山馆主人徐象枟所得而再次刊行。

总之,文学创作的丰盛以及政治、军事、历史、地理等书籍的大量编刊,是茅氏著述的一个显著特点,这与茅氏族人的文学天赋、军事爱好、政治热情等有关,而这在茅坤、茅瑞征、茅维、茅元仪四人身上,体现得尤为明显。

第三节　凌氏读书著述之风

凌氏家族是一个文化世家,读书著述之风浓厚。《嘉庆凌谱》之《凌氏著述叙录》曰:"凌氏著述之多,甲于诸姓,其采入钦定《四库全书》,固堪永垂天壤。他若辅翼经传,罗网古今,足以挟世道而裨治猷者,何可胜数?"又同谱《凌氏艺文录叙》曰:"我宗鸿才钜手,代不乏人,其著作专稿已刻行世者,如《著述录》所载,不下数万卷,岂易尽登?"据该谱,湖州凌氏最早之著述乃元末安吉凌说《六经义疏》②,《湖州府志》著录。明太祖闻其隐居著述之名,而召为都御史。凌说还有《鄠南八咏》,载入湖州方志,现存。凌氏从湖州安吉迁居练溪后,名气最大的是凌晏如③。他因擅长书法,曾参与修撰《永乐大典》《五经大全》《四书大全》《性理大全》。所临《洛神赋碑》,被誉为"魏公后一人而已"④。又手书《金刚经》一卷,"用铁门限笔,圆熟有结体,得临池三昧"⑤,有王世贞跋。

凌氏从湖州练溪迁居晟舍后,著述之风更浓。王穉登《国朝名公翰

---

① 参见黄裳《来燕榭读书记》(上册)卷三,辽宁教育出版社2001年版,第237—238页。
② 凌说乃凌时中之孙,元至正己丑进士,弃官归隐,著《六经义疏》。
③ 湖州双林凌氏亦有著述,如凌云《流注辨惑》《入秦怀古诗抄》等。
④ 引自《嘉庆凌谱》卷二《著述录》。
⑤ 同上。

藻序》曰："凌自黔博士（晟舍凌震）公而降，代擅丘坟，人娴笔札，等万卷于百城，托群籍于南面，钜述小篆，充栋盈箱。"据同治《晟舍镇志》卷六《著述》统计①，晟舍凌氏共有作者67人，书籍224种，其中大致属于明代的有34人128种。明人著述中，被《四库全书》采入的有2人2种：凌迪知《万姓统谱》一百四十六卷《氏族博考》十四卷（第956—957册）、凌义渠《凌忠介公集》六卷（第1297册）。被《四库全书存目》收入的有5人18种：凌迪知《左国腴词》八卷、《太史华句》八卷、《两汉隽言》十六卷、《文选锦字录》二十一卷、《名世类苑》四十六卷、《国朝名公翰藻》五十二卷《氏名爵里》一卷②，凌稚隆《春秋左传注评测义》七十卷、《五车韵瑞》一百六十卷附《洪武正韵》一卷③，凌义渠《湘烟录》十六卷④，凌弘宪《唐诗广选》七卷⑤，凌濛初《圣门传诗嫡冢》十六卷附《申公诗说》一卷、《孔门两弟子言诗翼》六卷、《诗逆》四卷《诗考》一卷、《选诗》七卷《诗人世次爵里》一卷、《东坡禅喜集》十四卷、《陶韦合集》十八卷⑥、《国门集》一卷、《国门乙集》一卷。

晟舍凌氏的著述始于凌雯、凌震兄弟。凌雯有《春洲诗集》一卷，凌震则是晟舍凌氏中以文名著称的第一人。凌震（1471—1535），字时东，正德间以廪贡谒选湖广黔阳县学训导。不久以年老力衰告归，杜门扫迹，清修自养。同郡董份曰："练溪先生自厌其业，与刘司空（麟）、施进士（侃）、孙山人（一元）辈，日夜为古文，益高而弗第。晚得黔博，不旋踵弃去，遂坎壈终其身。湖郡当时士知浮薄，乃翕翕而起，有力追古作者风，则自先生与施先生始。"⑦ 凌震博洽群籍，颇有文名⑧。他不仅善古文，而且长于诗歌。其文涵蓄缜密，诗歌清高悲壮。刘麟《凌学博练溪公

---

① 据《嘉庆凌谱》统计，明清凌氏共有著者60人，著作180种。这60人均以号相称，不少人身份难明。且《嘉庆凌谱》乃通谱，因此60人中并非全是湖州凌氏。
② 以上6种分别收入《四库全书存目丛书》史部第138册、史部第138册、史部第139册、子部第184册、子部第240—241册、集部第313—314册。
③ 以上两种分别收入《四库全书存目丛书》经部第126—127册、子部第219—220册。
④ 与闵元京合撰，收入《四库全书存目丛书》子部第145册。
⑤ 收入《四库全书存目丛书补编》第34册。
⑥ 以上6种分别收入《四库全书存目丛书》经部第66册、经部第66册、经部第66册、集部第340册、集部第13册、补编第14册。
⑦ 《晟舍镇志》卷六《著述》引《董浔阳文集》。
⑧ 《晟舍镇志》卷五"凌震小传"曰："有修才，诗文缜密清壮，钩索富闻。"

墓志》说:"一时名士未识面,先已读其篇什。"凌震有《练溪集》四卷,包括《文集》二卷、《诗集》二卷。是书由其子凌约言所刊,戚贤序①。戚氏乃安徽全椒人,曾任湖州归安县令,与作为地方耆老的凌震交游。凌震之子凌约言后来任安徽全椒县令,在县衙刻成此书,遂请时任刑科都给事中的戚氏作序。序曰:"今藻泉(凌约言)孝思之余,检箧中遗稿,梓之官署。刻成示余,且属序之。"又曰:"所作诗文不落程式,率意兴所适,而辞旨典则,音格清婉,卓然成一家言。"凌震诗文自出机杼,独抒性情。凌约言跋曰:"先君谈文以《史记》《汉书》为宗,论诗以唐人为法。至其有作,则机局悉由己出,绝不喜模拟。尝曰:'诗贵有情,吾得诸文衡山,文衡山得诸吴匏庵云。'"《晟舍镇志·著述》引《吴兴诗话》郑芷畦云:"练溪诗清婉可诵,是集初刻于明嘉靖辛亥(1551),胡松、凌约言俱有序。重刻于今,嘉庆乙亥(1815)凌鸣喈序,与孙一元诗同梓,称孙凌合刊。"据笔者调查,是书明嘉靖刻本、清嘉庆重刻本均存,前者浙大有藏,后者南图、上图等均有藏。

凌震之子凌约言(1504—1571),字季然,号藻泉,嘉靖庚子举人,曾任南直隶全椒知县、湖广沔阳知州、南直庐州府同知。在南京刑部员外郎任上遭遇丁艰,服阕后,不再赴调,从此优游林泉,著述终生。他自言"不喜弹棋陆博,不喜筹算钱谷,夤缘谒请,攀附贵游,虽斩头穴胸不屑。独雅好艺文,寄情翰墨,凡百氏之书,虽病甚,亦不停披"②。其雅好文学著述,与家学渊源以及师事父执施侃有关③。董份《比部藻泉公墓志铭》曰:"既承家学,长益从施先生游。施故多图书,尽出陈示,引与其父素所尝校论者,发难扬搉,因推极其趣,大夫由是尽得二先生之妙。"又,文嘉《比部藻泉公诔》曰:"归事菁阳(施侃),架书满盈。元览冥搜,追摄群英。思发泉涌,下笔成篇。"由于"涉猎广博,网罗百家",凌约言当时文名甚高,董份说"其文一出而海内称诵之"④。这虽不无溢美之词,但其著述丰厚、影响颇大却是事实。据《晟舍镇志》卷六《著述》,他著有《史记评抄》《凤笙阁简抄》《椒沔集》《朱批选赋》《汉书

---

① 戚贤,字秀夫,号南元,安徽全椒人,官刑科都给事中。
② 见凌约言《凌藻泉公自序传》,《晟舍镇志》卷八。
③ 据《练溪文献·列传》,施侃字邦直,号菁阳,正德庚午举人。"五试南宫不利,因构精舍于后林,博观经史,凡阴阳律吕,兵卜奇秘,无不钩勘,有得辄书于册,衰积数百卷。为古文,雄浑深懋,上拟秦汉。诗先气格,意兴清远。"嘉靖丙戌始成进士,卒于京师。
④ 董份:《比部藻泉公墓志铭》,见《光绪凌谱》卷四《碑志》。

评抄》《病稿偶录》等。凌鸣喈重刊《史记评抄》序云："先藻泉公辑《史记评抄》，于司马迁之学，博综条贯，惟恐阙遗。"凌约言对《史记》确有独到研究，其评司马迁文章之风格曰："子长之文豪如老将，用兵纵骋不可羁。"① 又评项羽之勇猛曰："羽杀会稽守，则一府慑伏，莫敢起；羽杀宋义，诸侯皆慑伏，莫敢枝梧；羽救巨鹿，诸侯莫敢纵兵；已破秦军，诸侯膝行而前，莫敢仰视，势愈张而人愈惧，下四'莫敢'字，而羽当时勇猛宛然可想见也。"② 这些有关《史记》的评论精彩异常，学界至今仍乐于称引。凌约言开创了凌氏家族精研史学的传统，此后其子迪知、稚隆，孙濛初均擅长史学。凌约言于文学方面亦有所成，曾言"汉无骚，唐无赋，宋无诗"，"而近时词坛之彦，则心服李空同、何大复、康德涵、徐昌谷、薛西京、文衡山、刘南坦、杨升庵诸钜公"。其"诗凡三百余首，未及斤削，仅有《病稿偶录》，为友人所刻"③；文则多未梓，仅有书信集《凤笙阁简抄》四卷，为其子凌迪知嘉靖四十五年（1566）所刊④，人"见之无不称服"⑤。唐枢曰："风格似坦老，而庄重丽博过之。"颜冲宇曰："趣逸绝尘，而沉挚古雅，慨壮若太古钟鼎之文。"⑥ 王世贞亦赞曰："余友人济南李攀龙、歙县汪道昆、吴都俞允文皆以尺牍名，今并凌公四矣。"⑦

到了凌震孙辈，凌氏的著述编刊风气已十分浓厚。凌约言长子凌迪知（1529—1600），字稚哲，号绎泉，嘉靖丙辰进士，历任工部郎中、大名府判、常州府同知，因刚正不阿而被僚友、上司切齿，罢官归家。迪知从常州同知任上罢归时，年仅三十八岁，时其父凌约言尚健在，迎之于途，笑曰："子失官固当，吾不能教汝谄，汝又信心落拓不反顾。吾向者令全椒，桑榆故人以巡江至，宛转待之，尚惧不免。汝以郎官谪州郡佐，数行己意。吾闻汝与某某交，与某某锋铔者绝，疑之必且被杀。今幸善归，家有

---

① 凌稚隆刊：《史记评林》卷首《读史总评》"凌约言曰"条，《四库未收书辑刊》第1辑第11册，第38页。
② 见凌稚隆刊《史记评林》卷七《项羽本纪》眉批，《四库未收书辑刊》第1辑第11册，第167页。
③ 以上见《凌藻泉公自序传》，《晟舍镇志》卷八。
④ 凌迪知：《凤笙阁简抄跋》曰："嘉靖丙寅（1566）夏日之吉，敬刻于毗陵官舍。"见上图藏嘉靖四十五年刊《凤笙阁简抄》。
⑤ 董份：《比部藻泉公墓志铭》，见《光绪凌谱》卷四《碑志》。
⑥ 以上引自凌迪知《凤笙阁简抄跋》，上图藏嘉靖四十五年刊本。
⑦ 见《晟舍镇志》卷六《著述》。

田数十顷，书万卷，吾饰吾凤笙阁待也。"① 凌迪知于是日奉父游山水间，与同郡朱国祯、茅坤，吴门王穉登，太仓王世贞等人交游结社，读书论文，著述刻书。其著述有《万姓统谱》一百五十卷、《历代帝王姓系统谱》六卷、《姓氏博考》十四卷、《史汉评林》一百三十卷、《增定荆川史纂》十四卷、《大学衍义补英华》十八卷、《文林绮绣》五十九卷②、《名世类苑》四十六卷、《国朝名公翰藻》五十卷、《苏黄尺牍选》《甲子回环表》一册、《学海清澜》一千卷③。《学海清澜》是迪知晚年辑录之书，书未竟而身先卒，最后由凌濛初续成之。凌迪知不仅著述丰厚，而且校刻秦汉诸书，是著名编刊家。《嘉庆凌谱》曰："归而斤舍傍为名园且适，房桄靓深，花竹互亚，客至必命酒击鲜，徜徉竟日；去则闭户著书，雅志春秋大业，梨人枣人，终岁满户下。"④ 从三十八岁罢归还乡，到七十二岁去世，三十余年间，凌迪知主要精力就是编刊书籍。由于物质基础丰厚，两个儿子湛初、润初又十分颖异，再加上当时著名文人的切磋参与，凌氏所刊书名满天下。朱国祯《缮部绎泉公行状》曰："长子湛初，次子润初颖甚，先生益发舒，与元美、子与两家⑤，时议论校刻秦汉诸书，义例纲领，一经裁定，井井可观。于是凌氏书布天下，干麾所指多及其庐。"从一些书目的记载来看，凌迪知所刊刻的书籍主要有：《凤笙阁简抄》四卷（嘉靖四十五年刊）、《文林绮绣》五种五十九卷（万历四年至五年刊）、《古今万姓统谱》一百四十六卷附《氏族博考》十四卷（万历七年刊）、《国朝名公翰藻》五十二卷（万历十年刊）、《皇名经世类苑》四十六卷（万历二十三年刊）等⑥。

凌约言第三子稚隆，原名遇知，字以栋，号磊泉，官鸿胪寺序班，也

---

① 见朱国祯《缮部绎泉公行状》，见《光绪凌谱》卷四《碑志》。
② 包括五种书：《左国腴词》八卷、《太史华句》八卷、《楚辞绮语》六卷、《两汉隽言》十六卷和《文选锦字录》二十一卷，其中《楚辞绮语》乃明张象之编，凌迪知只是校订、刊刻；《两汉隽言》前十卷为宋林樾辑，凌迪知校补，后六卷为凌迪知辑；其他四种则均为凌迪知辑。
③ 见同治《晟舍镇志·著述》及《嘉庆凌谱》卷二《著述录》。
④ 见《嘉庆凌谱》之《著述录》"绎泉公"条。《晟舍镇志·著述》引郑元庆《湖录》亦云："公致仕，闭户著书，梨人枣人，终岁满户下。"
⑤ 元美、子与即明代后七子中的王世贞、徐中行。
⑥ 按：《文林绮绣》，杜信孚认为是万历五年（1577）所刊（见《明代版刻综录》卷四，江苏广陵古籍刻印社1983年版）。实际上该丛书所包括的五种书并非同一年所刊。《两汉隽言》十六卷、《楚骚绮语》六卷、《左国腴词》八卷、《文选锦字录》二十一卷、《太史华句》八卷，五种书前均有凌迪知刻书序，分别署万历丙子（1576）人日、万历丙子八月、万历丙子十一月、万历丁丑（1577）二月、万历丁丑夏，可知该丛书刊刻时间为万历四年至五年。

第三章　晚明望族编刊活动的文化基础 / 85

是一个笃志好学、满腹经纶之士。《晟舍镇志·人物》引《湖录》曰："（稚隆）无它嗜，独爱典籍，雌黄铅椠，未曾一日去手，晚年辑《三才统志》，呕血数升，不少辍。"他博学多才，尤精于史学，除《三才统志》千余卷外，还著有《春秋左传注评测义》七十卷、《史记评林》一百卷、《汉书评林》一百卷、《五车韵瑞》一百六十卷、《汉书纂》二十四卷、《史记纂》二十四卷、《皇朝名臣言行录》十卷、《春秋评林》《文选评林》《分校唐荆川裨编》《传是楼书目》等①。与凌迪知一样，凌稚隆也是编纂与刊刻并举，所刊有《史记评林》一百三十卷（万历四年刊）、《史记纂》二十四卷（万历七年刊）、《汉书评林》一百卷（万历九年刊）、《五车韵瑞》一百六十卷、《春秋左传注评测义》七十卷（万历十五年刊）和《吕氏春秋》二十六卷（万历十七年刊）等②。其中《史记评林》《汉书评林》由著名文学家茅坤、王世贞等作序，镂版精良，盛行海内。特别是《史记评林》，其明刊本仍存，是一部历代评论和阐发《史记》的集大成之作。它汇集了中国历代名家对《史记》所载史事的见解，不仅网罗了评论《史记》的专著，如宋倪思《班马异同》、明杨慎《史记题评》、柯维骐《史记考要》、茅坤《史记抄》、王维桢《史记评抄》等，而且对历代名家单篇之作也广泛采录。不仅如此，凌稚隆对《史记》援引史书记事简略处，还依据原书进行了增补，又引征百家之书对《史记》记事进行印证和阐发，另外对《史记》文义、段义、字义等也进行了注释。其刊刻形式是每页下栏刊刻《史记》原文和裴骃、司马贞、张守节三家注，上栏刊刻编者考释文字和所辑评论，上下对应，极便阅读。由于该书对学习和研究《史记》作用巨大，所以至今仍有出版社影印出版③。《五车韵瑞》则是凌稚隆编纂刊刻的大型辞书，它与其兄迪知编纂刊刻的《古今万姓统谱》在当时都广为流传。清康熙间刊刻的影响颇大的《佩文韵府》就是在《五车韵瑞》的基础上增补而成。另外，凌约言第二子述知，字雅明，号次泉，官光禄寺丞，有《盟鸥馆集》《野语贯虱录》《金谷抄诗集》等著作；季子遂知，字稚良，号岳泉，有《青玉馆集》。该书专辑明初定国事宜，由其孙义渠校，曾孙景璇注。

---

① 见同治《晟舍镇志·著述》及《嘉庆凌谱》卷二《著述录》。
② 见杜信孚《明代版刻综录》卷四，江苏广陵古籍刻印社1983年版，第3—4页。
③ 《四库全书未收书辑刊》史部第1辑第11、12册收入；天津古籍出版社1998年出版有凌稚隆辑校、李光缙增补《史记评林》。

到了凌雯、凌震曾孙辈，凌氏不仅人口数量剧增，而且多有著述，其中尤以濛初为丰厚，后面将有专节论述。濛初为凌迪知第四子，其长兄湛初、次兄润初①，虽然早卒②，但均有著作行世。湛初有《敝帚集》四卷和《赫蹄书》。《赫蹄书》由太仓王世贞作序，曰："元旻之为书，大者数百千言矣，称'赫蹄'，示抑也。"润初则有《病言》四卷和《叹逝录》一卷。《叹逝录》记载耆老事迹，钦慕德义，其兄湛初序曰："《叹逝录》，志哀往也。今元雨在布衣之位，又往早夭，生无可遂之势，没无可唉之利，而一时叹逝者，皆齿危黄发之老、怀德瑰行之士。夫何故贤之也？斯以义起者也，斯天下之情必非有为而然者也。"述知之子渐初有《鱼矶杂咏》，遇知之子沐初有《尺一国华选》《竹素编》《交游志》，遂知之子后嘉有《维扬诗集》。另外，凌雯曾孙嗣音，与濛初同辈，官至广西布政使，曾修凌氏宗谱，有《牧民政要》一卷、《治罗惠政录》一卷、《书启杂文抄存》一卷、《勾余稿》《敬事录》等，是一个兼有事功与著述的人物。

凌氏到了凌雯、凌震玄孙辈，大都经历明清鼎革，这当中最著名的是凌义渠。凌义渠乃遂知之孙，字骏甫，号茗柯，天启五年进士，官至大理寺卿。鼎革中，闻知崇祯帝上吊消息，自缢而死，以身殉主。南明王朝追赠其为刑部尚书，谥曰忠清，至清代又谥忠介。凌义渠不仅以忠著称，其著述亦有盛名。《静志居诗话》卷二十曰："凌公诗义，见者解颐，尝与闵文学元京共排缵《湘烟录》，董上舍称其冷艳毕胪，比之吴均《入东记》。及官礼垣，封事四十余上，皆切中时弊。温辅以吏才称之，转外。温既谢政，入为大理，临难之顷，从容就义，惟悉取平生著述焚之，为可惜也。"《湘烟录》在凌义渠生前已有刻本，现存。另有嘉庆重刻本，阮元序，《四库提要》子部类书类存目著录该书。凌义渠还有《广湘烟录》，未刻，佚。诗文方面，凌义渠有《凌忠介集》收入《四库全书》集部。《提要》曰：

  义渠少以制艺知名，清新婉约，极为世所传诵。服官后，以清操直节受知庄烈帝，于文章不甚留意。此集凡诗四卷、文二卷，乃其友徐汧、门人姜垓所校定。中间不载奏疏一门，故平生建白，如为给事中时《请原三河知县刘炜责偿饷银疏》、《论乱民焚掠巨室疏》、《论

---

① 湛初（1550—1574），字玄旻，号洞湖，郡廪生；润初（1551—1570），字玄雨，号岘石，邑庠生。
② 前者去世时年仅二十五岁，而后者去世时才弱冠。

第三章　晚明望族编刊活动的文化基础 / 87

大臣箝制言路疏》、《论中枢不职疏》、《预策江东叛乱》及《请阳抚阴剿》诸疏，皆其风采之卓卓者，今并不见于本集，则编次时亦不免有所脱遗。然如《兵饷议》《清慎勤论》诸篇，刚毅自立之象，凛然犹可概见。其《崇化论》有云："能为逢、比者，视碎首溅血仍无异于退食委蛇；能为申生、伯奇者，视抱石雉经仍无异于问安视膳。"①

凌义渠的奏疏颇有名气，《晟舍镇志》卷六著录为《奏牍》六卷，并注曰："《（湖州）府志》作《焚余奏草》，《（乌程）县志》作《谏垣奏议》，黄氏《（千顷堂）书目》同。"② 此书现存，乃清咸丰四年（1854）侯官王有龄重刻本，名《凌忠介公奏疏》六卷。黄景昉序曰："凡外寇情形，抚镇功罪，东岛衅局，西陲衅端"，"莫不绵绵然具中机宜，预设值数月之前，而其效遂响答于数百千里之外也"。凌义渠的制艺亦受人称赏，《晟舍镇志》卷六著录为《茗柯先生时文》，《嘉庆凌谱》著录为《茗柯制艺》八卷。俞长城《可仪堂一百廿名家制艺》卷三十一收其时文十一篇，并作《题凌茗柯稿》曰："吾读先生文，情辞悱恻，发乎不自已之衷。盖忠义本自性成，不以爵赏而始劝也。"③ 是书俞氏康熙三十八年（1699）刻本现存④。此外，凌义渠还有《使岷诗》二卷、《同声前后录》、《八闽采风观略》、《山左退食编》、《江左有声集》、《海内友声集》、《莆阳课读》、《解颐新语》等，均佚。

综上言之，凌氏著述的主要特点是精于史学，这在凌约言、凌迪知、凌稚隆、凌濛初身上均有体现，而凌濛初还精研《诗经》。凌氏于文学创作亦有所成，诗文现存的有凌震《练溪集》四卷，凌湛初《敝帚集》四卷，凌义渠《凌忠介集》六卷、《凌忠介公奏疏》六卷、《茗柯先生时文》，以及《国朝名公翰藻》中所存凌震、凌约言、凌湛初之尺牍共四卷；小说及杂著现存的有凌濛初《拍案惊奇》二集、凌迪知编撰《名世类苑》四十六卷⑤、凌义渠《湘烟录》十六卷等。另外，《嘉庆凌谱》收

---

① 《四库总目提要》卷一百七十二《集部》二十五。
② 按：《嘉庆凌谱》将《谏垣奏议》《焚余奏牍》著录为两种书。
③ 转引自《晟舍镇志》卷六。
④ 该书还有道光辛卯孙尔准重刻本、光绪十九年鸿宝斋刻本等。
⑤ 按：《四库提要》将此书收入子部小说类，因为该书叙述名臣，非人自为传，而是列其言行为九类，且内容兼及神异、诙谐、数术之类。

有凌氏诗歌66首、文15篇。清代凌介禧曾编《凌氏诗存》①，网罗凌氏家族诗歌千余首，可惜已佚，不然可借以了解凌氏家族的诗歌风貌及其大致成就。需要一提的是，凌氏的著述之风在清代依然很盛②，因我们研究的主要是晚明的情况，故不赘述。除了文学创作、辑录他人评点，编刊他人文学作品亦是凌氏著述的显著特点，如朱批《楚辞》《文选》《唐诗广选》《孟浩然诗集》《孟东野诗集》《李长吉歌诗》《陶韦合集》等集的编撰，这将在以后详述。

第四节　臧氏读书著述之风

《臧谱》之《艺文志》，共载臧氏各类著述102种，其中属臧懋循父辈至臧懋循子、孙辈的，也就是晚明前后这段时间的，约50种。相比闵、凌、茅三氏，这样的一个数量虽不算多，但臧氏文学著述之风自明以来也是绵延不辍。臧懋循之高祖璘有《炼云楼吟稿》二卷、《前定录》三卷、《太上感应篇注》二卷；伯高祖琼有《奏疏》一卷、《具区志》八卷、《闻闲堂书法》四卷；伯祖应奎有《精一堂集》六卷、《两溪答问》四卷；父继芳有《镇南纪闻》三卷；二叔继华有《五经衍义》、《大学衍义补编述》三十卷、《拜经堂集》二十卷；三叔继荐有《家礼》五卷；臧懋循自己有《元曲选》《文选补注》等十余种；兄懋衡有《医例》七卷、《自警录》二卷；从兄懋中有《月令通考》十二卷、《商功算术》一卷；子尔焕有《焉瘦集》四卷③，尔炳有《逸轩诗集》四卷④、

---

① 此书已佚。《晟舍镇志》卷六引其自序曰："我凌氏汉唐先世远莫绍搜，自元秘书公而下分二十支，闻人代有，载诸史策。政绩焉，忠节焉，孝友焉，著述而文艺焉，不独以诗传，而罕传者何也？五六百载来，盖未尝萃而存也。介禧甫逾弱冠，不敢云善继先世歌咏，汲汲欲萃而存之，北走燕晋，南走羊城，游齐鲁，浮江汉，广求数万里，博采数十年。有集梓而无从购，有遗稿而无觅族，有徙越百里、数千里，知其居处，函致其人，诗稿已梓未梓，皆邮寄会存。关山间阻，未能毕至，惟聚而居者，搜括云尽，来稿多寡悬殊，一什必录，仅得千余首，始知网罗无遗者，盖难。"

② 著名者如凌树屏，工诗擅赋，才情奔放，有诗赋集《瓠息斋前集》二十四卷，《四库提要》集部存目著录，现有乾隆二十四年刻本，收入《四库全书存目丛书》集部第281册。凌树屏还有《瓠息斋文集》。

③ 见《长兴县志》卷二十九《艺文》，天启四年臧懋循编。

④ 《长兴县志》卷二十九《艺文》引《湖录》：尔炳，字文强，"能读父书，更得其真草书法，工诗善曲，有父风"。

《印典补遗》一卷；侄炅如有《藉山楼集》十卷①、《耿园怀古唱和集》二卷，照如有《四周阁集》二十卷，煚如有《研雨斋集》十卷，煦如有《塞下曲》二卷，炜如有《族谱》六卷，荧如有《赋选》十卷，燸如有《读书日志》十二卷、《南陔吟稿》二卷，焯如有《太极图说约旨》一卷、《陋室吟》二卷、《性理微言》等。

"如"字辈后，臧氏经历了明清鼎革，家族成员中以读书著述、人格气节知名的有焯如次子岸。臧岸（1602—1658）②，字充儒，号铁崖，虽仅为诸生，然颇有声于吴越间。其舅乃冢宰闵洪学，但坚不赴招，而宁馆谷于归安茅氏。曾与凌义渠、闵申甫、姚延著、姚延启、胡雪田等十人结社岘山，他人俱列巍科，而独岸数奇不偶。其叔照如以意气刚介，为东林所推重，绍兴刘宗周、吴江周宗建常来访，岸"每师事之"③。凌义渠曾言："行不苟衾，影无惭者，我得一人焉，铁崖而已。"其"作文必穷性理"，不喜训诂，而独嗜《左传》《战国策》等史书，"于《左传》《国语》《短长书》《史记》《汉书》，多评阅数过，而于《册府元龟》尝手抄"④，有《性理要言》二卷、《册府元龟纂》二十卷。臧懋循是其叔祖，尝教其以诗歌填词，独不喜。臧懋循笑曰："人各有所好，不可强也。"

就著述质量而言，除了臧懋循《元曲选》等，臧氏倒也没有特别引人瞩目的成就。道光间臧寿恭给臧吉康《友云诗抄》作序时，对此前家族成员诗集进行了盘点，认为："吾宗诗集之著称者，当以先国博《负苞堂集》、介子侍御《栖贤山房集》为最。"臧懋循诗歌《明诗综》卷五十八、《静志居诗话》卷十五等有著录或评价，在万历时有一定名气。《负苞堂集》现存其子臧尔炳天启刻本，已收入《四库全书存目丛书》和《续修四库全书》，浙江古籍出版社已有点校本⑤。介子侍御即臧眉锡⑥，字介子，号喟亭，顺治、康熙间人，所著现存康熙刻本《栖贤山房文集》五卷、《喟亭文集》三卷、《喟亭诗集》八卷。臧眉锡之妻丁瑜（1645—1675），字静娴，有《皆绿轩诗集》二卷、《蕉窗诗余》一

---

① 《长兴县志》卷二十九《艺文》作"皆山楼集"。
② 岸，臧谱有时亦作"堓"。其子臧眉锡是康熙十三年进士。
③ 本段未注明出处者均见《臧谱》卷一臧眉锡《府君铁崖公行述》。
④ 《臧谱》卷五《敕赠文林郎臧铁崖公暨元配周孺人合葬墓志铭》。
⑤ 见赵红娟点校《臧懋循集》，浙江古籍出版社2012年版。
⑥ 见《臧谱》卷三。

卷。但总的说来，有明一代臧氏的文学创作，可圈点者不多。

经学研究方面，值得一提的是臧继华《五经衍义》《大学衍义补编述》。姚光佑《明先贤传》言臧氏"究心于学，著《五经衍义》等书，尤长于论，学者宗之"①。其中《大学衍义补编述》曾由其子臧懋中于万历丙午年（1606）刊刻行世，朱国祯序曰："先生有异材，无书不读，始困庠校，后倦公车。独留心当世之务，通达贯串，庶几一得，当发挥治平之略，而世不我以，区区得一空衔老死。又生平不求名，不徼誉，暗然日章，独此纂见先生实学实用不可磨灭处。于是其子盐城令刻而行之。"②

第五节 四大望族藏书之风

丰富的藏书是刻书的基础，这不仅因为刻书要底本，而且需要校雠，而校雠就需要版本。只有拥有众多版本，进行校勘，才能成就一个超越前人的好本。而刻书者四处寻访善本，刊刻图书，又极大地丰富了其藏书。也就是说，藏书与刻书是双向互动的，著名刻书家往往又是著名藏书家。因此，要谈晚明望族的文学编刊活动，离不开对他们藏书的关注。

虽然闵氏至闵珪始以读书科举起家，但早在闵珪之父闵节时，其家族就已书香飘溢。闵节之竹深园"聚异书名画，琴瑟鼎彝，日与名流觞咏"③，在明初颇有名气。这种藏书风气世代相传，到明末达到极盛。万历戊戌（1598）进士闵洪学，官至太子太保、吏部尚书，所建"浣香斋"，"藏书甚富"④。进士闵梦得亦官至兵部尚书，"平日无他嗜，独嗜书，晚而弥笃，即当戎马倥偬、应酬纷沓之际，未尝一日释卷"⑤。他曾得到众多名人评点本，如戴君恩之《读风臆评》、孙鑛之《春秋左传》，交由兄弟子侄刊印。崇祯戊辰（1628）进士闵及申，字生甫，号园客，官至礼部精膳司郎中；其子诸生闵南仲，字子襄，号湘人，博综书史，援笔立就。父子俩藏书甚丰，屡借旧本给南浔董斯张、董说父子，其中董说曾

---

① 见《臧谱》卷三。
② 引自《臧谱》卷一。
③ 《晟舍镇志》卷二《古迹》。
④ 《晟舍镇志》卷二引闵从隆《怀陈编》。
⑤ 《晟舍镇志》卷六《著述》。

向闵南仲借《谢叠山集》①。闵日观（1577—1653），字观我，号持讷，其"陶华书屋"亦富藏书，曾以满箧新书赠董说，其中有《许有介集》《医垒元戎》等②。明清之际闵嗣同，著《四书贯一解》十二卷，因自名其书斋曰贯一精舍，"藏书万卷"。其后人闵鸾有诗曰："忆昔我高祖，读书时稽古。小轩厂三楹，终日不出庐。讨论资友朋，校雠人三五。贯一解四书，字字皆辛苦。"③ 嗣同之弟嗣会④，一生亦以书为伴，笔耕不辍，有"乐琴书斋"，在贯一精舍东，自题诗曰："诗书成素业，笔砚代耕深。以外无长物，此中老一生。"⑤ 闵氏编刊家闵元衢尤酷嗜书，《晟舍镇志》卷六言其匿影草堂，"拥书万卷"。《欧余漫录》卷五载其《书癖》一文，曰：

> 余生平雅无他嗜，意向欣契，不觉独与典籍相殷。顾余不辰，家禅贻函，百无一及。自志学以后，即勉力裒罗，眦睚响投，捐购无靳，趾所未逮，遍属旁求。或有藏韫奇编，请录不倦。日收月累，丁酉迄今，筐箧逦迤，殆已若干卷矣。比于古称曹仓邺架、墨庄书巢之富，奚啻茧丝牛毛，而人迹吾售置之勤也，遂以"书癖"相訾。嘻！此实誉我，其何以当？⑥

该文作于万历甲辰（1604），距其开始聚书之万历丁酉（1597）仅七年，但其藏书规模已十分可观。万历甲寅（1614），董斯张开始编纂《吴兴备志》，然时因生病及图书资料的缺乏而中辍。闵元衢得知后，便在自己藏书中拣选了近五百种借董斯张参阅，使该书得以在天启四年（1624）顺利完稿。董斯张《吴兴备志叙》曰：

---

① 董说《丰草庵诗集》卷五《今日日南至》其八曰："村西三十里，晟舍有高贤。其人姓闵氏，字客冠以园。有子与同隐，图史许分笺。五日遣奚奴，十日寄樵船。倾箱发秘异，胡为独缠绵。"又《感园客先生借书漫成二律》其一曰："借书前度雁初去，此日寒村叶又黄。解帙正当听雨处，酬恩欲寄捣香方"；其二曰："旧本亲抄墨尚新，寄来研北暂忘贫。风流罪过曾何损，泉石膏肓有几人。两世借书成故事（先君昔从园翁借书），一家知遇似前因（湘人为园翁令嗣，亦屡借余旧本）。叠山集望重抽架，料得先生不厌烦（时托持讷借《谢叠山集》，未至）。"见嘉业堂刊二十七卷本《董若雨诗文集》。
② 董说：《丰草庵诗集》卷五《喜闵持讷至》有"满箧新书并赠将"之句。版本同上。
③ 转引自《晟舍镇志》卷二《古迹》。
④ 闵嗣同、闵嗣会是闵齐华之孙。
⑤ 《晟舍镇志》卷二《古迹》。
⑥ 《四库全书存目丛书》子部第110册，第589页。

> 家苦少书，间有储，久已佚去……闵子康侯氏闻而伤之，遗余书曰："夫神习乎近者，其避古也若仇。某及竑弢（闵光德）兄怀此旧矣。足下不起而成此书，足下起而成此书，亦可与存古也。即须书，某及子京（闵元京）弟、人生（闵自寅）、生甫（闵及申）侄为役。"乃出其藏书几五百种示余，又居恒斋中所读书有关郡事者，立书赫蹏相寄。

仅与吴兴有关的资料就能择出五百种，可见闵元衢藏书规模之大①。当然，这也说明闵元衢较留意于乡邦文献的收集。他曾不遗余力地搜访乡贤著作。在编刊曾祖闵如霖《午塘集》后，他又收得闵如霖诗文遗稿十题。"苕溪五隐"之孙一元、刘麟两人，"清风高致，迥出人寰"，闵元衢仰慕其人而"遍为访求"其著，"凡手迹副墨，售即捐资，靳即传录"。经他不懈努力，刘麟的奏议、诗文"计得于其家者十七，衰于他所者十三"。他还致力于搜集孙一元逸诗，凡有五纪②。闵元衢还曾于金阊小肆中购得乡贤周密《癸辛杂识》抄本，后被毛晋刻入《津逮秘书》而成为善本③。丰富的藏书是闵元衢著述与刻书的坚实基础，其著述仅《晟舍镇志》卷六就载有 13 种，其主持刻印的书籍可考的就有 11 种。可以说，丰富的藏书与丰盛的著述刻书在闵元衢身上得到了很好的体现。

晟舍凌氏在凌震（1471—1535）时已有藏书。凌震正德间曾以廪贡生谒选黔阳县学训导，提督宝山书院。嘉靖间归里后，"扫迹城府，杜门自养，图书左右，亹亹不倦"④。其子凌约言官至南京刑部员外郎，丁艰服阕后，不再赴任，在晟舍盘渚漾建凤笙阁，"藏书数万卷，为士人觞咏之所"⑤。凌氏后人凌庚诗曰："昔我先大夫，枕葃爱古训。建阁富藏书，环波一月印。吟啸忆当年，凤笙留遗韵。"又凌介禧诗曰："尚书赋遂初，高阁得幽居。入槛山平远，盘珠水静虚。西溪三亩宅，南面百城书。凤管留遗韵，娜嬛境宛如"；"荡漾盘珠印月明，波心旧与白鸥盟。家声馆阁藏书

---

① 据上引董斯张《吴兴备志叙》，这里很可能也有闵元京、闵自寅、闵及申的藏书。
② 见《欧余漫录》卷二《孙太初逸诗》、卷三《再纪孙太初逸诗》、卷五《三纪孙太初逸诗》、卷九《四纪孙太初逸诗》、卷十一《五纪孙太初逸诗》。
③ 此前《稗海》本《癸辛杂识》，肢解原书，颠倒次序，并混有《齐东野语》内容。
④ 见《晟舍镇志》卷七刘麟《凌学博练溪公墓志铭》。
⑤ 见《晟舍镇志》卷二《古迹》。

富，遗韵曾传入凤笙"。① 据此，可以想见当时凤笙阁环境之优美，藏书之丰富。

凌约言之子凌稚隆"一生无他嗜，独爱典籍，雌黄铅椠，未尝一日去手"②，所编《史记评林》一百卷，裒辑了自唐至明近千年200余家《史记》评点著作，成为《史记》研究的集大成者。凌稚隆编纂《史记评林》的过程，也是他"博搜群籍"的过程，而《史记评林》仅是他辑录性著作之一，其他如《汉书评林》《五车韵端》《三才统志》《春秋左传注评测义》，以及其兄凌迪知编纂的《名公翰藻》《万姓统谱》《文林绮绣》《学海清澜》等均是长篇巨帙，若无足够的图书资料储备就不可能完成。王穉登序《名公翰藻》即曰："凌自黔博士公而降，代擅丘坟，人娴笔札。等万卷于百城，托群籍于南面，钜函小篆，充栋盈箱。此编之作，特其染指一脔。"③ 由此可推知，凌稚隆兄弟的藏书在祖辈的基础上有所增益，"丰富的藏书不仅是他们自身著述和图书刊刻的文献资源，也为他们后辈的文学创作、学术研究和刻印事业的进一步发展提供了丰厚的物质基础"④。

关于凌濛初的藏书，虽无明确文献记载，然他致力于访求善本，所藏时现旧本秘异。他曾搜得宋版《孟东野诗集》刘须溪评点本。其《孟东野诗集跋》曰："须溪先生评诗为最广，而唐诸选中亦时见有评其数首者，意必有其本如诸家，而无从见也。遍索之，偶获一宋雕本于武康故家，上有评点，以为必须溪无疑。"他藏有元版《景德传灯录》，与冯梦祯游历苏州时，曾携带是书，并请冯氏作跋。在凌刻本《琵琶记凡例》中，凌濛初还自称得到了《琵琶记》明初臞仙本。其南京珍珠桥寓所之书斋名玉光斋，插架颇富，吴允兆前去拜访时，凌濛初曾"出图书，鉴赏玩索"。据《游居柿录》卷三，袁中道曾于万历三十七年（1609）游历金陵，在"珍珠桥晤湖州凌初成，见壁间挂刘松年画，两人对弈，作沉思状"。⑤ 刘松年是著名画家，与李唐、马远、夏圭合称为"南宋四家"。凌氏寓所挂有如此名画，亦可说明凌氏图书、书画收藏质量之高。在书画收藏方面，凌濛初长兄湛初可能更胜一筹。凌湛初曾自言："室中藏古今画百余幅，日

---

① 《晟舍镇志》卷二《古迹》。
② 《晟舍镇志》卷五《人物》。
③ 《国朝名公翰藻》，《四库存目丛书》集部第313册，第123页。
④ 见王增清、龚景兴等《湖州藏书文化研究》，杭州出版社2010年版，第52页。
⑤ 见陈文新译注《日记四种》，湖北辞书出版社1997年版，第198页。

易一幅挂壁上。"① 又曰:"某雅喜翰墨,自宋元间及近时诸名公手迹,所藏颇夥。"② 凌湛初尤喜收藏文徵明手迹,曾自作对联曰:"匣无陆氏千金剑,架有文家几卷书。"③

凌澄初"文采渊秀","弱冠补博士弟子员,声誉鹊起",然此后不第,"居家惟读书课子"。他继承了其父凌稚隆的藏书,著述不辍。胡世安为其作传曰:"先世秘书甚多,故著作蓄富,综茸见闻,随得随录,手不停披者数十年。"④ 凌义渠虽四处游宦,公务繁忙,然亦喜读书聚书。计六奇《明季北略》卷二十一《凌忠介公传》曰:"公平生无他嗜,独嗜书,自其对公车,出入京华,跋涉八闽,使岷藩,典鲁试,镇吴臬,屏齐邦,缥缃累累十余笥,靡弗躬饬以从。退食暇,辄手一编,虽酬应如猬毛,不废。闻某所有异书,即殚精竭赀,百计购取。"可惜这些藏书在凌氏自杀殉主前被焚烧殆尽。

臧懋循曾祖辈臧鲁,号省斋,好学不倦,尝"蓄书数柜"。其子臧眼(1509—1553)"谨藏之","凡先世所遗图书器物,爱护惟谨",曰:"吾先人手泽,不敢忘也。"⑤ 臧懋循叔继华,"性无他嗜,独有书癖,日取经史百家,句比字栉之","尝编集《大学衍义纂述》数万言,并五经手注,藏于家"⑥。当然臧氏族中,藏书最富盛名的是臧懋循。臧懋循喜好元曲,不仅自己收藏有许多戏曲秘本,而且向湖北刘延伯等各地收藏家访求了很多善本,其中不少是御戏监本,从而编纂刊刻了鼎鼎盛名的《元曲选》。有关臧懋循藏书的具体盛况及其与刻书的关系,本书第十章第二节有详尽论述,此处不赘。

茅氏最著名的是茅坤白华楼藏书。白华楼,在花林清广基,是茅坤藏书兼著述之所,有房十余间,藏书仍"充栋而不能容"⑦,数量号称甲于海内,时与范钦天一阁、项元汴天籁阁、沈节甫玩易楼等齐名。其孙茅元仪编有白华楼藏书书目,分九学十部。九学者,即经学、史学、文学、说学、小学、兵学、类学、数学、外学诸学。十部者,即九学之部而加以世

---

① 《国朝名公翰藻》卷五十二《答陈君常问病》,《四库存目丛书》集部第314册,第609页。
② 《国朝名公翰藻》卷五十二《与文休承》,《四库存目丛书》集部第314册,第595页。
③ 同上。
④ 《顺治凌谱》之胡世安《明大儒彻侯公传》。
⑤ 《臧谱》卷五《明故太学生敬斋臧君墓志铭》。
⑥ 《臧谱》卷五《明故承事郎都察院都事茗泉臧公暨配吴孺人合葬墓志铭》。
⑦ 郑元庆等:《吴兴藏书录·皕宋楼藏书源流考》,古典文学出版社1957年版,第12页。

学。从九学十部的类目来看，白华楼藏书范围极广；从兵学、数学、外学等类目来看，茅氏藏书与一般士大夫有所不同，很重视经世致用，而这一特点与茅氏著述编刊的内容特点十分一致，可见藏书与著述编刊的密切关系。白华楼藏书后被茅元仪携至南京寓所，"日以加富"①，惜散于明清易代之时。《练溪文献·园第》引严允肇《白华楼歌》曰："白华楼前衣带水，涟漪十里芙蕖红。楼上藏书□金匮，牙签玉轴名山秘。兴剧挥毫势不停，马迁班椽无轩轾。"又曰："忆昔髫年遇公宅，觚棱白版看题额。药圃花源绕坏墙，青箱万卷遗先泽。当时列卿尚无恙，宋史删成从汉格。惜哉兵火半销沉，残编蠹简人间厄。"因为经济基础雄厚，茅氏也有实力收集书画作品。如茅一相"自总角时，即溺情于斯二者"，"每于故家世族及吴中好事子，博询而览观之"，最后择"尤绘家之旷逸不群者"，编成《绘妙》一卷②。

丰富的藏书为望族编刊活动创造了良好条件。拥有凤笙阁藏书的凌约言，曾建有"书林楼"，专门用于储藏书板，可见其刻书事业已颇具规模。凌迪知从常州府同知任上罢归后，利用其父凤笙阁的万卷藏书，"闭户著书林下三十四年，日校雠群书，开雕行世"③。凌氏还在晟舍村北列肆刻书，"明季晟之村北多书肆，凌氏藏板皆在焉"④。茅氏利用白华楼藏书，"兴剧挥毫势不停"，"宋史删成从汉格"⑤，还在练市花林开设专门的雕版印刷和书籍销售场所，名"书街"⑥。《练溪文献·乡村》"书街"条注曰："前明茅氏列肆刻书于此，故名。"臧氏在长兴雉城镇列肆刻书，著名的《元曲选》《古诗所》等均刻自长兴，而发往南京销售。另外，四大望族成员还参与江南其他望族的刻书事业。如闵元衢曾参与毛晋汲古阁的校书工作，毛氏刻《癸辛杂识》即聘请闵元衢校阅。其《汲古阁书跋》曰："余与康候闵先生相去二百余里，鳞羽往来，补亡析疑，如促膝几席间，

---

① 茅元仪：《石民四十集》卷五十九《上叶福清相公书六》："今归隐钟山，幸老母健饭，敝居未圮，先人之书日以加富。"《续修四库全书》集部第1386册，第545页。
② 以上见茅一相刊《欣赏续编》之《绘妙引》。
③ 《晟舍镇志》卷五《人物》。
④ 《嘉庆凌谱》卷二。
⑤ 《练溪文献·园第》引严允肇《白华楼歌》。
⑥ 其址在今练市朱家兜村施家村，见殷侠民《练市探源》，2007-04-17，http：//shenchen1717. blog. hexun. com/8909172_ d. html。

尚论古人之外，无一旁语。"①

　　总之，藏书著述与刊刻出版活动，互相促进，互为因果。文人学士所藏图书典籍及其著述需要刊刻流布，这极大地推动了刻书事业的发展，而刻书事业的发展又为望族的藏书与编纂活动创造了有利条件。

---

① 毛晋：《汲古阁书跋》"癸辛杂识别集"条，古典文学出版社1958年版，第42页。

第四章　晚明望族编刊活动盛况

中国出版业在晚明达到了巅峰状态，这不仅取决于晚明经济的繁荣、丰富的藏书与著述，还与其宽松的出版政策有关。据清蔡澄《鸡窗丛话》，"元时人刻书极难，如某地某人有著作，则其地之绅士呈词于学使。学使以为不可刻，则已；如可，学使备文咨部，部议以为可，则刊板行世；不可，则止"[1]。明代则没有如此严格的图书出版审查制度，"前明书皆可私刻"，而且"刻工极廉"，"故刻稿者纷纷"[2]。以致明人相互感叹曰："数十年读书人，能中一榜，必有一部刻稿；屠沽小儿，身衣饱暖，殁时必有一篇墓志。此等板籍幸不久即灭，假使长存，则虽以大地为架子，亦贮不下矣！"[3] 在如此宽松的出版政策下，藏书著述丰厚、经济实力雄厚的世家望族，一旦企图从编刊活动中获取名利，其编刊活动盛况可想而知。

第一节　现存四大望族所编刊书籍

闵、凌、茅、臧四大望族在明代到底编撰刊刻了多少书籍，这些书籍现存情况如何，均是很难精确回答的问题。现主要据《中国古籍善本总目》[4]，加上《中国善本书提要》等工具书与《中国科学院图书馆藏中文古籍善本书目》《中国社会科学院文学研究所图书馆古籍善本书目》《北京师范大学图书馆中文古籍书目》等各大图书馆馆藏书目，以及笔者所阅部分原书，初步统计如下。

---

[1]　转引自叶德辉《书林清话》卷七《明时刻书工价之廉》，北京燕山出版社1999年版。
[2]　同上。
[3]　同上。
[4]　《中国古籍善本总目》是以下所列内容的最主要依据，特此说明。

1. 闵闻刊《四书或问》三十九卷，正德间墨刻本，十六行十八字，黑口，四周双边，河北大学图书馆等有藏。

2. 闵如霖撰，闵道孚、闵世誉刊《午塘先生集》十六卷，万历二年刊本，九行十八字，白口，四周双边，国图等有藏。

3. 闵一范编刊《吴兴闵氏两尚书诗集》十五卷（包括《闵午塘先生诗集》七卷、《闵庄懿公诗集》八卷），万历十年刻本，九行十八字，白口，四周双边，天津市图书馆等有藏。

4. 闵齐伋刊《三经评注》六卷（《考工记》二卷、《檀弓》二卷、《孟子》二卷），万历四十四至四十五年刊，其中《考工记》与《檀弓》为朱墨本，《孟子》为三色本，八行十八字，白口，左右双边，辽图等有藏。《中国古籍善本总目》著录成五卷，其中《檀弓》一卷，《孟子》《考工记》各二卷。其实三书各分上下篇，各书统一著录成二卷或一卷为宜，即丛书总卷数是六卷或三卷。其零本散见于各大图书馆。

5. 闵齐伋刊《易传》八卷附王辅嗣《易论》一卷，明朱墨套印本，八行十八字，小字双行，白口，四周单边，辽图等有藏。

6. 闵齐伋刊《周易》四卷、《易图》一卷、《筮仪》一卷、《卦歌》一卷，崇祯六年墨刻本，十一行二十三字，白口，四周单边，复旦图书馆等有藏。

7. 闵齐伋刊《周易本义》四卷、《易图》一卷、《筮仪》一卷、《卦歌》一卷，崇祯十四年墨刻本，九行十七字，小字同，白口，四周双边，故宫博物院有藏。

8. 闵齐伋刊《书集传》六卷，崇祯元年墨刻本，九行十七字，小字双行同，白口，左右双边，国图等有藏。

9. 闵齐伋刊《诗经集传》八卷，崇祯六年墨刻本，九行十七字，小字同，白口，上下单边，故宫博物院有藏。

10. 闵齐伋刊《读风臆评》不分卷，戴君恩评点，万历四十八年朱墨套印本[①]，九行十九字，小字双行同，白口，四周单边，辽图等有藏。

11. 闵齐伋刊《礼记集说》十卷，崇祯六年墨本，九行十八字，小字双行同，白口，左右双边，国图等有藏。

[①] 闵齐伋刊：《读风臆评》乃朱墨本，蒋文仙博士论文《明代套印本研究》附录一《明代套印本综合著录表》将其著录为朱、墨、蓝三色本，误。

12. 闵齐伋刊《春秋左传》十五卷，孙鑛评点，万历四十四年朱墨本，九行十九字，白口，四周单边，辽图等有藏。

13. 闵齐伋裁注、刊刻《春秋公羊传》十二卷《考》一卷，天启元年三色套印本，九行十九字，小字双行同，白口，四周单边，上图等有藏。

14. 闵齐伋裁注、刊刻《春秋穀梁传》十二卷《考》一卷，天启元年三色套印本，九行十九字，小字双行同，白口，四周单边，上图等有藏。

15. 闵齐伋裁注、刊刻《春秋公羊传》十二卷《考》一卷，《春秋穀梁传》十二卷《考》一卷，天启元年朱墨本（眉批为墨色，圈点为朱色），九行十九字，小字双行同，白口，四周单边，哈佛燕京图书馆有藏。

16. 闵齐伋刊《增订公羊穀梁传》二十四卷，天启元年刊本，十行廿一字，小字双行同，白口，四周单边，山西祁县图书馆等有藏。

17. 闵齐伋刊《春秋胡传》三十卷《纲领》一卷《列国图说》一卷《诸国兴废说》一卷《提要》一卷，崇祯六年墨刻本，九行十八字，小字双行同，白口，左右双边，浙图等有藏。

18. 闵齐伋刊《绘孟》七卷，天启间朱墨套印本，九行十九字，白口，四周单边，辽图等有藏。

19. 闵齐伋刊《国语》九卷，万历四十七年三色套印本，九行十九字，白口，四周单边，上图等有藏。

20. 闵齐伋裁注、刊刻《国语》九卷，万历四十七年朱墨刻本，九行十九字，白口，四周单边，哈佛燕京图书馆有藏。

21. 闵齐伋裁注、辑评、刊刻《战国策》十二卷《元本目录》一卷，万历四十八年朱墨蓝三色套印本，九行十九字，小字双行同，白口，四周单边，辽图等有藏。

22. 闵齐伋《战国策》十二卷，朱墨本，九行十九字，小字双行同，白口，四周单边，北大等有藏。

23. 闵齐伋刊《草韵辨体》五卷，崇祯六年朱墨蓝三色套印本①，六行十二字，白口，四周双边，辽图等有藏。

24. 闵齐伋刊《三子合刊》十三卷（《老子道德真经》二卷《音义》一卷、《庄子南华真经》四卷《音义》四卷、《列子冲虚真经》一卷《音

---

① 是书神宗皇帝御制叙、跋二篇为朱印，叙、跋间行线，叙、跋之边框及边框外所附龙形图案为蓝印，闵梦得识语亦蓝印，正文则墨印，与一般套色本有别，但就颜色来说乃三色，故一般亦被著录成朱墨蓝三色套印本。

义》一卷），明朱墨套印本，九行十九字，白口，四周单边，辽图等有藏。

25. 闵齐伋刊《列子冲虚真经》八卷附《音注》，明墨刻本，九行十九字，白口，四周单边，浙大有藏。

26. 闵齐伋刊《楚辞》二卷，万历四十八年朱墨蓝三色本，九行十九字，白口，四周单边，辽图等有藏。

27. 闵齐伋刊《空同诗选》一卷，杨慎评选，万历四十六年朱墨本，九行十九字，白口，四周单边，上图等有藏。

28. 闵齐伋刊《刘拾遗集》一卷，崇祯十三年刊墨本，九行十八字，白口，左右双边，国图、浙大有藏。

29. 闵齐伋刊《东坡先生志林》五卷，明朱墨套印本，八行十八字，白口，四周单边，辽图等有藏。

30. 闵齐伋刊《韩文杜律》二卷（《韩文》一卷、《杜子美七言律》一卷），郭正域评点，《韩文》万历四十五年朱墨本，《杜律》明三色套印本，八行十八字，白口，左右双边，上图等有藏。杭州市图书馆有《韩文》散本。

31. 闵齐伋编刊《会真六幻》十九卷，明末刻本，十行二十字，小字双行同，白口，四周双边，国图有藏。

32. 闵齐伋刊《心印绀珠经》二卷，崇祯六年墨本，十行十九字，小字双行同，白口，左右双边，国图有藏。

33. 闵齐伋刊《痘疹活幼心法》不分卷，崇祯六年墨本，十行十九字，小字双行同，白口，四周双边，或左右双边，国图有藏。

34. 闵齐伋刊《产宝杂录》一卷附《芸窗万选方》一卷，崇祯十三年墨刻本，十行十九字，小字双行同，白口，四周双边，国图有藏。

35. 闵齐伋刊《女科百问》二卷，崇祯三年刊，十行十九字，小字双行同，白口，四周双边，中科院有藏。

36. 闵齐伋刊《唐孙职方集》十卷，崇祯十三年墨本，九行十八字，小字双行，白口，左右双边，浙大有藏。

37. 闵齐伋刊《欧阳文忠公文抄》九卷，明朱墨本，八行十八字，白口，四周单边，国图有藏。

38. 闵元衢编刊《闵刻十种》三十卷（陈良谟《见闻纪训》二卷、都穆《游名山记》四卷、《增订玉壶冰》二卷《补》一卷、闵元衢《欧余漫录》十三卷《附录》一卷、叶秉敬《书肆说铃》二卷、《文字乐》一卷、

《坐麈转语》一卷、《贝典杂说》一卷、闵元衢《草堂赓咏》一卷、《咫园吟》一卷），万历刊本，八行十八字，四周单边，天一阁藏。其《欧余漫录》《游名山记》《见闻纪训》《类次书肆说铃》等零本散见于各大图书馆。

39. 闵元衢刊《罗江东外纪》三卷，崇祯二年刊，九行二十字，白口，四周单边，湖北省图书馆藏。

40. 闵无颇、闵昭明辑评、刊刻《文致》不分卷，天启元年朱墨套印本，八行十八字，白口，四周单边，上图等有藏。

41. 闵邃辑评、刊刻《初潭集》三十卷，焦竑等评，明朱墨套印本，九行十九字，白口，四周单边，辽图等有藏。

42. 闵元京、凌义渠辑刊《湘烟录》十六卷，天启刻本，九行十九字，白口，四周单边，上图等有藏。

43. 闵暎璧刊《玉茗堂摘评王弇州先生艳异编》十二卷，汤显祖评，明朱墨套印本，九行二十字，白口，四周单边，上图等有藏。

44. 闵暎璧、凌濛初刊《李杜诗选》十一卷（《李诗选》五卷、《杜诗选》六卷），明朱墨套印本，八行十八字，白口，四周单边，上图有藏。有零本散见于其他图书馆。

45. 闵暎璧刊《花间集》四卷，汤显祖评，万历四十八年朱墨套印本，八行十八字，白口，四周单边，辽图等有藏。

46. 闵暎璧刊《草堂诗余》五卷，杨慎评点，朱墨套印本，八行十八字，白口，四周单边，上图等有藏。

47. 闵于忱辑评、刊刻《孙子参同》五卷，万历四十八年松筠馆朱墨套印本，八行十八字，白口，四周单边，上图等有藏。

48. 闵于忱辑刊《文选后集》五卷，明朱墨套印本，八行十九字，白口，四周单边，辽图等有藏。

49. 闵于忱编刊《枕函小史》五种四卷（《苏长公谭史》《米襄阳谭史》《艾子杂说》《悦容编评林》《癖颠小史》），松筠馆朱墨套印本，七行十七字，白口，四周单边，辽图、上图等有藏。

50. 闵（振）声、闵暎张刊，臧懋循辑《兵垣四编》四卷，附四种四卷（《阴符经》《素书》《孙子》《吴子》各一卷），附《九边图论》《海防图论》《辽东军饷论》《日本考略》各一卷，天启元年朱墨套印本，八行十八字，白口，四周单边，辽图等有藏。

51. 闵振声刊《朱订西厢记》二卷首一卷《蒲东诗》一卷《释义》二卷，

孙鑛批点，明朱墨套印本，十行二十一字，白口，四周单边，国图有藏。

52. 闵（振）声、闵振业、闵暎张刊《唐诗选》七卷附《统论》二卷，王穉登评，朱墨套印本，八行十八字，白口，左右双边，复旦有藏。

53. 闵振业刊，茅坤辑、评《史记抄》九十一卷，泰昌元年朱墨套印本，九行十九字，白口，左右双边，辽图等有藏。

54. 闵振业刊《诗归》五十一卷（《古诗归》十五卷、《唐诗归》三十六卷），钟惺、谭元春评选，万历四十五年朱墨蓝三色套印本，九行十八字，白口，四周单边，上图等有藏。其零本散见于其他图书馆。

55. 闵振业、闵振声刊《东坡文选》二十卷，钟惺评选，万历四十八年朱墨套印本，九行二十字，白口，四周单边，上图等有藏。

56. 闵迈德、闵暎璧辑刊《秦汉文抄》六卷，万历四十八年朱墨套印本，九行十九字，白口，四周单边，上图等有藏。

57. 闵迈德校刊《尺牍隽言》十二卷，明朱墨套印本，九行二十字，白口，四周单边，辽图等有藏。

58. 闵齐华辑刊《九会元集》九卷，天启元年朱墨套印本，十行二十五字，白口，四周单边，国图等有藏。

59. 闵齐华注、刊《孙月峰先生评文选》（又名《文选瀹注》）三十卷，孙鑛评，明末刊本，九行十九字，小字双行同，白口，四周单边，浙图等有藏。

60. 闵梦得辑评、刊刻《宫艳》二卷，明朱墨套印本，八行十八字，白口，四周单边，南图有藏。

61. 闵梦得、闵光德辑刻《春秋左传杜林合注》五十卷，万历二十二年刊本，十行二十字，白口，上下单边，左右双边，重庆市博物馆、哈佛燕京图书馆有藏。

62. 闵光德辑刊《春秋左传异名考》一卷，崇祯间墨刻本，行款不详，泰州市图书馆有藏。

63. 闵元庆撰刊《左传集要》十二卷，万历刊本，十行二十一字，小字双行同，白口左右双边，有刻工，中科院有藏。

64. 闵洪德辑评、刊刻，茅坤等评《苏文》六卷，明朱墨蓝三色套印本，九行十九字，白口，四周单边，辽图等有藏。

65. 闵光瑜刊《邯郸梦》三卷《枕中记》一卷，天启元年朱墨套印本，有图，八行十八字，小字双行同，白口，四周单边，辽图等有藏。

66. 闵一栻刊《唐诗艳逸品》四卷，天启元年朱墨套印本，八行十八字，白口，四周单边，辽图等有藏。

67. 疑似闵氏刊《明珠记》五卷《无双传》一卷，明朱墨套印本，有图，八行十八字，小字双行同，白口，四周单边，辽图藏。据笔者目验，辽图本四册，并无闵刻标记，亦无从确认是王文衡绘图。然《图书馆学刊》2009年第11期刘冰《明代吴兴闵氏刻本〈明珠记〉》一文，确认为闵刻，并言是王文衡绘图，不知何据。按：陶湘《明吴兴闵板书目》曾认定其所藏《明珠记》为闵刊本，且是王文衡绘图，而辽图这批套印本源自陶氏，不知刘冰是否因此推定。

68. 闵氏刊《苏长公密语》十六卷首一卷，明詹兆胜评选，明朱墨套印本，八行十九字，白口，四周单边①，上图有藏。

69. 疑似闵氏刊、邹思明删订《文选尤》十四卷，天启二年朱墨绿三色套印本，八行十八字，白口，四周单边，辽图、浙图等有藏。但笔者所见辽图藏本没有任何闵氏出版印记，前有朱国祯《镌文选尤叙》，曰："吾湖邹见吾先生灵慧性成，……先生是编一出，并得游而习焉，以之扬芬茞藻，共登作者之坛"，可知是序为邹思明（字见吾）《文选尤》所作；书后附邹氏《镌文选尤叙》，署"万历二年春分日乌程邹思明书于自得其趣山房"。然台湾"中央"图书馆言是书为"天启二年吴兴闵氏所刊"，赵俊玲《邹思明〈文选〉评点著作——〈文选尤〉略论》一文则言是书为天启二年闵齐伋所刊②，不知何据，待考。

70. 茅坤辑、闵氏刊《欧阳文忠公五代史抄》二十卷，明末朱墨刻本，八行十八字，白口，四周单边，辽图、普林斯顿大学等藏。按：《普林斯顿大学葛思德东方图书馆中文善本书志》（以下简称《普志》）判断此为闵氏刊本，并曰："是本有万历七年茅氏自序，无其他校刻序跋。然观其板式，可断为乌程闵氏所刊也。"③

71. 凌震撰、凌约言刊《练溪集》四卷，嘉靖三十年刊本，浙大等藏。

72. 凌约言撰、凌迪知刊《凤笙阁简抄》，嘉靖四十五年刻本，八行

---

① 按《苏长公密语》十六卷首一卷的朱墨套印本很多，而且行款同，不知是否与闵氏刊本有关。如明李一公辑，天启元年朱墨套印本，八行十九字，白口，四周单边，辽图、浙图等藏；明吴京辑，天启四年朱墨套印本，八行十九字，白口，四周单边，辽图、浙图等藏。

② 赵俊玲：《邹思明〈文选〉评点著作——〈文选尤〉略论》，《湖南大学学报》（社会科学版）2007年第5期。

③ 见《普志》，第104页。

十七字,白口,左右双边,上图有藏。

73. 凌迪知辑刊《国朝名世类苑》四十六卷,万历四年刻本,十行二十字,白口,左右双边,有刻工,上图等有藏。

74. 凌迪知辑刊《纂丘琼山先生大学衍义补英华》十八卷,万历三年刻本,十行二十一字,白口,左右双边,南图等有藏。

75. 凌迪知辑刊《国朝名公翰藻》五十二卷《氏名爵里》一卷,万历十年刊本,九行二十字,白口,四周单边,有刻工,上图等有藏。

76. 凌迪知编刊《文林绮绣》五种五十九卷(凌迪知辑《左国腴词》八卷、《太史华句》八卷、《文选锦字录》二十一卷,林越、凌迪知辑《两汉隽言》十六卷,张之象辑《楚骚绮语》六卷),万历四年至五年凌氏桂芝馆刻本,八行十七字,白口,左右双边,有刻工,上图等有藏。

77. 凌迪知编刊《古今万姓统谱》一百四十卷《历代帝王姓系统谱》六卷《氏族博考》十四卷,万历七年墨刻、汲古阁重修本,上图等有藏。

78. 凌稚隆编刊《史记评林》一百三十卷,万历二年至四年墨刻本,十行十九字,小字双行同,白口,左右双边,有刻工,上图等有藏。

79. 凌稚隆纂、刊《(增订)史记纂》不分卷,万历七年墨刻本,九行二十字,白口,左右双边,上图等有藏。

80. 凌稚隆编刊《汉书评林》一百卷,万历九年墨刻本,十行二十字,小字双行同,白口,左右双边,单鱼尾,有刻工,浙图等有藏。

81. 凌稚隆纂、刊《汉书纂》不分卷,万历十一年墨刻本,九行二十字,白口,单鱼尾,左右双边,浙大等有藏。

82. 凌稚隆纂、刊《汉书纂》二十卷、《仁》一卷、《义》一卷、《礼》一卷、《智》一卷,万历墨刻本,九行二十字,白口,左右双边,无锡市图书馆等有藏。

83. 凌稚隆撰、刊《春秋左传注评测义》七十卷、《系谱》一卷、《名号异称便览》一卷、《地名配古籍》一卷、《总评》一卷、《春秋列国东坡图说》一卷,万历十六年墨刻本,十行二十字,小字双行同,白口,左右双边,有刻工,辽图、普林斯顿大学等有藏。

84. 凌稚隆撰《史汉异同补评》三十二卷,万历刻本,九行十九字,小字单行,字数同,白口,左右双边,华东师范大学图书馆等有藏。

85. 凌稚隆辑《五车韵瑞》一百六十卷,明叶瑶池刻本,十行二十字,白口,左右双边,北大等有藏。

86. 施洁、凌稚隆辑《金陵新镌皇明史馆名公经世宏辞》十四卷，明刻本，十行二十字，白口，四周单边，清华大学有藏。

87. 凌稚隆批、凌毓枬刊《吕氏春秋》二十六卷，万历四十八年朱墨本，九行十八字，白口，四周单边，上图等有藏。

88. 凌毓枬、凌濛初刊《大方广圆觉修多罗了义经》二卷，明朱墨套印本，八行十八字，白口，四周单边，辽图等有藏。按：辽图编号为20213的《大方广圆觉修多罗了义经》，与凌毓枬刊《金刚经》等同函；编号为20215的《大方广圆觉修多罗了义经》，与凌濛初刊朱墨本《维摩诘所说经》十四卷附《释迦如来成道记》同函；两书版本同，均分卷上和卷下，有朱色眉批，行六字，正文有朱色圈点和批语，无刊刻者标记。该书收入凤凰出版社之《凌濛初全集》。

89. 凌毓枬刊《大佛顶如来密因修证了义诸菩萨万行首楞严经》十卷，明朱墨套印本，八行十八字，白口，四周单边，辽图、普林斯顿大学等有藏。

90. 凌毓枬刊《金刚般若波罗蜜经》一卷、《解》一卷，《般若波罗蜜多心经》一卷、《解》一卷，明朱墨套印本，八行十八字，白口，四周单边，辽图有藏。河南省图书馆亦有《金刚般若波罗蜜经》一卷《解》一卷。《金刚经解》则还见于临川县图书馆。

91. 凌毓枬刊《唐骆先生集》八卷《附录》一卷，明朱墨套印本，八行十八字，白口，四周单边，辽图等有藏。

92. 凌毓枬刊《楚辞》十七卷《附录》一卷，陈深批点，杨慎等评，明朱墨套印本，八行十八字，白口，四周单边，辽图等有藏。

93. 凌稚隆批点、凌汝亨刊《道德经》二卷、《老子考异》一卷，明朱墨套印本，八行十八字，白口，四周单边，浙图、辽图等有藏。按：辽图本首页有两印，一为"文起"，乃凌汝亨字，故判为凌汝亨刊，但浙图本除《老子列传》末尾有"凌以栋批点"五朱色字外，无其他与凌氏有关标志。又：辽图本、浙图本《道德经》均分上经、下经，上、下经又各分卷一、卷二，实乃四卷。

94. 凌汝亨刊《管子》二十四卷，万历四十八年朱墨套印本，九行十九字，白口，四周单边，辽图等有藏。

95. 凌汝亨辑刊《苏文忠公策论选》十二卷，茅坤、钟惺评，天启元年朱墨蓝三色套印本，九行十九字，白口，四周单边，辽图、杭州市图书馆等有藏。

96. 凌汝亨刊《韩子》二十卷，朱墨套印本，九行二十字，白口，四周单边，国图、哈佛燕京图书馆等有藏。

97. 凌稚隆校评、凌澄初刊《晏子春秋》六卷，明朱墨套印本，六行行十二字，白口，四周单边，上图等有藏。

98. 凌氏刊、凌湛初撰《申椒馆敝帚集》，明万历刻本，八行十七字，白口，左右双边，天津图书馆、日本尊经阁文库有藏[1]。

99. 凌迪知刊、凌湛初撰《薄蹄书》四卷[2]，明万历刻本，八行十七字，白口，左右双边，日本尊经阁文库有藏。

100. 凌迪知编刊《申椒馆选大家琼蘼》一卷，明万历刻本，八行十七字，白口，左右双边，日本尊经阁文库有藏[3]。

101. 凌濛初撰、刊《诗逆》不分卷《诗考》一卷，天启二年墨刻本，九行廿二字，白口，四周单边，复旦有藏。

102. 凌濛初撰、刊《圣门传诗嫡冢》十六卷、《申公诗说》一卷，崇祯四年墨刻本，九行廿字，白口，四周单边，单鱼尾，上图等有藏。

103. 凌濛初撰、刊《孔门两弟子言诗翼》不分卷，崇祯间墨刻本，九行二十字，白口，单边，上图等有藏。

104. 凌濛初纂刊《后汉书纂》，明刻本，八行二十字，白口，四周单边，上图等有藏。

105. 凌濛初刊《东坡书传》二十卷，袁了凡等评，朱墨套印本，九行十九字，白口，四周单边，辽图等有藏。

106. 凌濛初刊《东坡禅喜集》十四卷，冯梦祯批点，天启元年朱墨套印本，八行十八字，白口，四周单边，上图等有藏。

107. 凌濛初刊《苏长公表启》五卷，万历间朱墨套印本，八行十八字，白口，四周单边，辽图等有藏。

108. 凌濛初辑评、刊刻《苏老泉文集》十二卷、《诗集》一卷，茅坤等评，明朱墨套印本，八行十八字，白口，四周单边，上图等有藏。

---

[1] 天津图书馆藏本四卷，尊经阁藏本五卷，参见黄仁生《日本现藏稀见元明文集考证与提要》，岳麓书社2004年版，第264页。

[2] 按：《晟舍镇志》卷六《著述》作"赫蹄书"。赫蹄：薄纸。

[3] 99、100两种，具体参见黄仁生《日本现藏稀见元明文集考证与提要》，岳麓书社2004年版，第262—263页。

109. 凌濛初辑评、刊刻《选诗》七卷、《诗人爵里》一卷，郭正域批点，明朱墨套印本，八行十八字，白口，四周单边，辽图等有藏。

110. 凌濛初刊《陶韦合集》十九卷（《陶靖节集》八卷、《韦苏州集》十卷、《拾遗》一卷）明朱墨套印本，八行十八字，白口，四周单边，辽图等有藏。其零本散见于其他图书馆。

111. 凌濛初刊《孟浩然诗集》二卷，明朱墨套印，八行十九字，白口，左右双边，辽图等有藏。

112. 凌濛初刊《李长吉歌诗》四卷《外诗集》一卷，明朱墨套印本，八行十九字，白口，左右双边，辽图等有藏。

113. 凌濛初刊《王摩诘诗集》七卷，明朱墨套印本，八行十九字，白口，左右双边，辽图等有藏。

114. 凌濛初刊《孟东野诗集》十卷，明朱墨套印本，八行十九字，白口，左右双边，辽图等有藏。

115. 凌濛初刊《维摩诘所说经》十四卷附《释迦如来成道记》，明朱墨套印本，八行十八字，白口，四周单边，辽图等有藏。

116. 凌濛初刊《世说新语》三卷①、《世说新语补》四卷，明刻本，九行二十字，白口，左右双边，上图等有藏。

117. 凌濛初撰《拍案惊奇》四十卷，崇祯元年尚友堂刊本，十行二十字，白口，四周单边，日本日光山轮王寺慈眼堂法库、日本广岛大学有藏。前者所藏为四十卷足本，后者为后修本，缺一卷。

118. 凌濛初撰《二刻拍案惊奇》四十卷，崇祯五年尚友堂刊本，十行二十字，白口，四周单边，日本内阁文库、国图有藏。前者有三十八卷是原刊，后者残存二十一卷。

119. 凌濛初辑、评、刊《南音三籁》四卷，崇祯刻本，九行二十二字，白口，有图，四周单边，上图、南图、河南省图书馆有藏②。

120. 凌濛初纂辑、刊刻《西厢记》五卷凌濛初《解证》五卷、《会真记》一卷、《附录》一卷，凌濛初评，朱墨套印本，八行十八字，白口，有图，左右双边，上图等有藏。

121. 凌濛初撰、刊《北红拂》一卷，明朱墨套印本，八行十八字，

---

① 因每卷有上下之分，故又作六卷。
② 刘天振：《明清江南城市商业出版与文化传播》说《南音三籁》明刊本已不知去向，误。中国社会科学出版社 2011 年版，第 50 页。

白口，有图，四周单边，上图藏。

122. 凌瑞森、凌濛初刊《琵琶记》四卷《附录》一卷，明朱墨套印本，八行十八字，白口，有图，四周单边，辽图等有藏。

123. 凌瑞森刊《幽闺怨佳人拜月亭记》四卷，明朱墨套印本，八行十八字，白口，有图，四周单边，台湾"中央"图书馆等有藏，上图有陶湘影印本。

124. 凌瑞森、凌南荣（又名凌楷）辑评、刊刻《李于鳞唐诗广选》七卷，明朱墨套印本，八行十八字，白口，四周单边，辽图等有藏。

125. 凌瀛初刊《世说新语》六卷，明朱蓝黄墨四色套印本，八行十八字，白口，四周单边，辽图等有藏。

126. 凌瀛初刊《世说新语》八卷，明朱蓝黄墨四色套印本，八行十八字，白口，四周单边，辽图、哈佛燕京图书馆等有藏。

127. 凌瀛初订注、刊刻《韩非子》二十卷，明刊本，九行十九字，白口，左右双边，有刻工，浙图等有藏。

128. 凌瀛初校刊《红拂记》四卷，汤显祖评，泰昌元年朱墨套印本，八行十八字，白口，四周单边，上图等有藏。

129. 凌义渠刊《春秋林氏传》十二卷，崇祯间墨刻本，八行廿二字，白口，单鱼尾，左右双边，莆田县图书馆藏。

130. 凌义渠撰《奏牍》八卷，崇祯间刻本，九行二十字，白口，四周单边，国图藏。

131. 凌弘宪刊《会稽三赋》四卷，陶望龄评，天启元年朱墨套印本，八行十八字，小字双行同，白口，四周单边，辽图、浙图等有藏。

132. 凌弘宪刊《大佛顶如来密因修证了义诸菩萨万行首楞严经》十卷，天启元年三色套印本，八行十八字，白口，四周单边，辽图等有藏。

133. 凌弘宪刊《唐诗广选》七卷，明朱墨套印本，八行十八字，白口，四周单边，辽图等有藏。

134. 凌性德辑评、刊刻《曹子建集》十卷，天启元年朱墨套印本，八行十八字，小字双行同，白口，四周单边，上图等有藏。

135. 凌性德刊《虞初志》七卷，袁宏道评，朱墨套印本，八行十九字，白口，四周单边，辽图等有藏。

136. 凌性德刊《校正原本红梨记》四卷、《红梨花杂剧》一卷，明朱墨套印本，八行十八字，白口，四周单边，有刻工及图，国图、日本内阁文库有藏①。

137. 凌启康刊《苏长公小品》四卷，王纳谏评选，明朱墨套印本，八行十九字，白口，四周单边，上图等有藏。

138. 凌启康刊《苏长公合作》八卷、《补》二卷，万历四十八年朱墨蓝三色套印本，八行十九字，白口，四周单边。

139. 凌森美、沈汝绅刊《南华经》十六卷，刘辰翁点校，王世贞评点，明朱墨蓝紫四色套印本，八行十八字，白口，四周单边，辽图等有藏。

140. 凌稚隆纂评、凌森美刊《史记纂》二十四卷，明朱墨套印本，九行十九字，白口，四周单边，辽图等有藏。按：是书虽有王世贞万历七年序，但它是为凌稚隆墨刻本而作，并非为凌森美朱墨本而作，朱墨本具体刊刻时间其实未明。

141. 凌森美刊《选赋》六卷、《名人世次爵里》一卷，明凤笙阁朱墨套印本，八行十八字，白口，四周单边，辽图等有藏。

142. 凌杜若刊《诗经》四卷《小序》一卷，钟惺评点，明朱墨套印本，八行十八字，白口，左右双边，辽图等有藏。

143. 疑似凌氏刊《诗经》四卷附卜子夏《小序》一卷，钟惺评点，明朱墨蓝三色套印本，八行十八字，白口，左右双边，辽图藏。按：《中国古籍善本总目》将此栏书著录成凌杜若刊，且与上书同为朱墨本，然据核验，辽图本乃三色本，无凌杜若刊标记，暂时著录为凌氏刊三色套印本。

144. 凌杜若刊《周礼》二十卷，明陈深批点，朱墨套印本，八行十八字，白口，四周单边，上图等有藏。

145. 凌云辑刊《唐诗绝句类选》四卷、《总评》一卷、《人物》一卷，敖英等评，明朱墨蓝三色套印本，八行十九字，白口，四周单边，上图等有藏。

146. 茅坤辑评、凌云刊《苏文嗜》六卷，唐顺之等评，明朱墨蓝三色套印本，八行十八字，白口，四周单边，辽图等有藏。

147. 凌云、闵绳初刊《刘子文心雕龙》二卷、《注》二卷，朱墨蓝紫黄五色套印本，九行十九字，小字双行同，白口，四周单边，上图、辽图等有藏。

---

① 蒋文说此乃国图孤本，其实亦见于日本内阁文库，见孙书磊《〈书舶庸谭〉所载日藏中国戏曲文献考略》，《戏曲研究》第 70 辑，文化艺术出版社 2006 年版。

148. 凌氏刊《绣襦记》四卷附《汧国夫人传》①，明朱墨套印本②，八行十八字，白口，四周单边，图十四幅，国图等有藏。

149. 闵氏或凌氏刊《西厢会真传》五卷《会真记》③，明朱墨蓝三色套印本，八行十八字，白口，四周单边，上图、辽图等有藏。

150. 茅坤辑《史记抄》九十一卷首一卷，万历三年刻本，十行二十一字，白口，四周单边，有刻工，浙图等有藏。

151. 茅坤评选、刊刻《汉书抄》九十三卷，万历十七年刻本，十行二十一字，小字双行同，白口，左右双边，单鱼尾，有刻工，浙图等有藏。

152. 茅坤刊《墨子》六卷，万历九年刊本，九行二十字，白口，四周单边，江西省图书馆等有藏。

153. 茅坤撰、茅氏刊《白华楼藏稿》十一卷、《续稿》十五卷、《吟稿》十卷，嘉靖万历间递刻本，九行十八字，白口，左右双边，浙图等有藏。

154. 茅坤撰、茅氏刊《茅鹿门先生文集》三十六卷，万历十六年刻本，有像，十行十九字，白口，左右双边，浙大等有藏。

155. 茅坤撰、茅氏刊《玉芝山房稿》二十二卷，万历十六年刻本，九行十八字，白口，左右双边，浙图等有藏。

156. 茅坤撰、茅氏刊《耄年录》九卷，万历刻本，九行十八字，白口，左右双边，上图等有藏。

157. 茅坤编、茅著刊《唐宋八大家文抄》一百六十六卷，崇祯四年刊本，九行二十字，白口，四周单边，浙图等有藏。

158. 茅坤辑评、茅一桂刊《欧阳文忠公新唐书抄》二卷，万历七年刻本，九行十九字，白口，单鱼尾，左右双边，浙图等有藏。

159. 茅坤辑评、茅一桂刊《欧阳文忠公五代史抄》二十卷，万历七年刻本，九行十九字，白口，单鱼尾，左右双边，浙图等有藏。

160. 茅坤编、茅一桂刊《唐宋八大家文抄》一百四十四卷，万历七年刊本，九行十九字，白口，左右双边，浙图等有藏。其《宋大家苏文忠

---

① 按：郑振铎《插图本中国文学史》、庄一拂《古典戏曲存目汇考》著录为凌氏刻本，参见周凌云《〈绣襦记〉版本考述》，《艺术百家》2004 年第 5 期。

② 据周凌云研究，《绣襦记》的明末朱墨套印本可能有多个版本，其眉批套用了李卓吾评本和陈眉公批本的眉批。见《〈绣襦记〉版本考述》，《艺术百家》2004 年第 5 期。

③ 上图著录为闵氏刊，辽图著录为凌氏刊，北京大学图书馆未注明。蒋星煜以为闵刻，见《论〈西厢会真传〉为闵刻闵评本——与罗炕烈、张人和两位先生商榷》，收入《〈西厢记〉的文献学研究》，上海古籍出版社 1997 年版，第 285—297 页。

公文抄》《唐大家韩文公文抄》等散见于其他图书馆。

161. 茅一桂刊《淮南鸿烈解》二十一卷，万历八年刻本，九行十九字字，白口，左右双边，浙图等有藏。

162. 茅坤辑、茅兆海刊《茅鹿门先生批评史记抄》一百〇四卷，天启元年套印本，九行十九字，白口，四周单边，山东省图书馆等有藏。

163. 茅兆海刊《陶石篑先生批选唐宋六家表启》八卷，天启二年刊本，九行十九字，白口，四周单边，上图等有藏。按：《中国古籍善本总目》著录为天启元年刊，盖因茅兆海跋署天启辛酉（1621），然陈梁序署天启二年，故当为天启二年刊。

164. 茅兆海刊《新刻朱批武备全书》八种（《皇明将略》五卷、《新刻朱批武备全书海防总论》不分卷、《新镌武备全书》一卷、《新刻武备三场韬略全书》不分卷、《战略》一卷、《诸葛武侯占风识地火攻正略》一卷、《秘刻武略神机火药》一卷、《新刻武略火器图说》一卷），天启元年朱墨套印本，八行十六字，白口，四周单边，国图等有藏。辽图有散本《皇明将略》。

165. 茅兆河刊《解庄》十二卷，郭正域评，天启元年朱墨套印本，九行十九字，白口，四周单边，辽图等有藏。

166. 茅翁积辑、茅兆河刊《绝祖》三卷，陈万言评点，明朱墨套印本，八行十八字，白口，四周单边，辽图藏。

167. 茅国缙辑《南史删》三十一卷，明刻本，十行二十字，白口，单鱼尾，左右双边，浙图、普林斯顿大学等有藏。

168. 茅国缙撰《晋史删》四十卷，明刻本，十行二十字，白口，左右双边，山东大学图书馆等有藏。

169. 茅国缙撰《菽园诗草》六卷，吴国旸编，明刻本，日本内阁文库有藏。

170. 茅维刊《东坡先生全集》七十五卷《宋史本传》一卷《东坡先生墓志铭》一卷《东坡先生年谱》一卷，万历三十四年刊本，十行十九字，白口，左右双边，浙图等有藏。

171. 茅维刊《东坡先生诗集注》三十二卷《东坡纪年录》一卷，万历刊本，十行行二十一字，小字双行同，白口，左右双边，浙图、辽图等有藏。

172. 茅维撰、刊《十赉堂甲集诗》五卷《文》十二卷《乙集诗》十七卷《词》一卷《北闱赓言》二卷，茅氏十赉堂刊本，九行十八字，白口，左右双边，上图有藏。

173. 茅维撰《茅洁溪集》二十四卷，明崇祯间茅氏凌霞阁刊本，台湾国立"中央"图书馆藏。

174. 茅维辑刊《皇明策衡》二十六卷，明万历三十三年刻本，十行二十一字，小字双行同，白口，左右双边，国图等有藏。

175. 茅维辑刊《皇明论衡》六卷，明万历四十三年刻本，十行二十一字，小字双行同，白口，左右双边，哈佛燕京图书馆有藏。

176. 茅瑞征撰、刊《禹贡汇疏》十二卷、《图经》二卷、《别录》一卷，崇祯五年墨刻本，九行二十字，白口，四周单边，单鱼尾，浙图等有藏。

177. 茅瑞征撰，茅胤京、茅胤武校刊《虞书笺》二卷，崇祯五年刻本，九行二十字，白口，四周单边，国图等有藏。

178. 茅瑞征撰、刊《万历三大征考》三卷附《东夷考略》一卷、《东事答问》一卷、《都督刘将军传》一卷，天启元年浣花居刻本，九行十九字，白口，四周单边，上图等藏。《万历三大征考》《东夷考略》一卷等零本亦见于其他图书馆。

179. 茅瑞征撰、刊《皇明象胥录》，崇祯茅氏芝园刻本，九行十九字，白口，四周单边，国图等藏。

180. 茅瑞征编刊《芝园秘录初刻》七种十四卷（吕祖谦《易说》二卷、程大昌《诗论》一卷、周必大《二老堂杂志》五卷、陈克《东南防守利便》三卷、杨彦龄《杨公笔录》一卷、祖秀《华阳宫记事》一卷、侍其良器《续千文》一卷），崇祯间茅氏浣花居刊本，八行十八字，白口，左右双边，湖北省图书馆藏。

181. 茅琛征刊《鹿门先生批点汉书抄》九十三卷，崇祯八年墨刻本，九行十九字，白口，四周单边，浙图等藏。该书有著录成茅瑞征刊，有著录成茅琛征刊，亦有著录成明刻本的。据浙图本，可知为茅琛征刊，茅瑞征序。

182. 茅献征刊《吴兴掌故集》十七卷，八行十六字，白口，左右双边，浙图等藏。

183. 茅元仪撰《督师纪略》十三卷，明末刻本，八行十八字，白口，四周单边，国图藏。

184. 茅元仪撰、刊《武备志》二百四十卷，天启间莲溪草堂刊本，九行十九字，白口，四周双边，有刻工，南图等藏。

185. 茅元仪撰《戍楼闲话》四卷，明天启刻本，八行十八字，白口，四周单边，无锡市图书馆藏。湖北省图书馆藏有清抄本①。

186. 茅元仪撰、刊《掌记》六卷，崇祯元年刊本，八行十八字，白口，四周单边，国图藏。

187. 茅元仪撰《澄水帛》十三卷，明末刻本，八行十八字，白口，四周单边，华东师范大学藏②。

188. 茅元仪撰《辽事砭呓》六卷，清抄本，北大藏。

189. 茅元仪刊《鸿苞》四十八卷，万历三十八年刊本，八行十九字，白口，左右双边，上图等藏。

190. 茅元仪刊、王世贞撰《嘉靖以来首辅传》八卷，万历四十五年刊本，九行十八字，白口，四周单边，上图等藏。

191. 茅元仪撰《三戍丛谭》十三卷，崇祯刻本，八行十八字，白口，四周单边，国图藏。

192. 茅元仪撰《野航史话》四卷，崇祯刻本，八行十八字，白口，四周单边，国图藏。

193. 茅元仪撰《暇老斋杂记》六卷，崇祯刻本，八行二十字，白口，四周单边，上海大学藏。

194. 茅元仪撰《暇老斋杂记》三十二卷，清抄本，国图藏。

195. 茅元仪撰《石民未出集》二十卷，天启七年刻本，八行十八字，白口，左右双边，国图藏。

196. 茅元仪撰《石民西崦集》三卷，明末刻本，八行十八字，白口，四周单边，中国社会科学院文学研究所藏③。

197. 茅元仪撰《石民甲戌集》，崇祯刻本，八行十八字，白口，四周单边，国图藏。

198. 茅元仪撰《石民四十集》九十八卷，崇祯刻本，八行十八字，白口，四周单边，国图等藏。

199. 茅元仪撰《石民江村集》二十卷，崇祯刻本，八行十八字，白

---

① 任道斌认为该书佚，误。见任道斌编《方以智、茅元仪著述知见录》，书目文献出版社1985年版，第92页。

② 同上书，第93页。

③ 同上书，第81页。

口，四周单边，国图藏。

200. 茅元仪撰《石民又岘集》五卷，崇祯刻本，八行十八字，白口，四周单边，国图藏。

201. 茅元仪撰《石民渝水集》六卷，崇祯刻本，八行十八字，白口，四周单边，国图藏。

202. 茅元仪撰《石民横塘集》十卷，崇祯刻本，八行十八字，白口，四周单边，国图藏。

203. 茅元仪撰《石民赏心集》八卷，崇祯刻本，八行十八字，白口，四周单边，国图藏。任道斌编《方以智、茅元仪著述知见录》，既著录《赏心集》八卷，亦著录《渝水集》六卷，并在著录《赏心集》时说该书亦名《渝水集》，显然有误①。

204. 茅元仪撰《平巢事迹考》一卷，清抄本，国图藏。

205. 茅元仪撰《六月谭》十卷，崇祯刊本，台北故宫博物院藏。

206. 茅元仪撰《青油史漫》二卷，清抄本，上图藏。

207. 孙承宗、茅元仪编撰《启祯臣节录》二卷，康熙刻本，南图藏。

208. 茅一相刊《汉蔡中郎集》十一卷，万历八年文霞阁刊本，九行十九字，白口，四周单边，国图等藏。

209. 茅一相刊《欣赏编》十种十四卷，万历刻本，行字不一，白口，四周单边，浙图等藏。

210. 茅一相编、刊《欣赏续编》十种十卷，万历八年刻本，行字不一，白口，四周单边，浙图等藏。

211. 茅一相刊、茅一桂校《新刊唐荆川稗编》一百二十卷《目录》三卷，万历九年文霞阁刊本，十行二十字，小字双行同，白口，单鱼尾，四周双边，有刻工，浙图等藏。

212. 茅一桢刊《花间集》十卷、明温博辑《补》二卷、茅一桢撰《音释》二卷，万历八年茅氏凌霞山房墨刻本，九行十八字，白口，左右双边，单鱼尾，上图等藏。

213. 茅暎辑评、刊刻《词的》四卷，明朱墨套印本，九行十八字，白口，四周单边，辽图等藏。

214. 茅暎辑评《词的》四卷，明墨刻本，九行十八字，白口，四周

---

① 见任道斌编《方以智、茅元仪著述知见录》，书目文献出版社1985年版，第80—81页。

单边，上图藏。

215. 茅暎刊，茅暎、臧懋循评《牡丹亭》四卷，明朱墨套印本，九行十八字，白口，有图，四周单边，国图有藏。

216. 茅元祯刊《玉台新咏》十卷、《续》五卷，万历七年刊本，九行十八字，白口，左右双边，上图等藏。按：《中国古籍善本总目》著录浙江图书馆藏有是书。据查，无。

217. 茅元祯刊《李文饶文集》二十卷、《别集》十卷、《外集》四卷，韩敬评点，天启四年刊本，九行十九字，白口，四周单边，上图等有藏。按：《中国古籍善本总目》著录浙大图书馆藏有是书。据查，无。

218. 茅胤武编刊《孝经全书》二卷，崇祯八年墨刻本，九行十九字，白口，单鱼尾，四周单边，北大藏。

219. 茅震东考订、刊刻，闵昭明参阅《新镌武经七书》七卷（《孙子》《吴子》《司马法》《李卫公》《尉缭子》《三略》《六韬》各一卷），王守仁评，天启元年朱墨套印本，八行十七字，白口，四周单边，辽图等藏。

220. 茅彦征刊《齐世子灌园记》三卷，万历三十三年刊巾箱本，七行十五字，白口，四周单边，哈佛燕京图书馆藏。

221. 臧继华撰《大学衍义补编述》二卷，明大雅堂刻本，九行十八字，白口，左右双边，东北师大藏。

222. 臧懋循刊《六博碎金》七卷，明雕虫馆刻本，凡例九行十八字，正文是图，白口，四周单边，国图藏。

223. 臧懋循撰、臧尔炳刊《负苞堂诗选》五卷、《文选》四卷，天启元年刊本，八行十八字，白口，四周单边，国图等有藏。

224. 臧懋循辑刊《诗所》五十六卷、《历代名氏爵里》一卷，万历三十三年雕虫馆刊本，十行二十一字，白口，四周单边，上图等有藏。

225. 臧懋循辑刊《唐诗所》四十七卷，万历三十四年刻本，十行二十一字，小字双行同，白口，左右双边，上图等有藏。

226. 臧懋循点定、闵氏刊《董解元西厢记》四卷[①]，汤显祖评，朱墨套印本，八行十八字，白口，有图，左右双边，南图藏。

[①] 按：《中国古籍善本总目》著录为闵氏刊，但《南京图书馆珍本图录》著录该书时，未说明是闵氏刊。

227. 臧懋循编刊《元曲选》一百种一百卷、《论曲》一卷、《元曲论》一卷，万历雕虫馆刻本，九行二十字，白口，有图，左右双边，国图等有藏。

228. 臧懋循删改、评点《昙花记》四卷，明朱墨套印本，九行十九字，白口，四周单边，国图等藏。

229. 臧懋循删订、评点、刊刻《玉茗堂四种传奇》八卷，明刻清书业堂重修本，九行十九字，白口，左右双边，国图等藏。《紫钗记》《邯郸记》《南柯记》零本散见于其他图书馆。

230. 臧懋循订《季汉书》六十卷、《正论》一卷、《问答》一卷，万历刻本，十行二十二字，白口，四周单边，北大、国图等藏。按：《四库存目丛书》史部第 30 册所收《季汉书》乃北大藏万历刻本，每卷首署"长兴臧懋循订"，很可能为臧懋循所刊。

据上可知，现存闵、凌、茅、臧四大望族所编撰、刊刻的书籍达 230 部（种），若将《闵刻十种》《文林绮绣》《三经评注》等丛书按包含种数计算，不同人刊刻的同一种书或同一人刊刻的不同套色数的书均计入数量（《元曲选》按 1 种计），则约为 300 种。而同一刊本，特别是那些套色本，存世数量有时多达十余部，甚至数十部，如果把各大图书馆所存的四大望族刊本的部数全部相加，则不下 3000 部。

《中国古籍善本书目》著录了除台湾地区以外各省、市、自治区公共图书馆、博物馆、文物保管委员会、大专院校和中等学校图书馆、科学院系统图书馆、名人纪念馆和寺庙等 781 个单位的藏书约 6 万多种 13 万部。四大望族的编刊总量几乎达到了《中国古籍善本书目》著录种数的三百分之一、部数的百分之三[①]。然而这也只是一个大致的量，被遗漏的必然很多，如茅维刊《东坡先生诗集注》，辽图藏有两部，凌启康《苏长公小品》四卷，上图等数十家图书馆入藏，但《中国古籍善本总目》均未著录。国图、上图等大型图书馆，各类善本很多，即使是明代的一些套印本，也很可能被纳入普通线装古籍，这些古籍基本上未被《中国古籍善本总目》收入。如朱墨本《史记纂》二十四卷，上图藏有六部，但不见于《中国古籍善本总目》，原因自然是它们都被列入线谱。至于藏于国外图书馆的，《中国古籍善本总目》原本就未著录，而笔者只是统计了一小部分。

---

① 特别是平均每种书籍所存的部数远超《中国古籍善本书目》，这与凌、闵、茅氏所刊套色书籍被藏书家重视有关。

第二节　四大望族编刊家及所刊书籍

四大望族中到底有多少成员参与晚明的书籍编刊活动，他们的生卒年、字号、斋名、身份、姻亲关系等基本信息情况如何，编刊活动的具体内容是什么，共刊刻了多少书籍，目前没有人做过全面研究。对此，笔者据相关家谱、方志、书目以及对现存四大望族所刊书籍的目验情况，进行了考察和统计。

闵氏参与编刊活动共27人[1]，其基本信息和编刊活动具体内容如下[2]。

1. 闵闻（1463—1544），字行之，号琴轩，苏州卫指挥同知。刊《四书或问》三十九卷，编刊孙一元《太白山人漫稿》、闵珪《庄懿公集》十卷。

2. 闵道孚（1528—1566），字子远，号肖塘，太学生，有女适同里凌涵初。万历二年，与闵世誉刊《午塘先生集》十六卷。

3. 闵世誉（1548—1587），字孟章，号晟山，太学生，官刑部郎中，与闵道孚刊《午塘先生集》十六卷。

4. 闵一范（1541—1583），字仲甫，号龙池，进士，巴陵县令，孙女适湖州藏书家潘曾纮。万历十年编刊《吴兴闵氏两尚书诗集》十五卷。

5. 闵梦得（1566—1637），字禹锡、翁次，号昭余、瓶城居士[3]、西吴适园主人[4]，进士，官至兵部右侍郎、戎政尚书。辑评、刊刻朱墨本《宫艳》二卷，与闵光德辑评、刊刻墨本《春秋左传杜林合注》五十卷，为闵齐伋刊《春秋左传》《读风臆评》、闵齐华刊《孙月峰先生评文选》提供底本。

6. 闵齐华（1576—1636），字赤如，号束庵，崇祯岁贡，官常熟训导、沙河令。刊墨本《文选瀹注》三十卷[5]、朱墨本《九会元集》九卷。

---

[1] 参与编刊活动是指参与书籍编纂、评点、校对、参阅、题词、作序、书写、刊刻等活动，参与者的名字一般出现在所刊书籍中。纯粹的著述者，如《大学衍义补编述》作者臧继华、《练溪集》作者凌震等，不计入参与编刊者人数。

[2] 本部分涉及编刊者及其编刊活动信息众多，除了确有需要，其出处不一一注明。

[3] 见道光十三年刊本《闵氏家乘》（以下简称《闵谱》）之《著述录》。

[4] 且适园原属凌迪知，后因事归闵梦得，改名适园。南图藏朱墨本《宫艳》二卷署"西吴适园主人评辑"。

[5] 按：该书又名《孙月峰先生评文选》。

7. 闵齐伋（1580—1662），字及武，号遇五、寓五、三山叟客，邑庠生，入太学，例贡。闵齐伋是湖州套版书首创者，共刊墨本《产宝杂录》一卷、朱墨本《春秋左传》十五卷、三色本《孟子》二卷等书籍34种，具体参见本书第六章第二节①。

8. 闵暎张（1587—1632），字无文、文长②，号钵莲。闵于惺子，与闵暎璧为亲兄弟，其履历空白，连庠生也不是。与闵振声合刊《兵垣四编》四卷附《阴海经》《素书》《孙子》《吴子》各一卷、《唐诗选》七卷附《统论》二卷、《董解元西厢记》。

9. 闵暎璧（1596—?），字文仲，号作所、吴兴散人、无瑕道人、无瑕居士。与闵暎张一样，无科举身份。娶长兴臧氏。所居有贝锦斋、天香馆③。辑评、刊刻朱墨本《玉茗堂摘评王弇州先生艳异编》十二卷、《花间集》四卷、《草堂诗余》五卷，与闵迈德辑刊《秦汉文抄》六卷。

10. 闵无颇（1595—1670），字遵皇、以平，号蒲帆，郡庠生。母为凌遂知女。与闵昭明辑评、刊刻《文致》不分卷。

11. 闵振声（1597—1680），改名声，字襄子、毅甫，号骏有、雪蓑、蕉迷生④、花月郎⑤，郡廪生，崇祯壬午副贡。与闵振业为堂兄弟，母为臧继华女，女适臧焘。与闵暎张合刻《兵垣四编》《董解元西厢记》，与闵振业刊《古诗归》十五卷、《唐诗归》三十六卷、《东坡文选》二十卷，与闵振业、闵暎张合刻《唐诗选》七卷，刊《朱订西厢记》二卷首一卷、《蒲东诗》一卷、《释义》二卷。

12. 闵振业（1577—1631），字隆仲、士仲、士隆⑥，号华釜、瞻台，郡庠生，入太学，按察司经历。因奉养生母，未谒选。刊朱墨本《史记抄》九十一卷，与闵振声合刊朱墨本《东坡文选》二十卷、《唐诗选》七卷、三色本《唐诗归》三十六卷、《古诗归》十五卷。

---

① 参见赵红娟《闵齐伋的编刊活动、刊刻特点与影响及其刊本流布》，《文献》2014年第2期。
② 据闵刊本《唐诗选》裁定姓氏。
③ 闵暎璧刊朱墨本《花间集》跋署"万历岁庚申（1620）菊月苕上无瑕道人书于贝锦斋中"；闵暎璧刊朱墨本《玉茗堂摘评王弇州先生艳异编》跋署"苕东无瑕居士书于天香馆"。
④ 闵于忱刊《孙子参同》梅国祯序署"吴兴蕉迷生闵振声书"。
⑤ 凌瀛初刊《千秋绝艳图》闵振声跋署"花月郎闵振声为冯虚兄（凌瀛初）书并跋"。
⑥ 见闵刊本《唐诗选》参阅姓氏。

第四章　晚明望族编刊活动盛况 / 119

13. 闵光瑜（1580—1658），字韫孺，号韫如、梦迷生①，邑庠生。女适凌元爌。有隆恩堂。刊朱墨本《邯郸梦》三卷附《枕中记》一卷。

14. 闵于忱（1583—1643），字丹叔，号瑶台、松筠馆主人②。刊朱墨本《孙子参同》五卷、《枕函小史》五种四卷（《苏长公谭史》《米襄阳谭史》《艾子杂说》《悦容编评林》《癖颠小史》）、《文选后集》五卷。

15. 闵绳初（1571—1624），字维始，号玄宰，庠生，有姐或妹适凌怀德。与凌云刊五色本《刘子文心雕龙》二卷。

16. 闵迈德（1582—1635），字日斯，号旸谷，庠生，辑刻朱墨本《秦汉文抄》六卷、《尺牍隽言》十二卷。

17. 闵洪德（1589—1653），字尔容，号含斋，庠生，娶凌涵初女，刊朱墨蓝三色本《苏文》六卷。

18. 闵元衢（1580—清顺治间），字康侯，号欧余、欧余山人、欧余逸史、只园居士，郡庠生。与闵元京为亲兄弟，有姊妹适凌洽初、臧焯如，女适茅琛征。刊墨本《闵刻十种》三十卷③、《罗江东外纪》三卷。

19. 闵一栻（1575—1640），字景修，号荆巫，邑庠生，其姊或妹适凌浣初。刊朱墨本《唐诗艳逸品》四卷。

20. 闵昭明（1596—1667），字伯弢，号融斋，郡庠生。与闵无颇辑评、刊刻《文致》不分卷，参阅茅震东刻《武经七书》七卷。

21. 闵日观（1577—1653），字观我，号讷庵、持讷。藏书丰富，与南浔董说有交游。参与校订闵齐伋刊《女科百问》二卷、《产宝杂录》一卷。

22. 闵邃辑评、刊刻有朱墨本《初潭集》三十卷。按：《闵谱》有"闵燧"而无"闵邃"，不知是否同一人。闵燧（1602—1671），字大生，号指薪，贡生，其生卒年刚好处于晚明。

23. 闵元京（1590—1641），字子京，太学生。有姊妹适凌洽初、臧

---

① 闵光瑜刊《邯郸梦》，其《小引》曰："可谓梦中寻梦，迷之甚矣，因自号曰梦迷生。梦迷者谁？吴兴闵光瑜韫孺氏。"按：《闵谱》之《著述录》作"韫儒"。

② 见闵刻《孙子参同序》《枕函小史序》。

③ 十种书为：陈良谟《见闻纪训》二卷、都穆《游名山记》四卷、《增订玉壶冰》二卷《补》一卷，闵元衢《欧余漫录》十三卷附录一卷、《草堂赓咏》一卷、《咫园吟》一卷，叶秉敬《书肆说铃》二卷、《文字乐》一卷、《坐麈转语》一卷、《贝典杂说》一卷。

焯如，女适臧瑛。与凌义渠辑刊《湘烟录》十六卷。

24. 闵光德（1571—1620），字竑叕、宾王，号云来，太学生，光禄寺署丞。女适凌宏炜，子娶茅兆河女。辑刻《春秋左传异名考》一卷，与闵梦得辑刻《春秋左传杜林合注》五十卷。

25. 闵远庆（1548—1614），字基厚，号宁台，万历进士，编刊《左传集要》十二卷。

26. 闵昊（1587—1653），字子将，号仲因，邑庠生，与闵邃刊朱墨本《初潭集》并跋。

27. 闵象泰（1597—1652），字用和，号兰雪，郡庠生，娶凌翘椿女。参与闵齐伋第一个朱墨本《春秋左传》十五卷的刊刻工作，是书每卷末均题"万历丙辰夏吴兴闵齐华、闵齐伋、闵象泰分次经传"。

凌氏参与编刊活动共25人，其基本信息和编刊活动情况如下。

1. 凌约言（1504—1571），字季默，号藻泉、净因斋主，举人，官全椒知县、沔阳知州、庐州府同知。女适闵宜贺。有凤笙阁、净因斋。辑评《史记评抄》，刊墨本《练溪集》四卷。

2. 凌迪知（1529—1600），字稚哲，号绎泉、澹逸居士①、兰雪居士②，进士，官工部郎中、大名府判、常州府同知。有碧梧山房、云章阁、听雪山斋③、桂芝馆等④，刊墨本《文林绮绣》五种五十九卷⑤、《凤笙阁简抄》四卷、《国朝名公翰藻》五十二卷《氏名爵里》一卷、《古今万姓统谱》一百四十六卷附《历代帝王姓系统谱》六卷《氏族博考》十四卷、《国朝名世类苑》四十六卷、《纂丘琼山先生大学衍义补英华》十八卷、《申椒馆选大家琼麋》一卷。

3. 凌稚隆（1535—1600），原名遇知，字以栋、际叔，号磊泉，太学生，鸿胪寺序班。有水霞馆⑥。编撰、刊刻墨本《史汉异同补评》三十二卷、《汉书评林》一百卷、《史记评林》一百三十卷、《春秋左传注

---

① 见凌迪知刊本《两汉隽言序》。
② 见凌迪知刊本《太史华句序》。
③ 以上分别见凌迪知刊本《两汉隽言序》《太史华句序》《左国腴词序》。
④ 凌迪知刊《文林绮绣》五十九卷有"万历丁丑春仲吴兴凌氏桂芝馆梓行"字样。
⑤ 五种书为：《两汉隽言》十六卷、《楚骚绮语》六卷、《左国腴词》八卷、《文选锦字录》二十一卷、《太史华句》八卷。
⑥ 见《春秋左传注评测义》之《辑春秋左传凡例》，《四库全书存目丛书》经部第126册，第614页。

评测义》七十卷、《汉书纂》二十四卷、《史记纂》二十四卷、《增订史记纂》不分卷、《五车韵瑞》一百六十卷，批点《吕氏春秋》二十六卷、《道德经》二卷，校阅、批点《晏子春秋》六卷，辑《皇明史馆名公经世宏辞》十四卷。

4. 凌述知（1532—1598），字稚明，号次泉，嘉靖恩贡，光禄寺寺丞。有盟鸥馆。万历三年刊墨本《唐诗选》①。

5. 凌濛初（1580—1644），字玄房，号初成；一名凌波，字彼厈②，号即空观主人、即空居士。岁贡，徐州别驾。娶湖州进士沈子来女，女适仁和冯延生。有玉光斋。刊墨本《圣门传诗嫡冢》十六卷《附录》一卷、《诗逆》不分卷附《诗经人物考》一卷等书籍23种③。另与凌瑞森合刊朱墨本《琵琶记》四卷。具体参见本书第七章第二节④。

6. 凌起祥（1556—1641），原名菠初，字玄观，号浮玉，太学生，通州别驾。为凌瀛初刊《红拂记》插图题词，计七绝十二首。

7. 凌瑞森（1595—1638），字延喜，号三珠生、椒雨斋主人，礼部儒士。女适闵子生。刊朱墨本《琵琶记》四卷、《拜月亭》四卷（又名《幽闺记》），与凌楷辑评、刊刻朱墨本《唐诗广选》七卷，是凌濛初《诗逆》参校者之一。

8. 凌毓枏（1578—1633），字殿卿，号觉于⑤、觉于居士，郡庠生。校刊朱墨本《金刚经》一卷《解》一卷、《心经》一卷《解》一卷、《圆觉经》二卷、《楞严经》十卷、《吕氏春秋》二十六卷、《楚辞》十七卷、《唐骆先生集》八卷，校阅凌濛初刊《孟浩然集》《李长吉歌诗》《孟东野集》《王摩诘诗集》。

9. 凌弘宪（1581—1659），原名慎德，字叔度，号天池、天池居士，郡庠生。有生香馆⑥。刊朱墨本《会稽三赋》四卷、《唐诗广选》

---

① 据凌瑞森、凌南荣（楷）刊朱墨本《唐诗广选》凌濛初序。序曰："他日，客复馆先君子所，出其本相示，家仲叔（凌述知）欣然授诸梓，而《选》始传。"
② 参见赵红娟《凌濛初生平与交游五题》，《厦门广播电视大学学报》2014年第1期。
③ 据笔者考证，凌濛初还可能刊刻过《山谷禅喜集》《景德传灯录》，此不赘及。
④ 参见赵红娟《凌濛初的编撰、刊刻活动及其刻书特点》，《古典文献研究》第19辑上卷。
⑤ 按：《光绪凌谱》作"觉宇"。
⑥ 国图藏凌弘宪刊朱墨本《会稽三赋》四卷之《会稽三赋叙》署"辛酉秋日晟溪凌弘宪题于生香馆"。

七卷①，纂辑、刊刻三色本《楞严经》十卷，是凌启康刊《苏长公合作》参订者之一。

10. 凌惇德（1582—1648），字季允，号天目、天目山人，邑庠生，是凌启康刊《苏长公合作》参订者之一、凌弘宪刊《楞严经》阅正者之一。

11. 凌性德（1592—1623），字成之，号朗庵子②、朗庵主人，辑评、刊刻朱墨本《曹子建集》十卷、《红梨记》四卷《附》一卷、《虞初志》七卷。

12. 凌汝标（1584—1649），字振伯，号五老山人，是凌弘宪刊《楞严经》阅正者之一，为凌弘宪刊《会稽三赋》书南逢吉《叙注会稽三赋后》③。

13. 凌汝亨（1585—1654），字文起，邑庠生。女适闵允锡。辑评、刊刻朱墨本《管子》二十四卷、凌稚隆所批《道德经》二卷④、《韩子》二十卷以及三色本《苏文忠公策论选》十二卷。

14. 凌瀛初（1562—？），字玄洲、彦仙⑤，号凭虚，例贡，兴州卫经历。刊四色本《世说新语》六卷、《世说新语》八卷，校刊朱墨本《红拂记》四卷，订注、刊刻《韩非子》二十卷，是凌濛初《言诗翼》校阅者之一。

15. 凌启康（1578—1641），原名恒德，字安国，号天印、茹芝居士、旦庵主人，廪贡，候选中书。娶进士钱拱辰女，女适臧嘉、闵廓正等。有

---

① 先是李攀龙选古今诗于历下，王世贞携之吴中，馆客某抄录之而付凌述知，述知择其唐诗而授诸梓，名曰《唐诗选》，时在万历三年。后世晊凌迪知，见到该刻本，谓馆客有抄漏，并告知徐中行别有校本，较此本稍全。于是凌氏瑞森、南荣（楷）昆仲据徐中行本再刻，题为《唐诗广选》，凌濛初为之序（见凌瑞森、凌南荣刊朱墨本《唐诗广选》凌濛初序）。此乃朱墨刊本，估计当时很畅销，所以凌弘宪又将它改头换面，去掉凌濛初序，第三次刊行。按：《四库全书存目丛书补编》第34辑影印北图分馆藏本《李于鳞唐诗广选》乃凌瑞森、凌南荣刊本，却题为李攀龙、凌弘宪辑，可能是受《四库全书总目提要》著录的影响。

② 凌氏《红梨花》刊本《素秋遗照引》署"吴兴朗庵子识"，因是行草，"朗庵子"有学者误以为"改庵子"，见董捷《版画及其创造者》，中国美术学院出版社2015年版，第234页；有误以为"阴庵子"，见孙书磊《〈书舶庸谭〉所载日藏中国戏曲文献考略》，《戏曲研究》第70辑，文化艺术出版社2006年版。

③ 该文后署"吴兴凌汝标书"。

④ 该书辽图藏本署"温陵李载贽题"的《苏子由道德经注序》首页有两印，一为"文起"，而"文起"乃凌汝亨字，笔者据此判定为凌汝亨刊。该书两卷，每卷又分上下，故亦有著录成四卷的。

⑤ 参见凌濛初刊本《言诗翼》校阅者名单。

跂晟阁。辑评、刊刻五色本和三色本《苏长公合作》八卷《补》二卷《附录》一卷①、朱墨本《苏长公小品》四卷，是朱墨本《四书参》十九卷参订人之一。

16. 凌楷（1597—1664），原名南荣，字明卿，太学生，女适闵寅生，与凌瑞森辑评刊刻《唐诗广选》七卷，参与凌濛初《陶靖节集》的校刊工作。

17. 凌澄初（1574—1643），字玄清，号彻侯，邑庠生，壬子副榜。女适双林沈汝绅②，刊有朱墨本《晏子春秋》六卷。

18. 凌森美（1596—1668），字君实，号橘隐、凤笙阁主人，邑庠生。校刊朱墨本《史记纂》二十四卷，辑评、刊刻朱墨本《选赋》六卷，刊四色本《南华经》十六卷。

19. 凌杜若，字若蘅，刊朱墨本《诗经》四卷、《周礼》二十卷、三色本《诗经》四卷。

20. 凌云（1601—1663），原名元煊，字宣之，号竹门、云秋山人，郡庠生。辑评、刊刻《苏洵全集》③、三色本《苏文嗜》六卷、三色本《唐诗绝句类选》四卷，与闵绳初合刊五色本《刘子文心雕龙》二卷，凌弘宪刊《楞严经》阅正者之一。

21. 凌琛（1605—1655），字献之，号遗献，邑庠生，女适闵皋、茅方起，是其父凌濛初《言诗翼》校阅者之一、《诗逆》参校者之一、《圣门传诗嫡冢》校订者之一。

---

① 该书既有朱墨黛三色本，亦有朱墨黛黄绿五色本，上图均藏。编号为834181—92的十二册本为三色本，编号为95394—413的二十册本乃五色本。台湾东海大学图书馆亦藏有三色本，《馆藏苏轼〈苏长公合作〉版本述略》一文（http://www.lib.thu.edu.tw/newsletter/59-200608/PG02.2.htm）对该本有详细描述，并就笔者《凌濛初及其家族的刻书经商活动》（《湖州师专学报》1998年第2期）一文所言该书五色本，曰："就已见的著录及版本皆无'五色套印'，所谓'五色套印'的说法还需印证。"按：上图所藏二十册本确为五色，特别是《择胜亭铭》，一篇之中即有五色：正文墨色，眉批茅坤、李贽批语为朱色，解释考订性批注为浅绿色，圈点有朱、黛两色，尾批有黛与黄两色，其中黄色不太明显，泛白，但页面个别地方所染黄色还是较明显的。全书绿色、黄色虽不多，但还是可以举出一些例子。如《徐州莲花漏铭》尾批"宋世有寒在五更头之忌"一段、《汉鼎铭》眉批"《拾遗记》禹择雄金为阳鼎"等数段皆为绿色，《梦斋铭》《大别方丈铭》《卓锡泉铭》三篇亦有绿色评点；《择胜亭铭》尾批"东坡怀旧别子由诗云""年谱元祐七年先生在颍州""外纪杭州有西湖颍上亦有西湖""按铭中有云"四段皆为黄色。

② 沈汝绅曾参与凌森美《南华经》的刊刻工作。

③ 辽图藏凌云万历四十八年刊三色本《苏文嗜》之《识语》曰："因为合诸名家评，行其全集，是为庚申夏五也。"

22. 凌元爌（1591—1660），字广成，号广成子，崇祯副贡，州判，娶闵遴德女，女适闵玉衡，是凌弘宪《楞严经》阅正者之一。

23. 凌元灿（1604—1645），字仲明、仲含，号尧光山人，邑廪生，娶潘曾纮女，是凌弘宪《楞严经》阅正者之一。

24. 凌义渠（1593—1644），字骏甫，号茗柯，进士，大理寺正卿，娶闵宗鲁女、闵洪学妹，女适闵南仲。为凌濛初《言诗翼》作序，且是校阅者之一。与闵元京辑刻《湘烟录》十六卷，刊墨本《春秋林氏传》十二卷，辑《广湘烟录》。

25. 凌璁，生卒年不详，字戴之，是其父凌濛初《言诗翼》校阅者之一，也是《言诗翼》之《子贡言诗石本古文》篆字的书写者。

茅氏参与编刊活动的有 25 人，其基本信息及主要编刊活动情况如下。

1. 茅坤（1512—1601），字顺甫，号鹿门，进士，官至大名兵备副使，被诬免职，家居五十余载。有白华楼、玉芝山房[①]。编辑、评点《唐宋八大家文抄》一百四十四卷、《汉书抄》九十三卷、《欧阳文忠公五代史抄》二十卷、《新唐书抄》二卷、《史记抄》一百零四卷，评点《苏文嗜》六卷、《颍滨文汇》十卷、《何氏语林》三十卷、《韩诗外传》十卷、《淮南鸿烈解》二十一卷，补《古今列女传》，刊刻《墨子》六卷。

2. 茅翁积（1542—?），字穉延，号同山，娶闵宜力女，辑《绝祖》三卷、《弈选》一卷，刊《白华楼藏稿》十一卷。

3. 茅国缙（1555—1607），字荐卿，号二岑，进士，官工部郎中。刊《南史删》三十一卷、《晋史删》四十卷、《菽园诗草》六卷、《白华楼续稿》十五卷、《白华楼吟稿》十卷。

4. 茅国绥（1563—?），原名贡，太学生，刊《玉芝山房稿》二十二卷。

5. 茅维（1575—?），原名国纪，字孝若，号僧昙、洁溪[②]，太学生。有凌霞阁。编刊墨本书籍 13 种：《东坡先生全集》七十五卷附《宋史本传》《东坡先生墓志铭》《东坡先生年谱》各一卷、《东坡先生诗集注》三

[①] 茅坤：《玉芝山房稿引》曰："玉芝山房者，予以万历壬午（1582）移家练溪所卜筑读书处。"见《茅坤集》，第 929 页。

[②] 茅维有《茅洁溪集》，洁溪乃其山居之地，因以为号。茅元仪：《石民赏心集》卷八有《过季父孝若先生洁溪山居同得归字》。

十二卷《东坡纪年录》一卷、《皇明策衡》二十六卷、《皇明论衡》六卷、《皇明表衡》十二卷，撰刊《十赍堂集》三十七卷①、《十赍堂丙集》十二卷、《茅洁溪集》二十四卷、《凌霞阁内外编》（收剧本十五个）、《菰园初集》六卷、《凌霞阁杂著》十六卷、《茅孝若书义》、《青棠诗集》八卷②。

6. 茅荼，字芳茹，号防风门人，岁贡，教谕。评点、刊刻朱墨本《春秋胡安国传》三十卷。

7. 茅元仪（1594—1640），字止生，号生民、东海书生、东海波臣，历官副总兵。有暇老斋、借闲阁、世殊堂、樯居、该博堂、淮湄堂。为茅暎刊《牡丹亭记》作序，刊《嘉靖大政类编》二卷、《嘉靖以来首辅传》八卷、《鸿苞集》四十八卷、《玉碎集》、《石民未出集》二十卷、《掌记》六卷、《钟山献》四卷，与费朗刊《尚书文苑》。

8. 茅元铭，字鼎叔，岁贡，朝邑知县，与韩绎祖校刊《守苕血谱》三卷③。

9. 茅元祯，字公良，号师山，贡生，工部员外郎。刊墨本《玉台新咏》十卷《续》五卷、《李文饶文集》二十卷《别集》十卷《外集》四卷。

10. 茅暎，字远士，拔贡，刊朱墨本《牡丹亭记》四卷、墨本与朱墨本《词的》四卷。

11. 茅著，字闇叔，刊墨本《唐宋八大家文抄》一百六十六卷。

12. 茅瑞征，字伯符，号五芝、苕上愚公、苕上渔父、澹朴居士④，进士，官光禄寺卿。有浣花居、芝园、澹朴斋。刊墨本《芝园秘录初刻》七种十四卷⑤、《禹贡汇疏》十二卷《别录》一卷《图经》二卷、《万历三大征考》三卷附《东夷考略》《东事答问》《都督刘将军传》各一卷、《晚汀吟草》六卷、《皇明象胥录》八卷，为茅琛征刊《鹿门先生批点汉

---

① 包括《甲集》诗五卷文十二卷、《乙集》诗十七卷词一卷、《北闱蕢言》二卷。
② 参见赵红娟《茅维的编撰与刊刻活动考述》，《创意城市学刊》2019 年第 1 期。
③ 按：《明代版刻综录》卷三著录为"茅元铭刊""《守苕血泪》二卷"。此据美国国会图书馆藏明刊本。
④ 《续修四库全书》所收茅瑞征刊《万历三大征考》有清远居士序，然据序后所附两印章来看，清远居士并非茅瑞征。
⑤ 包括：吕祖谦《易说》二卷、程大昌《诗论》一卷、周必大《二老堂杂志》五卷、陈克《东南防守利便》三卷、杨彦龄《杨公笔录》一卷、祖秀《华阳宫记事》一卷、侍其良器《续千文》一卷。

书抄》九十三卷作序。

13. 茅献征，字彦先，监生，光禄寺署正，校刊《吴兴掌故集》十七卷。

14. 茅一桂，字国芳，号中莪，举人，黎平知府。刊《唐宋八大家文抄》一百四十四卷、《淮南鸿烈集解》二十一卷、《欧阳文忠公五代史抄》二十卷、《欧阳文忠公新唐书抄》二卷，辑刊《史汉合编题评》八十八卷，参与茅一相刊《新刊唐荆川稗编》校阅工作。

15. 茅一桢，字贞叔，监生，邵阳主簿。有凌霞山房。刊墨本《花间集》十卷《补》二卷《音释》二卷，参与茅一相刊《新刊唐荆川稗编》校阅工作。

16. 茅一相，原名翁绪，字国佐，号泰峰、康伯①、吴人太峰、吴一逸人、东海生、花溪懒道人、三界都懒汉、天主一闲人、芝园外史②、芝园主人③。例贡，光禄寺丞。有文霞阁、华林园、芝园。刊墨本《欣赏编》十种十四卷、《汉蔡中郎集》十卷《外传》一卷、《新刊唐荆川稗编》一百二十卷《目录》三卷，编刊墨本《欣赏续编》十种十卷。

17. 茅兆河，字巨源，号梁渠，举人。娶闵光德孙女，女适臧氏。刊朱墨本《解庄》十二卷、《绝祖》三卷。

18. 茅兆海，字巨宗，监生，鸿胪寺署正。刊朱墨本《茅鹿门先生批评史记抄》一百零四卷、《新刻朱批武备全书》八种十二卷、墨本《陶石篑先生批选唐宋六家表启》八卷。

19. 茅震东，字生生，考订、刊刻朱墨本《新镌武经七书》七卷。

20. 茅胤武，瑞征子，刊墨本《孝经全书》二卷，与胤京校刊《虞书笺》二卷、订正茅瑞征刊《皇明象胥录》八卷、《禹贡汇疏》十二卷。

21. 茅胤京，瑞征子，副贡，与胤武校刊《虞书笺》二卷、订正茅瑞征刊《皇明象胥录》八卷、《禹贡汇疏》十二卷。

22. 茅琛征，字君璞，娶闵元衢女，刊《鹿门先生批点汉书抄》九十三卷。

23. 茅仲籍，参与茅一相刊《新刊唐荆川稗编》校阅工作。

24. 茅茹，字仲连，科举失意。从其自言一生"其半縻于公车业想，终

---

① 光绪《归安县志》卷二十二："慕韩康伯之为人，又号康伯。"
② 以上见茅一相刊《欣赏续编》序跋。
③ 见茅一相刊《欣赏编》之茅一相《茶具引》。

呆骨矣"来看，当是庠生或贡生。有生花馆。辑《齐世子灌园记》三卷，付茅彦征刊刻。①。

25. 茅彦征，刊《齐世子灌园记》三卷。

据目前所见材料，臧氏参与编刊活动留下名姓的很少，仅臧懋循、臧尔炳两人。臧懋循（1550—1620），字晋叔，号顾渚山人，进士，国子监博士。有雕虫馆，主要编刊活动有：编选、刊刻《元曲选》一百种一百卷、《古诗所》五十六卷、《唐诗所》四十七卷、《六博碎金》七卷，删订、刊刻《玉茗堂四种传奇》八卷，删改、评点《昙花记》四卷，点定闵刻《董解元西厢记》四卷，辑评闵刻《兵垣四编》，校订《季汉书》六十卷《正论》一卷《问答》一卷，补辑《元史纪事本末》。臧尔炳（1585—?），字文疆，号少文，廪生，刊《负苞堂诗选》五卷《文选》四卷。

综上，闵、凌、茅、臧四大望族参与编刊的人员达到79人②。

第三节　编刊者阶层、所刊书类别、书工刻工等

四大望族编刊成员各自处在什么阶层，编刊心态怎样，聘雇过多少写刻、绘刻工，这些问题目前学界都没有作过全面研究。

一　编刊者阶层与编刊活动地点

四大望族参与编刊活动的79人中，中过进士的有闵梦得、闵一范、闵远庆、凌迪知、凌义渠、茅坤、茅国缙、茅瑞征、臧懋循9人，中过举人的有凌约言、茅一桂、茅兆河3人，他们的编刊活动主要有两种情况。

一是因官居高位而又雅好书籍，从而推动家族的刻书事业。如闵梦得除了辑评、刊刻朱墨本《宫艳》二卷，与闵光德合刊墨本《春秋左传杜林合注》五十卷，其最大作用恐怕是为家族成员的刊刻事业提供支持，主要包括：提供底本，如闵齐伋所刊《春秋左传》《读风臆评》、闵齐华所刊《孙月峰先生评文选》的底本均是闵梦得在官场上交游所得；为一些刊本作序，或帮助求取名人序跋，如为闵齐伋刊《草韵辨体》作序，为闵元

---

① 以上据哈佛燕京图书馆藏茅彦征刊《齐世子灌园记》三卷之茅茹《灌园小引》。
② 这个数字不包括仅有著述而未参与刊刻的人，如臧继华虽有《大学衍义补编述》二卷、凌震虽有《练溪集》，但均未计入。

衢《草堂赓咏》《悶园吟》向同僚叶秉敬求序；在士大夫阶层中推广家族成员编刊的书籍，以制造影响，如闵元衢《欧余漫录》刊刻出版后，就经闵梦得之手传到叶秉敬手中。再如凌义渠，不仅与闵元京辑刻《湘烟录》十六卷、刊墨本《春秋林氏传》十二卷，还为凌濛初《言诗翼》等作序，列名为校阅者，为之阐扬，以提高凌濛初的编刊声誉。

二是因壮年罢官归田而从事编刊活动，成为家族编刊事业的主心骨与主力军，如凌迪知、臧懋循、茅坤等。凌迪知仕途不顺，先是任工部郎中时，因得罪太监而被贬为定州同知；后又在常州府同知任上，被罢官归家，时年仅三十八岁。他从此优游林下，从事编刊活动，"与元美（王世贞）、子与（徐中行）两家，时议论校刻秦汉诸书，义例纲领，一经裁定，井井可观"，于是"凌氏书布天下，干麈所指多及其庐"①。臧懋循在南京国子监博士任上，因中白简而罢官，从此不再出仕，以编刊活动谋生，编辑刊刻了《元曲选》《古诗所》《玉茗堂四种传奇》等众多书籍。茅坤四十三岁在大名兵备副使任上被劾贪污赏银，四十四岁落职家居，此后除了短期担任胡宗宪幕僚，基本上是在家从事辑评、编刊活动，评选有《唐宋八大家文抄》一百四十四卷、《汉书抄》九十三卷、《欧阳文忠公五代史抄》二十卷、《新唐书抄》二卷、《史记抄》一百零四卷、《苏文嗜》六卷等众多书籍。还有茅瑞征，虽然不是被罢官，但他看透官场世情，崇祯初丁父艰后，时当壮年，却屡征不起，而从事编刊活动，刊有墨本《芝园秘录初刻》七种十四卷、《禹贡汇疏》十二卷、《万历三大征考》三卷、《皇明象胥录》八卷等众多书籍，成为茅氏家族著名编刊家。

当然，在四大望族编刊者中，占绝大多数的是庠生、贡生阶层，其中可考的就有闵道孚、闵世誉、闵齐伋、闵齐华、闵无颇、闵振声、闵振业、闵光瑜、闵绳初、闵迈德、闵洪德、闵元衢、闵一栻、闵昭明、闵元京、闵光德、闵杲、闵燧、闵象泰、凌稚隆、凌述知、凌濛初、凌起祥、凌毓枏、凌弘宪、凌悙德、凌汝亨、凌森美、凌云、凌琛、凌瀛初、凌澄初、凌元爟、凌元灿、凌启康、凌楷、茅维、茅元铭、茅元祯、茅暎、茅荥、茅国绶、茅献征、茅一桢、茅一相、茅兆海、茅胤京、茅茹、臧尔炳等49人，比例高达62%。他们或为低级官吏，在得官前主要从事编刊活动，如凌濛初；或一辈子未踏上仕途，而从事文化

---

① 《光绪凌谱》卷四之朱国祯《缮部绎泉公行状》。

事业工作，如闵齐伋。另有18人无科举仕宦事迹可考，很可能连庠生也不是，或仅以童生身份终其一生，甚至可能连童生也不是。这些未能中举的庠生、贡生、童生，主要是因科举不得意，而投身于书籍编刊工作。正如编刊家茅茹在《灌园记小引》中所说，一生"其半縻于公车业想，终杲骨矣"，于是"寒窗疏雨，皓魄惊秋，按节而歌"（张凤翼《齐世子灌园记》），并"哀而附之剞劂氏"①。

因为有负家族期望，科举失意对簪缨之后造成的痛苦是巨大的，凌惇德有曰："惇德少时性颇颖悟，一题入手，略假思维，便伸纸直书。家大参属望甚殷，此书乃自梧署发归勉励者。迄今三十年来，射刻八次，不能博一第以慰先灵。捧诵遗言，益令我涕泗无从矣。"②而从事文化编刊工作，对于这些贡生、庠生、童生来说，既可发挥自己的文化才能，慰藉科举失意心灵，亦可借以谋生，获取生活之资。凌惇德曾参与《苏长公合作》《楞严经》等凌氏刊本的参订、阅正工作。特别是凌濛初、闵齐华、闵齐伋、闵元衢等编刊家，他们是因科举失意而投身于晚明文化事业的典型。凌濛初曾四中或五中副车，蹭蹬科场，内心愤懑不平，遂"戏取古今所闻一二奇局可纪者"，编撰《拍案惊奇》，"聊抒胸中磊块"③，一生共刊书籍20余种。与凌濛初相似，闵齐华屡试不第，而投身于编刊活动，刊刻过墨本《文选瀹注》、朱墨本《九会元集》等。闵齐伋曾入太学读书，然进取无成，遂耽于著述刻书，成为湖州套版刻书第一人，编刊了包括《会真六幻》在内的34种书籍。闵元衢亦因科举失意而编刊书籍，《罗江东外纪》的辑刊就是这种心理的产物。其《罗江东外纪序》曰："余之失志，与昭谏同；而其知希，与昭谏异。爰辑《外纪》，仰止高山。"值得一提的是，这些编刊家虽然在晚明文化舞台上发挥了自己的文化才能，但在他们心目中，科举仕进的价值永远高于一切，所以像凌濛初、闵齐华最后均以岁贡选官，而踏上仕途，并为国捐躯。

也许是因为文献资料的缺乏，关于晚明四大家族的编刊活动地点，学界未予关注。晟舍闵氏、凌氏的刻书处当在晟舍村北观音桥附近街区。《嘉庆凌谱》之《凌氏著述叙录》曰："闻明晟之村北多书肆，凌氏藏板皆在焉。"凌介禧亦曾有诗追忆曰："观音桥北旧书林，郑九当年一炬侵。

---

① 见哈佛燕京图书馆藏茅彦征刊《齐世子灌园记》三卷。
② 凌惇德识其父凌嗣音《书勉惇儿》书札后。
③ 凌濛初：《二刻拍案惊奇小引》，人民文学出版社1996年版。

板莫重雕楼莫筑,半成禾亩半成荫。"① 据朱闻《练溪文献·乡村》记载,练溪西北有"书街,俗作施家前,明茅氏列肆刻书于此,故名"。可知,练溪书街是花林茅氏在湖州的刻书地点。据《湖州市文化艺术志》,臧懋循家族是在长兴雉城办刻书工场②,但笔者没有找到文献依据。除了在湖州本地之晟舍、练溪、雉城开办刻书工场外,四大望族成员也常寓居南京、杭州、苏州等周边刻书中心,他们或在这些中心设置刻书分所,或雇请这些刻书中心的书坊主代为刊刻他们所编撰的书籍。如茅坤《唐宋八大家文抄》茅一桂本是在杭州刊刻,茅著本是在苏州刊刻,茅元仪《武备志》是其寓居南京时编撰刊刻,《会真六幻》是闵齐伋在南京三山街所刊,凌濛初《后汉书纂》《拍案惊奇》分别由南京周氏、苏州尚友堂安少云刊刻,凌稚隆纂《五车韵瑞》由苏州叶瑶池刊,茅氏《史汉合编》最早由南京周氏所刊等。

二 编刊工作内容与所刊书类别

晚明四大望族编刊活动的内容主要有撰著、编选、辑评、自评、注释、裁注、校订、制作插图、增添题跋、刊刻十类。像闵齐伋刊戴君恩评《读风臆评》《绘孟》、凌弘宪刊陶望龄评《会稽三赋》这样,大致保持原评原注,直接以套色刊印他人刊本的较少,四大望族大多数书籍的刊刻,往往是多种编刊活动内容的集合,具体情形不一。如凌瀛初刊《红拂记》,除了刊刻,还辑录汤显祖评,并请凌起祥为十二幅插图题辞。凌濛初刊《东坡禅喜集》是在得到善本后,重新纂辑,增入所辑评语,并有凌濛初自己的评语。闵齐华刊《九会元集》,广引诸名家评语,博采众书注释,乃集编选、辑评、注释、刊刻四者为一身。闵齐华研核《文选》,搜罗各种注释,"大都经李善,纬五臣,而又穿穴子史","删繁刈秽,撮要钩玄"③,并辑录孙鑛所评,而为《文选瀹注》三十卷,这里包括撰著、裁注、辑评、刊刻四方面工作内容。闵一栻刊《唐诗艳逸品》,是据杨肇祉刊本,重新编定次序,加上闵氏所辑各家评语,其编刊工作内容是重编、辑评、刊刻。闵振业刊《史记抄》,是以茅坤万历三年刊本为底本,"大校本于鹿门",而辑补唐顺之、邓以赞、凌稚隆、钟瑞先诸刻之批评,参

---

① 见《晟舍镇志》卷二《园第》。
② 湖州市文化艺术志编委会编:《湖州市文化艺术志》,浙江古籍出版社 1994 年版,第 480 页。
③ 钱谦益:《文选瀹注序》,见闵齐华刊本《文选瀹注》。

第四章　晚明望族编刊活动盛况　／　131

互校雠，校订成书，共有校订、辑补评语、刊刻三种编刊工作内容。

就所刊书类别而言，若从作者分，则有刊刻族内文人，或祖先或自己著作的；也有刊刻他人著述，或前人或当代名人的。前者如《闵庄懿公诗集》，有明万历十年其后人闵世誉、闵世翔、闵世祯等刊本；凌震《练溪集》四卷，有其子凌约言嘉靖三十年刊本，戚贤《练溪集序》曰："今藻泉孝思之余，检笥中遗稿，梓之官署"；凌约言《凤笙阁简抄》由其子凌迪知于"嘉靖丙寅夏日之吉，敬刻于毗陵官舍"①；茅维《十赉堂集》由他本人于万历四十五年（1617）所刊。这些刊本主要是弘扬本族清芬或自我宣传，基本上无商业目的。后者如茅元仪刊屠隆《鸿苞集》、臧懋循刊汤显祖《玉茗堂四种传奇》、凌濛初刊《盛唐四名家集》、闵齐伋刊《春秋左传》等，主要以商业营利为目的，这在四大望族刊本中占绝大多数。当然，像凌澄初刊凌稚隆点校本《晏子春秋》，茅一桂、茅著刊茅坤《唐宋八大家文抄》，则有弘扬本族清芬和商业营利双重目的。

若从所编刊书籍颜色来分，则有墨本和套色本之别。臧懋循刊本都是墨本，未发现有套色本；茅氏刊本以墨本为主，套色本只有茅暎刊《牡丹亭记》《词的》、茅兆海刊《茅鹿门先生批评史记抄》《绝祖》《新刻朱批武备全书》8 种、茅震东刊《新镌武经七书》、茅兆河刊《解庄》、疑似茅氏刊《淮南鸿烈解》等 8 部 21 种；闵、凌刊本虽然亦有墨本，但套色本占绝大多数，且其著名刊本均为套色。套色亦有二色、三色、四色、五色之别，颜色越多，技术难度越大，故五色本只有凌云、闵绳初所刊《刘子文心雕龙》二卷、凌启康所刊《苏长公合作》八卷两种；四色本只有凌瀛初刊《世说新语》六卷本与八卷本、凌森美刊《南华经》十六卷 3 种；三色本则有闵振业与闵振声刊《唐诗归》三十六卷、《古诗归》十五卷，闵齐伋刊《考工记》二卷、《檀弓》二卷、《孟子》二卷、《国语》九卷、《战国策》十二卷、《楚辞》二卷，闵洪德刊《苏文》六卷，凌启康刊《苏长公合作》②，凌杜若刊《诗经》四卷，凌云刊《苏文嗜》六卷、《唐诗绝句类选》四卷，凌弘宪刊《楞严经》十卷，凌汝亨刊《苏文忠公策论选》十二卷等 15 种；而二色的朱墨本则是套色本中的绝大多数。

---

① 凌迪知：《凤笙阁简抄跋》，上图藏嘉靖刊本《凤笙阁简抄》。
② 该书既有三色本，亦有五色本。上图编号为 834181—92 的 12 册本为三色本，编号为 95394—413 的 20 册本乃五色本。学界一般认为湖州所刊五色本只有《文心雕龙》一种，此五色本乃笔者第一次发现。

若按四部来分，则经史子集俱备，其中闵氏所刊书以经部、集部为著，凌氏所刊书以集部、史部为著，茅氏所刊书以史部、子部为著，特别是子部兵书类，臧氏所编刊之书以集部之戏曲类为著。四类中，最可观的当是集部，总集类、楚辞类、别集类、词类、曲类、诗文评类，一应俱全，几乎囊括了整个中国文学史上最杰出之作。若大致按作者朝代罗列，并纳入《诗经》《世说新语》等文学类著作，约有两百种：凌杜若刊朱墨本、三色本《诗经》两种，闵齐伋刊《诗经集传》《读风臆评》，凌濛初刊《诗逆》《言诗翼》《圣门传诗嫡冢》，闵齐伋刊三色本《楚辞》，凌毓枬刊朱墨本《楚辞》，闵迈德刊《秦汉文抄》，茅一相刊《汉蔡中郎集》，凌性德刊《曹子建集》，凌濛初刊《陶靖节集》，凌云、闵绳初刊《刘子文心雕龙》，凌濛初刊《选诗》，凌森美刊《选赋》，闵齐华刊《孙月峰先生评文选》，闵于忱刊《文选后集》，茅元祯刊《玉台新咏》，闵振业、闵振声刊《古诗归》，臧懋循刊《古诗所》，茅兆河刊《绝祖》，凌瀛初刊《世说新语》六卷本与八卷本，闵齐伋刊《韩文》《杜律》《唐孙职方集》《刘拾遗集》，闵暎璧、凌濛初刊《李诗选》五卷、《杜诗选》六卷，凌濛初刊《王摩诘诗集》《孟浩然诗集》《韦苏州集》《孟东野集》《李长吉歌诗》，凌毓枬刊《唐骆先生集》，茅元祯刊《李文饶文集》，臧懋循刊《唐诗所》，凌云刊《唐诗绝句类选》，凌瑞森、凌南荣刊《李于鳞唐诗广选》，凌弘宪刊《唐诗广选》，闵振业、闵振声、闵暎张刊《唐诗选》，闵一栻刊《唐诗艳逸品》，闵振业、闵振声刊《唐诗归》，茅一桢刊本与闵暎璧刊本之《花间集》，茅一桂刊本与茅著刊本之《唐宋八大家文抄》8种，茅兆海刊《陶石篑先生批选唐宋六家表启》，闵振业、闵振声刊《东坡文选》，闵洪德刊《苏文》，凌启康刊《苏长公合作》三色本与五色本、《苏长公小品》，凌濛初刊《东坡禅喜集》《苏长公表启》《苏老泉集》，凌云刊《苏文嗜》，凌汝亨刊《苏文忠公策论选》，茅维刊《东坡先生全集》《东坡先生诗集注》，凌弘宪刊《会稽三赋》，闵暎璧刊《草堂诗余》，闵氏刊《董解元西厢记》，闵齐伋刊《会真六幻》，凌濛初刊《西厢记》，凌瑞森刊《琵琶记》《幽闺记》，臧懋循刊《元曲选》100种，茅暎刊墨本与朱墨本《词的》，闵齐伋刊《空同诗选》，闵无颇、闵昭明刊《文致》，闵迈德刊《尺牍隽言》，闵齐华刊《九会元集》，闵元衢刊《游名山记》，凌迪知刊《国朝名公翰藻》，闵光瑜刊《邯郸梦》，疑似闵氏刊《明珠记》，凌瀛初刊《红拂记》，凌濛初刊《北红拂》《南音三籁》，凌氏刊《绣襦记》，臧懋循刊《玉茗堂四种传奇》，茅暎刊《牡丹亭记》，凌性德刊《红梨记》《虞初志》，凌濛初刊《世说新语鼓吹》，凌濛初编撰《拍案惊奇》与《二刻拍案惊奇》。以上还不包括四大望族所撰或所刊本人或族人之别集，但已足以见出四大望族编刊活动的盛况及其对文学传承的巨大贡献。

三 四大望族刊本的写刻与绘刻工

晚明四大望族编刊家雇用了一大批工作人员，现存的留有写工（亦称书工）、刻工名姓的非插图刊本约 29 种：凌稚隆刊《史记评林》一百三十卷、《汉书评林》一百卷、《春秋左传注评测义》七十卷、《增订史记纂》不分卷，凌迪知刊《国朝名世类苑》四十六卷、《国朝名公翰藻》五十二卷、《万姓统谱》一百四十卷附《帝王姓系统谱》及《氏族博考》《两汉隽言》十六卷、《文选锦字录》二十一卷、《太史华句》八卷、《凤笙阁简抄》四卷、《申椒馆选大家琼麋》一卷，凌述知刊《唐诗选》，凌濛初刊《苏老泉集》十三卷，凌瀛初刊《韩非子》二十卷，凌氏刊《申椒馆敝帚集》四卷，茅坤刊《史记抄》九十一卷，茅一桂刊《汉书抄》九十三卷、《淮南鸿烈解》二十一卷、《唐宋八大家文抄》一百四十四卷、《史汉合编》八十八卷，茅一相刊《欣赏编》十种十四卷、《欣赏续编》十种十卷、《新刊唐荆川先生稗编》一百二十卷，茅维刊《东坡先生全集》七十五卷，茅元祯刊《玉台新咏》十卷《续》五卷，茅元仪刊《武备志》二百四十卷，疑似茅氏万历间刊《茅鹿门先生文集》，闵元庆刊《左传集要》十二卷[①]。关于《增订史记纂》不分卷，《明代刻工索引》著录有两种，一种是凌稚隆辑明刻本，有"吴郡顾櫄写，戴文刻"字样，一种是凌稚隆辑万历十六年刊本，刻工陈锦、万国臣，书工喻铠[②]。按：顾櫄作为书工，也出现在凌稚隆刊《汉书评林》、凌迪知刊《万姓统谱》《两汉隽言》《文选锦字录》《凤笙阁简抄》等众多凌氏刊本中；戴文作为

---

① 以上29种书籍刻工、写工情况：《申椒馆选大家琼麋》可参见黄仁生《日本现藏稀见元明文集考证与提要》，岳麓书社2004年版，第263页；《唐诗选》可参见周子美编《天一阁藏书经见录》卷下，华东师范大学出版社1986年版，第96页；《国朝名公翰藻》《史记抄》《武备志》《史汉合编》《韩非子》《左传集要》6种，可参见翁连溪《中国古籍善本总目》，线装书局2005年版；其他21种书籍可参见《明代刊工姓名索引》（以下简称《索引》），上海古籍出版社1998年版。又《索引》第407页著录万历三十四年刊本《东坡先生全集》七十五卷有刻工黄何，但未说明刊者。据《索引》所述该刊本特征，是书当为茅维所刊。

② 见《索引》，第299页。

刻工，亦出现在凌稚隆刊《史记评林》《汉书评林》中，因此笔者判定前者为凌刊本，后者存疑而暂不计入。

以上29种刊本中，刻工写工人数最多的首推凌稚隆万历五年刊《史记评林》一百三十卷。据哈佛大学藏本，该书共2686页，留有刻工78人：戴文、戴徐、邓钦、邓汉、邓秦、陈子文、陈云、傅机、傅汝光、顾本仁、顾修、顾成、何仲仁、何文甫、何祥、陆本、洪平、彭天恩、卢琢玉、林文、林志、林汝昂、刘子春、刘守礼（刘礼、刘守）、刘文、倪世荣、钱世英（钱英）、世清、长洲沈玄易、沈龙、孙陶、孙徐（孙余）、孙叶、孙承受（孙承）、孙洪、徐子、徐朝、徐轩、徐光祖、徐文台、徐六、徐二、徐一、谢安、陶杰、陶仲、陶英、王伯才、王以德、吴文泮、温志、杨元、杨顺之、杨三、严春、叶三、余元、余世芳（余芳、余世）、余希、余陈、余六、袁敏学（袁学）、袁宏、章右之、章樊之、章国华（章华）、赵应其（赵其）、朱大、郑玄、张凤、节、邵、汝修、毛、仲大、方、游、迟；写工5人：金应奎、勾吴高洪、长洲（吴门、吴郡）顾櫆、古吴钱世杰、姑苏（长洲）徐普[①]。

《明代刻工人名索引》（以下简称《索引》）据天津图书馆藏本著录凌稚隆万历十一年刊《汉书评林》一百卷刻工戴士、戴文等39人，书工"顾櫆写、徐普书、武林郁文瑞写、杭州郁文瑞书"4人。按：武林即杭州，后两者应是同一人。《索引》又据张振铎《明代刻工名录》著录该书刻工陈习、顾时中等17人。按：笔者所见哈佛大学该书藏本王世贞序后署"茂苑金麟仁甫书"，王宗沐序后署"勾吴张峻德书"，陈文烛序首页版心有"戴文"二字，茅坤序第二页版心有"陶英刻"字样，正文中版心所见刻工姓名很少，显然与天津图书馆藏本、张振铎所见本不同。从各书刻工情形不一来看，《汉书评林》明末可能有诸多刻本[②]。

《索引》著录茅一相万历八年刊《欣赏编》十四卷《续》十卷刻工顾本仁、洪平等21人。按：笔者所见浙图藏茅一相万历八年刊《欣赏编》十种十四卷刻工起码27人：苕城周邦明、锡人何鲸、乌程周雷、邹邦彦

[①] 《索引》第299页著录该书刻工69人（除去重复者3人），书工5人，与笔者统计虽有所不同，但这74人在哈佛大学藏本中均有，应是同一刊本。

[②] 按：《汉书评林》陈文烛序署万历十一年癸未，故《索引》等有万历十一年刊本之说。然该书王世贞、王宗沐、何洛文、茅坤等序，包括凌稚隆识，均署万历九年辛巳，故一般也著录成万历九年刊本或万历刊本。笔者认为该书可能有万历九年、万历十一年等不同刊本。

第四章　晚明望族编刊活动盛况 / 135

（邹彦）、洪赞、洪平、洪有、尚美、邹子明、刘文谏、刘安邦、赵周、赵汝、顾本仁（顾仁）、张梗、张敖、邵直、夏彦、何贞、祝正、计万言、狄、亭、仇、徐、金、朱。又，浙图藏茅一相万历八年刊《欣赏续编》十种十卷有刻工25人，其中邹邦彦（邹彦）、洪赞、赵汝、夏彦、祝正、邹子明（明）、刘安邦、张敖、计万言、（周）邦明、（尚）美、（周）雷、（洪）平①、狄、朱、徐等16人与浙图本《欣赏编》同，周栋、周樑、山、坤、玲、王、令、松、其9人则不见上述《欣赏编》。又，《索引》第362页据周芜编《黄氏所刻书目》将茅一相编《欣赏续编》定为嘉靖三十年汪云程刻本，并著录刻工黄钟、黄琏。此大谬。按：茅氏编刊《欣赏续编》十种十卷是在万历八年，汪云程嘉靖三十年所刊乃《欣赏编》十二种十二卷，这是两个刊本，书名与内容均不同。

《索引》第392页著录茅元祯万历间刊《玉台新咏》十卷《续》五卷有刻工洪册、赵周、邹邦彦，书工姑苏徐普。按：笔者曾见该书上图藏本，其卷一第一页、第二页版心分别记刻工"赵周""杨元"，因此该书刻工可加上"杨元"。又，《索引》引张振铎《明代刻工名录》有"赵舟"，笔者以为可能是"赵周"之误。又，《索引》第429页著录万历间刊《茅鹿门先生文集》有刻工毕应豪、陈于、陶等21人。据笔者所见浙大藏本，"陶"当是"陶孳"。该书笔者疑为茅氏所刊。

就以上留有刻工、写工的29种非插图刊本来看，除《苏老泉集》是套印本外，其他都是墨本，而且都是天启崇祯前刊本，甚至绝大部分是万历前期刊本；以凌迪知、凌稚隆、茅一桂、茅一相等人刊本为多，无臧氏刊本，闵氏刊本也只有一种。王重民《中国善本书提要》在著录凌濛初刊《苏老泉集》刻工郑圣卿时说："凌、闵二家多不记刻工姓氏，此独有之，故特为标出。"② 若不考虑凌迪知、凌稚隆的墨刻本，就闵、凌二氏套印本而言，王氏的说法还是正确的。

如果某部刊本刻工很多，那么刻工留下名姓的一个主要目的可能是标记某些书页为自己所刻，这从刻工署名的随意性上可察知一二。版心所记，或姓，或名，或全名，或名中一个字，或姓名中择其两字，或字音同

---

① 笔者据《欣赏编》刻工名，判定《欣赏续编》之邦明、美、雷、平4人，为（周）邦明、（尚）美、（周）雷、（洪）平。
② 王重民：《中国善本书提要》（以下简称《提要》），上海古籍出版社1983年版，第515页。

而相代，或字有繁简。如凌稚隆刊《史记评林》刻工余世芳亦作"余芳""余世""芳"，孙承受亦作"孙承""承受"，刘守礼亦作"刘礼""刘守"，钱士英亦作"钱世英""钱英"，傅机亦作"付机""付""机""機""傅"。甚至有作"三"的，而该书刻工中有"杨三""叶三"；作"王"的，而刻工中有王伯才、王以德，读者不知何指，但估计刻工自己明白。这也就意味着有时很难精确统计某书刻工的数量。

就刻工酬劳来说，应该是按页数、字数计钱，大小字价格不一。如茅氏刊《茅鹿门先生文集》版心有"三百八十五邵""三百八十六聘""陈三百五十五""陈三百七十四"等字样。又如凌稚隆所刊《史记评林》卷二第三页版心所刊"钱世英"名下有"大二百十三、小七百〇五"字样；卷二第五页版心所刊"赵应其"名下注明"大一百〇七，小六百九"；卷二第七页版心所刊"沈玄易"名下注明"大十二，小七百七十五"。

从凌稚隆刊《史记评林》版心所记有"傅机""吴文泮""机""泮""机三""泮三"等来看，那么"机三""泮三"显然还是指"傅机""吴文泮"，只是这个"三"是指刊刻数量还是排行呢？从《史记评林》卷三十七首页版心有"勾吴高洪写叶三刊"字样，可知"叶三"是指人，那么"三"更可能是指排行。如果这样，那么可推知《史记评林》"徐六""徐二""徐一""杨三""余六"等刻工标记中的数量词，也是指排行。另外，《史记评林》版心所记有"孙徐""孙余"，是否孙与徐、孙与余两两合作刊刻，共同享受劳务报酬呢？如果他们是两两合作，那么"孙叶""孙陶"等很可能也是指两人。

刊本所记刻工与书写工区别明显。刻工一般作"某某刊"或"某某刻"，或直接署名或字；而书工一般注明"某某写"或"某某书"，而且前面往往冠以籍贯，如凌稚隆刊《史记评林》版心所记"勾吴高洪写""长洲（吴门、吴郡）顾檖写""古吴钱世杰写""姑苏徐普写"，凌稚隆刊《汉书评林》之"徐普书"。书写工是有一定书法技艺之人，或者很可能是书法家。书写工注明"籍贯"也说明其身份一般比刻工要高。如果说刻工是工人，那么书写工应是知识分子。像凌稚隆刊《史记评林》《汉书评林》的写工徐普，就是一位书法家。他曾为茅元祯万历七年刊《玉台新咏》效劳，书写该书卷前新安吴世忠所撰《刻玉台新咏序》，颜体，十分美观。为了使所刊书籍美观大方，以吸引购买者，晚明四大望族编刊家还请这些书法家手书旧序、旧跋。如凌濛初刊《苏长公表启》之钱檥序、凌弘宪刊《楞严经证疏》之乐纯跋、凌弘宪刊《会稽三赋》之陶望龄序均请吴郡盛文明书，茅一桢刊《花间集》之欧阳炯序、茅一相刊《欣赏续编》之顾元庆《大石山房十友谱序》均请乌程冯年书。而凌森美刊朱墨本《史记纂》二十卷于凌稚隆序后有"凌森美重校并书"字样，《索引》藉此认为凌森美是该书写工[①]。笔者以为他只是凌稚隆这一篇序的手写者，而非整本书的写工。因为凌稚隆是凌森美祖父，手写祖父旧序是为表敬意。作为该书的刊刻者，凌森美应该雇用有专门的写工来书写整本书。

除了书写工一般注明籍贯，个别刻工也有籍贯，如前述长洲沈玄易、苕城周邦明、锡人何鲸、乌程周雷、金陵戴应试等。从这些籍贯来看，晚明四大望族所雇用的刻工和写工来自许多地方。有些刻工和书工，出现频率较高，如彭天恩出现在《史记评林》《汉书评林》《国朝名世类苑》《万姓统谱》《两汉隽言》《文选锦字录》《申椒馆敝帚集》《申椒馆选大家琼麈》等8种凌刊本刻工名单中，顾榎也出现在《史记评林》《汉书评林》《增订史记纂》《两汉隽言》《文选锦字录》《凤笙阁简抄》等6种凌刊本书工名单中。然而他们并不固定于某个书坊，在四大望族以外刊本中也可见到他们的身影。翻阅《索引》，我们即可发现这种情形，特别是像徐普、顾榎等书工，在晚明江南刊本中常见。因此，他们很可能是有活儿即来，无活儿即走。这些刻工和书工在不同书坊和刻书家族之间行走，可给雇主带来各地文化信息，特别是各地书坊刻书信息。由此可以想象，晚明出版文化信息交流的通畅。凌濛初《拍案惊奇序》所言，冯梦龙《三言》刊行后，"肆中人见其行世颇捷，意余当别有秘本，图出而衡之"，就是这种文化背景的生动反映。

为了吸引购买者，四大望族所编刊的书籍中有23种（部）配有插图[②]，其中10种（部）书籍插图留有所聘画工或刻画工姓名[③]。如凌濛初

---

① 见《索引》，第299页。
② 其中凌、闵、茅三氏21种，可参见董捷《明末湖州版画创作考》，博士学位论文，中国美术学院，2008年；另外再加上臧懋循《元曲选》《玉茗堂传奇四种》。
③ 凌毓枬刊：《楞严经》十卷、《金刚经》一卷插图均题"隆庆壬申中秋钱穀写"，而凌毓枬生于万历六年，钱穀显然不是凌毓枬所聘雇；凌弘宪刊《楞严经证疏》插图署"杜陵内史"（仇英之女），很可能是冒署，参见《明末湖州版画创作考》，博士学位论文，中国美术学院，2008年，第128页；闵齐伋刊《西厢记》插图很可能是闵齐伋自己创意，因为其第一幅有"寓五笔授"款及"寓""五"两印，第十五幅有"庚辰秋日"款及"寓五"印；凌濛初撰《二刻拍案惊奇》插图刻工为刘君裕，画工为刘釜，但该书由苏州尚友堂安少云刊。以上五种均不计入。

所刊《维摩诘所说经》《西厢记》《南音三籁》，凌瑞森刊《琵琶记》，凌瀛初刊《红拂记》，凌性德刊《红梨记》①，闵光瑜刊《邯郸梦》，茅暎刊《牡丹亭》之插图，均为苏州王文衡字青城者所绘；凌濛初刊《北红拂》为马云字犹龙一字辰翁者所绘。又如凌瑞森刊《琵琶记》、凌濛初刊《西厢记》、凌性德刊《红梨记》插图刻工依次为郑圣卿、新安黄一彬、刘杲卿，茅暎刊《牡丹亭》插图刻工为汪文佐、刘升伯、刘杲卿，臧懋循万历四十四年刊《元曲选》一百种插图刻工为黄礼卿、黄应光、黄端甫、黄应瑞②。

综上，载有刻工、书工姓名的非插图书籍大部分为早期墨本，且不少是卷帙浩繁之作，载有画工、刻画工姓名的书籍则大都为戏曲作品，而刻工数量之众，以及书工、画工、刻画工的雇用，都彰显了晚明四大望族编刊活动的实力水平与兴盛状况。

第四节 《史记》《汉书》的编选、评点与刊刻

晚明四大望族编刊了众多书籍，其中最有代表性的是对《史记》《汉书》的编刊，而且涉及凌、闵、茅三大望族。这三大望族对《史记》《汉书》的研读、编选、批点和此起彼伏的刊刻，不仅彰显了这些家族的史学素养，反映了晚明士人对《史记》《汉书》的酷嗜和研究热潮，而且展现了晚明出版业的繁盛状况和《史记》《汉书》评点本、删节本在市场上的畅销程度。

一 凌氏的《史记》与《汉书》刻本

1. 凌约言辑评、自评《史记评抄》

凌氏研读、编选《史记》始于凌约言。《晟舍镇志》卷六著录凌约言《史记评抄》，并曰："又名《史记概》，见府志③。"虽然查同治《湖州府志》卷五十八《艺文略》，凌约言名下并无该书，但凌约言辑有《史记评抄》却是事实。证据一是《史记评林》凌稚隆识曰："隆自弱冠读先大夫

---

① 凌性德刊：《红梨记》曲意图十四幅为王文衡绘，但《素娘遗照》一幅，据画后小引，为刻书者雇名手摹唐伯虎画作而成。参见《明末湖州版画创作考》，博士学位论文，中国美术学院，2008年。
② 见《索引》，第441页。
③ 按："概"后有两"见"字，笔者认为其一乃衍字，删。

《史记抄》①，且且夕焉，而怅其未备也。"《史记评林》所附《史记评林引用书目》即有凌约言《史记评抄》。《史记评林》正文亦多次引用《史记评抄》中凌约言之评语，如引其评《史记》卷十《周本纪》曰："太史公叙事，每一人一事，自成一片境界，自用一等文法，观此叙褒姒一段可见。"② 证据二是《晟舍镇志》卷六《史记评抄》条下曰：

> 凌鸣喈重刊，序云：先藻泉公辑《史记评抄》，于司马氏之学，博综条贯，惟恐阙遗。卷首录《短长说》一册。后绎泉、磊泉二公更广搜群籍，集其大成，为《评林》一书。王弇洲所谓"发筒而了如指掌，又林然若列怀宝于肆者也"。是书刻于万历丙子，板久漫漶，嘉庆丙子，鸣喈得于郭晴川学博，谓伊舅氏唐冰溪所授，而重锓之。

凌约言乃凌稚隆之父，号藻泉，因此以上凌稚隆与凌鸣喈所言足以表明凌约言撰有《史记评抄》，且该书卷首有《史记短长说》一册，而《史记评林》是在该书基础上编纂而成。然《晟舍镇志》此条著录，亦有令人疑惑处。从"凌鸣喈重刊"且此语置于"《史记评抄》"条之首来看，凌鸣喈应该重刊过《史记评抄》。周建渝《从〈史记评林〉看明代文人的叙事观》一文也是这样来理解的，认为凌鸣喈序乃重刊《史记评抄》序③。然而，若按此理解，那么鸣喈得于郭晴川而重锓之书，也就是"刻于万历丙子（1576），板久漫漶"之"是书"亦当是《史记评抄》。而据凌稚隆《史记评林》凡例后识语，《史记评林》"肇于万历甲戌，讫于今丙子冬"，也就是说《史记评林》与《史记评抄》刊于同一年。所以笔者认为，据上下文，"是书"当承上，指《史记评林》，凌鸣喈此序当是重刊《史记评林》序，而不是重刊《史记评抄》序，《晟舍镇志》作者可能只是因为序中提到《史记评抄》，而将此序放入"《史记评抄》"条。

2. 凌稚隆集评、刊刻《史记评林》一百三十卷

凌稚隆《史记评林》是在其父凌约言《史记评抄》的基础上，得其兄凌迪知、其友金学曾以及云间张之象所辑诸名家之评点，再加上自己历年所搜评

---

① 按：《史记抄》《史记评抄》当是同书异名。
② 见凌稚隆辑《史记评林》，《四库未收书辑刊》第 1 辑第 11 册，第 106 页。
③ 见周建渝《从〈史记评林〉看明代文人的叙事观》，《复旦学报》（社会科学版）2010 年第 3 期。

点，汇总而成。凌稚隆《史记评林·识语》清楚地说明了这一成书始末：

> 隆自弱冠读先大夫《史记抄》，旦且夕焉，而怅其未备也。常博搜群籍，凡发明马史者，则标识于别额，积草青箱，非一日矣。乃伯兄稚哲、友人金子鲁来自国门，获所录诸名家批评总总焉，私窃艳之。而云间张玄超持所纂发微者，造余庐而印证也。已复负笈大方，益罗史家所珍秘者汇之，而衮然成帙矣。

据此，《史记评林》的主要工作在于辑录历代诸家对《史记》之评论。凌稚隆《史记评林》之《凡例》对辑录范围有具体说明：

> 太史公《史记》批评，古今已刻者，惟倪文节《史汉异同》、杨升庵《史记题评》、唐荆川《史记批选》、柯希斋《史记考要》；其抄录流传者，何燕泉、王槐野、董浔阳、茅鹿门数家。若杨铁崖、王守溪、陈石亭、茅见沧、田豫阳、归震川数十家，则又搜罗而出之，悉选录入兹刻。更阅百氏之书，如《史通》《史要》《史钺》《史义》《唐宋确论》《史纲辨疑》、黄东发《日抄》、邱琼山《世史正纲》、《日格子学史》之类，凡有发明《史记》者，各视本文，标揭其上。

《史记评林》到底收入多少家评语，目前学界统计不一。然就其初刻本之《史记评林姓氏》统计，其评者上起晋代[1]，下讫明朝，共147人，其中明代评者81人[2]，显示了明代文人对《史记》的高度关注。特别值得注意的是，明中叶以来属于湖州府的《史记》评点者就有闵如霖、凌约言、董份、蔡汝枬、茅坤五家，晚明湖州一地《史记》刊刻出版的繁盛局面与此当不无关系。

《史记评林》的最早刊刻者为凌稚隆，目前学界没有任何疑议。对此，笔者也找到了一些证据。如何洛文序凌稚隆《汉书评林》曰："先是吴兴

---

[1] 按：《史记评林姓氏》所录各朝评点者，上起"魏"，"魏"下仅列陆机一人。然陆机出生四年后，魏即灭，陆机乃西晋人。

[2] 周建渝统计为149人，其中明代评者85人，见《从〈史记评林〉看明代文人的叙事观》，《复旦学报》（社会科学版）2010年第3期；于亦时曰："据不完全统计，本书征引历代学者之说一百五十多家。"见凌稚隆辑校、李光缙增补《史记评林》第一册之《史记评林前言》，天津古籍出版社影印明万历年间刻本，1998年。

凌子稚隆镂《史记评林》，海内学士读而赏者半。"① 茅坤《刻汉书评林序》曰："凌太学曩抱先大夫藻泉公所手次诸家读《史记》者之评，属序而梓之，已盛行于世矣。世之缙绅先生嘉其梓之工。"② 王世贞序《史记纂》曰："然以栋既梓其《史记评林》而行之，不佞为叙之矣。"③ 笔者疑惑的是，凌稚隆《史记评林·识语》竟曰："古歙汪氏、维扬张氏咸称好事，遂各捐赀付梓，肇于万历甲戌，讫于今丙子冬。"若无何洛文、茅坤、王世贞上述序言，而仅据凌稚隆此识语，则《史记评林》的刊刻者当是古歙汪氏、维扬张氏。不知学界为何未发现以上矛盾之处。而面对此矛盾，似乎也没有更好的解释。也许主持《史记评林》刊刻的是凌稚隆，而汪氏、张氏出资助之，以便获得该刊本的销售权。

关于《史记评林》的最早刊刻时间，学界有不同理解。据上述凌稚隆识语所言"肇于万历甲戌，讫于今丙子冬"，学界一般认为是万历二年丙戌（1574）至万历四年丙子（1576）刊本，如南图对索书号为 GJ/116592 的《史记评林》之著录；或径言万历四年刻本，如《四库未收书辑刊》第 1 辑第 11 册所收之《史记评林》。然该刊本有江西布政使司右布政使徐中行万历五年（1577）八月序，故有藏馆著录为万历五年刻本，如上图对索书号为线普长 453164—95 的《史记评林》之著录。周建渝亦认为其刊刻年份是万历五年，而把万历二年至万历四年视作该书的编辑时间④。笔者以为，《史记评林》的刊刻时间是万历二年至万历四年，因为"肇于万历甲戌，讫于今丙子冬"前有"捐赀付梓"之语。而万历五年之徐序，是刊后所加，此年可视作该书的发行时间。

《史记评林》万历二年至万历四年刊本现存，一百三十卷，墨刻，十行十九字，小字双行同，白口，左右双边，版心有戴文、邓钦等众多刻工名，国图、上图、浙图、北大、浙大等 66 馆有藏。《史记评林》问世以来，影响巨大，被不断刊刻，仅明亡前就有万历李光缙《增补史记评林》本、万历致和堂刻本、万历熊氏种德堂刻本、熊氏宏远堂刻本、建阳熊礼忠与刘朝箴刻本、立本堂刻本、黄长吉重编本、崇祯程正揆刻本等。清代

---

① 见上图藏凌稚隆万历刊本《汉书评林》。
② 同上。
③ 见凌森美刊朱墨本《史记纂》。
④ 周建渝：《从〈史记评林〉看明代文人的叙事观》，《复旦学报》（社会科学版）2010 年第 3 期。

以来，有崇祯间刊清书业堂重修本、清光绪十七年（1891）养翻书斋刊本等，《四库未收书辑刊》第1辑第11册则影印收入凌氏万历二年至万历四年刊本。该书还流传到日本，亦被反复刊刻，日本明和七年（1770）世裕堂、日本明治二年（1869）玉山堂、日本明治十四年（1881）修道馆、日本明治十六年（1883）九春堂、日本明治时期东京印刷会社等均有刊本。可见《史记评林》影响之大，流传之广，受众之多。

3. 凌稚隆编纂、刊刻《史记纂》与凌森美重刊朱墨本《史记纂》

《史记纂》是《史记》的节本，其编纂、刊刻在《史记评林》后。《史记评林》卷帙浩繁，不仅阅读与携带不便，而且价格不菲，不易普及。凌稚隆因择《史记》之精华而编纂成此书。王世贞序云：

> 《评林》行而自馆署以至郡邑学官，毋不治太史公者矣。意者其犹裹重而不逮远欤，费巨而不逮贫欤，编繁而不逮目欤？以栋有忧之，是故叙而略于辞、辞而寡于法者，弗敢纂也；所褒赞而非其精神之涣发者，弗敢纂也；所提指而非其关节、眼骨、照应、步骤者，弗敢纂也。斯纂也，令衿裾之士稍能习佔毕、握铅椠者获一寓耳目焉，不待颡探而法灿然备矣，机跃然若有人矣。是故《史记纂》行，而治太史公者固不必皆贵近有力也。①

凌稚隆不仅对《史记》进行了删减，而且进行了评点，自序曰："凡《评林》之所载，不复著于篇，而往往杂以不佞刍荛之论。愚者千虑，敢有辞矣。且也向秀之于庄生，元凯之于左氏，皆溺也。溺则不佞之评且纂有同病焉。"

凌稚隆《史记纂》最早刊于万历七年己卯（1579），王氏序即作于此年。此本现存，上图、浙图等16馆有藏。不分卷②，墨刻，九行二十字，白口，左右双边。《史记纂》后来有凌森美朱墨刊本二十四卷，九行十九字，白口，四周单边，上图、南图等29馆有藏。因为是书亦载王世贞万历己卯序，故学界误以为此乃万历七年（1579）朱墨套印本③。事实上，

---

① 此序亦见于王世贞《弇州山人续稿》卷四十二，《四库全书》本。
② 关于凌稚隆《史记纂》的卷数，《晟舍镇志》卷六、同治《湖州府志》卷五十八、《传是楼书目》著录时均未注明。
③ 如《普志》在著录凌稚隆刊不分卷之《史记纂》时曰："此书有万历七年凌氏刊朱墨套印本，分二十四卷。"第89页。

湖州套色印刷最早始于闵齐伋万历四十四（1616）年所刊朱墨本《春秋左传》，若说之前湖州有套印本都是判断有误，如有学者言万历九年（1581）凌氏四色套印《世说新语》付梓①。

4. 凌稚隆辑评、校阅、刊刻《汉书评林》《汉书纂》

《晟舍镇志》卷六著录有凌约言《汉书评抄》，然无卷数。参之凌稚隆《史记评林》与凌约言《史记评抄》的关系，凌稚隆《汉书评林》很可能也是在凌约言《汉书评抄》的基础上搜罗各家评点而成。《汉书评林》一百卷，现存，有凌稚隆墨刻本，十行二十字，小字双行同，白口，左右双边，单鱼尾，有刻工，上图、浙图、浙大等56馆有藏。依次是万历九年辛巳（1581）吴郡王世贞《汉书评林序》、万历辛巳临海㩾宁居士王宗沐《刻汉书评林叙》、万历辛巳汝南何洛文《凌氏新刻汉书评林序》、万历十一年癸未（1583）五岳山人泂阳陈文烛《汉书评林序》、万历辛巳归安茅坤《刻汉书评林序》、《汉书评林凡例》、万历辛巳凌稚隆识、《汉书评林姓氏》、《汉书评林引用书目》、《汉书评林字例》、《汉世系传授图》、《汉国度地理图》、《汉南北军图》、《汉书总评》、《汉书叙例》、《景祐刊误本》、《汉书评林目录》。其中凌稚隆识语有"既梓"等语。据此，该书梓于万历九年辛巳，陈文烛序乃梓后所求。

《汉书评林》是在《史记评林》畅销后，仿《史记评林》汇集各家评点而刻之。同治《湖州府志》卷五十八"《汉书评林》一百卷"条，引王世贞序曰："自《史记评林》成，而学士大夫好其书者，麋集于际叔之门。际叔益自喜，以《史记》之例例班史。盖又二年所，而《班史》之《评林》亦成，凡百十九卷。"陈文烛序曰："吴兴凌以栋博学善藏书，承其先大夫季默与其兄工部郎稚哲之训，作《史记评林》，复取《汉书》者而汇次之。"又凌稚隆识曰：

> 先辈称班、马良史才，今铅椠之士，尤群然艳之。不佞曾无袜线长，何敢梦寐班、马，而总角学伊吾侍先君子，为言两家书，刺刺不置，则因稍稍概于衷焉，而嗣者业为辑百家所品骘马史者而剞劂之矣。乃间游天都，辱学士大夫不鄙，而推毂不佞并校班史，曰："亡使轩轾两家也。"于是不佞遂忘其蒙昧，辄復扬搉撠

---

① 郭孟良：《晚明商业出版》，中国书籍出版社2011年版，第223页。

> 百家所为品骘班史者而辑之，即题曰《汉书评林》，与马史合而称《班马全书》云。

据《汉书评林姓氏》，凌稚隆所辑评点共142家，其中明代62家，湖州地区有凌震、凌约言、董份、徐中行、茅坤、虞舜治6家。《汉书评林》万历九年问世后，亦十分畅销，被书商不断翻刻，当年即有剜版重印者，后又有书林余彰德刊本、云林积秀堂刊本等。

凌稚隆《汉书纂》为《汉书》之节本，其编纂在《汉书评林》后，体例与《史记纂》类似。凌稚隆《刻汉书纂序》曰："不佞辑班孟坚《汉书》也，惠徽命世钜公，品骘扬榷，多树前茅，则人人意得，与前所辑子长《史记》称季孟云。《史记》，不佞故有《纂》，而孟坚网罗毕弋于二百年间，成八十余万言，亦不啻博矣。世匪颜师古诸人，即单（殚）千金，恐不能尽屠龙之技，盖其难哉。"与《史记评林》一样，《汉书评林》卷帙浩繁，不便于习举业者购买、阅读、携带，故凌稚隆又仿《史记纂》，而作《汉书纂》。对此，王兆云《汉书纂序》亦曰：

> 博士弟子闻班马，则亦称班马、班马云。马史固浩漾，而班甚之，或有终身未睹其帙者。往凌以栋《史（记）评林》成，艺苑大匠便之。虑博士子弟未便也，复辑《史（记）纂》。《史（记）纂》出，而瓮牖绳枢之子，亦得侧弁而哦矣。发之时义中，骎骎□郁，有古色，则《史（记）纂》之功多也。乃者《汉书评林》成，以栋复辑《汉书纂》，亦如《史纂》也者，而抉捃愈隽永。慕古之士，复得是编辟替之。

凌稚隆当是在万历十一年（1583）癸未校阅、刊行是书，因为其自序即署是年仲冬。是书不分卷①，浙大图书馆等7馆有藏，墨刻，九行二十字，白口，单鱼尾，左右双边。依次是麻城王兆云序、凌稚隆自序、《评汉书纂姓氏》《汉书纂目》、正文。其中《评汉书纂姓氏》后有凌稚隆附言，曰："纂以省阅，非完书比，以故诸所评骘，仅书别号或字，间尝不书字号，则不佞稚隆所僭拟云。"据此，该书除了集评外，亦有凌稚隆自评。

---

① 关于《汉书纂》的卷数，《晟舍镇志》卷六曰八卷，同治《湖州府志》卷五十八、《传是楼书目·史部》未注明。

《汉书纂》正文首页有"吴兴后学凌稚隆校阅"字样。

从《史记评林》到《汉书评林》，从《史记评林》到《史记纂》，从《汉书评林》到《汉书纂》，可以说凌稚隆经常编刊这种姐妹篇，这除了《史》《汉》并列，有编纂套路，容易上手外，更主要的原因当是这类书籍颇受读者欢迎。

5. 凌迪知与凌濛初父子的有关《史》《汉》之撰述

凌迪知对《史记》十分感兴趣，而且因为进士出身，交游广泛，有利于收集《史记》诸家之评点。凌稚隆《史记评林·识语》即曰："乃伯兄稚哲、友人金子鲁来自国门，获所录诸名家批评总总焉，私窃艳之。"也许正是因为凌迪知对凌稚隆《史记评林》贡献巨大，所以《晟舍镇志》卷六亦著录有凌迪知《史记评林》一百三十卷①。《晟舍镇志》卷六还著录有凌迪知《增定荆川史纂》十四卷、《太史华句》八卷、《两汉隽言》十六卷②。明代唐顺之有《史记选要》，凌迪知《增定荆川史纂》当是对唐氏该书的修订甚或刊刻。《太史华句》是"摘《史记》字句，以类编次"③；《两汉隽言》前十卷为宋林越作的《汉隽》，所采止于西汉，凌迪知校阅；后六卷乃凌迪知仿其体例所辑《后汉书》故实，"采摭亦备"④，故凌迪知对此书的贡献是校阅、增辑、刊刻。

据同治《湖州府志》卷五十九、乾隆《乌程县志》卷十四、闵宝梁《晟舍镇志》卷六，凌濛初有《后汉书纂评》《倪思史汉异同补评》三十二卷⑤。《后汉书纂评》，当即《后汉书纂》，现存，浙图、北师大等藏，十二卷，八行二十字，单鱼尾，四周单边，万历三十四年（1606）金陵周氏刊。凌濛初试图通过对《后汉书》的删削，"以排沙简金"。其编撰兴趣和取舍标准则是情节性和生动性，体现了一种鲜明的小说家倾向，该书的某些章节已与当时的历史演义小说颇为接近⑥。

---

① 按：《晟舍镇志》卷六著录凌迪知《史汉评林》一百三十卷，并曰见《府志》，然查同治《湖州府志》卷五十八《艺文略》乃"《史记评林》一百三十卷"，而且凌迪知搜罗《史记》之评点，有现存文献为依据，故笔者认为"史汉"当是"史记"之误。

② 后两种收入凌迪知所编丛书《文林绮绣》五十九卷，"万历丁丑春仲吴兴凌氏桂芝馆梓行"，八行十七字，小字双行，白口，左右双边。

③ 见《四库总目提要》卷六十五。

④ 同上。

⑤ 据《中国古籍善本总目》，《史汉异同补评》三十二卷的编刊者乃凌稚隆，其万历间刻本，九行十九字，小字单行同，白口，左右双边，华东师范大学、南图、重庆市图书馆有藏，待核。

⑥ 参见潘建国《明凌濛初尺牍真迹考释》，《文学遗产》2001年第5期。

二 茅氏的《史记》与《汉书》刻本

1. 从茅坤辑评、刊刻《史记抄》到茅兆海重刊《茅鹿门先生批评史记抄》

关于茅坤编选、评点《史记》的原因与过程，其《刻〈史记〉抄引》有详细描述："予少好读《史记》，数见缙绅学士摹画《史记》，为文辞往往专求之句字音响之间，而不得其解"，于是"独疑而求之，求之而不得，数手其书而镌注之三四过。已而移官南省，时予颇喜得其解，稍稍诠次，辄为好事者所携去，遂失故本。顷罢官归，复以督训儿辈为文辞，其所镌注者如此"。简言之，茅坤所做的工作其实是"删削《史记》之文，亦略施评点"①。四库馆臣对明人删削史书的行为很不赞同，其评《史记抄》亦曰："坤虽好讲古文，恐未必能刊正司马迁也。"②邓国光《古文批评的"神"论——茅坤〈史记钞〉初探》一文，则认为《史记抄》之评点，"强调'神'，是继《唐宋八大家文抄》的'本色批评'而发展，是理解《史记》的文学性的关键"③。

此书最早由茅坤自刊于万历三年乙亥（1575）。其《刻史记抄引》曰："予姑刻而存之斋中，以俟后之好读其书而能求其至者。《抄》凡若干卷，按故本特什之七，详见凡例中，故不赘。万历乙亥（1575）冬十月望日归安茅坤书于白华楼中。"据《中国古籍善本总目》著录，首图、浙图、上图等10个图书馆均藏有《史记抄》万历三年刻本，行款均为十行二十一字，白口，四周单边，有刻工。然卷数不一④。据笔者考察，《史记抄》正文为九十一卷，卷首有《读史记法》，有的刊本卷末附《补遗》十二卷，故有九十一卷首一卷、九十一卷《补遗》十二卷首一卷、一百零三卷、一百零四卷的不同著录⑤。

---

① 永瑢等：《四库全书总目》卷六十五，中华书局2018年版，第580页。
② 同上。
③ 邓国光：《古文批评的"神"论——茅坤〈史记钞〉初探》，《首都师范大学学报》（社会科学版）2006年第1期。
④ 见翁连溪《中国古籍善本总目》，线装书局2005年版，第483页。
⑤ 首图、浙图《史记抄》为九十一卷首一卷，没有《补遗》；普林斯顿大学《史记抄》著录为一百零三卷，是九十一卷加《补遗》十二卷，见《普志》，第85页；上图《史记抄》著录为一百零四卷，是九十一卷加上首一卷和《补遗》十二卷；《四库全书总目》卷六五著录为六十五卷，不知何据。《归安县志》卷二十著录为六十五卷，当是据《四库全书总目》。

据《中国古籍善本总目》，茅兆海天启元年（1621）刊有朱墨套印本《茅鹿门先生批评史记抄》一百零四卷，九行十九字，白口，四周单边，山东省、无锡市、福建师范大学、中山大学、湖南省等5个图书馆有藏。普林斯顿大学亦藏，言有黄汝亨序和茅兆海跋，但著录为六十五卷①。笔者均没有目验，然黄汝亨《重刻茅鹿门先生史记抄序》谈到茅兆海是书的刊刻原因及版刻之精美："顾《史抄》旧本流传非一，而新刻不无同异，间有错漏。又阅年历纪，木蔽字渝，浏览不快。先生之曾孙巨宗，好古嗜学，不忘祖武，乃举所刻布者而详为订正，精付剞劂氏。譬之美人倩妆而加研，古镜拂拭而重朗，形神俱开，心眼并爽，非特茅氏之家珍，抑亦艺林之国宝也。"②巨宗，乃茅兆海字。茅兆海步闵振业之后尘，以套色新之，使读者"形神俱开，心眼并爽"，而且时间仅隔一年，该书的商业性也就显而易见了。

2. 从茅坤辑评、刊刻《汉书抄》到茅琛征重刊《鹿门先生批点汉书抄》

茅坤评选、刊刻《汉书抄》九十三卷，万历十七年（1589）刻本，十行二十一字，小字双行同，白口，左右双边，单鱼尾，有刻工。上图、北大、浙图等14馆有藏。据笔者目验浙图藏本，是书前有茅坤序③，题"万历己丑六月朔日吴兴鹿门山人茅坤顺甫书于玉芝山房"，认为《汉书》与《史记》"相为雌雄"，"均为史家之六籍"，故"并镌次之"。序后有"陈曼年④、茅一桂同校"字样和《凡例》七条。

崇祯八年（1635），茅氏重刊《汉书抄》，全名曰《鹿门先生批点汉书抄》，《综录》卷三、《总目》第217、221页著录。是书九十三卷，墨刻，九行十九字，白口，四周单边。据《总目》，内蒙古社会科学院、天津市、浙图等十馆有藏。其中天津市图书馆藏本著录为茅琛征刊，内蒙古社会科学院图书馆藏本著录为茅瑞征刊，其他则说是明刻本。

据笔者目验浙图藏本，是书版心题"汉书抄"，每卷卷首题"鹿门先生批点汉书抄"。无眉批，所谓"批点"，主要是图形圈点，亦有些许文字，以小字双行出之。首亦茅坤序，然与万历本字体不同，此乃行草，而万历本是印刷楷体；次茅瑞征《重刻鹿门先生读汉书抄序》，题"崇祯

---

① 《普志》，第86页。
② 黄汝亨：《寓林集》卷一，《四库禁毁书丛刊》集部第42册，第50页。
③ 此序缺页。
④ 同治《湖州府志》卷五十八著录陈氏有《康衢野咏》，茅坤、郑明选序。

乙亥嘉平之吉澹朴居士茅瑞征书于家园之浣花居",钤"澹朴居士""茅瑞征印"二印。茅瑞征序曰:"余从祖鹿门公博综诸坟典,而尤得趣《史》《汉》,自负作文一派逸气远接司马子长,尝出《史抄》问世,大为艺林传诵,晚而复出所评《汉抄》公诸海内,推为双璧。岁久版刻浸漶,公曾孙兆海重梓《史抄》,盛行于时,余弟琛征,因并锓《汉抄》,从余问序。"① 据此,可知此书为茅瑞征之弟茅琛征所刊,茅瑞征只是作序者。

3. 茅坤辑、茅一桂辑刊《史汉合编题评》

《史汉合编题评》八十八卷,现存,浙大、上图等有藏。上图著录为万历十四年(1586)唐龙泉、周对峰刊。浙大著录为万历十六年(1588)金陵唐氏、周氏刊本,三十册。据笔者目验,该藏本十行二十一字,有行线,单鱼尾,左右双边,版心题"史汉合编"。首万历戊子(1588)董份序,曰:

> 余友鹿门茅君,少渔猎百氏于二家,尤洞彻神髓。乃本《梁书》萧琛之说,合《史》《汉》而次第之,且采杨太史诸君子所赞骘弁其上,而间出己意,系以镌抹,所称殚千金而尽屠龙之技,继自今二氏之学,若延平神剑光怪,后先掩映,无复聚喙,如王充辈也已。编既竣,金陵龙泉唐君、对峰周君,遂梓以惠天下。余喜鹿门之精识博洽,而尤幸唐、周二君成胜事不朽也,因引其端,以谂世之治二家史者。

据此序,该书乃茅坤所辑,唐龙泉、周对峰所刊,刊刻时间似乎是作序的万历十六年戊子。浙大图书馆刊刻时间之著录显然据此。让人难以理解的是,该书《史汉合编题评目录》后有"万历丙戌金陵""唐氏周氏刊行"两行文字,上图所著录的刊刻时间大概据此。难道董份序是刊后所补?不得而知。

不仅刊刻时间存疑,该书的编辑、刊刻者亦有矛盾,因为接下来茅一桂《史汉合编叙》即表明该书为茅一桂所辑、所刊。《叙》曰:

---

① 又,该书卷一首页题署有"后学陶国柱□□□□、侄孙茅琛征君璞□□"字样。

第四章 晚明望族编刊活动盛况

当今海内缙绅先生之论班、马者详矣,予复有合编者何?……故尝总论二家,寸指各有大小,其暗于大道,颇僻于圣人,亦多有之,要之并称实录。昔人尝譬之兵家,淮阴侯隐见出没,杳若鬼神;程不识、周亚夫尺度斤斤,击刁斗自卫,调各不同,其却敌制胜一也。褚少孙补帙不下数章,《日者传》字镌《渔父》,西门豹良吏顿入《滑稽》,可称偏师乎哉! 然余弗敢删也,并刊之左,以俟知者。余语具在《凡例》中。西吴茅一桂芳仲父书①。

茅一桂序后,依次有《史汉凡例》一卷5则、《史汉通例》一卷23条、《史汉音例》一卷7条②、《史汉总评》一卷③,均为茅一桂所撰或所辑。其中《凡例》曰:"予不佞读二家之书,而妄有合也,盖欲使两两并陈,使读之者彼此易于考见云尔。"又曰:"是编之合而稍稍次第之也,盖本之萧琛之说焉";"予不佞妄为编之也。意在略仿《梁书》所称班椽之旧,而推之《太史公书》,稍为之次第,虽不敢自谓能忠于二家,要之期与二家不大相背驰而已";"而余从父数年来,日所手注,而未及梓者,又益入之"。茅一桂《凡例》这些话语,特别是"余从父"之言,清楚表明该书编辑者乃茅一桂自己。

面对诸多疑惑,笔者以为,是书最早应当是茅坤所辑,金陵唐氏、周氏刊,刊刻时间是万历十四年,董份万历十六年序乃刊后所求。若干年后,茅一桂重新编辑、刊刻是书。从浙大本"史汉合编题评卷之二"首页署"后学吴兴茅一桂辑、同郡陆弘祚校"、卷二首页版心题"乌程冯嗣廉写"来看,茅一桂似乎在湖州刊刻是书。从金陵到湖州这样的一个刊刻过程,以及编辑者忽而为茅坤,忽而为茅一桂,都体现了是书编刊的商业性。

值得注意的是,该书天头很宽,有墨色眉批,半页二十行,行五字,并以黑线框框住。关于这些眉批的采录范围,茅一桂《凡例》有详细说明:"《史》《汉》评,予友人凌以栋氏《评林》之详矣,不佞虽无录可

---

① 笔者也曾怀疑,《叙》是茅坤所作,所谓"西吴茅一桂芳仲父书"之"书"字,很可能是书写之意。然浙大本《凡例》有"余从父"等言,茅一桂辑该书的意思很明显。

② 《史汉音例》7条,其中4条是唐张九龄守节所撰《史记正义》论例,3条是"余友凌以栋稚隆所撰《汉书评林》中字例也,不佞桂特合而录之"。

③ 其中茅坤9条。

也。顾尝读其评而采而录之者，既得十之六七；而又以余所睹关中王氏故本，因为益入之，又得十之二三；而余从父数年来，日所手注，而未及梓者，又益入之，得十之四五；至于不佞管窥，亦窃附见之。大都不过数家，如唐刘子玄知几、宋刘会孟辰翁，逮本朝杨太史慎、唐中丞顺之、王学士维桢、董宗伯份、王廷尉世贞及余宪副公八君子而已。他如或专论一事，而非刻意品骘乎二家者，虽间以采入，然亦略矣，故不为著其姓氏。盖不佞志评文也，非志评其事也。"文中之圈点，则"大都参之唐中丞与余从父宪副两先生之遗"①。

三　闵氏的《史记抄》集评与校刊本

如上所述，茅坤《史记抄》刊于万历三年（1575）。此后"原板日久纰剥，翻亦无善本，且无句读音切，未便初学，而诸名家评品未备，则音韵不谐，大旨未了，诸名家意见异同无从印证"②，闵振业"于是遍搜诸名家所锓者无虑数种，手披目阅，参互校雠"③，集评、校订而刊刻之。

闵振业刊本现存。据《总目》，浙图、上图、辽图等30余馆有藏。上图本已目验，九十一卷，九行十九字，白口，左右双边。朱墨套印本，有朱色眉批，行六字，以及朱色行间批与圈点。卷前依次为：陈继儒《叙史记抄》、茅坤《刻史记抄引》、闵振业《辑史记抄小引》《凡例》《续凡例》《读史记法》《诸家总评》《史记抄批评姓氏》《史记抄目录》。

茅坤序乃茅本旧序，陈继儒序作于"泰昌（1620）十一月初七日"，可知是书当刊于泰昌元年。陈氏明确指出，闵本"大校本于鹿门，而旁采诸家之品题者参半"。据《续凡例》，闵氏所辑补诸家之品题，"凡唐荆川、邓定宇、凌以栋、钟瑞先诸刻中所载者，无虑十余家"。《诸家总评》所引有苏辙、李清臣、凌约言等十家，而眉批所引有三十余家，其中湖州人即有凌约言、凌稚隆、茅坤、董份、闵如霖等。董份乃湖州南浔人，亦嗜好《史记》，著有《史记评抄》四十卷④。可以说，

---

① 茅一桂辑刊：《史汉合编凡例》。
② 闵振业刊：《史记抄》之《辑史记抄小引》。
③ 同上。
④ 董份对《汉书》也下功夫，撰有《汉书评抄》四十卷、《后汉书评抄》二十卷。

明代湖州地区《史记》评点风气之盛行,是《史记》湖州刊本众多的原因之一。

据《凡例》与《续凡例》,闵氏刊本体例亦有变动,如茅坤原书"凡一篇本末大旨,则契而镌之本题之下",而闵本则"移置篇之前行";又原书"各有原题、次第,至篇末始列太史公自序中,未便观览",而闵本"录置各篇之首"。闵本《史记抄》还结合了凌本优势,如茅本"句读旧不圈断",闵本因"悉照凌本圈之,庶观者易省"①。

四 弘扬家学与商业营利的双重目的

凌、茅二氏都以史学著称,像凌约言、凌迪知、凌稚隆、凌濛初、茅坤、茅国缙、茅维、茅元仪,均好读史、治史,带有史学家身份,所刊《史记》《汉书》纂述,有弘扬家学、光耀门楣之意。茅瑞征序曰:

> 从祖鹿门公既取精史迁,问鼎文苑,深得龙门之髓,而于《汉书》潜心批阅,每拈出商榷,多有先获我心者。吾宗自公开山,子姓彬彬,即不敢望古史氏之流风,而家习觚翰,颇能染指寸脔,以世其学。今《史》《汉》两抄,各以善本并存天壤,自是快事。但愿子姓从此冥搜,如公得趣,摩垒班马,雄长艺林,宁复异人任哉!余弟敬不敏,聊以渔猎,稍收放心,幸无买椟还珠,自取博弈犹贤之诮,抑或无负鹿门公遗诲矣。

凌鸣喈《重刊史记评抄序》亦流露出了家学门风的自豪感:"先藻泉公辑《史记评抄》,于司马氏之学,博综条贯,惟恐阙遗。卷首录《短长说》一册。后绎泉、磊泉二公更广搜群籍,集其大成,为《评林》一书。王弇洲所谓发简而了如指掌,又林然若列怀宝于肆者也。"②

除了弘扬家学,晚明四大望族刊刻这些《史》《汉》著作更多的是商业目的。因为茅坤《史记抄》深受士大夫欢迎,所以闵振业、茅兆海才会以朱墨形式重刊,以吸引更多读者。陈继儒曰:"余束发好《史记》、杜诗,私服鹿门,实有至鉴,别具手眼,洞入司马腹中,断断非

---

① 闵刻:《史记抄》之《续凡例》。
② 《晟舍镇志》卷六《著述》。

它评可及。尝以丹铅摹写之,垂衰老,犹未忍释去。"又曰:"若使见闵士隆所镌朱评,其心目开张,手足舞蹈,又不知何如也。"① 黄汝亨《重刻茅鹿门先生史记抄序》曰:"(茅兆海)举所刻布者而详为订正,精付剞劂氏。譬之美人倩妆而加研,古镜拂拭而重朗,形神俱开,心眼并爽,非特茅氏之家珍,抑亦艺林之国宝也。"② 闵振业辑补刊刻《史记抄》与茅兆海重刊《史记抄》相隔不超过一年,闵本稍在前,大致是泰昌元年(1620)年底。茅本刊于次年,亦采用朱墨套印,显然是跟风刊刻,以获取利润。这种商业味道,在茅本"顾《史抄》旧本流传非一,而新刻不无同异,间有错漏"的刊刻缘由介绍和对新本的批评中③,亦可察知。

凌稚隆也是因为受《史记评林》畅销的鼓舞,才有《汉书评林》之编刊。王世贞《汉书评林序》云:"自《史记评林》成,而学士大夫好其书者麇集于际叔之门。际叔益自喜,以《史记》之例例《班史》,盖又二年所而《班史》之《评林》亦成。"④ 茅坤《刻汉书评林序》亦曰:"凌太学囊抱先大夫藻泉所手次诸家读《史记》者之评,属予序而梓之,已盛行于世矣。世之缙绅先生嘉其梓之工,与其所采诸家者之评,或稍稍概于心也,复促之,并梓《汉书》为一编。"《史记评林》与《汉书评林》均有卷帙浩繁之弊,不仅携带不便,书籍价格也不菲。为了拥有更多购买者,凌稚隆复有节本《史记纂》与《汉书纂》的编刊。也就是说,凌稚隆辑评本《史记评林》与《汉书评林》、删节本《史记纂》与《汉书纂》的接连不断问世,其主要原因也是这类书籍当时有读者市场,能获取丰厚利润。

综上所述,一方面,反复刊刻的背后潜藏着读者的巨大阅读需求,它表明书籍的畅销程度;另一方面,从上述这些名人对这些书籍的盛赞和反复强调畅销,亦可推知晚明四大望族刊行这些书籍后对提高家族声誉与获取经济利润的双重意义。

---

① 闵振业刊本《史记抄》之陈继儒《叙史记抄》。
② 黄汝亨:《寓林集》卷一《重刻茅鹿门先生史记抄序》,《四库禁毁书丛刊》集部第42册。
③ 同上书,第50页。
④ 王世贞:《弇州山人续稿》卷四十四,《四库全书》本。

附录　晚明四大望族刻书简谱

嘉靖三十年（1551）

凌约言刊《练溪集》四卷①。

嘉靖四十五年（1566）

凌迪知刊《凤笙阁简抄》四卷。

万历二年（1574）

闵道孚、闵世誉刊《午塘先生集》十六卷。

万历三年（1575）

凌述知刊《唐诗选》②。

茅坤刊《史记抄》九十一卷《补遗》十二卷首一卷。

凌迪知刊《纂丘琼山先生大学衍义补英华》十八卷。

万历四年（1576）

凌迪知刊《楚骚绮语》六卷、《两汉隽言》十六卷、《左国腴词》八卷。

凌迪知刊《国朝名世类苑》四十六卷。

凌稚隆刊《史记评林》一百三十卷。

万历五年（1577）

凌迪知刊《文选锦字录》二十一卷、《太史华句》八卷。

万历七年（1579）

茅元祯刊《玉台新咏》十卷《续》五卷。

凌稚隆刊《史记纂》不分卷。

茅一桂刊《欧阳文忠公新唐书抄》二卷、《欧阳文忠公五代史抄》二十卷。

茅一桂刊《唐宋八大家文抄》一百四十四卷。

万历八年（1580）

茅一相刊《欣赏续编》十种十卷、《汉蔡中郎集》十一卷。

茅一桢刊《花间集》十卷《补》二卷《音释》二卷。

茅一桂刊《淮南鸿烈解》二十一卷。

---

① 按：若未标明刷印颜色，则为墨本。
② 凌瑞森、凌楷朱墨刊本《唐诗广选》在凌述知墨本后，《第一批国家珍贵古籍名录图录》确定凌瑞森、凌楷朱墨本刊刻时间为万历三年（1575），误。

万历九年（1581）

凌稚隆刊《汉书评林》一百卷。

茅坤刊《墨子》六卷。

茅一相文霞阁刊《新刊唐荆川稗编》一百二十卷《目录》三卷。

万历十年（1582）

凌迪知刊《国朝名公翰藻》五十二卷《氏名爵里》一卷。

闵一范编刊《吴兴闵氏两尚书诗集》十五卷。

万历十一年（1583）

凌稚隆刊《汉书纂》不分卷。

万历十六年（1588）

凌稚隆刊《春秋左传注评测义》七十卷《世系谱》一卷《名号异称便览》一卷《地名配古籍》一卷《春秋列国东坡图说》一卷《总评》一卷①。

茅国缓刊《玉芝山房稿》二十二卷。

茅氏刊《茅鹿门先生文集》三十六卷。

万历十七年（1589）

茅坤评选刊刻《汉书抄》九十三卷。

万历二十二年（1594）

闵梦得、闵光德辑刊《春秋左传杜林合注》五十卷。

万历三十年（1602）

臧懋循刊《梦游录》《仙游录》二录②。

万历三十一年（1603）

臧懋循刊《古诗所》五十六卷。

茅维校刊《东坡先生诗集注》三十二卷《东坡纪年录》一卷。

万历三十三年（1605）

茅维刊《皇明策衡》二十六卷。

茅彦征刊《齐世子灌园记》三卷。

---

① 是书有万历戊子（1588）月正人日夫容阁主人范应期序，万历丁亥（1587）仲冬朔日凌稚隆所撰凡例，当刻于万历十五至万历十六年之间。

② 据臧懋循《文选》卷三《侠游录小引》，发现《侠游录》是在万历壬子（1612），而校刻《仙游》《梦游》二录是在十年前，即万历三十年（1602）。然徐朔方《臧懋循年谱》却将《仙游》《梦游》二录的刊刻时间定为万历三十七年（1609），说是据《味水轩日记》，但未引该日记任何内容。

万历三十四年（1606）

臧懋循刊《唐诗所》"前集"四十七卷。

茅维校刊《东坡先生全集》七十五卷《宋史本传》一卷《东坡先生墓志铭》一卷《东坡先生年谱》一卷。

万历三十八年（1610）

茅元仪刊《鸿苞集》四十八卷。

万历三十九年（1611）

闵元衢刊《见闻纪训》二卷。

万历四十年（1612）

臧懋循《侠游录》刊于此年或此年后。

茅氏重修万历八年刊本《花间集》十卷《补》二卷《音释》二卷。

万历四十一年（1613）

臧懋循《棋势》刊于此年或此年后。

万历四十二年（1614）

茅元仪与费朗共刊《尚书文苑》①。

万历四十三年（1615）

茅维刊《皇明表衡》十二卷、《皇明论衡》六卷。

万历四十四年（1616）

闵齐伋刊朱墨本《春秋左传》十五卷、朱墨本《檀弓》二卷、《考工记》二卷。

约是年，闵齐伋刊《列子冲虚真经》八卷附《音注》。

万历四十五年（1617）

闵齐伋刊三色本《孟子》二卷、《杜子美七言律》一卷、朱墨本《韩文》一卷。

茅元仪刊《嘉靖以来首辅传》八卷。

茅维刊《十赉堂甲集》十七卷、《乙集》十八卷、《北闱赘言》二卷。

万历四十六年（1618）

闵齐伋刊朱墨本《空同诗选》一卷。

---

① 《石民四十集》卷十八《尚书文苑序》："癸丑甲寅间，茅子与费子大抵游长干。云长干虽多名山水，然畅者不聚，幽者不远，游屐所至，辄一览而意尽，故所患在精神无所寄，遂共商《尚书文苑》之役"；"刻既竣，将布之天下，茅子复高咏袁粲之诗曰：'老夫亦何寄，之子照清襟。'"《续修四库全书》第1386册，第235—236页。

臧懋循删订、刊刻《玉茗堂传奇四种》八卷。

万历四十七年（1619）

闵齐伋刊三色本《国语裁注》九卷。

万历四十八年（1620 年 1—8 月）

闵齐伋刊三色本《战国策裁注》十二卷《元本目录》一卷、《楚辞》二卷、朱墨本《读风臆评》一卷。

闵振业、闵振声合刊朱墨本《东坡文选》二十卷。

闵于忱辑刊朱墨本《孙子参同》五卷。

闵迈德刊朱墨本《秦汉文抄》六卷。

凌汝亨刊朱墨本《管子》二十四卷。

凌启康刊三色本《苏长公合作》八卷《补》二卷。

凌毓枏刊朱墨本《吕氏春秋》二十六卷。

闵暎璧刊朱墨本《花间集》四卷。

茅暎刊朱墨本《牡丹亭》四卷。

凌云刊朱墨本《苏文嗜》六卷，所刊三色本《苏文嗜》在此年后①。

泰昌元年（1620 年 8—12 月）

闵振业刊朱墨本《史记抄》九十一卷。

凌瀛初校刊《红拂记》四卷。

天启元年（1621）

闵齐伋刊三色本《春秋穀梁传》十二卷《考》一卷、《春秋公羊传》十二卷《考》一卷。

闵振业刊三色本《古诗归》十五卷、《唐诗归》三十六卷②。

闵声刊朱墨本《兵垣四编》四卷附四种四卷。

闵无颇、闵昭明刊朱墨本《文致》不分卷。

闵齐华刊朱墨本《九会元集》九卷。

闵一栻刊朱墨本《唐诗艳逸品》四卷。

闵光瑜刊朱墨本《邯郸梦》三卷附《枕中记》一卷。

---

① 凌云刊朱墨蓝三色本《苏文嗜》跋："始余从友人斋头得唐荆川先生《苏文嗜》抄本……因为合诸名家评，行其全集，是为庚申夏五也。近又得李恒斋评本，颇多明……因复仍唐本行之，而缀李以黛。"

② 闵振业刊本《古诗归》之闵振业《小引》有"去岁校雠《史抄》，习心未已，取钟、谭两先生所评《诗归》而读之"语，而闵振业《史记抄》刊于泰昌元年（1620）。

凌濛初刊朱墨本《东坡禅喜集》十四卷。

凌汝亨刊三色本《苏文忠公策论选》十二卷。

凌弘宪刊朱墨本《会稽三赋》四卷、三色本《楞严经》十卷。

凌性德刊朱墨本《曹子建集》十卷。

茅兆海刊《陶石篑先生批选唐宋六家表启》八卷、朱墨本《茅鹿门先生批评史记抄》一百〇四卷、朱墨本《新刻朱批武备全书》八种十二卷（《皇明将略》五卷、《新刻朱批武备全书海防总论》不分卷、《新镌武备全书》一卷、《新刻武备三场韬略全书》）不分卷、《战略》一卷、《诸葛武侯占风识地火攻正略》一卷、《秘刻武略神机火药》一卷、《新刻武略火器图说》一卷）。

茅兆河刊朱墨本《解庄》十二卷。

茅震东刊朱墨本《新镌武经七书》七卷。

茅瑞征撰刊《万历三大征考》三卷附《东夷考略》一卷《东事答问》一卷《都督刘将军传》一卷。

臧尔炳刊《负苞堂诗选》五卷《文选》四卷。

天启二年（1622）

凌濛初刊《诗逆》不分卷《诗考》一卷。

学界误以为闵氏刊、实为邹思明刊朱墨绿三色本《文选尤》十四卷。

天启四年（1624）

茅元祯刊《李文饶文集》二十卷《别集》十卷《外集》四卷。

天启六年（1626）

闵齐伋刊朱墨本《绘孟》七卷①。

天启七年（1627）

茅元仪刊《石民未出集》三种二十卷②。

---

① 《续修四库全书提要·经部·四书类》（中华书局1993年版，第921页）著录《绘孟》十四卷，并引伦明言"书为吴兴闵齐伋朱墨套印本，刊于天启甲子"。然据赵红娟目验辽图藏本，是书龚惟敬跋虽署天启甲子（1624），然黄汝亨序署"天启丙寅夏（1626）六月"，故其刊刻时间当为天启六年丙寅。又历代著录闵氏朱墨刊本《绘孟》有七卷、十四卷之别，是因该书分七篇，每篇分上下，实无卷之称。又《中国古籍善本书目·经部》（上海古籍出版社1989年版，第312—313页），著录《绘孟》七卷有"明天启闵齐伋刻朱墨套印本""明天启刻本"两条，其中后一条的收藏处有辽图。"既分为两条，则版本应不同，'天启刻本'疑为单色。"然赵红娟以为，之所以"分为两条"，很可能是因为著录时只抄录卡片而未睹原书，赵红娟已目验辽图所藏就是闵齐伋朱墨刻本。

② 《石民四十集》卷十四《冒言序》："书成于戊午冬，再刻于丁卯（1627）夏。"《续修四库全书》第1386册，第197页。

闵元京、凌义渠辑刊《湘烟录》十六卷①。

崇祯元年（1628）

闵齐伋刊《书集传》六卷。

苏州尚友堂刊凌濛初编撰《拍案惊奇》四十卷。

崇祯二年（1629）

闵元衢辑刊《罗江东外纪》三卷。

崇祯三年（1630年）

凌濛初纂刊、凌瀛初校阅《孔门两弟子言诗翼》。

崇祯四年（1631）

凌濛初撰刊《圣门传诗嫡冢》十六卷附《申公诗说》一卷。

茅著刊《唐宋八大家文抄》一百六十六卷②。

茅元仪刊《傅远度四部文》《傅远度鱼蓝集》。

崇祯五年（1632）

茅瑞征刊《禹贡汇疏》十二卷《图经》二卷《别录》一卷。

茅胤京、茅胤武校刊《虞书笺》二卷。

苏州尚友堂刊凌濛初《二刻拍案惊奇》四十卷。

崇祯六年（1633）

闵齐伋刊《心印绀珠经》二卷、《痘疹活幼心法》不分卷、《礼记集说》十卷、《周易本义》四卷《易图》一卷《筮仪》一卷《卦歌》一卷、《诗经集传》八卷、《春秋胡传》三十卷《纲领》一卷《列国图说》一卷《诸国兴废说》一卷《提要》一卷、朱墨蓝三色本《草韵辨体》五卷。

茅元仪刊《青光》十卷、《青油史漫》二卷、《六月谭》十卷、《掌记》六卷、《督师纪略》十三卷、《暇老斋杂记》三十二卷、《福堂寺贝余》五卷、《戍楼闲话》四卷、《澄水帛》十三卷、《艺活甲编》五卷及诗文外集共三百卷。

崇祯八年（1635）

茅胤武编刊《孝经全书》二卷。

茅琛征刊《鹿门先生批点汉书抄》九十三卷。

---

① 是书为天启刊本，但不知何年所刊，暂列于此。
② 比茅一桂刊本多《五代史抄》二十卷。

崇祯十三年（1640）

闵齐伋刊《刘拾遗集》一卷、《唐孙职方集》十卷、《女科百问》二卷、《产宝杂录》一卷附《芸窗万选方》一卷、《会真六幻》十九卷附彩色插图一册。

崇祯十四年（1641）

闵齐伋刊《周易本义》四卷《易图》一卷《筮仪》一卷《卦歌》一卷①。

---

① 与崇祯六年刊本行款不同，故宫博物院藏，待核。

第五章 晚明望族编刊活动的商业特征

晚明江南经济发达，特别是湖州地区，有悠久的藏书刻书传统和极具区域特色的书船，书籍的流通与传播十分便捷。凌、闵、茅、臧四大望族的编刊活动，特别是他们的套版刻书，具有鲜明的商业特征。这些套版书以及大部分的墨刻本，如臧懋循《元曲选》《玉茗堂四种传奇》等，其特点用一个字来概括就是"精"。这种精品意识主要体现在四个方面：一是刻印精美；二是慎选底本和名人批点；三是校雠精良；四是所用纸墨俱善。这些书籍精品的打造，特别是套版精品，不仅取决于这些望族因世代读书为官所积累的良好文化素养与人脉资源，而且也取决于他们所具有的雄厚经济基础和日益提高的印刷技术。值得关注的是，晚明四大望族在编刊活动中，不仅通过提高产品质量以打开销路的正常渠道营利，而且也运用其他一些商业手段牟利。他们善于捕捉商机，市场上流行什么就刊刻什么，刘辰翁等名人评点本、戏曲等通俗文学、科举用书等都是首选对象。望族间的竞争也相当激烈，不仅争先抢刻市场上畅销之书，而且跟风互采。为了牟利，或把同一种书改头换面出版，或附上笑料来迎合购买者心理。因为急于牟利，导致校对粗糙而"亥豕相望"的情况也不少。但作为世代簪缨的官宦之家，这些望族所从事的刻书经商活动很明显带有儒士气息。

第一节 四大望族编刊的商业背景

晚明时代，社会生产力已达到一个新的水平。手工业从农业中大量分离出来，在一部分手工业工场和作坊中，雇佣关系代替了封建工役制和行会制。商品经济有了进一步的发展，商品种类繁多，流通广泛，商业资本非常活跃。随着手工业和商品流通的发展，大批工商业城镇在全国兴起，三十万以上人口的城市全国有二三十个。在工商业极其发达的苏州城内，还出现了许多以织绢为生的机户，而且他们当中已有明显分化，有的人已成为拥有织机二十余张或四十余张、雇用数十人的手工业作坊主或手工工场主。他们有的已"富至数万金"，甚至"百万金"[1]。随着工商业生产和城市经济的繁荣，人们的生活方式和思想观念也发生了巨大变化。由于商业获利丰厚，适应人们急切追求财富的心理，当时社会产生了一股重商风气。"民生十七八即挟资出商，楚卫齐鲁，靡远不到。"[2] 不少地主也热衷于工商业，形成"富者缩资而趋末"[3] "商贾既多，土田不重""末富居多，本富尽少"的局面[4]。

从区域经济来看，包括杭、嘉、湖在内的晚明江南一带，由于得风气之先，商业经济发展尤为迅速。杭州"为水陆之要冲，盖中外之走集，而百货所辏会"，"衢巷绵亘数十里"，"车毂击，人肩摩"[5]，商业十分繁荣；嘉兴附近市镇、村坊，都以丝绸为业，"机杼之声轧轧相闻，日出锦帛千计"[6]；湖州"隆、万以来，机杼之家，相沿以业，巧变百出"[7]，民间丝织业也很发达。湖州的桑农不仅"多自栽桑"，还预租别姓之桑，俗曰"秒叶"，这类似今天的商品期货。"秒者先期约用银四钱，既收而偿者，约用五钱，再加杂费五分。"如果本地桑叶不足，他们"又贩于桐乡、洞庭，价随时高下，倏忽县绝"[8]。这种"秒叶"和桑叶市场的出现，说明湖州植桑业的商品化程度已很高。当时湖州丝和丝织品的交换也很频繁，出产的绢，"各直省客商云集贸贩，里人贾鬻他方，四时往来不绝"[9]。张瀚《松窗梦语》卷四描写杭嘉湖一带的情形："嘉禾边海，东有鱼盐之饶；吴兴边湖，西有五湖之利；杭州其都会也，山川秀丽，人慧俗奢，米资于北，薪资于南，其地实啬而文侈。然而桑麻遍

---

[1] 见张瀚《松窗梦语》卷六、沈德符《万历野获编》卷二十八。
[2] 康熙《苏州府志》卷三。
[3] 《世宗实录》卷五百四十五。
[4] 顾炎武：《天下郡国利病书》卷三十二。
[5] 万历《杭州府志》卷三十四。
[6] 金淮：《濮川所闻记》卷四。
[7] 乾隆《湖州府志》卷四十一引《双林志》。
[8] 朱国祯：《涌幢小品》卷二。
[9] 乾隆《湖州府志》卷四十一《物产》。

野，茧丝棉苎之所出，四方咸取给焉。虽秦晋燕周大贾，不远数千里而求罗绮缯币者，必走浙之东也。"可见当时隶属于江南的杭嘉湖一带，经商已是蔚然成风。

在这种经商风气带动下，江南一带的儒士们逐渐认同了商业意识。他们在追求科场功名的同时，也力求获得商业利润，形成儒商并重的文化氛围。虽然"学而优则仕"的信条仍在他们的理念中占绝对优势，但因仕途的需求量有限，许多困于寒窗苦读窘境的儒生，为了避免科场失利的痛楚，增添生存所需的经济收入，而把眼光投向了商界。尽管全身心地投入商品流通领域的经销，对大部分饱受儒学熏陶的士子来说，还会觉得有失体面，但把文化才华纳入商品流通领域，进行文化产品的生产，则很符合他们的心理，使他们既能保持典雅的风度，又能得到实利。正如孔尚任《桃花扇》第二十九出《逮社》中蔡益所之言："既射了贸易诗书之利，又收了流传文字之功。"因此有相当数量的儒生发挥自身文化素养的长处，接受私人请托，撰文作诗，题写匾额，写真绘画；或参加书籍的编撰、评点、刻印、校对等工作，来获取相应报酬。就晚明四大望族来说，闵齐伋、闵元衢、闵振声、闵振业、闵齐华、凌濛初、凌毓枬、凌瀛初、凌瑞森、凌启康、凌弘宪、凌性德、凌汝亨、凌澄初、凌森美、茅一相、茅一桢、茅兆海、茅翁积、茅维、茅暎等均是科举考试的失意者。他们或是庠生，或是贡生、监生，而都没有过举人这一关。

这些庠生、监生们之所以能经营刻书业，主要是靠了他们的书香科举门第和经济实力。作为晚明望族，凌、闵、臧、茅四氏一方面因为世代为宦、经营土地和蚕桑丝织业而拥有编刊的经济基础，而那些大部头著作和套印精品的刊刻就需要有一定的经济实力作支撑；另一方面也因为书香门第而拥有编刊的深厚文化基础，不仅祖、父辈的著述和评点成了他们的编刊对象，而且有了为宦的祖辈父辈或兄弟子侄，即可利用他们的人脉关系，得到名人评点本，或请到名人作序写跋，来打造书籍的知名度。而当编刊作为一种商业盛行时，也影响了那些身有功名的官僚。他们有的在退休或罢官后从事评点、出版工作，也有的在任职期间参与族人的一些编刊活动，这样既可为家族赚取商业利润，又可显示自己的风雅。如闵齐伋刊套印本《春秋左传》，就得到了为宦的兄长闵梦得的帮助。该书《凡例》谈到底本来源时说："家翁次兄为水部留都时，遂得手受于先生（指评点者孙月峰），不敢自秘，用以公之同好。"① 闵梦得进士出身，累官至兵部尚书，官运极其亨通。尽管他不可能直接参与家族的套版刻书活动，但他利用为宦优势为兄弟子侄辈刻书所打造的影响，却是常人无法做到的。凌氏家族中参与编刊的凌义渠、凌迪知等也是进士出身，特别是凌迪知，罢官后"与元美、子与两家，时议论校刻秦汉诸书，义例纲领，一经裁定，井井可观"，于是"凌氏书布天下，干麈所指多及其庐"②。为了刻《国朝名世类苑》这一大部头著作，他雇用了张璈、章右之、沈玄易等16位刻工。臧懋循在罢官后，也自己当老板，开设书铺和刻印工场，编选、校点、刊印了《元曲选》《古诗所》《唐诗所》《玉茗堂四种传奇》等诸多书籍。《元曲选》《古诗所》等刻成后，臧氏不仅马上派仆人去都市销售，而且立即写信给有名望的友人，恳请他们"于长安贵人及计吏间多方借之吹嘘"③"吹嘘交游间"④，可知这些著作的刊印主要是为了获取商业利润。如此众多的在职或退休官吏从事于商业性的刻书，有力地说明了当时江南一带人们对商业行为的高度认同。

四大望族所在的湖州地区，其雕版印刷在中国印刷史上占有很重要的位置。北宋末《思溪圆觉藏》的印造就充分说明其刻书的悠久历史和雄厚基础，南宋、元、明三代，湖州的雕版印刷也是长盛不衰。嘉靖以后，由于这一地区所特有的书船业的推动，其雕版印刷更是进入了极盛时期。书船能集贩运、销售于一体，凡是船只可到达的太湖周围城镇，都有它的身影。经营书船业的多为靠近太湖的织里及附近郑港、谈港等地村民。他们船中载书，浮家泛宅，南至钱塘，东抵松江，北达京口，出入于士大夫之门。所到之处常得主人礼遇，客之末座，号称书客、书友。他们袖笼书籍，按顾客需求和书的质量讨价还价，售书图利，一如俞樾诗歌所云："吾湖书客各乘舟，一棹烟波贩图史。"⑤他们时常光顾的对象中最著名的是常熟刻书家毛晋，毛氏曾以高价相诱，榜于门曰："有以宋椠本至者，门内主人计叶酬钱，每叶出二佰；有以旧抄本至者，

---

① 见闵齐伋刊《春秋左传凡例》。
② 朱国祯：《缮部绎泉公行状》，见《光绪凌谱》卷四《碑志》。
③ 臧懋循：《负苞堂文选》卷四《寄姚通参书》，《臧懋循集》，第147页。
④ 臧懋循：《负苞堂文选》卷四《寄黄贞父书》，《臧懋循集》，第144页。
⑤ 俞樾：《武林藏书录题辞》，见《经籍会通》（外四种）之丁申《武林藏书录》，北京燕山出版社1999年版，第142页。

每叶出四十；有以时下善本至者，别家出一千，主人出一千二百。"① 于是湖州书船云集于常熟七星桥毛氏之门。随着书船业的兴旺，据清戴璐《吴兴诗话》及其他笔记小说提到，明嘉靖、万历后，除书船能直接抵达的城镇外，远至金陵、北京都出现了湖州人开设的书铺。他们结成销售网络，参与当地书籍出版、销售的竞争，极大地促进了湖州地区编纂刻书业的繁荣，闵、凌、茅、臧四大望族，以及湖州汇沮潘氏、湖州城内姚氏等，都是当时著名的刻书世家。特别是闵、凌二氏，有浓厚的读书刻书风气，周越然《书谈·套印书》曰："两家当日，席丰履厚，其贤者伏居乡里，不问世事。诵诗读书之余，专以刻书相竞。"② 他们所在的晟舍镇，晚明时书铺林立，成了当时著名的刻印中心和书籍集散地。

随着刻书业的红火，湖州人还把眼光投向南京、杭州、苏州等著名城市。特别是南京，作为当时文化生产中心，三山街一带，书铺林立，各地客商云集。作为闵版最著名的刻书家，闵齐伋所经营的套版刻书业就在南京设有分所。著名的《会真六幻》就是他在南京三山街所刻，其自序即题"三山叟客闵寓五"③。凌濛初二十七岁后主要寓居南京，其所刻之书自然也多是在南京完成。臧懋循虽然于万历十三年（1585）五月自南京谪官归，但此后他常往来南京。可以确知，万历十九年（1591）、万历二十四（1596）、万历二十九年（1601）、万历三十四年（1606）、万历三十五年（1607）他均在南京，而且万历二十九年前后是偕全家寓居南京，希林阁就是臧氏在南京的寓庐名④。臧氏频居南京，原因不外乎南京不仅是商业文化中心，而且可资利用的人脉关系众多，有利于书籍的出版与销售。茅氏家族成员中，茅元仪寓居南京期间也著述刻书，而茅著则曾在苏州刻书。

第二节　四大望族刻书的精品意识

虽然晟舍闵氏、凌氏、花林茅氏、长兴臧氏、汇沮潘氏等都是晚明著

---

① 叶德辉：《书林清话》卷七《明毛晋汲古阁刻书之二》，北京燕山出版社1999年版，第194页。
② 周越然：《书谈·套印书》，《小说月报》1931年第22卷第7期。
③ 王重民《提要》据此判定："是书刻于寓五客南京时也。"上海古籍出版社1986年版，第688页。
④ 参见徐朔方《臧懋循年谱》，收入《徐朔方集》第三卷《晚明曲家年谱》，浙江古籍出版社1993年版，第441—486页。

名刻书世家，但就套版刻书而言，主要是闵、凌、茅三氏，尤其是闵、凌二氏。所谓套版印刷就是用大小相同的几块刻板分别涂上不同的颜色，分次印于同一张纸上。这是印刷术发展过程中的新成就，与雕版印刷、活字印刷并称为中华印刷史上的"三变"。欧洲在十八世纪才知道套版印刷，后来虽说铅印、石印、胶印发展得很快，可它们的基本原理和方法，都是从我国套版印刷法演变而来的。尽管套版印刷不是由吴兴闵、凌二氏首创，但两家在普及、提高及灵活运用套印这一独特的印刷方法上却是作出了重大贡献。他们是印刷史上公认的最有名的套版印刷家族，两家参与套版印刷的有数十人之多。据陶湘《明吴兴闵板书目》统计，明亡前的二十多年中，闵、凌两家所刻套印本有117部145种。台湾李清志在《古书版本鉴定研究》中则认为"（闵、凌）两族所套印的图书，不下三百种"[1]。至于现存的闵、凌二氏的套印本，蒋文仙《明代套色印本研究》认为共有84种，加上疑似的闵、凌刻本8种，则达92种，占我国现存147种套色印本的三分之二强[2]。笔者将闵、凌二氏所刊套色本丛书析开，则共统计出现存两氏所刊套色书133种。另外，茅氏亦随闵、凌之后，有茅兆河、茅兆海、茅暎、茅震东等参与套版刻书，刊有《茅鹿门先生批评史记抄》《新镌武经七书》七种，《新刻朱批武备全书》八种，《淮南鸿烈解》《解庄》《绝祖》《词的》《牡丹亭记》共8部21种套色书籍[3]。凌、闵、茅三大望族所编刊的这些套色书籍，包括四大望族所编刊的大部分墨本，都有非常强的精品意识。谢肇淛《五杂组》卷十三曰："宋时刻本以杭州为上，蜀本次之，福建最下。今杭州不足称矣，金陵、新安、吴兴三地剞劂之精者，不下宋版。"胡应麟《少室山房笔丛》卷四亦云："余所见当今刻本，苏常为上，金陵次之，杭又次之。近湖刻、歙刻骤精，遂与苏常争价。"所谓"吴地剞劂之精者"和"湖刻骤精"主要就是指湖州闵、凌、茅氏在明末的套印本以及像臧懋循《元曲选》这样带插图的墨刻精品。说它们"精"，主要是因为这些望族刻书具有以下特点。

一是刻印精美，讲究观览效果。套印本能把正文和评点分开，不须注明，读者一览而知。湖州第一部套印书籍一般认为是闵齐伋所刊《春秋左传》十五卷。由于是第一次试验，所以《凡例》中特别记载了套印本的

---

[1] 李清志：《古书版本鉴定研究》，台北文史哲出版社1986年版，第249页。
[2] 蒋文，第54页。
[3] 蒋文以为5种，第59页。

优越性:"旧刻凡有批评圈点者,俱就原版墨印,艺林厌之。今另刻一版,经传用墨,批评以朱,……置之帐中,当无不心赏,其初学课业,无取批评,则有墨本在。"由于评点者往往不止一家,所以又产生了多色套印,一色代表一家批注或评点。如凌瀛初刊刻的《世说新语》,刘辰翁所批用蓝色,王世懋所批用朱色,刘应登所批用黄色,连同正文之墨色,共是四色套印。凌云、闵绳初刻的《文心雕龙》二卷和凌启康刻的《苏长公合作》八卷则是精美的五色套印本①。有时候同一人对同一本书亦会有前后多次或不同类型的评点,并使用不同的颜色来区分,这样的评点本也非套印本不能表现其旨趣。如苏洵所批《孟子》,原本有朱黛两色,而"传者失之",闵齐伋所刻"特存其旧",因此"朱黛犁然",十分美观。闵齐伋得意地说:"勿以点缀淋漓为观美而诧异也。"②又如凌氏所刊《诗经》先有朱墨本,后有朱墨蓝三色本,其中三色本中的蓝色评语即为钟惺第二次所评。另外,套印本的评语、批注多在书眉或行间。为了在书眉套印文字,所以其天头很宽。为了便于在行格间套印文字,套印本一般没有行线,印成后行疏幅宽,正文评点眉目清楚,加之纸白笺细,彩色斑斓,展卷阅读,有一番引人入胜的情趣。套印本的技术要求显然很高,然而在凌刻、闵刻、茅刻传本中却少有诸色交错重叠和套版用错的现象,所以称之为"精",绝非溢美之词。

四大望族刻书的精美还体现在所刻戏曲和佛经一般都附有精致插图。《西厢记》明刻附图本,传世的不下二十种,但最精美的要数闵齐伋刻本

---

① 是书既有朱墨黛三色本,亦有朱墨黛黄绿五色本,上图均藏。其中编号为834181—92 的12册本为三色本,编号为95394—413的20册乃五色本。台湾东海大学图书馆亦藏有三色本,其中《馆藏苏轼〈苏长公合作〉版本述略》一文(http://www.lib.thu.edu.tw/newsletter/59 - 200608/PG02.2.htm),详细介绍了此三色本,并引赵红娟《凌蒙初及其家族的刻书经商活动》(《湖州师专学报》1998年第2期)一文所载该书五色印本,曰:"就已见的著录及版本皆无'五色套印',所谓'五色套印'的说法还需印证。"按:上图所藏20册本确为五色,特别是《择胜亭铭》,一篇之中即有五色:眉批茅坤、李贽评点是朱色,解释考订性批注为浅绿色,圈点有朱、黛两色,尾批有黛与黄两色,其中黄色不太明显,泛白,但页面个别地方所染黄色还是较明显,总之与书中其他颜色不一样,是另外的一种颜色。就篇中具体段落而言,《择胜亭铭》眉批"颍今属凤阳,隍城池也""祓除,恶祭也"等数段为绿色;尾批"东坡怀旧别子由诗云""年谱元祐七年先生在颍州""外纪杭州有西湖颍上亦有西湖""按铭中有云"四段为黄色。又卷八《徐州莲花漏铭》尾批"宋世有寒在五更头之忌"一段为绿色;《汉鼎铭》眉批"《拾遗记》禹择雄金为阳鼎"数段亦为绿色;《梦斋铭》《大别方丈铭》《卓锡泉铭》三篇亦有绿色评点。也就是说,除朱墨黛外,该书还有黄色和绿色。

② 闵齐伋刻《孟子》二卷《跋》。

和凌濛初刻本。闵齐伋所刻《西厢记》插图现藏德国科隆东方艺术博物馆，共二十一幅，是套色刊本插图的代表作。不但画笔刻工极其精美，版面设计更是别出心裁。其中"闹斋"一幅，刻画张生与莺莺在斋堂中相见的情景，人物秀美，一扫长身玉立、面貌呆滞的习见态势，被黄裳先生认为是"晚明最好的人物板画"①。构图方式也极为独特，佛堂点景只是一尊佛像和高几上的香炉，炉中两支香炷，冉冉上升的烟霭中幻出莺莺的亡父。上海朵云轩曾复制《明刻西厢记套色图册》，即从此本翻刻②。凌濛初所刻《西厢记》也是《西厢记》插图本的经典之作。它有插图二十幅，且由著名画家苏州王文衡绘图，著名徽派版刻家新安黄一彬雕刻，点笔工致，刀法精妙入微。此外，凌氏所刊《琵琶记》《幽闺记》《红拂记》《北红拂》《红梨记》《南音三籁》《楞严经疏证》《金刚经》《维摩诘所说经》，闵氏所刊《邯郸梦》《董解元西厢记》《艳异编》，茅暎所刊《牡丹亭记》，包括臧氏所刊墨本《玉茗堂四种传奇》《元曲选》等，也都有精致动人的插图。因为有了具有较高艺术造诣和独特时代风格的插图，这些书籍自然很能吸引读者。正如闵暎璧《艳异十二图说》跋曰："使观者目眩心飞，足称一时之大快云。"

晚明四大望族所刊书籍的视觉冲击效果，不仅体现在彩色批点、精美插图上，而且还体现在序跋、题辞等漂亮书法上。如凌濛初所刊《维摩诘所说经》，不仅于卷端绘精美的释迦像，而且题苏台弟子王文衡敬写，上用行楷刻沈约《释迦文佛像铭》，又附草书谢康乐《维摩诘十譬赞》四页，题"佛弟子凌濛初书"，然后才是有朱色眉批和圈点的《维摩诘所说经》正文，把一本经书刻得美不胜收。又如闵光瑜刊《邯郸梦》，其插图题辞仿唐伯虎、李昭道、陈居中、赵孟頫、仇十洲等众多名人书法，时而篆书，时而隶书，时而行书和草书，视觉效果十分强烈。与此相似，凌性德所刊《红梨记》十八幅插图的曲文题词，亦行书、楷书、篆书、草书、隶书等各种字体兼具，十分美观。又沈汝绅、凌森美刊四色印本《南华经》十六卷，特意标明：晋子玄郭象注（墨色，淡、细）；辑诸名家评释：杨慎、焦竑、韩非（墨色、浓）；宋林斋口义（紫色）；明王凤洲评点（朱色）；刘须溪点校（黛色）；附陈明卿批注（朱色），而且以上这些

---

① 黄裳：《说〈中国罕见书录〉》，《读书》1993年第12期。
② 同上。

文字就对应各自颜色，以突出视觉效果。另外，该书《杨升庵题刘须溪小引》黛印，武进徐常吉撰《刘须溪点校庄子口义序》为行草书，也都强调视觉效果。

重视视觉效果，以便读者观览，是四大望族编刊家的一种明确意识，这种意识在他们所刊书的凡例中有明确表达。如凌云等刊五色本《刘子文心雕龙》之《凡例》曰："今复存五色，非曰炫华，实有益于观者"；"五色，今红、绿、青依旧，独黄者太多，易以紫；白者乏采，易以古色。改之，特便观览耳"。闵光瑜刊《邯郸梦》之《凡例》曰："兹择采其精要者，与刘评共用朱印，惟作字差大以别之，若臧评则梓在墨板，以便看也。"闵齐华刊《文选瀹注》之《凡例》曰："各本有彼此不同者，随摘出以标于其上，其字较批评低一格，以便阅也。"闵振业刊《古诗归》之《凡例》曰："钟、谭原评，旧本不拘前后，俱用钟云、谭云，觉繁碎。今钟悉置于前，用朱色，谭悉置后，用黛色，以便观览。"闵暎璧刊《玉茗堂摘评王弇州先生艳异编》之《图说》跋曰："古今传奇行于世者，靡不有图。乃此编尤脍炙人口，而未之见。因广购海内名笔，仅得仇十洲家藏稿十二幅，精工摹刻，以弁诸简端，使观者目眩心飞，足称一时之大快云。"以上通过文字大小、位置高低、颜色区分以及插图配置，以求达到"以便阅也""益于观者""特便观览""使观者目眩心飞"等效果，都体现了四大望族编刊家强调视觉效果的明确意识。

由于四大望族刊本强调视觉效果，特别是他们的套印本美观异常，因而成了一种可供鉴赏的艺术品，而原著及评点的内容反被收藏者、鉴赏者所忽视。陈继儒在闵刻《史记抄序》中即曰："自冯道、毋昭裔为宰相，一变而为雕版；布衣毕升，再变而为活版；闵氏三变而为朱评，书日富，亦日精。宝藏者异锦名书，裹置高阁，其他或以供耳目之玩，供筐篚之交，非特太史公负屈，即鹿门诸名公丹铅此书之初意，俱付之烟云过眼耳。"吴德舆序闵振业刊三色印本《古诗归》亦曰："赤文绿字，玉质金镶，崇时尚也。世无贾珠，而仍贾其椟可也。"所谓"赤文绿字"就是钟惺的评点用朱色，谭元春的评点用黛色，而且整部书中，钟氏的评点均放在谭氏评点之前，其形式之美观醒目足以吸引购买者。

二是慎选底本，重视名家批点。四大望族的编刊十分重视底本选择工作，尤其是凌、闵二氏所刊，大都是名人名家所著、所选、所评之书，乃至部分宋元旧本。如凌濛初刻《琵琶记》用的是旧藏臞仙本，且"毫发毕遵，有疑必阙"①，以显示自己恪守原本的态度。凌濛初之所以不用时本，是因为时本对元本《琵琶记》大加增减。他非常痛恨妄庸之人，"强做解事，大加改窜"②，致使世人不复睹元本之真面目。他认为《琵琶记》被篡改而蒙尘莫辨大约起于昆本，此后盛行的徽本就是袭用昆本，而一些地方又以意更改，致使颠倒讹谬更深。为了改变面貌，凌濛初一直想得一善本而正之。他在《琵琶记·凡例》中表达了得臞仙本后的喜悦心情："大为东嘉幸，亟以公诸人。"凌濛初刻《世说新语》，先是得到了"发明详备，可称巨观"的刻自豫章藩司的王世懋批点本，后又得到了冯梦祯秘藏的刘辰翁、刘应登两家批注本，于是才"刻之为鼓吹"③。刘辰翁作为早期著名评点家之一，其评点凌濛初最喜刊刻，其所刊《世说新语》《李长吉歌诗》《陶韦合集》《孟东野诗集》《王摩诘诗集》《孟浩然集》《韦苏州集》等均有刘氏评点。他在出版了刘氏的一些唐诗评点本后，坚信孟郊诗集也会有刘氏批注本，遂到处访求，最后终于在湖州武康曾经兴盛的一大户人家中找到了宋版的刘氏评点本④。凌濛初之所以如此有意识地访求刘氏评点本来出版，就是因为刘氏是宋末元初最有代表性的评点家，其评点言简意切，士人咸服。凌濛初在《李长吉歌诗跋》中就指出了刘氏评点的这种独特价值："先辈称，善言诗者咸服膺宋须溪先生。李文正公《麓堂诗话》称其语简意切，别自一机轴，诸人评诗者皆不及。良然。"

像凌濛初这样重视底本和名人批点的，在四大望族编刊者中比比皆是。如凌澄初跋《晏子春秋》云："吾族《道德》《南华》点校，俱得善本；《管子》亦得朱大复、赵定宇两先生评，行于世。"其中《南华》点校得善本，就是指刘须溪的评点本，也是凌森美认为的"海内罕睹者"⑤。凌澄初自己所刻的《晏子春秋》则由凌稚隆得于国学，并"手加丹铅，实有会心"⑥，也是善本。又如凌云刊《苏文嗜》用的是唐顺之抄本，且缀以李恒斋评点；凌森美刊《选赋》正文以李善本为主，又校以五臣本，

---

① 凌濛初刊本《琵琶记凡例》。
② 同上。
③ 凌濛初刊六卷本《世说新语》之《世说新语跋》。
④ 凌濛初《孟东野诗集跋》："须溪先生评诗为最广，而唐诸选中亦时见有评其数首者，意必有其本如诸家，而无从见也。遍索之，偶获一宋雕本于武康故家，上有评点，以为必须溪无疑。"
⑤ 凌氏四色刊本《南华经》十六卷之沈汝绅《南华经小序》。
⑥ 凌澄初刊本《晏子春秋跋》。

评点则采用郭正域和杨用修；闵齐伋刊《春秋左传》的底本是著名评点家"大司马孙月峰"手批本，所谓"研几索隐，句字不漏"者①；闵齐伋刊《考工记》《檀弓》分别采用明郭正域、宋谢枋得评本。另外，像高启、茅坤、杨慎、李梦阳、王世贞、李攀龙、钟惺、谭元春、汤显祖、焦竑、茅坤、袁宏道等人的批点本，也是四大望族编刊的首选对象②。

三是校雠精审，多成善本。四大望族所刊书籍大都辗转传校，成为善本，像闵齐伋所刊《会真六幻》是目前学界公认的校雠精良之本。清闵宝梁撰《晟舍镇志·人物》高度评价闵齐伋刊本校雠质量："通今博古，耽著述，所刊书本上自经书子集，下稗官词曲。锓木后，士人能雠一字之伪者，即赠书全部。辗转传校，悉成善本。"闵齐伋本人在《春秋左传·凡例》中也提到对校雠工作的重视："校雠不啻三五，而钱刀之糜，非所计矣！"凌稚隆是凌氏家族校雠精审的代表人物，其点校《晏子春秋》，"凡有意义重复，另为细字，即附着各章下"，"其不合经术者，另以细字分外篇"③；其校刊《汉书评林》，"是籍也，始字而蠡之，已句而断之，已按所手次诸家评而洒削用之，如此类不一而后乃等梓。既梓矣，而复于字、于句读、于批评而研校之，亡虑数十过而后已，盖目不交睫，手不停札，积三祀而工始竣"④。其所刊《史记评林》则以汪谅、柯维熊校刻本为底本，广校众本，对此后《史记》版本校勘发挥了很大作用，清代武英殿本、金陵书局本等都以它为重要参校本⑤。当然，就一些套印本而言，所谓的校雠精良主要是指文字方面无鲁鱼亥豕之讹，而不是指内容遵循原本。如闵齐伋翻刻周梦旸《考工记》，即任意删改序跋、内容⑥。

相较而言，人们对凌刻本的校雠评价比闵刻本低。这主要来源于谢肇淛评价凌氏刻本"急于求成射利"而"亥豕相望"的一番话⑦。其实谢氏

---

① 闵齐伋刊本《春秋左传凡例》。
② 当然也不能排除所谓的名人评点本有时是假托。如凌性德刻《虞初志》，说底本评点为袁宏道手识，王重民先生就认为是假托。见王氏《提要》，第396页。
③ 凌刻《晏子春秋凡例》。
④ 凌稚隆刊本《汉书评林识》。
⑤ 参见周录祥《明湖州出版家凌稚隆辑著文献考》，《湖州师范学院学报》2009年第6期。
⑥ 参见郑振铎《劫中得书续记》之"闵刻批点考工记"，见《西谛书话》，生活·读书·新知三联书店1983年版，第385—386页。
⑦ 见谢肇淛《五杂组》卷十三，《明代笔记小说大观》本，上海古籍出版社2005年版，第1776页。

的这一评价,只是针对凌刻后期的部分低劣本而言,大部分的凌刻本校对还是精良的,绝非一般坊刻所能比。凌刻除上述《晏子春秋》《史记评林》《汉书评林》,《西厢记》《幽闺记》《琵琶记》等也都是校对精良的善本,特别是凌濛初所刊《西厢记》乃学界公认善本,后世刊本多以它为底本。

四是纸墨俱善,书香扑鼻。四大望族所刊书籍大都用上等洁白的绵纸或宣纸印成,偶尔用竹纸的,其质地也坚韧耐久。人们将各种草木之皮,如桑树、苎麻、葛藤等皮在水中浸烂,抽取其中的细筋为绵料。用这种绵料制成的纸即为绵纸,又称皮纸。安徽泾县所产的宣纸为绵纸中的上乘,有"纸寿千年"之美誉。它主要以青檀树皮为原料,品质优良,所谓"至薄能坚,至厚能腻,笺色古光,文藻精细"①,很适合印刷书籍。套印书所用之墨也是上等好墨,印成的书籍字体清晰,黑而有光,而且一开卷便有一股书香扑面而来。由于四大望族所刊书籍慎选底本、刻印精美、所用纸墨俱善,故在晚明风靡一时,盛享名气。

晚明四大望族所刊书,尤其是所刊套版书,讲究"精",主要目的是提高产品在市场上的竞争力,赢得广泛的读者和收藏者,以获取商业利润。首先,套色印刷本身就是迎合明代流行的评点经史诗文的著作风气。用套色法来刻批点本,不仅醒目美观,便于读者阅读收藏,而且能体现批点的精神与旨趣。正如凌云在其所刻《文心雕龙·凡例》中说:"杨用修批点,元用五色,刻本一以墨别,则阅之易溷,宁能味其旨趣?今复存五色,非曰炫华,实有益于观者。"又说:"若用修下笔,每色各有意,幸味原旨可也。"显然,非用套印法,不能表现批点本的精神和旨趣。考虑到这一点,读者购买自然也会首选套印本。其次,戏曲和佛经中所附精致插图,极大地增加了书籍的通俗性、趣味性和美观性,这也是提高读者阅读兴趣的有效方法。再次,善本和名人批点本的选用、请名人题词作序、校雠的精审、刻印所用纸墨的讲究,也都抬高了所刊书的身价,激发了读书、藏书者的购书欲望。据明代著名文学家评论家陈继儒说:"吴兴朱评书籍出,无问贫富,垂涎购之。"② 可见湖州套色印本在当时的热销程度。

---

① 吴景旭:《历代诗话》卷七十九《癸集》,《丛书集成续编》本。
② 见闵刻《史记抄》序。

第三节　四大望族刻书的谋利手段

晚明四大望族的书籍编刊在强调精品意识的同时,也运用一些较低劣的手段牟利。常见的是同一版本的改头换面问题。有通过改刻某页而增加卷数的。如凌版《世说新语》有六卷本和八卷本之分,其中八卷本就是用六卷本的刻板改刻而成。八卷本比六卷本多两卷,凡增出的卷数必须空出书题一行,类目标题一行。如八卷本卷一凡三十四页,即用六卷本前三十四板,而为了增出书题"世说新语卷二"一行和类目"言语下"一行,凌氏就改刻了第三十六页全板,增入书题及类目,而删减注文,使空出两行("晋武帝始登祚"条,删去注内"咸熙二年"四字及条末全注;"诸葛靓在吴"条,删去注文十余字,将原板四行改三行),这样一来就成了一新本,购者"不对校,不知其技不过如此而已"[1]。

也有改动序、跋、识语或注解的。如凌氏所刊《李于鳞唐诗广选》七卷有初印本和后印本之分。初印本有凌濛初序,释明了"广选"之义,谓"较今所称者稍广也"。初印本还有凌瑞森、凌南荣识语,云:"余辈既谋刻于与先生所评《唐诗选》矣,已而思寥寥数语,恐未足尽诗之变,因广采唐宋以及国朝诸名家议论衷益之,以烂焉成帙。"凌弘宪的后印本则把它们全删了,而加了自己撰写的序,云:"余故衷集名家,而缀以朱,寿诸木,颜之以《广选》,所以别《拾遗》也。"凌弘宪的意思在初印本序和识语中已表达得很清楚,他之所以要删去它们而添上自己的这番话,并非是兄弟子侄之间有什么版权之争,而是故为变化,以畅销路,是坊刻常用之技。闵齐伋在翻刻周梦旸《考工记》时,亦使用了此技。他虽然保留了原书中的郭正域序,但删去郭序中有关批点者信息之语句,在正文中亦不标出批点者之名,使人误以为是郭正域批点本。又如闵声等刊朱墨本《唐诗选》,《中国善本书提要》云:"此即唐汝询、蒋一葵注解七卷本,去其注解,而朱镌王穉登等评语于眉端耳。"[2] 总之,从有些书籍书名相同,但卷数、序跋、编辑人、参订人、评点人等却不同来看,四大望族编刊家为速刻牟利而改头换面的情况还是比较多的。

---

[1] 见王重民《提要》,第389页。
[2] 同上书,第460页。

第五章 晚明望族编刊活动的商业特征 / 173

有些书籍还附上一些笑料以迎合购买者心理，这比起附精致插图来提高书籍商业竞争力，很明显也属低劣手段。在《琵琶记·凡例》中，凌濛初说："弘治间有白云散仙者，以东嘉见梦，谓蔡伯喈乃慕容喈之误，改之行世，以为东嘉洗垢，亦一奇也。兹附载其序，以发好事者一笑。"这里凌濛初明知其事为子虚乌有，但他为了迎合购买者兴趣，赚取利润，仍欣然把这一荒诞之序附于其后。明确了望族刻书的这一商业特征后，我们也就不难理解世人对凌刻本"校刻精良"与"时有讹脱"这两种截然不同的看法。与凌濛初大致同时代的谢肇淛说："吴兴凌氏诸刻，急于求成射利，又悭于倩人编摩，其间亥豕相望，何怪其然！"① 然而，著名戏曲史专家蒋星煜经过仔细研究考订《西厢记》的各种明刊本后发现，凌、闵刻本"都是校刻精良的善本"②。这两种看似对立的说法，其实正好体现了凌氏家族在刻书活动中追逐利润的鲜明特征。他们为了占领市场，必须打造精品，赢得一定的声誉，所以大多数刻本其校对应当是精良的。但随着刻书业的不断发展，凌氏书坊有时为了速刻牟利，刻印校对粗糙而导致"亥豕相望"的情况，肯定也是难免的，所谓"愈出愈滥"是也。

　　四大望族编刊活动的牟利性还体现在编刊家们重视捕捉市场商机，市场上流行什么就编刊什么。凌濛初之所以喜欢访求刘辰翁评点本来出版，就是因为当时刘氏评点本的销路非常好，书坊主们均抢着刊刻。叶德辉《书林清话》卷二《刻书有圈点之始》曰："刘辰翁，字会孟，一生评点之书甚多。同时方虚谷回亦好评点唐宋人说部、诗集，坊估刻以射利，士林靡然向风。"可见，刘氏评点本在当时的流行程度，再加上能以颜色区分正文与评点的套印技术，这些套版书受欢迎的程度以及所获得的巨额利润也就可想而知。凌濛初《世说新语》的刊刻也抓住了类似的商机。当时由于王世贞久负盛名，他根据刘义庆《世说新语》和何良俊《语林》删编而成的《世说新语补》由张文柱刊行后，非常畅销。由于该书的盛行，《世说新语》原书反而湮没不闻。凌濛初所刊之书则把属于《语林》的部分作为附录放入《世说新语》中，这样不仅新增了一个卖点，可以宣称此书恢复了宋本《世说新语》的原貌，而且也保留了《世说新语补》的流行效应。相信凌濛初在出版策划时，对后面的这个效应是很看重的。

---

① 谢肇淛：《五杂组》卷十三，《明代笔记小说大观》本，上海古籍出版社2005年版，第1776页。

② 蒋星煜：《明刊本〈西厢记〉研究》，中国戏剧出版社1982年版，第197页。

在择取畅销书翻刻这点上，闵氏的意识也十分强烈。如闵齐伋所刊《读风臆评》《绘孟》均是步人后尘。其中《读风臆评》的首刊本为万历四十六年蜀刻本，闵齐伋因其流行而于两年后翻刻，并以套印新之，以吸引购买者。又如闵暎璧所刊《草堂诗余》亦晚明书商争相刊刻的畅销书。明末沈际飞《古香岑草堂诗馀四集》之《发凡·诫翻》云：

坊人嗜利更惜费，翻刻之弊，所由始也。迩来评告追板，而急于窃其实，巧于掩其名。如《诗馀》，旧本按字数多寡编次，今以春、夏、秋、冬编次矣。至本意、送别、题情、咏物诸词，尽不可以时序论，必硬入时序中，不妥甚矣。太末翁少麓氏，志趋风雅，敦恳兹集，捐重赀精镌行世。吾惧夫后来市肆有以春、夏、秋、冬故局刻之者，不然以四集合编，稍增损评注刻之者，而能逃于"翻"之一字乎？夫抹倒阅者一片苦心为不仁，罟吞刻者十分生计为不义，讵嘿嘿而已也。先此布告！

这种对翻刻之弊的抨击生动地说明了当时该书的畅销程度，而之所以畅销，是因为它迎合了明中后期经济繁荣下的娱乐需求和奢华之风。据刘军政统计，流传至今的该书明刊本就有 35 种①，闵暎璧刊本只是其中之一。又如《四库提要》卷二《东坡易传》云："明焦竑初得旧本刻之，乌程闵齐伋以朱墨板重刻，颇为工致，而无所校正，毛晋又刻入《津逮秘书》中。"可见，《东坡易传》是文人乐于刊刻的流行之书，而闵齐伋的重刊只是印刷技术上的革新。闵遂刊朱墨本《初潭集》也是明末流行之书，这从《四库提要》"明季乃盛行其书，当时人心风俗之败坏，亦大概可睹矣"的评价中可见一斑。

因为销路好，有时同一本书会有多次刷印。如闵于忱所刊《孙子参同》、凌森美所刊《选赋》、凌濛初所刊《陶靖节集》《王摩诘诗集》等前后都曾多次印刷。封建社会读书人的最大愿望是科举入仕，因此选刻有关

---

① 见刘军政《明代〈草堂诗余〉版本述略》，《南阳师范学院学报》（社会科学版）2004 年第 2 期。35 种刊本中，与闵氏相关的有两种：一是约嘉靖末，《草堂诗余》五卷，杨慎评点，闵暎璧校订，闵暎璧刻朱墨套印本；二是万历四十八年（1620），《草堂诗余》五卷，杨慎评点，闵暎璧校订，朱之藩刻《词坛合璧》本四种之一。按：闵暎璧生于万历二十四年（1596），其所刊朱墨本《草堂诗余》五卷是在万历四十八年，而不可能是嘉靖间刊本，刘氏有误。

举子业的书，势必畅销。如陈深所辑《周礼训隽》"条分缕析，栉节句比，殊便后学"①，其坊刻本出来后，很受欢迎。凌杜若就从《训隽》内摘出评语，刻成《周礼》二十卷。又如凌氏三色印本《唐诗绝句类选总评》一卷《人物》一卷，明敖英选，底本就是凌氏塾师施宸宾用以课凌云的读本。凌云长大成人后，为之增益，并补入十余家评语。这样的书无疑很适合那些习举子业者之胃口，畅销也是势所必然。于此亦可知，四大望族刻书的一大来源，是望族子弟在私塾时的读本。四大望族也刊刻了不少戏曲等通俗文学，这实际上迎合了当时肯定人欲、张扬个性的晚明思想解放运动。闵齐华在其所刊《孙月峰先生评文选》三十卷《凡例》中说："迩来苕上诸刻，青黄并饰，朱紫杂陈，不图滥觞之极，绘及秽史淫词。既珍有用之资，且嗤无益之目，识者伤之。今仍墨本，以还大雅。"这段批判性的话语一方面说明了闵齐华的正统思想，当然也有可能是一种广告宣传，突出自己所刻书为大雅之书，而不惜贬低当时湖州其他套版书；另一方面则生动地说明了湖州套版刻书为获取利润而乐于出版野史、小说和戏曲的现象，而且把这些书刻得美不胜收。

有意牵傍名人，常有伪托名人插图和评点之情况。如据凌性德《素娘遗照引》，其所刊《红梨记》之《素娘遗照》插图，原本乃唐寅所绘，"友人顾茂安者珍此像为世宝"，凌氏在刊《红梨记》时，"购名笔往摹之，神情意态无不一一逼肖"。而据董捷考证，此插图为凌氏雇名手摹唐寅原作而成的"可能性很小"②。又如闵暎璧在刊刻汤显祖评点、王世贞编《艳异编》时，附了《艳异十二图》，图后自跋曰："按古今传奇行于世者，靡不有图，乃此编尤脍炙人口，而未之见。因广购海内名笔，仅得仇十洲家藏稿十二幅，精工摹刻，以弁诸简端，使观者目眩心飞，足称一时之大快云。"这里所谓的"仇十洲家藏稿"，笔者亦认同董捷"实未可信"的说法③。无论是唐寅，还是仇英，均是"出版家打出的招牌"④，目的是抬高其书身价，以吸引读者、藏者。闵齐伋在翻刻周梦旸批点《考工记》时，亦使用了这一谋利手段。他虽然保留了周氏原书中的郭正域序，但删去郭序中有关批点者信息之语句，在正文亦不标出批点者周梦旸之

---

① 凌杜若刊《周礼》二十卷《识语》。
② 见董文，第50页。
③ 同上文，第24页。
④ 同上文，第125页。

名，使人误以为闵氏此本是郭正域批点本。为了扩大销路而打名人旗号无可厚非，但若在这点上弄虚作假就比较恶劣。

还有一些细节也颇能说明四大望族编刊的商业特征。凌濛初天启元年（1621）刊行《东坡禅喜集》时，在书后附录了冯梦祯所作《景德传灯录跋》。此跋鉴定凌濛初所藏《传灯录》为珍贵的元板，大力赞扬了凌濛初努力搜求善本的态度，但它与《东坡禅喜集》其实并无多大干系，只是在成文时有点瓜葛。当初两人同游苏州时，凌濛初把《景德传灯录》与《东坡禅喜集》等一起出示给冯氏看，冯氏大为欣赏《景德传灯录》的版本，遂为之跋，同时还为《禅喜集》加了评点。很显然，凌濛初附录此跋，是想借冯梦祯名气以自重，抬高该书身价。值得关注的是，此跋还收入冯氏《快雪堂集》卷三十，两相比照，可发现凌濛初在收录时，将"今春遇苕姻家凌玄房"一句中的"姻家"两字删去了，这也不能不说是一种出版策略，因为"姻家"两字容易让人对跋文赞语产生恭维嫌疑①。这在凌版中还有它例为证，那就是凌澄初之婿沈汝绅辑评刊刻《南华经》，序言提到该书底本由凌君实提供，而凌君实就是凌澄初之子凌森美（字君实），但序中却不以姻戚关系相称，而是称作"友人凌君实氏"。又如凌瀛初刊《红拂记》，十二幅图的题辞其实由凌起祥一人所题，然六次署名"起祥"，四次署字"玄观"，两次署号"浮玉"，搞得好像是许多人所题，显然是故弄玄虚，以招徕读者。

有时在一本书的出版上，就含有多种出版策略，像闵一栻所刊《唐诗艳逸品》就是经典个案。一是翻刻畅销书。是书乃杭州人杨肇祉所编唐诗选集，分名媛、香奁、观妓、名花四编，最早由李乾宇盛芸阁刊于万历四十六年（1618）。因为十分迎合尊情重欲、追求愉悦与自我心理满足的晚明思潮，该书在当时很畅销。闵一栻于天启元年（1621）予以翻刻，正是捕捉到了这一商机。二是如果是卖点所在，闵一栻宁留误而不删。如原书中简文帝、陈后主等作品，显非唐诗，闵一栻业已意识到，但仍依原书，没有删去。三是增加所谓的名人评语来炒作。《凡例》中列举了从唐代至明末36位评点名家，曰：

---

① 日本学者表野和江已认识到这一点，见《明末吴兴凌氏刻书活动考——凌濛初和出版》，《中国典籍与文化》2003年第3期。

原本只有圈点而无评语，今特广搜名家，如释无可、周伯弢、释天隐、国成德、刘会孟、秦少游、王介甫、梅圣俞、苏东坡、黄山谷、米元章、朱晦庵、谢叠山、虞伯生、萨天锡、赵子常、杨用修、唐六如、焦弱侯、李崆峒、敖清江、李于鳞、王元美、宗方城、徐子与、胡元瑞、李本宁、蒋仲舒、顾华玉、李卓吾、汤若士、袁中郎、王百穀、钟伯敬、谭友夏等，表表在人耳目，无论已。又如我先庄懿暨宗伯午塘公，有《二尚书诗集》行于世，又如故兄景倩、侄以平、故友庄若谷等，皆以诗名于三吴者，其评语大都悉当，博采择焉。虽有一二与君锡圈点相矛盾，而议论可采者亦录，唯浮泛不切者不录。

但正文中并未标出什么评语是什么人所作。从评语的简单、粗浅来看，显是伪托，它们更多出于刊者自己或兄弟子侄、朋友之手。其实，除了增添所谓的评语，闵一栻翻刻这部书，所做工作不过是：增诗十首；略为编排，"原刻诗次杂乱，今特以五言绝、七言绝、五言律、七言律、排律、古风、杂体诸项分编，而各项之中，或以朝代之先后序，或以四时之早晚序，庶觉类聚群分"；文字的些许校勘，"原本讹谬，其的差者悉已改正，其两可者悉已注明"①。但它本身是畅销书，现又号称有名家评语，且套色印之，对读者的吸引力也就可想而知。

闵、凌、茅套印书有时四处摘注释或评语混刻之，然后假托名人批点。如凌毓柟刊《吕氏春秋》之评点虽题为镜湖遗老所作，但此前版本并未提到镜湖遗老评点《吕氏春秋》事②，故叶德辉说"此书批评诚不可据"③。目前学界亦有人怀疑其是假冒古人④。又，《四库提要》卷一百《子部十》著录闵于忱《孙子参同》云：

所采注释，列曹操、李筌、杜牧、王皙、张预、贾林、梅尧臣、陈皥、杜佑、孟氏、何氏、解元、张鳌、李材、黄治征十五家，所采批评列苏洵、王圻、唐顺之、王世贞、陈深、李贽、梅国桢、焦竑、

---

① 闵一栻刊朱墨套印本《唐诗艳逸品·凡例》。
② 关于"镜湖遗老"，凌氏刊本认为是陆游，但叶德辉《郋园读书志》认为是贺铸。见叶德辉《郋园读书志》，上海古籍出版社2010年版，第229页。
③ 见叶德辉《郋园读书志》"吕氏春秋二十六卷"条，上海古籍出版社2010年版，第229页。
④ 徐丽华：《〈吕氏春秋〉文献学研究》，硕士学位论文，黑龙江大学，2013年。

郎文焕、陆宏祚十家，而卷中不尽见；卷中所见如茅坤、王鏊之类，卷首又不列名。其凡例称卓吾子以《吴子》《司马法》《李靖问答》《六韬》《三略》集其品类，分列十三篇后，今悉总之；又称今旁集诸书，广采事实，以补前人所未备；又称批点悉系凤洲、了凡原笔，而评则苏、王诸家并存；又称卓吾参同具载丛书中，原有梅司马评点，并不擅改。所言辗转纠纷，无从得其端绪。盖坊贾凑合之本，故漫无体例如是也。

总之，确实有不少闵、凌、茅氏套色印本的评点不知来历。这既是受当时社会风气的影响，"明嘉、万以后刻书，多不明来历"①，也说明套色刻书大都重在商业牟利而非学术文化传承。

第四节　四大望族编刊活动的互助与竞争

由于姻亲、师生、同年、僚友等各层人际关系网的交织，各大望族间，尤其是同处于一地的望族，有着千丝万缕的联系。正是因了这种联系，这些望族在晚明编刊活动中，时有互助情形。这种互助有时很难分清以谁为主。如五色本《刘子文心雕龙》就是闵、凌两家互助合作的绝佳例子。该书既有署"吴兴闵绳初玄宰甫撰"的《刻杨升庵先生批点文心雕龙引》，又有署"吴兴凌云宣之甫识"的《凡例》。一般而言，作刻书引者或撰凡例者，当为该书的编刊者。故学界著录该刊本时，有谓闵刻本，亦有谓凌刻本。这种著录的不同正是凌、闵两氏互助合作编刊书籍的生动反映。又如《李杜诗选》，包含《李诗选》五卷、《杜诗选》六卷，上图藏索书号为821227—28的《李杜诗选》之《杜诗选》有闵暎璧序，而《李诗选》无刊刻标记，蒋文据闵暎璧序而认定《李杜诗选》为闵刊②；然笔者查阅到上图另有索书号为线普60025的散本《李诗选》有凌濛初《凡例》，据此《凡例》，则《李杜诗选》为凌濛初所刊。如果不是闵氏因凌刊《李杜诗选》畅销而跟风刊刻，那么《李杜诗选》就和《刘子文心雕龙》一样，也是凌、闵二氏合作编刊之例证③。还有如闵元京与凌义

---

① 见叶德辉《郎园读书志》"吕氏春秋二十六卷"页，上海古籍出版社2010年版，第229页。
② 见蒋文，第217页。
③ 参见本书第七章第二节。

渠，两人乃舅甥关系，曾辑刊《湘烟录》十六卷。

也有明显以一方为主而另一方参与协作的。如凌濛初刊朱墨套印图册《千秋绝艳图》，闵振声为之作跋，并以草书出之，曰："花月郎闵振声为冯虚（凌濛初之字）兄书并跋。"董捷因此推测，闵振声或也参与了凌氏该书的设计①。董捷认为该图册第六至第十一页作为《崔娘遗照》题跋的历代名人吟咏莺莺之诗文，"为刊刻者（凌濛初）所辑"②。然据闵振声跋文"因录其名人手笔于像之后，以见佳人艳质芳魂千载如昨"之语，笔者以为，当是闵振声所辑③。这些诗文包括：唐元微之诗、唐杨巨源诗、唐王涣《惆怅词》、邓洲女子诗、张宪诗、明杨慎《黄莺儿词》、明徐渭诗、元陶九成跋、明祝允明文，各以不同字体书之。闵振声手录历代吟咏莺莺之诗文，为其参与该书设计的推测增加了一个很好的证据。其他如茅震东天启元年考订、刊刻《新镌武经七书》由闵昭明参阅，闵氏刊《董解元西厢记》由臧懋循点定，茅坤为凌稚隆《史记评林》《汉书评林》作序，凌稚隆参与茅一相刊本《新刊唐荆川稗编》的校阅工作等，也都是以一方为主的互助例子。

当然，同族成员间的合作更为常见，闵氏尤为典型。如闵于忱刊《孙子参同》之梅国祯序，由闵振声书写，其书法当时颇有名气，有视觉冲击效果。闵振声则常与闵振业合刊书籍，如《古诗归》十五卷、《唐诗归》三十六卷、《东坡文选》二十卷等，或与闵暎张合刊《兵垣四编》《董解元西厢记》等，或与闵振业、闵暎张三人共刊《唐诗选》。还有闵迈德与闵暎璧辑刊《秦汉文抄》，闵无颇与闵昭明辑刊《文致》，闵日观参与校订闵齐伋刊《女科百问》，闵杲参与闵遂刊朱墨本《初潭集》并为之跋，闵象泰、闵齐华参与闵齐伋第一个朱墨本《春秋左传》的刊刻工作，等等。凌氏这方面的例子则有：凌瑞森刊刻凌濛初校阅《琵琶记》《拜月亭》，参校凌濛初《诗逆》，并与凌楷辑刊《唐诗广选》；凌起祥为凌濛初刊《红拂记》插图题辞；凌义渠校阅并序凌濛初《言诗翼》；凌楷与凌瑞森辑评刊刻《唐诗广选》；凌楷参与凌濛初《陶靖节集》的校刊工作；凌启康、凌惇德、凌汝标、凌元爉、凌云、凌元灿都列名凌弘宪刊《楞严经》参阅者等。相对来说，茅氏家族成员间的合作编刊情形较少，仅有茅

---

① 见董文，第37页。
② 同上。
③ 按：董文第124页亦曰："从闵振声的跋中看，前面各家题跋，大约是由他手录的。"

瑞征序茅琛征刊《鹿门先生批点汉书抄》，茅元仪序茅暎刊《牡丹亭记》，茅胤京、茅胤武校刊其父茅瑞征编撰《虞书笺》等例。

关于四大望族间编刊活动的竞争，周越然《书谈·套印书》就谈到，晟舍凌、闵"两家当日，席丰履厚，其贤者伏居乡里，不问世事。诵诗读书之余，专以刻书相竞"①。市场上畅销的书籍，凌、闵两家有时会抢着刊印。如《楚辞》就既有闵齐伋刻本，亦有凌毓柟刻本，而且两个版本很相近。《哈佛燕京图书馆藏中文善本书志》著录凌刊本曰："全书除不录章句外，凡王逸本中所有大小叙、附录皆具，与闵齐伋本极相近。文中录苏辙、李溟、刘凤、贾岛、张之象、唐顺之、汪道昆、何景明、王慎中等诸家语，而以洪兴祖、朱熹两家为多。每卷后附《楚辞》疑字音义，实则有音无义，其音亦与闵本所择者略同。"其他如《唐诗选》、《文选》、苏轼《易传》、苏轼文集等，闵、凌两家也都有刊本。其中有凌氏追随闵氏的，像《唐诗选》就是先有闵刊本，后有凌刊本。闵刻题"济南李攀龙选订，太原王穉登参评"，凌刻则题"济南李攀龙编选，云间陈继儒重校"。从两书所题之不同，也就是所打名人旗号的不同，可想见两家刻书相竞情形。也有闵氏模仿凌氏的，如凌濛初、凌森美各自辑《文选》中诗、赋，刻成套色本《选诗》《选赋》，大受欢迎；闵于忱因继凌氏之后，择《文选》之文，分成七类，名《文选后集》，亦以套版刻之。而且为速刻牟利，并不精心打造，书籍不但有剜补痕迹，而且目录板框稍大，王重民先生因此怀疑它是"用《文选》散板拼凑，只评点版为新刻；刻成之后始另刻目录"②。闵氏之前有过闵齐华《文选瀹注》，所谓"《文选》散板"很可能与此有关。

不仅仅是凌、闵二氏刻书相竞，其他望族之间也存在这种情形。如闵振业补辑刊刻茅坤《史记抄》是在泰昌（1620）十一月前后，然次年茅兆海亦重刊了茅坤《史记抄》，而且它们均为朱墨本。这种短时间内的重复刊刻，很能说明该书的畅销度，而茅兆海是在跟风刊刻，企图与闵氏相竞，以获取利润。这种商业竞争味道，在茅本"顾《史抄》旧本流传非一，而新刻不无同异，间有错漏"的刊刻缘由和对新本的批评中③，亦可

---

① 见《小说月报》1931年第22卷第7期。
② 王重民：《提要》，第432页。
③ 黄汝亨：《寓林集》卷一《重刻茅鹿门先生史记抄序》，《四库禁毁书丛刊》集部第42册，第50页。

细味得之。其他如《花间集》既有闵暎璧刊本，又有茅一桢刊本；《牡丹亭》既有臧懋循刊本，亦有茅暎刊本；《邯郸梦》既有臧懋循刊本，亦有闵光瑜刊本，等等，无不反映望族编刊活动的竞争状态。特别是茅暎《牡丹亭记》刊本，声明不满臧氏改窜本，扬言要恢复汤氏原本，很明显是要制造一个与臧本竞争的新刊本。

第五节　四大望族刻书与一般坊刻的差异

四大望族的政治、经济与文化特征不尽相同，其编刊活动具体来讲也有所不同。像闵氏，集部的编刊是其主要内容之一，臧懋循在闵刻《秦汉文抄序》中就指出了这一特点："我湖闵氏称望族，古文词大半为其家所刻。"凌氏虽然也以集部的编刊为主要内容，但与闵氏刻书相比，它的一个显著特点是比较多地关注人民群众喜闻乐见的小说、戏曲和佛经。闵齐华在其所刻《孙月峰先生评文选》三十卷《凡例》中批判当时湖州套版书内容之不雅，"绘及秽史淫词"，主要就是指凌氏所刊小说戏曲类书籍。之所以有这样的不同，主要还是因为家族门第与文化特征的差异。凌氏明中叶才因凌敷入赘闵氏而迁居晟舍。从凌、闵两姓尚书、进士和举人的数量情况来看，有一个事实无法回避，那就是闵姓占了绝对优势。也就是说，凌氏通过自身的努力，后来的门第也不可谓不高，但比起同里闵氏，劣势还是十分明显。加上最早经营套版书的也是闵氏，因此要与闵氏竞争[1]，必须更迎合市场需要。众所周知，晚明蓬勃兴盛的是迎合市民思想的小说戏曲，而凌氏套版印刷业的主要带领者凌濛初正是当时著名的小说戏曲作家和评点家。因此，凌氏为营利而重视刊刻通俗文学，就不言而喻了。像臧懋循刊刻《元曲选》百种、《玉茗堂四种传奇》等，虽说与其喜好词曲不无关系，但恐怕也与其罢官后经济窘迫，刊刻戏曲更能获利有关。至于茅氏，与其家族成员的军事天赋和晚明内忧外患士人喜谈兵事的历史背景一致，这一家族刊刻了不少政治军事、边防地理方面的书籍，如《万历三大征考》《东夷考略》《东事问答》《督师纪略》《辽事砭呓》《武经七书》《武备全书》等。

---

[1]　这种激烈竞争是存在的，时人冯梦祯就说："（晟舍）凌闵二姓所居，世为姻戚而不免仇妒。"见冯梦祯《快雪堂集》卷二十八《乙巳十月出行记》，《四库存目丛书》集部第164册，第419页。

尽管晚明四大望族的编刊活动各有其特征，但总体来讲他们的刻书有一个从家刻到坊刻的过程。他们万历前期所刊的墨本，更多的是传承文化、弘扬家族声誉，偏向家刻，而万历末至明亡前所刊套色印本，则以获利为主要目的，坊刻特征十分明显。谢肇淛对此有论述，认为湖州刻书一开始"剞劂之精者不下宋板"，但"大凡书刻急于射利者必不能精，盖不能捐重价故耳"，故"近来吴兴、金陵骎骎蹈此病矣"；他甚至批评"吴兴凌氏诸刻，急于成书射利，又悭于倩人编摩，其间亥豕相望，何怪其然"①。胡应麟《少室山房笔丛》卷四曰："余所见当今刻书，苏常为上，金陵次之，杭又次之。近湖刻、歙刻骤精，遂与苏常争价。"有研究者说"作为湖刻骤精的代表，闵氏和凌氏是否属于商业出版，目前尚未有十分清晰、全面的论述"②。实际上，湖刻以"剞劂之精""骤精"来与"苏常争价"，因"急于射利"而"悭于倩人编摩"以至"不能精"，以及"无论贫富，垂涎购之"的畅销程度③，均是晚明四大望族刻书商业特征的生动体现。

虽然四大望族所从事的编刊活动是一种商业活动，但与一般民间书坊刻书业还是很不一样，主要可归结为以下两个方面。

一是从刻书者身份、刻书目的、所刊书质量来看，四大望族编刊家身为儒士，所刊书除了射利，还有传承文化之目的，书籍质量较高。

四大望族编刊家多为科举考试蹭蹬者，或是因各种原因在家闲居的官吏，无论是从其世代簪缨的家世，还是其生平遭际、个性性格、理想追求等情况来看，他们都是传统意义上的儒士阶层，是雅文化的代表者。晚明商业浪潮使他们可凭借自身的文化才能来谋生或夯实家族经济基础，他们可以说是亦儒亦商。比起一般坊刻，他们所刊书籍的质量相对较高。在这些书籍的序跋、凡例中，他们也时常标榜自己刊本与坊刻的不同，如闵齐伋言其所刊《檀弓》不似"坊刻窜易，并经文芟夷之"④，凌濛初《会真说》言"新坊刻以题目正名及〔络丝娘煞尾〕为赘而删之，则尤可笑"⑤，闵光瑜刊《邯郸梦·凡例》说"批评旧有柳浪馆刊本，近为坊刻删窜，

---

① 谢肇淛：《五杂组》卷十三，《明代笔记小说大观》本，上海古籍出版社2005年版，第1776页。
② 见蒋文，第4页。
③ 闵刻《史记抄》之陈继儒序。
④ 闵齐伋《刻檀弓》，见闵齐伋刊朱墨本《檀弓》一卷，上图藏本。
⑤ 见闵齐伋刊《会真六幻》本。

淫蛙杂响",茅震东天启元年考订、刊刻《新镌武经七书》之《凡例》曰"是书悉遵阳明先生手批原本,不同坊刻"等等,都是把自己置于非坊刻立场,而指责坊刻质量之低劣。

一般书坊主开设书坊的最主要目的是射利,为了射利,甚至可以不择手段。因为射利,其所刊书籍质量自然低劣,他们可以说是纯粹的商人。谢肇淛《五杂俎》卷十三对此有比较,认为湖州望族刻书"剞劂之精者不下宋板",而闽建阳书坊"出书最多而板纸俱最滥恶,盖徒为射利计,非以传世也"。郎瑛《七修类稿》卷四十五《书册》亦曰:"闽专以货利为计,但遇各省所刻好书,闻价高即便翻刊,卷数、目录相同,而于篇中多所减去,使人不知,故一部止货半部之价,人争购之。"像建阳书坊这样赤裸裸地牟利,在四大望族编刊活动中几乎没有,正如有学者所说,他们"虽也要出售获利,却是认认真真当成一项事业来进行的"①。

二是从所刊书的内容、形式与读者指向看,四大望族所刊书文人趣味与学术旨趣明显,形式精致,读者指向文人知识分子。

闵、凌、茅氏的编刊虽然经史子集皆具,但并非什么都刻,而是有所选择,主要是前贤著作,且多经名人所评或评选。传统文化的研读、传承是作为士子的望族编刊家的使命与责任,他们所刊书籍文人趣味十分明显,甚至不少是自己的研究成果。如闵齐华所刊《文选瀹注》就是从注释角度研究《文选》,凌濛初所刊《诗逆》《言诗翼》《圣门传诗嫡冢》是其《诗经》研究成果,凌濛初所刊《西厢记》及其所附《五本解证》与闵齐伋所刊《会真六幻》及其所附《五剧笺疑》都带有《西厢记》研究性质。还有闵齐伋所刊《春秋穀梁传》与《春秋公羊传》,书前均附《考》一篇,这两篇《考》就是闵齐伋对《穀梁传》与《公羊传》的研究成果。四大望族所刊书籍中,迎合晚明大众口味的建阳书坊主打的通俗白话小说几乎见不到。凌濛初的"两拍"虽属白话小说,但由苏州尚友堂刊刻。满足广大群众生活实际需要的一般书坊常刻的医书、历书等也较少见,笔者目前只发现4种,即闵齐伋刊《产宝杂录》一卷附《芸窗万选方》一卷、《女科百问》二卷、《心印绀珠经》二卷和《痘疹活幼心法》不分卷。

从读者指向看,四大望族所刊书籍的受众群趋向高端上层,主要是文

---

① 见董文,第119页。

人知识分子，特别是科考应举的读书人，而晚明建阳书坊所刊书走的是通俗作品销售路线，面对的是初通文墨的市民大众，即熊大木《〈大宋中兴通俗演义〉序》所言"士大夫以下遽尔未明乎理者"。受各自刻书目的与读者群取向影响，一般书坊所刻书籍质量低劣，版画敷衍充数，价格也就相对低廉，而只有价格低廉，才能使一些市民大众也有能力购买；而四大望族刻书讲究用纸、用墨，印刷与装帧质量高，特别是套色印本，精美异常，价格也就高昂，非有一定经济实力者难以购买。值得我们注意的是，凌濛初刊刻《西厢记》时，一方面说其刻本"当作文章观，不当作戏曲相也，自可不必图画"；另一方面又聘请名师良工，精心制作插图二十幅。他说这样做的目的是怕读者"反有嫌无像之为缺事""亦猎较之意云尔"。凌刊《西厢记》本身带有研究性质，适合学者文人购买，若再配以精美插图，那就还适合有钱者购买把玩。在这里，凌氏本来不想像当时戏曲刊本一样绘以插图，但最后却未能免俗。这种从俗与不从俗的矛盾，侧面反映了他们在读者定位上的游移。

第六章 晚明望族的编刊活动与都市、评点及科举

晚明四大望族的编刊活动与晚明都市、晚明评点之风及其科举文化等关系密切。官僚与名士云集、商品经济与出版文化繁荣的南京、北京、杭州等晚明都市，为宦游、漫游这些都市的望族成员提供了获得各种刊刻底本与名家评点及名人序跋的机会；望族成员不仅可以自己编刊书籍，发往这些都市销售，而且可委托这些都市的著名出版商来发行自己编撰的书籍，以提高书籍的扩散力和影响力；晚明都市丰富的人际关系资源和发达的出版讯息也诱使不少望族成员寓居这些都市，开设书坊，刊书销售。南宋以来的评点之风到明万历年间达到鼎盛，与此一致，晚明湖州地区也出现了不少评点家，而望族所刊大部分是评点本。晚明时期人口激增，习举业者甚众，这些评点本也多是迎合士子举业所需，与晚明科举文化密切相关。

第一节 四大望族的编刊活动与晚明都市

一 晚明都市与望族刊刻底本、名家评点及名人序跋

都市是一个地方政治经济文化中心，望族成员及其友人宦游、漫游、寓居晚明通都大邑，有利于各种珍稀善本或名家评点、名人序跋的获得，这大大提高了刊刻底本的质量和书籍的影响力。闵梦得宦游南京时，曾与时任南京兵部尚书的孙鑛交游，因得其所评《春秋左传》《文选》等，交由其弟闵齐伋、闵齐华刊行。闵齐伋万历四十四年（1616）所刊《春秋左传凡例》第七则云：

大司马孙月峰先生研几索隐，句字不漏，其所指摘处，更无不透入渊微，岂唯后学之指南，即起盲史而面证之，当亦有心契者。家翁次兄为水部留都时，遂得手受于先生，不敢自秘，用以公之同好。

又闵齐华天启二年刊《孙月峰先生评文选》之《凡例》云："大司马孙月峰先生博览群书，老而不倦，兹评则其林居时所手裁也。仲兄翁次，宦游南都，先生手授焉。"可见，齐伋所刊孙氏评点本《春秋左传》、齐华所刊《孙月峰先生评文选》均乃闵梦得"宦游南都"时交游官场所得。闵梦得还曾宦游四川，与戴君恩交游，获其《诗经》评点本《读风臆评》，交由闵齐伋刊行，从而缔造了"海内人士竞相传诵"的《读风臆评》闵氏套色刊本①。闵齐伋《书戴忠甫〈读风臆评〉后》曰：

　　戊午之后，我仲兄翁次氏承乏监试蜀闱，遂得与先生朝夕焉。而读其所以读《风》者，火齐不夜，枕中可得而秘与？是宜广其读，以与《三百篇》同不朽矣。

如果没有闵梦得与戴氏"蜀闱"的官场交游，闵齐伋就不可能得到《读风臆评》之底本。反过来，望族所编撰、刊刻的书籍，有时也会通过在通都大邑宦游的家族成员传播到政界各官员手中。如叶秉敬序闵元衢著作曰："往予与闵昭余公（闵梦得）同在冬官时，得康侯手书，并得《（欧余）漫录》诸刻而读焉，予辄赏心而不能自已。兹复得《草堂赓咏》与其《咫园吟》而反复讽诵，若有一阵清风，不知何自而来。"总之，正如董捷所言，"梦得的官场交际，对于提高其家族刻书的质量并扩大影响，是有相当帮助的"②，而这种官场交际主要是在都市中完成的。

　　通过在都市的宦游与漫游，获得各种刊本与评点本，包括名人序跋，来提高编刊活动的影响力，这在凌氏家族的编刊活动中也极其常见。如凌稚隆编刊《史记评林》得益于其兄凌迪知、其友金学曾从帝都北京所获得的诸名家评点。凌稚隆《史记评林·识语》曰："乃伯兄稚哲、友人金子鲁来自国门，获所录诸名家批评总总焉，私窃艳之。"凌性德所刊袁宏道

---

① 闵齐伋刊朱墨本《绘孟》之龚惟敬《绘孟跋》云："已而乌程闵遇五太学得于其尊兄方伯昭余先生，复加朱黛，为刻于吴中，海内人士竞相传诵。"

② 董文，第92页。

手评本《虞初志》是他游苏州时所得,其《虞初志序》曰:"去年游吴门,遇友人朱白民斋头,其案上所读则《虞初》也。标目鉴赏如嗜古家评骘骨董,凿凿不爽毛发。予瞪目相谓曰:'何以致此?'友人曰:'是予令吴石公所手识也……'遂请曰:'石公往矣,无殁其所嗜,愿梓之以公同好。'"凌杜若所刊朱墨本《诗经》四卷之底本则是凌濛初漫游北京时所得钟惺评点本。凌杜若《诗经·识语》曰:"仲父初成自燕中归,示余以钟伯敬先生所评点《诗经》本,受而卒业。……因寿诸梨枣,以公之知《诗》者。"该书凌濛初序亦曰:"吾友钟伯敬以《诗》起家,在长安邸中示余以所评本。"凌濛初自己所刊《陶韦合集》则得益于其漫游南京时所见何公露刊本。其《陶靖节集·识语》曰:"从来以继陶者莫如左司,而两集无合刻者。合之,自何观察公露始。余游白门时,以其刻见示,为之爽然。而诸家之评其诗者,陶则宋人独详,韦于近世亦复不少。其丹铅杂见,不能定于一。斟酌其间,则余窃有取焉尔。"凌濛初刊行于崇祯三年(1630)的《孔门两弟子言诗翼》则与其表弟潘湛在南京得李维桢刻本有关,因为该书《校阅诸家姓氏》记载潘氏时曰:"潘湛,字朗士,手授李宗伯白下本。"李宗伯,即李维桢,凌氏注明本子来源,旨在提高刊本影响力。凌濛初《东坡禅喜集》获得冯梦祯之评点,与两人同游苏州有关。在这次苏州漫游中,凌濛初还出示了自己珍藏的元版《景德传灯录》,冯氏大为欣赏,遂为之跋。除了成文过程中的这点瓜葛,此跋内容上与《东坡禅喜集》并无干系,但凌濛初后来却将它附在了天启元年(1621)刊《东坡禅喜集》后,这无非也是想借冯梦祯序跋的名气来提升该书的影响力。

二 晚明都市与望族书籍销售、约请书商发行

书籍刊刻需要一定费用,特别是套色书籍以及大部头刊本,其费用更是高昂。闵齐伋朱墨本《春秋左传·凡例》即曰:"校雠不啻三五,而钱刀之靡,非所计矣!"又如茅维刊《东坡先生全集》七十五卷,"篇目二十余种,计之九千页有奇,赀费千金而羡"①。成本的高昂,意味着书价的不菲,这就需要有一定购买力的人群,而晚明都市,尤其是北京、南京这样有一套中央政府官僚机构的通都大邑,聚集着众多皇亲宗室、各

---

① 茅维:《十赉堂甲集》文部卷十一《与陈眉公书》,上图藏明万历刻本。

级文武官吏和前来应试游玩的士子文人,他们正是望族所刊书籍最主要的消费者。因此,望族所编刊的书籍往往会发到这些通都大邑销售,特别是那些经济实力不是很雄厚急待回收成本的望族成员,其销售行动会更加积极迅速。

经济上不够宽裕的出版家臧懋循就是一个典型例子。其《元曲选》《诗所》均为大部头,出版费用很高。为了尽快将所刊书籍销售出去,往往是书籍一杀青,就立即派人去北京发卖,或送几部给都城在职友人,请他们在士大夫圈中帮忙宣扬。一旦听说某人有意愿购买,就立刻让在都城售书的家人送书过去。其《寄黄贞父书》曰:

> 刻元剧本拟百种,而尚缺其半。搜辑殊不易,乃先以五十种行之,且空囊无以偿梓人,姑藉此少资缓急。兹遣奴子赍售都门,亦先以一部呈览,幸为不佞吹嘘交游间,便不减伯乐之顾,可作买纸计矣。倘有所须,自当续致,不敢以此嗷丈也。

又《寄姚通参书》曰:

> 弟雕虫之嗜,老而不衰,以其暇辑古诗、初盛唐诗若干卷,命曰《诗所》。窃附于雅、颂各得之义,敬以奉览。别遣奴子,赍售都门,将收其值,以给中晚唐诗杀青资斧。幸丈留意,于长安贵人及计吏间多方借之吹,是即诗林大檀施,不独弟一婆人怀感已也。[①]

臧懋循的中晚唐诗因为书稿被盗而未刊行,然《元曲选》后集却正如其预先谋划而顺利刊行,这生动地印证了当时南、北两京商品经济与出版销售的兴盛局面。如果没有两京商品经济和文化事业的繁荣,像《元曲选》前集这样大部头刊本就不可能快速售出,经济较拮据的臧懋循也就不会再刊行其后集。总之,晚明通都大邑出版与销售市场的繁荣,使得像臧懋循这样经济实力不是很雄厚的出版家,亦可通过分集刊刻大部头,以前集销售所得支付前集出版费并买纸谋刻后集这种方式来获取编刊利润。

相比长兴臧氏,经济实力雄厚的归安茅氏,参与编刊活动的家族成员

---

① 以上两文见臧懋循《负苞堂文集》卷四,《臧懋循集》,第144、147页。

第六章　晚明望族的编刊活动与都市、评点及科举

众多，声势浩大。据笔者统计，共有 25 人：茅坤、茅翁积、茅国缙、茅国绶、茅维、茅棻、茅元仪、茅元铭、茅元祯、茅暎、茅著、茅瑞征、茅献征、茅琛征、茅一桂、茅一桢、茅一相、茅兆河、茅兆海、茅震东、茅胤武、茅胤京、茅仲籍、茅菇、茅彦征。他们不仅在归安练市列肆刻书，形成"书街"①，而且也在通都大邑刊行书籍。如茅坤《唐宋八大家文抄》先有茅一桂刊于杭州，后又有茅著刊于苏州，茅元仪《武备志》则刊于南京。他们也将某个都市所刊书籍发往另一通都大邑销售。茅坤《与唐凝庵礼部书》曰："族子（茅一桂）遣家童，囊近刻韩、柳以下八大家诸书，过售金陵。"刊于苏、杭的《唐宋八大家文抄》后来"盛行于世，海内乡里小生无不知茅鹿门者"②，个中原因，笔者认为，除该书本身适合习举业者研习外，与杭州、苏州、南京等通都大邑的书籍集散能力也不无关系。

　　除了将编刊好的书籍运往通都大邑销售，晚明四大望族成员有时亦约请在通都大邑的著名书商刊行他们编纂的书籍。这些书商因长期在某都市刻书销售，品牌效应强大，书在他们手中刊刻，不仅成本较低，而且很容易扩散开来，可以极大地提高书籍知名度和影响力。茅坤等所辑《史汉合编题评》八十八卷最早就是由南京书商唐龙泉、周对峰刊行。董份《史汉合编题评》序曰："编既竣，金陵龙泉唐君、对峰周君遂梓以惠天下。余喜鹿门之精识博洽，而尤幸唐、周二君成胜事不朽也，因引其端，以谂世之治二家史者。"该书《史汉合编题评目录》后亦有"万历丙戌金陵唐氏周氏刊行"字样。其中唐龙泉是南京著名书坊世德堂之主人、世本《西游记》的刊刻者。周对峰是南京著名书坊万卷楼之主人，名曰校，字应贤，对峰是其号，在万历至崇祯间共刊有书籍 44 种，内容经史子集兼具③，著名者有《三国志通俗演义》《国色天香》《坡仙集》等。

　　凌濛初的第一部学术著作《后汉书纂》十二卷最早由金陵书商周氏刊刻于万历三十四年丙午（1606），其扉页即题"万历丙午孟冬穀旦金陵周氏刻行"。该书现存北师大图书馆、浙图、南图等，八行二十字，单黑鱼尾，四周单边。值得注意的是，《后汉书纂》还曾被万历时期书坊稽古斋

---

①　见朱闻《练溪文献·乡村》"书街"条，同治十一年本。
②　陆心源等修：《归安县志》卷三十六《文苑》，清光绪八年刊本。
③　参见许振东、宋占茹《明代金陵周氏家族刻书成员与书坊考述》，《河北大学学报》（哲学社会科学版）2011 年第 2 期。

重刊①，上图藏有该本，其行款与金陵周氏刊本同②。既然稽古斋是万历时期书坊，其刊行《后汉书纂》就有可能经过作者凌濛初认可。奠定凌濛初著名文学家地位的《拍案惊奇》也非凌氏自刊，而是交由苏州尚友堂刊行。坊主安少云在扉页上，给首次发行的《拍案惊奇》作了一个很好的广告：

> 即空观主人，胸中磊块，故须斗酒之浇；腹底芳腴，时露一脔之味。见举世盛行小说，遂寸管独发新裁，撷拾奇衷，演敷快畅。原欲作规箴之善物，矢不为风雅之罪人。本坊购求，不啻拱璧；览者赏鉴，何异藏珠。金阊安少云梓行。

把《拍案惊奇》视作"拱璧""藏珠"的广告语，若由作者凌濛初自己来打，显然不合适。也就是说，经营着火红印刷业的凌濛初并没有亲自刊行此书，而是把它交给苏州尚友堂出版，主要是出于商业销售的考虑。

臧懋循《元曲选》万历四十四年（1616）原刊本也非其雕虫馆刊刻，而是交由金陵博古堂梓行，其《寄黄贞父书》中"空囊无以偿梓人"之"梓人"盖谓此。金陵博古堂堂主为周时泰，字敬竹，除《元曲选》外，还曾刊行《皇明大政纪》二十五卷、《新刊校正古本历史大方通鉴》二十卷、《榖城山馆诗集》二十卷《文集》四十二卷等8种书籍③。周时泰与上述刊行茅氏《史汉合编题评》的周曰校刻书版式类似，有共同交往的友人，又曾同游南太学，他们很可能有族属关系。臧懋循曾为南京国子监博士，他与周时泰很可能由此结识。

三 晚明都市与望族成员寓居编刊、开设书坊

晚明都市政治经济与出版文化的繁荣，也诱使不少望族成员寓居大都

---

① 凤凰出版社2010年版《凌濛初全集》第九册收《后汉书纂》，书前《说明》曰："此书为凌氏自刻本"，然并未说明该自刻本之藏馆。除周氏刊本和稽古斋刊本外，笔者未见有凌氏自刻本。存疑。

② 北师大图书馆和上海图书馆所藏《后汉书纂》刊本的具体情况，可参见潘建国《明凌濛初尺牍真迹考释》，《文学遗产》2001年第5期。

③ 参见许振东、宋占茹《明代金陵周氏家族刻书成员与书坊考述》，《河北大学学报》2011年第2期。

第六章 晚明望族的编刊活动与都市、评点及科举 / 191

市，开设书坊，刊书销售。特别是南京，作为当时文化生产中心，三山街一带，书铺林立，各地客商云集。著名闵版刻书家闵齐伋就曾寓居这一带从事刻书业，并自号"三山溲客"。其崇祯十三年刊《会真六幻》之《会真六幻说》即署"三山溲客闵寓五"。王重民曰："考三山一在福建，一在江宁，则又知是书刻于寓五客南京时也。"① 笔者因此推测，闵齐伋经营的套版刻书业在南京设有分所。

凌濛初万历三十七年（1609）后长期寓居南京，其主要编刊活动自然也是在南京完成。凌濛初南京寓所在珍珠桥，书斋名玉光斋②，插架甚富，为其编刊活动提供了一个很好的交游场所。吴允兆即曾来此赏玩图书："日者把臂深谭，漏尽不倦，更出图书，鉴赏玩索，此境界大与俗殊。"③ 万历三十七年三至七月间，公安三袁之袁中道游历金陵，也前往珍珠桥探访凌氏。《游居柿录》卷三记金陵事云："珍珠桥晤湖州凌初成，见壁间挂刘松年画，两人对弈，作沉思状。相叹以为人物之工如此。"④ 袁中道此时身份虽是举人，但因从其两兄宗道、宏道宦游京师，结交四方名士，声名已不小。因为寓居通都大邑，不断有名人造访，不仅有更多机会获得名人序跋、刻书底本⑤，而且也更容易获得各种图书出版讯息。如凌濛初撰于南京的《拍案惊奇序》中"肆中人见其行世颇捷，意余当别有秘本，图出而衡之"等言，就说明他获得了冯梦龙《三言》出版后十分畅销的商业信息，而这恰恰是其模仿《三言》编刊《两拍》的重要原因。凌濛初《北红拂杂剧》则是他"薄游南都时"，在友人丘荩明、孙子京的督促下所编创。其《北红拂杂剧小引》曰：

> 余夙有意以北调易之，卒卒未得。顷薄游南都，偶举此事，余友丘荩明大称快，督促如索逋。南中友孙子京每过逆旅，必征观，间日一至问，更得几行出视，即抚掌绝倒。因贪酒相与饮，酒后耳炙，狂

---

① 王重民：《提要》，第 688 页。
② 凌濛初：《二刻拍案惊奇小引》后题"崇祯壬申即空观主人题于玉光斋中"，此时凌濛初寓居南京。
③ 见《上海图书馆藏明代尺牍》第七册之凌濛初尺牍真迹，上海科学技术文献出版社 2002 年版，第 35 页。
④ 见陈文新译注《日记四种》，湖北辞书出版社 1997 年版，第 198 页。
⑤ 如凌濛初寓居南京时请吴允兆为自己所撰戏剧作序、获得何公露所刊陶渊明、韦应物合集等。

呼叫啸。复得一二语，又拍案浮一大白相劳。此中多酬对，颇少暇息，则于肩舆中、塞卫背，俱时有所得，逾旬乃成。

如果凌氏不是客居南京，如果不是南京友人孙氏"每过逆旅，必征观"、丘氏"督促如索逋"，就没有《北红拂杂剧》的创作和刊行。

臧懋循虽于万历十三年（1585）五月自南京谪官归乡，然此后他仍常往来南京。可以确知，万历十九年（1591）、万历二十四年（1596）、万历二十九年（1601）与万历三十年（1602）间、万历三十四年（1606）、万历三十五（1607）他均在南京，而且万历二十九年前后是挈全家寓居南京①。臧氏在南京的寓所名希林阁，面对钟山，曹学佺《集臧晋叔希林阁寓目钟山》诗曰："金陵最高处，钟山展在望。君家构阿阁，故与山相向。"②臧氏频居南京，一个重要原因是，南京不仅是政治中心，而且是商业文化中心，可资利用的人脉关系众多，有利于书籍的出版与销售。臧懋循万历刊本《古诗所》五十六卷，其《凡例》后有"金陵徐智督刻"字样，自序则署"万历癸卯夏至日书于青溪客舍"。"青溪"是一条发源于钟山的南京水系，"青溪客舍"应该就是其寓所希林阁。臧氏《唐诗所自序》亦作于南京，其末署"万历丙午夏日书于秦淮僧舍"。

茅元仪十九岁北闱下第，归而寓居南京，后又将茅坤白华楼藏书携至南京寓所。其卷帙浩繁的兵书《武备志》二百四十卷就是在南京编撰与刊刻。《归安县志》卷二十一引《江宁府志》曰："元仪寓居金陵，作《武备志》，崇祯元年三月进呈，天语其该博，元仪即颜其堂曰该博。"茅坤《唐宋八大家文抄》最早由茅一桂刊行于万历七年，为一百四十四卷，崇祯四年茅著复为订正而重刊之，并以茅坤所批《五代史抄》二十卷、《新唐书抄》二卷，附于欧阳修文后，故卷数达到了一百六十六卷。其崇祯四年序曰："虎林本行世既久，不无模糊，用是与舅氏吴毓醇重加考校，精于杀青。""虎林"是杭州的旧称，虎林本即茅一桂《唐宋八大家文抄》刊本。是书如果不是茅一桂出资请杭州书商代为刊刻，就是茅氏在杭州开有书坊。而茅著刊本之茅著序署"跋于虎丘之卧石轩"，那么茅著也很可能是寓居苏州开设书坊刻书。

---

① 参见徐朔方《臧懋循年谱》，收入《徐朔方集》第三卷《晚明曲家年谱》，浙江古籍出版社1993年版，第441—486页。
② 见曹学佺《石仓诗稿》卷一《金陵初稿》，《四库禁毁书丛刊》集部第143册，第179页。

综上言之，晚明都市人口的集中与庞大、经济与文化事业的繁荣，不仅有利于仕宦、漫游或寓居于都市的四大望族成员通过广泛交游而获得各种刊本、名家评点、名人序跋以及各种出版讯息，而且有利于他们所编刊或委托都市著名书商刊行的各类书籍在通都大邑的广泛销售。可以说，晚明江南望族在晚明出版业的知名度与他们在晚明都邑的各类活动紧密关联。

第二节　四大望族的编刊活动与评点

对经史书籍的考证、注释，汉代以来就有。到了唐代，出现了诗歌评点，殷璠的《河岳英灵集》被学界认为是最早的诗歌评点本。到了南宋，又出现了散文评点，吕祖谦的《古文关键》和楼昉的《崇古文诀》，标志着文学评点的成熟。到了晚明万历年间，包括文学评点在内的各类书籍评点达到了鼎盛期，"不但评点作品之多，评点的体裁之全面，而且当时文学名家几乎（都）介于其中"[1]。拿戏剧来说，明中叶后，文人士大夫酷嗜评点戏剧，"现存的明代戏曲评点刊本达到150余种"[2]。钱谦益《葛瑞调编次诸家文集序》曰："评骘之滋多也，论议之繁兴也，自近代始也，而尤莫甚于越之孙氏，楚之钟氏。"[3]

"越之孙氏"即孙矿，字文融，号月峰，是明万历间最著名评点家之一。张岱《有明于越三不朽图赞·博学》："孙月峰矿，余姚人，精于举业，博学多闻，其所评骘经史子集，俱首尾详评，工书媚点，仿司马光写《资治通鉴》，无一字潦草。"黄宗羲《南雷文定凡例》曰："（文章评点）施之字句之间，如孙文融之《史》《汉》，波决澜倒矣。"又，章士钊《柳文指要·月峰论文如干事》曰："统举有明文人计之，月峰要是最具识力。"[4] 孙矿与闵梦得、茅坤、茅国缙等有交往，四大望族不少刊本是其评点本，如闵齐华刊《文选瀹注》、闵齐伋刊《春秋左传》、闵振声刊《朱订西厢记》等。闵齐伋《春秋左传凡例》指出了孙氏评点的价值与影

---

[1] 聂付生：《晚明文人的文化传播研究》，中国戏剧出版社2007年版，第162页。
[2] 朱万曙：《明代戏曲评点研究》，安徽教育出版社2002年版，第278页。
[3] 《钱牧斋全集》之《初学集》，上海古籍出版社2003年版，第872页。
[4] 以上转引自王孙荣编著《孙月峰年谱》，大众文艺出版社2009年版，第327—328、326、330页。按：波决澜倒，《孙月峰年谱》原作"波澜决倒"。此据《南留文定》改，见《续修四库全书》第1397册，第253页。

响:"大司马孙月峰先生,研几索隐,句字不漏,其所指摘处,更无不透入渊微。岂唯后学之指南,即起盲史而面证之,当亦有心契者。""楚之钟氏"则是竟陵派领袖钟惺,其诗歌评点在当时风行天下。加上闵宗德、凌濛初、茅维、茅元仪等均与钟惺有交游,因此四大望族不少刊本是钟氏评点本,如闵振业、闵振声刊《古诗归》《唐诗归》《东坡文选》,闵一栻刊《唐诗艳逸品》,凌濛初刊《诗逆》《李诗选》,凌杜若刊《诗经》,凌汝亨刊《苏文忠公策论选》等。

除了孙鑛、钟惺,明代其他著名文人的评点也是四大望族辑评刊刻的对象。如高启、顾璘、敖英、李梦阳、杨慎、李贽、郭正域、王世贞、王世懋、王穉登、李攀龙、汪道昆、谭元春、汤显祖、沈璟、焦竑、唐顺之、袁宏道、陶望龄、屠隆、陈继儒、冯梦祯、曹学佺、钱士鳌、袁了凡、徐光启、戴君恩、唐汝谔、蒋一葵、王圣俞等人评点,都曾被四大望族刊本辑入。有时一个刊本就辑有数家甚至数十家评点,这点在凌濛初身上特别明显。如凌濛初刊《言诗翼》,"杂采徐光启、陆化熙、魏浣初、沈守正、钟惺、唐汝谔六家之评,直以选词遣调、造语炼字诸法论《三百篇》。每篇又从钟惺之本加以圈点。明人经解,真可谓无所不有矣"①。又如凌濛初刊《苏老泉文集》有唐顺之、茅坤、焦竑、钱谷、姜宝、詹惟修、张之象,庄元臣、杨慎、敖英、陈继儒、胡秋宇、沈穆、陈仁锡、穆文熙、王鏊、霍韬、王世贞、李载贽、□希元、抱鲁斋、康海等22家评点472条②,均以"某某曰"标明。这22家评语又以唐顺之、茅坤为最多。《凡例》曰:"毗陵荆川唐公、归安鹿门茅公,海内巨眼。其评骘老泉文,独竟其帙,世奉为指南。所评者贵,评之者益尊,敢一一登之额。"又曰:"老泉文赏之非一人,几百年来,名公巨儒各间有议论,星现史册,乃觅珠苍海,错陈于两公间,非直文同完璧,而亦评如斗锦焉。"凌濛初所辑评语揭示了苏洵文章在结构、风格等方面的特点,有利于读者对苏洵文章的理解。

在晚明喜好评点、评点本大受欢迎这样一种风气下,把明以前著名文人的评点搜集刊刻,也就更有利于市场竞争。如凌濛初就喜欢搜集刊刻南宋刘辰翁批点本,其所刊《世说新语》《李长吉歌诗》《李白诗选》《陶韦

---

① 《四库全书总目提要》卷十七。
② 《凌濛初全集》第八册《苏老泉文集》之《说明》统计为19家,误。凤凰出版社2010年版,第1页。

第六章 晚明望族的编刊活动与都市、评点及科举

合集》《孟东野诗集》《王摩诘诗集》《孟浩然集》《韦苏州集》等均是。像《孟东野诗集》评本可以说是"踏破铁鞋"而得，他在跋中曰："须溪先生评诗为最广，而唐诸选中亦时见有评其数首者，意必有其本如诸家，而无从见也。遍索之，偶获一宋雕本于武康故家，上有评点，以为必须溪无疑。"凌濛初之所以如此有意识的访求刘氏评点本来出版，是因为刘氏是宋末元初最有代表性的评点家，其评点"语简意切，别自一机轴，诸人评诗者皆不及"，"善言诗者咸服膺"①，当时书坊争相竞刻，谁得之谁获利。凌濛初刊《陶靖节集》有杨万里、苏轼、葛立方等30余家宋人评点，称得上是宋人评点汇集本，吸引读者是可想而知的事。其他如苏洵的《孟子》批点、苏辙的《道德经》批注、陆游的《吕览》评点、刘应登的《世说新语》评语、谢枋得的《檀弓》批点，以及裁注高诱、鲍彪、吴师道《战国策》注释等，也是四大望族刊本招徕读者的手段之一。当然在商业利益的驱动下，也不能排除所谓的名人评点本有时是假托。如陆游是否评点过《吕氏春秋》，学界就有争议。再如凌性德刻《虞初志》，号称底本评点为袁宏道手识，但王重民先生认为是假托②。

有时一部刊本中几乎收集了历代以来所有评点，成为汇评本性质的书，这对学界研究很有好处。如凌稚隆所刊《史记评林》衰辑了从唐代到明代约200多家《史记》评点著作，从而成为《史记》评点的集大成者。凌濛初所刊《选诗》，据其《批评选诗名公姓氏》统计，有沈约、钟嵘等39家评语，也是一部汇评性质的书。闵齐伋刊《国语》是裁注汉郑众、贾逵、魏王肃、吴虞翻、唐固、韦昭、晋孔晁等注释，并辑录唐柳宗元，宋真德秀，明穆文熙、孙应鳌、汪道昆、屠隆等评语，而成为《国语》的著名评点本。闵齐华刊《文选瀹注》所搜注释，不仅"经李善，纬五臣"，而且"穿穴子史，搜罗旁魄，裨益其所未备"，并"删繁刈秽，撮要钩玄"③，以易于读者理解把握，因而被认为是从注释角度研究《文选》之书。

在明以来评点风气的推动下，晚明湖州文人，包括四大望族成员也纷纷参与批校、评点。批校、评点成为望族成员编刊活动的重要组成部分。

---

① 凌濛初刊本《李长吉歌诗跋》。
② 见王重民《提要》，第396页。
③ 钱谦益：《文选瀹注序》，见闵齐华刊本《文选瀹注》。

阅读望族成员传记以及所刊书之序跋，像"日呕血数升，手不停披"①"手不停披者数十年"②"凡百氏之书，虽病甚，亦不停披"③"手披目阅，参互校雠"④之类，揭示批点嗜好与苦辛的句子，在在有之。在望族所刊书籍中，湖州本地评点者或四大望族成员参与评点的不胜枚举，如《李文饶文集》评点者归安韩敬，《东坡书传》评点者归安姚舜牧（承庵），《楚辞章句》《周礼》《东坡书传》的评点者长兴陈深（子渊），《史记》评点者乌程闵如霖、凌约言、凌迪知、董份，《史记评林》《汉书评林》《史记纂》《汉书纂》《吕氏春秋》《道德经注》的批点者凌稚隆，《西厢记》《战国策》《公羊传》《穀梁传》的批点者闵齐伋，《昙花记》《玉茗堂四种传奇》的评点者臧懋循，《牡丹亭记》的评点者茅暎，《春秋胡安国传》的评点者茅荚，等等。而闵氏一族中，其评点被采入《唐诗艳逸品》的就有闵珪、闵如霖、闵以平、闵景倩四人⑤。据史料记载，凌义渠也喜好评点书籍，可惜殉节之前，"悉简平生所著述及所评骘诸书，堆阶下，亲火之"⑥。

当然，四大望族成员中，要说最有名的评点者还数茅坤与凌濛初。茅坤评点的书有《唐宋八大家文抄》《史记抄》《汉书抄》《五代史抄》《新唐书抄》等。其他如《史汉合编题评》《苏老泉文集》《苏文忠公策论选》《苏长公表启》《苏文》《苏文嗜》《淮南鸿烈解》《何氏语林》《韩诗外传》等书，亦辑有茅坤评点。像《唐宋八大家文抄》，一出而风行天下，使得海内乡里读书人无不知有评点者茅坤。茅坤的《史记抄》评点亦被世人称颂。如黄汝亨曰："司马氏之文章神解，所为本末之旨，提结之案，与夫过接关隘，摹画淋漓，句字点缀之妙，独鹿门先生之《史记抄》，若列眉点眼，令览者豁然。"⑦ 陈继儒曰："余束发好《史记》"，"私服鹿门，实有至鉴，别具手眼，洞入司马腹中，断断非它评可及。"⑧ 闵元庆

---

① 《顺治凌谱》卷六范应期《鸿胪磊泉公（凌稚隆）传》。
② 《顺治凌谱》卷六《大儒彻侯凌公（凌澄初）传》。
③ 见凌约言《凌藻泉公自序传》，《晟舍镇志》卷八。
④ 闵振业刊本《史记抄》之《辑史记抄小引》。
⑤ 闵一栻：《唐诗艳逸品总凡例》："又如我先庄懿暨宗伯午塘公有《二尚书省集》行于世，又如故兄景倩、佺以平、故友庄若谷等，皆以诗名于三吴者。其评语大都悉当，博采择焉。"
⑥ 计六奇：《明季北略》卷二十一《凌义渠》。
⑦ 黄汝亨：《寓林集》卷一《重刻茅鹿门先生史记抄序》，《四库禁毁书丛刊》集部第42册，第50页。
⑧ 闵振业刊朱墨本《史记抄》之陈继儒《序》。

第六章　晚明望族的编刊活动与都市、评点及科举　/　197

曰："是《抄》芟薙繁芜，而记中关键、起伏、提掇、呼应、联络，条次井井，品骘精核，了如指掌。"① 凌濛初评点的书籍有《世说新语》《两拍》《南音三籁》《西厢记》《琵琶记》《北红拂》《苏老泉集》，以及评点《诗经》的《诗逆》《言诗翼》《圣门传诗嫡冢》②。其《世说新语》评点"处于小说评点由'注'向'评'演化的关键环节，对于考察古代小说评点形态的演变，具有颇为重要的资料价值"③。其《西厢记》《琵琶记》评点属于考订兼评型④，在《西厢记》《琵琶记》的研究史上有一定地位。另外，其《诗经》评点也颇受学界关注⑤。

综上，四大望族所刊书籍，特别是闵、凌二氏所刊套印本，多为评点本。这些评点者，既有历代名人，亦有湖州当时文人，包括四大望族成员，其中最为著名的是茅坤、凌濛初、凌稚隆等。评点本的大量涌现，既与宋元以来评点之风盛行有关，也与晚明望族内部以及湖州一地浓厚的评点风气一致。书籍附以评点，能够为读者阅读提供便利，明人陈邦俊《广谐史凡例》说："时尚评点，以便初学观览。"读者的增多意味着文本传播的扩大，正如聂付生所说："（评点）即用批评的形式改变或调动接受者的期待视野，以培养更多的或隐或显的接收者为目的，扩大文本在社会上的影响，加快文本的传播速度。"⑥ 特别是闵、凌、茅氏的套印本，可以把评点与正文用颜色区分开来，不仅更便于阅读，而且能使人感到赏心悦目，其读者自然更多，传播速度也就更快。需要指明的是，四大望族评点本在赢取读者和传播速度的背后，潜藏着的是商业获利动机，这也导致了评点本的一些问题，如辑录评点时，随意删改；更改书名，或评点者、序言等，让人误认为出现了新的评点本；凡例中标明有某某名人评点，而正文中却并无实质性评点内容。

---

① 闵振业刊本《史记抄》之《辑史记抄小引》。
② 据笔者统计，凌濛初编刊的《诗逆》有凌濛初自评115条，主要是对《诗经》各篇"义"的阐述。
③ 潘建国：《明凌濛初刊刻、评点〈世说新语〉考述》，《古代小说文献丛考》，中华书局2006年版，第1—16页。
④ 参见朱万曙《明代戏曲评点研究》，安徽教育出版社2002年版，第189、228页。
⑤ 参见侯美珍《晚明〈诗经〉评点之学研究》，博士学位论文，台湾国立政治大学，1992年。
⑥ 聂付生：《晚明文人的文化传播研究》，中国戏剧出版社2007年版，第162页。

第三节　四大望族的编刊活动与科举

　　四大望族所刊大都是举业读本，或有利于举业之书。原因一是举业书籍在科举时代很畅销，二是望族编刊家有科举经历，编刊举业书籍有自身优势。如屡试不第的凌濛初科考主攻的是《诗经》，因而编刊有《圣门传诗嫡冢》《言诗翼》《诗逆》这样一系列类似《诗经》科举指南的书籍。这些书籍主要是辑录学界对《诗经》的研究成果，并结合自己的理解为科举士子作导引。如《诗逆》四卷，既采录明代沈守正、唐汝谔、魏浣初、钟惺、陆化熙、徐光启、徐儆弦七家《诗经》之评，"直以选词、遣调、造语、炼字诸法论《三百篇》，每篇又从钟惺之本加以圈点"①，又用"凌濛初曰"标出自己评语一百余条，以阐发《诗经》各篇之"义"。明人经解，可谓无所不有矣。为了便于览观，全书录《诗经》本文。历代考证《诗经》中制度、礼仪等文字，"往时说诗者皆杂列之讲意中"，学习者容易忽视，而凌濛初以简为主，辑为《诗考》一卷，置于《诗逆》之前，使读者"可以一览得"②。总之，一切从便于经生学习的角度来考虑，用凌濛初自己的话来说，就是"是编之意，止为制义家导引"③。

　　同样蹭蹬于科场的闵齐伋主攻的则是《春秋》，精心刊刻有《春秋左传》《春秋公羊传》《春秋穀梁传》《春秋胡传》《诗集传》《书集传》《礼记集说》《周易本义》等有关举业书籍，闵梦得所谓"三订六经"是也④。这些刊本多有句读、音切、名家品评或考证，以便于经生学习研究。如《春秋左传》，不仅"分次经传"，即一段经文一段传文，而且"每传摘其难解者，考定注释字音，间以己见相正，名曰《左传音释》，另为一帙，附于卷后，以便考究"。⑤ 该书还有著名评点家孙鑛之评点，纤细曲折，穷《左传》之神，可为"后学之指南"。为了便于观览，闵齐伋以套色印之，"经传用墨，批评以朱"，读者"置之帐中，当不无心赏"。闵齐伋说

---

① 《四库总目提要》卷十七。
② 同上。
③ 同上。
④ 闵梦得：《敬书草韵辨体后》，见闵齐伋刊本《草韵辨体》。
⑤ 闵齐伋刊本《春秋左传》之《凡例》。

第六章　晚明望族的编刊活动与都市、评点及科举 / 199

"其初学课业，无取批评，则有墨本在"①，可知该书适合有一定水平的课业者阅读揣摩。

像凌濛初、闵齐伋这样，因举业失败而从事编刊举业书籍的，在四大望族编刊家中有一大批。如茅维所编刊《论衡》《策衡》《表衡》三种，是"读书士子程文墨式之范本"。其中《论衡》"所收馆课程墨计弘治朝三篇、正德朝一篇、嘉靖朝十篇、隆庆朝四篇、万历朝七十一篇。览其篇目，也可知儒士之以天下为己任，上自宫闱，下至边塞，用人理财，修文振武，与一切利病兴革，多有心得，并非辑者泛泛之选也"②。黄汝亨序《论衡》曰："万历乙巳，孝若刻《策衡》，予实为之序。读者曰：'我辈得此，可以策当世，取高名矣。'"其有用于科举的目的十分明显。又如闵齐华所刊《九会元集》收晚明九个状元之文，目的自然也是供习举业者揣摩，以期获售。闵齐华《引》曰："万历壬辰以来，首南宫者九人，其文海内共珍之，亦人人帐中自秘之者也。文章之变，于今为极，睹朝宗九派之分，竟不识滥觞之自。故以九先生之文，衡今日之学步九先生者，庶不迷其径路云尔。……其远于九先生者，即其远于制科之本义也。"

不仅《六经》书籍、名人馆课程墨可为经生研磨之用，《史记》、《汉书》、《文选》、秦汉之文、唐宋八大家之文亦可为士子的时文写作打基础，四大望族编刊的与这些内容相关的书籍，都带有为举业而设这一目的。如茅坤编选《唐宋八大家文抄》，其选文的第一标准就是有资举业。如茅坤虽然认为苏轼《大悲阁记》等"狃于佛氏之言"，但"以其见解超朗，其间又有文旨不远、稍近举子业者，故并录之"③。又如他虽然认为苏洵《衡论序》"议论多杂以申、韩"，但也因"其与举子业较近，故并录之"④。顾尔行《八大家文抄题辞》曰："迩十余年来，表弟辈习为经生者日众，而时有司益重以后场风诸生，则又搜唐宋诸家，凡敷陈资于举子业者，而以充广之，八公其表表者也。"⑤可以说，无论是《文抄》编选者茅坤还是序跋题词者顾尔行，都无意掩盖为举业而设这一编选目的。其实不仅《文抄》所选文章于制义为近，其评点也服务于八股文的写作。明

---

① 闵齐伋刊本《春秋左传》之《凡例》。
② 见《美国哈佛大学燕京图书馆藏中文善本汇刊》之《皇明论衡提要》，广西师范大学出版社2003年版。
③ 茅一桂万历七年刊《唐宋八大家文抄》卷首《凡例》。
④ 茅一桂万历七年刊《唐宋八大家文抄》本《苏文公文抄》卷八。
⑤ 见茅一桂万历七年刊《唐宋八大家文抄》。

代自幼熟读《唐宋八大家文抄》的方应祥说："有当于孔子之文，而不失庖栖以来人文不易之统绪，其精神深于信古而切于开今，故其点次标铨处，有若启八达之衢而指迷破暗者，道之殊而同归者也。"① 四库馆臣曰："茅坤所录，大抵以八比法说之。储欣虽以便于举业讥坤，而核其所论，亦相去不能分寸。"②《文抄》的评点"大抵以八比法说之"，能为读书人"启八达之衢而指迷破暗"，具有很好的科举指导功能。而《文抄》行世后畅销海内，其最大原因也是便于举业。储欣曰：

> 尝即其选与其所评论以窥其所用心，大抵为经义计耳。其标间架，喜排叠，若曰此可悟经义之章法也；其贬深晦，抑生造，若曰此可杜经义之语累也；其美跌宕，尚姿态，若曰此可助经义之声色也。经义以阐圣贤之微言，诸大家之文以佐学者之经义，所以此书一出，天下向风，历二百年，至于梨枣腐败，而学者犹购读不已，有以也。③

《四库总目》卷一百八十九论及《唐宋八大家文抄》，曰："今观是集，大抵亦为举业而设……一二百年来，家弦户诵，固亦有由也。"卢文成曰："前明茅鹿门先生《文抄》一选，深为经义计也，故是书出而四方争购，至今翕然向风。"④ 以上数论，都是将《文抄》的畅销与其举业功能相联系。而且相比直接揣摩程文墨卷，从唐宋八大家散文入手来学写时文，更能夯实写作根底。因此明清时期许多望族显宦或族内塾师更喜欢以唐宋八大家散文为教材，擘画以教子弟⑤。付琼说："茅《抄》及此后大量唐宋八大家散文再选本的流行，将科举群体的举业读本由时文引向古文，冲破了以时文为教的恶劣风气，其历史功绩不可谓不大。"⑥

---

① 方应祥：《唐宋八大家文抄序》，崇祯元年方应祥刊《唐宋八大家文抄》本。
② 纪昀等：《钦定四库全书总目》，中华书局1997年版，第2659页。
③ 见《唐宋十大家全集序》卷首《总序》，《四库全书存目丛书》集部第404册，第236页。
④ 卢文成：《唐宋八家文要编》卷首自序，嘉庆四年刻本，转引自付琼《简论明清学人对茅坤〈唐宋八大家文钞〉的负面评价》，《文学评论》2012年第6期。
⑤ 如储欣《唐宋十大家全集序》就称，幼时其父以茅氏《唐宋八大家文抄》为课本而教之。精选《文抄》并刊刻以作家塾教材的情况更是常见，如康熙四十三年吕氏家塾所刊《八家古文精选》、乾隆十五年沈德潜刊《唐宋八大家古文读本》、乾隆二十六年李中简刊《唐宋八大家公暇录》等。
⑥ 见付琼《简论明清学人对茅坤〈唐宋八大家文钞〉的负面评价》，《文学评论》2012年第6期。

唐宋八大家中，三苏之文在明代的刊刻更为频繁，其中四大望族编刊本就有凌濛初刊《苏长公表启》《苏老泉文集》，凌汝亨刊《苏文忠公策论选》，闵洪德刊《苏文》，凌云刊《苏文嗜》，凌启康刊《苏长公合作》，闵振业、闵振声刊《东坡文选》等近十种，这主要是因为它们对科举考试更具指导作用。如凌启康所刊《苏长公合作》，其编选者郑孔肩（之惠）说，以"长公之文为今业举子者训诂"，特别选录其"与举子合者若干篇"，"授门人而稍为引其意以告之"①。所选内篇以《上神宗皇帝书》为开卷第一篇，共选书七篇，策二十三篇，论二十四篇，表十篇，启八篇，内外制六篇，皆为制举经济文。又如凌汝亨刊《苏文忠公策论选》收苏轼论、策百余篇，"羽翼经史，阐析理道，近稗时务，远备边功"，加上茅坤、钟惺两名公品评，不仅能"为后生小子脍炙以润场屋笔端"，而且"有裨今日学者之实用"②。

《史记》《汉书》也被四大望族频繁编纂、辑评、刊刻，如凌稚隆《史记评林》《汉书评林》《史记纂》《汉书纂》、茅坤《史记抄》《汉书抄》、闵振业朱墨本《史记抄》、茅瑞征朱墨本《汉书抄》等。在反复刊刻的背后潜藏着强大的读者需求，而读者有强大需求的原因是，揣摩有名家评点的《史》《汉》之文有助于打好时文写作的基础，这就是王兆云《汉书纂序》所谓"发之时义中，骎骎淳郁，有古色"③。茅坤文章写得好，就得益于《史》《汉》之文的滋养。他用批点八股之法批点、编选的《史记抄》《汉书抄》被不断翻刻而盛行天下。茅瑞征《重刻鹿门先生读〈汉书抄〉序》曰："余从祖鹿门公博综诸坟典，而尤得趣《史》《汉》，自负作文一派逸气远接司马子长，尝出《史抄》问世，大为艺林传诵，晚而复出所评《汉抄》公诸海内，推为双璧。"闵元庆即以《史记抄》课其子闵振业④。闵振业后来以朱墨套印重刊茅坤《史记抄》，除茅坤评点外，还增入"唐荆川、邓定宇、凌以栋、钟瑞先诸刻中所载者，无虑十余家"，并增加句读音切，以便初学。闵刊《史记抄》为举业而设的这个目的，用闵氏自己的话来说，就是"以先君子之课余

---

① 凌启康刊本《苏长公合作》之郑之惠《苏长公合作引》。
② 以上见凌汝亨刊《苏文忠公策论选》之韩昌箕《叙》。
③ 王兆云：《汉书纂序》，见凌稚隆《汉书纂》刊本。
④ 闵振业《辑史记抄小引》曰："先大夫蜀宪公筮仕江右，公余，课余铅椠……则取鹿门茅先生《史抄》授余。"

者以课后，或不负畴昔提命之意"①。

　　秦汉之文对举业的指导功能，在臧懋循为闵迈德、闵暎璧刊《秦汉文抄》所作序中，有很明确地揭示："国朝以八股取士，而举业家娴古文词者，什不满二三。夫文不古则无骨，不古则无神，不古则不典而不丽，故必取宗秦汉。"关于闵氏《秦汉文抄》，他说："此编也，举业家当别具鉴赏矣。"甚至宣称："最有益举业者莫如此书。"② 关于《文选》与科举之关系，郝倖仔曰："明代科举考试科目要求的文体如论、策、判、诏、诰、表等在《文选》中都有范文，因此许多《文选》注本、选本、评本都应运而生。"③ 闵齐伋所刊《文选瀹注》通过指明过渡、点睛总结、追源溯流、语境分析等各种手法，"梳理文章结构，指引读者把握文脉、揣摩文意"④，显然有益于科举应试。《文选后集》辑录《文选》中表、上书、启、奏弹、笺、书、文七类文体，并附以郭正域等评点，"于明龙示专，不标姓氏；于诸名公示附，各榜名号"，显然亦有资于举业⑤。

　　综上，四大望族的很多评点本都与举业有关，服务于举业也是晚明四大望族编刊本畅销于世、编刊事业走向繁荣的主要原因。

---

① 以上见闵振业刊本《史记抄》之《续凡例》。
② 以上参见闵氏刊《秦汉文抄》之臧懋循《序》。
③ 郝倖仔：《论明代〈文选〉删述本的指南性》，《浙江社会科学》2010 年第 10 期。
④ 同上。
⑤ 对此，赵俊玲《明末闵、凌刻〈文选〉评本述要》（《殷都学刊》2009 年第 2 期）亦曰："这七类文体在当时最为常用，或对科举考试有利。"

第七章 闵齐伋的编刊活动、编刊特点及其刊本流布

第一节 闵齐伋家世与生平交游

一 家世与兄弟情况

闵齐伋是闵氏家族首位进士闵珪五世孙。闵珪是使闵氏成为望族的最重要人物，累官至刑部尚书、太子太保，被誉为弘治朝"九老"之一。高祖闵闻，乃珪次子。据《晟舍镇志》卷五，字行之，号琴轩。学文修行，而不乐应举子业。应诏输粟，授苏州卫指挥同知。能骑射，善音律，子史、方技、杂说无不批览。曾随父任，亲朋书来，各以意裁答，无不合父意。好行义，曾两次输粟千石，以救饥民。喜饮酒，数斗不醉。性诙谐，好谈论古今。与孙山人一元、陆侍御玉崖、龙金宪霓、施进士侃、凌学博震等交游，年八十二卒。曾祖宜励，为闻长子。字进卿[①]，号东斋。嘉靖辛卯以太学生授南京南城兵马司副指挥，丙申升南京中城兵马司指挥使，己亥升广西上思州知州，壬寅致仕[②]。祖德庆，为宜励次子。《晟舍镇志》卷五有传。字原明，号石林。隆庆壬申岁贡，选兰溪县学训导。万历庚辰，升秀水县学教谕，辛巳致仕。父一范，为德庆次子。字仲甫，号龙池。乾隆《乌程县志》卷六《人物》、崇祯《乌程县志》卷六《科第》、《晟舍镇志》卷五《人物》等有传。万历庚辰进士[③]，授南直隶颍上令。

---

① 董文第 83 页据崇祯《乌程县志》卷七"例贡"（收入《日本藏中国罕见地方志丛刊》第 26 册，书目文献出版社 1991 年版），作字"准卿"。经笔者核对，此处虽然字迹模糊，但若仔细辨认，可知为"进卿"。"准""进（進）"，繁体字形近。

② 见《闵谱》之《荐绅纪》。

③ 此年湖州有十三人同时中进士，为了纪念这一科举盛事，湖州城定安门内立起了"十三进士"牌坊。

壬午调湖广巴陵令。值岁大旱，"缓征徭，省供亿，简刑狱，发仓粟，捐月俸，治糜粥，以食馁者"，又"遍历穷乡，确勘灾荒"①。未及一年，积劳成疾而卒。卒时官舍萧然，不名一钱。邑人筹金归榇，并为之立专祠，以示不忘②。

　　据《闵谱》，闵一范有六子：文齐、梦得、齐商、齐华、齐伋、齐言③。齐伋排行第五，其自号"寓五""遇五"大概与此相关。其长兄文齐（1563—1638），字简若，号复元，郡增生。文齐之妻来自同邑温体仁家族，女适同邑南赣巡抚著名藏书家潘曾纮。三兄齐商（1569—1631），字友若，号苏门，邑庠生。季弟齐言（1581—1639），字禹闻，号宰武。从现有资料来看，与齐伋刻书关系密切的是仲兄梦得和四兄齐华。梦得（1566—1637）④，字翁次，号昭余，万历戊戌进士。《晟舍镇志》卷七载有其门人黄道周为之所撰洋洋数千言的墓志铭。其一生功业卓著，政治声誉颇佳，历官光禄大夫、太子太保、兵部尚书，卒于崇祯丁丑⑤。闵梦得在京城及各地为官，前后四十载，同僚友朋众多。因身居高位，虽不可能专职从事编刊活动，但他利用自己交游广、名声大等优势，为其弟齐伋的刻书活动做出了重要贡献。他曾为齐伋《草韵辨体》一书作跋，予以褒扬。齐伋刊《读风臆评》，底本来自于闵梦得为官四川时所得同僚戴君恩的评点本。齐伋刊《春秋左传》，底本则来自闵梦得为官南京时所得同僚孙鑛的评点本。戴氏、孙氏均为当时著名评点家，闵齐伋用套版刊出他们的评点本后，"海内人士竞相传诵"⑥，这极大地提高了闵齐伋在出版界的地位。四兄齐华（1576—1636），字赤如，号东庵。郡廪生。崇祯庚午以岁贡授南直常熟训导。乙亥擢北直沙河令，次年即以劳瘁殒身。在齐华走上贡途的五十五岁前，其人生的主要活动当是读书刻书，曾编刊有墨本

---

① 以上引文据《晟舍镇志》卷五。
② 《晟舍镇志》卷五"闵一范小传"言罗璟撰有《遗爱碑记》。
③ 董文第84页言："以道光十三年（1833）《闵氏宗谱》观：一范有五子，梦得、齐商、齐华、齐伋、齐言。然闵齐伋刻《读风臆评》跋云：'戊午之后，我仲兄翁次氏承乏监试蜀闻……'则闵梦得（翁次）实为一范次子，其上应还有一兄，大约早夭。而齐伋为第五子，故号'遇五'。"按：笔者所见道光十三年存堂重修谱名《闵氏家乘》而非《闵氏宗谱》，且载有六子，不知董文何来五子之说。又闵齐伋长兄文齐活了76岁，并非早夭。
④ 闵梦得无子，以其弟齐华次子豫生为后。
⑤ 闵宜励、闵德庆、闵一范三代，在崇祯辛未，均以闵梦得赠光禄大夫、太子太保、兵部尚书。
⑥ 闵齐伋刊朱墨本《绘孟》之龚惟敬跋。

《文选瀹注》三十卷、朱墨本《九会元集》九卷等。据闵我备《闵遇五传》，他与闵齐伋"考订古今，最相契洽"①，是闵齐伋所开创的套版印刷业的积极参与者。闵齐伋第一部套印杰作《春秋左传》十五卷之卷末，即题"吴兴闵齐华、闵齐伋、闵象泰分次经传"。

二　生卒年及其字号

关于闵齐伋的生卒年，笔者发现学界的说法几乎全误，而这个错误很可能源自姚伯岳《吴兴闵、凌二氏的套版印刷》一文。它刊于《图书馆研究与工作》1985年第1期，可以说是学界较早研究闵、凌二氏套版印刷的力作，但对闵齐伋生卒年的论定则误。文章说："闵齐伋生于万历三年（1575），清顺治十三年（1656）尚在世。"这个论定没有任何考证，只有一个注释，曰："该年闵齐伋曾为《六书通》一书作序，可为佐证。"笔者按：《六书通》最早刻本——康熙五十九基闻堂刻本，有闵齐伋《六书通》自序，署"顺治辛丑仲冬五湖闵齐伋寓五父记，时年八十有二"。《四库全书总目提要》卷四十三在著录闵齐伋所著《六书通》时亦曰："是书成于顺治辛丑，齐伋年八十二矣。"②顺治辛丑是顺治十八年（1661），姚文怎么跑出个顺治十三年（1656）呢？真是让人百思不得其解。顺治十三年闵齐伋八十二，则其出生之年自然是万历三年了。笔者猜测，姚文的闵齐伋生年应该是这样得出的，此后学界基本沿用了这一说法。如瞿冕良主编齐鲁出版社1999年版《中国古籍版刻辞典》第271页，即把闵齐伋生卒年定为"公元1575—1656年后"。笔者也曾受姚文影响，在2000年所作《五位著名闵版刻书家考述》一文中，认定闵齐伋生卒年为公元1575—1657年。生年就取了姚文的说法，而卒年也是在姚文基础上推定：既然闵齐伋八十二岁为《六书通》作序是顺治十三年，而《晟舍镇志》卷八闵我备《闵遇五传》言闵齐伋"卒时八十三"，所以卒年自然是顺治十四年（1657）③。一直到2008年董捷的博士论文《明末湖州版画创作考》，所持观点依然有误：

---

① 见《晟舍镇志》卷八闵我备《闵遇五传》。
② 王清原：《武进陶氏藏闵凌刻套版书源流考》据此推出闵齐伋是生于万历七年（1579），误差一年，见《明代闵凌刻套印本图录》，广陵书社2006年版，第2页。
③ 赵红娟：《五位著名闵版刻书家考述》，《江苏图书馆学报》2000年第5期。

闵齐伋的卒年，现在知道得比较清楚。《晟舍镇志》卷八"艺文"载闵我备所撰《闵遇五传》，云"卒时八十三"。《四库提要》著录齐伋所著《六书通》时，则记曰："是书成于顺治辛丑，齐伋年八十二矣"。顺治辛丑为顺治十三年（1656），则齐伋卒于顺治十四年（1657）。

不难猜测董捷的思路：既然学界都说《六书通》序作于顺治十三年，那么《四库提要》所言成书年代"顺治辛丑"自然是顺治十三年，于是与笔者犯了同样的错误①。

笔者后来之所以能发现这一错误，是因为在翻阅《闵谱》时，见其《谱录》记载闵齐伋生于万历庚辰三月初十酉时，卒于康熙壬寅七月初二日。也是巧合，万历庚辰这一纪年，笔者非常熟悉，是凌濛初出生之年，即公元1580年。又查康熙壬寅，则是公元1662年。这与自己以前认定的闵齐伋生卒年（1575—1657）可谓大相径庭。回头再细查，才终于明白学界（包括笔者）以上错误之因。

接下来的问题是，《谱录》的这个记载是否准确？笔者的答案是肯定的，原因有四。一是《谱录》的这个记载不仅十分明确，连出生时辰都有，而且在"寿八十三"这点上，与闵我备所作传记合。二是《谱录》记载闵齐伋之父有六子，其中老四闵齐华生于万历丙子（1576）十月十六日申时，而闵齐伋排行第五，若生于万历乙亥（1575），就不是弟而是兄了。三是《谱录》记载闵齐伋原配生于万历乙酉（1585），若闵齐伋生于万历乙亥（1575），那就要比其原配大十岁，差距有点大。四是这一生卒年与《六书通》自序所言顺治辛丑时闵齐伋为八十二岁合，这也是最关键的。总之，《谱录》所载闵齐伋生卒年与现存所有材料都能相合，因此它是准确无误的。也就是说，历史上最著名的两位套版刻书家闵齐伋与凌濛初竟然是同年出生。

关于闵齐伋的字号，同治《湖州府志》卷七十六《文学三》②，《晟舍镇志》卷五《人物》"闵齐伋"条、卷八闵我备《闵遇五传》，《四库提要》卷四十三均言"字及武，号寓五"。闵谱《谱录》则言"字及武，号

---

① 董文的这一错误，还导致了其他的错误推论，如推定万历四十四年（1616）闵齐伋开始从事刻书业时是四十二岁。

② 该书将闵齐伋作"闵齐汲"。

遇五"。可见，闵齐伋字"及武"当无问题。问题是，他的号是"寓五"还是"遇五"？考察闵齐伋刻书的题署和钤印，可以发现这两个号他都使用过。如德国科隆博物馆藏闵齐伋刻《西厢记》插图第一幅题"寓五笔授"，第十五幅题"庚辰秋日寓五"。又如闵齐伋万历四十四年所刊《檀弓》卷末，题"万历丙辰秋吴兴后学闵齐伋遇五父识"，并钤有"闵遇五"等印；闵齐伋崇祯六年刊《礼记集说》最后一页，有"崇祯癸酉夏乌程闵齐伋遇五父三订"一行，亦钤有"遇五父"等印。甚至有在一本书中同时使用这两个号的情况，如国家图书馆所藏闵齐伋崇祯十三年所刊《会真六幻》，卷前有自撰的《〈会真六幻〉说》，末署"三山谡客闵寓五"，并钤有"闵寓五印"；而书中所附《五剧笺疑》则题"湖上闵遇五戏墨"，其跋亦题"湖上闵遇五识"。考察闵齐伋所刊书的题署、钤印，在崇祯前所刊书籍中，似未出现"寓五"字样①。因此，董捷"到了崇祯间，齐伋已入晚年，又别署'寓五'"的说法颇有道理②。

闵齐伋曾寓居著名的书籍集散地南京三山从事刻书事业③，故又自称"三山谡客"。他为崇祯十三年刊《会真六幻》所撰的《〈会真六幻〉说》即署"三山谡客闵寓五"。另外，在闵齐伋所刊书籍中，还经常出现"闵十二"印章，如《檀弓》《空同诗选》《春秋公羊传》等，这当是其宗族排行。

三 生平事迹与交游

闵齐伋并无诗文集行世，加上功名不显，进入同时代人笔记、别集中的机率也极低，因此其生平事迹很不明晰。现在能见到的传记主要是《湖州府志》卷七十六《文学三》"闵齐汲（伋）"条，《晟舍镇志》卷五《人物》"闵齐伋"条、卷八闵我备《闵遇五传》，闵尔昌《碑传集补》卷三十六《闵齐伋传》。这四个传记都很简单，所传达的信息主要是：庠生，曾入太学读书，但"不求进取，耽著述"④，"善读书，不乐仕进"。所著《六书通》盛行于世，又批校、刊刻《国语》《战国策》《檀弓》《孟

---

① 据笔者所目验的闵齐伋刊本来看，闵齐伋自称"寓五"，最早出现于崇祯元年所刊《书集传》扉页"闵家三订书传"六个大字后所钤"寓五三订"印章。
② 见董文，第80页。
③ 王重民：《提要·集部：曲类》之《会真六幻》十二卷曰："考三山一在福建，一在江宁，则又知是书刻于寓五客南京时也。"上海古籍出版社1983年版，第688页。
④ 同治《湖州府志》卷七十六。

子》等书,"荟诸名宿评、跋之精粹者于其上,丹黄备列"。所刊书内容广泛,"上自经书子集,下稗官词曲";校雠精良,"士人能雠一字之伪者,即赠书全部"①。晚年精神健旺,"年八十,耳目聪明,手订篆文,矻矻笔砚不稍休。花辰月夕,犹能与群少年角饮较胜"②,卒年八十三。笔者以为,传记言闵齐伋不乐仕进而耽读书著述是套话。闵齐伋既曾入太学读书,崇祯《乌程县志》卷七又言其为"例贡",那么他很可能曾通过捐纳而入国子监读书,其功名心不可谓不强。因此,他当与凌濛初一样,属晚明时代非常典型的因屡试不第而转入书籍编撰刊刻活动的这一类知识分子。

虽然闵齐伋没有诗文集传世,但通过考察其所刊之书,笔者收集到了他所作序、跋、凡例等共17篇,它们是:《〈檀弓〉序》《〈六书通〉序》《〈刘拾遗集〉序》《〈会真六幻〉说》《题〈董解元西厢记〉》《〈五剧笺疑〉跋》《〈围棋闯局〉跋》《〈空同诗选〉跋》《〈杜律〉跋》《〈战国策〉跋》《〈孟子〉跋》《〈国语〉跋》《〈睡余杂笔〉跋》《书戴忠甫〈读风臆评〉后》《〈春秋左传〉凡例》《〈春秋公羊传〉考》《〈春秋穀梁传〉考》。这些序、跋、凡例可以看出闵齐伋治学的兴趣所在,他对先秦典籍较为关注,尤其是对"春秋三传"颇有研究。《〈春秋左传〉凡例》《〈春秋公羊传〉考》《〈春秋穀梁传〉考》是其序、跋、凡例中篇幅最长的三篇,均有一千多字。特别是《〈春秋公羊传〉考》《〈春秋穀梁传〉考》两文,可以说是《公羊传》和《穀梁传》的简明传播与研究史。闵齐伋的科举很可能是以《春秋》为主攻方向。虽然《晟舍镇志》卷五言闵齐伋刻书"上自经书子集,下稗官词曲",但实际上其所刊书中并无小说,而词曲亦只《会真六幻》一部。因此,笔者以为闵齐伋不是凌濛初、董斯张、冯梦龙一类的以多情自许、纵情适性、放浪形骸的晚明风流才子。细阅其17篇文章,多学究气,只有《〈会真六幻〉说》《〈五剧笺疑〉跋》《〈睡余杂笔〉跋》3篇,写得稍有气势或情感,文学色彩较浓。如《〈会真六幻〉说》:

云何是一切世出世法,曰真曰幻。云何是一切非法非非法,曰即

---

① 以上均见同治《晟舍镇志》卷五。
② 同治《晟舍镇志》卷八。

真即幻。非真非幻，元才子记得千真万真，可可会在幻境。董、王、关、李、陆，穷描极写，颠翻簸弄，洵幻矣，那知个中倒有真在耶！曰：微之记真得幻即不问，且道个中落在甚地？昔有老禅，笃爱斯剧，人问佳境安在，曰：怎当他临去秋波那一转。此老可谓善入戏场者矣！第犹是句中玄，尚隔玄中玄也。我则曰：及至相逢，一句也无，举似西来意，有无差别。古德有言，频呼小玉元无事，只要檀郎认得声。不数德山歌，压倒云门曲。会得此意，逢场作戏可也，袖手旁观可也。黄童白叟，朝夕把玩，都无不可也。不然，莺莺老去矣，诗人安在哉？眈眈热眼，呆矣。与汝说会真六幻竟。

这篇文章加上闵齐伋《西厢记》插图的视觉性和叙事性，才微微显示出闵齐伋也是一个有艺术气息且懂得把玩娱乐的人物。

凌氏家族中，凌稚隆等人刻书喜求名人作序，这些序言往往能透露出刻书者与当时名公巨卿的一些交往。然闵齐伋所刊书多自序、自跋，加上并无诗文集行世，所以其交游资料极少。目前学界，除董捷勾勒了李日华、冒起宗、戴君恩三人外①，未有其他学者关注。

李日华（1565—1635），字君实，一字九疑，号竹懒，嘉兴人。明万历二十年进士，曾任九江推官、西华知县、南京礼部主事、太仆寺少卿等。工书画，精鉴赏，与董其昌、王惟俭并称博物君子。著作宏富，有《紫桃轩杂缀》《味水轩日记》《六研斋笔记》等。闵齐伋与李日华的交游，即见于《六研斋笔记》卷一："闵遇五购得唐榻《圣教序》，索余评鉴。余勘其笔意，纤悉俱在，而楮墨非唐物，盖北宋精本也，在今日亦罕宝也。"董捷曰："《六研斋笔记》此卷所载，多天启四、五年间事，则齐伋以榻本求鉴，当亦在此前后。另，齐伋祖父闵德庆万历间尝为秀水县学教谕，是否与当时居住此间的李日华相识，俟考。"其实，湖州距离嘉兴很近，望族之间联姻交往较多，而李日华又以"博物君子"著称，闵齐伋得到精美拓本而求其鉴赏也属正常。

冒起宗（1590—1654），是冒辟疆之父，字宗起，号嵩少，江苏如皋人。万历四十六年举人，崇祯元年与闵及申同登进士，历任行人司行人、

---

① 见董文，第90—92页。其实戴君恩与孙鑛，是与闵梦得有交游，而无资料证明与闵齐伋有直接交游。

南京吏部考功司郎中、兖西道佥事、湖南衡永兵备道、山东按察司副史等。明亡后，不仕。著有《拙存堂诗概》六卷、《文剩》六卷等。其与闵齐伋交游资料见于闵齐伋所刊《空同诗选》。该书卷前有闵氏自撰《附空同诗选》，曰：

> 各体凡二千一百四十九首。升庵选焉，质之张禹山者，得一百三十六首。噫，亦严矣。岁戊午，广陵冒宗起驰书寄我是编，盖世未有传者。昔升庵阅古有得，辄以示禹山，谓之千里面谈。余于宗起，曾未识面，忍辱枉寄，亦一段佳事也，不可以不识之。

"岁戊午"为万历四十六年（1618），是冒氏中举之年，也是闵齐伋刊此书之年。冒氏与闵齐伋未曾谋面，却寄此书于闵氏刊刻，"可见齐伋刻书于当时文苑中已有相当声誉"①。未曾谋面的人，主动寄书以求梓行，除了闵齐伋的出版声誉，也许还包含有闵氏自身主动搜求刻书底本的努力。

戴君恩（1570—1636），字忠甫，号紫宸，别号兰江痴叟，湖南澧州人。万历癸丑进士。曾令蜀之西充、巴县，后官至山西巡抚。戴君恩令巴时，于戊午蜀闱，曾"受事帘以外"②，而闵齐伋之兄闵梦得时亦以川西道署按察的身份监试蜀闱，于是两人得以相识③。闵梦得由此得到了戴氏所撰《读风臆评》，并授其弟闵齐伋刊刻。闵齐伋刊朱墨本《绘孟》龚惟敬跋曰：

> 初先生令于巴，有《读风臆评》四卷，侍御黄陂吴伯阳先生按蜀时，见而酷好之，为刻于蜀中。已而乌程闵遇五太学得于其尊兄方伯昭余先生，复加朱黛，为刻于吴中，海内人士竞相传诵，以为季之读《荀》之论、匡《毛》之说，未堪拟敌也。

龚惟敬是戴氏女婿。从跋文口气来看，龚氏对闵氏一族也是较为熟悉的，惜无闵齐伋与戴、龚两人交游的直接资料。

---

① 见董文，第91页。
② 戴君恩：《读风臆评自叙》，见闵齐伋万历四十八年刊《读风臆评》。
③ 闵齐伋：《书戴忠甫〈读风臆评〉后》："戊午之后，我仲兄翁次氏承乏监试蜀闱，遂得与先生朝夕焉。"

第七章 闵齐伋的编刊活动、编刊特点及其刊本流布 / 211

类似与戴君恩这样交游关系的还有孙鑛。孙鑛（1543—1613），字文融，号月峰，浙江余姚人，晚明著名评点家。万历二年进士。他迁南兵部尚书时，闵齐伋兄闵梦得正好为官南京，于是得到了其评点的《春秋左传》，并交由闵齐伋刊刻。闵齐伋《〈春秋左传〉凡例》曰：

> 《左传》一书脍炙千古，无容赘矣，但从来评骘率多艳称，而其中头绪、贯串之妙，及立意、摅辞、命句、拈字，情态万出，未有能纤细曲折究其神者，至其瑕瑜不相掩处，尤概置不较。大司马孙月峰先生研几索隐，句字不漏，其所指摘处，更无不透入渊微。岂唯后学之指南，即起盲史而面证之，当亦有心契者。家翁次兄为水部留都时，遂得手受于先生，不敢自秘，用以公之同好。

韩敬序则直接说闵齐伋等得孙鑛之评本："吾乡闵赤如、遇五、用和昆从，手创名次经传，特受先生月峰之评，以朱付墨，一览犁然。"虽未能确知闵齐伋本人与戴君恩、孙鑛两人是否有直接交游，但闵氏熟悉这两位评点家则是事实。

除闵梦得、闵齐华两位亲兄弟外，在闵氏族人中，与闵齐伋编刊活动关系最密切的是其从弟闵元京。闵我备《闵遇五传》言，闵齐伋年轻时曾与闵元京、闵齐华"山居两载，考古订今，最相契洽"。闵齐伋自己也说，他们曾"以问奇索隐相过从，垂四十年"[1]。闵齐伋所刊《檀弓》之底本即来自闵元京[2]。闵元京，字子京，"有路群之高雅，芦洪之俊迈"，与其兄闵元衢均号称"名诸生""洽闻士"[3]。曾与凌义渠合撰《湘烟录》十六卷，董斯张为之序，称其"冷艳毕胪"，比之吴均《入东记》，并曰："予友凌骏甫与其舅闵子京，生名阀，皆绮年，湛精治，为文不屑留常言，识者以为波斯木难之流。其胸中无奇不经，故所述乃尔。"是书有明天启二年刻本，清嘉庆辛酉重刻时有阮元序。其合作者凌义渠是凌濛初的侄辈，字骏甫，天启乙丑进士，累官至大理寺卿。甲申殉难，赠刑部尚书，谥忠介。闵元京还撰有《睡余杂笔》，闵齐伋从废书市上得之。时闵元京已卒，闵齐伋不禁感慨万千而跋曰：

---

[1] 《晟舍镇志》卷六《著述》。
[2] 见闵齐伋刊朱墨本《檀弓》之《刻〈檀弓〉》。
[3] 《晟舍镇志》卷五闵元衢小传所附闵元京传。

>往者子京以问奇索隐相过从，垂四十年，顾未见所为《睡余杂笔》也。今秋于废书市上得此帙，乍见悯然，谛视之，子京手迹也。归而细阅，则诗文杂著，各体具焉。稿中如罗昭谏、《湘烟录》两序，盖赏（尝）赏其寄托杳霭，幽芳袭人。就此稿而甲乙焉，两序似犹中下驷。海内具只眼者，当能定之①。

是书诗文、杂著俱有，可惜不存。

与闵齐伋有交游或对闵齐伋编刊活动有助益的闵氏族人还有闵象泰、闵日观、闵元衢、闵声等。闵象泰，字用和，号兰雪，庠生。他曾参与闵齐伋第一个套印本《春秋左传》十五卷的刊刻工作。该书每卷卷末均题"万历丙辰夏吴兴闵齐华、闵齐伋、闵象泰分次经传"。闵日观（1577—1653），字观我，号持讷、讷庵，藏书丰富，曾参与校订闵齐伋刊《女科百问》二卷、《产宝杂录》一卷。闵元衢、闵声都是闵氏著名编刊家，闵元衢曾跋自己所刊《罗江东外纪》云："叔氏襄子（闵声）得陆五湖先生手书晞发道人近稿《天地间集》于松陵，余从遇五兄（闵齐伋）借观近稿。"陆师道手书谢翱《天地间集》从闵声之手传到闵齐伋处，而闵齐伋又借给闵元衢观看，可见闵氏族人在读书编刊活动中的交往与交流。

另外，同处湖州的韩敬曾为闵齐伋所刊《春秋左传》作序，曰："吾乡闵赤如、遇五、用和昆从，手创分次经传，特受先生之评，以朱副墨，一览犁然。"又曰："今赤如昆友，复以分次题评，擅有其一。噫！何雪水一衣带，而名隽之夥，于《春秋》独拳拳也。"据此，韩敬与闵齐伋等亦有交游。韩敬乃万历三十八年状元，字简与，一字求仲，号止修，湖州归安人。因这个状元得力于会试分校官——其师汤宾尹的运作，汤因此事京察被罢后，韩敬亦处处受到鄙视、排挤，不久即辞官归家。其序闵齐伋刊《春秋左传》，是其辞官隐居之时，故内心充满愤懑。他说："仆本愤人，生处愤世，每愤正士道消，是非澜倒，卒莫抵极。"

第二节　闵齐伋编刊活动与特点

一　编撰活动

闵齐伋的编撰活动可细分为撰、编撰、编辑、辑评、裁注、批校六

---

① 《晟舍镇志》卷六《著述》。

第七章 闵齐伋的编刊活动、编刊特点及其刊本流布 / 213

类。"撰"特指研究撰写,不包括辑录、汇编。从现存资料来看,真正属闵齐伋"撰"的著作只有《西厢记五剧笺疑》一卷。是书最早见于闵齐伋崇祯十三年(1640)刊《会真六幻》之赝幻《关汉卿续西厢记》后,民国八年(1919)贵池刘世珩所刊《暖红室汇刻传剧》收入①。其主要内容是对《西厢记》的校勘,自跋曰:

> 旧本原有注释,诸家颇多异同,强半迂疏,十九聚讼,将为破疑乎?适以滋疑也。至有大可商者漫不置词,更于大纰缪处迄无驳正,讹以承讹,错上铸错,无或乎?其不智也。世界原是疑局,古今共处疑团。不疑何从起信,信体仍是疑根。我今所疑,孰非前人之确信也?我今所信,孰非来者之大疑也?疑者不笺,笺者不疑,以疑笺疑,有了期乎?

亦有对《西厢记》的赏析,如其评《西厢记》第四本第三出《长亭送别》【一煞】曰:"'夕阳古道无人语',悲己独立也;'禾黍秋风听马嘶',不见所欢,但闻马嘶也;'为什么懒上车儿内',言己宜归不宜归也。"

编撰则带有辑录和撰写双重性质,这类书有《六书通》十卷。据自序,是书成于顺治辛丑(1661),乃闵齐伋晚年之作,也是闵齐伋著述中最有影响的一部。它仿照《金石韵府》体例,以《洪武正韵》统字,每一字楷书,先列俗体字,后列《说文》中的小篆及反切。凡《说文》中的部首字,均标明"建首"二字,然后列古文、籀文、钟鼎彝器以及秦汉公私印章。凡《说文》所无者,均注明出处,自为注解,并引经史加以证明。闵齐伋生前未能梓行此书,直到康熙五十九(1720)年才由毕既明厘定,付基闻堂梓行,名《订正六书通》。此后该书一版再版②,并传到了日本③,影响甚远。

编辑主要是指汇编或辑录。闵齐伋汇编之书有《会真六幻》十九卷。主要收唐元稹《会真记》、金董解元《西厢记诸宫调》、元王实甫《西厢

---

① 暖红室刊本有扬州广陵古籍刻印社1979年重印本。
② 主要有:乾隆六十年(1795)南汇吴穉堂刻本、光绪四年(1878)绣谷留耕堂刻本、光绪十九年(1893)平远书屋石印本、光绪十九年上海校经山房石印本、光绪二十一年(1895)上海鸿宝斋石印本、宣统元年(1909)上海扫叶山房石印本、民国五年(1916)上海扫叶山房石印本、民国上海广益书局石印本、上海书店1981年本、《四库全书存目丛书》本等。
③ 主要有:日本天保八年(1837)刻本、日本明治十三年(1880)松田文书堂刊本等。

记》四卷(即《西厢记》前四本)、元关汉卿《续西厢记》(即《西厢记》第五本)、明李日华《南西厢记》、明陆采《南西厢记》六种书,外加一些附录①。闵齐伋认为这六种书分别是幻因、挡幻、剧幻、赓幻、更幻、幻住,故曰"会真六幻"。因此,该书是闵齐伋所编有关"西厢"故事的作品总集。闵齐伋辑录之书有《云天佩》。自序云:"《易》曰:'云上于天,需。君子以饮食宴乐。'圣人弥纶参赞之事,其凡六十有四耳。饮食宴乐,顾居一焉,需之用大矣。是故乐天氏之颂酒功也,亦曰:'吾尝终日不食,终夜不寝,以思无益,不如且饮。'何其言之似圣人也!爰辑《云天佩》。"②该书已佚,从序言来看,当是一部辑录历史上有关酒事的书。值得一提的是《藏机枰》四卷,《晟舍镇志》卷六《著述》亦将其列于闵齐伋名下,并引闵齐伋自跋曰:"凡夫术之巧者,皆可意传。惟弈寄巧于枰,非文能殚。此制昉于宋末邵时雍,几成春夏秋冬之法,通千百万亿之局,只此三百六十一子,而颠倒纵横,弈之巧尽是矣。向无刻本,余所藏凡四卷,只三百余局,每卷缺至十许,皆残局,而鲜起手。今益于起手及腹心侵角共五十余势,而四九之数始充,庶几全璧。"从该跋来看,这是闵齐伋收藏的棋谱,并非其辑录之书③。

所谓辑评,就是辑录诸家评语或圈点,多以套色刻之眉端或正文中。闵齐伋辑评之书较多,如万历四十四年所刊朱墨本《檀弓》一卷。其《刻檀弓》曰:"顷从从弟子京所见谢高泉先生所校本,盖旧本也。兼有用修附注,援引淹博,足备参稽。因汇注、疏、集注、集说诸书,去其繁而存其要,以著于简端,而品题则仍谢之旧。"据此,其眉端评语,除谢评、杨注外,还有闵齐伋辑自"注、疏、集注、集说诸书"之评。

所谓裁注,就是对注释或评语去粗存精④。如闵齐伋万历四十七年刊三色本《国语》九卷就对韦昭所辑《国语》注文进行了裁剪删削。其跋

---

① 闵齐伋:《会真六幻》,国家图书馆有藏。附带说明的是,据笔者目验,该书所附《围棋闯局》后,有闵齐伋跋,云:"《围棋》之词,板直淡涩,不惟远逊实父,亦大不逮汉卿,其为另一晚进无疑。"蒋文仙说"北图藏本无此跋",误。见蒋文,第200页。
② 见《晟舍镇志》卷六《著述》。
③ 按:《晟舍镇志》卷六《著述》收闵齐伋著述8种,情形不一:《六书通》属编撰;《云天佩》属辑录;《丹批檀弓》《老庄列子》四册是辑评、刊刻;《丹批国策》《丹批国语》是辑评、裁注、刊刻等;而《绣批孟子》只是刊刻,《藏机枰》只是收藏,与其编撰活动无关。
④ 从"去其繁而存其要,以著于简端"之语来看,《檀弓》亦有裁注之义,但闵齐伋裁注的主要是其辑自他书的评语,原书主要评家之评语,即谢评、杨注,似仍其旧。

第七章 闵齐伋的编刊活动、编刊特点及其刊本流布 / 215

曰："注《国语》者，汉有郑众、贾逵，魏有王肃，吴有虞翻、唐固、韦昭，晋有孔晁。历世久，多所散佚。其以全书传者，独韦氏《解》耳。弘嗣因郑、贾之精确，采虞、唐之博赡，辑而成书，患不在寡。若之汰之，或者有所未尽与。夫昳精悄以了义，当不厌详；期指点而会心，宜揽其要。窃不自量，辄为裁注如右。"闵齐伋认为韦昭本《国语》注释"患不在寡"，需要裁剪或淘汰，故跋曰"裁注"。正文每卷卷尾题有"皇明万历己未仲秋乌程闵齐伋遇五父裁注"字样。眉端有三色批语，其中侧重于评文的朱色批语和侧重于评史的蓝色批语就是闵齐伋裁注部分，而其墨色眉批则为闵齐伋所辑柳宗元、真德秀、穆文熙、孙应鳌、汪道昆、屠隆等各家评语，故此书亦有辑评性质。

所谓批校，就是批点、校勘。闵齐伋万历四十八年所刊三色本《战国策》十二卷即属辑评、裁注兼批校之书。如同其所刊《国语》，该书每卷卷末题"皇明万历己未仲秋乌程闵齐伋遇五父裁注"。跋曰："前后注《国策》者多矣，执拗聚讼，往往半之，赘语肤见，亦复不少，五分其注，得解者居一尔。是编大约取高者十三而强，取鲍者十四而弱，从吴者十之二，诸家入编者不过十之一。高，东汉高诱也；鲍，宋鲍彪也；吴，元吴师道。其或旨有未疏，义或未安，间以蠡测而为貂续者，百不得之一焉。"可知，是书评语主要是经闵齐伋辑录并裁注的高诱、鲍彪、吴师道三家评语，亦间有闵齐伋自己批校之语，但数量很少，所谓"百不得之一"。闵齐伋天启元年所刊三色本《春秋公羊传》十二卷[1]，亦是闵齐伋辑评、裁注兼批校之书。该书每卷卷末有"皇明天启元年春正月乌程闵齐伋遇五父裁注"字样[2]；眉端则有朱、黛、墨三色批语，文内有朱、黛两色圈点，未标明姓氏。王重民曰："圈点有朱黛两色，当是采用两家评本；眉评则有朱黛墨三色，朱黛当与圈点同，墨色盖闵齐伋语也。墨色眉评除三引陈深说外，多系校勘文字异同。"[3] 也就是说，其朱、黛眉批与圈点是闵齐伋所辑、所裁名家评点，墨色眉批则是闵齐伋批点、校勘之语。闵齐伋天启元年还刊有三色本《春秋穀梁传》十二卷，所做工作与上述《春秋公羊传》同。

---

[1] 是书与下文《春秋穀梁传》均不分卷，然十二公各自起讫，故历来多将其著录成十二卷，今从之。
[2] 但"襄公"卷后因刻不下一行字，是双行排列的"乌程闵齐伋""遇五父裁注"字样。
[3] 王重民：《提要》，上海古籍出版社1983年版，第24页。

二 刊刻活动

关于套版刻书的起源，学界说法颇多，但笔者认为，真正用套版刻出彩色，而不是通过在同一块板上涂不同颜色来刷印出彩色，且是套刻彩色文字而非图画，闵齐伋应是最早者。徐珂《清稗类钞》"工艺类"之"套板印书"条即曰①："朱墨本，俗称套板，以印墨一套，印朱又一套也。广东人仿印最夥，亦最精，有五色者。武英殿本《古文渊鉴》亦五色。考其原起，则实明万历时乌程闵齐伋所创也。"② 至于湖州刻套版书，始于闵齐伋，那是毫无疑问。同里凌启康曰："朱评之镌，创之闵遇五。"③ 学术界一般认为，闵齐伋所刊第一部朱墨套印书籍是万历四十四年（1616）的《春秋左传》十五卷④。或许是因为第一次刊套色本，所以《凡例》中特别记载了它的优越性，曰："旧刻凡有批评圈点者，俱就原版墨印，艺林厌之。今另刻一版，经传用墨，批评用朱，……置之帐中，当无不心赏，其初学课业，无取批评，则有墨本在。"同年秋天，他又刻成了《檀弓》一册，自序云："皇明万历丙辰秋九月，剞劂告成。雕镂既极人工，为之一笑。"言语中亦流露出刚试验成功的口气。次年，闵齐伋又刻印了朱、墨、黛三色套印的《孟子》二卷和《杜子美七言律》一卷，成为三色套印的最早刻家，因此他在《孟子》跋文中略带自豪地说："勿以点缀淋漓为观美而诧异也！"在以后的20多年间，他又先后刻印了《楚辞》二卷、《读风臆评》一卷、《国语》九卷、《战国策》十二卷等众多套色书籍，从而成为中国印刷史上最著名的套版刻书家。其中《会真六幻》自序末题"三山瘦客闵寓五"，是闵齐伋在南京所刊⑤。笔者因此推测，闵氏在南京刻书中心三山街一带开有分所。套版印刷书籍的风气在湖州兴起后，不久传到南京，并于十七世纪上半叶在南京和湖州达到极盛，应和闵齐伋的努力分不开。

---

① 关于"套版""闵版"之"版"字，历代多有作"板"字者。笔者一律用"版"字，但引文遵从原著。
② 徐珂：《清稗类钞》，中华书局1984年版，第2403页。
③ 凌启康刻《苏长公合作》序。
④ 参见王重民《套版印刷法起源于徽州说》，原载《安徽历史学报》创刊号，收入《版本学研究论文选集》，书目文献出版社1995年版，第40—57页。
⑤ 王重民曰："考三山一在福建，一在江宁，则又知是书刻于寓五客南京时也。"见《提要》，第688页。

第七章 闵齐伋的编刊活动、编刊特点及其刊本流布 / 217

作为明代著名的刻书家，闵齐伋究竟刻了多少书，很难精确统计。杜信孚《明代版刻综录》列有 37 种①，疏误较多，今列举并考辨如下。

1. 万历四十六年（1618）朱墨蓝三色刊本《楚辞》二卷。按：尽管《综录》以小字注明该书"卷末有'皇明万历庚申乌程闵齐伋遇五父校'一行"，但还是误判此书为万历四十六年刊。万历庚申实为万历四十八年（1620）。

2. 万历四十八年（1620）朱墨套印本《花间集》四卷。按：是书乃闵暎璧所刊，辽图等有藏，跋语署"万历岁庚申（1620）菊月苕上无瑕道人书于贝锦斋中"。"无瑕道人"乃闵暎璧之号。"无瑕"与"暎璧"，其义一致。闵暎璧所刊朱墨本《玉茗堂摘评王弇州先生艳异编》跋署"苕东无瑕居士书于天香馆"、该书《图说跋》署"无瑕道人"等，亦可证之。

3. 万历四十五年（1617）朱墨套印本《春秋左传》十五卷。按：此书辽图、国图、浙图等 80 余馆有藏，有韩敬"万历丙辰（1616）仲秋"所作序，隐公等各公后均有"万历丙辰夏吴兴闵齐华闵齐伋闵象泰分次经传"字样，因此其刊刻时间是万历四十四年（1616）。

4. 万历四十五年（1617）朱墨套印本《孟子》二卷。按：是书国图、杭州市、安徽省等有藏，乃朱墨黛三色印本，闵齐伋跋即曰："老泉原评，朱黛犁然，具有指点法，顾传者失之。今刻特存其旧，勿以点缀淋漓为观美而诧异也。"

5. 万历四十七年（1619）朱墨套印本《国语裁注》九卷。按：闵齐伋万历四十七年裁注刊刻有三色套印本《国语》九卷，上图、国图等有藏，笔者已目验。《综录》该书著录自《南京图书馆善本书草目》，翁连溪《中国古籍善本总目》（以下简称《总目》）亦著录清华、中国科学院等藏有朱墨本是书，行款与三色本同。不知是否实有，俟考。

6. 万历四十八年（1620）朱墨套印本《读风臆评》一卷②。

7. 万历四十七年（1619）朱墨套印本《战国策裁注》十二卷。按：闵齐伋万历四十八年（1620）裁注、刊刻有三色套印本《战国策》十二

---

① 杜信孚：《明代版刻综录》（以下简称《综录》），江苏广陵古籍刻印社 1983 年版，卷五第 15—16 页。

② 按：该书实不分卷。又，蒋文《附录一　明代套印本综合著录表》将其著录为朱墨蓝三色本，误。

卷，故宫博物院、山东师大、山东省、南图等均藏。《综录》该书著录自《北京图书馆善本书目》《浙江图书馆善本书目》，其中浙图本笔者已目验，实乃三色。

8. 万历四十四年（1616）朱墨套印本《檀弓》三卷。按：是书分上下篇，有著录成一卷的，如陶湘《明吴兴闵板书目》①，本文从之；亦有著录为二卷的，如《国家珍贵古籍名录》收入安徽省等5馆所藏是书，均为二卷。《综录》言"三卷"，误。

9. 天启元年（1621）朱墨套印本《曹子建集》十卷。按：是书乃凌性德所刊，辽图等有藏。前有天启元年施尨宾序，曰："社友成之兄实董成已。""成之"乃凌性德之字。

10. 明天启朱墨套印本邹思明编《文选尤》十四卷。按：《文选尤》十四卷乃天启二年（1622）朱墨绿三色套印本，辽图、浙图、无锡市等30余馆有藏，前有同里朱国祯《镌文选尤叙》、韩敬《文选尤序》。书后附邹氏《镌文选尤叙》，署"天启二年春分日乌程邹思明书于自得其趣山房"；另外，是书卷首署"明西吴邹思明评阅，男德延校"。由上可知，是书乃邹思明编刊。据笔者详细核查，是书没有任何闵氏出版印记，然除《综录》，赵俊玲《邹思明〈文选〉评点著作——〈文选尤〉略论》一文亦认为是闵齐伋所刊②，台湾"中央"图书馆则作天启二年吴兴闵氏刊③，不知何据。

11. 天启元年（1621）朱墨蓝三色套印本《春秋公羊传》十二卷。按：是书还附有闵齐伋所作《考》一卷（篇），上图、人大、甘肃省等均有藏。

12. 天启朱墨套印本《穀梁传》十二卷。按：闵齐伋天启元年（1621）裁注、刊刻有三色套印本《春秋穀梁传》十二卷《考》一卷，辽图、华东师大、安徽省等均有藏。笔者未见有朱墨套印本《穀梁传》十二卷。《综录》该书著录自《南京图书馆善本书草目》，《总目》则著录山西祁县、忻县藏有闵齐伋刊朱墨本《增订公羊穀梁传》二十四卷，不知是否实有，俟考。

13. 万历四十八年（1620）朱墨套印本《秦汉文抄》六卷。按：是书

---

① 陶湘：《明吴兴闵板书目》（以下简称《闵目》），《青鹤》1937年第5卷第13期。
② 赵俊玲：《邹思明〈文选〉评点著作——〈文选尤〉略论》，《湖南大学学报》（社会科学版）2007年第5期。
③ 参见蒋文，第366页。

乃闵迈德刊，上图等有藏。前有万历四十八年臧懋循序，曰："我湖闵氏称望族，古文词大半为其家刻，而日斯诸君复取秦汉文，一订政之。批点宗融博氏，参评集诸大家，闭户精批，阅岁而告成事。""日斯"，乃闵迈德之字。闵迈德朱墨刻本《尺牍隽言》十二卷卷首有"吴兴闵迈德日斯甫校"字样，亦可为证。

14. 崇祯朱墨套印本《孟东野集》五卷。按：凌濛初刊有朱墨套印本《孟东野诗集》十卷，众多书目著录，国图、浙大等亦有藏。除《综录》，笔者从未见到有任何书目著录闵齐伋刊《孟东野集》，更不用说目见。《综录》该书著录自《南京图书馆善本书草目》，实有的可能性近于零。

15. 崇祯六年（1633）朱墨套印本《礼记集说》十卷。按：是书乃墨本，国图等有藏。

16. 崇祯六年（1633）朱墨套印本《草韵辨体》五卷。按：是书神宗皇帝御制叙、跋二篇为朱印，叙、跋间行线、叙跋之边框及边框外所附龙形图案为蓝印，闵梦得识语亦蓝印，正文则墨印，与一般套色本有别，但就颜色来说乃三色，故一般亦被著录成朱墨蓝三色套印本。

17. 天启元年（1621）朱墨套印本《春秋公羊传裁注》十二卷《考》一卷。按：闵齐伋是年刊有朱墨蓝三色套印本《春秋公羊传》十二卷，即上述第11种，该书亦有裁注之义。笔者未见有闵齐伋刊朱墨套印本《公羊传》。《综录》该书著录自《北京图书馆善本书目》；如前所述，《总目》亦著录山西祁县、忻县藏有闵齐伋刊朱墨本《增订公羊穀梁传》二十四卷。不知是否实有，俟考。

18. 崇祯元年（1628）朱墨套印本《书集传》六卷。按：是书乃墨刻本，国图、浙图、故宫博物院等有藏。

19. 崇祯元年（1628）朱墨蓝三色套印本《批点杜工部七言律》一卷。按：是书当即闵齐伋所刊《杜子美七言律》，湖南省等有藏。其目录与开卷题"杜子美七言律"，版心题"杜律"，故又名《杜律》。《综录》该书著录自《南京图书馆善本书草目》《福建大学图书馆善本书目》，之所以名"批点杜工部七言律"，概因该书卷首有郭正域"批点杜工部七言律序"。上图、国图等所藏《杜律》与《韩文》装订在一起，名《韩文杜律》。《韩文》内有"万历丁巳夏六月乌程闵齐伋识"字样，因此笔者将《杜律》的刊刻时间亦定为万历四十五年（1617）。

20. 万历四十四年（1616）朱墨套印本《春秋左传》三十卷，宋胡安国撰。按：如前第3种所述，闵齐伋万历四十四年刊有朱墨本《春秋左传》，但该书十五卷，并非胡安国撰。闵齐伋另刊有《春秋胡（安国）传》三十卷，但它是崇祯六年（1633）所刊，且为墨本，浙图等有藏。笔者已目验是书，九行十八字，白口，左右双边，书末有"崇祯癸酉孟夏乌程闵齐伋遇五父三订"一行，钤"闵齐伋印""遇五氏"二印。值得一提的是，《春秋胡安国传》三十卷亦有朱墨刊本，但非闵齐伋刊。笔者没有目验，主要据董捷《明末湖州版画创作考》记载：是书十行二十字，白口，四周单边；卷首有《春秋总例》《诸国兴废说》《凡例十则》；又有严有容《诠次》，题"天启壬戌归安后学严有容广舆父诠次"；后有茅棻跋，题"防风门人茅棻芳茹父谨识"，且跋中有"爰授梓人，以公同志"之言①。据此，该书当为茅棻天启刊本②。然董文最后受蒋文影响，说其刊者"存疑"，并在《明末湖州版画著录表》之该书刊刻者"茅氏"后打了问号。查蒋文，原来蒋氏据《中国古籍善本书目》著录有明末朱墨套印本《春秋传》三十卷，宋胡安国撰，辽宁大学、哈尔滨市、香港大学有藏，行款与上述茅棻跋本同。蒋氏"考辨"曰：

> 《南京图书馆善本卡片目录》作"春秋胡传三十卷，明万历吴兴闵远庆刊，半叶九行，行十八字，白口，上下单边，左右双边，胡文定公春秋传序前钤有'明吴兴后学闵远庆校梓'朱色印记一方"，待查。《综录》又作"《春秋左传》三十卷，宋胡安国撰，明万历四十四年（1616）闵齐伋朱墨套印"，未明出处。《闵目》作"春秋胡安国传三十卷，有春秋总例、诸国兴废说、标定凡例十则，严有客（容）诠次，茅芬芳评点有跋③。《书目》作天启间刻。辽大藏本无序跋④，待考。⑤

以上文字，其实只是引录《南京图书馆善本卡片目录》《闵目》《综录》等，并无考辨。实际上，《闵目》误将茅氏朱墨本归入闵氏刻本；《综录》著录的既然是《春秋左传》就意味着非胡安国撰。另外，南图卡片

---

① 董文，第17页。
② 董文对该书版本的著录很详细，应当是目见过，但文中未说明据何馆藏本著录。
③ 按：茅棻，字芳茹，陶湘《明吴兴闵板书目》著录有误。
④ 董文亦曰《春秋胡安国传》为辽宁大学、哈尔滨市、香港大学藏。然其著录时，引有茅棻跋，若辽宁大学藏本无序跋，其所见当非此本。
⑤ 以上参见蒋文第18、328页。

目录言序前有"'明吴兴后学闵远庆校梓'朱色印记一方",然此印章的内容、长度、所钤的位置有些怪异。这些有误有疑的著录列在一起,若无考辨和区分,很容易被左右。据上可知,除所谓闵远庆刊本存疑外,笔者所目验的闵齐伋墨本、董捷著录的茅荚朱墨本是无疑问的。

21. 崇祯十三年(1640)朱墨套印本《刘拾遗集》一卷。按:是书乃墨刻本,无眉批,正文中有少量校订文字,国图、浙大有藏。

22. 崇祯十三年(1640)朱墨套印本《唐孙职方集》十卷。按:是书乃墨刻本,无眉批,正文中有少量校订文字,浙大有藏。

23. 朱墨套印本《琵琶记》四卷。按:是书国图、上图等有藏,有"西吴三珠生"刻书跋。"西吴三珠生"乃凌瑞森,字延喜。是书有凌濛初《凡例》,故亦有误为凌濛初刊者。

24. 朱墨套印本《会真六幻西厢》十四卷。按:是书亦有著录成《会真六幻》或《六幻西厢》的,国图有藏,乃墨刻本。若算上附录,乃十九卷,包括:《会真记》一卷、《会真诗》一卷、《会真赋》一卷、《会真说》一卷、《钱塘梦》一卷、《董解元西厢记》三卷、《王实父西厢记》四卷、《关汉卿续西厢记》一卷、《围棋闯局》一卷、《五剧笺疑》一卷、《李日华南西厢记》二卷、《陆天池南西厢记》二卷。学术界现在一般认为,德国科隆东方艺术博物馆所藏闵齐伋《西厢记图》是该书的一部分[1],该图册为彩色套印。如果这个观点成立,那么《会真六幻》亦可认定为套色本[2]。值得注意的是,蒋文、董文都以为国图藏本乃孤本[3],然据《总目》,文化部文学艺术研究院、戏曲研究所、甘肃省亦有藏,待查。

25. 万历朱墨套印本《会稽三赋》四卷。按:是书国图、清华、北大等10余馆有藏,乃凌弘宪天启元年辛酉所刊,书前《会稽三赋叙》落款即为"辛酉秋日晟溪凌弘宪题于生香馆"。

26. 崇祯朱墨套印本《王摩诘诗集》七卷。按:此书与《孟东野诗集》十卷、《李长吉歌诗》四卷、《孟浩然诗集》二卷,均为凌濛初所刊,合称《盛唐四名家集》。

27. 崇祯朱墨套印本《选诗》六卷。按:是书国图、上图等40余馆

---

[1] 参见范景中《套印本和闵刻本及其〈会真图〉》,《新美术》2005年第4期;董文,第34页。
[2] 杜信孚:《明代版刻综录》即著录为朱墨套印本,江苏广陵古籍刻印社1983年版,卷五,第16页。
[3] 蒋文,第201页;董文,第36页。

有藏，乃凌濛初所刊，数量是七卷，并附《诗人爵里》一卷。

28. 崇祯朱墨套印本《刘子文心雕龙》四卷《注》二卷。按：是书国图、北大、上图等30余馆藏，是朱墨蓝紫黄五色套印本，前有闵绳初《刻杨升庵先生批点文心雕龙引》和凌云《凡例》，当是凌云与闵绳初所刊。

29. 万历朱墨套印本《空同诗选》一卷。按：据闵齐伋《空同诗选跋》，是书刊刻时间明确，为万历四十六年戊午（1618）。

30. 万历二十四年（1596）朱墨套印本《东坡易传》八卷。按：《总目》著录浙大、辽图等29馆藏有闵齐伋刊朱墨套印本《易传》八卷附王辅嗣《易论》一卷。据笔者目验，浙大、辽图藏本卷首署"周易"，故两馆卡片均著录成《周易》八卷，但版心题"易传"。是书乃苏轼所撰，故《综录》之《东坡易传》八卷当指该书①。浙大、辽图藏本八行十八字，小字双行，白口，四周单边，与《总目》著录同。然笔者细阅两书，并未发现任何闵齐伋所刊标志，因此只能视作疑似闵齐伋刊本。另外，浙大、辽图藏本亦无刊刻时间，《综录》所载刊刻时间，不知何据。如前所述，若把万历四十四年所刊《春秋左传》十五卷当成湖州第一部套印本，则万历二十四年并未有套印本。

31. 万历二十四年（1596）朱墨套印本《东坡书传》二十卷。按：是书上图等10余馆藏，乃凌濛初所刊，前有凌濛初撰并书《苏长公书传序》，并无刊刻时间，而且万历二十四年湖州也未有套印本。

32. 万历四十四年（1616）朱墨套印本《考工记》二卷。

33. 万历四十六年（1618）朱墨套印本《韩文》不分卷。按：《韩文》内有"万历丁巳夏六月乌程闵齐伋识"字样，因此其刊刻时间应为万历四十五年（1617）。是书卷首有郭正域《评选韩昌黎文序》，故有时亦被著录成《评选韩昌黎文》。又网上检索《浙江图书馆历史文献馆藏目录》，显示有闵齐伋万历四十五年刊《韩文选》四卷，然据笔者核查，即《韩文》不分卷。

34. 万历朱墨蓝三色套印本《东坡志林》五卷。按：该书没有闵氏序跋，但据笔者目验，辽图藏本扉页右上角有"闵"印，左下角有"遇五氏"印，据此可判定为闵齐伋刊。又该书目录、卷首等作"东坡先生志

---

① 《闵目》亦著录有《东坡易传》八卷，曰："前有《易考》，后附王辅嗣《易总论》。"辽图、浙大藏本，亦前有《易考》一篇，后附王辅嗣《易总论》。

第七章　闵齐伋的编刊活动、编刊特点及其刊本流布　／　223

林"，故辽图等亦著录成《东坡先生志林》。

35—37. 万历朱墨套印本《三子合刊》十三卷。包括：《庄子南华真经》四卷《音义》四卷、《列子冲虚经》一卷《音义》一卷、《老子道德经》二卷《音义》一卷。按：是书又作《三子音义》，闵氏以丛书形式刊出，可作 3 种计。关于该丛书的卷数，各书目、各图书馆著录有异。究其原因，一是《老子道德经》分上、下篇，著录时有二卷、一卷之别①。二是三书所附《音义》，是按正文卷数或上下篇来对应的，但篇幅很小，只有一两页或数页，所以有不计卷数的，有计一卷的，亦有按正文卷数来计《音义》卷数的。这样一来，除《综录》将之著录成十三卷外，还有将之著录为十四卷、十二卷、七卷的②。

据上可知，《综录》虽著录了 37 种，但其疏误颇多。除《读风臆评》《考工记》少数几种外，绝大部分在刊者、书名、卷数、刊刻年代、印刷颜色等方面，有值得商榷、补充处。笔者认为，《综录》之所以这样疏误频出，与其多据早期书目著录，没有目验有关，而早期书目中多有一见套色就归之闵氏，特别是归于闵齐伋的倾向。现明确可以剔除的有 11 种：闵暎璧刊《花间集》，凌性德刊《曹子建集》，闵迈德刊《秦汉文抄》，凌濛初刊《孟东野（诗）集》《王摩诘诗集》《选诗》《东坡书传》，凌瑞森刊《琵琶记》，凌弘宪刊《会稽三赋》，闵绳初、凌云刊《刘子文心雕龙》，邹思明刊《文选尤》。疑似闵齐伋刊本 1 种：《东坡易传》。另外，朱墨本《战国策裁注》十二卷、《国语裁注》九卷、《穀梁传》十二卷、《春秋公羊传裁注》十二卷 4 种，是否实有，存疑。此 4 种朱墨本，与笔者目验的三色本刊于同一年；且据笔者经验，因核查不细等原因，早期书目常有把三色或三色以上套印著录为朱墨套印的情况。如上述第 4 种、第 28 种，所谓朱墨本，实际上分别是三色本、五色本；第 16 种《草韵辨体》，若将其视作套印，那也应该是朱墨蓝三色套印，而不是朱墨套印。因此，笔者认为，朱墨本《战国策裁注》等 4 种，《综录》著录有误的可能性较大，也就是说它们很可能是三色本③。由上可知，《综录》所载 37

---

① 《列子冲虚真经》的篇幅实际上比《老子道德经》要多，但它不分卷，所以一般著录成一卷。

② 十四卷：《老子道德经》之《音义》计作二卷，其他与《综录》同；十二卷：《老子道德经》作一卷，其他与《综录》同；七卷：只计正文卷数，而不计《音义》。

③ 如上所述，其著录自《浙江图书馆善本书目》的《战国策裁注》，据笔者浙图目验，即三色本。

种，可考定闵齐伋所刊的只有 21 种，若计入三色本《国语裁注》《战国策裁注》《春秋穀梁传》①，则为 24 种。

董文亦对闵齐伋所刊书进行了考察，认为其一生共刻书 22 种：经部 11 种，史部 2 种，子部 2 种，集部 7 种。其中集部《韩文杜律》作两种，但子部《庄子南华真经》《列子冲虚经》《老子道德经》作《三子音义》一种，实际上共计 24 种。董文未说明闵氏所刊书的颜色，因此就书名来看，少了《东坡志林》《春秋胡传》，多了《绘孟》七卷和疑似刊本《（东坡）易传》②。这样加上《绘孟》，闵齐伋刊书已达 25 种。

然据笔者考察，除上述 25 种外，闵齐伋还刊有墨本《诗经集传》八卷、《心印绀珠经》二卷、《痘疹活幼心法》不分卷、《女科百问》二卷、《产宝杂录》一卷附《芸窗万选方》一卷、《周易本义》崇祯四年本、《周易本义》四卷崇祯十一年本、《列子冲虚真经》八卷、《欧阳文忠公文抄》九卷 9 种，这样其刻书总数是 34 种，包括经部 14 种、史部 2 种、子部 10 种、集部 8 种，参见附录六《闵齐伋编刊活动表》。表中除《周易本义》2 种、《诗经集传》③、《欧阳文忠公文抄》，其他 30 种书籍笔者均已目验，因此，我们说闵齐伋刊书 30 余种已毫无问题。

三 刻书特点

闵齐伋刊书特点主要有五个方面。

1. 内容广泛，经史子集兼具，但小说戏曲等俗文学极少。关于闵齐伋刻书的内容，《晟舍镇志》卷五《人物》曰："所刊书本上自经书子集，下稗官词曲。"从闵齐伋所刊 34 种书来看，史部书确实较少，只有 2 种，而经、子、集依次为 14 种、10 种、8 种，但词曲只有《会真六幻》一种，稗官小说则没有。另外，在明末商业浪潮中，闵氏也常游离他的世家子弟与儒者身份，与一般书商一样刻一些实用性书籍，如《心印绀珠经》《痘疹活幼心法》《女科百问》《产宝杂录》等。这些实用性书籍的刊刻是晚明望族刻书商业性的鲜明体现，这对那些不承认闵氏、凌氏刻书为坊刻的学者来说，无疑是一个极其不利的证据。

---

① 三色本：《春秋公羊传》，《综录》已著录。
② 董文，第 94 页。
③ 闵梦得《敬书草韵辨体后》有"季弟齐伋三订六经，既竣事"之言，《周易本义》《诗经集传》与上述《礼记集说》、《书集传》、"春秋三传"当属闵齐伋所刊"六经"。

2. 多为市场畅销书的翻刻本，首刊书籍很少，像《周易》《春秋三传》《战国策》《国语》《书集传》《庄子》《老子》等，都是历代喜刻的经典。闵齐伋择取当时书生必备的这些经典，加以裁注，缀以评点，或音义考释，以吸引眼球，获取市场。有时甚至因某书畅销而即时翻刻。如其所刊《考工记》乃翻刻周梦旸刊本，通过删减序跋、考注、批点等而成新本。又如其所刊《绘孟》，此前有萧元恒南京刻本；所刊《读风臆评》，此前有蜀刻本；所刊《东坡易传》，此前有焦竑刊本；等等。

3. 墨印、套印兼具，校雠以精良著称。闵齐伋所刊 34 种书籍，套色本为 21 种①，墨本为 13 种。相比受人重视的套色本，墨本存留至今的难度更大，因此闵氏实际所刊两者种数可能更接近。值得注意的是，除《列子冲虚真经》八卷外，其他 12 种墨本均刊于崇祯后，晚于其第一个套色本问世时间。也就是说，此 12 种选择墨刻，并非技术上原因。其中医书 4 种，乃日常生活用书，面对的是百姓大众，为降低成本，不用套印，很可理解；《诗经集传》、《书集传》、《礼记集说》、《春秋胡传》《周易本义》（2 种）、《刘拾遗集》、《唐孙职方集》8 种，为非评点本，不用套印，亦可理解。

关于闵齐伋刊本的校雠质量，《晟舍镇志》卷五《人物》曰："锓木后，士人能雠一字之伪者，即赠书全部。辗转传校，悉成善本。"闵齐伋本人在《春秋左传·凡例》中也特别提到校雠之事，曰："校雠不啻三五。"其崇祯元年所刊《书集传》之扉页题"吴兴闵家三订书传"，并钤有"寓五三订"之印；其崇祯六年所刊《礼记集说》书末有"崇祯癸酉夏乌程闵齐伋遇五父三订"一行；同年所刊之《春秋胡传》，书末亦有"崇祯癸酉孟夏乌程闵齐伋遇五父三订"一行。以上所谓"三订"，可能是自抬身价，有广告宣传之目的，但也充分说明闵齐伋刻书以校雠精良为品牌标志。

值得注意的是，这里所谓的校雠精良，主要指文字方面，而不是指内容遵循原本。如闵齐伋翻刻周梦旸《考工记》，即任意删改序跋与正文内容。郑振铎评曰：

  闵刻读本，虽纸墨精良，实非上品。每每任意删节旧注，未可称

---

① 《会真六幻》《草韵辨体》均纳入套色本系列。

为善本。余既得周梦旸批点《考工记》，复于某肆架上，取得闵刻本批点《考工记》一册，以其索价不昂，收之。顷灯下校读二本，于闵刻本之不尽不实处竟大为惊诧，闵本首亦为郭正域序，但删去序末"吾楚周启明氏为郎水部，品藻《记》文而受之梓，夫所谓在官而言官者乎？郎以文章名，所品藻语，引绳墨，成方圆，进乎披矣。有所著《水部考》行于世。则冬官之政举矣。请校《周礼》，吾从周"等四十五字①。复易"卷"为"篇"，并不标出吴澄及周梦旸之名，于"考注""批评"及"音义"均任意删改变动。若余不先收得周氏刊本，直不知"批点"出于周氏手而"考注"之为吴澄著也。闵刻书之不可靠，往往如是。世人何当以耳代目乎？②

《考工记》原为吴澄考注，周梦旸批点，郭正域作序，周梦旸刊。闵齐伋翻刻时，删去郭序中有关批点者信息之语句，正文中亦不标出吴澄及周梦旸之名，使人误以为是郭正域批点本，且任意删改原书的"考注"、"批评"及"音义"。这与闵齐伋"能雠一字之伪者，即赠书全部"的做法看似矛盾，实则生动地体现了闵氏刻书的商业特征：明打品牌意识，暗中使用权变手段，目的均指向商业利润。

4. 绝少凡例，而多具刊刻时间，这与同里同时著名刻书家凌濛初所刊书恰好相反。就笔者目前所掌握的情况来看，凌濛初所撰或所刊之书多有凡例，如《选诗》《圣门传诗嫡冢》《言诗翼》《诗逆》《苏老泉文集》《世说新语鼓吹》《后汉书纂》《南音三籁》《西厢记》《琵琶记》《拍案惊奇》等，而闵齐伋所刊之书仅万历四十六年《春秋左传》一书有凡例。凌濛初所刊之书仅其自撰的《圣门传诗嫡冢》一种标明时间，而闵齐伋所刊 34 种书籍中，刊刻时间可考者达 28 种，它们是：《春秋左传》《檀弓》《考工记》（1616）；《孟子》《韩文》《杜律》（1617）；《空同诗选》（1618）；《国语裁注》（1619）；《战国策》《读风臆评》《楚辞》（1620）；《春秋公羊传》《春秋穀梁传》（1621）；《绘孟》（1626）；《书集传》（1628）；《礼记集说》《草韵辨体》《心印绀珠经》《痘疹活幼心法》《周易本义》《诗经集传》《春秋胡传》（1633）；《刘拾遗集》、《女

---

① 赵按：当是七十字。
② 郑振铎：《劫中得书续记》之"闵刻批点考工记"，见《西谛书话》，生活·读书·新知三联书店 1983 年版，第 385—386 页。

科百问》、《产宝杂录》（附《芸窗万选方》）、《会真六幻》、《唐孙职方集》（1640）；《周易本义》（1641）。现存闵齐伋所刊第一部书当是墨本《列子冲虚真经》八卷，其眉批墨刻，且用方框框住，说明此时闵齐伋还未能使用套印技术，也就是说，其刊刻时间当在第一部朱墨本《春秋左传》（1616）之前。从第一部时间可考的刊本（1616），到现存时间最晚的一部刊本（1641）来考察，闵齐伋的编刊活动起码持续了 26 年。其中刊本最多的年份是崇祯六年（1633），达 7 种；其次是崇祯十三年（1640），亦有 5 种。

5. 多自序自跋，而不太求名人。一般编刊家喜欢请当世名公巨匠为自己所刊之书题词、作序，名公巨匠们在表达自己对该书的见解、说明该书出版之意义的同时，往往还会谈到编刊缘起、与编刊家的交游等，因此无论对所刊之书还是刊书之人都是很好的宣传。在请当世名人题词作序这一点上，凌氏编刊家凌稚隆就很有代表性，但闵齐伋却是例外。除底本本身具有的名人题词、序跋外，闵齐伋所刊 34 种书籍，多为自序自跋。仅《春秋左传》《草韵辨体》两种，前者状元韩敬为之序，后者尚书闵梦得为之跋，但一为邑人，一为兄长，与一般名公巨匠亦有所别。

第三节 刊刻影响与刊本流布

尽管套色印刷并非闵齐伋首创，但以套色印刷文字而非书画，并使之盛行，闵齐伋是最早、贡献最大的一个。万历四十四年（1616），他以朱墨两色刊刻孙月峰评点之《春秋左传》而成为套印文字书籍第一人。闵于忱跋《文选后集》曰："明兴，予闵遇五甫玄思可识，倡厥朱评，首颜《左传》，发丘明之光，振月峰之藻也。"这种首创性，加上一生 21 种套色书籍的刊刻数量，使闵齐伋成为中国出版史上套色印刷的标杆人物，以致后世一提起套色本，多会想到"闵版"和闵齐伋。《四库提要》卷四十三在著录闵齐伋《六书通》时，即曰："世所传朱墨字板、五色字板，谓之'闵本'者，多其所刻。"《四库提要》卷一百在著录《孙子参同》时，不能确定为何人所刊，但因其为套色，就推断说："其板用朱墨二色，与世所称闵版者同，疑为乌程闵氏刻也。"

除了利用套色印刷文字的首创性、所刊套色书籍数量的惊人性，后人的这种联想与判断，还与闵齐伋所刊之书在当时及以后的广泛传播性有关。其万历四十八年所刊《读风臆评》自问世以来广泛流播，享誉天下。天启六年，龚惟敬在给其岳父戴君恩评点本《绘孟》作跋时，即曰："初，先生令巴，有《读风臆评》四卷……已而乌程闵遇五太学得于其尊兄方伯昭余先生，复加朱黛，为刻于吴中，海内人士竞相传诵。"① 尤其是对初学孩童来说，此类色彩鲜明美观的套印本具有墨本不可比拟的优势。嘉庆十年（1806）崔述作《读风偶识又序》，曰："余家旧藏有《读风臆评》一册，刻本甚楷而精，但有经文，不载传注，其圈与批则别有朱印套板。余年八九岁时，见而悦之，会先大人有事，不暇授余书，乃取此册，携向空屋中读之，虽不甚解其义，而颇爱其抑扬宛转，若深有趣味者。久之，遂皆成诵。"② 到了民国，闵齐伋所刊《读风臆评》仍活跃在书市上，只是价格不菲，像周作人这样的读者也只能望书兴叹。其《知堂书话》之"《读风臆补》"条曰："好几年前在友人手头看见一部戴忠甫的《读风臆评》，明万历时闵氏朱墨套印，心甚爱好，但求诸市场则书既不多，价又颇贵，终未能获得。"③ 就著录与收藏而言，是书《中国古籍善本书目》《提要》《闵目》均著录，目今有上图、辽图等27馆入藏，其中首都图书馆藏本已影印收入《四库全书存目丛书》。

由于套印本有收藏价值，在流传过程中受到重视，所以在社会上的存有量普遍比同类内容的墨本大，借由套印本传播的著者的观点也会比墨本影响大。侯美珍就认为，明末名气小于徐光启、孙鑛的戴君恩，其《读风臆评》反而更获后世的重视和好评，并非其评点、识见高于徐光启《毛诗六帖》、孙鑛《批评诗经》，而是套印本与墨刻本的传播差异所致：

> 与徐光启、孙鑛之作比较，《臆评》似较获得后世的重视和好评，然这并非可就诸人评点优劣、识见高低来解释，重要的原因是徐光启、孙鑛之作非如《臆评》为朱墨套印精刻。明末拥有《毛诗六帖》《批评诗经》的人，不会慎重典藏、流传。据《中国古籍善本书目·经部》的统计整理，《毛诗六帖》仅有万历四十五年书林金陵广庆堂唐振吾刻本，只有上海图书馆、辽宁省图书馆两处收藏。《批评诗经》亦仅有明末天益山刻本，只有北京师范大学图书馆、复旦大学图书馆

---

① 见闵齐伋刊本《绘孟》。
② 转引自侯美珍《晚明〈诗经〉评点之学研究》，台湾"国立"政治大学博士论文，1992年。
③ 周作人：《知堂书话》（上），海南出版社2000年版，第206页。

第七章 闵齐伋的编刊活动、编刊特点及其刊本流布 / 229

二处收藏。而闵齐伋朱墨套印的《读风臆评》，共有首都图书馆等二十七处的图书馆收藏，远逾前二者。刊印较粗，使徐、孙二书，不受珍重，致不易传于后世，时间愈久，影响也愈不如《臆评》。①

因此，虽然闵氏套印本有删改之嫌，但其传播史上的意义实在比一般墨刻本大。

闵齐伋编撰、刊刻的 37 种书籍②，收入《四库未收书辑刊》的有两种：史部第 1 辑第 16 册之《国语裁注》与《战国策裁注》；收入《四库全书存目丛书》的有 6 种：经部第 61 册之《读风臆评》、第 82 册之《考工记》、第 88 册之《檀弓》、第 200 册之《六书通》、集部第 327 册之《韩文》《杜律》。又，收入《第一批国家珍贵古籍名录》的有 11 种 31 部，占明清时期 1018 部的 3%；收入《第二批国家珍贵古籍名录》的有 14 种 64 部，占明清时期 3409 部的近 2%；收入《第三批国家珍贵古籍名录》的有 5 种 7 部。若丛书按实际包含的种数计，部数亦据种数来计，并除去重复的，则三批共计 18 种，存 141 部，列表如下：

序号	书名	批次	藏馆	部数
1	《易传》	一	无锡市、温州市	8
		二	辽图、南图、山西省、四川省、北大、人大	
2	《读风臆评》	一	广东省立中山图书馆、金陵图书馆、安徽省、甘肃省、山东师大	9
		二	长春市、山西博物院、南图、浙图	
3—5	《三经评注》	二	人大、陕师大、安徽省、福建师大、故宫博物院	21
		三	天津图书馆、山东省	
	《考工记》	一	金陵图书馆、安徽省、甘肃省、山东师大、广东省立中山图书馆	5
	《孟子》	一	安徽省	1
	《檀弓》	一	安徽省、金陵图书馆、山东省、山东师大、广东省立中山图书馆	5

---

① 侯美珍：《晚明〈诗经〉评点之学研究》，博士学位论文，台湾"国立"政治大学，1992 年。
② 所刊之 34 种，加上疑似所刊《易传》、所编撰之《六书通》以及刊入《会真六幻》之《西厢记五剧笺疑》。

续表

序号	书名	批次	藏馆	部数
6	《春秋左传》	一	扬州市（2部）、南阳师范学院、青海省、湖南省社会科学院、山东省博物馆、山东师范大学、安庆市、安徽省博物馆	9
7	《国语》	一	安徽省	6
		二	中国人民大学、徐州师范大学、湖州市博物馆	
		三	天津图书馆、吉林大学	
8	《战国策》	一	故宫博物院、山东师范大学	4
		二	山东省、南图	
9—11	《三子合刊》	一	新乡市、郑州市	33
		二	山东省、山东大学、南图、浙图、故宫博物院、首都图书馆、辽图、南通市、保定市	
12	《楚辞》	一	青海省	16
		二	山东省（3部）、黑龙江省、河南省、安徽省、四川省、长春市、齐齐哈尔市、赣州市、厦大、哈尔滨师大、蓬莱市文化局慕湘藏书馆、南图	
		三	辽图	
13—14	《韩文杜律》	一	中山大学	3
		二	辽宁省、陕西师范大学	
	《杜工部七言律诗》	二	河南省、湖北省、苏州市、厦大、湖北省襄樊市少年儿童图书馆	6
		三	湖南省	
	《韩》	二	河南省、杭州市、山东大学	3
15	《春秋公羊传》	二	中国人民大学、甘肃省	2
16	《春秋穀梁传》	二	华东师范大学、安徽省	2
17	《绘孟》	二	辽图	1
18	《空同诗选》	二	山西省、陕西师范大学、安徽省、长春市、吉林市、云南省	7
		三	首都图书馆	

另外，除闵齐伋自身刊本，特别是其中的套印本，流播广泛外，闵齐

伋刊本也常被后世所翻刻。如其天启元年所刊《春秋公羊传》十二卷《考》一卷、《春秋穀梁传》十二卷《考》一卷,后来有明天启唐锦池文林阁刊本、清咸丰二年浔阳万青铨《袖珍十三经注》丛书本、清同治十二年稽古楼《袖珍十三经注》丛书本等。

第八章 凌濛初的编刊活动、编刊特点及《两拍》的编撰传播

第一节 生平事迹考述

一 生卒年及其字号

凌濛初生于万历八年庚辰（1580）五月初七日。是时其祖约言已去世，父迪知罢官闲居。其生母蒋氏乃迪知续娶之妻，鹤庆知府同郡菱湖蒋子岳之女；嫡母包氏已于六年前去世，所生湛初、润初、涵初三子，其中湛初、润初亦已离世①。次年，蒋氏又诞下濬初，为迪知再添一子。因此，凌濛初在世时有兄弟三人，其中涵初卒于濛初二十四岁时，濬初卒于濛初五十五岁时，而凌濛初卒于明王朝灭亡这一年②，年六十五。

关于凌濛初的字号，一名凌波，字玄房③，号初成，又号即空观主人，这些均无问题。问题是叶德均根据凌濛初杂剧《北红拂》（即《识英雄红拂莽择配》）小引后所钤印章，在 1947 年所作的《凌濛初事迹系年》一文中，谓凌濛初"一字波厈"④。最早提出质疑的是冯保善，他在二十世纪初重新核查了这一印章，认为并非"波厈"，而是"遐厈"⑤。对此，笔者再次进行了检核，认为既非"波厈"，亦非"遐厈"，而是"彼厈"。

叶、冯两先生均未说明他们所依据的《北红拂》的版本。凌濛初《北红拂》现有上海图书馆藏明朱墨套印本，笔者检核的即是该本。据笔

---

① 湛初卒于万历甲戌（1574），润初卒于隆庆庚午（1570）。
② 有正月十二日、三月、五月等不同说法，分别见《光绪凌谱》卷八、郑龙采《别驾初成公墓志铭》、徐永斌《凌濛初死事考辨》（《明清小说研究》2006 年第 1 期）。
③ 清代因避康熙玄烨讳，故一些方志"玄"作"元"。
④ 见叶德均《戏曲小说丛考》，中华书局 2004 年版，第 577 页。
⑤ 见冯保善《凌濛初史实四考》，《东南大学学报》（哲学社会科学版）2001 年第 1 期。

第八章　凌濛初的编刊活动、编刊特点及《两拍》的编撰传播　/　233

者所拍摄的照片，剪辑了这个有争议的印章，如图所示。这里有争议的其实就是该印章左边第一字，到底是"波"，是"遐"，还是"彼"。根据上海书店1996年版《汉印分韵合编》《缪篆分韵》等有关书法篆刻的工具书来看，"三点水"和"走之底"两偏旁一般不刻成类似该印章中两长点，但"双人旁"普遍这样刻。而且"彼"字的声旁"皮"，其篆刻也与印章中图样相符，所以此字非"彼"莫属。

　　从字号所蕴含的意义来看，也是"彼岸"更确切。"玄房"是凌濛初早年所用之字，是其家族取的，其兄弟有名"玄旻""玄雨""玄勃"者。而"彼岸"一字是凌濛初后来自己取的，与后来之自名"凌波"、自号"即空观主人"的意思一致，都表明自己高洁脱俗、看破红尘之意。凌濛初之所以会冒出这一思想是因为屡试不第。其落第后所撰《游杼山赋》就表达过潜心释道、耽于丘壑的思想，如"宣洒何园，译彼梵言。华称弟子，初乘居焉。植夙慧于二氏，粉吾契于禅玄"等语。如果再联系到凌濛初《圆觉经》《维摩诘所说经》等佛教典籍的刊刻，以及《维摩诘所说经》中所附谢灵运《维摩诘十譬赞》四页题"佛弟子凌濛初书"等情形，就更能理解凌濛初对佛教的虔诚以及所受的熏陶。而"凌波""彼岸""即空观主人"这些名字与别号，正体现了凌濛初所受的佛教空观的影响。当然，需要指出的是，凌濛初并非真正看破红尘，只是因为科场失意、仕途无望而一度萌生这一思想，甚至可说表达了其科举失意的愤懑。总之，凌濛初一字"波厈"或"遐厈"都是错误的，一字"彼岸"才符合印章事实以及凌濛初取字的真实用意。

二　科举和狎妓经历

　　凌濛初是一个因科举失意而走向商业编刊活动的晚明文人典型。生长在书香门第、簪缨世家的他，其最大的人生奋斗目标无疑是读书科举，学优而仕。凌氏物质条件的充裕，也为凌濛初早年读书科举提供了良好条件，而且凌迪知是在连续遭受丧子之痛后晚年得子，因此对凌濛初期望很高，培养不遗余力。加上凌濛初本人"生而颖异"[①]，因而在科举初始阶段相当顺利，"十二游泮宫，十八补廪饩"[②]，取得了参加乡试的资格。藉

---

① 郑龙采：《别驾初成公墓志铭》，《光绪凌谱》卷四《碑志》。
② 同上。

助父亲的社交关系网络,青少年时的凌濛初已声名不小,郑龙采《别驾初成公墓志铭》曰:"上书于刘大司成,刘甚奇之,以其书示少司马定力耿公。耿公曰:'此予年家子也,先孟恭简公尝目为天下士,君未识之耶?'一时公卿无不知有凌十九者。"恭简公,即耿定向,字在抡,湖北黄安人,与凌迪知为同年进士,官至户部尚书。耿定向卒于万历二十四年(1596),此时凌濛初才十七岁。

青少年时代的凌濛初给人的感觉是前程似锦,功名唾手可得,他本人对此无疑也十分自信。然而造化弄人,凌濛初自此时乖运蹇,试辄不售,一直未能过乡试一关。郑龙采《别驾初成公墓志铭》曰:"公试于浙,再中副车,改试南雍,又中副车,改试北雍,复中副车。"《嘉庆凌谱》卷二曰:"卒以数奇,四中副贡。"又范锴《〈湖录〉记事诗》曰:"胸罗经济为国用,乃击副车竟五中。"① 据此,凌濛初曾四次或五次以备榜落选。可以肯定,其参加乡试的次数当远超四次或五次。凌濛初在浙江中了两次副榜后,又先后进入南、北国子监以寻求希望,但最后还是一无所获。这对有志仕途而又自视甚高的凌濛初是巨大的打击,其愤懑不平可以想见。《国门集》一卷、《国门乙集》一卷就是其屡踬场屋时所作,颇多抑郁愤激之言②。《两拍》亦是其科举失败后抒写愤懑之作,《二刻拍案惊奇小引》曰:"丁卯之秋事,附肤落毛,失诸正鹄,迟回白门,偶戏取古今所闻一二奇局可纪者,演而成说,聊抒胸中磊块。"凌濛初甚至一度萌生了放弃科举入仕之念,想于乡间构一精舍以归隐终老,并作《绝交举子书》《戴山记》《戴山诗》以见志③。

明中叶后,由于程朱理学的衰弱,阳明心学风行一时,以李贽为首的一批思想家鼓吹人性自由,崇尚个性解放,肯定世俗享乐,掀起了一股人文主义思潮。文人士大夫逐渐摆脱了封建礼教和传统观念的束缚,纵情恣肆地追求声色之乐,凌濛初就是其中典型。骚隐居士张琦在南京结识凌濛初时,获得的第一印象就是:"眉宇恬快,自负情多。"④ 由于功名无成而又以多情自许,再加上晚明狎妓风尚的影响,凌濛初常出入青楼以求慰

---

① 转引自《晟舍镇志》卷五《人物》。
② 参见《四库全书总目·集部·别集类存目七》。
③ 郑龙采:《别驾初成公墓志铭》,《光绪凌谱》卷四《碑志》。
④ 张楚叔、张旭初辑:《吴骚合编》卷四凌濛初《夜窗话旧》按语,《续修四库全书》集部第1743册,第759页。

第八章　凌濛初的编刊活动、编刊特点及《两拍》的编撰传播　/　235

藉，留下许多风流韵事。

万历三十五年（1607）前后，寓居南京的凌濛初与一位苏州妓有了情感纠葛，此事见于凌濛初套曲《南吕·梁州新郎·惜别》①。小序曰："余身作秣陵之旅客，心系吴门之故人。正苦孤踪，忽来仙旆，两情俱畅，一意为欢。猛传突起之猰㺎，竟致顿归之狼狈。徒使青衫湿泪，反看绿鬓濛尘。不禁寂寥，漫形歌咏。"客居南京的凌濛初孤苦寂寥，心中想念"吴门之故人"，也就是套曲中所写苏州妓②。也许是心有灵犀，这个青楼女子忽然来到南京，于是"两情俱畅，一意为欢"。然而这只是一次"乍会"③，该女子不久被"猰㺎"所迫，而狼狈归吴，使得凌濛初青衫泪湿，再度陷入寂寞愁苦的心境中，于是挥毫写下这套哀怨的曲子。

万历三十六年（1608）前后，凌濛初与一名秦淮妓有过一段欢歌调笑、诗酒风流的生活。董斯张《叹逝曲为凌初成赋》曰④：

　　白袷少年才如虹，存毫未腐千秋空。
　　相交酒人古风气，两两调笑城日红。
　　乘船小妹杨柳下，拂面留卿手轻把。
　　玉儿掩泪骄齐王，西陵油壁连骢马。
　　秦淮桥边醉芰荷，笑言半合还复歌。
　　双魂缠绵奈何许，南山有石青嵯峨。
　　黑风折云鱼鳞碎，绣凤楼空洞箫死。
　　营陵道人来不来，梦草含烟泣春水。

从诗歌结尾来看，这位秦淮歌妓后来忽然去世了，此诗因名《叹逝曲》。凌濛初作有套曲《南吕·香遍满·伤逝》⑤，写自己与一位青楼女子

---

① 收入冯梦龙《太霞新奏》卷六；亦收入凌濛初自己所编《南音三籁》，题为《乍会惜别》，但无小序。

② 徐定宝先生把小序中"心系吴门之故人"之"系"，误作"作"，并由此判定"吴门之故人"为凌濛初自称，与凌濛初交往的这位女子是金陵妓。见《凌濛初研究》，黄山书社1999年版，第220—221页。笔者认为，从上下文来看，"吴门之故人"当指后面所说的"仙旆"，凌濛初心里系念她，没想到她真的来了，她是一位苏州妓。

③ 不仅此套曲有《乍会惜别》之名，而且第六支曲有"慒腾一会心惊战"之词，可见此次相聚之短暂。

④ 董斯张：《静啸斋存草》卷四《留箧稿》，《续修四库全书》集部第1381册，第492页。

⑤ 收入凌濛初《南音三籁》散曲卷与张楚叔、张旭初《吴骚合编》卷二，均无序言。

一见钟情,"也是无端撞入桃源路。一笑相逢,便自情意孚",自此"月夕花朝,镇把琴心厮诉","灯前看绣鸾青谱,席上同倾绿蚁壶"。然而也是好景不长,该女子忽然花钿委地,魂赴黄泉,"西风一夜娇花扑,美前程到此嚣虚。夜台前犹试他金莲步,冥使符生板障阳台路"。

笔者以为此《伤逝》套曲挽悼的青楼女子即董斯张《叹逝曲》中的秦淮妓。一是因为这两个女子都是忽然间去世,二是她们去世的原因大致相同。《伤逝》言"天公独解将人妒,只拣心疼的便下手毒",看来是暴病而亡[①];《叹逝曲》是说"黑风折云鱼鳞碎,绣凤楼空洞箫死",这应该不是特指有什么恶势力摧残,而是一般意义上的"天有不测风云,人有旦夕祸福",仅说明这位女子是忽然间去世,那么最有可能的也是病逝。另外,《叹逝曲》重点写凌濛初与秦淮妓诗酒风流的生活,与凌濛初套曲《伤逝》所表达的"芳时轻度"之意一致,而且诗歌与套曲均表达了企盼道士出现使女子还魂的意思。

凌濛初在落魄不得意时,还曾漫游古都洛阳一带,结识了河阳姬。这是一位人人争挥买笑之金的名妓,但她偏偏钟情于落魄文士凌濛初。凌濛初走后,她放弃了青楼的热闹生活,承受着巨大压力苦苦等候凌氏。最后因生活实在难以维持,才来南京找寻凌濛初。此事见于张楚叔、张旭初辑《吴骚合编》卷四所收凌濛初套曲《南北合套·新水令·夜窗话旧》。小序曰[②]:

> 余飘蓬浪迹,落魄余生。灭灶重燃,殊愧梁鸿负气;着裙卖赋,敢言司马多才。心未用于挑琴,眉岂期于举案。河阳氏者,标侠骨于芳丛,蕴文心于绮阁。扬声云遏,争挥买笑之金;敛袂风回,沓至缠头之锦。夷然如不屑意,黯矣而欲销魂。长鬐西子之眉,虑入沙奴之手。绸缪屡束,薄幸时遭。忽于四壁之家,独成满堂之目。漫因一诺,纵千金而不移,遂结三生,矢百折而靡悔。影伴屋梁之落月,梦离巫峡之行云。茸居以待征人,于茅索绹不言苦;阛阓而逢暴客,探

---

① 参见徐定宝《凌濛初研究》,黄山书社1999年版,第223页。
② 潘之恒:《亘史·外纪》卷二亦收入此套曲,但无序,题为《夜窗对话词》,内容上亦有所不同,特别是第九支曲子【北沽美酒带太平令】,差异较大。《亘史》的成书时间比张楚叔、张旭初《吴骚合编》要早,其所收套曲内容上可能更接近凌濛初原作,可惜无序。今人谢伯阳编《全明散曲》,收入此套曲,依据的是《吴骚合编》本。

第八章　凌濛初的编刊活动、编刊特点及《两拍》的编撰传播 / 237

囊胠箧俱云空。无非热兴怜才，竟尔息心皈命。但知盛名之下无虚士，不嫌天壤之中有王郎。因故园之欠西成，乃轻装而届南服。始营新垒，娇莺燕之双飞；时抚旧弦，绝螳螂之后捕。垆头旧热，窗下灯明。倾数斗以谈心，对三星而叙旧。谐之律吕，惭非白雪之章。传诸管弦，冀作丹衷之证云尔。

从序言结尾来看，两人最后莺燕双飞，旧梦重温。套曲《夜窗话旧》就是描写这次重聚话旧的情形。

潘之恒《亘史·外纪》卷二亦收入这一套曲，后有潘氏按语："黄玄龙庚戌闰月报札云：河阳姬踌躇百折，始委身凌生，才调相怜，即一犊鼻胜乌纱多多许。河阳能于此不动情，则凌生未肯甘落第二义也。"① 黄玄龙，名奂，安徽歙县人，与凌濛初、潘之恒等同为南京冶游客。他的这一信札不仅给凌濛初与河阳姬的爱情故事，提供了时间背景，即万历三十八年（1610）三月②，而且说明这一爱情故事在当时士大夫间引起关注和轰动。郑志良曾据此札推断："凌濛初曾和一官员同争河阳姬。"③ 其实仅凭这段文字，还看不出有这层意思，只能说明此姬目无纱帽者，只看中凌濛初；而凌濛初亦重情，未肯相负。但如前所述，河阳姬是位名妓，有众多追逐者，其间有人争风吃醋，横加干涉摧残，是肯定的。套曲中"你为我担着怕掩双扉"、"想当日无端间遭际，正值风波起"以及序中言河阳姬"阛阓而逢暴客，探囊胠箧俱云空"等，均可证明这一点。

潘之恒《亘史·外纪》卷二还收有凌濛初赋《惑溺供》一篇。在这篇惑于女色、溺于儿女私情的自供状中，凌濛初说自己太美了，与丑恶的登徒子相比，罪状多多。罪之一：落拓不偶，生不逢时，不过一介草民，一个书生，却偏能博得美女欢心。罪之二：该美女来历身世不凡，却被负心人遗弃，自己为之抱不平，以致怒发冲冠。罪之三：自己与该美女同病相怜，友谊相处，比对朋辈还要看中。罪之四：与该美女促膝谈心，把酒吟诗，赏景听曲，心意相通。罪之五：把两人之情事，付之笔墨，传之歌吟。罪之六：佳人独具慧眼，对我情有独钟。罪之七：佳人之待我，一如卓文君之对司马相如，不弃贫贱，矢志不渝。可知，此赋以自供为名，实系自赞；所供七

---

① 潘之恒：《亘史抄》，《四库存目丛书》子部第 193 册，第 521 页。
② 是年三月为闰月。
③ 见郑志良《凌濛初佚作及交游补考》，《明清小说研究》2001 年第 2 期。

罪，似贬实褒。此赋采用主客问答体，客人最终反被说服，承认就算因这种罪而受了重罚，也非常值得。也就是说，凌濛初不仅承认自己溺于儿女私情，而且公开宣扬，以这种沉溺为自豪。

与套曲《夜窗话旧》及曲前小序相对照，《惑溺供》中所提到的美女其实就是河阳姬。一是两者均引用《九歌·少司命》中"满堂兮美人，忽独与余兮目成"的典故，来说明追逐该美女的人很多，但自己独得其倾心。如《惑溺供》曰："满堂若何，独子目成"；套曲序曰："忽于四壁之家，独成满堂之目"。二是两者均言该美女曾屡遭薄幸。其中《惑溺供》曰："士贰其行，累丸数坠"；套曲序曰："绸缪屡束，薄幸时遭"。三是均写到凌濛初走后，该美女为之苦苦守候，如《惑溺供》曰："倦游之子，日居月诸，孤灯凄雨，搔首踟蹰，支离憔悴，看碧成朱"；套曲序曰："影伴屋梁之落月，梦离巫峡之行云，茸居以待征人，于茅索绹不言苦"。四是均写及该美女遭逢暴客，如《惑溺供》曰："绿林睥睨，胠箧伤庐"；套曲序曰："阗阗而逢暴客，探囊胠箧俱云空"。从《惑溺供》与《夜窗话旧》可知，不仅河阳姬对凌濛初有情有义，凌濛初对这段感情也非常投入。

总之，凌濛初在旅居寂寞时，常出入青楼以求慰藉。其所作三个套曲《伤逝》《惜别》《夜窗话旧》与一篇《惑溺供》，涉及与三位青楼女子的密切交往。这些风流韵事共同展示了凌濛初的个性形象，那就是蔑视礼法、放荡不羁。这是一个类似柳永、关汉卿的倜傥风流、自负多情的人物。不仅其套曲的创作活动与这种风流个性、狎妓经历紧密相关，而且《两拍》《北红拂》《衫襟记》《南音三籁》等著作的编撰活动亦与此相关。无论是妓女题材作品的编撰，还是作品中晚明人情人欲的揭示，都可与其狎妓经历与风流个性双向解读。

三　社会交游与仕宦

凌濛初广交海内名士，且不少交游活动与其著述编刊活动有关。作为湖州望族，晟舍凌氏与同郡朱国祯、潘季驯、茅坤、董份、吴允兆、臧懋循、徐中行、太仓王世贞、苏州王穉登、秀水冯梦祯等家均为世交。加上凌濛初本人"豪爽俊逸，倜傥风流"①，这些都给其交游提供了良好基础。

---

① 郑龙采：《别驾初成公墓志铭》，《光绪凌谱》卷四《碑志》。

第八章　凌濛初的编刊活动、编刊特点及《两拍》的编撰传播　/　239

笔者认为，郑龙采《别驾初成公墓志铭》所言"一时名公硕士，千里投契，文章满天下，交与遍寰区"，并非纯粹谀墓之辞①。

早在十七岁之前，凌濛初就被著名理学家户部尚书耿定向"目为天下士"②。万历二十八年（1600）十二月，凌濛初父去世，同郡进士朱国祯前来吊唁③，濛初遂与之相识。万历三十年（1602）十一月初八日，凌濛初设酒置戏，款待前来晟舍定亲的冯梦祯。《快雪堂集》卷五十九《快雪堂日记》云："既至，具吉服登门，主人兄弟迎于门外。兄名濛初，字玄房，弟名浚初，字玄静。登堂纳贽，致谢允之仪。主人邀吴允兆相陪。主人母氏蒋尚书之后，允兆之内侄女也。是日有前筵正席，前筵席散，乃拜二太学，同居次泉之子，拜次君。玄静主人相陪正筵，就座已迫暮色，吕三班作戏，演《香囊记》。"④ 从"登堂纳贽，致谢允之仪"句来看，冯氏是来订婚。在隔天的日记中，冯梦祯写到女方的回礼，"是日回盘"。又据《光绪凌谱》和《快雪堂日记》其他一些记载来看，这门亲事是凌濛初把自己幼女许配给了冯梦祯第二个孙子冯延生⑤。冯梦祯后来在《元板传灯录跋》中就直接称凌濛初为"姻家"⑥。

---

① 冯保善先生认为"文章满天下，交与遍寰区"是谀墓之辞，见《凌濛初史实四考》，《东南大学学报》（哲学社会科学版）2001 年第 1 期。按：关于凌濛初的交游，根据目前学界研究统计，双方确有交往的有 28 人：冯梦祯、李维祯、吴梦旸、复元上人、刘曰宁、耿定力、耿定向、王穉登、汤显祖、袁中道、陈继儒、朱国祯、潘曾纮、潘湛、李瑞和、宋宗献、路振飞、何腾蛟、董斯张、孙起都、丘荩明、曹学佺、潘之恒、茅维、张琦、何公露、马云、沈璟；共同参与某次雅集，或源自某个名人的邂逅，以及因本人求得其序跋的有 19 人：钟惺、谭元春、朱无瑕、韩上桂、林楘、林古度、葛一龙、于觅先、王家彦、周永年、程道寿、张尔葆、沈定之、沈不倾、茅培、郝月娟、何万化、守庵上人、张髯君。参见冯保善《凌濛初交游考》，《明清小说研究》1999 年第 1 期；《凌濛初史实四考》，《东南大学学报》（哲学社会科学版）2001 年第 1 期；《"三言"、"二拍"编者的朋友——董斯张》，《文史知识》2002 年第 4 期；《曹学佺与冯梦龙及凌濛初交游考》，《明清小说研究》2010 年第 1 期；郑志良《凌濛初佚作及交游补考》，《明清小说研究》2001 年第 2 期；徐永斌《凌濛初考证》第五节《凌濛初交游考》，江苏人民出版社 2010 年版；赵红娟《凌濛初交游新探》，《文教资料》2001 年第 1 期。根据笔者最近发现的材料，前一数字可增加方应祥、王士昌、陈函辉、曾异撰 4 人；后一数字可增加卓仲昌、方子振、徐桢生、孙子长、沈彦方、张道羽 6 人，另外亦有材料表明钟惺与凌濛初确有交往，如凌杜若朱墨刊本《诗经》四卷有凌濛初序，曰："吾友钟伯敬以《诗》起家，在长安邸中示余以所评本。"这样双方确有交往者达 33 人，其他为 24 人。

② 郑龙采：《别驾初成公墓志铭》，《光绪凌谱》卷四《碑志》。

③ 朱国祯：《缮部绎泉公行状》，《光绪凌谱》卷四《碑志》。

④ 冯梦祯：《快雪堂集》卷五十九，《四库存目丛书》集部第 165 册，第 62 页。

⑤ 据《光绪凌谱》卷八，凌濛初有一女嫁仁和冯延生；而据《快雪堂集》卷二十八，冯梦祯曾在凌濛初府上见到"其女字次孙者"，见《四库存目丛书》集部第 164 册，第 419 页。

⑥ 《快雪堂集》卷三十《元板传灯录跋》，《四库存目丛书》集部第 164 册，第 440 页。

这次联姻中，凌濛初请了表舅吴允兆作陪①。吴允兆，名梦旸，号北海，有《射堂诗抄》十四卷，是当时江南文人圈中颇有地位与影响的布衣诗人。钱谦益《列朝诗集小传·丁集下》有传，朱彝尊《静志居诗话》卷十八、陈田《明诗纪事·庚签》卷二十六评录其诗。新安闵景贤辑明布衣诗，推他为中兴之冠。他与同郡茅维、臧懋循、吴稼澄并称四子，亦与潘之恒、曹学佺、屠隆、朱长春等著名文人往来密切。吴允兆的名气与交游，对凌濛初在文人圈的活动有影响，吴氏友人潘之恒、茅维、曹学佺等与凌濛初均有交往。

凌、冯结为姻亲后，活动频繁，仅第二年即有三次聚游。第一次是冯梦祯在湖州德清，凌氏闻讯，前往拜见，时间是正月二十五日，一起聚饮的还有宋宗献、张髯君，四人在冯氏舟中聊至二更。第二天，又一起游玩湖州佛教圣地菁山。在菁山，邂逅守庵上人②。是日下午，冯氏一行抵达湖州城，凌濛初始别去。当时凌濛初已着手经营刻书业，故请冯氏跋其所藏《景德传灯录》。凌濛初别后，冯梦祯还曾与张仲立在南浔为凌氏筹划刻书之事③。第二次是二月，两人同游苏州，同行者还有复元上人④、宋宗献。四人联舟以行，品茗论文，冯氏有诗曰："名流欣接坐，清夜恣论文。"⑤凌濛初拿出所携《东坡禅喜集》与《山谷禅喜集》，请冯梦祯为之点阅。冯氏"时举妙义相证，随笔其上方"⑥。据《四库提要》卷一百七十四对《东坡禅喜集》的著录，凌濛初自己也参与了批点⑦。等

---

① 据《上海图书馆藏明代尺牍》第七册（上海科学技术文献出版社2002年版，第35页）所收凌濛初写给吴允兆的尺牍真迹，两人乃表甥舅关系，然冯氏日记却说吴允兆是凌濛初生母蒋氏的姑丈，大概是误记。参见潘建国《明凌濛初尺牍真迹考释》，《文学遗产》2001年第5期。

② 守庵上人（1534—1606），法名性专，俗姓张，江苏昆山人。《天台山方外志》卷二十四有传。为妙峰大师弟子，净土宗高僧，在当时浙江佛教界颇有影响。浙江温岭千佛塔、临海大佛像等，均赖其力，庄严一新。

③ 冯梦祯：《快雪堂集》卷六十《快雪堂日记》，《四库存目丛书》集部第165册，第67页。

④ 复元上人，名行恣，同治《湖州府志》卷九十一、《静志居诗话》卷二十三等有传。紫柏法师弟子，与冯梦祯、朱国祯、董斯张等结方外社，董斯张评其"口不谈贵介，笔不流凡近"（《静啸斋遗文》卷一《题恣公诗》，《续修四库全书》集部第1381册，第590页），有《且止庵诗集》。

⑤ 见冯梦祯《快雪堂集》卷六十四《舟过平望数里，遇宋宗献、凌玄房、复元上人，时先有吴闾之约，同舟夜至吴江，喜而赋此》，《四库存目丛书》集部第165册，第117页。

⑥ 凌濛初朱墨套印本《东坡禅喜集》跋。

⑦ 《四库总目提要》卷一百七十四《集部·别集类存目》著录《东坡禅喜集》曰："万历癸卯（1603），凌濛初、冯梦祯游吴闾，携是书舟中，各加评语于上方。"

第八章　凌濛初的编刊活动、编刊特点及《两拍》的编撰传播　/　241

苏州归来，两集的评点工作均告完成。第三次是八月初五，凌濛初前往杭州拜访冯氏，复元上人亦在座①。尽管日记没有明说何事，但据此前两次聚游推测，可能也是书籍点校与序跋一类事请冯氏帮忙。

　　冯梦祯为凌濛初所藏元版《景德传灯录》作跋，并为之评点《东坡禅喜集》《山谷禅喜集》，这对凌濛初编刊活动是很大的支持。两书后来由凌濛初刊于天启辛酉（1621），冯氏所作《景德传灯录跋》亦附于书后。有了像冯梦祯这样的名人的题跋与评点，销路想来不错。冯梦祯还曾贡献自己秘藏的宋刘辰翁、刘应登《世说新语》批注本给凌濛初梓行。凌瀛初跋四色套印本《世说新语》云："嗣后家弟初成，得冯开之先生所秘辰翁、应登两家批注本，刻之为鼓吹。"

　　在与冯梦祯同游苏州的这一年，二十四岁的凌濛初还与吴中著名文人王穉登交往。如本书第二章第四节所述，凌迪知在常州同知任上时，曾帮王氏脱离牢狱之灾，并因此成为知己密友。王氏曾两度游湖州，第一次是在万历二十四年（1596），拜见迪知于且适园，此时凌濛初十七岁。第二次是万历三十一年（1603），此时凌濛初二十四岁，其父迪知已谢世，凌氏兄弟三人前往拜见。王氏《清苔集》卷下《凌玄渤、玄房、玄静携酒问病》赞美凌氏三兄弟："公子气翩翩，才华总少年。凤元非一薛，荆可比三田。"②在凌濛初三兄弟的盛情邀请下，王氏扶病重游且适园，写下了情真意切的怀念之作③。由于是世交，凌、王两人相互间颇为了解。凌濛初编《南音三籁》，收无名氏散曲小令《月云高》二首，作按语云："《吴骚》注以王百榖，非也。百榖与余交，生平未尝为曲。"凌濛初对《吴骚集》注语的纠正，正是建立在这种世交与了解之上。

　　凌濛初丁父忧三年，于万历三十一年（1603）岁末服阕，此后来到南京。南京是明代南方政治、经济、文化中心，比起湖州来，更能谛听到时代足音。特别是作为南都，它有一整套与北京一样的官僚机构，许多名流在此任职。这为凌濛初的交游与编刊事业提供了广阔天地。万历三十二年

---

　　①《快雪堂集》卷六十《快雪堂日记》："初五，晴。复元上人来……凌玄房来，同复元先后别去。"《四库存目丛书》集部第165册，第74—75页。

　　② 王穉登：《清苔集》卷下，《四库禁毁书丛刊》集部第175册，第118页。按：渤，《光绪凌谱》卷八作"勃"。

　　③ 见王穉登《重游且适园怀故凌使君稚哲》，《清苔集》卷下，《四库禁毁书丛刊》集部第175册，第118页。

(1604),他上书国子监祭酒刘曰宁①;万历三十四年(1606),他与时任南京国子监司业的朱国祯定交②,这些都使他声名鹊起。也就是在万历三十四年(1606),凌濛初的第一部著作《后汉书纂》由南京周氏刊刻行世。为抬高身价、打造影响,凌濛初特请友人兼父执王穉登作序。王氏对此书大加赞赏,曰:"《后汉书》无纂,纂之,自余友凌玄房始";"纂而出于玄房手,犹丹萤化于腐草,紫磨炼于顽铁,况非腐非顽者乎?讵起六朝之衰,成一家之论哉!"在南京,凌濛初创作了不少戏剧,为使这些剧作见重于世,凌濛初求序于吴允兆:"拙词聊寄牢骚,恐非金石宫商中声,徒供覆瓿。不经高名之士,何以重于世?请得一言弁其端。"

凌濛初在南京寓居珍珠桥,寓所之书斋名玉光斋③,插架甚富,是当时文人的一个社交点。吴允兆即曾来此,与凌氏促膝长谈,赏玩图书:"日者把臂深谭,漏尽不倦,更出图书,鉴赏玩索,此境界大与俗殊。征桡去急,令人想郭有道坐处犹有余香耳。"④复元上人行崟亦曾造访,"崟上人飞锡造门,道经荒斋,聊作八行却寄,语殊不庄"⑤。万历三十七年(1609),公安三袁之袁中道游历金陵,也前往珍珠桥探访凌氏。《游居柿录》卷三:"珍珠桥晤湖州凌初成,见壁间挂刘松年画,两人对弈,作深思状。相叹以为人物之工如此,近世自文衡山以后,人物不可观矣。"⑥袁中道此时的身份虽是举人,但因从其两兄宗道、宏道宦游京师,结交四方名士,名声已不小。有图书名画为伴,并时有名人造访,凌濛初在南京的生活无疑是优裕闲适的。

万历三十七年(1609)秋冬间,凌濛初与朱无瑕、钟惺、林古度、韩上桂、潘之恒等人在秦淮河畔结社吟诗。潘之恒《亘史·外纪》卷六

---

① 《墓志铭》曰:"服阕,上书刘大司成。"叶德均先生《凌濛初事迹系年》据此认定上书时间为万历三十一年(1603)。因为凌濛初父卒于万历二十八年十二月,服阕当为万历三十一年十二月。然考《南雍志》卷五《职官年表上》"祭酒",万历间国子监共有祭酒二十三名,刘姓仅刘曰宁一人,且注明"三十二年任"。因此凌濛初上书国子监祭酒刘曰宁为万历三十二年(1604)年。刘曰宁,字幼安,江西南昌人。《明史》卷二百一十六有传。万历十七年(1589)进士,曾因上书指责税监李道、王朝的不法行为而辞职,气节较著。

② 朱国祯:《缮部绎泉公行状》,见《光绪凌谱》卷四《碑志》。

③ 凌濛初:《二刻拍案惊奇小引》后题"崇祯壬申即空观主人题于玉光斋中",此时凌濛初在南京。

④ 见《上海图书馆藏明代尺牍》第七册之凌濛初尺牍真迹,上海科学技术文献出版社2002年版,第35页。

⑤ 同上。

⑥ 见陈文新译注《日记四种》,湖北辞书出版社1997年版,第198页。

第八章 凌濛初的编刊活动、编刊特点及《两拍》的编撰传播 / 243

《朱无瑕传》曰："己酉（1609），与泰玉结吟社者凡五，所集皆天下名流：粤之韩、楚之钟、吴之蒋若陈若俞、越之吴若凌、闽之二林。"① 其中"越之吴若凌"中的"凌"即指凌濛初。朱无瑕一名馥，字泰玉，工诗善画，尤善画兰，与陈圆圆、柳如是、李香君、顾眉、马湘兰等，都是当时举世艳称的名妓。钱谦益《列朝诗集小传·闰集》之《朱无瑕传》也提到万历三十七年朱氏参加的这次结社："万历己酉，秦淮有社，会集天下名士。泰玉诗出，人皆自废。"此次诗会确实会集了不少名士。如潘之恒，字景升，安徽歙县人，侨寓金陵，征歌狎妓，与汪道昆、王世贞、袁宏道、钟惺、屠隆等交好。潘氏比凌濛初大二十四岁，两人是忘年交。又如"楚之钟"之钟惺（1574—1624），为竟陵派创始人，曾与谭元春评选唐人诗为《唐诗归》，隋以前诗为《古诗归》，流布天下。虽然此次结社时，钟惺仕途尚未显达，但次年即成进士，不久任职南京礼部，与凌濛初同处一地。凌濛初受钟惺影响颇大，不仅喜欢辑录钟氏评点，而且凌氏两刊《诗经》均采用钟惺评点本。再如"闽之二林"之林古度（1580—1666），字茂之，福建福清人，寓居南京，也是当时名人，与屠隆、曹学佺、钟惺、谭元春等诗酒往来。总之，因参与秦淮河畔的结社唱和，凌濛初在南京的社交圈越来越大。

从文献资料来看，凌濛初寓居南京期间，还曾与汤显祖、张琦、陈继儒、李维桢、何湛之、方应祥等文人名士往来。大致在万历末年，凌濛初把自己的五种剧作寄给了当时剧坛领袖汤显祖。汤氏在回信中对其大加赞赏："缓隐浓淡，大合家门。至于才情，烂漫陆离，叹时道古，可笑可悲，定时名手。"② 凌濛初还赠散曲给著名曲家骚隐居士张琦，张氏对这些散曲评价甚高，曰："调谐吕律，字洽阴阳，用韵尤严，写情欲溢。"③ 凌濛初与陈继儒也有交往，陈氏曾劝凌濛初把杂剧旧作《桃花庄》改编为《颠倒姻缘》④。凌濛初还曾向时任南京礼部侍郎的李维桢呈递林逋诗集，李氏对凌濛初的搜集整理工作大加肯定："大为孤山吐气，乡里后生，表彰先进，厚道当如是矣。"⑤

---

① 见潘之恒《亘史抄》，《四库存目丛书》子部第 193 册，第 559 页。
② 汤显祖：《答凌初成》，见《汤显祖集》，上海人民出版社 1973 年版，第 1344 页。
③ 张楚叔、张旭初：《吴骚合编》卷四，《续修四库全书》集部第 1743 册，第 759 页。
④ 祁彪佳：《远山堂剧品·妙品》，《中国古典戏曲论著集成》第六册，中国戏剧出版社 1959 年版，第 145 页。
⑤ 李维桢：《大泌山房集》卷一百三十二《林和靖先生诗题词》，《四库存目丛书》集部第 153 册，第 694 页。

凌濛初曾在南京见到何湛之，何以所刊《陶韦合集》见示①。何湛之，字公露，号矩所，南京人，万历十七年进士，官四川参议，草书绘事并臻绝妙。其事迹明顾起元《客座赘语》卷九、明周晖《金陵琐事》卷一、清李放《画家知希录》卷三等有载。凌濛初与方应祥的交游见于《方孟旋先生合集》卷十一《与凌初成》尺牍一札。方氏（1560—1628），字孟旋，号青峒，浙江衢州人。万历甲午选贡，入南国学。万历三十四年举于南京，万历四十四年（1616）成进士，除南京兵部职方司主事。方氏学问渊博，名重一时，在南京国子监时，"祭酒冯公（梦祯）避席以诏六馆"②。

凌濛初与方氏的交游目前学界还未关注到。另外，笔者最近还发现凌濛初与王士昌、陈函辉、曾异撰等人亦有交往。王士昌（1561—?），字永叔，号斗溟，浙江临海人。父宗沐，嘉靖二十三年进士，官至凤阳巡抚，与凌稚隆、茅坤、茅维均有交往，曾为凌稚隆刊《汉书评林》与茅维刊《白华楼稿》作序，还曾为茅维所撰《北闱蕢言》题词，与四大望族编刊活动关系密切。王士昌则为万历十四年（1586）进士，官至福建巡抚。其《镜园藏草》卷十一有《方子振招集徐桢生水榭时卓光禄仲昌凌孝廉初成同集分得家字》诗③。陈函辉（1590—1646），一名炜，字木叔，号小寒山子，浙江临海人。事迹见张岱《石匮书后集》卷四十五《陈函辉传记》。崇祯七年（1634）进士，任靖江知县。明亡后从事反清活动，鲁王监国时，任少詹事兼侍读学士，进东阁大学士兼礼、兵二部尚书。事败，自缢而死。陈氏是一位神童，中进士前，曾在湖州、桐乡一带坐馆，是当时浙东、浙西知名人物。其《选寒光集》卷五有《沈彦方自苕来得凌初成见怀之作偶携舟中依韵答之》④。曾异撰（1590—1644），字弗人，号肺子，福建晋江人。父早卒，事母至孝。工书擅诗，以文章、气节闻名乡里。潘曾纮督学政，上其母节行，获旌于朝。及潘氏巡抚南赣，得王惟俭所撰《宋史》，招异撰及新建徐世溥更定，未成而罢。曾氏崇祯十二年中举时，年已四十有九，其一生主要以坐馆为生。所撰《纺授堂集》卷五有

---

① 见凌濛初套印本《陶靖节集》跋。
② 钱谦益：《有学集》卷二十九《方孟旋先生墓志铭》，《四库禁毁书丛刊》集部第116册，第142页。
③ 见《明人文集联合目录》所录日本内阁文库藏《镜园藏草》十六卷，明万历四十七年刊本。据此，黄仁生言日本尊经阁文库所藏《镜园藏草》为孤本，误。见《日本现藏稀见元明文集考证与提要》，岳麓书社2004年版，第272页。
④ 《选寒光集》八卷，国家图书馆藏明崇祯间刊本。

第八章　凌濛初的编刊活动、编刊特点及《两拍》的编撰传播　/　245

《南州署中送凌初成游吾闽兼柬孙子长先生社中张道羽诸子亦次孙送行之二章韵也》一诗①，从诗题及"轻舟出处泊江花，却寄闲愁载到家"两句来看，是时曾、凌二人是在潘曾纮南昌衙中②，而凌濛初正要离开南昌，前往福建游玩，曾氏因作此诗送行。《纺授堂集》此诗前一首乃《潘昭度师招游南州孙子长先生有诗送行次韵答之》，从"老生岂有字堪酬，郁郁聊因知己游。贫贱驱人背水阵，文章应世上滩舟"等句来看，曾氏当时是落魄未第，当即潘氏巡抚南赣招其更定《宋史》时。以上数诗还涉及孙子长、卓仲昌、方子振、徐桢生、沈彦方、张道羽等人。其中孙子长，名昌裔，福建侯官人。万历二十八年进士，万历中期曾任湖州府学教授③，擢户部郎中，出守杭州，拜水利使，寻改浙江提学副使。因得悉有人欲中伤他而治装归隐，传见《福建通志》卷四十二等。卓仲昌则出自余杭塘栖望族卓氏，乃卓人月父辈。笔者新发现的这些交游资料也多少印证了郑龙采《墓志铭》中凌濛初"交与遍寰区"一语并非完全溢美。

由于有广泛的社会交游为基础，凌濛初的编刊事业也日趋红火，详见后文论述。然而文化事业上轰轰烈烈的凌濛初，其匡时济世之志依然十分强烈。他曾抚膺长叹曰："使吾辈得展一官，效一职，不出生平筹划以匡济时艰，亦何贵乎经笥之腹、武库之胸耶！"强烈的济世欲望，使他两度走上赴京谒选之路。第一次是天启三年（1623），时朱国祯召拜为礼部尚书兼东阁大学士，凌濛初随其舟入都，然谒选之事并不顺利。在淹留京城期间，与同郡茅维交游④。此时茅氏因乡试败北而滞留京城，其《十赉堂丙集》卷五《甲子重九集葛震甫、于虸先、王开美、周安期、谭友夏、程应止、张葆生、沈定之、沈不倾、凌初成、侄厚之郝姬月娟邸中，限赋八韵，分得深字》诗曰："道路虞行李，京华苦滞淫。"从诗题来看，此次雅集，名人不少。除了竟陵派代表诗人谭元春，还有：葛震甫，名一龙，吴下著名诗人；王开美，名家彦，为人有大志，不拘小节，卒后入《明史》；周安期，名永年，吴江诸生，才名颇高，与钱谦益交游；程应止，

---

①　《纺授堂集》二十六卷，《四库禁毁书丛刊》集部第163册，第424页。
②　潘曾纮崇祯七年十月任南赣巡抚，此南州当指南昌。《后汉书·徐穉传》："徐穉字孺子，豫章南昌人也……及林宗有母忧，穉往吊之，置生刍一束于庐前而去。众怪，不知其故。林宗曰：'此必南州高士徐孺子也。'"感谢南京师范大学陆林先生指点。
③　同治《湖州府志》卷八《职官表》。
④　茅维，字孝若，号僧昙，与同郡臧懋循、吴稼登、吴允兆号称四子。其《十赉堂丙集》卷八有《初冬过访凌初成病榻留赠一律》。

名道寿，湖北孝感人，滁州来安知县；张葆生，名尔葆，著名画家，与李流芳、董其昌齐名；茅厚之，名培，善画兰竹①。此次雅集的时间是甲子重九，即天启四年（1624）。也就是说，凌濛初滞留京城至少一年多，但结果一无所获。

崇祯四年（1631），凌濛初游闽。凭借在闽地任职的姻亲潘曾纮，凌濛初展开了诸多交游活动。上述与曾异撰的交游，即属此种情况。游闽期间，凌濛初还请到福建提学副使何万化，为自己学术著作《圣门传诗嫡冢》作序。福建漳浦人李瑞和当时尚未显达，凌濛初对其文章倍加赞赏，断定他必将得中。崇祯七年（1634），潘曾纮升为南赣巡抚，遂聘凌濛初入幕。崇祯九年（1936），天下荒乱，"寇贼蜂起"，潘曾纮率师勤王，凌濛初慨然有击楫澄清之志，于是二度赴京入选②，但也没有成功，这使得凌濛初心怀萧瑟。是年深秋，应表兄潘湛之邀③，他游览了湖州城南杼山潘氏别业，写下《游杼山赋》一文④。这篇洋洋三千字的大赋，流露了凌氏因落拓不得意而欲潜心释道的思想。然而，凌濛初内心深处的功名火焰依然熊熊燃烧。三年后的崇祯己卯（1639），六十岁的凌濛初再次赴京参加乡试，但还是没有《儒林外史》中范进、周进幸运，等待他的依然是副车的无奈结局⑤。也正是在这一年，乡试落榜旅居京城的凌濛初，才以副贡资格谋到上海县丞一职。

关于凌濛初出任上海县丞的时间，历来有不同说法。一是崇祯四年（1631）说。清同治俞樾等纂《上海县志》卷十二《职官表》记载县丞凌濛初是"崇祯四年任"。二是崇祯七年（1634）说。《涉园陶氏鉴藏明板

---

① 参见郑志良《凌濛初佚作及交游补考》，《明清小说研究》2001年第2期。
② 据《墓志铭》，在潘曾纮率师勤王的崇祯九年，凌濛初赴京入选，但赴京入选时，与官拜大学士离乡赴任的朱国祯同舟，而朱氏赴任实际上是在天启三年，所以笔者认为凌濛初一生有两次赴京入选，《墓志铭》把它们混成了一次。
③ 潘湛，字朗叔，又名阳升，字朗士，号画山。潘季驯孙。以荫任职都察院，历任刑部郎中，清介不阿。有《画山楼诗集》。见乾隆《湖州府志》卷五十八《艺文略》、卷七十二《人物》。
④ 收入崇祯《乌程县志》之《艺文》。小序曰："表兄潘朗士得地于杼山之阳，形势绝胜，构为别业。考颜鲁公碑文，则梁之妙喜寺，而鲁公刺湖时，集诸名士于此，辑《韵海镜源》者也。朗士博雅好古，虽圭组登朝而性耽丘壑，意甚乐之。凡亭台池馆皆自题识，各有笺解小纪，渊奥高旷，胜情雅韵，备于是矣。丙子季秋日，与余登览而属余为之赋，余乃撮述其意而成之。"可见，此赋主要是为潘氏别业而作。按：《墓志铭》中提到，凌濛初因科举不得意，想在杼山营一精舍而归隐，遂写《杼山赋》以见志。此《杼山赋》与《游杼山赋》的内容不同，可能是两篇文章，或《墓志铭》所言有误。
⑤ 凌濛初六十岁应试中副车，事见闵宝梁撰《晟舍镇志·贡生》。

第八章　凌濛初的编刊活动、编刊特点及《两拍》的编撰传播　/　247

书目》引《乌程县志》曰："崇祯甲戌（1634）以副贡授上海丞，署海防事。"叶德均《凌濛初事迹系年》亦主张此说。三是崇祯八年说，见徐永斌《凌濛初出任上海县丞考》（《文学遗产》2005年第1期）。四是崇祯十二年说。《晟舍镇志·人物》载凌濛初出仕之年为"崇祯己卯"①，即崇祯十二年。关于崇祯四年说，叶德均已经驳斥。而叶德均主崇祯七年、徐永斌主崇祯八年说均源于两个证据，一是嘉庆宋如林等纂《松江府志》卷四十二《名宦传》言李瑞和为"崇祯七年进士，授松江推官"、卷三十六《职官表》明府秩推官李瑞和为崇祯八年任，二是郑龙采《别驾初成公墓志铭》说凌濛初在上海八年，崇祯十五年壬午擢为徐州通判。叶德均之所以定为崇祯七年，是因为他拘泥于《涉园陶氏鉴藏明板书目》所引《乌程县志》凌濛初"崇祯甲戌（即崇祯七年）以副贡授上海丞"的说法，认为以崇祯七年计，至十五年为八年，与铭文合。但叶德均自己也意识到了主此说有一个未能解决的问题，那就是李瑞和虽然在崇祯七年授松江推官，但他出任此职是在崇祯八年，而《墓志铭》有凌濛初出任县丞时，李瑞和欣然相接、盛情款待的描写②。也正是据此，徐永斌否定了崇祯七年说，力主崇祯八年说，认为以崇祯八年计，至十五年，前后亦八年。

　　笔者倾向于《晟舍镇志》所主张的崇祯十二年说，主要理由如下。一是《墓志铭》谓潘曾纮为赣府抚军，招濛初入幕。适潘氏率师勤王，濛初慨然，遂入都就选。而潘氏任南赣巡抚为崇祯七年事，勤王为九年事③，因此谒选得官当更在崇祯九年后。这条证据之所以被学界所忽视，是因为《墓志铭》接下来谈到凌濛初此次赴京入选，与官拜大学士离乡赴任的朱国祯同舟，而朱氏赴任实际上是在天启三年。在这里，《墓志铭》作者把两件事情的时间顺序搞错了，但并不能就此否认凌濛初崇祯七年入潘氏幕的史实，而凌濛初既入潘幕，那就不可能出任上海县丞。二是从《墓志铭》来看，凌濛初在上海任上政绩卓著，干得有声有色。但其崇祯九年所作《游杼山赋》一文，却表达了落拓不得意而耽于丘壑、欲隐居而醉心于释道的思想，情绪极其低落，根本不像一个有作为的官吏的样子。因此，

---

① "崇祯"两字，《晟舍镇志》原作"崇正"，据明代纪年改。
② 《光绪凌谱》卷四郑龙采《别驾初成公墓志铭》："后选得上海丞，司李公为闽人李宝弓，欣然相接曰：'子我师也，而屈于是耶！'"
③ 见范锴《吴兴藏书录》引《湖录》、《湖州府志》卷七十引《昭度府君行略》、光绪重修《江西通志》卷十三。

他出仕当在崇祯九年后。三是《晟舍镇志·贡生》记载崇祯十二年凌濛初第五次中副榜。万分无奈之下，在京继续活动，谒选为上海县丞也是顺理成章的事。而且凌濛初崇祯十二年出仕是记载在《晟舍镇志·人物》，同一本书中不同之处的相关记载可印证《晟舍镇志》的说法是有依据的，而不太可能是误载。四是崇祯十二年出任上海县丞，与李瑞和的欣然相接也不矛盾，因为宋如林等纂《松江府志》卷四十二《名宦传》明确记载李氏"在郡七年，征拜监察御史"。可见，崇祯十二年，他仍在上海推官任上。因此，笔者认为，若不拘泥于《墓志铭》在上海八年的说法，凌濛初出任上海县丞应如《晟舍镇志》所载是在崇祯十二年。而崇祯七年或崇祯八年说，尽管符合《墓志铭》凌濛初在上海八年的说法，但实际上也无视《墓志铭》凌濛初崇祯七年入潘幕的事实。

凌濛初任职上海县丞期间，"催科抚字，两无失焉"。特别是在办理漕运和管理盐场两件事情上，表现出杰出的治理才能。办理漕运是件苦差，在凌氏之前，许多人都因不能圆满完成任务而受到惩罚。凌濛初则不仅出色完成输粟任务，而且根据切身体验，写成《北输前赋》与《北输后赋》。上司阅后，一致认为"可为松郡良法"。在管理盐场一事上，凌濛初更是多次受到上司嘉奖。之前盐场积弊甚多，"灶户奸商交相蒙蔽，而胥吏弄法，莫可究之"。凌濛初接手后，推行井字法，"每盐作九堆为一井，其大小高下如一。每一井一场官守之，较其一而知其八"。由于井字法的推行，不但量定速度快，而且"锱铢无爽"，使灶户、奸商、胥吏均不能上下其手，于是盐政为之一清。井字法也很快成为定法，在沿海推广。可以说，凌濛初在上海县丞任上勤勉为政，颇有成绩，以致他去世后，"海滨故老犹能称述之"①。

因政绩卓著，崇祯十五年（1642），凌濛初被擢升为徐州通判。"去任之日，卧辙攀辕，涕泣阻道者，踵相接也。"②当凌濛初渡过淮河、抵达徐州时，看到黄河水枯竭，竟然能通车马，不禁喟然长叹，以为天下不能无事。在徐州通判任上，凌濛初分署房村，治理黄河。《墓志铭》曰：

> 乃分署房村，料理河事。房村对岸为吕梁洪，河之要害处也。桃

---

① 郑龙采：《墓志铭》，《光绪凌谱》卷四《碑志》。
② 同上。

第八章　凌濛初的编刊活动、编刊特点及《两拍》的编撰传播 / 249

花水发，民胥栗栗焉。公与防河主事方允立公昼夜图维，防筑有法，淮抚振飞路公表奖者再。

凌濛初在房村竭力治河时，明王朝已面临覆灭，各地民众纷纷起义。淮徐地区有陈小乙，自号萧王，占据丰城，拥众数万，声势浩大。其党扫地王的势力甚至越出了淮徐而扩及山东，沿河数百里群众均受骚扰，朝廷因命淮徐兵备道何腾蛟予以征剿。崇祯十六年（1643），何腾蛟一到任，即秣马厉兵，誓师于房村对岸汉协帝、唐鄂公庙中。时正值大风扬沙，官军连遭败战。凌濛初遂作《剿寇十策》以献，"一曰宽抚宥；二曰行疑间；三曰据形胜；四曰练乡勇；五曰信赏罚；六曰出奇兵；七曰置弩车；八曰伏地雷；九曰广应援，十曰出滞狱"。何腾蛟阅后十分振奋，当即与凌氏结盟，呼其为十九兄。

在凌濛初的建议下，先行宽抚宥、行疑间、广应援、出奇兵、信赏罚五策，果然连挫对手，望风而降者不计其数。在这种情况下，凌濛初又自告奋勇，请求单骑诣陈小乙大营招降。当凌濛初天亮到达丰城时，面对的是一派杀气腾腾的景象：

彼萧王者，踞高坐，左右执戟列待，叱公曰："尔来畏死乎？"答曰："畏死不来矣！"贼呼左右缚公，公叱之曰："杀则杀耳，缚何为！"延颈就刃无惧色。左右皆辟易。贼曰："尔果不畏死，来说吾降耶？"公厉声曰："有言直言，奚用说也。"言辞侃切，晓以祸福，贼俯首感悟，稽首惟命。公与之盟而还。

徐州民变顺利平息后，何腾蛟会郡邑文武各官在燕子楼开庆功宴，把平叛的首功归于凌濛初，曰："二十遒逃薮，一旦廓清，凌别驾之力也。"房村治河同事方允立即席作长歌一篇赠凌濛初，有"小范胸中兵百万，大苏笔阵学三千"之句。凌濛初亦即席赋《砀山凯歌》三十章、《燕子楼公宴诗》五十韵。因平"寇"有功，是年冬天，何腾蛟升任湖广巡抚，并向朝廷保举凌濛初为监军佥事。然凌濛初上司以"萧寇初平，河上方起"非凌濛初不能治理为由，仍留凌濛初在房村料理河事。

关于凌濛初卒年，特别是死亡的具体月日，有不同说法。郑龙采《别驾初成公墓志铭》、嘉庆与光绪两个版本的《凌氏宗谱》均言卒于崇祯甲申正月十二日；《晟舍镇志·人物》言死于崇祯甲申三月；贾三强《凌濛初晚年二事考》一文认为死于崇祯甲申五月；徐永斌考证为崇祯壬午（1643）十二月十二日。笔者认为，当以《墓志铭》与凌谱的说法为准。据《墓志铭》，崇祯甲申（1644）正月初七日，有"流寇来薄徐城，流一队掠房村"。因其来势猛锐，附近各村不敢救援，凌濛初只好独自率众死守。相持到初九日黎明，敌营中数人大呼曰："我辈欲见凌公。"凌濛初骂曰："汝等欲说我降耶？诚目我为何如人！我岂鼠辈偷生者比耶？"当即用火枪击毙对方数人。于是，对方被激怒，发誓要生擒凌濛初，屠杀全村。凌濛初对百姓曰："我在此三载，无德于汝，讵可遗尔荼毒！我死，汝辈得全。"于是绝食三天，呕血数升，自忖危在旦夕，遂勉力登楼，向对方喊话："我力已竭，明日死矣，万勿伤我百姓。"对方被凌濛初忠义所感，唯唯而退。十二日晨，凌濛初呼百姓谓曰："生不能保障，死当为厉鬼殛贼！"边说边吐血，最后连呼三次"无伤吾百姓"而卒①。全村百姓皆恸哭，自杀以殉者十余人。次日，"流寇"入城，遵守与凌濛初的约定，除斩一人、抓三人外，其余皆秋毫无犯。远在楚地的何腾蛟听闻凌濛初去世，遣官致祭。其文有曰："文辞播宇宙，比眉山而多武略；忠义贯日月，媲睢阳更著萤声。"清代范锴《〈湖录〉记事诗》赞曰："胸罗经济为国用，乃击副车竟五中。剿寇淮徐十策陈，弃官入幕有余痛。贼锋啸聚纷狼犴，日色无光刀血殷。孤城誓与百姓守，孤臣独悲天步艰。生不能保障效职，死当为厉鬼杀贼。病榻但闻呼渡河，兄弟志同身许国。"凌濛初后人凌介禧亦有诗曰："有才未大用，下位终浮沉。剿寇陈画策，十万扫地擒。嗟嗟□国难，流贼彭城侵。生不能保障，呕血兼呕心。"②

凌濛初在房村所遭遇的"流寇"，《墓志铭》明确指出为李自成农民起义军一支。因此，凌濛初被指责镇压过农民起义。为给凌濛初翻案，从20世纪90年代开始，有些研究者竭力证明，凌氏在房村所遭遇的"流寇"并非李自成起义军。如贾三强通过考证认为，濛初所遭遇的"流寇"就是先前所招抚的陈小乙，其真名为程继孔，是一个卖友求荣、反复无常的义军败类③。徐定宝也认为凌濛初在房村所遭遇的"流寇"以及所招抚的陈小乙、扫地王等并非正规的农民起义军，而是山寨土寇，他们以敛财

---

① 以上未注明出处者均见郑龙采《别驾初成公墓志铭》，《光绪凌谱》卷四《碑志》。
② 转引自《晟舍镇志》卷五《人物》。
③ 参见贾三强《凌濛初晚年二事考》，《西北大学学报》（哲学社会科学版）1990年第3期。

享受为目的，带给百姓的是祸患与灾难，容易被统治者收买，甚至成为统治者镇压农民起义军的工具，凌濛初予以剿灭是为百姓作贡献，并非只是为朝廷立功①。尽管凌濛初最后在房村所遭遇的"流寇"，是属于李自成农民起义军还是其他义军败类，甚或是为非作歹的山寨土寇，学界仍有分歧，但以下两点是明确的。

一是作为封建时代的文人，凌濛初即使行动上没有镇压过农民起义，但其内心也不可能拥护农民起义。农民起来造反，目的就是要推翻现行统治，而在凌濛初看来，即使是秦始皇这样的无道暴君，"亦是天命真主"②。《拍案惊奇》卷三十一对唐赛儿的描写也表现出他对农民起义的敌视和反对。二是一个内心反对、甚至行动上镇压过农民起义的人，却仍有可能对"官逼民反"的现实有清醒认识，仍有可能是一个体恤民情的好官。他在《拍案惊奇》中虽然对农民起义领袖唐赛儿有所丑化，但也对《水浒传》里的英雄表示赞赏。他把那些侵剥百姓，诈害乡民，把持官府，把良善人家拆得烟飞星散的"做官的""做公子的""做举人的"一律称为"大盗"，认为"倒不如《水浒传》上说的人，每每自称好汉英雄，偏要在绿林中挣气，做出世人难到的事出来"③。从凌濛初晚年的从政经历来看，特别是临死之前三呼"无伤吾百姓"，他无疑是一位难得的勤政爱民的好官，一个典型的国士形象。

第二节　编刊活动与特点

一　编撰活动

凌濛初的编撰活动大体可分为文学编创、学术撰述、编选评校三大类。文学编创主要有小说、戏剧与诗文，学术撰述主要有曲学、经学与史学，编选评校则可细分为编辑、辑评、自评、校勘等类。

1. 文学编创

与闵齐伋不同，凌濛初还是著名文学家。其最负盛名的是白话小说创

---

① 参见徐定宝《凌濛初生命历程探析》，《华东师范大学学报》（哲学社会科学版）1997年第3期。

② 陈迩冬、郭隽杰校注：《拍案惊奇》卷四《程元玉店肆代偿钱》，人民文学出版社1995年版，第75页。

③ 陈迩冬、郭隽杰校注：《拍案惊奇》卷八《乌将军一饭必酬》，人民文学出版社1995年版，第133页。

作,《初刻拍案惊奇》和《二刻拍案惊奇》(简称"二拍")奠定了他在中国乃至世界文学史上的地位。再者是戏剧创作,共创作杂剧13种:《识英雄红拂莽择配》《李卫公慕忽姻缘》《虬髯翁正本扶余国》(以上三种简称《北红拂三传》),《宋公明闹元宵》《苏不韦凿地报仇》《祢正平怀刺莫投》《刘伯伦指神断酒》《崔殷功村庄桃花》《颠倒姻缘》《石季伦春游金谷》《王逸少写经换鹅》《王子猷乘兴看竹》《张园叟天坛庄记》;传奇3种:《雪荷记》《合剑记》《乔合衫襟记》①。现存3种:《宋公明闹元宵》附于《二刻拍案惊奇》后,《虬髯翁正本扶余国》收入《盛明杂剧二集》,《识英雄红拂莽择配》有上图藏凌氏朱墨套印本。另残存《乔合衫襟记》曲词五出,它们是《得词》《题词》《趋会》《佳期》《心许》,收入凌濛初自己所编《南音三籁》。目前学界尚未关注到,凌濛初还有未完成剧作《吴保安》一种,其体制类似《西厢记》,以多本叙写一事②。冯梦龙《古今小说》卷八有《吴保安弃家赎友》,赞扬吴氏义气,凌濛初应是据此改编创作。

与其小说《二拍》一样,凌濛初的戏剧在题材上大都有所依傍。《北红拂三传》取材于唐杜光庭传奇小说《虬髯客传》,在凌濛初之前这一题材的改编作品已有张凤翼《红拂记》、张太和《红拂传》、近斋外翰《红拂记》,但凌濛初不满他们南曲形式的改编,因以北曲形式易之。《宋公明闹元宵》既取材于《贵耳集》《瓮天脞语》,也受到《水浒传》影响。《苏不韦凿地报仇》是敷演后汉时苏不韦复仇故事,事见《后汉书》卷三十一《苏不韦传》。《张园叟天坛庄记》中张园叟即张果老,事出《太平广记》卷十六,亦见《类说》卷十一《韦女嫁张老》、《情史》卷十九《张果老》等。其他像《祢正平怀刺莫投》《刘伯伦指神断酒》《崔殷功村庄桃花》《石季伦春游金谷》《王逸少写经换鹅》《王子猷乘兴看竹》,本事分别出自《后汉书·祢衡传》、《世说新语·任诞门》"刘伶病酒"则、唐孟棨《本事诗·情感》、《晋书·石崇传》、《晋书·王羲之传》、《晋书·王徽之传》。

虽然这些剧本在题材上均有所依傍,但其创新性不容置疑③,当时及

---

① 参见许建中《凌濛初戏曲存目考补》,《扬州师院学报》(社会科学版) 1991 年第 2 期。

② 凌濛初:《会真说》:"有数本而共衍一事者,则情联而本分,如《西厢》之类,余所未脱稿《吴保安》亦然。"见国图藏闵齐伋刊《会真六幻》本。

③ 冯梦龙:《太霞新奏》卷六曾评价凌濛初据高濂《玉簪记》改写成的《乔合衫襟记》"一字不仍其旧",《冯梦龙全集》,凤凰出版社 2007 年版,第 88 页。

第八章 凌濛初的编刊活动、编刊特点及《两拍》的编撰传播

稍后即获较高评价。汤显祖称他为"定时名手",赞扬其戏曲作品"缓隐浓淡,大合家门"①。沈泰把他与明初戏曲大家周宪王并举:"初成诸剧,真堪伯仲周藩,非复近时词家可比。"他搜集到凌濛初剧本时,《盛明杂剧二集》的编纂工作已近尾声,但还是迫不及待地先刊出了《虬髯翁》一剧,其余的则打算在第三集中"奉为冠冕"②。汪檗批点《虬髯翁》杂剧曰:"置之胜国诸剧中,不让关、马。"③ 祁彪佳认为凌濛初戏剧"信口所出,遒劲不群",在所编《远山堂剧品》中,将《北红拂》三剧列入"妙品",并曰:"向日词坛争推伯起《红拂》之作,自有此剧,《红拂》恐不免小巫矣。"④ 清初尤侗也赞扬凌濛初《北红拂》"笔墨排矍,颇欲睥睨前人"⑤。凌濛初的传奇也受时人关注,冯梦龙曾赞扬他改《玉簪记》为《衫襟记》,才气纵横,"一字不仍其旧"⑥。

尽管凌濛初戏剧作品完整保留下来的只有三个,但根据明清以来的著录⑦,我们可以窥知大致内容,它们是对凌濛初思想及其所生活的时代的一个折射。就其创作活动时间来说,大致是在万历三十二年(1604)至天启七年(1627)这二十余年间。睡乡居士《二刻拍案惊奇小引》曰:"即空观主人者,其人奇,其文奇,其遇亦奇。因取其抑塞磊落之才,以绪余以为传奇,又降而为演义,此《拍案惊奇》之所以两刻也。"据此,凌濛初戏剧创作大致是在《拍案惊奇》之前,而《拍案惊奇》作于天启七年(1627)。刊于崇祯二年(1629)的《盛明杂剧二集》收入凌濛初《虬髯翁》时,曰:"(初成诸剧)余搜之数载始得。""数载"最起码是两年,那么包括《虬髯翁》在内的数个剧本亦当作于天启七年前。另外,《乔合衫襟记》选套收入《南音三籁》,而《南音三籁》亦成书于天启七年前。以上三个证据均说明凌濛初戏剧创作活动大致是天启七年前。凌濛初曾将自己五种戏剧寄给汤显祖,据徐朔方推断,汤显祖的回信大约作于万历三十六年

---

① 汤显祖:《答凌初成》,见《汤显祖集》,上海人民出版社1973年版,第1344页。
② 沈泰:《盛明杂剧二集》卷二十二《虬髯翁》第一折眉批,1925年董氏诵芬室刻本。
③ 沈泰:《盛明杂剧二集》卷二十二《虬髯翁》第四折眉批。
④ 祁彪佳:《远山堂剧品·妙品》,《中国古典戏曲论著集成》第六册,中国戏剧出版社1959年版,第144页。
⑤ 尤侗:《艮斋倦稿》卷九《北红拂题记》,清康熙刻本。
⑥ 冯梦龙:《太霞新奏》卷六,《冯梦龙全集》,凤凰出版社2007年版,第88页。
⑦ 明祁彪佳《远山堂剧品》著录其杂剧7种、清钱曾《钱遵王述古堂藏书目录》著录其杂剧11种,清姚燮《今乐考证》、焦循《剧说》等也予著录。

(1608)①。凌濛初《红拂杂剧小引》曾提到《红拂》杂剧创作于自己"薄游南都时",有学者据此考定该剧创作于万历三十二(1604)至三十三年(1605)间②。笔者认为,《红拂》杂剧的创作时间只能确定为万历三十二年(1604)凌濛初客居南京以来,但至迟在万历三十四年(1606),凌濛初已有戏曲创作,因为此年他曾请求吴允兆为自己所撰戏剧作序③。

凌濛初的诗文创作有《国门集》、《国门乙集》各一卷和《鸡讲斋诗文》④。前两种《四库全书总目·集部·别集类存目七》有著录,于诗末附杂文数篇,乃凌濛初屡踬场屋时所作。最后一种《晟舍镇志·著述》著录,作"鸡讲斋时文集",并曰见《湖州府志》。然查同治《湖州府志·著述》,却作"鸡讲斋诗文","时""诗"盖形近而讹。《晟舍镇志·著述》还载有凌濛初《北输前后赋》。郑龙采《别驾初成公墓志铭》说凌濛初署上海令事时,曾输粟入都,归后作《北输》前、后两赋呈上官,因此这只是两篇赋而非别集。又据《墓志铭》,凌濛初科举失意时,曾作《绝交举子书》,并作《杼山赋》《戴山记》《戴山诗》以见归隐之志;在平定陈小乙的庆功宴上,凌濛初曾即席赋《砺山凯歌》三十章、《燕子楼公宴诗》五十韵。以上别集及散篇,除《杼山赋》外,均佚失难寻。而《杼山赋》,笔者认为,即崇祯《乌程县志》卷十二《艺文》所载凌濛初《游杼山赋》,该文亦流露了科举失意之愤懑,与《墓志铭》所言契合。就现存散篇而言,凌濛初还有七体赋《七供》一篇,亦名《惑溺供》,见于潘之恒《亘史·外纪》卷二,表达了以妓女为友、以狎妓为豪的个性思想;套曲《南吕·梁州新郎·惜别》《南吕·香遍满·伤逝》《南北合套·新水令·夜窗话旧》三套,前两套见于张楚叔、张旭初辑《吴骚合编》卷二,后一套见于卷四⑤,亦在放浪形骸的狎妓生活背后,透露了个性张扬和自我舒放的成分。

----

① 徐朔方笺校:《汤显祖全集》(二),北京古籍出版社1998年版,第1443页。
② 徐永斌:《凌濛初〈红拂〉杂剧创作考》,《内蒙古大学学报》(哲学社会科学版)2008年第4期。
③ 见《上海图书馆藏明代尺牍》第七册之凌濛初尺牍真迹,上海科学技术文献出版社2002年版,第35页。
④ 据《晟舍镇志》卷六、同治《湖州府志》卷五十九,凌濛初有《赢縢三札》《荡栉后录》《己编蠡涎》,内容不详,但从书名来看,似属散文随笔一类著作。
⑤ 前两套亦见于凌濛初《南音三籁》散曲卷,第一套亦见于冯梦龙《太霞新奏》卷六,最后一套亦见于潘之恒《亘史·外纪》卷二。

第八章　凌濛初的编刊活动、编刊特点及《两拍》的编撰传播 / 255

除上述两篇赋体散文和三套套曲，凌濛初还有一些序跋作品，主要见于他本人所编刊的书籍中，少量见于他人所刊书籍。据笔者统计，大约有23篇，它们是：《辑诸名家合评选诗序》、《陶靖节集跋》、《孟浩然诗集跋》、《王摩诘诗集跋》、《孟东野诗集跋》、《李长吉歌诗跋》、《圣门传诗嫡冢序》、《孔门两弟子言诗翼叙》、《诗逆自序》、《苏老泉集序》、《苏长公表启叙》、《东坡禅喜集跋》二篇、《苏长公书传序》、《红拂杂剧小引》、《红拂杂剧跋》、《世说新语鼓吹序》、《拍案惊奇序》、《二刻拍案惊奇小引》、《南音三籁叙》、《西厢记识》、《唐诗广选序》①、《会真说》②、《钟伯敬批点诗经序》③。这些序跋主要表达了凌濛初的文学理论、学术观点，也涉及他的社会交游与生平思想，可纳入其散文创作行列。

2. 学术撰述

凌濛初的学术撰述主要有曲学、经学与史学三个方面，其中最有影响的是曲学。曲学著作最重要的是《谭曲杂札》，另外还有《西厢记》批点及其《解证》④、《琵琶记》批点、《南音三籁》品鉴评点。因《南音三籁》属重要选本，放在"编选评校"部分论述。

《谭曲杂札》共十七则，五千多字，最早附在明末刻本《南音三籁》前而得以流传。其创作时间当在《南音三籁》编定之时或稍前，而《南音三籁》据后面的考证可知，大致成书于万历四十四年（1616）至天启七年（1627）间。《南音三籁》还有康熙七年（1668）袁园客重订本，流传较广。中国戏剧出版社1959年出版的《中国古典戏曲论著集成》收入《谭曲杂札》，依据的底本即袁园客重订本。尽管《谭曲杂札》目前仍无单行本，但因《中国古典戏曲论著集成》的出版，该书已得到普遍流传，引起学界广泛关注。其最重要的理论价值是提出了贵本色的戏曲观："曲始于胡元，大略贵当行不贵藻丽。其当行者曰本色，盖自有此一番材料，其修饰词章，填塞学问，了无干涉也。"凌濛初认为戏曲之所以贵本色，这一方面是由戏曲渊源决定，"元曲源流古乐府之体，故方言常语，沓而成章，着不得一毫故实；即有用者，亦其本色事，如蓝桥、袄庙、阳台、

---

① 见凌瑞森、凌楷刻朱墨本《唐诗广选》。
② 见闵齐伋刊《会真六幻》。
③ 见凌杜若刊朱墨本《诗经》四卷。
④ 据《晟舍镇志》卷六、同治《湖州府志》卷五十九，凌濛初有《红袖曲谱》《燕筑讴》，内容不详，但从书名来看，似乎与曲学有关。

巫山之类"；另一方面也受制于戏曲的舞台演出。与仅供案头阅读的诗文不同，观众是通过舞台表演来接受戏曲，所以语言不能深奥，不能填塞学问①。《谭曲杂札》第十五则曰："盖传奇初起，本自教坊供应，此外止有上台勾栏，故曲白皆不为深奥。其间用诙谐曰'俏语'，其妙出奇拗曰'俊语'。自成一家言，谓之本色，使上而御前，下而愚民，取其一听而无不了然快意。"元人戏曲本色当行，但随着时间的流逝和文人学士的参与，代之而起的是文人讲求藻丽的倾向。凌濛初批判了由元末《琵琶记》开端的明中叶以来越来越严重的藻丽倾向：

> 自梁伯龙出，而始为工丽之滥觞，一时词名赫然。盖其生嘉、隆间，正七子雄长之会，崇尚华靡；弇州公以维桑之谊，盛为吹嘘，且其实于此道不深，以为词如是观止矣，而不知其非当行也。以故吴音一派，竞为剿袭。靡词如绣阁罗帏、铜壶银箭、黄莺紫燕、浪蝶狂蜂之类，启口即是，千篇一律。甚者使僻事，绘隐语，词须累诠，意如商谜。不惟曲家一种本色语抹尽无余，即人间一种真情话，埋没不露已。

他认为真正开靡丽之风的是嘉靖间梁辰鱼《浣纱记》，而崇尚华靡的后七子领袖王世贞，又因同乡之谊，对梁氏之作大加吹捧，从而导致当时吴中剧坛本色尽失的现象。不仅曲词使事用典，晦涩难懂，就连应"直截道意"的宾白，也出现斗富情形。《谭曲杂札》第十五则曰："今之曲既斗靡，而白亦竞富。甚至寻常问答，亦不虚发闲语，必求排对工切。"更可笑的是，戏曲中的丫头奴仆也动不动吟诗弄文，成了通今博古的雅士，凌濛初反问曰："何彼时比屋皆康成之婢、方回之奴也？"之所以出现这种流弊，凌濛初认为原因就在于"不解'本色'二字之义"。

本着本色的戏曲理论，凌濛初对名家名作进行了品评。他认为元曲四大本原本均是本色作品，《杀狗记》《白兔记》现在之所以误谬不可读，是因为被后人窜改；《荆钗记》《拜月亭》虽受后人涂削，但"所存原笔处，仍足以见其长"。他认为梁辰鱼剧作语言多是逐句补缀，毫无本色可言；张凤翼之作则在不用意修辞处，能时现本色，颇有一二真语、土语，

---

① 参见俞为民《凌濛初的戏曲理论》，《金陵学刊》第一集，第 56 页。

但因受梁辰鱼影响，也常堆砌辞藻，镶嵌故实，最后落入追求藻丽的时弊中。他评琴川本《红梨花记》"大是当家手，佳思佳句，直逼元人处，非近来数家所能"；评陆采《明珠记》不太用故实，不甚求藻丽，时作直率语，有直逼元人的佳句，但剧中"凤尾笺""绞绡帕""芙蓉帐"等语仍未脱绮丽时尚，因此"犹得与梁伯龙辈同类而共评"，算不得真正本色。

从戏曲本色观出发，《谭曲杂札》对当时曲坛热点问题发表了看法。明中叶以前，一般视《西厢记》为北曲之冠，《琵琶记》为南曲之冠。明中叶何良俊在《四友斋丛说》卷三十七中却判定《拜月亭》"高出于《琵琶记》远甚"，认为《拜月亭》本色当行，而《琵琶记》"专弄学问"，遂引发了一场争论。发难的一方以后七子领袖王世贞为代表，认为"冠绝诸剧"的是《琵琶记》，而"元朗（何良俊）谓胜《琵琶》，则大谬也"，因为《琵琶记》有"琢句之工""使事之美"，而《拜月亭》"中间虽有一二佳曲，然无词家大学问"①。王世贞强调才情学问，倾心于骈俪文风，得出的结论自然是《琵琶记》高于《拜月亭》；而何良俊提倡本色，认为剧本应"靓妆素服，天然妙丽"②，其结论自然与王氏相反。《谭曲杂札》从戏曲本色观出发，支持何良俊一派，认为《琵琶记》"间有刻意求工之境，亦开琢句修辞之端，虽曲家本色故饶，而诗馀弩末亦不少耳"。在凌濛初看来，王世贞指责《拜月亭》"无词家大学问"，正是说明《拜月亭》的本色神韵；而王世贞赞扬的《琵琶记》两曲《新篁池阁》《长空万里》却因文辞藻丽华美，丢失了元曲的当行本色。关于《西厢记》，凌濛初认为其本色语很多，但靡词丽语也不少。他批评王世贞崇尚高华，只看重"雪浪拍长空""东风摇曳垂杨线"等骈俪语，而不知这却是《西厢记》中非本色胜场处。总之，在这场论争中，《谭曲杂札》对《拜月亭》毫无贬词，对《西厢记》与《琵琶记》则赞赏中有批评，而一切的依据就是语言的本色与否。

对于晚明曲坛的"沈、汤之争"，《谭曲杂札》亦从本色角度进行了评判。吕天成《曲品》卷上曰："光禄尝曰：'宁律协而词不工，读之不成句，而讴之始叶，是曲中之工巧。'奉常闻之曰：'彼恶知曲意哉！予意所至，不妨拗折天下人嗓。'"沈、汤两人都是从各自创作主张的需要出发

---

① 王世贞：《曲藻》，《中国古典戏曲论著集成》第四册，中国戏剧出版社1959年版，第34页。
② 何良俊：《四友斋丛说》卷三十七，《四库存目丛书》子部第103册，第550页。

来否定对方，走向极端。作为晚辈，凌濛初虽然与沈、汤两人均有所交往①，但并不为尊者讳，而是本着本色的戏曲宗旨以及实事求是的态度，既肯定汤、沈两人的长处，也指出他们的不足。《谭曲杂札》第三则曰：

> 近世作家如汤义仍，颇能模仿元人，运以俏思，尽有酷肖处，而尾声尤佳。惜其使才自造，句脚韵脚所限，便尔随心胡凑，尚乖大雅。至于填调不谐，用韵庞杂，而又忽用乡音，如"子"与"宰"叶之类，则乃拘于方土，不足深论。止作文字观，犹胜依样画葫芦而类书填满者也。义仍自云："骀荡淫夷，转在笔墨之外。"佳处在此，病处亦在此。彼未尝不自知，只以才足以逞，而律实未谐，不耐检核，悍然为之，未免护前。况江西弋阳土曲，句调长短，声音高下，可以随心入腔，故总不必合调，而终不悟矣。

凌濛初赞扬汤显祖的才情，认为其作酷肖本色之元曲，但批评他不谙音律，使才自造，致使腔调失谐，音韵庞杂，有悖于戏曲的大雅之道。尽管如此，凌濛初还是认为，若只作为案头之曲来阅读，汤显祖这些格律上拘于乡音的剧作，比起那些模仿抄袭、填塞故实的剧本，仍高出一筹。对于沈璟，凌濛初肯定其精于格律，主观上追求本色，而批评他才具不足，失于鄙俚。《谭曲杂札》第四则曰：

> 沈伯英审于律而短于才，亦知用故实、用套词之非宜，欲作当家本色俊语，却又不能，直以浅言俚句，绷拽牵凑，自谓独得其宗，号称"词隐"。越中一二少年，学慕吴趋，遂以伯英开山，私相服膺，纷纭竞作。非不东钟、江阳，韵韵不犯，一禀德清；而以鄙俚可笑为不施脂粉，以生梗稚率为出之天然，较之套词、故实一派，反觉雅俗悬殊。使伯龙、禹金辈见之，益当千金自享家帚也。

沈璟戏曲格律理论的基本思想是对"场上之曲"的强调，为此他不仅提出了戏曲要"合律依腔"，而且提出了语言本色的主张。凌濛初是一个

---

① 凌濛初曾把自己的五种剧作寄给汤显祖，汤显祖有《答凌初成》，见《汤显祖集》，上海人民出版社1973年版，第1344页；凌濛初也"素与词隐生伯英沈先生善，雅称音中埙篪。每晤时，必与寻宫摘调，订格考误"，见凌瑞森刊本《拜月亭传奇跋》。

曲谱观念很强的戏曲理论家,对沈璟提倡合律依腔自然加以肯定,而且他也看到沈璟在声韵方面对当时曲坛所作出的贡献:"近来知用韵者渐多,则沈伯英之力不可诬也。"凌濛初对沈璟以浅言俚句为本色则给予尖锐批评,认为若"以鄙俚可笑为不施脂粉,以生梗稚率为出之天然",那就连梁辰鱼、梅鼎祚的藻丽派作品还不如。

据王骥德《曲律》,沈璟曾亲自执笔,为汤显祖"改易《还魂》字句之不谐者",还特意请友人吕玉绳将改本寄给汤显祖①。汤显祖对此非常生气,甚至有点愤激,先后致信凌濛初、孙俟居、罗章二等人,宣称改本"切不可从",因为"虽是增减一二字,以便俗唱,却与我原作的意趣大不同了"②,并针锋相对地说:"余意所至,不妨拗折天下人嗓子。"③凌濛初强调戏曲的舞台实践,既然认为汤氏作品腔调不谐,自然不反对改易,但关键是如何改。在《谭曲杂札》中,他说:"一时改手,又未免有斫小巨木、规圆方竹之意,宜乎不足以服其心也。"对沈璟等人因缺乏才情而采取的削足适履的做法,凌濛初显然并不赞同④。最理想的做法当然就是既不牺牲原作的意趣文采,又能改掉原作不谐音律的弊病,正如吕天成《曲品》曰:"倘能守词隐先生之矩矱,而运以清远道人之才情,岂非合之双美乎!"在《谭曲杂札》中,凌濛初肯定了吕氏这一合则双美的观点,认为"其语良当"。

《谭曲杂札》十分重视戏曲结构与情节。他说:"戏曲搭架,亦是要事,不妥则全传可憎矣。"主张一部剧作要线索清晰,不能有太多的人物和故事。他不满张凤翼传奇《红拂记》人物之多、线索之繁,因创作《北红拂三传》来精简情节线索,去掉无关大局的一些人物,每剧由一人主唱,着重表现一个中心人物。剧作家沈璟也喜欢把许多不太相干的新奇故事拼缀在同一个剧本中,而没有主要人物和中心事件来贯穿始终,对此凌濛初批评道:"沈伯英构造极多,最喜以奇事旧闻,不论数种,扭合一家,更名易姓,改头换面,而才又不足以运榫布置,掣衿露肘,茫无头绪,尤为可怪。"关于戏曲情节,凌濛初提出了合情理、通世法的主张。

---

① 据汤显祖《答凌初成》和《与宜伶罗章二》中自述,改写《牡丹亭》的是吕玉绳。
② 汤显祖:《与宜伶罗章二》,见《汤显祖集》,上海人民出版社1973年版,第1426页。
③ 王骥德:《曲律》卷四,《中国古典戏曲论著集成》(四),中国戏剧出版社1959年版,第165页。
④ 沈璟之后,《牡丹亭》又有臧懋循、冯梦龙、徐日曦等人的改本,大抵就原作压缩篇幅,删改曲词,以便昆唱,同时不同程度地以牺牲原作的意趣文采为代价。

他认为以前的剧作家在设置故事情节时,大都符合人情事理,并无"扭捏巧造之弊",即使虚构一些鬼神的情节,也因合情理而奇幻可信,然"今世愈造愈幻,假托寓言,明明看破无论,即真实一事,翻弄作乌有子虚"。凌濛初直接点名批评的是汪廷讷《无无居士》,说它"裒集故实,编造亦多",简直"堪为齿冷"。若在舞台上搬演,线索的繁杂、情节的奇幻,均会导致"演者手忙脚乱,观者眼昏头暗"。因此,从舞台效果来考虑,凌濛初对戏曲情节结构的这种批评是完全正确的。

《谭曲杂札》也非常重视戏曲尾声的创作,认为尾声有优劣,大致可分为四等:一等是词意俱若不尽,如《拜月亭》"自从别后信音绝,这些时魂惊梦怯,都管是烦恼忧愁将人断送也";二等是词尽而意不尽,如《拜月亭》"别离会合皆缘分,受过忧危心自忖,从今暮乐朝欢还正本";三等是词意俱尽,如《琵琶记》"惟有快活是良谋,管取欢娱歌笑喧";四等是词未尽而意先尽,如《灌园记》:"绑他早去成波浪,断送芙蓉一夜霜,免教伊点辱门墙"。在这里,"词"主要是指曲作的表现方法和形式,"意"则是指曲作的内容和情感。"词意俱若不尽"和"词尽而意不尽"就是要求在有限的形式中,表现出丰富的内容和意味,引发读者无尽的回味和想象,也就是强调戏曲尾声要有"余韵"[①]。在凌濛初看来,第一、第二等尾声均是有"余韵"的好尾声。至于第三等尾声,虽然平庸,但尚未有舛误之处。而对第四等尾声,凌濛初则大加挞伐,如上述所举《灌园记》尾声,凌濛初认为曲词到"断送芙蓉一夜霜"一句即可结束,"免教伊点辱门墙"一句完全多余。凌濛初还指出戏曲未必均有尾声,不少旧曲,如《琵琶记》《拜月亭》等常采用"老句""妙句"来煞尾,以代替尾声。至于结尾用煞句还是用尾声,这取决于词曲调板。如果曲子到了末尾,而"紧板紧调不可舒",那就采用尾声来"渐舒其调而收之"。如果过曲较长,曲末调子已较舒缓,那就不需用尾声,以煞句作结即可。凌濛初对尾声的这种批评是针对当时曲坛的创作情况有感而发,他说:"今人于尾声且漫然涂塞",如《南西厢记》首折佳境无限,但到尾声则"丑态俱是矣"。当时曲坛对以"老句""妙句"作煞句的道理,更不通晓。不仅填曲者误以为曲皆有尾,曲末必安置一尾声,就连唱曲者若见旧曲中以煞句作结而未有尾声的,也会硬给按上一个。甚

[①] 参见黄强《凌濛初戏曲理论三题》,《文学研究丛刊》1986 年第 2 辑。

第八章　凌濛初的编刊活动、编刊特点及《两拍》的编撰传播　/　261

至一些曲坛高手有时也未能明白此理，如汤显祖作《四梦》"曲末类作一尾"，吕天成《蕉帕记》"至尾必双收"。《谭曲杂札》对尾声的这些论述在当时有现实意义。

凌濛初批点《西厢记》，共有批语 300 条，并"归纳元人曲中成语而释之"，作《西厢记解证》五卷，共 34 条，近 5000 字。就总体情况看，《解证》与批点"以疏疑滞、正讹谬为主，而间及其文字之入神者"①，涉及戏曲体制、曲牌源流、音律正误、版本校勘、字词释义、作品评论等诸多方面，可看出凌濛初对戏曲格律规范的强调、对戏曲本色观的推崇和对恢复元曲旧本的努力。顾颉刚说："《西厢记》本子当以此为最善，最能恢复元本面目者矣。"② 部分《解证》条目，引证丰富，见解深刻，也有助于读者准确理解《西厢记》文词含义及其妙处。如第五本第三折"佳人有意郎君后，我待不喝采，其实怎忍。则好偷韩寿下风头香，傅何郎左壁厢粉"，凌濛初《解证》曰："此皆红娘反语嘲恒也。"为证明是反语，凌濛初一连举了元杂剧中"首阳山殷夷齐撑的肥胖"（《范张鸡黍》）和今曲中"碎砖儿砌不起阳台，破船儿撑不到蓝桥"等 5 个例证，并曰：

　　总是反语，一样机栝。今人见"俊"字与"喝采"字，以为赞张生佳语，不知其嘲恒。王伯良解为："佳人之有意，必待郎君之俊者，而郑恒村蠢，何以动莺莺？"此不知所谓而强为之辞。又言："喝恒之配不得莺莺"，则"采"字无谓。徐本又注云："纵得了，是下风香、傅过粉，隐语嘲其拾败残。"更为谬陋。红娘方极口骂郑恒是"小人浊民""村驴吊""乔嘴脸""腌躯老""死身份""有家难奔"，而暇念及拾残香耶！且红以为"汪蠢了她梳云掠月"等语，皆是惜莺，以为非恒配，而暇讥恒拾残香耶！红为莺心腹婢，其护张者，皆护莺也，而自为此败兴之语，以作嘲耶？措大管窥之见，贻笑大方。

凌濛初对王骥德、徐渭的批驳，无疑是正确的，体现了他对元杂剧的熟悉与对《西厢记》文辞理解得深入、到位。这部"归纳元人曲中成语而释

---

① 凌濛初：《西厢记凡例》，见魏同贤、安平秋主编《凌濛初全集》第十册《西厢记》，凤凰出版社 2010 年版。

② 见印永清辑，魏得良校《顾颉刚书话》，浙江人民出版社 1998 年版，第 179 页。

之"的《解证》，可以看作凌濛初学识丰富、学术态度严谨的证据。

据《凌濛初全集》，凌濛初批点《琵琶记》有"眉批、行间批880余条，大抵分属三个范畴，一是作品的评论，二是对文本的所谓古本与时本的分辨，三是对韵调的辨别"①。事实上，这近900条批语主要是对作品格律的考订，也就是第三个范畴；其次是对文字的校勘，即第二个范畴，而属第一个范畴的作品评论极其少见。其400余条行间批大都是"可平""可仄""上声"之类极其简单的批语，450余条眉批有部分考订较细，如第二十六折【卜算子后】眉批曰："'神'字用韵，故以'悯'字叶。时本改作'念'，叶前【卜算】'倦'字，不知'倦''念'本不同韵，况【卜算】第三句不可无韵乎！【卜算】一调，既分前后，而中又隔别调、别韵，正不必前后一韵也。"其中亦有涉及作品艺术批评的，如第十折【刘泼帽】等曲眉批"净全是怨词，外终不伏气。诸本置净曲与外曲后，不惟不踵前枝，抑顿无争意"，第二十折【前腔】眉批"如此收语，则上白自有波致，时本先从上白更之，气脉俱不接续"，然此类批语不超过10条，而且这也主要是针对时本、诸本所作②。因此，和《西厢记》批点一样，《琵琶记》批点虽属考订兼评型，但考订占主要部分，其主要价值在于强调格律规范，力求恢复旧本。

经学方面，凌濛初主攻的是《诗经》，凌义渠说他"沉酣于《诗》，不以诸家之训诂者言《诗》，而以诸家之品评者言《诗》，深得《诗》之三昧者也"③。凌濛初主要是用辑评、自评以及考证的方式来研究《诗经》，著作有《诗逆》四卷附《诗考》一卷④、《圣门传诗嫡冢》十六卷附《申公诗说》一卷和《孔门两弟子言诗翼》七卷⑤，均被《四库提要》卷十七《经部诗类存目》著录，现已收入《四库全书存目丛书》经部第66册行世。其中《诗逆》四卷附《诗考》一卷，由凌瑞森、凌琛参订，凌濛初自序，刊于天启二年（1622）。辑录了明代六家研究《诗经》之

---

① 《琵琶记·说明》，见魏同贤、安平秋主编《凌濛初全集》第十册《琵琶记》，凤凰出版社2010年版。
② 凌濛初在批语中提到了浙本、闽本、赝李卓吾本。
③ 凌濛初崇祯三年刊墨本《孔门两弟子言诗翼》七卷之凌义渠序。
④ 《诗逆》有著录成不分卷的，因为正文是按《国风》《小雅》《大雅》《颂》排列，而非按卷数排列。
⑤ 该书《诗传》一卷、《国风》三卷、《小雅》《大雅》《颂》各一卷，《四库提要》著录为六卷，盖不计入《诗传》一卷。

第八章 凌濛初的编刊活动、编刊特点及《两拍》的编撰传播 / 263

作：沈守正《说通》、唐汝谔《微言》、魏浣初《诗脉》、钟惺《诗评》、陆化熙《诗通》、徐光启《六帖》、徼敽弦《翼说》。因其目的是"为制义家导引"，故其采录标准是"皆取议论见解，及作诗者隐衷微词之秘，说诗者斡旋体认之妙，直以金针度人，非关绣谱也"①。书中有凌濛初评点，即《凡例》所谓"不佞一得之愚，后先附见"，以"凌濛初曰"标出，有100余条，主要是对《诗经》各篇"义"的阐发，借此可见凌濛初诗学之一斑。所附《诗考》辑录前人考证《诗经》中制度、礼仪等文字，"以简尽为主，其彼此相关者类而详之"。考虑到"往时说诗者皆杂列之讲意中"，学习者容易忽视，但这对他们来说又十分重要，故凌濛初将《诗考》别为一帙，置于《诗逆》之前，使读者"可以一览得"②。

《圣门传诗嫡冢》十六卷附《申公诗说》一卷，刊于崇祯四年（1631），有自序，是凌濛初辑录、考证《诗经》之作。《四库提要》卷十七曰："是书辑《诗序》及毛《传》、郑《笺》，又以丰坊《诗传》冠各篇之首，而互考其异同。以《诗序》旧称出子夏，《诗传》亦称子贡，故以《圣门传诗嫡冢》为名。"该书《凡例》亦曰："《传》《序》异同之义，毛、郑合离之说，颇自不少，窃为参考评驳，以正诸海内，附诗篇总章之下，悉冠以'愚按'云。"除了以"愚按"形式标明的考证，是书还有100余条眉批，亦是凌濛初所作，包括对《诗经》文字的校勘、释义以及内容与艺术的评点。虽然凌濛初声称子贡所作的《诗传》乃丰坊伪撰③，然凌濛初的辑录、考证与评点，为学者研究《诗经》提供了"自证其同异，自析其短长"的便利，对此凌濛初说："不敢任为《三百篇》之功臣，亦冀以剖数千年之疑案云尔。"④

收入《四库全书存目丛书》经部第66册的凌濛初《孔门两弟子言诗翼》乃上图本。首旧序跋三篇，依次是《合刻二贤诗传小序序》《二贤言诗序》《合刻二贤诗传小序跋》；次凡例，署"吴兴后学凌濛初初成父识"；再次校阅诸家姓氏，其中沈汝法，字身之，手授张司马贵竹本；潘湛，字朗士，手授李宗伯（按：即李维桢）白下本。全书无明确分卷，版

---

① 凌濛初刊本《诗逆·凡例》。
② 同上。
③ 晚明时许多人相信《诗传》乃子贡所撰，如该书所附序言中提到的郭子章、万尚烈等，然明末以来何楷、钱谦益、毛奇龄、朱彝尊等人已相继指出为丰坊伪撰，《四库提要》亦指出了凌濛初的错误。
④ 凌濛初刊本《圣门传诗嫡冢序》。

心有《国风》卷数,为三卷,加上《小雅》《大雅》《颂》三卷,以及书前所附《两弟子言诗》一卷,共七卷。有眉批,行四字,墨刻。正文首页署"吴兴凌濛初辑"。此本与凤凰出版社《凌濛初全集》本不同,后者有刊刻时间崇祯三年(1630)、凌义渠序以及凌濛初自序。自序曰:"已而执此言求诸近代之深于《诗》而有成撰者,得数家焉。其为品骘扬榷如伯敬之为见者不乏,第未免没诠解章句体中,不能以评《诗》自见耳。余为搜剔摘采而录之,如排沙简金,以与伯敬并存。既成帙,藏之箧中,每读一过,殊觉《三百篇》如有点其睛者,气韵勃勃生动。玩讽之余,辄复于其间有所见,不禁技痒,则赘一二,以续貂之不足。"可知,该书兼有凌濛初集评和自评性质,也可作为凌濛初揣摩《诗经》的著作。

凌濛初的史学撰述有《后汉书纂》《倪思史汉异同补评》《左传合鲭》《战国策概》《十六国春秋删正》等,然仅存《后汉书纂》十二卷①,由金陵周氏刊于万历三十四年(1606)。就形式来看,该书主要是删削《后汉书》,故亦可纳入凌濛初编撰类作品。凌濛初企图通过对《后汉书》的删削,"以排沙简金"。其中删削的最多的是《后汉书》的"志"部分,由原来的三十卷删到一卷,其次为"纪",再次为"传"。每《传》标题之下,均注明保留的内容,如卷二《马皇后纪》注"入宫册立始末"、卷四《刘盆子传》注"盆子让位一段、归降始末"、卷五《卓茂传》注"解马及亭长受遗一段"等。从这些文字,不难窥见凌濛初编撰的兴趣和取舍标准,那就是情节性和生动性。这是一种鲜明的小说家倾向,事实上《后汉书纂》的某些章节,已与当时的历史演义小说颇为接近②。

3. 编选评校

编选评校可细分为编辑、删削、辑评、自评、校阅、订注等。"辑评"是辑录他人之评点,若评点者乃多家,亦可称"集评",即汇集各家评语。"自评"就是凌濛初本人亲自参与批点。其中不少著作,往往是编辑、辑评、自评、校阅等兼而有之。实际上,凌濛初的文学编创就有自评,如《拍案惊奇》、《二刻拍案惊奇》及其《识英雄红拂莽择配》;他的学术撰述更是多有编选评校性质,如《后汉书纂》是编删;《琵琶记》是自评、校阅;《西厢记》是集评、自评、校阅,辑录王伯良、王元美、徐士范、

---

① 北京师范大学图书馆及浙江图书馆均藏,八行二十字,单黑色鱼尾,四周单边。
② 参见潘建国《明凌濛初尺牍真迹考释》,《文学遗产》2001年第5期。

第八章 凌濛初的编刊活动、编刊特点及《两拍》的编撰传播 / 265

徐文长、杨用修诸家评点 50 余条;《诗逆》、《圣门传诗嫡冢》与《言诗翼》均是集评兼自评。除上述 9 种,凌濛初编选评校之书还有 15 种,它们所涉的具体的编选评校活动及其影响主要如下①。

《选诗》七卷是编辑、辑评、校勘和订注。书题"江夏郭正域批点,吴兴凌濛初辑评,梁昭明太子萧统选",有凌濛初《辑诸名家合评选诗序》以及《凡例》九则等②。所谓《选诗》,就是辑《文选》之诗而刊行,"《文选》本诗甲、诗乙至诗庚而止。止于庚,意不可晓,殆偶以干纪卷,仅得七而遂止耳。今仍其旧,分为七卷,而去其甲、乙之说"。书中评语、注释、圈点均为凌濛初所辑:"评语俱裒集各家简编中者,故不能无漏",有《批评选诗名公姓氏》,计有沈约、钟嵘等 39 家;"注从六臣中取其简明者节录之,取可解而止,不多援故实句证以为博",有《注选诗六臣姓氏》;"圈点,诸家无本,止郭明龙有批评《文选》本,今悉依其笔"。正文前附有凌濛初所撰《诗人世次爵里》,"诗人,《文选》或书其名,或书其字,其异同无谓,今尽易以名,而字及爵里别详卷首"③,凡荆轲等 64 家。"有明一代,《选诗》多有刊刻,印制不乏上品,但能汇集各家评注,并作诗人小传者,却首推凌濛初。"④ 凌濛初还做了校勘工作:"刻诗悉依宋雕本,故有从善而与五臣异者,有从五臣而与善异者。今俱明注其傍。"另外,该书每卷后所附《订注》亦为凌濛初撰。

《陶靖节集》八卷附录一卷是集评兼校勘。凌濛初《跋》曰:"从来以继陶者莫如左司,而两集无合刻者。合之,自何观察公露始。余游白门时,以其刻见示,为之爽然。而诸家之评其诗者,陶则宋人独详,韦于近世亦复不少。其丹铅杂见,不能定于一,斟酌其间,则余窃有取焉尔。"⑤

---

① 按:凌濛初《北红拂》有自评,不纳入。又凌濛初所刊《维摩诘所说经》十四卷附《释迦如来成道记》亦有评点,但未署姓名,不知是凌氏辑评,还是自评,亦不纳入。
② 《晟舍镇志》卷六《著述》凌濛初名下著录有《合评选诗》七卷、《郭正域选诗注》七卷两种,前者注明"内府藏本,采入《四库全书》",后者注明"见《湖州府志·诗总集》。《湖录》云:'《选诗》七卷,郭正域批,凌濛初注。'"按:《选诗》七卷、《合评选诗》七卷、《郭正域选诗注》七卷是同一种书。
③ 以上均见凌濛初刊《选诗》之《凡例》。
④ 《凌濛初全集》第五册《选诗》之《说明》。
⑤ 按:《四库全书总目·集部·别集类存目三》以《陶韦合集》十八卷著录于凌濛初名下,《晟舍镇志》卷六《著述》亦载凌濛初《陶韦合集》十八卷,人大图书馆亦著录有《陶韦合集》十八卷。然笔者所阅浙图、浙大等馆所藏《陶靖节集》《韦苏州集》均无合刻之名,两书各自装函。又,因凌濛初言"何观察公露",故四库馆臣以为"公"是尊称,其人为"何露",目前学界亦屡见此误。按:何公露,名湛之,本章第一节已考明。

正文八卷，有高元之、汤汉、杨万里等 30 家评语；所附《总论》一卷，辑有 15 家宋人评语①：苏轼、黄庭坚、胡仔、陈师道、杨时、朱熹、葛立方、蔡启、陆九渊、真德秀、魏了翁、陈知柔、杨文清、蔡绦《西清诗话》、无名氏《雪浪斋日记》。这些评语均为凌濛初所辑，若认为这是现存的"取宋人集评的一个凌氏刊本"②，则凌濛初"斟酌其间""窃有取焉"的集评与删减工作被抹杀。另外，凌濛初还作了文字校勘，不妄改，而只注明异文，有时亦作正误判断。如卷一《酬丁柴桑》"屡有良游"之"游"，凌濛初曰："一作由，非也。"凌濛初之校勘均类此，有一定版本学价值。与《陶靖节集》合刊的《韦苏州集》十卷附《拾遗》一卷《总论》一卷，同样为凌濛初集评兼校勘之书。正文眉批及行间批所引有顾璘、刘辰翁、钟惺等 16 家；总论所引有白居易、司空图、敖陶孙等 15 家。

凌濛初所刊《盛唐四名家集》，各集编撰工作情况不一。《王摩诘诗集》七卷从刘辰翁本，但凌濛初觉得刘氏及诸家评语太简，于是增入顾璘所评，其主要工作就是辑评。凌濛初《跋》对此有揭示："今刘本止七卷，考缙《表》云'诗笔十卷'，岂并文赋他作之类为'十'耶？兹卷悉因刘，从所校也。文赋诸篇，刘无评语，及余人和章，刘本所无，故俱不赘及。然刘评诸家于右丞差简，晚复得顾司空华玉所评益之。"《李长吉歌诗》四卷是编辑兼辑评，所辑刘辰翁批点，凌濛初十分推崇，借李梦阳《麓堂诗话》，称其"语简意切，别自一机轴，诸人评诗者皆不及"③。《孟浩然诗集》二卷是编辑、辑评兼校勘。所谓编辑即凌濛初《孟浩然诗集跋》中所言"全录则从刘本，次第则从李本"。"刘本"是指刘辰翁批校本，"李本"是指李攀龙参评本。另外，该书末尾所附《评语》当为凌濛初所辑，只是数量很少，仅四则，其中刘辰翁两则、李梦阳一则，李克嗣一则。《孟东野诗集》十卷的眉批主要为天台国材所评，这些评语乃底本中原有。凌濛初《跋》曰："偶获一宋雕本于武康故家，上有评点，以为必须溪无疑。及阅其序，则宋景定时天台国材成德以宰武康为梓行其集而评之者。"然该书刘辰翁的十余条批语乃凌濛初所辑，以"刘云"标出，故该书也可说是编辑兼辑评。

---

① 《凌濛初全集》第五册《陶靖节集》之《说明》言 10 家，误。
② 见《凌濛初全集》第五册《陶靖节集》之《说明》。
③ 见凌濛初刊朱墨本《李长吉歌诗》四卷之《凌濛初识》。

第八章 凌濛初的编刊活动、编刊特点及《两拍》的编撰传播 / 267

《李诗选》是凌濛初在杨慎、张含选本的基础上，添上钟惺、谭元春、梅鼎祚等评点而形成的新刻本，属集评。《凡例》曰："是刻乃用修与禺山张愈光含者合选，而用修题其端以行"；"用修所批大略以考订为主，而论诗者十不过二三，即从来诸家李诗原无颛批，兹采诸家之散见者辑之上方，而圈点则临川桂天祥正声中笔也"。《杜诗选》之刘辰翁批点为原有，凌濛初的工作只是刊刻。《凡例》曰："时刻李诗分类，杜诗年次、体类俱不分，兹仍其旧"；"杜诗则刘须溪批点甚详，已足居胜，故不复及诸家"。

关于苏轼著作，凌濛初刊有《东坡书传》二十卷、《苏长公表启》五卷、《东坡禅喜集》十四卷三种，前两种均是集评。《东坡书传》所辑诸家有袁了凡、姚承庵、杨用修、沈则新、陈子渊、王炎、王仲山、邵二泉、魏庄渠、林氏、张言若、薛方山 12 家①；《苏长公表启》所辑诸家有钱士鳌、李贽、詹六弘、詹五聚、钟惺、蒋一葵、茅坤、唐顺之、王圣俞 9 家。《东坡禅喜集》十四卷则是编删、增订兼集评，甚至可能有自评。是书辑录苏轼有关佛教方面著述，最早由徐长孺所辑②，唐文献刊之。陈继儒《东坡禅喜集序》曰："此集辑自徐长孺，而唐元征欲刻之，以示同志。"唐文献《跋东坡禅喜集后》亦曰："徐长孺汇集成编，余故喜而刻之。"然唐氏刊本为九卷，凌濛初增益之，厘为十四卷，其《东坡禅喜集跋》曰："（冯梦祯）问余奚囊携得何书，余以《景德传灯录》及苏、黄

---

① 面对这 12 家，《凌濛初全集》第八册《东坡书传》之《说明》在考证了袁了凡一人后，曰："其他评批者为沈则新、陈子渊等则生平不详。"实际上，除林氏、张言若外，其他均可考。其中杨用修为杨慎；姚承庵为姚舜牧，湖州归安人，嘉靖举人，明代著名理学家；王炎（1137—1218），字晦叔，号双溪，江西婺源人，乾道进士，南宋著名学者、文人；陈子渊即陈深，字子渊，号潜斋，湖州长兴人，嘉靖举人，著有《周礼训隽》等；薛方山即薛应旂（1500—1575），字仲常，号方山，江苏武进人，嘉靖进士，明代著名学者、藏书家；王仲山即王问（1497—1576），字子裕，号仲山，江苏无锡人，嘉靖进士，明代书画家、诗人；魏庄渠即魏校（1483—1543），字子才，号庄渠，弘治进士，明代学者；邵二泉即邵宝（1460—1527），字国贤，江苏无锡人，成化进士，明代学者。

② 关于编者徐长孺，学术界不清楚他为何人。《凌濛初全集》第八册之《东坡禅喜集·说明》曰："但初创者的徐长孺却生平不详。"张伯伟《〈东坡禅喜集〉的文化价值》（《中华读书报》2004 年 12 月 22 日）曰："关于此书的编者徐益孙长孺的生平，人们所知不多。长谷川氏在其文章中只是根据陈继儒、陆树声和唐文献等人的序跋，指出其字益孙，并推断他是松江、华亭一带的人。而根据我的推断，他应该是名益孙，字长孺，华亭人。"据笔者考证，徐长孺，名益孙，号兴偕，华亭人。范濂《云间据目抄》卷一有传。太学生。十岁丧父，事母至孝。母死，绝意取。年未半百而卒。徐氏为明"四十子"之一，与王世贞、屠隆等交游。

《禅喜集》对。苏集旧多挂漏，而余盖稍益之者也。"据莫砺锋考证，"九卷本的内容大多包括在十四卷本中，但前者卷九'佛印问答语录'在十四卷本中未见，其实这一内容主要是从陈继儒《问答录》中抄出（原书四十则，抄录三十一则），此外则采自一些滑稽小品如《艾子杂说》《调谑编》等，故为凌氏删去"①。据笔者比对，凌氏删去原书卷九后，增加了赞一篇、偈两篇、记两篇、书一篇：《罗汉赞》《油水偈并引》《地狱变相偈》《四菩萨阁记》《大悲阁记》②《修养帖寄子由》，以及《纪事》与《杂志》各七则。其中"杂志"为凌氏刊本新出类目，两书其他类目则同。唐氏刊本有数类合为一卷的，而凌氏刊本则一目一卷，其十四卷十四目依次为：颂、赞、偈、铭、书后、记、序、传、文、疏、杂文、书、杂志、纪事③。其中前十三目辑自东坡文集，最后一目则是辑自《冷斋夜话》《西湖游览志馀》《唾玉集》《苏籀》等诗话笔记及他人文集。另外，是书题"真实居士冯梦祯批点，即空居士凌濛初辑增"。所谓"辑增"，笔者认为，除了辑录和增订正文内容外，当亦涉及对评点的辑录。是书之评点没有注明作者的，主要是冯梦祯所作，亦有部分可能是凌濛初所批。《四库提要》卷一百七十四著录《东坡禅喜集》时，即曰："万历癸卯，凌濛初、冯梦祯游吴阊，携是书舟中，各加评语于上方。"其他注明评点者的有9家：楼昉、茅坤、王圣俞、李贽、袁宏道、陈继儒、陶望龄、钱士鳌、钱文登，其中以王氏评语为多。这9家评语，有学者认为是冯梦祯所辑④。笔者以为当是凌濛初所辑，主要理由是：冯氏批点完成于游苏州舟中，所谓"吴阊返棹，二集皆卒业"⑤，不可能随身准备有其他人的评点资料。要辑录楼昉等9人的评点，需要一定时间收集资料，而这应是编刊者凌濛初自己的工作。凌濛初辑录的这些评点有助于我们理解苏轼的佛

---

① 张伯伟：《〈东坡禅喜集〉的文化价值》曰："冯梦祯除了自己加批以外，还录了不少他人的评论。"见《中华读书报》2004年12月22日。
② 按：凌氏刊本中有两篇《大悲阁记》。
③ 凌氏刻本被认为是现行《东坡禅喜集》之最全最精者，参见戴丽珠《东坡禅喜集新书》，台北文史哲出版社2000年版。笔者认为，"最全最精"的评价没错，所谓"最全"主要体现在凌氏刊本内容上有所增加，而"最精"虽然也体现在类目编排和内容增减上，但主要还是体现在其评点及套色印刷上。戴氏校本虽然以凌氏刊本为底本，却删去了凌氏刊本之评点，在"最精"这点上就打了折扣。
④ 张伯伟：《〈东坡禅喜集〉的文化价值》，《中华读书报》2004年12月22日。
⑤ 凌濛初刊本《东坡禅喜集跋》。

第八章 凌濛初的编刊活动、编刊特点及《两拍》的编撰传播 / 269

教思想，特别是对苏轼三教融合思想与苏轼所受《楞严经》影响有较好揭示①。就其出版策略来看，是书很有选题与出版眼光，一是因为有苏轼响亮的文名作号召，二是其内容是读者感兴趣的苏轼与佛教，三是相比于苏轼文集之卷帙浩繁，此书篇幅短小，又有评点，使读者易于把握苏轼佛教文字的妙处及其佛教思想的特色②。也因此，该书流传颇广，《四库提要》卷一百七十四、《中国善本书提要》等著录，国图等21馆入藏，其中北师大图书馆藏本还钤有"大城刘氏地山堂世传必读书"印。20世纪以来，中国大陆、中国台湾和日本多有影印或排印本，如1988年台北老古出版社刊本、1997年台南庄严文化出版公司刊本、1997年齐鲁书社《四库全书存目丛书》集部第13册之影印本、2004年南京大学出版社套色影印线装本等。就此书的流传实际来看，"在中日禅林中是深受欢迎的，有些人甚至将此书作为禅与佛教的入门书"③。

《苏老泉集》十三卷是编辑、集评兼自评。凌濛初较完备地搜集了苏洵的文章，并将其分为十一类十二卷：几策、权书、衡论、六经论、太玄论、洪范论、杂论、上书、书（二卷）、谱、杂文，第十三卷"杂诗"则是苏洵诗歌。凌濛初的这一编辑、整理之功，在该书《凡例》中有具体说明："文推三苏，世共传习，诸集中独老泉文俭于数，读之常恐其易尽，乃广搜全集若干首，以快士林挂一漏万之憾云。"又曰："稽前作者动称老泉文二十卷，遍阅藏本凡二三，咸缺略不一，无可考，仍其旧可也。独分卷嫌其琐琐，遂合为十三卷。"至于评点，凌濛初辑有22家472条④，以"某某曰"表明，然以唐顺之、茅坤两家为主。《凡例》曰："毗陵荆川唐公、归安鹿门茅公，海内巨眼。其评骘老泉文，独竟其帙，世奉为指南。所评者贵，评之者益尊，敢一一登之额。"凌濛初自评则有眉批和行间批两种形式，眉批以"按"字标出，30条左右，行间批250条左右。这些批语揭示了苏洵文章在结构、风格等方面的特点，有利于读者对苏洵文章的理解。

《世说新语》六卷《世说新语补》四卷是编辑、集评兼自评。王世贞曾据刘义庆《世说新语》和何良俊《语林》删编成《世说新语补》。由于

---

① 参见张伯伟《〈东坡禅喜集〉的文化价值》，《中华读书报》2004年12月22日。
② 同上。
③ 同上。
④ 《凌濛初全集》第八册《苏老泉文集》之《说明》统计为19家，误。

王氏久负盛名，所以此书由张文柱刊刻出版后，非常畅销，以致《世说新语》原书反而湮没不闻。对此，凌濛初重新进行了编辑，将王世贞所续，"录为别卷，而临川一因其旧，元美之改者复故，元美之芟除者毕收，仍加标明"①。凌濛初的集评工作《凡例》中有说明："诸书不可有评，评者为疣赘，为指枝。独《世说》单词片语，本是谭资，月旦阳秋，不妨饶舌。况刘会孟谭言微中，王敬美剔垢磨瑕，诸家指陈，皆足发明余蕴。不佞参考，颇亦有功前贤。"凌濛初所辑诸家除了刘须溪、王世懋，还有何孟春、张文柱、杨慎等9家。据学者统计，凌濛初自评有540条，其中按语385条，以"按"字标明，主要是校勘、补注和说明文字；评语155条，以"凌濛初曰"标出，"多着眼于小说的道德评价"，也"反映出凌氏的若干小说创作观念"②。

《南音三籁》四卷是编选和自评。作为凌濛初最著名的选本，其成书时间大致在万历四十四年至天启七年间，因为该书《凡例》曾提到刊刻于万历四十四年（1616）的周之标《吴歈萃雅》，而《南音三籁》本身又曾被刊刻于天启七年（1627）的冯梦龙《太霞新奏》数次引用。《南音三籁》收录元明两代32位作家的南曲作品，包括散曲套曲100套、小令28首；戏曲套曲136套、单曲13支③。嘉靖、隆庆以来戏曲创作盛况空前，《吴歈萃雅》《词林逸响》等诸多曲选应运而生，但在明清之际著名戏曲家李玉眼中，"其选之最精、最当者，莫如《三籁》一书也"，所选之曲"尽属撷精掇华"④。该书现有明刻本和清袁园客重刊本存世，其中明刻本有1963年上海古籍书店影印本，另外《续修四库全书》第1744册亦收入该书。《南音三籁》虽然是一部南曲选集，但由于凌濛初对所收南曲进行了鉴赏归类，又进行了包括眉批、尾批、圈点在内的诸多形式的评点，而这些评点不仅涉及戏曲格律规范，而且涉及戏曲理论批评，加上书前凌濛初所写《叙》和《凡例》对戏曲理论和格律的直接阐发，因此它已完全超越单纯选本的意义，成为中国戏曲史上重要的曲谱文献和理论批评文献。

---

① 见凌濛初刊本《世说新语鼓吹序》。
② 潘建国：《明凌濛初刊刻、评点〈世说新语〉考述》，《上海师范大学学报》（哲学社会科学版）2004年第5期。
③ 此处据陈多《凌濛初和他的〈南音三籁〉》一文统计，见《中国文学研究》1988年第1期。徐定保《凌濛初研究》中的数量统计与此不同，见黄山书社1999年版，第265页。
④ 李玉：《南音三籁序》，见《南音三籁》，上海古籍书店1963年影印本。

第八章　凌濛初的编刊活动、编刊特点及《两拍》的编撰传播

清初袁园客重刊《南音三籁》时，就把它作为一部曲谱文献来接受："《南音三籁》者，证板与字句之书也。"① 其从父袁于令在《南音三籁序》中，对该书的曲谱文献价值给予很高评价："词不轻选，板不轻逗，句有增字，调无赘板，能使作者不伤于法，读者不伤于规，有功于声教不浅。"袁氏甚至认为《南音三籁》的曲谱价值超过当时奉为典范的沈璟《南九宫十三调曲谱》②。清初李玉也盛赞《南音三籁》的曲谱价值，说它"亥豕鲁鱼，悉为考证；校雠板眼，的有正传，真词家之津筏而歌客之金标也"③。《南音三籁》对戏曲格律的贡献，具体说来主要体现在以下五个方面。

一是辨明本调与犯调。犯调即"集曲"，就是在一首曲子里集有几个不同的曲牌，如【甘州歌】就是集【八声甘州】和【排歌】两个曲牌名而成的新曲。为避免把集曲误解为原有的曲牌名，常在新集曲后加"犯"字来标明，如【风入松犯】【二犯梧桐树】【三犯集贤宾】等。但由于作曲者有意无意地未注明"犯"字，后人就很容易把犯调误为本调，甚至出现以犯调纠正本调的情况，从而导致曲牌和宫调的混乱现象。凌濛初有感于这一弊端，在《南音三籁》中对犯调与本调进行了严格的辨别和判断，其《凡例》曰：

> 曲又易误于犯调，盖古来旧曲有犯他调者，或易其名，或止于本名下增一犯字，相沿之久，认为本调者多矣。度曲者懵然不知，按字句而填之；唱曲者习熟既久，反执此以改彼，其弊亦烦。此刻俱细查分出，间有未明，或已明而尚在疑似者，则志之上方以阙疑，盖慎之也。

凌濛初把查考出的犯调在《南音三籁》中一律标出，不明确或疑似的也予以注明，这对戏曲格律意义重大。

二是区别正字与衬字。按谱填词时，为符合格律，曲词会出现文义不连贯或不流畅的情况，衬字的作用就是弥补这一缺陷。但由于刻曲者对正字与衬字从来不加区分，若创作者不精通音律，简单地仿照前人曲句的字

---

① 袁园客：《南音三籁题词》。
② 袁于令：《南音三籁序》，"《九宫谱》出，协然向风，梨园子弟庶有规范，犹未若《三籁》一书之尽善也。"
③ 李玉：《南音三籁序》，见《南音三籁》，上海古籍书店1963年影印本。

数来填词，而不知该字句中可能包含衬字，就会出现不合格律的现象。以讹传讹，相沿既久，甚至会导致见了本调正格，反而怀疑其不合格律的情况。而曲词若不合格律，就会影响演唱的音乐效果。凌濛初对曲界不区别衬字而造成的这种弊端有深切认识：

> 曲每误于衬字，盖曲限于调，而文义有不属不畅者，不得不用一二字衬之，然大抵虚字耳。不知者以为句当如此，遂有用实字者，唱者不能抢过而腔戾矣。又有认衬字为实字而衬外加衬者，唱者不能抢多字而唱又戾矣。固有度曲者懵于律，亦从来刻曲无分别者，遂使后学误认，徒按旧曲句之长短、字之多寡而仿以填词，意谓可以不差，而不知虚实音节之实非也。相沿之误，则反见有本调正格，疑其不合者，其弊难以悉数。

因此在《南音三籁》中，"凡衬字俱以细书别之"。

三是注出犯韵与借韵。曲韵与诗韵有所不同，作曲遵循的是周德清《中原音韵》，而作诗遵循的是由沈约《四声谱》确立的"诗韵"，严格说来诗韵不可入曲，曲韵也不可入诗。但有些文人常会有意无意地把诗韵运用到戏曲创作中，甚至出现随心随口而押的情况，这是"犯韵"或"借韵"。为了"无误后学"，凌濛初在《南音三籁》中，每曲之后必注明用某韵，"其犯别韵，或借韵者，亦字字注明，至有杂用数韵，不可以一韵为正者，则书杂用某某韵"。

四是点定板眼。"曲自有正腔正调，衬字虽多，音节故在，一随板眼，毫不可动"，但当时"吴中教师"在演唱教习中，为使声腔摇曳多姿，便于本句中添出多字，或重叠其音。如此增添既多，唱时就需增板；增板既久，便乱正板。当时吴江派沈璟即曰："闻今日吴中清唱，即欲掩耳以避。"甚至有人依据非正板随意填词，若予以正之，反而会振振有词地说自己是依据某某所传。对此，《南音三籁》"一依旧本录曲，一依旧谱点板"，至于那些"时所沿者"，也都"明列其故，以备异同"。凌濛初重视"正腔正调"，强调规范，这在当时无视腔调规律、"止欲弄喉取态"的晚明曲坛固然有其价值，但在实际情况下，声韵曲调等也可适当调整变化，不应过于拘泥"旧曲""旧谱"。如凌濛初批评《拜月亭·抱恙离鸾》重叠"我随着个秀"五字，曰："此戏本，非腔中正字也"，"凡曲有叠句，

第八章 凌濛初的编刊活动、编刊特点及《两拍》的编撰传播 / 273

皆腔宜如此。独《拜月亭》刻本相沿重半句，是俗伶作态之误。有以此为关目之妙者，真说梦也"。《拜月亭》此出写王镇与女儿王瑞兰重逢后，问女儿现在和谁在一起，瑞兰因娇羞，所以在唱出"我随着个秀"后突然哽住，待父亲追问"甚么秀"后，才重复唱"我随着个秀才栖身"。因此，重叠这半句是为了刻画人物心理，并非凌濛初所讥讽的"俗伶作态"。

五是标注闭口字和撮口字。字有开口、闭口之分，古时制韵之人，以侵、覃、盐、咸等十九韵，摆在其他韵部之后，称作"哑韵"，表示必须闭口呼出，声不能舒展。词曲禁止尤其严格，不许开、闭口音同时押韵。吴人没有闭口字，每把"侵"字发成"亲"，把"监"字发成"奸"，把"廉"字发成"连"，乃至十九个韵中，竟缺了三个。对此，《南音三籁》依据沈璟《南九宫十三调曲谱》旧例，把人们容易误忘的闭口字，以加圈来表示。吴人还多撮口字，如朱、如、书、厨、徐、胥等，这些土音影响到南曲演唱，需要甄别，使歌者明其为撮口字，遇到该字时能努力去掉乡音。这种甄别工作《吴歈萃雅》已偶有涉及，可惜殊略。对此，《南音三籁》采用加小三角于字之左方的形式，将这些烦琐的撮口字一一注明，使甄别工作趋于全面。

从以上五个方面可知，《南音三籁》作为曲谱文献不仅为南曲创作提供了严谨的格律规范，也为研究明代戏曲音乐特别是昆曲音乐提供了重要参考。当然，《南音三籁》最重要的价值是体现了凌濛初独特的戏曲审美观。凌氏对《南音三籁》中所收散曲进行了品评，把它们分为天籁、地籁、人籁三等。"三籁"之说源出《庄子·齐物论》。具体说来，人籁是指人工制造的排箫所发出的声音，地籁是风吹自然界中各种孔窍发出的声音，天籁则是风在较地籁更大范围内吹及万物时所发出的声音。在庄子看来，人籁是非自然的声音，地籁也要受制于风和孔窍的大小，只有天籁不受任何约束。凌濛初借以论曲，就是要求散曲创作要最大限度地符合自然。其《凡例》曰："曲分三籁：其古质自然，行家本色为天；其俊逸有思，时露质地者为地；若但粉饰藻绘，沿袭靡词者，虽名重词流，声传里耳，概谓之人籁而已。"要打造自然的"天籁"之曲，在凌濛初看来，离不开自然的音节、本色的语言和真率的情感。

凌濛初认为词曲音节有自然和非自然之分，自然的就是"天籁"。《南音三籁叙》曰："夫籁者，自然之音节也。蒙庄分别为三，要皆以自然为宗。故凡词曲，字有平仄，句有长短，调有离合，拍有缓急，其所谓宜不宜者，正以自然与不自然之异在茫忽间也。"又曰："自乐不传于今之世，而声音之道流行于天地之间者，惟词曲一种而已。曲有自然之音，音有自然之节，非关作者，亦非关讴者，莫知其所以然而然。"凌濛初强调词曲音节是一种自然之物，有着自身的客观规律，反对作曲者或演唱者以自己的主观意志去任意改变或违背它。至于如何才能掌握词曲音节的这种自然规律，凌濛初认为，对于精通音律者可不设宫调、不立文字，但对初学者还是"不得不从宫调、文字入"，最后达到对自然音节的掌握。这与严羽《沧浪诗话》提倡熟读名家名篇，"酝酿胸中，久之自然悟入"的做法颇为一致，都是主张通过具体学习和感悟，从而达到出神入化的艺术创作境界。

作为"天籁"之曲，语言上要求古质自然、行家本色。根据语言特点，戏曲历来有本色派和骈俪派之分。本着古质自然的原则，凌濛初在《南音三籁》中大力推崇本色派作品，如《拜月亭》《琵琶记》《白兔记》等，其中《琵琶记》《拜月亭》被品为"天籁"的套曲分别达24出、12出，占全书61套天籁戏曲套曲的一半多；而像《浣纱记》《香囊记》《红拂记》等被视作骈俪派的作品，就没有任何被品为天籁的曲子。在对天籁之曲的评点中，明显体现了凌濛初对词曲本色语言的推崇和提倡。如他尾批《拜月亭》【正宫·锦缠道】一曲曰："'直上'、'诸余'，皆本色语"；眉批《琵琶记》【正宫·雁鱼锦】曰："'不撑达'、'不睹事'，皆词家本色语"；批点《牧羊记》【仙吕·桂枝香】曰："各末句俱用本色成句，殊近自然，自是元人之笔"。反之，对那些粉饰藻绘、刻意求工的词曲作品，凌濛初则痛加批评。即使是对"本色故饶"的《琵琶记》中的一些藻饰现象，也不轻易放过。凌濛初主张语言的本色当行，对矫正当时曲坛以梁辰鱼、梅鼎祚为代表的骈俪派陋习有重要意义。

作为"天籁"之曲，情感上要求真率自然。凌濛初评梁辰鱼【仙吕·月云高】《梦魂初觉》曲曰："此似男答女前曲者，词意不及前，然亦饶有真色。"又评朱有燉《夜思》曲曰："调虽落江湖游腔，然自有真色，可喜。""真色"即指词曲作品真实反映人物的思想情感，它也是凌濛初品评曲作是否为天籁的一个重要标准。像《拜月亭》【仙吕入双调·销金帐】套曲，由于用了"这般萧索""这般沉疾""这般磨折"等12个以"这般"开头的句子，充分展现了人物内心世界和自然真率的情感，因此得到凌濛初高度评价："此曲诸阕，佳处人皆知之，然其神采，在十二个'这般'上",作品也自然而然地被列入了天籁。要使作品达到"真色",凌濛初认为一要浅显易晓,不假藻绘;二要直接道意,使人"一听而无不了然快意"。他在评《拜月亭》时说:"古人云:'眼前光景口头语,便是诗家绝妙词。'此语于曲更然。如此等曲,不假藻绘,真率自然,所谓削肤见肉,削肉见骨者也。视为易,正自然。"① 在凌濛初看来,只有用不加雕琢的语言直接描述日常生活场景,才最能体现真率自然的情感,从而创造出曲家绝妙词。凌濛初认为作曲与为文一样,为文不真是因为堆砌学问,作曲不近情理是因为藻绘文词。而当时曲坛使用靡词隐语、僻事怪典的情况非常严重,能传达人物真情实感的曲作并不多见。在这种情况下,凌濛初提倡戏曲要写"人间一种真情语",就显得尤为重要。为疗救词曲缺乏"真色"的弊病,凌濛初还指出了一条向民歌学习的道路。他认为吴歌《挂枝儿》等"直述庸言",似乎不太高雅,但"具肖闺吻",贴近情理。学习这类包含"情至语"的民歌小调,有助于弥补词曲创作真情语的缺失。总之,《南音三籁》不仅为当时的南曲创作提供了严谨的格律规范,而且通过对所收散曲的分类与品评,表明了自己对具有自然音节、本色语言和真率情感的"天籁"之曲的追求。

二 刊刻活动

与闵齐伋一样,凌濛初一生究竟刊刻了多少书籍,也很难精确统计。杜信孚《明代版刻综录》列有21种②,多有疏误,列举并考辨如下。

1.《琵琶记》四卷,明万历朱墨套印本。按:是书现存,有插图20幅③、凌濛初《凡例》十则、西吴三珠生跋等。三珠生乃凌瑞森之号,字延喜,是凌濛初从弟荏初之子,亦号椒雨斋主人。其跋叙及《琵琶记》被改窜一事,曰:"余向为愤懑,没由正之。会即空观主人度《乔合衫襟记》,更悉此道之详。旋复见考核《西厢记》为北曲,一洗尘魔。因请并致力于《琵琶》为双绝。遂相与参订,殚精几年许,始得竣业。"可见,主持该书刊行工作的乃凌瑞森,凌濛初只是校阅、评点者,至多可算共同刊行者。

2.《虞初志》七卷,明万历朱墨套印本。按:是书有凌性德《虞初志序》,曰:"余性耽外史,才一寓目,辄不能去手,而《虞初》为甚。

---

① 凌濛初:《南音三籁·戏曲上》,《凌濛初全集》第四册,第172页。
② 见《综录》卷四,第3页。
③ 蒋文言10幅,误,见第319页。

今春来有《虞初》之梓。"可知，乃凌性德所刊。其刊刻时间在万历三十八年（1610）袁宏道卒后，因为《序》中有"石公往矣，无殁其所嗜，愿梓之以公同好"之语。

3.《东坡先生禅喜集》十四卷，明天启元年朱墨套印本。

4.《苏老泉集》十二卷，明万历朱墨套印本。按：是书上图、国图等均藏，并非十二卷，乃十三卷①，前十二卷是文，最后一卷是诗。

5.《李长吉歌诗》四卷《外诗》一卷，明万历朱墨套印本。

6.《维摩诘所说经》十四卷附《释迦如来成道记》，明万历朱墨套印本。按：是书无刻书者序跋等标记，但前有凌濛初草书《维摩诘十譬赞》，还有曾给凌濛初《西厢记》作过插图的王文衡所绘释迦像，因此一般认为是凌濛初所刊。

7.《东坡先生书传》二十卷，明万历朱墨套印本。按：是书卷首、版心均署"东坡书传"，因此准确地说，书名当是《东坡书传》。

8.《圣门传诗嫡冢》十六卷附录一卷，明崇祯四年朱墨印本。按：是书上图、浙图等11馆有藏，然非朱墨本。其眉批为墨刻，行4字。

9.《李诗选》五卷，明万历朱墨套印本。按：《综录》把《李诗选》著录为凌濛初刊，是完全正确的。然《李诗选》版本情况复杂，故历来考述多有疏误。上图索书号为线善821227—28 的《杜诗李诗合选》本，其中《李诗选》在杨慎题辞后，即为"李诗选目录"，无任何刊刻标记，实际上无法判定是凌刻还是闵刻，然《杜诗选》有闵暎璧序，蒋文仙据此判定《李诗选》乃闵暎璧辑评、刊刻②："又见闵暎璧刻《杜诗选》序文并称李、杜，观此书刊刻风格，应为闵氏刻本。"③而笔者在上图查到另一

---

① 值得说明的是，该书版心镌"苏老泉集"，卷首则题"苏老泉文集"，故亦有作《苏老泉文集》，如《凌濛初全集》，然其最后一卷是诗歌，名《苏老泉集》似乎更妥。这与凌濛初《凡例》的误导也许有关，《凡例》最后一则是说把苏洵文章分为十三卷，没提到诗。

② 《杜诗选》之闵暎璧序曰："我朝杨太史用修阅而批骘之，才夜所关，俱经拮出，偶一寓目，辄欲搔首问天，是少陵之神得诗以传，诗之神复得用修以传。今试取其诗读之，如立一少陵于前，而亲见其为悲为愤为激为烈者。再取其评读之，又如置一偶少陵之人于侧，而指点其孰为悲孰为愤孰为激孰为烈者。"蒋氏当据此判定该书乃闵暎璧辑评、刊刻。

③ 见蒋文，第221页。又：蒋氏目录抄漏一页，故没有"卷五"字样，补充如下：送杨山人归嵩山、送殷叔三首、送陆判官往琵琶峡、宣阳谢朓楼饯别校书叔云、杭州送裴大泽书记赴庐州长史、酬张司马赠墨、答湖州迦叶司马问白是何人、酬崔十五见招、东鲁门泛舟、携妓登梁王楼栖霞山孟氏桃园中、侍从游宿温泉宫作、陪侍郎叔游洞庭醉后三首、陪族叔刑部侍郎晔及中书贾舍人至游洞庭五首、登峨眉山、登新平楼、（卷五）下途归石门旧居、客中行。

第八章　凌濛初的编刊活动、编刊特点及《两拍》的编撰传播 / 277

刊本，索书号为线普60025，杨慎《李诗选题辞》后有《凡例》，《凡例》后题"吴兴凌濛初识"。据此《凡例》，《李诗选》是凌濛初在杨慎、张含选本的基础上，添上同时代人钟惺、谭元春、梅鼎祚等评点而形成的新刻本。《凡例》曰："是刻乃用修与禺山张愈光含者合选，而用修题其端以行"；"用修所批大略以考订为主，而论诗者十不过二三，即从来诸家李诗原无颛批，兹采诸家之散见者辑之上方"。事实上，上述凌濛初《凡例》乃《李诗选》《杜诗选》合刊本之《凡例》，故亦提到《杜诗选》，如《凡例》曰："时刻李诗分类，杜诗年次、体类俱不分，兹仍其旧。"也就是说，《杜诗选》亦凌濛初所刊。然与《李诗选》不同，《杜诗选》无凌濛初辑评，《凡例》曰："杜诗则刘须溪批点甚详，已足居胜，故不复及诸家"。至于闵暎璧《杜诗选》序所谓的杨慎评点"我朝杨太史用修阅而批骘之"，当亦如《李诗选》，是"时刻本"中就有。从上述来看，《李诗选》《杜诗选》很可能是凌氏编刊而闵氏仅序，并非闵氏刊本。《四库全书总目》卷一百九十二云：

> 《李太白诗选》五卷、《杜少陵诗选》六卷。不著编辑者名氏。李白诗选之首有杨慎序，辨白里贯出处甚详。末云："吾友禺山张子愈光尝谓余曰：李、杜齐名。杜公全集外，节抄选本凡数十家，而李何独无之？乃取公集中脍炙人口者一百六十余首，刻之明诗亭，属慎题词其端。"愈光为永昌举人张含之字，则是编含所选也。然乌程闵氏所刊朱墨版，其卷端评语引及钟惺、梅鼎祚，皆明末人。含及慎在嘉靖中，何自见之？则已非含之原本矣。杜甫诗凡二百四十余首，前后无序跋，多载刘辰翁评及慎评，其去取殊无别裁。盖闵氏以意抄录，取配李氏并行耳。

既然《杜诗选》无序跋，那何以判定其属闵氏刊本？是据《李诗选》刊刻者？然其亦未说明《李诗选》为闵氏刊本的依据。且据其所引钟惺、梅鼎祚评点诸家，与上图所藏线谱《李诗选》之凌濛初《凡例》所言相合。考虑到四库馆臣常闵刻、凌刻不分，把凌刻统称为闵刻，这可能也是其中一例。王重民曾著录美国国会图书馆所藏朱墨套印本《李诗选》五卷，亦无凌、闵刻书序跋，曰：

前有批评姓氏一叶,题:"杨升庵批点,附桂临川批点。"又附参评者李东阳等十七人姓氏。按此本为闵刻抑或凌刻,卷内无文,其用张愈光选本,而又附入钟伯敬、谭友夏诸家评语,则无疑也。①

按:笔者所见上图线谱本《李诗选》和线善本《杜诗李诗合选》本之《李诗选》,均无王氏所言批评姓氏叶,然据其"用张愈光选本,而又附入钟伯敬、谭友夏诸家评语"之言,则是书与凌濛初朱墨刊本一致。

10.《苏长公小品》四卷,明万历朱墨套印本。按:是书上图、辽图等数十馆入藏,前有《苏长公小品叙》《刻苏长公小品序》《凡例六则》,三者均可证该书乃凌启康辑评、刊刻。《凡例》署"旦庵主人谨识","旦庵主人"乃凌启康之号。《苏长公小品叙》署"友弟施㝎宾题",曰:"余友安国凌次公读而嗜之,嗜而丹铅之,以广同嗜者,则安国之嗣圣俞,而次公之载长公也。""安国"乃凌启康之字。《刻苏长公小品序》署"吴兴凌启康漫题",曰:"是乃圣俞之所以评,而古生章氏镌之,予读而好之,而再镌,镌而衷所评,而加之丹铅也。"

11.《世说新语》八卷,明万历朱墨蓝三色套印本。按:凌瀛初先后两次刊刻《世说新语》,一为六卷本,一为八卷本,均为朱墨蓝黄四色套印本。这两种刊本均存,皆有凌瀛初识语,曰:

余弱冠时幸睹王次公批点《世说》一书,发明详备,可称巨观,以刻自豫章藩司中,不能家传户诵为恨。壬午秋,尝命之梓,杀青无机,惜板忽星失,余惟是有志而未逮也。嗣后家弟初成得冯开之先生所秘辰翁、应登两家批注本,刻之为鼓吹。欣然曰:"向年蠹简残编,已成煨烬,今获捃摭其全,良为快事。"行之已久,独失载圈点,未免有遗珠之叹。予复合三先生手泽,耗庐缀以黄,须溪缀以蓝,敬美缀以朱,分次井然,庶览者便于别识。

据此可知,凌濛初曾刊过墨版《世说新语》。王重民曰:"壬午为万历十年,'尝命之梓'不知谁指,但似指王世懋豫章刻本。后濛初从冯开之得秘本而付之梓,则应在万历末矣。此序谓濛初初刻《世说》,不载圈

---

① 《提要》,第498页。

第八章 凌濛初的编刊活动、编刊特点及《两拍》的编撰传播 / 279

点,瀛初因为广之,用套板印入三家评语,刘应登用黄,刘辰翁用蓝,王世懋用朱,正文用墨。正文不避启、祯讳,亦濛初先刻墨板,而瀛初后刻套板之证也。至是书原委,王世懋本盖翻袁褧本,为六卷。凌濛初墨本既从王本出,亦当为六卷。"① 综上,此套色本当为凌瀛初刊,而且应是朱墨蓝黄四色而非三色,凌濛初所刻乃墨本六卷。

12.《王右丞集》七卷,明万历朱墨套印本。按:是书浙大、杭图等有藏,每卷卷首题"王摩诘诗集卷之×",版心题"王摩诘卷×",故其书名一般作《王摩诘诗集》。

13.《陶靖节集》八卷《附录》一卷,明万历朱墨套印本。

14.《西厢记》五卷《解证》一卷《会真记》一卷《附录》一卷,明万历凌濛初朱墨套印本。按:《西厢记》共五本,各本后均附凌濛初《解证》,如《西厢记第一本解证》《西厢记第二本解证》等,故亦有著录成《解证》五卷者。

15.《韦苏州集》十卷附《拾遗》《总论》一卷,明万历朱墨套印本。按:尽管《拾遗》《总论》的篇幅都很少,但因内容不同,故亦有著录成《拾遗》一卷、《总论》一卷者。

16.《刘辰翁批点三唐人诗集》十四卷,明万历朱墨套印本。按:凌濛初所刊《王摩诘诗集》七卷、《孟浩然诗集》二卷、《李长吉歌诗》四卷《外诗集》一卷、《孟东野诗集》十卷,总称为《盛唐四名家集》,均有刘辰翁批点。《综录》未说明是哪三位唐人诗集,从"十四卷"的数量来看,当是王维、孟浩然、李贺。这从凌濛初《孟东野诗集跋》亦可见出:"余既刻刘须溪所批诸家诗矣,已而思吾乡孟东野,其奇险可与长吉鬼怪对垒。且须溪先生评诗为最广,而诸唐选中亦时见有评其数首者,意必有其本如诸家,而无从见也。遍索之,偶获一宋雕本于武康故家,上有评点,以为必须溪无疑。"可见《孟东野诗集》出现得最晚,且其他三人诗集之评点均以刘辰翁为主,而凌濛初在武康发现的这个《孟东野诗集》乃天台国材所评,凌濛初以此为底本刊刻的《孟东野诗集》眉批即为天台国材评,只在正文中附以自己所辑少量刘辰翁评语。

17.《孟东野诗集》十卷,明万历朱墨套印本。

18.《孟浩然诗集》二卷,明万历朱墨套印本。

---

① 《提要》,第388页。

19.《诗经》不分卷,明万历朱墨套印本。按:凌氏刻《诗经》先有朱墨本,后有朱墨蓝三色本,其底本为钟惺前后两次之评点本。三色本中的蓝色评语即为钟惺第二次评语。三色本为凌杜若刊,有钟惺序,时间是泰昌元年(1620),则朱墨本刊于此前。朱墨本之底本虽为凌濛初从北京带回,亦有凌濛初《钟伯敬批点诗经序》,但其刊者亦为凌杜若,这在朱墨本凌杜若跋中说得很明确:"仲父初成自燕中归,示余以钟伯敬先生所评点《诗经》本,受而卒业。玩其微言精义,皆于文字外别阐玄机,足为词坛标示法门,非仅仅有裨经生家已也。因寿诸梨枣,以公之知《诗》者。"又凌氏朱墨本为四卷而非不分卷,辽图等有藏。

20.《周礼训隽》二十卷,题潜斋撰,明万历朱墨套印本。按:杭图、辽图等藏有凌氏刊《周礼》二十卷,《识语》曰:"《周礼》,十三经中之一经也……吾乡潜斋先生最嗜古,其所辑训隽,条分缕析,字栉句比,殊便后学。因梓之,以为尚古者一助云尔。吴兴凌杜若若蘅父谨识。"可见,此书乃凌杜若所刊。其卷首、版心均题"周礼",《综录》题"周礼训隽",盖因此书有潜斋"所辑训隽"。潜斋,即湖州长兴陈深,字子渊,嘉靖乙酉举人,官至雷州府推官。

21.《选诗》七卷,明万历朱墨套印本。

由上可知,《综录》所载 21 种凌濛初刊本,其中第 2 种《虞初志》、第 10 种《苏长公小品》、第 11 种《世说新语》、第 20 种《周礼训隽》分别为凌性德、凌启康、凌瀛初、凌杜若所刊,可直接排除;第 16 种《刘辰翁批点三唐人诗集》,因作为三唐人诗集的《王摩诘诗集》《孟浩然诗集》《李长吉歌诗》已作单行本著录,故不计入;第 1 种《琵琶记》,凌濛初虽是校阅与评点者,第 19 种朱墨本《诗经》,底本虽是凌濛初提供,也有凌濛初序,但它们的刊刻者分是凌瑞森、凌杜若,故这两种亦不计入。这样《综录》所载凌濛初刊本仅剩 14 种。若增人第 9 种中顺带辨明的凌濛初刊朱墨本《杜诗选》六卷、第 11 种中辨明的凌濛初刊墨本《世说新语》六卷①,则为 16 种。值得说明的是,相比《综录》著录闵齐伋刊本,其所载凌濛初刊本错误相对较少,这主要是因为凌濛初刊本一般无具体刊刻时间,所以在刊刻时间这一项上就很少错误。

---

① 是书当即现存凌濛初刊本《世说新语》六卷《世说新语补》四卷,亦名《世说新语鼓吹》十卷。

董捷亦对凌濛初所刊书进行了考察，认为其一生共刻书15种：经部2种，子部1种，集部12种。与上述16种比，多《苏长公表启》五卷、《北红拂》一卷，而少《李诗选》五卷。按：辽图等藏朱墨套印本《苏长公表启》五卷，有凌濛初《苏长公表启叙》，当为凌濛初所刊；上图藏朱墨本《北红拂》一卷有凌濛初《识语》，曰："余既以三传付剞劂氏，友人马辰翁见而击节，遂为余作图。"所谓"三传"，即"北红拂三传"，是凌濛初所撰三个杂剧：《识英雄红拂莽择配》《李卫公薴忽姻缘》《虬髯翁正本扶余国》，上图《北红拂》一卷乃《识英雄红拂莽择配》。这样加上《苏长公表启》、"北红拂三传"，则凌濛初刻书已达20种。

据笔者考察，除上述20种外，凌濛初还刊有以下5种书籍：《诗逆》附《诗经人物考》、《孔门两弟子言诗翼》、《南音三籁》四卷附《谭曲杂札》、《山谷禅喜集》、《景德传灯录》。前三者均有凌濛初自序及凡例，显为凌濛初自刊本。凌濛初《东坡禅喜集跋》提到冯梦祯在去苏州游玩的舟中，为凌氏"点阅二《禅喜集》"，等到"吴阊返棹，二集皆卒业，向秘之笥中"，十九年后"付之剞劂"。笔者认为，这里凌濛初付之剞劂的也包括《山谷禅喜集》。关于凌濛初刊刻《景德传灯录》，其证据是凌濛初所刊《东坡禅喜集》附有冯梦祯《景德传灯录跋》，跋后有凌濛初识语，曰："余时无公海内意，故不及丐其数语作序，今不可追矣。"这说明凌濛初作跋时已有将《景德传灯录》刊刻行世之意，被刊的可能性很大。若计入，凌濛初所刊书籍就达25种，包括经部4种、子部3种、集部18种。除《山谷禅喜集》《景德传灯录》《李卫公薴忽姻缘》《虬髯翁正本扶余国》四种已佚[①]，其他均存。参见附录七"凌濛初编刊活动表"。

三 刻书特点

与闵齐伋相比，凌濛初刊刻活动的主要特点有五个。

1. 内容上，以集部文学类书籍为主。所刊25种书籍，属集部的有18种，占70%以上，这与其文学家身份一致。另外，经部《诗经》3种，子部《世说新语》1种，亦可归入文学类书籍。剩下的3种是《东坡书传》《维摩诘所说经》《景德传灯录》，与凌氏家族对三苏和佛教典籍的刊刻兴趣一致。除了《东坡书传》，凌氏家族还刊有三苏作品7种：凌启康《苏

---

① 《虬髯翁正本扶余国》凌濛初刊本不存，现有《盛明杂剧二集》本。

长公合作》《苏长公小品》、凌云《苏文嗜》、凌濛初《苏长公表启》《苏老泉集》《东坡禅喜集》《苏文忠公策论选》。而除了《维摩诘所说经》《景德传灯录》，凌氏家族还刊有佛教典籍 5 种：凌弘宪《楞严经证疏》十卷，凌毓枏《楞严经》十卷、《圆觉经》两卷、《金刚经》一卷《解》一卷、《心经》一卷《解》一卷①。值得注意的是，凌濛初所刊书籍没有史部，其所编撰的《后汉书纂》由金陵周氏刊行，其他史部著作《倪思史汉异同补评》《左传合鲭》《战国策概》《十六国春秋删正》则不存。

2. 多有凡例，而少有刊刻时间。凌濛初所编撰评点或刊刻的书籍多有凡例，如《世说新语》六卷、《世说新语补》四卷、《南音三籁》、《圣门传诗嫡冢》、《言诗翼》、《诗逆》、《选诗》、《李诗选》、《苏老泉集》、《西厢记》、《琵琶记》、《后汉书纂》、《拍案惊奇》等。但就刊刻时间而言，其所编刊的书籍中，只有《言诗翼》《圣门传诗嫡冢》《诗逆》《东坡禅喜集》4 种在序跋中署有时间，且《圣门传诗嫡冢》刊刻时间的判定是在何万化序中。

3. 少墨本，而多朱墨本，但无三色及以上刊本，而闵齐伋所刊之书三色套印本多达 9 种。现存 21 种凌濛初刊本中，朱墨本为 17 种，墨本为 4 种。墨本中有 3 种是凌濛初自己研究《诗经》之作，其刊刻时间在天启、崇祯间，此时颜色套印早已盛行，而凌濛初却未采用。看来，凌氏刊刻自己著作，首先考虑的不是商业利益，而是学术流传。至于墨本《世说新语》六卷《补》四卷，其刊刻时间大致在万历初期，此时凌氏还未使用颜色套印技术，故后来才有凌瀛初套印本《世说新语》。

4. 喜辑刻前人评点，尤其酷嗜刘辰翁批注本。凌濛初喜欢辑录前人评点，加以刊刻。在刊刻《选诗》时，他说："诸家之言，仅散见于残管蚀帙中，无汇而辑之者。余感少陵语，沉湎濡首，虽固陋未及备搜，一脔之尝，窃有取焉。"②像《苏长公表启》，凌濛初辑录了钱士鳌、李贽、钟惺等 9 家评点；《东坡书传》辑录了袁了凡、姚舜牧、杨慎等 12 家评点。这些评点的汇集、刊刻有助于读者的研究、比较与借鉴，便于读者了解和传承前辈学术。凌濛初尤酷嗜刘辰翁批点，其所刊《世说新语》《李长吉歌诗》《李白诗选》《陶韦合集》《孟东野诗集》《王摩诘诗集》《孟浩然

---

① 《楞严经》以下三种，辽图合为一函，其中《金刚经》有"觉于居士凌毓枏校"字样，故判定为凌毓枏所刊。

② 凌濛初刊本《选诗序》。

第八章 凌濛初的编刊活动、编刊特点及《两拍》的编撰传播 / 283

集》《韦苏州集》等均采用刘氏批点。在《世说新语》凡例中，凌濛初特别强调批点是据刘辰翁批注本："《世说》为补删者，遂无须溪批。今考须溪本，增入上方。"在出版了刘氏的一些唐诗评点本后，他坚信孟郊诗集也会有刘氏批注本，遂到处访求。其《孟东野诗集跋》曰："须溪先生评诗为最广，而唐诸选中亦时见有评其数首者，意必有其本如诸家，而无从见也。遍索之，偶获一宋雕本于武康故家，上有评点，以为必须溪无疑。"凌濛初之所以如此有意识地访求刘氏评点本来出版，是因为刘氏是宋末元初最有代表性的评点家，其评点言简意切，士人咸服。凌濛初《李长吉歌诗跋》就指出了刘氏评点的这种独特价值："先辈称，善言诗者咸服膺宋须溪先生。李文正公《麓堂诗话》称其语简意切，别自一机轴，诸人评诗者皆不及。良然。"

5. 注重取悦消费者，有意追求名人效应，刻书的商业特征十分明显。凌濛初处处为读者着想，迎合他们的好恶。如《南音三籁》所收戏曲《红拂记·渡江》有凌濛初尾批，曰："〔锦缠道〕一曲，堆砌甚矣，旧曲宁有此耶？然时所喜唱，不得不留以备一种耳。"又《南音三籁》所收《拜月亭·拜月》有【商调·二郎神】曲，凌濛初眉批认为此曲乃"引子无疑也"，但因"今人强唱作过曲"，凌濛初遂将之纳入过曲，并曰："今恐惊俗眼，姑从时板。"有时甚至只是为了讨个吉利，如《南音三籁》所收陈大声散曲《驻云飞·集古曲句》有凌濛初眉批，曰："本'金榜无名誓不归'，今人取谶，故改之。"凌濛初把原句"金榜无名誓不归"改成"金榜题名及早归"，这纯粹是迎合读者心理，而非出于校勘考虑。凌濛初非常注意读者的阅读反应，这在其所刊《世说新语》《西厢记》以及所校《琵琶记》中亦有生动反映。其《世说新语鼓吹序》曰："顾恐不满喜新者之口，一时耳目复古，或难焉。"又《凡例》曰："观者非所经见，则哑然惊，反疑所从来者有之"，所以"留注而删《补》，仍于注上标明，恐不觉者翻谓有所挂漏于《补》也"。关于《西厢记》绘刻插图之用意，凌濛初《西厢记凡例》第九条云："世人重脂粉，恐反有嫌无像之为缺事者，故以每本题目正名四句，句绘一幅，亦猎较之意云尔。"又凌濛初《琵琶记·凡例》曰："时本《琵琶》，大加增减。如考试一折，古本所无；古本后八折，去其三折。今悉遵原本，但其所增者，人既习见，恐反疑失漏者，则附之末帙"；"今凡见古本无尾者，即妄增一尾，殊为可笑。然恐人所习熟，以不见而骇，则备记上方，其曲之竟异者亦然"。不难看出，凌濛初重视读者口味、尊重读者阅读习惯的诸种努力，主要是从争取最大量的读者这一商业角度考虑。

凌濛初重视名人序跋效应，如其所撰《后汉书纂》请名人王穉登作序，《言诗翼》请家族名人凌义渠作序，《圣门传诗嫡冢》请闽督学使者云间何万化作序，《识英雄红拂莽择配》请南京文人孙起都作序，其所藏元板《景德传灯录》请名士冯梦祯跋。由于王穉登序对《后汉书纂》大加赞赏，"《后汉书》无纂，纂之自余友凌玄房始"，"纂而出于玄房手，犹丹萤化于腐草，紫磨炼于顽铁"，因此凌濛初兴奋地写信给表舅吴允兆："蔚宗书纂，亦得雄文，俾足金口木舌，要当有买椟而还珠者，然不可谓非卖珠者用心也。"① 可见，利用名人序跋来提高自己著作价值是凌濛初有意为之。他在向吴允兆求取序跋时，也曾明说："不经高名之士，何以重于世？"② 这样的反问让我们闻到了凌濛初身上所散发出的晚明社会的那股浓浓的商业气息。

凌濛初喜欢刊刻刘辰翁批点本，主要也是出于商业考虑。当时刘氏评点本的销路非常好，书商均抢着刊刻。叶德辉《书林清话》卷二就说："刘辰翁，字会孟，一生评点之书甚多，同时方虚谷回亦好评点唐宋人说部、诗集，坊估刻以射利，士林靡然向风。"凌濛初编撰《后汉书纂》，通过对《后汉书》的删削，使其向情节性和生动性靠近，以吸引读者，也体现了其编刊的商业特征。又凌濛初所刊《言诗翼》之《凡例》云："中有无名氏，乃在长安所得抄本，不知出何人笔，止有《国风》，失去《雅》《颂》，不忍埋没，亦采录之。"凌氏书中《国风》部分屡引的'无名氏曰'，实际上皆出自戴君恩《读风臆评》，而戴氏该书闵齐伋刊刻过，"海内人士竞相传诵"③。凌、闵同居晟舍，多有姻亲关系，怎会不知戴氏该书？显然，这是一种商业考量，以长安所得抄本之无名氏评点，来制造书籍卖点。凌濛初《言诗翼》自序曰："故余姑未遽抑今本以从《诗传》，聊取其《传》析入今本，附《小序》后，目为两弟子《诗》，先令学者见一斑。"又曰："兹且以此破求饥副急之橐白云尔。"这里凌濛初之所以急于刊刻，是考虑到日后如果再变化，则又为一新本，其后来所刊篇次从

---

① 见上图编《上海图书馆藏明代尺牍》第七册所收凌濛初尺牍，上海科学技术文献出版社2002年版，第35页。

② 同上。

③ 闵齐伋刊本《绘孟》之龚惟敬跋。

《诗传》的《圣门传诗嫡冢》就是证据。而且凌濛初所刊这些《诗经》研究著作，在编辑上均从便于经生学习的角度来考虑，面向的是考生市场。而凌濛初编刊《东坡禅喜集》，不仅以苏轼文名作号召，而且内容是读者感兴趣的苏轼与佛教，再加上相比于苏轼文集之卷帙浩繁，此书篇幅短小而又有评点，便于读者阅览和理解，其畅销程度可想而知。总之，凌濛初编刊活动的商业特征比闵齐伋更明显。

第三节 《两拍》的编撰与传播

一 《两拍》的编撰工作

关于《两拍》的编撰，主要有两个问题：一是为什么要编撰，即编撰缘由；二是如何编撰，即具体的编撰工作。

1. 编撰缘由

《两拍》的编撰缘由主要有二：一是宣泄科举失意的苦闷，二是追逐商业利润。天启七年（1627），四十八岁的凌濛初赴京乡试，仍以失败告终。怀着无限抑郁的心情，他回到南京，开始拟话本小说《拍案惊奇》的编撰。《二刻拍案奇小引》曰："丁卯之秋事，附肤落毛，失诸正鹄，迟回白门，偶戏取古今所闻一二奇局可纪者，演而成说，聊抒胸中磊块。"凌濛初希望通过小说创作来抒写心中不得志的"磊块"。比起《三言》，《两拍》中有更多议论，这些议论表达了凌濛初的怀才不遇之感和对这个社会的愤懑，透露了他的吏治观、宗教观、人才观、妇女观等。如《恶船家计赚假尸银》揭露当时吏治之黑暗，曰："如今为官做吏的人，贪爱的是钱财，奉承的是富贵，把那'正直公平'四字，撇却东洋大海。"又如《神偷寄兴一枝梅》，通过盗贼懒龙形象的塑造，凌濛初明确提出"天下寸长尺技俱有用处"，即便是"鸡鸣狗盗"之辈，"若是善用人才的，收拾将来，随宜酌用，未必不得他气力，且省得他流在盗贼里头去了"。然而当时的社会现实却是"只重着科目，非此出身，纵有奇遮的，一概不用。所以有奇巧智谋之人，没处设施，多赶去做了为非作歹的勾当"。在这里，凌濛初显然是在借他人之酒杯，浇自己心中之块垒，表达怀才不遇的愤懑之情。

除了宣泄举业失意的苦闷，以游戏笔墨求取精神慰藉，凌濛初写作《拍案惊奇》也有浓厚的逐利欲望。其《拍案惊奇序》说，冯梦龙《三言》刊行后，"肆中人见其行世颇捷，意余当别有秘本，图出而衡之。不知一二遗者,皆其沟中之断芜,略不足陈已。因取古今来杂碎事可新听睹、佐谈谐者,演而畅之,得若干卷"。因为《三言》大受读者欢迎,"肆中人"就怂恿凌濛初编撰类似书籍。《拍案惊奇》问世后,果然销路很好,"支言俚说,不足供酱瓿;而翼飞胫走,较捻髭呕血、笔冢研穿者,售不售反霄壤隔也"①。销售如此火爆,凌濛初始料未及,他感叹说:"文岂有定价乎!"于是又在"贾人"的怂恿下,创作了《二刻拍案惊奇》。《二刻拍案惊奇小引》曰:"贾人一试之而效,谋再试之","意不能恝,聊复缀为四十则"。所谓的"肆中人""贾人",笔者以为很可能只是托词,实际上是凌濛初自己看到了这种商机而创作小说。凌濛初在《拍案惊奇序》中批判当时社会风气淫靡,小说创作堕入恶道,"世承平日久,民佚志淫,一二轻薄恶少,初学拈笔,便思污蔑世界,广摭诬造,非荒诞不足信,则亵秽不忍闻,得罪名教,种业来生,莫此为甚"。他申明自己的创作是"矢不为风雅罪人,故回中非无语涉风情,然止存其事之有者,蕴藉数语,人自了了,绝不作肉麻秽口,伤风化,损元气"②,但在小说实际创作中,却时常津津乐道男女情事,这也充分说明凌濛初迎合世风需要追逐商业利润的心理。

2. 编撰工作

《两拍》的编撰工作受到《三言》的启发而又与《三言》不同。《三言》中120篇小说主要来自宋元两代话本,它们经过冯梦龙的加工润色,刻上了明末社会烙印,反映了当时新兴市民阶层的思想感情和道德准则,出版后很受读者欢迎。受此启发,凌濛初意欲编撰《拍案惊奇》,但由于宋元话本已被冯梦龙"搜刮殆尽",其"一二遗者,皆其沟中之断芜,略不足陈",凌濛初遂"取古今来杂碎事可新听睹、佐谈谐者,演而畅之,得若干卷"③。据此,凌濛初另辟蹊径,摭拾古今奇闻异事,自己铺陈敷演,模拟宋元话本进行小说创作。整个编创过程持续了五年时间,其中《拍案惊奇》刊行于崇祯元年(1628)冬天,从撰写到印行用了一年左右时间;《二刻拍案惊奇》刊行于崇祯五年(1632)冬天,距离"初拍"问

---

① 凌濛初:《二刻拍案惊奇小引》,陈迩冬、郭隽杰校注:《二刻拍案惊奇》,人民文学出版社1996年版。

② 凌濛初:《拍案惊奇凡例》,陈迩冬、郭隽杰校注:《拍案惊奇》,人民文学出版社1995年版。

③ 凌濛初:《拍案惊奇序》,陈迩冬、郭隽杰校注:《拍案惊奇》,人民文学出版社1995年版。

世有四年时间。

《两拍》中的故事绝大部分取材于笔记、野史等，但正如孙楷第先生在《三言二拍源流考》中所说："凌氏的拟话本小说，得力处在于选择话题，借一事而构设意象；往往本事在原书中不过数十百字，记叙琐闻，了无意趣，在小说则清谈娓娓，文逾数千，抒情写景，如在耳目；化神奇于臭腐，易阴惨为阳舒，其功力实亦等于造作。"也就是说，凌濛初《两拍》的具体编撰工作就是利用本事，加工创造，翻陈出新。如《程朝奉单遇无头妇》，本事出于《智囊补》卷十中一则笔记：

> 徽富商某，悦一小家妇，欲娶之，厚饵其夫。夫利其金以语妇，妇不从，强而后可。卜夜为具招之，故自匿，而令妇主觞。商来稍迟，入则妇先被杀，亡其首矣，惊走，不知其由。夫以为商也，讼于郡，商曰："相悦有之，即不从，尚可缓图，何至杀之？"一老人曰："向时叫夜僧，于杀人次夜遂无声，可疑也。"商募人察僧所在，果于傍郡识之，乃以一人着妇衣居林中，候僧过，作妇声呼曰："和尚还我头。"僧惊曰："头在汝宅上三家铺架上。"众出缚僧，僧知语泄，曰："伺其夜门启，欲入盗，见妇盛装泣床侧，欲淫不可得，杀而携其头出，挂在三家铺架上。"拘上三家人至，曰："当时惧祸，移挂又上数家门首树上。"拘又上数家人至，曰："有之，当日即埋在园中。"遣吏往掘，果得一头，乃有须男子，再掘而妇头始出，问："头何从来？"乃十年前斩其仇头，于是二人皆抵死。

原作约三百字，只有简单情节，凌濛初却把它敷演成了 8000 余字的小说，增添了许多细节，使整个故事极富晚明时代气息。小说中富商成了程朝奉，他拥有巨万家私，因此饱暖思淫欲，只要看到有些姿色的，就不管费多少金钱也要把人弄到手。他看中了开酒店的李方哥的妻子陈氏，一时勾搭不上，就决定以钱明买，说："天下的事，惟有利动人心。这家子是贫难之人，我拼舍着一主财，怕不上我的钩？私下钻求，不如明买。"李方哥见到程朝奉送来的白灿灿的银子，"好不眼热"，但还是有些脸红。当"程朝奉要收拾起银子，便呆着眼不开口，尽有些沉吟不舍之意"。程朝奉早已瞧在眼里，于是就中取了三两多重一锭银子，塞在李方哥袖子里道："且拿着这锭去做样，一样十锭就是了。你自家两个计较去。"李方哥终于挡不住金钱诱惑，回家做起妻子的思想工作：

> 李方哥道："我一时没主意拿了，他临去时就说'象得我意，十锭也不难。'我想我与你在此苦挣一年，挣不出几两银子来。他的意思，倒肯在你身上舍主大钱。我每不如将计就计哄他，与了他些甜头，便起他一主大银子，也不难了。也强如一盏半盏的与别人论价钱。"李方哥说罢，就将出这锭银子放在桌上。陈氏拿到手来看一看，道："你男子汉见了这个东西，就舍得老婆养汉了？"李方哥道："不是舍得，难得财主家倒了运来想我们，我们拼忍着一时羞耻，一生受用不尽了。而今总是混帐的世界，我们又不是甚么阀阅人家，就守着清白，也没人来替你造牌坊，落得和同了些。"陈氏道："是倒也是，羞人答答的，怎好兜他？"李方哥道："总是做他的本钱不着，我而今办着一个东道在房里，请他晚间来吃酒，我自到外边那里去避一避。等他来时，只说我偶然出外就来的，先做主人陪他，饮酒中间他自然撩拨你。你看着机会，就与他成了事。等得我来时，事已过了。可不是不知不觉的落得赚了他一主银子？"陈氏道："只是有些害羞，使不得。"李方哥道："程朝奉也是一向熟的，有甚么羞？你只是做主人陪他吃酒，又不要你去兜他。只看他怎么样来，才回答他就是，也没甚么羞处。"陈氏见说，算来也不打紧的，当下应承了。

这在原作中不过是"厚饵其夫，夫利其金以语妇"11字，凌濛初却把它铺陈得如此细致。两个男人间的特殊交易、夫妻间的对话，写得如在目前。从脸红，到半推半就地拿了银子，再到大胆地做妻子工作，细致地写出了李方哥为了金钱而出卖老婆的心理。陈氏从开始有点不愿意，到后来觉得不打紧而应承下来，也有一个心理变化过程。金钱的诱惑力和腐蚀力在这里得到形象的展现。在程朝奉等晚明时代商人看来，人世间的一切都是商品，都可以买卖，人与人之间的关系完全是赤裸裸的金钱关系。正如《拍案惊奇》卷二十二《钱多处白丁横带》所言："而今的世界，有甚么正经？有了钱，百事可做。"在这种拜金主义面前，晚明时代传统的伦理道德受到强烈冲击，原先极被看中的女子贞操，已不值一提。"就守着清白，也没人来替你造牌坊"，李方哥作为丈夫对其妻子的这番话语，正是晚明时代物欲横流而礼教松弛的形象反映。

　　凌濛初在编撰《两拍》时，充分调动了他丰富的生活经验，并在构思上花了大功夫。《转运汉遇巧洞庭红》的本事也不过五六百字，而且一开始就把从事海外贸易者称为奸商。凌濛初更换了主人公的姓名和籍贯，添加了许多人物，虚构了许多生动细节，从而把它敷衍成了情节曲折、首尾连贯、意趣横生的一万三千余字的小说。且小说对商人的看法与原作截然不同，烙上了晚明时代新的商业价值观和道德观。其他如《伪汉裔夺妾山中》《许察院感梦擒僧》《错调情贾母詈女》《襄敏公元宵失子》等，本事也不过数百字，但在《两拍》中都成了构架曲折、生活气息浓郁的万言上下的令人称奇的小说。利用旧的题材，敷演成充满现实气息的富有艺术性的小说，凌濛初的这种编撰工作与《三言》主要是编选润色宋元旧本迥然不同。因此，学界历来把《三言》看成冯梦龙所编，至多是编撰；而把《两拍》看成凌濛初撰，起码是编撰。也因此，学界把我国最早的文人独立创作的白话短篇小说集的称号给了《拍案惊奇》而不是《古今小说》（即《喻世明言》）。

　　需要说明的是，21世纪初，韩结根通过分析潘之恒《亘史》、吴大震《广艳异编》与凌濛初《两拍》的关系，认为《亘史》《广艳异编》是《两拍》的重要蓝本，"凌濛初之所以能在较短的时间内且没有花费太多的力气便完成了'两拍'的资料准备与编撰工作，是由于他利用了同时代作者纂辑的类书与文言小说集为蓝本"[①]。然而关于《亘史》和《两拍》，韩结根只对比了六篇的情节与文字，至于凌濛初小说的字数和《亘史》的字数各自是多少，没有统计；而关于《广艳异编》与《两拍》，韩结根只对比了两篇中的两段，并没说明像这样文字相似的例子大致有几篇。因此，似乎还只能说《亘史》和《广艳异编》都是《两拍》蓝本之一，而凌濛初在这些蓝本基础上的编撰活动的具体情形还有待重估。还有一个问题是，既然刊于崇祯元年的《拍案惊奇》很畅销，而《二刻拍案惊奇》的编撰又有蓝本，材料现成，为什么不及时编刊获利，而非要经历四年之久呢？

---

　　① 参见韩结根《〈亘史〉与"两拍"——"两拍"蓝本考之一》，《复旦学报》（社会科学版）2004年第1期；韩结根《〈广艳异编〉与"两拍"——"两拍"蓝本考之二》，《复旦学报》（社会科学版）2005年第5期。

二 《两拍》的传播影响

1.《两拍》的刊本流布

也许是考虑到商业销售因素,自己经营刻书业的凌濛初并没有亲自刊行《两拍》,而是把它们交给苏州尚友堂来出版。坊主安少云在扉页上,给首次发行的《拍案惊奇》作了一个很好的广告:

> 即空观主人,胸中磊块,故须斗酒之浇;腹底芳腴,时露一脔之味。见举世盛行小说,遂寸管独发新裁,摭拾奇袤,演敷快畅。原欲作规箴之善物,矢不为风雅之罪人。本坊购求,不啻拱璧;览者赏鉴,何异藏珠。金阊安少云梓行。

从商业角度来看,把《拍案惊奇》视作"拱璧""藏珠"的广告语,若由编撰者凌濛初自己来打,显然不合适。

《拍案惊奇》于崇祯元年(1628)一问世,就"翼飞胫走",成了海内畅销书。在这种轰动效应下,《二刻拍案惊奇》又应运而生,而且同样深受读者青睐。然而,《两拍》的盛行引起了官方注意,除了肯定男女情欲、宽容妇女失贞等思想让统治阶级觉得有伤风化外,《两拍》的歌颂盗贼、抨击吏治等在统治阶级眼中也是异端思想。入清后,《两拍》因此遭到查禁的厄运。清光绪二十四年(1844),湖州知府所颁布的禁毁书目中,就有凌濛初《拍案惊奇》,而早在清初,《二刻拍案惊奇》在国内就已被禁绝。幸运的是,《两拍》早已越出国界而保存下来。就目前所知,世界各地图书馆和私人藏书家手中,都存有不少《两拍》的明清刊本。

现存世的《拍案惊奇》明尚友堂刊本有两部,均在日本。一部藏于日本日光山轮王寺慈眼堂法库,是尚友堂原刊初印四十卷足本。半页十行,行二十字。有插图四十页,每页两幅,共八十幅,雕刻十分精美。正文除卷十二缺第十四页及卷三十五缺第八页外,皆完整无恙,是迄今为止所发现的最完整的本子。另一部为尚友堂原刊后印三十九卷本,原属日本细野燕堂氏,现藏日本广岛大学图书馆。该书缺原刊四十卷本的第二十三卷,而将四十卷本中的第四十卷改为第二十三卷。据李田意先生观察,此卷和四十卷本的第四十卷虽内容相同,但并非同板,而系重刻,其余三十八卷

第八章 凌濛初的编刊活动、编刊特点及《两拍》的编撰传播

则皆为尚友堂本原板①。《二刻拍案惊奇》的尚友堂刊本也有两部。一部藏日本内阁文库，共四十卷。除卷二十三与卷四十外②，其余三十八卷均为尚友堂原刊。另一部为李文田氏旧藏，现存北京图书馆，残存二十一卷，缺失卷十三到卷三十、卷四十。

《拍案惊奇》在清代虽遭查禁，但仍有许多新刊本出现，仅目前所知就有十余种。覆尚友堂本，马隅卿旧藏，现存北大图书馆。消闲居本，有三十六卷本、十八卷小字巾箱本、二十三卷小字巾箱本之别。消闲居刊三十六卷本流传最广，许多清刊本都据它重印，现北大图书馆、大连市图书馆、美国哈佛大学和耶鲁大学图书馆均藏。富文堂本，封面题《新镌绣像批评原本拍案惊奇》，每篇有夹评及眉批，英国皇家亚洲学会藏。万元楼精刊本，为大型本，黄纸封面书题，右上端刻姑苏原本，下有两章，阴文圆形刻"开卷有益"，阳文方形刻"静观自得"，英国博物院藏。同人堂本，法国巴黎国家图书馆藏；鳣飞堂本，美国哈佛大学图书馆藏；松鹤斋本，马隅卿旧藏，现存北大图书馆；另外，还有同文堂本、文绣堂本、聚锦堂本等。以上这些清刊本，除消闲居所刊二十三卷小字巾箱本只有二十六篇小说外，其余的都是三十六篇，且所缺均为原书最后四篇。除缺原刊本四篇外，为避免查禁，许多清刊本还被出版者删削。

民国以来刊印通行的《拍案惊奇》，现在所知，有1936年上海杂志公司的铅印本及中央书店、新文化书社等的翻刻本。新中国成立后，台湾、香港、大陆均出版了众多《两拍》，主要有以下几种。

王古鲁注释本，上海古典文学出版社1957年版。其中《初刻》以北大图书馆所藏马隅卿旧藏的覆尚友堂本为依据，校以其他清刊本中较好的消闲居刊三十六卷本；《二刻》则根据王古鲁先生自己抄录的日本内阁文库藏本，其中卷三十四《任君用恣乐深闺》一篇王先生认为"确是猥亵太甚，无法删节保留，决定不收外，其余无保留地全部刊出"。王古鲁为两书加了标点和注释，注释质量很高，其中包括大量吴语方言的注释，十分有利于当今人们对《两拍》的阅读和研究。

李田意《拍案惊奇》校阅本，台北正中书局1960年版。它是我国现

---

① 见李田意《重印拍案惊奇原刊本序》，李田意辑校《拍案惊奇》，香港友联出版社1967年版，第4页。

② 这两卷的原刊本已佚，因而将《拍案惊奇》卷二十三和凌濛初杂剧《宋公明闹元宵》分别补入，以凑足四十卷之数。

在所能见到的《拍案惊奇》最早最完整的排印本。此书 1967 年又于香港友联出版社重新辑校出版①，加了新式标点。李田意 1955 年到 1956 年在日本搜集有关中国小说材料时，见到了日光山轮王寺慈眼堂法库所藏尚友堂原刊四十卷本，其所辑校的《拍案惊奇》底本即据此，并保留了原书批语。在《重印拍案惊奇原刊本序》中，李田意说："此次重印全书，完全以《拍案惊奇》的尚友堂原刊四十卷足本为根据，以期恢复全书的本来面目。"②《二刻拍案惊奇》亦有台北正中书局李田意校阅本和香港友联出版社的李田意辑校本。前者初版于 1960 年，至 1981 年出了第五版，是圈点本，"颇能保持原刻本的圈点风貌"③。后者是 1980 年版，亦采用新式标点④。李田意《二刻拍案惊奇新标点本序》曰："二十多年前我曾费了许多时间和精力，把《二刻拍案惊奇》原刊本整理了一遍，由正中书局出版。当时因为想维持原文的圈点，我只是改正了所有断句错误之处，并没有用新式标点符号把全书重新标点一遍。事后想来，不免觉得遗憾。等到我的《初刻》新标点本印出之后，益觉有印行《二刻》新标点本的必要。"⑤

　　章培恒整理本，由上海古籍出版社排印。其中《拍案惊奇》上下两册，出版于 1982 年 8 月。章培恒 1979 至 1980 年在日本神户大学任教期间，得到了广岛大学图书馆珍藏的尚友堂原刊后印三十九卷本《拍案惊奇》复印本。他以此为底本，校以清刊本中较好的覆尚友堂本及消闲居刊三十六卷本。这个整理本收入王古鲁本注释及其所附王古鲁《本书的介绍》、《明刊四十卷本的〈拍案惊奇〉》和《稗海一勺录》三文。《二刻拍案惊奇》则出版于次年 9 月，以章培恒所拍摄的内阁文库藏本照片为底本，也收入王古鲁本注释及其所附王古鲁文章，"原书中有些关于两性关系的描写，考虑到可能在部分读者中产生副作用，因而作了删节。原书有

---

① 台北正中书局 1960 年版、香港友联出版社 1967 年版《拍案惊奇》大陆均罕见，前者广东省立中山图书馆有藏，未见；后者有南京大学图书馆潘重规旧藏本，已阅。
② 李田意：《重印拍案惊奇原刊本序》，凌濛初《拍案惊奇》，友联出版社（香港）1967 年版，第 5 页。
③ 李田意：《二刻拍案惊奇新标点本序》，凌濛初《二刻拍案惊奇》，友联出版社（香港）1980 年版，第 1 页。
④ 台北正中书局 1960 年版、香港友联出版社 1980 年版《二刻拍案惊奇》，大陆亦罕见，笔者所据乃孔夫子旧书网提供的书影照片，见 http://book.kongfz.com/20139/121363449/、http://mbook.kongfz.com/60988/881333941/。
⑤ 同上。

眉批和夹批，由于排印的困难，也均删去"。上海古籍出版社的《两拍》排印本已印刷数次，影响颇大。

上海古籍出版社1985年影印本。其中《拍案惊奇》的底本即为章培恒所得日本广岛大学所藏尚友堂刊三十九卷本的复印本，《二刻拍案惊奇》则据章培恒所拍摄的内阁文库藏本胶卷。

中华书局《古本小说丛刊》本。出版于1991年，其中《拍案惊奇》据日光山轮王寺慈眼堂法库所藏尚友堂原刊四十卷本影印，《二刻拍案惊奇》据日本内阁文库藏本影印，分别收入《古本小说丛刊》第十三、十四辑。

人民文学出版社出版陈迩冬、郭隽杰校注本。其中《拍案惊奇》出版于1991年，以日本游万井书房据日光山轮王寺慈眼堂所藏尚友堂四十卷足本的影印本为底本。《二刻拍案惊奇》出版于1996年，以上海古籍出版社的影印本为底本。

2.《两拍》的影响

明末清初，由于《三言》《两拍》的广泛流布，当时文人纷纷仿效，从而出现了拟话本创作热潮。据不完全统计，仅崇祯到顺治约三十年间，就产生了四十余部拟话本小说集。如天然痴叟《石点头》、陆人龙《型世言》、李渔《十二楼》、酌元亭主人《照世杯》、周清源《西湖二集》、东鲁古狂生《醉醒石》、徐述夔《八洞天》、渔隐主人《欢喜冤家》，等等。明末清初拟话本创作可以说是蔚然成风，这个时期也就成为我国话本小说发展史上的全盛期。

由于《三言》《两拍》深受世人喜爱，也产生了许多选本，其中最早的是明末清初抱瓮老人的《今古奇观》。据郑振铎推测，该书约刊行于崇祯十年（1637）[①]，那么它距《二刻拍案惊奇》的刊行不过五年。它选录《两拍》作品十一篇，其中《初刻》八篇，《二刻》三篇。除内容有所删改外[②]，标题也把原来的双句对偶改成了单句。依据《今古奇观》顺序与标目，这十一个故事依次是：《转运汉遇巧洞庭红》《诉穷汉暂掌别人钱》《刘元普双生贵子》《怀私怨狠仆告主》《念亲恩孝女藏儿》《女秀才移花接木》《十三郎五岁朝天》《崔俊臣巧会芙蓉屏》《赵县君乔送黄柑》《夸

[①] 见郑振铎《明清二代的平话集》，收入《中国文学研究》（上），人民文学出版社2000年版。
[②] 主要是删去了一些男女情色方面的描写。

妙术丹客提金》《逞多财白丁横带》。受《今古奇观》影响,《三言》《两拍》的编选风气在清代大为畅行。清代芝香馆居士编有《删定二奇合传》,选录《两拍》作品十九篇,其中《今古奇观》所收的十一篇全部包含在内。清代《绘图续今古奇观》三十卷,则选取《初刻拍案惊奇》中作品二十九篇,再凑上《娱目醒心编》中一篇作品而成。而其所选《初刻》作品,皆是《今古奇观》所选余的,这大概就是它取名为"续今古奇观"的原因。

除选本外,清代还出现许多以《两拍》为命名依据的小说集,前面所言《二奇合传》即是。芝香馆居士《删定二奇合传叙》曰:"二奇者,《拍案惊奇》《今古奇观》也。合而辑之,故曰'二奇'也。"当然最明显的是《三刻拍案惊奇》和《二刻拍案惊奇别本》。《三刻拍案惊奇》一般以为是明崇祯十六年癸未(1643)刊本,题梦觉道人、西湖浪子辑。该书原名《幻影》,后才改题《三刻拍案惊奇》,显然是受《两拍》影响,而欲鼎足而三。《二刻拍案惊奇别本》为清初刻本,现藏法国巴黎国家图书馆,共三十四卷三十四篇。此书系书贾拼凑《二刻拍案惊奇》与《幻影》两书的残版而成,其中见于《二刻拍案惊奇》的有十篇。反复的选录、类似的命名以及书商的热衷出版,生动地说明了《两拍》在当时社会所产生的深刻影响。

这种影响还表现在不断有人对《两拍》作品进行改写创作。大约在《两拍》问世后十年,就有杭州人傅青眉根据《两拍》写成十二个杂剧,总名为《苏门啸》。它们是《截舌公招》《人鬼夫妻》《买笑局金》《卖情扎囤》《没头疑案》《智赚还珠》《错调合璧》《贤翁激婿》《义妾存孤》《死生冤报》《蟾蜍佳偶》《钿盒奇姻》,分别改编自《初刻》卷六、卷二十三,《二刻》卷八、卷十四、卷二十八、卷二十七、卷三十五、卷二十二、卷三十二、卷十一、卷九、卷三。除傅氏杂剧外,移植《两拍》故事创作而成的小说戏曲作品还有:李渔《秦淮健儿传》(《初刻》卷三),顾景星《虎媒记》传奇(《初刻》卷五)、《玉蜻蜓》中插话(《初刻》卷八),张大复《快活三》传奇(《初刻》卷十二),王夫之《龙舟会》杂剧(《初刻》卷十九),黄振《十六记》传奇(《初刻》卷二十九),无名氏《龙凤钱》传奇(《初刻》卷十二)、《通仙枕》传奇(《初刻》卷二十)、《型世魔》传奇(《初刻》卷三十六)、《紫金鱼》传奇插话(《二刻》卷五)、《领头书》(《二刻》卷六)、《撮合缘传奇》(《二刻》卷二十七)、《失印救火盗银壶》(《二刻》卷三十九),等等①。如此大量的文学作品均改编自《两拍》,可见《两拍》在明清时期文坛上的地位。

明清文人的反复选录和改编扩大了《两拍》的影响。特别是《今古奇观》,问世后流传不绝,而《三言》《两拍》入清后却屡遭查禁,加上卷帙浩繁,原刊全本曾一度失传,因此国人多通过《今古奇观》这部选集来阅读接受《三言》《两拍》。《今古奇观》在国际上也享有盛名,世界各大百科全书对它评价甚高。《法国拉斯鲁大百科全书》说:"《今古奇观》是由优美的爱情故事或背叛爱情的故事、赞扬高尚道德的故事、公案故事等篇章组成的,这些故事具有诱人的魅惑力,叙写这些故事的语言清新而流畅。"《美国大百科全书》则把它与《聊斋志异》《儒林外史》并列,认为这三部小说都对后来的讽刺文学影响极大。日本《大百科事典》有《今古奇观》的专门辞条,详细介绍了它的底本《三言》《两拍》,赞扬它"细致入微地描摹世态人情,批判人世的丑恶行为,是一部很有益的书",并且指出日本在江户时期有许多作品就是根据《今古奇观》中的故事改编的②。

由于《今古奇观》的盛行,它所选的《两拍》中的这些作品也很早就在国外流传。1735 年,法国巴黎勒梅尔西埃出版社出版了四卷本《中华帝国全志》,其中就收录《两拍》中《怀私怨狠仆告主》一篇,另有《三言》中两篇,它们是中国小说中最早被译为西文的作品。《中华帝国全志》不仅有法文的再版本,而且在 1737 年被译成了英文在伦敦出版,1747 年又有德文版,此后还有俄文版,在欧洲影响深广。

自《中华帝国全志》后,《两拍》作品的各种译本相继出现。1827 年,法国巴黎蒙塔迪埃出版社出版了《中国短篇故事集》,收录《两拍》两个故事,即《怀私怨狠仆告主》和《念亲恩孝女藏儿》③。1885 年,法国巴黎欧内斯特鲁出版社出版《三种中国小说》,内收《两拍》两个故事,即《夸妙术丹客提金》和《诉穷汉暂掌别人钱》④。1892 年,巴黎梅松纳夫书局出版《六种中国小说》,收有《两拍》的两篇译文,它们是

---

① 参见张宏庸《两拍研究》,硕士学位论文,台湾大学,1975 年。
② 参见王丽娜《中国古典小说戏曲名著在国外》,学林出版社 1988 年版,第 166—167 页。
③ 这两篇法文分别译作 *Le Crime puni*(《被惩处的罪人》)、*La Calomnie démasquée*(《揭开诽谤》)。
④ 这两篇作品的法文题目是:*Les Alchimistes*(《炼金者》)、*Comment le ciel donne et reprend desrichesses*(《看财奴刁买冤家主》)。

《敲诈》(chantage)，即《赵县君乔送黄柑》；《揭开屏风的秘密》(Paravent révélateur)，即《崔俊臣巧会芙蓉屏》。法文版的《两拍》故事，此后还有1917年版《中国文化教程》中的《崔俊臣巧会芙蓉屏》、1903年版《汉语入门》中《怀私怨狠仆告主》和1921年《中国》杂志第一卷吴益泰译的《转运汉遇巧洞庭红》。

在德国，1881年斯图加特出版社出版了《今古奇观》选译本，收有《两拍》中《转运汉遇巧洞庭红》一篇①；1884年，莱比锡蒂尔出版社出版《中国小说》，收有《两拍》译文《女秀才移花接木》。此后，德国在1900年、1914年、1945年都有以《中国小说》名义问世的不同人翻译的作品，均含有《两拍》作品，它们是《诉穷汉暂掌别人钱》《怀私怨狠仆告主》《赵县君乔送黄柑》《夸妙术丹客提金》《转运汉遇巧洞庭红》②。另外，德文版的还有：1922年慕尼黑海波利瓮出版社出版的《赵夫人的黄柑》，收《两拍》译文《赵县君乔送黄柑》和《夸妙术丹客提金》；1940年柏林施泰尼格尔出版社出版的《十三层塔》，收《两拍》译文《崔俊臣巧会芙蓉屏》和《夸妙术丹客提金》；1968年蒂宾根埃德曼出版社出版的《三言》《两拍》选译本《中国近世爱情园圃：明代著名爱情小说选》。

英文本则有：1883年，英国爱丁堡和伦敦布莱克伍德父子公司分别出版的英文本《中国故事集》，收录《两拍》之《怀私怨狠仆告主》《女秀才移花接木》《夸妙术丹客提金》③；1926年伦敦布伦和塔诺的沃纳劳里有限公司分别出版的《今古奇观》选译本，收录《两拍》之《转运汉遇巧洞庭红》和《十三郎五岁朝天》，题目分别被译作《若虚的命运》(The Luck of Jo-Hsu)、《年幼的臣子》(The Infant Courtier)；1955年由杨宪益与戴乃迭合译的英文《明代小说选》，刊载在《中国文学》该年第3期上，其中有《两拍》作品四篇：《转运汉遇巧洞庭红》《崔俊臣巧会芙蓉屏》《夸妙术丹客提金》《逞多才白丁横带》；1973年伦敦拉普及惠廷出版社出版的《好色的院士及凌濛初的其他故事》。

在俄苏，则有：1909年发表在《活的时代》上的俄译《十三郎五岁

---

① 德文标题译作 Das abenteuer des Kaufmanns Tschan-yi（《商人转运汉历险记》）。
② 《夸妙术丹客提金》在1914年出版了两次，一是慕尼黑格奥尔格穆勒出版社，一是莱比锡岛社。
③ 这三篇英文分别译作 With His Danger（《在危险中》）、A Chinese Girl Grudate（《一个中国女秀才》）、Love and Alchemy（《情妇与炼金术》）。

朝天》；1966年莫斯科文学出版社出版的《闲龙劣迹：十七世纪话本小说十六篇》，选译《三言》《两拍》中的作品，书名即根据《两拍》中《神偷寄兴一枝梅》所题；1982年苏联科学出版社出版的两本话本选集《银还失主》和《道士之咒语》，其中选自《两拍》的作品有十一篇。

日本人非常重视对《三言》《两拍》的选本《今古奇观》的翻译。最早是1814年出版的由淡斋主人翻译的《通俗今古奇观》（该书由青木正儿校注后，1932年再版）。此后有1926年出版的佐藤春夫的译本、1942年东京清水书店出版的井上红梅的译本、1958年东京平凡社出版的千田九一与驹田信二的合译本等。至于《两拍》，则有辛岛骁翻译本，1958年由东洋文化协会出版①。另外，日本1828—1834年出版的马琴的长篇小说《近世说美少年录》，其第26—28回取材于《两拍》之《夸妙术丹客提金》。

除以上所列，1983年韩国汉城中央图书馆发现的《啖蔗》手抄本有七篇作品来自于《两拍》②。另外，还有拉丁文翻译的《崔俊臣巧会芙蓉屏》一篇，收入意大利汉学家晁德莅译著的《中国文化教程》第一卷中③。

由上可见，《两拍》作品在世界范围内广泛流行，深受各国民众欢迎。若按其被翻译的次数来考察其流行程度，则大致依次是《怀私怨狠仆告主》《夸妙术丹客提金》《崔俊臣巧会芙蓉屏》《转运汉遇巧洞庭红》《赵县君乔送黄柑》《女秀才移花接木》《诉穷汉暂掌别人钱》《十三郎五岁朝天》《念亲恩孝女藏儿》《逞多财白丁横带》《神偷寄兴一枝梅》《徐茶酒乘闹劫新人》等，特别是前五篇可以说是屡被翻译。

除了被翻译和模仿外，《两拍》也受到世界学者的广泛关注。从20世纪20年代开始，我国对《两拍》的研究从未中断。郑振铎、王古鲁、赵景深、孙楷第、柳无忌、叶德均、谭正璧等可说是在凌濛初与《两拍》研究领域的最早学者。他们分别从查访和发掘原著、追溯作者生平、考订作品本事与影响几个方面做了开拓性工作。还有鲁迅先生，虽然还未来得及看见《两拍》的全部拟话本，但也根据《今古奇观》的选篇对《两拍》

---

① 辛岛骁原计划是想把《三言》《两拍》中的作品全部翻译，但1958年出版时实际上并未译全。
② 它们是《刘弘敬传》《芙蓉屏记》《刘从善传》《王文豪传》《合同文字记》《黄柑传》《移花接木记》，分别来自于《初刻》卷二十、卷二十七、卷三十八、卷十一、卷三十三，《二刻》卷十四、卷十七。
③ 参见王丽娜《中国古典小说戏曲名著在国外》，学林出版社1988年版，第166—209页。

作了评价。五十年代以后，章培恒、李田意、刘本栋、黄霖、孙逊、陈迩冬、刘世德等知名学者，除了继续完善和恢复"两拍"原貌以外，还以实事求是的历史分析态度把《两拍》提到了应有高位。九十年代以来，《两拍》的研究更是此起彼追，方兴未艾，不仅产生了大量的论文，而且开始出现了研究专著。据不完全统计，我国大陆公开发表的研究凌濛初与《两拍》的论文已超过五百篇，大小专著八本。

在国外，研究最早也最热的首推日本。随着《两拍》原刊本在日本的发现，日本学者20世纪20年代开始就对其进行介绍和研究，如长泽规矩也的《关于"三言二拍"》，载《斯文杂志》第十编九号、第十一编五号；丰田穰《明刊四十卷本拍案惊奇和水浒志传评林完整本的出现》，载《斯文杂志》第二十三编六号。除一般性介绍外，还有专门研究，其中富有影响的是：香坂顺一《拍案惊奇的语言》，载《人文研究》第22卷第11期；小川阳一《通奸为什么有罪——三言二拍中的情形》，载《东洋学集刊》第29号（1973年）；荒木猛《二拍的娱乐性和游戏性》，载《东洋学集刊》第41号（1979年）等。

西方学者对《两拍》的研究始于二十世纪30年代，在六七十年代得到较大发展。黑尔斯1964年于美国印第安纳大学发表的博士论文《拍案惊奇：文学评论》，论述了《两拍》作品的主题、人物特点、故事来源与修辞手法等。黑尔斯的《中国传统短篇小说中的梦与魔》则论述了《两拍》所描写的鬼怪，文章收入尼恩豪泽所编《中国文学评论集》，1976年由香港中文大学出版社出版。在德国，有沃尔夫·鲍斯1972年于埃郎根大学发表的博士论文《凌濛初的〈拍案惊奇〉》，该论文两年后正式出版。苏联汉学家沃斯克列先斯基的《中国古典作家凌濛初著作的题材与版本》一文也是研究《两拍》的力作，收入《苏联中国文学研究》，1973年由莫斯科出版社出版。当然，最值得称道的是美国汉学家韩南，他的实证和理论相结合的研究代表了西方学术界《两拍》研究的最高成就。早在1973年哈佛大学出版的《中国短篇小说的系年、作者归属与成书》一书中，他就论述了《两拍》的著作权和成书过程。此后的研究专文《凌濛初小说的特质》，通过对《两拍》与《三言》的比较，深入论述了《两拍》作品所体现出的喜剧和讽刺要素。该文收入蒲安迪所编《中国叙事体文学评论集》，于1978年由普林斯顿大学出版社出版。在浙江古籍出版社1989年出版的中译本韩南《中国白话小说史》中，也颇多对《两拍》的精彩论述。韩南认为,《两拍》中有个性的叙述者代替了早期话本的带普遍性的叙述者,作者凌濛初借助于叙述者来调节自己与人物故事之间的关系,体现自己的价值观念和审美意向。

总之,凌濛初编撰的《两拍》收入白话短篇小说八十篇(现存七十八篇),这在此前无人能及。此前的冯梦龙只是《三言》的编者,书中大部分小说系宋元作品。文人大量撰写或编撰白话短篇小说始于凌濛初,在他之后三百年内,亦没有人有如此大量的白话短篇小说编撰。凌濛初可以说是我国编撰拟话本小说最多的一个作家。"从世界文学眼光来看,凌濛初也早于十九世纪欧美的短篇小说作家,如莫泊桑、陀思妥也夫斯基、詹姆斯等有二、三百年。"[①] 就目前影响来看,人民文学出版社曾出版《世界文学名著文库》,汇集世界一流作家一流作品200种,其中国内几千年文学史产生的浩如烟海的作品仅择取了四十种,而凌濛初《两拍》就是其中之一。中华书局出版《中国古典小说十大名著》丛书,共计十本,《两拍》就占了两本,另外八本是《红楼梦》《三国演义》《水浒传》《西游记》《聊斋志异》《三言》(三本)。除此之外,《两拍》还被各级各类出版社列入《中国古典文学名著文库》《中国古典小说名著丛书》《中华古典小说名著普及文库》等各种名著丛书或文库出版。

[①] 柳无忌:《关于凌濛初的〈拍案惊奇〉》,《读书》1983年第6期。

第九章 茅氏的编刊活动、编刊特点及《唐宋八大家文抄》的编刊传播

第一节 世系传承与家族特点

一 茅氏之世系传承

花林茅氏祖籍山阴，元末茅巍从山阴迁湖州埭溪，又从埭溪迁湖州花林。茅巍八传至茅迁，其仲子茅坤中嘉靖戊戌（1538）进士，茅氏自此科第蝉联，文采兴盛。从茅坤辈开始，茅氏祖父孙三代有10人入仕、11人著书立说，进入江南望族之列。然而到目前为止，尚未发现茅氏家谱，因此学界对其世系传承语焉不详。现据同治《练溪文献》、同治《湖州府志》、光绪《归安县志》以及茅氏各类著述等，不厌其琐，述考如下。

始祖茅巍，又名骥，字千里。敦信义，尚气节，慷慨多大略。元文宗潜邸金陵时，颇闻其概。及即位，召拜池州路总管。元末至正间，白莲教起，天下大乱。骥知事不可为，弃官隐去，由山阴迁湖州埭溪，以治筏为生。道经花溪，饭而沉碗，曰："天饭我于此乎？"遂家焉。卒之日，面如生，白鸟来翔，里人异之，因奉为社神。茅骥在湖州花溪买田起家，有认为时当元末，如朱赓《茅公墓志铭》，然茅坤《丁酉春正月六日祭祠堂文》却言"时当宋末"。显然，茅骥的事迹因年代久远，可能多为传闻。

一世至三世：孟麟、刚、珪

茅骥八传至茅迁，然其间昭穆未明。为理清世系，笔者遂将孟麟定为一世。据茅国缙《先府君行实》，茅骥"一再传而为得闲公孟麟"，是为茅坤高祖。孟麟"善诗歌，喜宾客，诛茆聚竹石而栖迟其中"，因以"得闲"自命。孟麟"生澹庵公刚"，为茅坤曾祖；"刚生爱梅公珪"，为茅坤

第九章　茅氏的编刊活动、编刊特点及《唐宋八大家文抄》的编刊传播　/　301

之祖；"珪生迁"①，即茅坤之父。

四世：迁、遇

迁（1488—1540），字于善，号南溪。丰颊长髯，魁岸自豪，有放荡不羁之气。以农桑起家，种桑万余株于唐家村。其治生，操纵出入，心算盈缩，无所爽。其为人，好义乐施，尤笃于宗族，曾割田百亩以赡族之贫者。亦耽山水，雅喜为诗，翩然有逸士之风。居尝自言："吾死，第葬吾唐家村，且死者有知，吾得观诸儿荷锄携筐往来吾墓上，何不乐之有哉！"② 卒后，董份为行状，唐顺之为撰《南溪茅处士妻李氏合葬墓志铭》。

遇，字于巷，号介川，邑诸生。学优资敏，自号西河外史，与苕城邵南等结同声社。其后独偃蹇不售，遂吐弃应制之文，寄情诗酒，曰："遇不遇，天限之矣。何自辱为？"时服其高③。

五世：迁子乾、坤、艮

茅乾（1506—1584），迁长子，字健甫，号少溪。负奇志，通达好游。曾因经商而获利万金，于是逍遥于裘马声伎之场，混迹于纨绔子弟之群。后入赀为郎，卒业于国子监。尝掀髯语人曰："大丈夫当提三尺剑，勒铭燕然，安能从竖儒守篱落下耶？"庚戌（1550）虏犯京河，为大将军上客，指画虏情，多奇中。丙辰（1556），倭寇东南甚急，督府胡宗宪以兵寡不欲当敌，出缯饵倭，言者欲以行贿邀功中督府，茅乾为之走留都，谒大司马张鏊，为陈东南厉害，而尽白其冤。不久，选授广东都司经历。广东靠海，时有海贼来犯，茅乾奇计虽不为用，但知兵之名大著。加上深谙吏事，以智谋审奇案，辨冤情，因此政绩卓著，擢升广西南宁府通判。时茅乾已倦游，遂乞归。居花林，优游山水，有《晚汀吟草》六卷。以子一桂，封中宪大夫、黎平知府。以上事迹见祝世禄《南宁判少溪茅公暨配郭安人墓表》④。

茅坤（1512—1601），迁次子，字顺甫，别号鹿门。嘉靖十七年（1538），与后来成为浙江总督的胡宗宪同成进士。历知丹徒、青阳二县，议蠲、请折、赈济，无不宜。擢礼部主事，移吏部稽勋司。嘉靖三十一年出为广西

---

①　以上引文均见茅国缙《先府君行实》，《茅坤集》，第 1377 页。按：茅坤有伯祖名茅继，见《丁酉春正月六日祭祠堂文》，《茅坤集》，第 1178 页。
②　《练溪文献·艺文》引唐顺之《南溪茅处士妻李氏合葬墓志铭》。
③　见《练溪文献·列传》，注明引自《茅氏家乘》，故知茅遇为茅氏族人，且从名、字可知，他与茅迁同辈。
④　见《练溪文献·列传·墓志铭》。

兵备佥事，辖府江道。瑶民据鬼子诸砦，杀阳朔令，朝议大征。坤向总督应槚建议"雕剿"，槚善之，悉以兵事委之。坤简练五千人，连破十七砦。嘉靖三十二年，迁大名兵备副使，总督杨博叹为奇才，特荐于朝。为忌者所中，落职归。时倭事方急，胡宗宪延之幕中，与筹兵事，奏请为福建副使，吏部持之，乃已。因家人横于里，为巡按御史庞尚鹏所劾，遂褫冠带。既废，用心治生，家大起。林居五十余载，年九十卒。《明史·文苑传》、《归安县志》卷三十六《文苑》等有传。关于茅坤生平经历，学界多有研究①，此不赘述。笔者想补充阐述的是，茅坤气度不凡，非一般儒者可比。吴梦旸《鹿门茅公传》曰："胡公之日交欢公也，公舍中儿因而横里中"，同邑吴一儒"尝值公于里门而数之"，时"里中少年观者如堵"，"吴公言不少贷，而公磬折唯唯"，"观者两高之"②。又李乐《见闻杂记》曾记载两事：

> 夏六月，按院临湖，余访茅鹿门翁，翁舍其寓舟居也。问故，曰："被归安将房屋固封，以待他郡邑官至。"余问县有帖子来不，曰："无帖。"略无怨怼不平之气。时范司成同往，余曰："兄若以身处之，不知怒到恁田地。"司成曰："余信不如也。"
>
> 一日，董宗伯宴茅翁及余，座客某众中呼茅翁，讥其好利而不自揣度，则好利之尤者也。翁付之一笑，不答。故余常服茅翁器度，迥不可及。③

以上三事，特别是后两事乃李乐亲身经历，颇为可信，可见出茅坤不执着于细节，处事坦然，有大人物风范，这也许是他能享上寿的原因之一。相比之下，范应期虽为状元，后来却在南浔民变风波中上吊而死，这自然也是其容易愤懑的性格之体现。

茅坤文名很盛，所选《八大家文抄》盛行于世，"乡曲小学无不知有鹿门先生"④。这从以下明末清初总集均收茅坤作品亦可见出：陆弘祚编《皇明十大家文选》二十五卷，收《鹿门文选》二卷；马睿卿编《名家尺

---

① 可参见张梦新《茅坤研究》，中华书局2001年版。
② 见《茅坤集》，第1369页。
③ 周庆云：《南浔志》卷五十一《志余》引李乐《见闻杂记》。
④ 朱赓：《明河南按察司副使奉敕备兵大名道鹿门茅公墓志铭》，《茅坤集》，第1348页。

第九章 茅氏的编刊活动、编刊特点及《唐宋八大家文抄》的编刊传播 / 303

牍选》二十七卷，收《茅顺甫尺牍》一卷；张汝瑚编《明八大家文集》七十六卷，收《茅鹿门文集》八卷；陈名夏编《国朝大家制义》四十二卷，收《茅鹿门稿》一卷。余姚孙志高虽然年纪比茅坤大，却好茅坤之文，常搜求茅坤之文给几个儿子阅读①。作为明代唐宋派领袖，茅坤之文在明代确属一流，其取法唐宋散文、主张神理与至情、反对模拟剽窃的文论，在前后七子复古主义盛行的明代，亦是逸响伟辞。至于其诗歌，虽然入选俞宪编《盛明百家诗》，但除了《白华楼吟稿》中部分悼念友人和写抗倭斗争史实的诗歌堪称情感充沛、气势雄健外，其他绝大部分诗歌无论是酬赠还是写景，从内容到结构，从句式至词语，都给人模式化的感觉。如"自喜万人敌，能开五石弧"，"言学万人敌，能开五石弧"，几乎一样的诗句，写的却是不同的人，前者见于《白华楼吟稿》卷四《吊南吉何都阃诗》，后者出自该书同卷《赠同年陈梅山二首》。再如，刚言"星文掌上合，佳气望中生"，紧接一首又曰"霄光掌上没，爽气望中生"，前者写茅氏发源地埭溪，后者写秋日苕溪②。特别是茅坤晚年诗集，相者、术士、医者、画师、道士、山人充斥③，与这些人物的酬赠诗歌几无一毫可取。因此，笔者较认同朱彝尊《静志居诗话》卷十二的说法："鹿门诗亦庸钝，观其酬作，多医卜星相之流，知非意所存也。"

茅艮（1515—1584），迁幼子，字静甫，号双泉。少即知田，年十余，随其父督农田亩间。其按壤分播、薙草化土之法，被一乡之人所共推。已而树桑数十万，深耕易耨，饶之粪菑，除蛀与蛾，故其桑首里中。茅坤曰："君之田倍乡之所入，而君之桑则又十且百乡之所入。"④ 未析箸前，茅艮即以田桑佐父起家，累数千金；析箸后，继续从事田桑，积财富至数

---

① 孙鑛：《姚江孙月峰先生全集》卷八《寿观察鹿门茅先生九十寿序》："先文恪公最好文，虽稍长于先生而绝敬慕先生，时乞先生文与鑛兄弟读之。或他处见先生文，亦必使人急录之，惟恐失。尝记鑛十许岁时，读先生所著碑记书序数十篇，其论或宏或细，莫不曲协于大道之规，而笔力之雄劲，辞之蔚而赡，怡然平出而有捕虬豹之势，则又时哲之所共逊焉者矣。"

② 见《白华楼吟稿》卷四《予家世埭溪适堪舆俞小江为予卜葬溪之深赋此》《秋日苕上晓行》，《茅坤集》，第76页。

③ 如道士董九华、沈炼师、汪炼师、戴炼师、羽士兰谷、醒神翁、雷道士等；堪舆家天长刘君、浮梁张君、衡州周君、楚中周康甫、太平吴生、滇中赵中岳、豫章刘子、武康沈聘君、张龙墩、俞小江、胡望山、沈忠宇、吴双峰、郑龙窝、戈丹山、涂君、方丈等；相士兰溪杨少溪、兰溪王思斋、吴君平、陆相士、林相士；医者王守恒、沈明吾、王云泉、刘少云、陈一泉、武林冯心谷、杨用吾、王秋泉、王启云、聊城陈医士、安医生、丘生、何医等；和尚觉上人、缙上人、天机上人、超然上人、益上人、得上人、云居山奇上人、上方寺雨上人、晓光上人等。

④ 见茅坤《亡弟双泉墓志铭》，《茅坤集》，第682页。

万金。后由白衣入赀为太学生，又以赀为郎，授河南布政司经历，调大宁都司参军。致仕归，居花林。时适茅坤与茅乾俱罢官归，于是三兄弟优游山林间，里中人称"三茅君"。以子一皋，赠承德郎光禄寺署丞，以孙瑞征赠光禄寺卿。

以上茅迁三子，乾从商，坤习文，艮业农，天赋不一①。

六世：乾子翁继、一相（翁绪）、一桂、一桢、一櫕；坤子翁积、国缙、国绶、维；艮子一夔、一龙、一皋。

翁继、翁绪乃乾长子、次子。茅坤《光禄侄一相复初名赋诗一首》小引曰："予伯兄长儿名翁继，仲儿名翁绪，而予儿名翁积，于唐司谏之铭南溪府君墓也，业已志之矣。已而翁继、翁积相继殁，而予兄辄以仲儿为一相。顷者，相儿由光禄署丞归，辄以宦倦，仍复初名也。"可知，翁继早卒，事迹不可考；翁绪，曾改名一相，解组归田后又复原名。翁绪（一相），字国佐，号康伯，由例贡入监，任光禄寺丞。辞官后，筑华林园，读书著述以自娱。茅国缙《茗朔和鸣稿引》曰："康伯辞官拂衣，处华林园，自号园公。种花饲鱼而外，日惟以诗书为伴。"其《过光禄康伯园感赋诗》曰："十年空佩芙蓉剑，今日聊裁薜荔衣。"又章嘉祯《题华林园诗》曰："缥缃娱曛旭，含毫晷恒移。"

茅一桂，字国芳，号中裁，乾三子。万历十六年（1588）举人。居花林，才优学富，镇静中厚，茅坤曾将其推荐给兵部尚书石星。万历二十六年任句容知县，议开句容河，纂修县志。万历三十三年知万州，重新文庙，建万安书院，纂修州志，升黎平知府。此后事迹不明。

茅一桢，字贞叔，由庠入监，任邵阳县主簿，升贵州乌撒卫经历。茅坤《伯兄少溪公墓志铭》《练溪文献·历仕》都说他是茅乾之子，然祝世禄所撰《南宁判少溪茅公暨配郭安人墓志铭》说茅乾"子二人，长一相，太学生；次一桂，勾曲令"②。该《墓志铭》作于万历壬寅（1601），也许一桢是此年后出生。

茅一櫕，庠生。茅坤《亡嫂郭孺人行状》说他为乾子。另外，茅坤《伯兄少溪公墓表》载有茅乾子茅可用，亦是庠生，不知是否即茅一櫕。

---

① 据茅国缙《先府君行实》，坤与艮小时到外祖君家，外祖母送他们一人一只母鸡，艮从一只鸡养成数十只，而坤则杀之馈师，其父茅迁因笑曰："儿固各有志哉。"见《茅坤集》，第1373页。

② 按：勾曲，即句容。

第九章　茅氏的编刊活动、编刊特点及《唐宋八大家文抄》的编刊传播　／　305

　　茅翁积（1542—?），字穉延，号同山，坤长子，原配姚氏出，娶赠刑部郎晟舍闵宜力女。"坤以文章名海内，翁积才更高，饮数斗不醉，醉辄渍笔为诗文，数万言立就，人称为李谪仙之流"①。然因豪举而宕，其母不爱，独爱妾之子国缙、国绶，卒以横行乡里而下狱死②。死后因子元祯贵，封奉直大夫工部员外郎。茅坤《祭积儿文》曰："尔以骥裹之才而困于粉黛与曲蘖，以驰骛之气而窘于囹圄与缧绁。"③在《与刘潇湘廷尉书》中，茅坤亦曰："此儿少颇跌宕自喜，及不得志，辄以其伏枥而嘶者之气泛驾而跌弛，卒以锢其身而死，此祢衡、孔融辈之所以自歼其躯也。"④翁积在狱时，其子元祯为之刻杂诗及狱中所作自序千余言，茅坤请刘潇湘为该集作序。

　　茅国缙（1555—1607）⑤，字荐卿，号二岑，坤次子，妾萧氏出。娶兵部侍郎蔡汝楠女，继娶举人陶锐女、光禄寺署正丁良才女，另有妾王氏、曹氏、钟氏，所生之女，一适进士董道醇子，一适进士潘大复子。少承家学，操笔立就，诗入盛唐阃奥。万历壬午（1582）中举，癸未（1583）成进士。知章丘县，行条编法，作便民十义。三遘奇荒，设法赈济，活饥民无算。五年后，以高等征，民泣而送之。迁广东道御史，举遗贤，定疑狱，豫教青宫，诸疏侃侃。中逭，降淅川令⑥。百废俱举，不以迁客自傲。升南兵部主事，淅川人祀之名宦。寻改工部，以乞养告归。再除原官，榷税湖阴，弛苛禁，剔积弊，商旅大悦。终父丧，工部适报最，七疏请复父职。迁郎中，视夏镇河，以劳卒，士民皆为垂涕⑦。在乡行义，尝割腴田五顷为义田，以周族人之急；为义仓，积谷备荒；又为义学，教养宗族子

---

①　朱闻：《练溪文献·列传》。
②　吴梦旸：《鹿门茅公传》曰："（翁积）早负名，有不称意，遂豪于声酒，为时所嫉。会豫章李公（李及泉）治吾郡，李公本循吏，用人言收伯子系之，将以成伯子耳，伯子竟愤死。"见《茅坤集》，第1370页。
③　见《练溪文献·艺文》。
④　见《茅坤集》，第1310页。
⑤　关于茅国缙生卒年，茅元仪《石民四十集》卷三十七《先考工部都水司郎中二岑府君行实》曰："是为万历丁未闰六月十三日未时也，距生嘉靖乙卯八月初四日寅时，享年五十有三。"《续修四库全书》集部第1386册，第377页。
⑥　茅坤曾写信给石星，为其子斡旋："窃怜儿之由章丘以治最入西台，又以不职注下考，仍贬为令"；"故知如明公，得无为之冤而讼之执政者乎？亦不知可借泰山北斗之望如明公者，稍稍为之推毂其间否乎？"见《与石东泉司马书》，《茅坤集》，第1104页。
⑦　参见叶向高《苍霞草》卷十六《明工部都水司郎中二岑茅公墓志铭》，《四库禁毁书丛刊》集部第124册，第438页。

弟。《明分省人物考》卷四十六、《国朝献征录》卷五十一等有传①。

茅国缓（1563—?），号同初②，太学生，坤三子，妾高氏出。娶光禄寺署正周图男女。原名贡，茅坤《与许敬庵书》曰："昨贡儿，今改名国缓者，南赴太学应试。"万历甲午（1594），茅坤外孙董嗣昭中举，而国缓落第，茅坤作《览贡儿寄到试卷赋此，已而不录，予为深惜》诗。茅坤还作有《过贡儿读书所》诗，对此子寄予期望。然据其弟茅维所言，茅国缓是一个孱弱谨畏之人③。

茅维（1575—1645），初名国纪④，字孝若，号僧昙，坤少子，妾沈氏出。《明史》卷一百七十五《文苑三》茅坤传附、《列朝诗集小传·丁集下》、《明诗纪事·庚签》卷三十、《归安县志》卷三十六《文苑》等有传。娶工部郎中沈理女。工诗，与臧懋循、吴稼竳、吴梦旸抗行，号苕溪四子。入太学，名动长安，然屡试不第。万历乙卯（1615）始登北闱乡榜，拟授翰林院孔目，协修国史，以珰祸起，谢去。先是见杨涟击珰疏，遂发愤上首辅叶向高奏记，叶不能用。其书京师传诵，谓之曲突书。维一生经世之略填胸满臆，好奇策，慷慨发愤，语多要害。崇祯己巳（1629）诣阙，上治安疏、足兵、足饷二议，逾三万言，不被用。据《十赉堂甲集》文部卷二《徙葬皋亭矿砖记》，可知茅维生于万历甲戌（1574）闰十二月，阳历为公元1575年。至于其卒年，笔者认为陈妙丹的考订是正确的，即顺治二年（1645）⑤。

茅一夔（1538—1597），字乐卿，号凤仪，艮长子。《练溪文献·列传》有传。弱冠补弟子员，后由庠生入监，以例贡谒选，得大同参军。"时边议与房市约甫定，房鼓噪薄城，当事仓皇引却。夔独援枪登陴，房气夺，卒成市。"事闻，诏赐褒异，转庆阳别驾。经略郑洛、寺卿王世扬重其才，荐于朝。为忌者所中，投组归。万历戊子（1588），湖州

---

① 《国朝献征录》卷五十一，李维桢撰《工部郎中茅公国缙传》。
② 见茅维《茅洁溪集》之《告宗祠文》，哈佛燕京图书馆藏微卷本。
③ 同上。
④ 茅坤：《祭沈铁山文》（《茅坤集》，第756页）说"始予以幼儿国纪请婚门下"，又说"予年且近七十"（1582年），"此儿甫八龄"，而茅维生于万历乙亥（1575），正好八岁。而茅坤自撰《年谱》（《茅坤集》，第1243页）提到自己四个儿子翁积、国缙、国缓及"乙亥举四儿菇，今更名国纪"，可知，维、菇、国纪为一人。
⑤ 参见陈妙丹《茅维的卒年与凌霞阁杂剧的创作时间考》，《中华戏曲》第50辑，文化艺术出版社2015年版。

第九章　茅氏的编刊活动、编刊特点及《唐宋八大家文抄》的编刊传播　/　307

大饥，赈粟三百担，复捐两百担，哺三党之亲。从弟国缙建宗祠，捐金助之。以子献征赠承德郎光禄寺署正。年六十卒，屠隆为撰墓志铭，吴梦旸为撰行状。

茅一龙，早殁。茅坤《亡弟双泉墓志铭》有"仲虽早夭，妇则颉颃"之语。

茅一皋，字星海，万历恩贡生，任光禄寺丞。勇于好义，万历戊子岁祲，输谷五千石赈济，得旨建敦义坊于里。他如建宗祠，置义田，创桥梁，助婚葬，不可枚举。以子瑞征封中大夫光禄寺卿。《归安县志》卷三十九《孝义》有传。

一夔、一龙、一皋，三人各自分得其父茅艮家产万余金。茅艮晚年生一子，死后次年得一遗腹子，此二子未像前三子一样分得家产，事迹亦无考。另外，据《练溪文献·科第》，有进士茅国器、茅国昌者①，从茅坤子国缙、国绶、国纪的取名看，他们也应属六世。

七世：乾孙明征；坤孙：翁积子元祯，国缙子元琦、元璘、元仪、元玠，国绶子元祉、元钛、元铭、元镜、元镬、元钰，维子元萬、元俋、元喆、元徽、元恺、著；艮孙：一夔子文征、献征，一龙子文耀，一皋子瑞征、琛征、瑜征、琯征、鹤征、庆征。

以上 27 人，有事迹者如下。

茅元祯，生于嘉靖三十年戊午（1558）②，字公良，号师山③，坤冢孙，娶刑部郎金枝女。万历间贡生，任中书舍人，晋工部员外郎。天启甲子（1624）岁祲，首捐五千石赈济，为里党推重。

茅元琦聘山东左布政沈季文女，其他事迹无考。茅元璘聘首辅申时行次子申用嘉女④，然早夭，年仅九岁。《石民四十集》卷三十八《先妣累敕封丁安人行实》："是岁（1600）庶兄与孤俱病，孤几死而苏，庶兄竟以殇。"

---

① 茅国器，万历乙酉举人，万历乙未（1595）进士，任山东备倭都司；茅国昌，万历庚子举人，万历丙辰（1616）进士，任游击。

② 茅坤：《耄年录》卷七《年谱》："戊午所举冢孙元祯。"又茅坤有《长孙元祯年且四十矣，丁酉十一月二十日乃其悬弧初度之辰也，于是作诫词以贻之》诗。分别见《茅坤集》，第1243、1217页。

③ 《练溪文献·墓域》引韩敬《师山茅公墓表》曰："（元祯）字公良，师山其别号也。"

④ 申用嘉，举人，历官广西参政。他是董份之子进士董道醇之婿。

茅元仪（1594—1640）[①]，一名恪[②]，字止生，号石民。《列朝诗集小传·丁集下》《静志居诗话》卷十九、《明诗纪事·辛签》卷二十六、《归安县志》卷三十六《文苑》《练溪文献·列传》等有传。十四失怙，雄杰异常儿。万历戊申（1608），湖大饥，知府陈幼学集议赈荒，群公嗫嚅，莫敢应。元仪年十五，从末座大言，愿输困粟万石。知府叹曰："鲁子敬不是过也。"稍长，好谈兵，通古今用兵方略，及九边阨塞，手画口陈，历历如指。尝慕古人毁家纾难，慨然欲以有为。天启辛酉（1621），以边材荐，札授副将，枢辅孙承宗题荐军前赞画。尝出塞相视红火山，七日不火食，从者皆无人色，元仪意气自若。承宗谢事，元仪亦罢归。崇祯戊辰（1628），进《武备志》，奏言边事及兵食富强大计。崇祯皇帝命待诏翰林，寻又以人言罢。已承宗再出视师，半夜出东便门。元仪束橐鞭以从，转战七百余里。四城既复，特授副总兵，提辖辽海觉华岛，署大将军印。旋以兵哗下狱，遣戍漳浦。边事急，再请募死士勤王，时相忌之，不许。早夜呼愤，纵酒而卒，年四十七。

茅元玠，一名暎，字远士，拔贡，与元仪均为丁氏所生，故元仪诗文集中屡屡提及此弟，如《石民渝水集》卷三《募楼船暂省先墓与弟远士一握手耳诗以别之》、《石民西崦集》卷一《冬日同周石甫、赵佩之诸子、家弟远士饮菽园》、《石民又岘集》卷三《同远士扫墓》等。

茅元鈜，国绶仲子，娶茅维妹妹之女。万历丙午（1606）冬仲，茅维生母沈氏在临终前，命茅维"办女甥妆奁，纳于家叔氏仲儿元鈜"[③]。

关于茅元铭，学界有误以为茅维之子。然据茅维《茅洁溪集》之

[①] 茅元仪生卒年，可参见林琼华《茅元仪研究》所附《茅元仪年谱》，浙江大学硕士论文，2008年。关于茅元仪卒年，林琼华据钱谦益《牧斋初学集》卷十七所收《移居诗集》之《茅止生挽诗十首》，推测茅元仪卒于崇祯庚辰（1640），因为据钱谦益注，《移居诗集》写作时间"起庚辰三月，尽十月"；又因为鉴之有《辛巳仲春京口望茅止生輀舟不至感述三首》，曰："此三首诗是追悼之作。辛巳仲春，也即崇祯十四年（1641）春天，为茅元仪卒年的下限。"按：既然《移居诗集》写作时间是在崇祯庚辰十月之前，那么茅元仪即卒于此年，不存在推测问题和下限的问题。其实，于诗中所言"輀舟"，即装灵柩的舟，茅元仪卒之次年，灵柩运经京口。又，1603年茅国缙撰茅坤行实时，茅元仪已十岁，但并未进入此文中茅坤孙辈。茅元仪是茅国缙之子，也只是在臧懋循《茅大夫圹铭》、茅元仪《石民四十集》卷三十六《先考工部都水司郎中二岑府君行实》等极少资料中提到。这很可能与清朝禁忌抗清的茅元仪有关，茅元仪的诸多著作在清代遭禁毁。

[②] 茅元仪：《三戍丛谭》卷七："余于丁巳已更名为恪，戊午、辛酉两应试矣，但酬应未改耳。此举旧例也。"《续修四库全书》子部第1133册，第518页。

[③] 见茅维《十赍堂甲集文部》卷二《徙葬皋亭矿砖记》，上图藏明刻本。

第九章　茅氏的编刊活动、编刊特点及《唐宋八大家文抄》的编刊传播　/　309

《告宗祠文》可确定为茅国缓之子。文中茅维请求其三个兄弟保佑各自子孙，有"叔兄阴相元鈜、元铭等早脱颖"之句。茅元铭因名列庄廷鑨《明史辑略》参订姓氏而涉文字狱，地方志记载甚少，《练溪文献》仅在《科第》"贡生"中提及："清顺治辛丑岁贡，字鼎叔，任陕西朝邑知县，坤孙。"茅元铭为明末复社成员，《复社姓氏传略》卷五有载，但信息未超过《练溪文献》。记载稍详的是有关庄氏史案的一些文献，如陈寅清《榴龛随笔》云："茅鼎叔元铭，鹿门先生之孙也。以明经为学博，少有文名，试每高等，与章谔臣上奏、陈暗仙骝、吴大雍盎四子齐名。伪书编纂，仅数月耳，已而之任，逮于任所。"① 杨凤苞《秋室集》卷五《记茅鼎叔》曰："茅元铭字鼎叔，花林人，副使坤之孙。早慧，八岁通章句，十四补诸生，好读史，上下古今，声气所暨，皆四方奇俊之流。注名复社，同邑章上奏谔臣举砥行社，徐行道周举澹成社，元铭皆与焉。顺治末岁贡生②，年几六十矣，授朝邑知县。当庄氏招撰《明书》，元铭与子次莱预编纂之役。事发，皆罹于祸。次莱妻黄氏殉其夫。元铭有《秋游日纪》，纪崇祯甲戌偕同志九人，为鸳水、海昌、云间、娄东、吴门之游，访复社名人。高者谈性命，次者商文字，不惮数百里之远，可以见当日诸君子气谊之相感如此。"

茅元萬（1595—1612），庠生，茅维长子，因病早逝③。元恺（1607—?），年十二为庠生。崇祯二年（1629），以事忤县，被申革，力救得免。次年，受父茅维牵累，被捕系重狱。崇祯四年（1631），为僧逃遁④。元偭、元喆、元徽，仅知出生之年，分别为1597年、1606年、1608年。

茅文征，字伯章，一字菁莪⑤，由胄监任云南盐课司提举，尝置义田数百亩以赡族人，五举乡饮宾。

茅献征，字彦先，由庠生入监，任光禄寺署正。

茅文耀，监生。茅坤《与季司业书》曰："监生茅文耀，仆之侄一龙之子也。"⑥

---

① 周庆云：《南浔志》卷四十二《大事记一》引。
② 据《练溪文献·贡生》，茅元铭为顺治辛丑（1661）贡生。
③ 见茅维《十赉堂甲集》文部卷十一《复张郡伯》，《乙集》卷八《壬子除夕述痛三首》、《癸丑中元为亡儿元萬小祥延僧礼忏因识私痛》等。
④ 见茅维《茅洁溪集》之《还山酬寄诗》卷三《寄洪亨九制台秦中二首》其二。
⑤ 见《双林镇志》卷二十。
⑥ 茅坤：《与季司业书》，《茅坤集》，第1099页。

茅瑞征（1575—1637），字伯符，号五芝、澹朴居士、苕上愚公等。《静志居诗话》卷十六、《归安县志》卷三十六《文苑》、《双林镇志》卷二十等有传①。七岁能文，年十四游庠，万历丁酉（1597）中举，万历辛丑（1601）成进士。知泗水县，调黄冈，以卓异第一，擢兵部职方主事，再迁郎中。万历丙辰（1616）复校礼闱，得申绍芳、黄承昊、佟卜年、袁中道诸人。历福建参政，迁湖广布政，与蔡继善同拒珰祠，清风劲节，为世所称。崇祯初，晋南光禄寺卿。因丁父艰归，尽以遗赀散乡里之贫者②。时当壮年，杜门著述，屡征不起，自号苕上愚公，作《苕上愚公传》以见志，曰："炙手不知炎，下石不知险，脂膏不知润，轩冕不知荣，胸无机械，意无好丑，殆天下之至愚人也。"③卒赠大理寺正卿，奉旨谕祭三坛，造坟赐葬，荫一子知州。瑞征性赣直，与乌程相国温体仁为姻家而不通一札。耽情吟咏，历官有廉吏之目。官职方司时，著有《象胥录》《万历三大征考》。诗亦真率自喜，其《彭城怀古》云："望彭城，彭城面面水，环匝与城平。君不见，马中赤兔人中布，引水灌城走无路。"④有《澹朴斋初集》十七卷、《澹朴斋外集》四卷等。

茅琛征，字君璞，娶闵元衢女，有刻书活动。

茅瑜征，字季完，由胄监任内阁中书。

茅琯征，字君房，天启甲子副贡。居鸿桥，以孝友称。负隽才，有善人之目⑤。

茅鹤征、茅庆征，亦艮孙，但不知其父。另外，茅楷征，字公范，万历壬子举人，居花林，从取名看，当亦为七世。

八世：元祯子兆河、兆海；瑞征子胤京、胤廉、胤武、胤旗、胤庆、胤庚；元祉子汝湛；元铭兄之子兆汾；元铭子次莱。

可考者如下：兆河，字巨源，万历癸卯（1603）举人；兆海，字巨宗，由庠生入监，任鸿胪寺署正。胤京，字子京，天启甲子副贡，以父荫知州；胤庆，字子建，清顺治乙酉岁贡。按：上述人名中"胤"字在清《练溪文献》中均作"允"，这是避雍正之讳所致。茅瑞征崇祯五年所刊

---

① 茅瑞征居双林虹桥，后迁乌镇，故《乌青文献》亦载之。
② 《双林镇志》卷二十曰："（瑞征）勇于为义，如建宗祠、置义田、助婚葬、创桥梁之事，不可胜数。万历戊子岁祲，输粟五千石赈济，奉旨建敦义坊于花林里。"
③ 转引自《静志居诗话》卷十六，人民文学出版社1998年版，第492页。
④ 同上。
⑤ 《双林镇志》卷二十《茅瑞征传》附、《练溪文献·科第》。

第九章　茅氏的编刊活动、编刊特点及《唐宋八大家文抄》的编刊传播　/　311

《禹贡汇疏》十二卷署有"男胤京、胤武仝订"字样，这是"允"原作"胤"的铁证。兆汾，字巨澜，号遁邱，仕至参将。因避明史案祸，弃为僧，名今渐，居匡庐，晚始改服归里①。次莱，因涉明史案而死，其妻黄氏抱一女殉夫。以上均为坤曾孙。

另外，以下6人当亦为八世：茅兆元，字巨和，万历乙酉举人，任都司金事；茅兆澄，字子渊，由庠生入监，任上林苑署丞；茅兆吉，顺治九年壬辰进士；茅允（胤）昌，字浚侯，岁贡，崇祯中钦聘纂修熹庙实录，居花林②；茅允（胤）隆，明贡生，任训导；茅允（胤）修，字幼安，以孙煐赠文林郎。

九世：元祯孙杲、棨、棻；瑞徵孙柟、栻。

可考者有：茅杲，一名霞杲，字扶光，兆河子，娶闵氏。弱冠补弟子员，喜交当世贤豪。父殁，三年不离苦块，须发尽白。后承祖丧，三千里奔讣，戴星而驰，水浆不沾。及归，一如居父丧时。胞弟四人，身为训诲，俾各有文名。及析居，田庐取其荒芜者，器具取其朽折者，僮仆取其老且疲者，绰有古人风。《练溪文献·列传》、《归安县志》卷三十九《孝义》有传。茅棻，字芳茹，号防风门人，顺治壬辰岁贡，任教谕。杲、棨、棻三人已进入朱赓万历癸卯年（1603）撰《鹿门茅公墓志铭》，说明均生于1603年前。茅柟，字森如，明季以祖荫入监读书，清初从佟巡抚定闽，以功授邵武府教授。茅栻，字彦能，康熙间恩贡生，任严州训导。

其他属九世者有：茅张琛，字子昭，胤昌子，清举人；茅乐，字吉人，康熙间贡生，胤隆子；茅丕承，字士锦，胤修子。

十世：元祯曾孙曾勋；瑞徵曾孙启光、殿臣、应凤、隆祖③；煐

茅曾勋，字克臣，兆河孙，明末岁贡。茅启光，字升扶，茅栻子。其他有茅煐，胤修孙，茅丕承子，滋阳知县。

十一世：曾勋子吴耿、茅元仪从玄孙应奎

茅吴耿，茅坤六世孙。隶籍吴中，曾应江南乙卯（1675）乡试，已得首选，时吴三桂等"三逆方煽动"④，拆卷骇弃。茅应奎（1675—1769），字具湄，一字渠眉，号湘客，入秀水籍。康熙五十九年副贡，

---

① 周庆云：《南浔志》卷五十七《志余》引张鉴《蝇须馆诗话》。
② 见《练溪文献·辟荐》。
③ 见《练溪文献·艺文》所载茅允庆《五芝府君行略》。
④ 见《练溪文献·列传》。

官昌化教谕。尝结五湖诗社，与诸锦、桑调元诸人交。卒年九十五岁。著有《絮吴羹》《五湖诗钞》《五湖渔社诗》《东西林汇考》《双仙会传奇》等，其中《双仙会传奇》写其仲高祖茅元仪与青楼女陶楚生的故事。

十二世：吴耿子星来

茅星来，茅坤七世孙。字岂宿，号遁叟，康熙间岁贡。举业外，兼长古文辞，入都谒方苞，一见赏识，累荐衡文，名遂大噪，几致千金，但最终老死牖下。

二 茅氏家族的特征

通过对茅氏家族世系的梳理与家族成员传记、著述等的考察，笔者以为，茅氏家族有以下明显特征。

1. 盛而骤衰，富仅三代，生命周期短暂。

据以上世系传承可知，五、六、七三世即茅坤辈开始的三代是茅氏最繁盛时期，家产丰厚，子孙兴旺，举业有成，著述繁富。自茅坤曾孙辈开始，家族零落，世系承传逐渐不明，到清康熙年间能流传名姓的就更寥寥无几了。这当中，各支的情形有所不同。茅乾一支到其孙辈，世系可考的就只剩事迹未明的茅明征一人。茅坤一支，其子国缙亦中进士，博学能文之士最多，但此支牵连祸事也最多。先是其子翁积因豪于声酒，横行乡里，而瘐死狱中①，再是其子维"为乡人所构，几陷大僇"②，然后是其孙元仪输产抗辽，获罪被抄，最后是其孙元铭和元铭子次莱涉明史案，茅氏一门仅被杀者就有七人。加上"赋役盗贼之兴、征求之暴"③、人口众多等原因，有的崇祯间"田庐已尽"④。因此，此支虽然第四代仍有科考中举者、书籍编刊者，甚至到第五代还有茅棻评点刊刻书籍，但其已繁华不再。茅艮一支，到了孙辈瑞征，中进士，官布政使，家业再振，然瑞征子辈正值明清鼎革，无有显者，因此其盛也仅三代。

从嘉靖十七年（1538）茅坤中进士发家，到万历间的极盛，再到1644

---

① 见吴梦旸《鹿门茅公传》，《茅坤集》，第1370页。
② 钱谦益：《列朝诗集小传·丁集下》，上海古籍出版社2008年版，第653页。
③ 光绪《归安县志》卷四十九《杂识》引张履祥《杨园先生集》。
④ 茅元仪：《石民又岘集序》，《四库禁毁书丛刊》集部第110册，北京出版社1997年版，第142页。

第九章　茅氏的编刊活动、编刊特点及《唐宋八大家文抄》的编刊传播　/　313

年明清鼎革时衰弱，最后到 1661 年明史案发而败亡殆尽，茅氏家族的生命周期前后仅一百二十余年。清初张履祥曾很好地描述出茅氏由盛至衰的过程："（茅氏）自鹿门以科名起家，兄弟三人，伯服贾，善筹画，季力田，精稼穑，鹿门其仲也，各以多财雄乡邑。广田畴，丰栋宇，多僮仆，其家风也。然治生有法，桑田畜养所出，恒有余饶。后人守之，世益其富，科名亦不绝四五世。间惟长支子姓渐少，家业浸薄；中支世业虽损，博学能文之士不乏也；少支方伯继起，子姓益繁于前，有光矣。族人仿效起家颇众，虽无显爵名贤，而阡陌衣冠，为百里著姓矣。二十年来败亡略尽，昔时堂户冈不邱墟，广陌无非崔苇。入其故里，惟族之贫者一二存焉。"①

2. 善于治生，家产丰厚，有好利之名。

如第一章第一节"茅氏编刊活动的经济基础"所述，茅坤家族是在晚明蚕丝业繁荣的背景下经营专业化桑园而发家致富，并在此基础上投资丝织业、酒楼业、刻书业等其他商业活动而成江南豪富，是善于治生的望族典型。其父茅迁因种桑累数千金。其弟茅艮继承父业，积财至数万金。其兄茅乾善于经商，曾因"贾起万金"②。茅坤自己虽习文，但其妻姚氏善操内秉，"家大饶于桑麻"③；侧室沈氏继姚氏后持家，亦"拓田广宅"④。茅坤本人罢官家居四五十年，亦"孜孜治生"⑤。

因家业富饶，通过以赀入太学或入赀为郎的方式踏上仕途的，在茅氏家族成员中在在可见，茅乾、茅艮等皆是。也因家业富饶，茅氏广置宅第。茅坤在花林构筑拥书数万卷号称明代四大藏书楼之一的"白华楼"，在繁华市镇双林营构别业，在郡城拥有赵孟頫故宅横塘别业。其子茅国缙万历间购得号称湖州城东第一家的沈氏西楼，复筑双鹤堂、翠云楼。其孙茅元仪在南京著名景点赏心亭旁拥有私邸，有著名的"该博堂"。湖州花林西南则有茅一相所筑华林园，园中有连塍街、文霞阁、沧浪亭等十五处胜景。也因家业丰厚，其后世子孙茅翁积、茅维、茅元仪等风流放宕，一掷千金。如茅维于万历二十四年（1596）闰中秋，"遍召三吴诸贤豪，为会于郡道峰之南"⑥，饮酒作诗十余日。特别是茅元仪，万历四十七年

---

① 光绪《归安县志》卷四十九《杂识》引张履祥《杨园先生集》。
② 祝世禄：《南宁判少溪茅公暨配郭安人墓志》，见朱闻《练溪文献·艺文志》。
③ 屠隆：《明河南按察司副使奉敕备兵大名道鹿门茅公行状》，《茅坤集》，第 1356 页。
④ 茅维：《十赍堂甲集》文部卷二《徙葬皋亭圹砖记》，上图藏明刻本。
⑤ 朱彝尊：《静志居诗话》卷十六，人民文学出版社 1998 年版，第 492 页。
⑥ 茅维：《十赍堂甲集》文部卷十一《与何无咎书》，上图藏明刻本。

(1619）端午主办金陵大社，"客于金陵而称诗者靡不赴"①，"举金陵之妓女、庖人、游舫无不毕集"②，靡费金钱无数③。而这一切都让时人将该家族与"好利"挂起钩来。如茅坤虽进士出身，曾任兵备副使，但有人就当众呼其为茅翁，"讥其好利而不自揣度，则好利之尤者也"④。朱彝尊甚至认为，茅坤之所以拿到了"唐宋八大家"的冠名权，就是因其有钱而能抢先刊刻《唐宋八大家文抄》，"茅氏饶于赀，遂开雕行世"⑤。

3. 纵酒狎妓，任侠好奇，性格放荡不羁。

茅氏家族遗传基因甚好，其成员身材高大，相貌出众。如茅迁"丰颊而髯，魁岸自豪"⑥；茅坤"生而白皙，清扬秀目，美须髯"⑦，"尝游西湖，见者辄问：'谁家璧人？'女郎连袂目成"⑧，甚至有女子因慕茅坤，而茅不为动，最后愤而自杀。又如茅元仪"丰颐巨颡"，"鸭步鹅行"⑨，有高官富翁之态。有了豪富和出众的相貌作为资本，茅氏家族成员纵酒狎妓，任侠好奇，放荡不羁。

这种个性始于茅迁，唐顺之言其"意气轩轩，若不可羁然"⑩，但在茅翁积、茅维、茅乾、茅元仪等人身上体现得最为明显。茅翁积"豪于诗酒，不屑为检押，家声几落"⑪。茅维"以才自喜，幼好奇服"⑫，不令其父茅坤闻也。自叙"十四五性跅弛，酷嗜风雅，喜交结名士，又多娈童季女之好及呼卢杂戏。已又好缁衣黄冠，最后又好说刀剑武事，颇废学，试数绌于有司"⑬，落第后则悲歌燕市，旁若无人。崇祯十三年（1640），已

---

① 茅元仪：《石民四十集》卷十三《秦淮大社集序》，《续修四库全书》第1386册，上海古籍出版社2002年版，第188页。
② 计发：《鱼计轩诗话》卷一，《丛书集成续编》第158册，上海书店1994年版，第4页。
③ 计发：《鱼计轩诗话》卷一曰："（元仪）于万历己未五日，创举大社，分赠游资千二百余金，又人各予一金一妓一庖丁，酒筵一席，计二千金。"《丛书集成续编》第158册，上海书店1994年版，第4页。
④ 周庆云：《南浔志》卷五十一《志余》引李乐《见闻杂记》。
⑤ 朱彝尊：《明诗综》卷四十七，中华书局2007年版，第2089页。
⑥ 唐顺之：《南溪茅处士妻李氏合葬墓志铭》，见《练溪文献·艺文志》。
⑦ 黄汝亨：《寓林集》卷十一《茅鹿门先生传》，《四库禁毁书丛刊》集部第42册，第259页。
⑧ 屠隆：《明河南按察司副使奉敕备兵大名道鹿门茅公行状》，《茅坤集》，第1350页。
⑨ 钱谦益：《牧斋初学集》卷十七《茅止生挽词》其九，《续修四库全书》集部第1389册，第390页。
⑩ 唐顺之：《南溪茅处士妻李氏合葬墓志铭》，见《练溪文献·艺文志》。
⑪ 黄汝亨：《寓林集》卷十一《茅荐卿传》，《四库禁毁书丛刊》集部第42册，第270页。
⑫ 吴梦旸：《鹿门茅公传》，《茅坤集》，第1370页。
⑬ 茅维：《十赉堂甲集》文部卷五《陈孝綮墓志铭》，上图藏明刻本。

第九章　茅氏的编刊活动、编刊特点及《唐宋八大家文抄》的编刊传播　/　315

六十六岁的茅维，还迎娶年轻姬妾，钱谦益因赋诗打趣曰："诗人老似张公子，贱妾应为燕燕雏。"①茅乾"与三河少年呼酒共劳，□声□丝杂伎竞进，啸歌慷慨，意若一无足当者"②。少操赀贾游四方，"一来归，辄买一姬"。"一日，从商舶中载而来归者三人，内外且大骇。"其"后先帷侍者十二人，燕、赵、瓯、越，杂沓以进"③。茅坤曾以"窟左右兮卧明珰"描绘之④。最令人惊骇的还是茅元仪，"小袖云蓝结队行"⑤，"金陵列队专房占"，"先后侍姬凡八十余人"⑥，其中留下名字的就有陶楚生、杨宛、王薇、碧耐、青峭、燕雪、少绪、燕如、新绿（晓珠）、非陵十人。特别是陶楚生、杨宛、王薇三人，乃明末名妓。美女成群，日夜笙歌，友人吴鼎芳《飞楼曲戏柬茅止生》对此有铺陈描写，曰："飞楼宛转芙蓉簇，对列鸳鸯三十六"，"青丝玉壶正倾倒，杨柳乌啼白门晓"⑦。其狎妓声名之大，在当时南京文人圈中首屈一指。

4. 好读史，好治史，史学著述丰富。

茅坤家族是一个史学世家，其成员好读史、治史，史学著述丰厚。茅坤首开家族读史、评史风气，辑录、批点有《史记抄》《汉书抄》《五代史抄》《新唐书抄》，并编撰有《徐海本末》《浙省分署纪事本末》《纲鉴删要》等史部著作。其子茅国缙亦好治史，年近五十时，每夕与宾客宴罢，"犹竟史一帙方就枕"⑧。年轻时，还曾与曹学佺、张鹤鸣等结社删史，其中"《东汉》《两晋》已行世，《南北史》方付梓人，《五代》《三国》《唐书》存箧中，迁、固史以大父有抄本，故不复及，独《宋》《元》未竟，赍志而卒也"⑨。国缙子茅元仪也"性好读史"，七八岁时，每晚"竟两帙"始睡，其父国缙"怜之，每呵禁，然不能止也"，"昼则阴计古

---

① 钱谦益：《牧斋初学集》卷十七《次韵茅四孝若七夕纳姬二首》其一，《续修四库全书》集部第1389册，第390页。
② 《练溪文献·艺文志》之祝世禄《南宁判少溪茅公暨配郭安人墓志铭》。
③ 以上见茅坤《亡嫂郭孺人行状》，《茅坤集》，第782页。
④ 茅坤：《伯兄少溪公墓志铭》，《茅坤集》，第681页。
⑤ 见钱谦益《茅止生挽词》其四，收入钱谦益《牧斋初学集》卷十七《移居诗集》，《续修四库全书》集部第1389册，第390页。
⑥ 计发：《鱼计轩诗话》卷一，《丛书集成续编》第158册，上海书店1994年版，第4页。
⑦ 钱谦益：《列朝诗集·丁集十四》，《四库全书禁毁书丛刊》集部第96册，第572页。
⑧ 以上见《石民四十集》卷十三《史眊序》，《续修四库全书》集部第1386册，第183页。
⑨ 茅元仪：《石民四十集》卷三十七《先考工部都水司郎中二岑府君行实》，《续修四库全书》集部第1386册，第376—377页。

兵戎、屯田、漕运、职官、刑法、礼乐，私自增损，欲成一家"①。茅元仪著作中，属于史部的多达9种837卷，它们是：《青油史漫》二卷、《督师纪略》十三卷、《辽事砭呓》六卷、《平巢事迹考》一卷、《史眎》二百卷、《史争》二百二十卷、《史快》二百六十卷、《咏叹记》八十六卷、《征异录》四十九卷②。这些著作大都针对明末时事而撰，体现了茅元仪的经国大志。茅瑞征亦喜治史，编撰、刊刻有《皇明象胥录》八卷、《万历三大征考》三卷、《东夷考略》一卷、《东事答问》一卷等，其中《皇明象胥录》对明代边境和通使梯航诸国，罗列略备。其他还有坤侄茅一桂辑《史汉合编题评》八十八卷、坤玄孙茅萊评点刊刻《春秋胡安国传》三十卷等。

5. 才气蜂拥，操笔立就，喜藏书刻书。

茅氏家族也是一个文学文化世家。茅坤作为明代唐宋派领袖，尊崇唐宋古文，反对七子拟古，注重"情""神"，其散文创作在有明一代堪称大家。其子茅维作为苕溪四子之一，不仅擅诗文，而且工词曲，在晚明词坛、剧坛均有一席之位。其现存《苏园翁》《春明祖帐》《云壑寻盟》《双合欢》《斗门神》等杂剧，既展现了其风流才子情怀，又抒发独特的时代感受，形式上则体现了杂剧传奇化倾向③。其他如茅坤兄茅乾，子茅翁积、茅国缙，孙茅元仪等均能诗，并有诗集。在作诗为文上，不少茅氏家族成员才气蜂拥，感情充沛。在有关茅翁积、茅维、茅元仪乃至茅国缙的传记或著作序跋中，都有诸如"数万言立就""摇笔千言立就""操笔立就"一类描绘传主或著者才华横溢的语句④，或"洒江倾海""鞭霆驾风，如江河万状，不可涯涘""云蒸泉涌，跌宕激射，读者往往魄动气竭而不可羁泊"等描绘撰者诗文感情债张、气势磅礴的语句⑤。

茅氏家族喜藏书、刻书，在中国藏书与刻书史上有一席之位。茅坤白华楼"藏书甲海内，练市新构书楼凡数十间，至于充栋不能容"⑥，是晚

---

① 以上见《石民四十集》卷十三《史眎序》，《续修四库全书》集部第1386册，第183页。
② 参见林琼华《茅元仪研究》，硕士学位论文，浙江大学，2008年。
③ 参见孙书磊《茅维及其凌霞阁杂剧考述》，《中国典籍与文化》2004年第2期。
④ 分别见《练溪文献·列传》之"茅翁积"条、"茅元仪"条、"茅国缙"条。
⑤ 分别见《列朝诗集小传·丁集下》"茅待诏元仪"，上海古籍出版社2008年版，第592页；王宗沐《白华楼藏稿序》，《茅坤集》，第187页；茅国缙《先府君行实》，《茅坤集》，第1381页。
⑥ 郑元庆等：《吴兴藏书录·皕宋楼藏书源流考》，古典文学出版社1957年版，第12页。

第九章 茅氏的编刊活动、编刊特点及《唐宋八大家文抄》的编刊传播

明四大著名藏书楼之一。茅元仪继承了白华楼藏书，有所增益，并将其分为九学十部，是著名的目录学家。茅氏在晚明参与编刊活动的有 25 人，共刊书籍约 123 种 1526 卷。所刊既有墨本，亦有朱墨本，并以家族成员编撰的史部、子部等经世致用类书籍为主，其中《唐宋八大家文抄》等盛行海内，对社会产生巨大影响，具体参见本书第四章与本章第二节。

6. 好结客，好谈兵，政治参与意识浓厚。

茅氏家族成员好交游，好结社，这在茅乾、茅坤、茅维、茅元仪身上特别明显。茅乾"四方奇崛之士，以信义相结，与人千金一诺，未尝却顾"①。茅坤"为诸生祭酒时，与省内名士结秋水社于横塘"②，罢官家居后，亦参加岘山续逸老社、西湖大雅堂社、西湖八社等众多结社活动。茅维"多名士游"③，曾"遍召三吴诸贤豪，为会于郡道峰之南"④，至者有陈继儒、梅守箕、何白、吴稼澄、吴梦旸等。茅元仪仅万历四十七年己未（1619）秋就曾在南京乌龙潭寓所，先后举行五次社集，参与者有潘之恒、钟惺、谭元春、林懋、林古度、冒愈昌、傅汝舟、吴鼎芳等。浏览茅坤、茅维、茅元仪等人诗文别集，所交游者均数量庞大，上至王公巨卿，下至文人士子，乃至术士、医者、画师、道士、和尚等触目皆是。

茅氏是一个军事世家，其家族成员有奇志，好奇谋，好谈兵。茅乾曾曰："大丈夫当提三尺剑，勒铭燕然"；传记说他"指画房情，多奇中"，"游公卿间，立谈而脱人奇祸"⑤。胡宗宪曾因兵寡，不欲与倭正面交锋，而出缯饵倭，有人欲诬其行贿而邀功。茅乾为之走南京，谒大司马张鏊，陈述东南厉害，而尽白其冤。茅坤"幼有大志，欲读尽古人书"⑥；"雅好谈兵"，"战为兵雄"⑦，曾以"雕剿"战术，镇压苗民起义，"连破十七砦"⑧；又曾为胡宗宪幕僚，助其荡平东南沿海倭寇。黄汝亨曾评价茅坤，

---

① 祝世禄：《南宁判少溪茅公暨配郭安人墓表》，见朱闻《练溪文献·艺文志》。
② 茅元仪：《自刻横塘集述》，见《横塘集》，《四库禁毁书丛刊》集部第 110 册，第 190 页。
③ 吴梦旸：《鹿门茅公传》，《茅坤集》，第 1370 页。
④ 茅维：《十赉堂甲集》文部卷十一《与何无咎书》，上图藏明刻本。
⑤ 以上见祝世禄《南宁判少溪茅公暨配郭安人墓表》，见朱闻《练溪文献·艺文志》。
⑥ 屠隆：《明河南按察司副使奉敕备兵大名道鹿门茅公行状》，《茅坤集》，第 1350 页。
⑦ 朱赓：《明河南按察司副使奉敕备兵大名道鹿门茅公墓志铭》，《茅坤集》，第 1347 页。
⑧ 见《练溪文献·列传》"茅坤"条。所谓"雕剿者，师不移，即候而入，候而出，如雕之搏兔然"，见《白华楼藏稿》卷十一《府江纪事》。

不仅是著名文人、循吏，更是一代名将："提十万兵，捣百粤，呼吸神鬼，而犹以其余佐胡中丞靖海夷，则以为名将。"①

茅维好奇策，经世之略填胸满臆。曾上奏记于首辅叶向高，京师传诵，谓之曲突书；又曾诣阙，上《治安疏》以及《足兵》《足饷》二议，逾三万言。虽屡不被用，而用世之心不死，时刻关怀朝廷边境安危，期待如谢安"他年角逐淮淝上，睹墅从容胜一筹"②。崇祯十年（1637），六十三岁的茅维，仍壮志不改，决定出山。他说目今中原日益糜烂，然"自少负纵横观变之才，颇许知兵，兼识时务"，"故弹剑而悲，投袂而起"。他决定以五年为期，建功立业，然后功成身退。他说自己符合朝廷推荐的条件有三：真气节、真经济、真文章；说自己上能"待以宾友之列，举天下事，可扣膝抵掌而粗定"，下能"试之剪寇之略，入青油幕，可期年数月而见功"③；且在诗文中反复述说，自己不怕死，不贪爵赏，而志在建奇功。其政治参与意识不是一般的浓厚，而是让人目瞪口呆。面对如此不知政治危险的友人茅维，无怪乎政坛老手钱谦益要讽劝他了，其《次韵答茅孝若见访五首》即为劝阻茅维参政而作④。

茅元仪"好谭兵，通知古今用兵方略，及九边阨塞要害，口陈手画，历历如指掌"⑤。"其大志之所存者，则在乎筹进取，论匡复，画地聚米，决策制胜。"⑥ 茅元仪曾追随孙承宗出山海关抗辽三年，"始于癸亥（1623）五月奉征书，终于丙寅（1626）六月罢归里"⑦。"己巳（1629）之变"，茅元仪从孙承宗半夜出东便门，转战七百余里，立下赫赫战功，因授副总兵，提辖辽海觉华岛，署大将军印。钱谦益《茅止生挽词》其一曰："东便门开匹马东，横穿奴房护元戎。凭君莫话修文事，掣电拏云从此翁。"茅元仪原本是巨富公子，在南京、湖州郡城、练市、花林均有宅第，但最

---

① 黄汝亨：《寓林集》卷十一《茅鹿门先生传》，《四库禁毁书丛刊》集部第42册，第262页。
② 茅维：《茅洁溪集》之《还山感遇诗》卷一《还山避暑口号八绝答止生》，哈佛燕京图书馆藏微卷本。
③ 以上见茅维《茅洁溪集》之《公告京邸同心先达书》，哈佛燕京图书馆藏微卷本。
④ 钱谦益：《牧斋初学集》卷十六《丙舍诗集》之《次韵答茅孝若见访五首》，小注曰："孝若扼腕时事，思以布衣召见，故有讽止之言。"《续修四库全书》集部第1389册，上海古籍出版社2002年版，第385页。
⑤ 钱谦益：《列朝诗集小传·丁集下》之《茅待诏元仪》，上海古籍出版社2008年版，第591页。
⑥ 同上书，第592页。
⑦ 《石民四十集》卷十七《小草草序》，《续修四库全书》集部第1386册，第230页。

第九章 茅氏的编刊活动、编刊特点及《唐宋八大家文抄》的编刊传播 / 319

后毁家纾难,"田宅凋残皮骨尽,廿年来只为辽东"①。这种强烈的政治参与意识,在旁人看来真是难以理解,甚至连敌人也会笑他白痴:"一番下吏一勤王,抵死终然足不僵。落得奴酋也干笑,中华有此白痴郎。"②虽然茅氏家族成员的谈兵游幕"与有明一代士人活跃的政治干预与发达的名士文化不无关系"③,但他们这方面的特征在当时士人中显得特别突出。

茅氏家族对时政和军事的关注,还体现在政治军事、典章制度等方面书籍的编纂与刊刻上。如茅元仪编刊《武备志》《嘉靖大政类编》《掌记》《三戍丛谈》《野航史话》《西峰淡话》《戍楼闲话》,其中《武备志》汇集历朝以来兵书2000余种,分兵诀评、战略考、阵练制、军资乘、占度载五大类,是百科全书式的兵书著作。又如茅震东考订、刊刻《新镌武经七书》,茅瑞征撰刊《皇明象胥录》《万历三大征考》等。茅瑞征尝言,自己闲居时,"每好著书,然多杂以兵事,以所历官似是马曹,尝留心擘画,综理其间。虽已归卧,而宿业不辍"。④也就是说,茅氏这类书籍的编撰不仅因为性格爱好,也与其从政经历有关。

总之,茅氏家族虽然以读书科举发家,但其成员并非文弱书生,而是文武兼备,重经世致用,政治参与意识极其浓厚。

第二节 编刊活动与编刊特点

一 茅氏的编刊活动

目前学界有四种情况涉及茅氏编刊活动:一是在考察某书版本史时会涉及茅氏刊本,如考察《花间集》版本演变时,会涉及茅一桢刊本;二是在考察类似《唐宋八大家文抄》《武备志》这样知名撰著时,会涉及该书版本研究;三是董捷博士论文《明末湖州版画创作考》涉及带版画的茅氏刊本《武备全书》《春秋胡安国传》两种;四是蒋文仙《明代套色印本研究》涉及茅氏套色本《新镌五经七书》《解庄》《绝袓》《牡丹亭记》《词

---

① 见钱谦益《牧斋初学集》卷十七《茅止生挽词》其九,《续修四库全书》集部第1389册,第390页。
② 钱谦益:《茅止生挽词》其五,《续修四库全书》集部第1389册,第390页。
③ 赵园:《制度·言论·心态——明清之际士大夫研究续编》,北京大学出版社2009年版,第13页。
④ 茅瑞征:《苕上愚公传》,见《东夷考略》,上图藏明刻本。

的》《武备全书》六种①。然茅氏刊本最大量的是墨本和没有版画的刊本，董文和蒋文论及的茅氏刊本加起来不过8种，去掉重复的就是7种。因此可以说，学界对茅氏家族的编刊活动关注甚少，既没有把茅氏家族的编刊活动作为整体进行考察，也没有将某个茅氏著名编刊家进行单独考察。有鉴于此，笔者把茅氏在晚明参与编刊活动的25人的编刊活动事迹详细考述如下。

（一）茅坤

茅坤的编刊活动主要集中在对《史记》《汉书》的删削、评点和刊刻以及对唐宋散文的编选和评点上，具体如下。

1—2. 编选、评点、刊刻《史记抄》九十一卷首一卷、《汉书抄》九十三卷。

3. 编选、辑评《史汉合编题评》。以上三种，参见本书第四章第四节。

4. 编选、评点《唐宋八大家文抄》一百四十四卷，包括《韩文公文抄》十六卷、《柳柳州文抄》十二卷、《欧阳文忠公文抄》三十二卷、《苏文公文抄》十卷、《苏文忠公文抄》二十八卷、《苏文定公文抄》二十卷、《王文公文抄》十六卷、《曾文定公文抄》十卷。其《八大家文抄总序》曰："予于是手掇韩公愈、柳公宗元、欧阳公修、苏公洵、轼、辙、曾公巩、王公安石之文，而稍为批评之，以为操觚者之券，题之曰《八大家文抄》。"② 可见，茅坤的工作是编选与评点。该书最早刊本是茅一桂万历七年刊本，现存。目前学界对《唐宋八大家文抄》有一定研究③。

5—6. 编选、评点欧阳修《五代史抄》二十卷、《新唐书抄》上下二卷。茅著崇祯四年重刊《唐宋八大家文抄》时，将这两书附于《欧阳文忠公文抄》三十二卷后，现上图等存有单本，首茅坤《欧阳公史抄引》，次《欧阳文忠公五代史抄目录》，又次《欧阳文忠公新唐书抄目录》，然后是正文《新唐书抄》《五代史抄》。其中《五代史抄目录》有详细卷数与篇名，但《新唐书抄目录》只有"欧阳文忠公新唐书抄目录"一行，

---

① 其中《春秋胡安国传》虽为茅氏刊本，但董氏还加了问号，见董文，第17页；《武备全书》蒋氏也只是作为疑似茅氏刊本，见蒋文，第102页。
② 《茅坤集》，第490—491页。
③ 参见黄毅《茅坤〈唐宋八大家文钞〉述评》，《古典文学知识》1997年第4期；刘昶《茅坤编选〈八大家文钞〉与明时文取士关系考》，《求是》2010年第10期；梅篮予《茅坤〈唐宋八大家文钞〉渊源与流传考论》，硕士学位论文，复旦大学，2010年；付琼《简论明清学人对茅坤〈唐宋八大家文钞〉的负面评价》，《文学评论》2012年第6期等。

故该书好像是《五代史抄》的附录。也许是这个原因,茅著刊本《唐宋八大家文抄》一般作"一百六十四卷",而不作"一百六十六卷"。也就是说,只加《五代史抄》的卷数,而不加《新唐书抄》的卷数。

7—8. 编辑《纲鉴删要》十卷、《明名臣经济文抄》。见同治《湖州府志》卷五十八、光绪《归安县志》卷二十。

9. 刊《墨子》六卷。《中国古籍善本总目》著录,万历九年刊,九行二十字,白口,四周单边,陕西省委党校、温州市图书馆、江西省图书馆有藏。《原国立北平图书馆甲库善本丛书》第524册收入该书。

10. 刊《解庄》十二卷。《明代版刻综录》卷三著录,万历刊本。俟考。

(二) 茅翁积

1. 刊茅坤《白华楼藏稿》。茅坤《刻玉芝山房稿引》:"嘉靖年间,长儿积尝刻《白华楼藏稿》若干卷。"① 又,王宗沐《茅鹿门先生文集序》:"因出其子翁积所裒刻《白华楼集》若干卷。"②

2. 辑《绝祖》三卷。该书后由其孙茅兆河刊刻。茅兆河《绝祖引》曰:"先王父苦吟,嗜古成痴,非建安、黄初不以抽毫,而尤喜五言,搜罗最博。探讨之暇,手录秦汉六朝十八诗及乐府歌谣二韵成帙,题曰《绝祖》。"

3. 编《弈选》一卷。收入茅一相刊《欣赏续编》。

(三) 茅国缙

刊《玉芝山房稿》二十二卷。茅坤《刻玉芝山房稿引》:"甲申(万历十二年)以来四五年间……又共得诗文若干卷,贡儿复请刻之。"③ 按:"贡儿"即茅坤第三子国缙,其刻本现存,万历十六年刊,已影印收入《原国立北平图书馆甲库善本丛书》第778册。

(四) 茅国缙

1—7. 编选《五代史删》《三国史删》《唐书删》,编选、刊刻《东汉史删》《晋史删》《南史删》《北史删》。受其父茅坤影响,国缙亦好治史,曾与曹学佺、张鹤鸣等结社删史,其中"《东汉》《两晋》已行世,《南北史》方付梓人,《五代》《三国》《唐书》存箧中,迁、固史以大父有抄

---

① 《茅坤集》,第929页。
② 同上书,第187页。
③ 同上书,第929页。

本，故不复及，独《宋》《元》未竟，赍志而卒也"①。其中《南史删》三十一卷、《晋史删》四十卷，现存。《南史删》有浙图藏本。《晋史删》收入《四库存目丛书》史部第 30 册，为北师大图书馆藏明刻本，卷一首页题"明吴兴茅国缙荐卿甫删次"。《四库全书》的编纂者不赞同删削史书，因此对《晋史删》评价甚低，曰："大旨以《晋书》原本繁冗，故删存其要。然不深知史例，刊削者多不甚当。如诸《志》概行删去，使一朝制度典章，无可考证。……且《晋书》所以猥杂者，正为喜采小说耳，而国缙乃多取琐碎故实及清谈谑语，与房乔等所见正同，是如涂涂附矣。至于以一传原文而前后移置，又有节录传中数语，移为他传之分注，大都徒见纷更，而毫无义例。以是而改《晋书》，恐无以服修《晋书》者之心也。"② 从《四库全书》编纂者的负面评价可知，此书一如凌濛初《后汉书纂》，其编撰兴趣和取舍标准是情节性和生动性，有较鲜明的小说家倾向，而这样的书比原著显然更易吸引读者。

8. 撰刊《菽园诗草》六卷。《明代版刻综录》卷三著录。日本内阁文库有藏，六卷依次为《楚游》《在告》《北征》《白门》《闽游》《再过白门》。按：光绪《归安县志》卷二十据《千顷堂书目》著录为二十卷，误。

9—10. 刊茅坤《白华楼续稿》十五卷、《白华楼吟稿》十卷。茅坤《刻玉芝山房稿引》："仲儿缙举进士，以行役来归，复倒故箧，得《续稿》若干卷，已而又得《吟稿》若干卷，惧渐或散失，并序而刻之。"③ 之所以确定这两书为次子茅国缙所刊，也是因为该《引》上文谈到长子茅翁积刻《白华楼藏稿》若干卷，下文谈到第三子茅国绥刻《玉芝山房稿》。

11. 刊《白华楼所藏四书义》若干卷。

按：《明代版刻综录》卷三著录茅国缙刊有《青棠诗集》八卷，误。是书乃茅国缙外甥董嗣成之诗集，现存，收入《四库全书存目丛书》集部第 169 册。卷首虽有茅国缙《董伯念传》，但编刊者却是其弟茅维。《四库提要》卷一百七十九著录该书时即曰："是编乃嗣成殁后，其友茅维所编。"

又按：《明代版刻综录》卷三既著录茅国缙万历间刊《玉台新咏》十

---

① 茅元仪：《石民四十集》卷三十七《先考工部都水司郎中二岑府君行实》，《续修四库全书》集部第 1386 册，第 376—377 页。
② 永瑢等：《四库全书总目》卷五十，中华书局 2018 年版，第 457 页。
③ 《茅坤集》，第 929 页。

第九章　茅氏的编刊活动、编刊特点及《唐宋八大家文抄》的编刊传播

卷，亦著录茅元祯万历七年刊《玉台新咏》十卷《续》五卷。不知两书有何关系，抑或《综录》著录有误，俟考。

（五）茅维

作为晚明著名编刊家，茅维共编刊有书籍 14 种。其编刊活动及成就主要有三：一是对苏轼作品的编辑与刊刻，有《东坡先生诗集注》三十二卷、《东坡先生全集》七十五卷，为苏轼诗文的保存与传播作出了贡献；二是对明代制艺的编辑与刊刻，有《皇明策衡》二十六卷、《皇明论衡》六卷、《皇明表衡》十二卷，不仅保存了大量的明人制艺，而且表达了其怀才不遇和经世致用思想；三是他本人著述的刊刻，有《十赍堂甲乙集》三十七卷、《茅洁溪集》二十四卷等。这些著述与时代关系密切，是研究晚明文学、政治、经济、军事以及士人心态的极好资料。

1. 编刊《东坡先生诗集注》三十二卷、《东坡纪年录》一卷。受其父茅坤影响，茅维亦敬服唐宋八大家，"尤心嗜坡老"，认为"其于经得《易》《论语》之深，于行文得《庄子》之髓，吐辞抒语，洞见本源，不独如俗学"，故"欲裒其全集，若诗，若古文，若经解，若《志林》，以行于世"①。他先编刊了苏轼诗集，后又编刊其文集。诗集即《东坡先生诗集注》，现存，浙图、上图、南图、辽图等藏。浙图本已目验，乃万历刊本，十行二十一字，小字双行同，白口，左右双边。卷一首页题"宋眉山苏轼子瞻著，宋永嘉王十朋龟龄纂集，明吴兴茅维孝若斐阅"。全书无茅氏序跋，也无刊刻时间。然茅维《十赍堂甲集》文部卷十《再与焦太史》有"客岁首梓其集注诗，取王龟龄本，删除芜秽，又取坊本补益其诗，凡数十章"之语，而此文又注明作于"乙巳"（1605）年，据此可知该书由茅维刊于此前一年，即万历三十二年甲辰（1604）。又据茅维《十赍堂甲集》文部卷十一作于万历癸卯（1603）的《与陈眉公书》有"今冬有校字东坡诗一事，计春明二月可了役"之语，可知该书编辑校对工作始于万历三十一年癸卯（1603）。

王十朋编纂的《苏轼诗集》，以分类编次和汇注百家为特点，宋元以来被争相刊刻。茅维即以王氏纂集本为底本，删削旧注十余万字，又取坊本加以补益，增加了宋元旧注本未收的《和陶诗》和见于《东坡续集》而宋元旧注本未收的诗，并将宋元以来流行的二十五卷七十八类本，删补

---

① 茅维：《十赍堂甲集》文部卷十《再与焦太史》，上图藏明刻本。

合并为三十二卷三十类,从而成为现存明代著名的苏轼诗集刻本。崇祯初,此书板片为无锡王永积所有,王氏重印时,将前人序跋、百家姓氏删削,扉页改署"梁溪王崇岩先生订正苏文忠诗集,嘉乐堂藏版",并把卷一首页"明吴兴茅维孝若芟阅"一行,铲刻为"明梁溪王永积崇岩阅"。康熙三十七年,茅维本又被新安朱从延文蔚堂重刻,此乃《四库提要》著录之本,也是近三百年来流行的苏轼诗歌类注本①。也就是说,近三百年来流行的苏轼诗歌类注本,其底本即来自茅维刊本,故茅氏刊本的价值和影响不容忽视。

2. 编刊《东坡先生全集》七十五卷、《宋史本传》一卷、《东坡先生墓志铭》一卷、《东坡先生年谱》一卷。现存,浙大、浙图、上图等25馆藏。浙大藏本已目验,四十册,十行十九字,白口,左右双边。全书按类编排,分赋、论、人物杂记、词等54类。因诗已单独刊行,故仅载文与词。因此,该书实乃文集与词集而非全集。其中词在第七十四和七十五卷,共计73调,316首。

关于该书的编刊经过,卷前茅维万历三十四年元日所撰《宋苏文忠公全集序》有陈述:

> 昔长公被逮于元丰间,文之秘者,朋游多弃去,家人恐怖而焚之殆无算。逮高宗嗜其文,汇集而陈诸左右,逸者不复收矣。迄今遍搜楚越,并非善本。既嗟所阙,复憾其伪,丐秣陵焦太史所藏阁本外集。太史公咏博而有专嗜,出示手校,甚核。参之《志林》《仇池笔记》等书,增益者十之二三,私加刊次,再历寒燠而付之梓。即未能复南宋禁中之旧,而今之散见于世者庶无挂漏。为集总七十五卷,各以类从,是称《苏文忠公全集》云。

可知,茅维编刊苏轼文集,是遍搜楚越间各种版本,并借到了焦竑手校本。而据茅维《再与焦太史》②,其搜访到的校勘本还有李乾修所藏秘本、无锡孙兰公本、《经解》宛平刊本、《志林》赵玄度刻本与鹿城张石帆刻

---

① 关于茅维刊本及王永积、朱从延重刊本的情况,参见刘尚荣《〈百家注分类东坡诗集〉考》,原刊于《社会科学战线》1982年第2期,收入《苏轼著作版本论丛》,巴蜀书社1987年版,第54—86页。
② 《十赉堂甲集》文部卷十。

第九章 茅氏的编刊活动、编刊特点及《唐宋八大家文抄》的编刊传播 / 325

本等。这些刊本的获得得力于茅维广泛的社交网络。他曾求助于友人陈继儒，说："借抄搜辑，兄当助我一臂。"① 其中焦竑手校本的成功借阅，与臧懋循告知校本信息、朱国祯出面相借有关。茅维《再与焦太史》曰：

> 友人臧晋叔于浙门张君所见先生手校坊本全集，而诗若文之补益者十二三，归为不肖侈言之，不肖欣忭踊跃，何啻航海者之获指南，寻山者之佩图经。盖以先生今之子瞻也，手自雠校，则鲁鱼无讹；续以秘本，则捃摭必备。倘肯出而授维，亟广诸梓，使长公之全文，灿然一新于世，岂直维一人之幸？得窃绪余，以免固陋之讥。长公有灵，实宠嘉之。敢特介文宁以请，惟先生慨然有以嘉惠后学。

"文宁"即朱国祯。

茅维在求借焦竑校本时，已着手刊刻苏轼文集。其《再与焦太史》明确说："业已鸠工，始事借本到，自秋迄今冬，可以竣役，旋当函书，完璧四库。"而这封《再与焦太史》作于万历三十三年（1605），《东坡先生全集》卷前又有万历丙午（1606）正月既望琅琊焦竑《刻苏长公集序》②、万历丙午元日茅维《宋苏文忠公全集序》，可知是书的编辑工作在万历三十三年秋天之前，刊刻工作则大约始于是年秋天，完成于是年冬，正式刊行于次年初，即万历三十四年丙午（1606）。《明代版刻综录》著录是书的刊刻时间为万历三十五年，显然有误。

茅维的编辑工作主要是对搜求到的众多苏轼版本，逐一甄别，寻求佚文，校订讹误，分类刊刻。其《与陈眉公书》曰："今先刻诗词，次《志林》，又次《尚书传》《论语解》，皆书之无残缺而绝未行世者。降此，有《寓惠》《寓黄》《寓琼》等集，皆杂见于坊刻全集及宋板外集中。以弟所闻，诸书篇目二十余种，计之九千页有奇，赀费千金而羡，三年之功，略可底成。"③ 据此，《东坡先生全集》的编刊工程十分浩大，所费时间和金钱均非一般书籍可比。该书编刊成功后，茅维的喜悦也可想而知。其《与李本宁先生书》曰："不肖比岁家居，仅为苏长公尽搜遗文，汇为全编，

---

① 《十赉堂甲集》文部卷十一《与陈眉公书》。
② 该序曰："《经解》，余向刻于沧州。茅君孝若，复取诸集，合为此编，而属余为序。"显然此序是为茅氏刊本而作。
③ 《十赉堂甲集》文部卷十一。

足称千古快事。"①

关于茅维《东坡先生全集》的翻刻情况与价值影响,刘尚荣《苏轼词集版本综述》有很好揭示:"(茅维)原刊本于卷尾附载曾慥跋语,表明取材于曾本。明末陈仁锡阅、文盛堂翻刻本,易书名为《苏文忠公全集》,增项煜序,内容与茅维万历原刊本无异,但删去了曾慥的跋语。此本较通行。自从《四库提要》斥责此书'陋略尤甚'以后,学者皆以此为劣本,不予重视。但此本资料全,收文多于'东坡七集'(如尺牍部分),收词多于曾本,是当时收集苏文、苏词最全的本子。"② 就词而言,曾本未收,茅维编辑时新发现的佚词有 15 首,其中 2 首是他人词误入。茅维增补的这 15 首词,包括误入的在内,后均被毛晋所编东坡词集采录③。就文而言,"茅维刊本有两个长处:一是资料齐全,尤以题跋、尺牍收录最多,乃至清初以来广为流传的《东坡尺牍》《东坡题跋》等专书,皆据茅维刊本相关内容抽印单编而成。二是编排大体合理,全书按文体及内容分类,大类下又列细目,同类文章多数还能按写作时间排比(如尺牍),便于寻检和研读"。④ 由于茅维刊本有如许优势,所以中华书局 1986 年出版的《苏轼文集》即以此为底本。

按:国家图书馆普通古籍部藏茅维《苏长公集》一册,行款与刊刻时间均与上述茅维刊《东坡先生全集》同,笔者疑为全集本之散册。全集本中焦竑序名《刻苏长公集序》,亦可为这一推测提供一旁证。

3. 编刊《皇明策衡》二十六卷。是书乃明代科举考试"策"文集。现存,国图、北大、哈佛大学等有藏。十行二十一字,小字双行同,白口,左右双边,黄汝亨、李衷纯序。黄汝亨序指出茅维编撰此书志在经世:"皇王之略,天文地理,人事之纪,俱在焉。孝若夙有妙才,文弱登坛,乃其志略在当世,黯然未究于用,而露一斑之识。衡鉴兹编,领袖末学,良亦远矣。"⑤ 李衷纯序指出了收录的时间范围、数量情况、编撰特色:

---

① 《十赉堂甲集》文部卷十。
② 收入刘尚荣《苏轼著作版本论丛》,巴蜀书社 1987 年版,第 172 页。
③ 参见刘尚荣《苏轼词集版本综述》,巴蜀书社 1987 年版,第 173 页。
④ 见刘尚荣《新版〈苏轼文集〉书后》,收入《苏轼著作版本论丛》,巴蜀书社 1987 年版,第 230 页。
⑤ 亦见于《寓林集》卷七《策衡序》,《四库禁毁书丛刊》集部第 42 册,第 168 页。

第九章　茅氏的编刊活动、编刊特点及《唐宋八大家文抄》的编刊传播 / 327

  尝断自孝庙以至今上甲辰，凡南宫、两畿、省闱暨武举之试，无不穷搜博讨。为岁百有二，为春秋开科六十有六，为录七百，为文三千有奇。严采之，得三百二十余首。编年以验风气，列名以志作者。其鸿丽若鳞宫贝室，骊珠鲛锦，环积璀璨；其精捡如天闲上厩，骐骐骅骝，尽黜中驷；其调整又如建章、未央，千门万户，洞达井朗。即昭明之卓鉴，孝标之苦心，何以尚兹？

  这里有两个问题，一是刊刻时间，二是所收策文之下限。黄汝亨曾曰："万历乙巳，孝若刻《策衡》，予实为之序。"① 据此，《策衡》刊于万历三十三年乙巳（1605）。据李序"以至今上甲辰"，其所收策文之下限当为万历三十二年甲辰（1604），这与其刊刻时间并不矛盾。然核之今存《策衡》正文，所收文章却截止于万历四十一年癸丑（1613）。盖万历三十三年是该书首刊时间，后有续刻。茅维《与陈眉公》即曰：

  弟去秋续梓三科策衡，并以历科论、表冠其前，可称一代完编矣。……分序者，有业师黄贞父及李玄白二公，合序者将徼惠眉公及李本宁太史，太史幸许之矣。兹以目录呈览，乞吾丈留使三日，即脱草掷之。弟留虎丘，必待尊序到方长发。并界乌丝纸数幅，以行草挥付，极快极快！②

  此文作于万历四十三年乙卯（1615），故续梓丙午、壬子、癸丑三科之策在此前一年，即万历四十二年甲寅（1614）。

  4. 编刊《皇明论衡》六卷。是书乃明代科举考试"论"集。现存，美国哈佛大学燕京图书馆、日本内阁文库有藏，前者已影印收入《美国哈佛大学燕京图书馆藏中文善本汇刊》，广西师范大学出版社2003年版。其行款与《策衡》同，李维桢、黄汝亨序。李序曰："吴兴茅孝若衷弘治以来诸录策为《策衡》，已而为《论衡》《表衡》，冯开之、黄贞父、李玄白三公为序。又十年，所收日益，则属不佞为序。"黄序曰："万历乙巳（1605），孝若刻《策衡》，予实为之序。读者曰：'我辈得此，可以策当世，取高

---

① 黄汝亨：《寓林集》卷七《论衡序》，《四库禁毁书丛刊》集部第42册，第168页。
② 见茅维《十赉堂甲集》文部卷十一。

名矣。'而《论》《表》闷而不宣,未厌也。又十年,而《论衡》《表衡》成,予又序之……孝若以为此《衡》也,则铢之两之,钧之石之,在善用权者哉!"据此,其刊刻时间为万历四十三年(1615)。所收之文为弘治朝3篇、正德朝1篇、嘉靖朝10篇、隆庆朝4篇,万历朝71篇,共89篇。"览其篇目,也可知儒士以天下为己任,上自宫闱,下至边塞,用人理财,修文振武,与一切利病兴革,多有心得,并非辑者泛泛之选也。"①

5. 编刊《皇明表衡》十二卷。现存,日本内阁文库藏。行款与《策衡》《论衡》同,刊刻时间与《论衡》同。黄汝亨《表衡序》曰:"孝若存其最善者,以佐教事君者而已矣。嗟乎!《论》《表》《策》俱而衡为全,衡全而权乃可用。是书也,虽谓孝若之《权书》,可也。"②

6—8. 撰刊《十赉堂集》,包括三种:《北闱赉言》二卷、《十赉堂甲集》诗五卷文十二卷、《乙集》诗十七卷词一卷。上图藏明万历丁巳(1617)刻本,六册。

《北闱赉言》二卷一册,依次为万历丁巳新正浔上朱国祯《茅孝若赉言序》、长水友弟李衷纯《赉言序》、丁巳仲春茅孝若《赉言自序》、目录、正文,正文有墨色眉批。又有乙卯闰八月云间夏嘉遇《序》、乙卯秋友人王士昌《题辞》、乙卯闰月七日友弟温体仁书于燕山文似斋之《引》、临川友弟章光岳《引》、乙卯闰中秋茅维书于燕之真如僧舍之《自引》。笔者认为,正文后序、引当是该书万历乙卯年(1615)首刊时作,而正文前序是万历丁巳年(1617)与《十赉堂甲乙集》合刊时所作。明代科举乡试,分前场与后场,凡前场试取之士,始得应后场考试。《北闱赉言》是茅维1606至1615年乡试后场应试之文。《归安县志》卷二十一引《湖录》曰:"自丙午科至乙卯后场诸艺汇而梓之,盖痛骨鲠见摈而以刘去华自伤也。"刘去华,即唐代刘蕡,以文才著称,因太和二年殿试所写策论触怒朝廷而遭落榜。茅维将自己应试之文取名"赉言",实乃借刘蕡科举不遇自伤自喻。这些应试之文包括论、表、策文以及判语,揭示了种种时政弊端:君主怠政,溺于享受;权使横行,赋税沉重;君臣猜忌,党派纷争,可借以了解茅维对政治时局和传统伦

---

① 《美国哈佛大学燕京图书馆藏中文善本汇刊》之《皇明论衡提要》,广西师范大学出版社 2003 年版。

② 见黄汝亨《寓林集》卷七,《四库禁毁书丛刊》集部第 42 册,第 170 页。

理的见解以及其经世治国的能力。

《十赉堂甲集》与《乙集》有总序,即万历丁巳夏五吴郡社友冯时可撰《十赉堂甲集乙集序》。"十赉"是指道教便于修炼的十种赏赐,典出南朝梁陶弘景《授陆敬游十赉文》。冯序对该书的命名以及茅氏因科举失意而导致的出世与入世之矛盾有所揭示:

> 孝若结集,自名《甲》《乙》,岂有仿于樊南生耶?彼其削笔衡山,洗研湘江,以放废之余,集破裂之册以签署,盖非得已。孝若亦岂有托耶?其称"十赉",则又有取于陆敬游受陶隐居策,为栖静居士,甘宅山焉。然以孝若高文大版传样鸡林,《甲》《乙》之观终当在紫清丹籍间,岂长阿连石四蕾轩中所可羁耶?

总序后,先是《十赉堂甲集诗部》五卷一册,依次为:万历丙申夏五友弟屠隆《初集叙》、友人吴梦旸《茅孝若初集叙》、友弟云间陈继儒撰《叙言》、丙申菊月九日宣城梅守箕撰《诗评》、目录、正文;然后是《十赉堂甲集文部》十二卷二册,依次为:丁巳夏五黄汝亨《十赉堂文集序》、目录、正文;最后是《十赉堂乙集诗部》十八卷二册①,依次是总目、正文,无序。

关于茅维文章之渊源及特点,黄汝亨《十赉堂文集序》有论及:"孝若天挺异才,而世鹿门先生业。于唐宋大家书,既已咀英吐华,又浸淫于三史,沿溯六经,故其为文俊韵朗气,湛识古姿,追攀往哲,凌跨一时。昔人有言,老夫须让此人一头地,余与孝若亦云。虽然,不独文也。孝若经营干济之略,填胸满腹,好奇策,知大计,如三上许司马书,及去春与余论聚米活流民事,慷慨奋发,语多要害,非书生也。"受其父茅坤影响,茅维为文学唐宋八大家及《史记》《汉书》等,并上溯六经,加上胸有武库,怀抱匡济时艰之志,所以其文不仅文采俊朗,而且内容多涉时局政事和书籍编撰刊刻活动等,很有史料价值。

9. 撰刊《十赉堂丙集》十二卷,包括《诗部》十一卷、《词部》一卷。现存,国图有藏,已影印收入《原国立北平图书馆甲库善本丛书》第890册,标明为明末刻本。哈佛大学燕京图书馆有其电子本,著录为启、祯间刻本。六册,九行十八字,序跋缺失,从目录第四页开始。《诗部》

---

① 其中第十八卷为词,共五十三首。

计五古两卷、五律一卷、五言排律两卷、七古一卷、七律三卷、七言排律一卷、五绝与六绝合一卷、七绝一卷。其中《词部》一卷，收词三十六首，加上《十赉堂乙集》卷十八的五十三首，以及散落在《茅洁溪集》《明词综》《兰皋明词汇选》等中的十余首，茅维的词共有一百首左右，在明代词史上有一席之位。王昶《明词综》卷六引《柳塘词话》评论茅维之词曰："盛明以帖括之余而涉为诗词者，十不一工。孝若独浸淫于古，其词以宋人为圭臬，而才情又横放杰出，故一时艳称之。"

10. 撰刊《茅洁溪集》二十四卷。《明代版刻综录》卷三著录。现存①，有"国立中央"图书馆藏明崇祯间茅维凌霞阁刊本②，三册。哈佛大学燕京图书馆有该书缩微胶卷，半页九行，行十八字，白口，四周单边，单鱼尾，版心下方有"凌霞阁"标记。没有按全书分卷，而是多种作品合在一起，依次是：《还山三体诗》四卷，包括《还山感寓诗》一卷、《还山闲适诗》一卷、《还山酬寄诗》二卷，有壬申秋孟临川友弟章光岳序、茅维《感寓诗引》《酬寄诗引》；《冬馆诗》一卷，有崇祯冬季自序；《拟献丹扆六箴》一卷；《辕下商歌》三卷，有茅氏崇祯丙子自序；《迂谈》一卷，有茅氏崇祯甲戌自引、唐世济小引、宋献引、崇祯甲戌尹伸题词；《盟宗祠文》等一卷；《告宗祠文》等一卷；《凌霞阁小品》一卷；《续商歌》一卷；《洁溪花史》二卷，有茅氏自引；《梅帖》、《桂帖》与《牡丹帖》各一卷，有崇祯癸酉茅氏《梅桂牡丹三帖总引》；《春明祖帐》和《云壑寻盟》各一出③。戏曲和部分诗歌有眉批，行四字。《茅洁溪集》中的作品与时代关系极其密切，是研究晚明政治、经济、军事、文学以及世家大族内部状况和士人心态的极好资料。如茅维因涉党祸而被诬以毁家和人命案的前后经过、崇祯己巳（1629）清兵薄城时诸臣之反应、茅维与茅元仪叔侄之间的各种纷争、茅元仪与茅暎兄弟之间的财产之争、茅元仪与三房进士茅瑞征间的祭祀纠葛，在该集中都有细节资料。关于其具体创作情况、思想内容和价值意义，笔者有专文论述④。特别是《春明祖帐》

---

① 按：《明代版刻综录》卷三还著录有茅维撰刊《还山体诗》四卷，此乃《茅洁溪集》所收作品之一。
② 按："国立中央图书馆"现为台湾"国家"图书馆。
③ 按：《茅洁溪集》著录有24卷，然笔者核对哈佛大学燕京图书馆所藏微卷本，仅21卷。阅其相关序引，可能缺失的是《凌霞阁内外编》二卷、《藿忱》一卷。
④ 参见赵红娟《哈佛大学燕京图书馆藏茅维〈茅洁溪集〉及其价值》，《中国文学研究》第31辑，2018年。

第九章　茅氏的编刊活动、编刊特点及《唐宋八大家文抄》的编刊传播　/　331

和《云壑寻盟》两个杂剧，均未见曲目著录。两剧虽各自独立，但前后勾连，写出了知识分子在末世社会寻找精神寄托和理想出路的情形，带有明显的时事性和自传性，而且曲辞精丽，使事妥帖，能在短出中陡起波澜，在艺术上很有特色[①]。

11. 撰刊《菰园初集》六卷。此乃茅孝若早期诗集，亦名《茅孝若初集》。现存，万历二十四年（1596）刊，日本内阁文库藏，普林斯顿大学东亚图书馆有复制本。收万历辛卯（1591）至万历丙申（1596）五六年间诗歌，与《十赉堂甲集诗部》五卷内容大致相同。有屠隆《初集叙》、吴梦旸《茅孝若初集叙》、陈继儒《叙言》、梅守箕《诗评》，均极尽溢美之词。屠隆《初集叙》曰："吴兴茅孝若春秋弱冠尔，余耳其才名数年。顷过余南屏，手其所为《菰园诗》出示余，为汉魏则汉魏，为六朝则六朝，为初唐则初唐，其于体靡不合，而才傅之。"吴梦旸《初集叙》曰："年甫弱冠，业已跻古作者之域而穷其变；名不越经生，目不窥境外，业已达四方之得失，而居然风刺备焉。"陈继儒《叙言》曰："孝若十五即能奏晋魏初唐之音，今甫弱冠，其诗韶秀清华，深往沉骛，片语无寸瑕，万言无累句，置之古人中，莫辨也。"黄汝亨曾写信给茅维说："《菰园集》案头有之，即为人持去，可多寄数十本来。"[②] 可见，该书当时有一定的传播和影响。

12. 撰刊《凌霞阁内外编》[③]。佚。茅维《凌霞阁新著总引》曰："山民隐居放言，感近事而益激烈，拟献《丹宸六箴》。未已也，而撰《辕下商歌》三卷；犹未已也，而演《凌霞阁内外编》十五剧。"[④] 据此可知，《凌霞阁内外编》是茅维隐居洁溪时所作十五个杂剧总集名。郑元庆《湖录经籍考》卷五、同治《湖州府志》卷五十九、《归安县志》卷二十一著录。顾简序略云："予闻之茅孝若尝以所作杂剧属钱谦益序，已而语人曰：'轻我。近舍汤临川而远引关汉卿、马东篱，是不欲我代临川也。'其矜兀如此。"[⑤] 可见，茅维对所作杂剧自视甚高。其杂剧现存《苏园翁》《秦廷筑》《金门戟》《醉新丰》《闹门神》《双合欢》《春明祖帐》《云壑寻盟》

---

① 参见赵红娟、何等《新发现的明代戏曲家茅维杂剧两种》，《戏曲与俗文学研究》第4辑，社会科学文献出版社2017年版。
② 黄汝亨：《寓林集》卷二十五《与茅孝若》，《四库禁毁书丛刊》集部第42册，第536页。
③ 此条可参见叶德均《戏曲小说丛考》，中华书局1979年版，第457页。
④ 《凌霞阁新著总引》一文，见茅维《茅洁溪集》，哈佛燕京图书馆藏缩微胶卷本。
⑤ 光绪《归安县志》卷二十一。

八种，前六种收录于清初邹式金所编《杂剧三集》①，最后两种见于《茅洁溪集》。另有《没奈何》《贺声钟》两个杂剧，仅存剧名。这十个杂剧是否均属《凌霞阁内外编》诸曲，俟考。

13. 撰刊《茅孝若书义》。此乃茅维应试文集，佚。黄汝亨序曰："孝若负异才，自舞象时，即能作魏晋人诗，而下笔为文已不凡，冉冉至今，亦渐种种矣。于诗古文竟擅作者之场，而于应试今文亦颇揣时人意，为鲜色玮词，乃微言正法。即古文之体，若松青筠绿，摩风霜而出，如钟、王书，不问大小，皆可模也。孝若亦云：'古今文无二法。'盖悟后语耳。然乙卯之役已遇矣而复落，命也，于文何损！"② 是序收入黄汝亨《寓林集》卷七，因此茅氏此书刊刻时间在《寓林集》刊刻时间天启二年（1622）前，茅维乙卯（1615）落第后。

14. 撰刊《凌霞阁杂著》十六卷。《综录》卷三著录，崇祯九年茅维凌霞阁刊本。未见。

（六）茅一相

茅一相的编刊活动主要在他辞官隐居华林园时期。其所编刊的书籍中，《欣赏编》及《欣赏续编》是谈诗论弈、器物考古、游戏养生之书，不仅体现了他归田后的自得其乐，也迎合了晚明士大夫的闲适之风。

1. 重编、刊刻《欣赏编》十种十四卷。《综录》卷三著录。该书最早由吴郡沈津于弘治、正德年间编刊，其卷数与种数未明，但可知有《玉古考图》《印章图谱》《文房图赞》《续文房图赞》《燕几图》《古局象棋图》《谱双》等。在此基础上，嘉靖三十年，新安汪云程编刊了《欣赏编》十二种十二卷，包括《玉古考图》《印章图谱》《文房职方图赞》《续职方图赞》《茶具图赞》《砚谱图》《蹴鞠图》《古局象棋图》《谱双》《打马图》《除红谱》《醉绿谱》各一卷。万历八年，茅一相重新编刊《欣赏编》，为十种十四卷。茅氏刊本国图、上图、浙图等十余馆有藏，其中浙图本已目验，五册，行字不一，白口，单黑鱼尾，四周单边。版心右下角载有刻工，或姓，或名，或全名，近30人。该书天头很宽，图文并茂，字体多样，名人序跋频现，印章纷呈，刻印十分美观。卷前有《欣赏编序》，署正德六年河南布政使司右布政长洲静庵沈杰书；又有《欣赏编目录》，题

---

① 邹式金辑：《杂剧三集》，清顺治十八年（1661）刻本，收明末清初杂剧34种，故又名《杂剧新编三十四种》。

② 黄汝亨：《寓林集》卷七《茅孝若书义序》，《四库禁毁书丛刊》集部第42册，第182页。

第九章　茅氏的编刊活动、编刊特点及《唐宋八大家文抄》的编刊传播　/　333

吴郡沈津润卿编辑。十种书按天干排列。

甲集《集古考图》一卷，书前目录作"玉古考图"，元朱德润撰。前有朱氏至正元年《集古考图序》，后有鲍翁诗，并曰："右为予旧题朱泽民集古玉图诗，近见润卿刻本，遂为重书一过，使附刻之。"

乙集《汉晋印章图谱》一卷，书前目录作"印章图谱"，宋王厚之撰。前有至正二十五年豫章揭汯《吴氏印谱序》，后有昆山黄云跋。据序跋，该书所辑印章有吴孟思、沈津所摹者。

丙集《文房图赞》一卷，书前目录作"文房职方图赞"，宋林洪撰。前有林氏序，后有正德丁卯祝允明序、长洲沈周跋。

丁集《续文房图赞》一卷，书前目录作"续文房职方图赞"，元罗先登撰。前有罗氏序，虎林逸庵沈玄征书。

戊集《茶具图赞》一卷，茅一相撰。前有茅一相《茶具引》，曰："余性不能饮酒，间与客对春苑之葩，泛秋湖之月，则客未尝不饮，饮未尝不醉。予顾而乐之，一染指，颜且酡矣，两眸子懵懵然矣。而独耽味于茗，清泉白石，可以濯五脏之污，可以澄心气之垢。服之不已，觉两腋习习，清风自生。视客之沉酣酩酊，久而忘倦，庶几亦可以相当之。嗟乎！吾读《醉乡记》，未尝不神游焉，而间与陆鸿渐、蔡君谟上下其议，则又爽然自释矣。乃书此以博十二先生以鼓掌云。庚辰秋七月既望华溪里芝园主人茅一相撰并书。"后有长洲野航道人朱存理跋。

己集《砚谱》一卷，书前目录作"砚谱图"，茅一相撰。前有万历庚辰秋八月乌程温博撰并书《刻砚谱序》，曰："此吾友茅康伯述谱指也。乃若山有志者，推其所自出也；石有品者，辨其真赝也；有图者，重古仪也；有铭者，取古人之言以自勖也。谁谓此谱为点黛几筵之物哉！然予尝读《从征记》，闻鲁国孔子庙中有石砚一枚，制作甚朴古，盖其生平时物。嘻，惟朴古，故到今犹传之。惟夫子之物，夫是以朴古也。今天下深巧已极矣，安得尚古如康伯者，出而与之，共正什物之制耶？"

庚集《燕几图》一卷，宋黄伯思撰。前有黄氏自序，后有慎独痴叟陈植跋、弘治甲子荜门邢参跋。

辛集《古局象棋图》一卷，宋司马光撰。前有万历庚辰七夕东海王逸民《刻古局象棋图序》，曰："方今海内合而为一，延颈之寇，无敢越局，天下智术之士，几积于无用。而谋所以娱心志、供杯酒者，惟博弈是资，一何愉快也。则茅康伯之表兹图，时乎？时哉！语有之：'天下虽安，忘战必危．'之戏也，即以之习战，亦可也。若徒曰为之犹贤乎已，则又非温公与康伯之意云。"后有开禧间宋刊本跋、正德间沈津刊本徐真卿跋。

壬集《谱双》五卷，宋洪遵撰。前有洪氏自序，署虎林逸庵沈玄征书，后有吴郡唐寅跋。

癸集《打马图》一卷，宋李清照撰。前有李氏自序。

与汪氏刊本不同，茅氏刊本删去了《蹴鞠图》《除红谱》《醉绿谱》，增加了《燕几图》一卷。茅氏刊本诸序跋中没有提到汪氏编刊本，笔者以为这里有可能是出于翻刻的商业考虑而故意抹去其痕迹，让人误以为是直接取自更早的沈津编刊本。茅氏本之所以定为万历八年刊，是因为《茶具图赞》《砚谱》《古局象棋图》均有万历八年庚辰刻书序跋。

按：张秀玉说《欣赏编》有芳大年万历庚辰作《欣赏砚谱后序》，并引芳氏跋曰："归安茅康伯氏，大雅俊乂也。今刻《欣赏全编》，而《研谱》与焉。"张氏据此跋断定《砚谱》为茅一相辑，并认为跋中所谓《欣赏全编》是《欣赏编》和下述《欣赏续编》的合称①。按：笔者所见浙图藏本之《砚谱》并无芳大年序②。

2. 编刊《欣赏续编》十种十卷。《总目》著录，国图、上图、浙图等10馆有藏③。浙图本已目验，与《欣赏编》一样，亦为万历八年刊，行字不一，白口，单黑鱼尾，四周单边④。版心有邹邦彦、洪赞、赵汝等众多刻工名，有与《欣赏编》相同者。卷前有长兴徐中行《续欣赏编序》，曰：

> 余往见《欣赏编》十卷，吴郡沈润卿所定也。茅子康伯爱之，颇有中郎之私，复以己意为续卷十，将梓而谒余序。余览之，欣然喜，已怃然悲也。夫人生于世，政如白驹之过隙耳。乃入游其樊而感其名，胶

---

① 参见张秀玉《〈欣赏编〉版本考辨》，《图书馆界》2010年第1期。
② 笔者所见茅元祯刊《玉台新咏》有吴门研山迁生方大年撰《重校玉台新咏跋》，"方""芳"虽然不一，但应是同一人，可能著录有误。
③ 见《总目》集部下，线装书局2005年版，第1937页。
④ 根据笔者对《欣赏续编》的目验，《总目》的著录有五个地方需修正：1.《诗法》应作"《诗法》"；2—3.《诗法》《绘妙》均当作茅一相"辑"，而非"撰"；4.《词谱》当作"《词评》"；5.《弈选》的编者，浙图本为茅翁积。按：1、2两条，张秀玉《〈欣赏编〉版本考辨》一文已指出。

胶辘辘，日捐其和而不知所税驾，曾未瞬目而髦及之。其间开口而笑者，能几何也？又焉能自得其得，自适其适，取欣赏乎哉！……今观茅子是编，其重内者耶？始乎《诗法》，和之以天倪，目之以曼衍也。终于《修真》，呼吸吐纳，熊经鸟伸之术，则有进于赤松、羡门之所逍遥者焉。至若词也，曲也，即诗之余也。其《弈选》《绘妙》《茶谱》《山房十友》之类，则又仿佛润卿之意而次之，皆所谓潇洒送日月者也。其要归以自得自适而已，岂徒玩物云尔哉！知其趣者，一领略之，当必有心神俱爽，豁然而得，所谓真我者矣。

晚明士大夫钟情于"清供""雅玩"，茅一相重新编刊沈津《欣赏编》，并仿《欣赏编》而作《欣赏续编》，正是迎合晚明士大夫对风雅闲适生活情趣的追求。据此推测，这类书籍应是市场上的畅销书。

该书卷前《欣赏续编总目》署"吴兴茅一相康伯集"，所列十种书与《欣赏编》一样，亦按天干排列，依次是：《诗法》《弈选》《绘妙》《词评》《曲藻》《十友》《茶谱》《色谱》《牌谱》《修真》。

《诗法》为编刊者茅一相所辑，有万历庚辰（1580）王逸民序与茅氏自跋。王序谓此编"采唐宋及今诸家语之要者，合为《欣赏诗法》，而晚得皇甫司勋《新语》，亦附焉"。全书分诗源、诗体、诗派、律法、诗评、诗诀六部分，多摘自王世贞《艺苑卮言》、皇甫司勋《新语》、严羽《沧浪诗话》、杨载《诗法家数》等。尤其是《诗评》部分，几乎全部出自《艺苑卮言》。茅氏跋文称颂王世贞《艺苑卮言》曰："古今谈诗无虑数百家，近读王子《卮言》，则囊括天地，驱策古今，由屈宋而下，咸承颜听命于笔札之间，如庖丁解牛，造父御骏，惟其所之而无不中的。"跋后钤有"花溪懒道人赏鉴图书""万卷楼主人"二印，可知茅一相又号花溪懒道人、万卷楼主人。

《弈选》则为茅翁积所编，自序曰："余于弈，不能不好，不可曰真好；不敢曰知，不可谓不知。胜故欣欣然，然败亦可喜，盖任其所感而我无心也。昔有僧设法云：'从前十九路，迷误几多人。'此诚有得于弈之旨者乎？是编精而不陋，简而有则，具初学之阶梯，而国手名世，亦不出此，故录之，以备斋中之观赏云。"按：张秀玉言，是书前有万历丙子秋姚江华逢春《弈选序》，并据该序认定此书为明岑生辑。张氏引此序曰："岑生，余邑人也。幼以弈奇，北游燕邸，诸名手咸自以为不及，士大夫争延之。生所在弈，辄往焉，无不啧啧。名由此益显。生好观古弈谱，而采其精者，置为一帙，曰《弈选》，出以观余。"① 据此，则编者为岑氏，"生"只是对读书人的称呼，其名未知。然笔者所阅国图本未见此序，也许因为该书迎合晚明文人"解颐"之需，遂有刊刻者为逐利而改变序跋以制造新本，俟考。

《绘妙》亦为茅一相辑，有茅氏本人《绘妙引》：

> 苏子曰："凡物之可喜足以悦人而不足以移人者，莫如书与画。"余不佞自总角时，即溺情于斯二者，然而力不能以多致，则每于故家世族及吴中好事子，博询而览观之。遇得意处，便欲忘寝食，却寒暑，而上下千百载间，名流胜迹，庶几与之神游而目赏焉。是编所载，尤绘家之旷逸不群者，故名曰《绘妙》。

《引》后署"万历庚辰秋七月既望东海生康伯父撰"，并钤"吴一逸人茅一相印""吴人太峰"二印。可知，茅一相又号东海生、吴一逸人、吴人太峰。

《词评》《曲藻》为王世贞撰，前有王氏《欣赏词评序》《欣赏曲藻序》，后有茅一相庚辰秋日所作《题〈词评〉〈曲藻〉后》，曰："夫一代之兴，必生妙才；一代之才，必有绝艺。春秋之辞命，战国之纵横，以至汉之文，晋之字，唐之诗，宋之词，元之曲，是皆独擅其美而不得相兼，垂之千古而不可泯灭者。虽然，即是数者，惟词曲之品稍劣，而风月烟花之间，一语一调，能令人酸鼻而刺心，神飞而魄绝，亦惟词曲为然耳。大都二氏之学，贵情语，不贵雅歌，贵婉声，不贵劲气。夫各有其至焉。览是编者，可以参二氏之三昧矣。"跋后钤"三界都懒汉天主一闲人""吴人太峰"二印。可知，茅一相又号三界都懒汉、天主一闲人。

《十友》《茶谱》为明顾元庆撰，均有顾氏自序，其中《十友》自序署"庚辰秋七月望日冯年书"。《茶谱》后有茅一相跋，曰："大石山人顾元庆，不知其何许人也。久之，知为吾郡王天雨社中友……今观所述《山房十友》并《茶谱》二卷，苟非泥淖一世者，必不能勉强措一词。吾读其书，亦可以想见其为人矣。"

《色谱》，即《除红谱》，宋朱河撰。卷前依次有：洪武元年杨维桢

---

① 张秀玉：《〈欣赏编〉版本考辨》，《图书馆界》2010 年第 1 期。

《除红谱序》《除红凡例》《除红总目》，全书版心作"欣赏除红"。后有五湖狂客张长君《题除红谱后》，署"雪溪寓叟书"；又有茅一相跋，署"芝园外史东海生志"。

《牌谱》为明顾应祥撰。前有《顾箬溪先生牌谱引》，署"嘉靖著雍敦牂之岁松云逸老漫志"。后有茅一桂跋："顾箬溪先生，吾郡长邑人也。先生名应祥，世家邑之三箬之隈，故自号曰箬溪……先生尤喜著撰，是谱乃其所游戏者，然其自叙曰'乐而不淫，谑而不虐'，则虽小道，亦可观先生哉！"

《修真》，即《保生心鉴》，前有正德丙寅铁峰居士《保生心鉴序》，后有关中王蔡识。

3. 刊《汉蔡中郎集》十卷《外传》一卷。《总目》《综录》卷三等著录。现存，上图、国图等十余馆有藏。上图本已阅，九行十九字，白口，单黑鱼尾，四周单边。卷前依次有嘉靖二十七年西京乔世宁景叔甫序、嘉靖戊申南都俞宪汝成父识、万历元年东阳王乾章序。因乔世宁序题"万历庚辰秋七月圣日冯年书"，而卷首又题"吴兴后学茅一相康伯父订"，因判定此书为万历八年茅一相刊。茅一相此本乃翻刻俞汝成校刊本①，其版心右下角有刻工名，如"余唐刊""乌程周雷刊""亭刻"等。

4. 刊《新刊唐荆川稗编》一百二十卷《目录》三卷。《总目》第1070页、《综录》卷三著录。现存，浙图、上图等46馆有藏。浙图本已目验，万历九年茅一相文霞阁刊本。十行二十字，白口，单白鱼尾，四周双边，有刻工。卷前依次有万历辛巳茅坤《荆川先生稗编序》、茅一相《文霞阁刻稗编引》《例义》。卷端题有校者姓名，不仅人数众多，而且涉及地域较广，主要有：卷一"门生毗陵左烝考校"、卷七"后学太仓刘大纶校"、卷八"后学东海茅一相校"、卷十"后学吴兴茅一相校"、卷十五"后学云间郁承彬校"、卷十八"后学钱塘徐萃春校"、卷二十一"门生归安姚翼考校"、卷二十八"后学吴兴茅一桂校"、卷二十九"后学松陵皇甫汾校"、卷三十一"后学乌程凌稚隆校"、卷三十二"后学太仓王一鸣校"、卷三十七"后学归安施守官校"、卷三十八"后学归安吴人豹校"、卷

---

① 据丁丙《善本书室藏书志》卷二十三记载，茅氏刊本前有天圣癸亥欧静原序，然后才依次是乔序、俞序、王序，而笔者所见本没有欧序。又曰茅氏刊本："后有木记，云：'万历庚辰秋七月既望，吴兴花林东海居士刊于文霞阁中。'又记云：'中郎集余得三本，一出无锡华氏，为卷十一，得文七十有一首，前后错杂，至不可句读。再得陈子容本，袭华之旧。最后得俞氏汝成本，益文二十有一，而损卷为六，其间亦稍稍补辑遗漏，今而后始睹中郎之完册云。'"《续修四库全书》第927册，第430页。按：笔者未见丁氏所言"木记"以及"又记"。

四十"后学嘉禾张国诏校"、卷四十一"门生毗陵王革考校"、卷四十二"后学崇德张国诏校"、卷四十八"后学西吴姚舜牧校"、卷五十"后学归安顾尔志校"、卷五十四"后学吴兴茅一桢校"、卷五十五"门生毗陵褚滔考校"、卷七十一"后学归安茅仲籍校"、卷八十三"后学姑苏张献翼校"、卷一百〇二"后学山阴俞应策校"、卷一百〇六"门生武进吴嶔考校"。

《综录》卷三既著录茅一相万历八年刊《淮南鸿烈解》二十一卷,九行十九字,上下单边,左右双边;又著录茅一桂万历十一年刊《淮南鸿烈集解》,无行款,曰其出处为《北京图书馆善本书目》《天津市人民图书馆善本书目》《福建大学图书馆善本书目》《南京图书馆善本书目》。按:《综录》著录张冠李戴,谬甚。一是万历八年本《淮南鸿烈解》是茅一桂所刊而非茅一相刊,参见茅一桂该条;二是万历十一年刊本《淮南鸿烈集解》乃汪一鸾所刊而非茅一桂刊。

(七) 茅一桂

茅一桂的编刊活动主要有以下几种。

1. 刊《唐宋八大家文抄》一百四十四卷。现存,浙图等20余馆藏。万历七年刊,九行十九字,白口,左右双边。参见本章第三节第二部分。

2. 刊《淮南鸿烈解》二十一卷。《总目》第963页著录,上图、浙图等30余馆藏。浙图本已目验,万历八年刊,九行十九字,小字双行同,白口,单黑鱼尾,左右双边,正文无眉批。卷前依次有汉高诱《淮南鸿烈解叙》,署"武林山人沈玄徵书";茅一桂《重校淮南鸿烈解引》,署"万历庚辰年夏四月归安茅一桂仲父识,乌程冯年书";以及《淮南鸿烈解总目》《淮南鸿烈解总评》。卷首题:"汉河东高诱注,明西吴温博、茅一桂订。"

按:辽图藏朱墨本《淮南鸿烈解》二十一卷,有临海王宗沐撰《淮南鸿烈解批评序》,曰:"鹿门从子一桂故嗜书,业已订《淮南鸿烈解》行海内,而鹿门子犹病其太略,载取批评续之,句若栉,字若缕,不啻设左右翼而导之前茅也。"可见,茅一桂刊本在朱墨本前。朱墨本正文九行二十字,有朱色眉批,行五字,以及朱色圈点。朱墨本无刊刻标记,然上图将其著录为闵刻本①。

---

① 评点者茅坤不可能是朱墨本刊者,因为一般认为闵齐伋万历四十四年(1616)所刊《春秋左传》是湖州第一部套色本,而茅坤卒于1601年。

3. 刊潘凤梧《安边济运本书》，包括《治河管见》四卷、《边事》。《四库提要》卷七十五《史部》三十一《地理类存目》四"《治河管见》四卷"条曰："是编末有茅一桂跋，称为《安边济运本书》。盖凤梧别有《边事》一书，合此书而总名之，此则仅存其治河书也。"据此，茅一桂所刊潘氏《安边济运本书》包含《治河管见》与《边事》二书。《四库全书存目丛书补编》第93册收入潘氏《治河管见》。

4. 辑刊《史汉合编题评》八十八卷。参见本书第四章第四节。

5. 刊《任侯会试卷》。

（八）茅一桢

刊墨本《花间集》十卷《补》二卷《音释》二卷。现存，上图、国图等有藏。九行十八字，白口，左右双边，单鱼尾。首唐欧阳炯《花间集序》，署乌程冯年书；次《花间集叙目》，后有牌记，曰"万历商横执徐之岁朱夏日归安茅氏雕于凌霞山房"；正文卷首署"茅一桢校释"。据此，知其为万历八年茅一桢刊本。该书《音释》二卷，为茅一桢所撰，《补》为温博所辑。这是第一个"把《花间集》没有涉及的盛唐与南唐作品包括进来"的《花间集》刊本，"刊刻者显然想更为全面地反映唐词全貌，具有试图以作品反映词史发展过程的意愿"①。

按：《综录》卷四"凌霞山房"条将此书著录为朱墨套印本。大概受此影响，学界提到此书多以为是朱墨本。然王重民先生认定万历四十四年（1616）闵齐伋所刊《春秋左传》是湖州第一个朱墨套印本，学界对此亦认可。如果这样，茅一桢万历八年所刊《花间集》就不可能是朱墨本，除非王氏判断有误。对此，笔者仔细目验了上图藏本：非评点本，无眉批；正文内少量朱色圈点，乃后人用笔所加。也就是说，该书并非朱墨本，王氏的判断依然正确。

（九）茅元祯

1. 刊墨本《玉台新咏》十卷《续》五卷。《总目》第1721页、《综录》卷三著录。现存，国图、上图等有藏。万历七年（1579）刊本，九行十八字，白口，左右双边。上图本已目验，首新安吴世忠撰《刻玉台新咏序》，署吴郡徐普书，颜体，十分美观；次《重校玉台新咏跋》，署吴门研山迁生方大年撰；次徐陵《玉台新咏序》，署己卯（1579）季秋朔日

---

① 见李冬红《〈花间集〉版本变化与接受态度》，《中国韵文学刊》2006年第2期。

钱塘袁大道书于心远楼；次《名家世序》；次正文《玉台新咏》十卷《续》五卷。卷一首页题"东海徐陵编、吴兴茅元祯重校"，卷一第一页、第二页版心分别载有刻工"赵周""杨元"；续书第五卷卷终有"姑苏徐普书"字样。全书字体漂亮，十分悦目。其中方大年《重校玉台新咏跋》谈到嘉靖间郑玄抚刊本"阅四十年，而其板亦竟散弛无存"，万历己卯季冬，"元祯虑其书之如郑君之日也，爰命工者重刻之，而复加雠校于其间，正其鲁鱼亥豕者，百每一二，比郑为精"。可见，此书是在郑氏刊本基础上，重新校定刊刻而成。

2. 刊李德裕《李文饶文集》二十卷《别集》十卷《外集》四卷。《总目》第1212页、《综录》卷三著录。现存，上图、复旦图书馆等有藏。天启四年刊本，九行十九字，白口，四周单边，同里韩敬评点。按：《总目》言茅师山刻本，"师山"乃茅元祯别号。《综录》虽言茅元祯刊本，然误把"师山"作茅元祯字。《练溪文献·墓域》引韩敬《师山茅公墓表》曰："（元祯）字公良，师山其别号也。"

（十）茅元仪

茅元仪著述繁富，《石民四十集》卷七十七《与潘木公书》曰："自度奔走余年必不能就此，故随时掇拾，稍不负日而已。顷芟除大半，次第其稍可存者，得诗五十二卷、文一百四十八卷，他说家者流《青光》十卷、《青油史漫》二卷、《六月谭》十卷、《掌记》六卷、《督师纪略》十三卷、《暇老斋杂记》三十二卷、《福堂寺贝余》五卷、《戍楼闲话》四卷、《澄水帛》十三卷、《艺活甲编》五卷，共诗文外集三百卷，已忍汗付木矣。未竟者为《易会》《史争》《史眊》，凡三种。编辑者自《武备志》二百四十卷行世外，尚有《史快》《略书》《辅臣谟》《寻山志》《永叹录》《征异录》等略约千余卷，不与焉。"以上著述，茅元仪多有自刊本。现存的有以下几种。

1. 编刊《武备志》二百四十卷，天启莲溪草堂刊本，九行十九字，白口，四周单边，中科院图书馆等有藏。

2. 编刊《戍楼闲话》四卷，天启刻本，八行十八字，白口，四周单边，无锡市图书馆等有藏。

3. 编刊《掌记》六卷，崇祯元年刊本，八行十八字，白口，四周单边，国图有藏。

4. 编刊《澄水帛》十三卷，明末刻本，八行十八字，白口，四周单边，华东师大图书馆有藏。

5. 编刊《暇老斋杂记》六卷，崇祯刻本，八行二十字，白口，四周单边，上大图书馆有藏。

6. 撰刊《石民未出集》二十卷，天启七年刻本，八行十八字，白口，左右双边，国图有藏。

7. 撰刊《石民西崦集》三卷，明末刻本，八行十八字，白口，四周单边，中国社科院文学研究所有藏。

8—17. 撰刊《督师纪略》十三卷、《三戍丛谭》十三卷、《野航史话》四卷、《石民甲戌集》、《石民四十集》九十八卷、《石民江村集》二十卷、《石民又岘集》五卷、《石民渝水集》六卷、《石民横塘集》十卷、《石民赏心集》八卷，崇祯刻本，八行十八字，白口，四周单边，国图有藏。

18. 《六月谭》十卷，崇祯刊本，存卷一至卷五，已收入《原国立北平图书馆甲库善本丛书》第466册。

除自己著作外，茅元仪还校刊有以下几种。

19. 屠隆《鸿苞》四十八卷。现存，上图、辽图等20馆有藏。万历三十八年（1610）刊，八行十九字，白口，左右双边。黄汝亨《鸿苞序》曰："茅生元仪为吾友水部荐卿之子，博文嗜奇，爰付剞劂，属予序之，以资同好者流览。"①

20. 黄凤翔《嘉靖大政类编》二卷。《综录》卷三著录。现存曼山馆翻刻本。前有黄氏自序，后有黄氏自跋。有目录，凡大礼、四郊等十九目。封面大书书名，双行。中小字一行云："曼山馆藏板。"上有朱文长方印三行："此系茅衙藏板，今在曼山馆发行。如有翻刻，千里必治。"② 现存曼山馆刊的刻本较多，该书坊主人是杭州徐象橒。据此可知，是书最先由茅元仪校订刊刻行世，后茅氏藏板为徐象橒所得，而被再次刊行。

21. 王世贞《嘉靖以来首辅传》八卷。《总目》第387页、《综录》卷三著录。现存，上图、浙大等6馆有藏。万历四十五年刊，九行十八字，白口，四周单边。

22. 费朗《玉碎集》四卷。《综录》卷三著录。

23. 程元初《律古词曲赋叶韵统》十二卷。清华大学藏明崇祯五年刻

---

① 黄汝亨：《寓林集》卷二，《四库禁毁书丛刊》集部第42册，第60页。
② 参见黄裳《来燕榭读书记》（上册）卷三，辽宁教育出版社2001年版，第238页。

本，收入《四库存目丛书》经部第 211 册。

（十一）茅暎

1. 评点、刊刻朱墨本《牡丹亭记》四卷。现存，国图、中国社科院文学研究所有藏。九行十八字，白口，四周单边，有图。卷前依次是汤显祖《牡丹亭题辞》、茅元仪《批点牡丹亭记序》、茅暎《题牡丹亭记》及《凡例》。茅元仪序曰："雉城臧晋叔以其为案头之书而非场中之剧，删其采，刓其锋，使其合于庸工俗耳……家季为校其原本，评而播之，庶几知其节，知其情，知其态者哉！"又茅暎《凡例》曰："臧晋叔先生删削原本以便登场，未免有截鹤续凫之叹。欲备案头完璧，用存玉茗全编，此亦临川本意，非仆臆见也，临川尺牍自可考"；"晋叔评语当者亦多，故不敢一概抹杀，以暝前辈风流，仆不足为临川知己，亦庶几晋叔功臣"。可知，此书一方面不满臧懋循删改《牡丹亭》而校以汤氏原本，另一方面又觉得臧氏评点有价值而有所保存。另外，臧氏改本是墨本，茅氏不仅新出以朱墨本，而且重新加以批点。显然，茅氏是借了臧氏评改《牡丹亭》之商机，臧氏评点、汤氏原本、茅氏自评以及朱墨印刷，均是该书卖点。就茅暎评点以及所作《题牡丹亭记》来看，他不仅注意到了戏曲的综合性，而且较能揭示《牡丹亭》肯定"情"、颂扬"情"的戏剧主题和浪漫精神以及汤氏创作重曲意的理论观念，因而被学界所关注。

2. 辑评、刊刻《词的》四卷，既有墨本，又有朱墨本。笔者所见上图索书号为 017961 的《词的》即为墨本，九行十八字，白口，四周单边。首茅暎序，是一篇很优美的骈文，反映了作者较高的文学素养；次《凡例》五条；再目录。正文有眉批，行四字，无行批，有圈点。笔者所见辽图本《词的》则为朱墨套印本，除了眉批和圈点为朱色，其他似同。《词的》墨本和朱墨本的先后刊刻，也体现出茅暎编刊活动的商业性质。

（十二）茅瑞征

茅瑞征壮年解组归田，故有较多时间从事编刊活动，主要有以下几种。

1. 编刊《芝园秘录初刻》七种十四卷，包括宋吕祖谦《易说》二卷，宋程大昌《诗论》一卷，宋周必大《二老堂杂志》五卷，宋陈克、吴若《东南防守利便》三卷，宋杨彦龄《杨公笔录》一卷，宋释祖秀《华阳宫记事》一卷，宋侍其良器《续千文》一卷。现存，湖北省图书馆有藏，崇祯间浣花居刻本，八行十八字，白口，左右双边。以上据《总目》第 1960 页著录。其实此书馆藏不止一处，《原国立北平图书馆甲库善本丛

第九章　茅氏的编刊活动、编刊特点及《唐宋八大家文抄》的编刊传播　/　343

书》第573册亦收入该书，乃茅氏浣花居崇祯九年刊本。又，《综录》卷三著录陈克、吴若《东南防守利便》三卷，崇祯八年浣花居刊本；吕祖谦《易说》二卷，崇祯九年浣花居刊本；程大昌《诗论》不分卷，天启浣花居刊本。三书虽均为茅氏浣花居刊本，然刊刻时间著录不一，不知与《芝园秘录初刻》有何关系，俟考。

2. 纂笺、刊刻《禹贡汇疏》十二卷《图经》二卷《别录》一卷。《总目》第39页著录。崇祯五年（1632）墨刻本，九行二十字，白口，四周单边，单鱼尾，国图、北大、上图、南图、浙图等有藏。北大藏本已影印收入《续修四库全书》经部第52册，有崇祯壬申仲秋吴兴澹朴居士茅瑞征序、壬申季夏闽观察使门下士申绍芳序与槜李门人黄承昊跋①。跋后依次为目录、《凡例》十三条、《禹贡考略》一篇、《图经》二卷、《禹贡汇疏》十二卷、《别录》一卷。其中《图经》分卷上、卷下，"上卷二十四图，皆郑晓原本；下卷二十四图，则瑞征所补辑也"②；正文《禹贡汇疏》十二卷，则《冀州》等九州各一卷，《导山》《导水》各一卷，"九州攸同"至末为一卷；《别录》一卷为茅瑞征所辑大禹神怪之事。书作于崇祯壬申（1632），多借以抒写时事，故其《自序》曰："读《禹贡》者，详九州之山川，则可供聚米之画；习漕渠之岐路，则可商飞挽之宜；察东南之物力，则当念杼轴之空；考甸服之遗制，则当兴树艺之利，而挈要于底慎财赋一语。疏解浩繁，可一言以蔽之。如必句栉字比，执今图志疑古山川……此不离经生之耳食，亦何益孔、蔡之旧文？"可见，其志不在于解经，而在于经世致用。

3. 刊《万历三大征考》三卷附《东夷考略》一卷《东事答问》一卷《都督刘将军传》一卷。现存天启浣花居刻本，九行十九字，白口，四周单边，国图、上图等藏。

上图又有《东夷考略》散本两册，编号为线普长619066—37。扉页有"浣花居藏板"字样。首《东夷考略目》，主目为女直通考、海西女直考、建州女直考，附目为辽东全图、开铁图、开原控带外夷图、沈阳图、辽阳图、海运饷道图、东事答问、茗上愚公传。正文前有茅瑞征《考原》，曰：

---

① 浙图本已目验，与此同。上图藏本较多，其中笔者所见线谱466498—501藏本为浣花居本，与北大及浙图同；T04760—67藏本，则无茅瑞征序。
② 《四库总目提要》卷十四《经部十四·书类存目二》。

> 自有东寇，主忧臣瘁，而议同筑舍，局等弈棋。爰鉴往以察来，庶惩喧而改辙，故考东夷。在昔女直，既殊生熟之称；即今海西，亦列南北之号。瓜分豆剖，厥裔实繁。顷蚕食业骋于两关，而鲸吞敢恣于上国。耳目所逮，宁过而存之，故通考外，复次海西、建州。齿马自宜引嫌，扪虱不妨写臆。执简俟断，自先帝之登遐；而企踵以须，徐听后人之补塞。庶纾蓥恤，幸逭谤书，故考东夷。迄于万历纪年，疆场被此蒙茸，将谁适悝。语不云乎，中流遇风，何没没也。肉食者鄙，匪沿曹刿之谈；谋夜则获，窃取神谌之义。故诸考辄参以绪论。古亦有谈兵于聚米，或画地以成图。量彼此情形，多算乃胜；问山川险易，抵掌为叹。间假顾恺之丹青，稍佐韩白之画策，曷可少哉！故作诸考以地图云尔。

署"浣花主人书"，钤"澹朴居士"印。

附录《东夷考略》为主客问答形式，后有小字曰："此岁在乙卯（1615）臆语也，今局稍异，因并缀焉。"又识曰："偶闻辽警，起步彷徨，矢纡芹曝之衷，惧贾跃冶之诮，聊仿《七发》，漫展一筹，虽考槃自放，谊不敢忘国恤也。时辛酉（1621）四月苕上愚公识。"万历乙卯盖为《东夷考略》的撰写时间，而天启辛酉当是其刊刻时间。

附录《苕上愚公传》是研究茅瑞征的很好材料，抄录如下：

> 苕上愚公者，家苕水之曲，性专而癖，自先世事力穑，而公独酷嗜书。当其坐拥残帙，伊吾自喜，则私谓天壤间虽有他乐，吾不以易也。及一再试为吏，殚精职业，绝不解以官为传舍，间有以请谒问遗，至而辄发赤反走，以是亦时窃民誉，而每为通人所不乐。公亦罢去不顾，归返初服，读书伊吾，与儿炙手不知热，下石不知怨，脂膏不知润，且并轩冕不知荣。胸无机械，意无好丑。此殆天下至愚人也。公亦自谓"名我以愚固当"，然雅能以无私自许，人亦久而以是许之，因共号曰苕上愚公。愚公闲居，每好著书，然多杂以兵事。以所历官似是马曹，尝留心擘画，综理其间。虽已归卧，而宿业不辍，齿及辄津津有味乎其言。人谓愚者必专且癖，此亦愚公真种子云。时天启元年（1621）龙集辛巳夏日书于浣花居上

第九章　茅氏的编刊活动、编刊特点及《唐宋八大家文抄》的编刊传播

茅瑞征喜欢读书、藏书、著述以及爱好兵事的个性宛然可见。附目中虽无《都督刘将军传》，然《东夷考略》后附有此传，署"太仓王衙藏板"。

4. 撰、刊《皇明象胥录》八卷。《总目》第534页著录。崇祯茅氏芝园刻本，九行十九字，白口，四周单边，国图藏。按：国图藏本为崇祯二年（1629）刊本，已收入谢国桢辑《国立北平图书馆善本丛书》第一集与《四库禁毁书丛刊》史部第10册。首年弟吴光义序；次豫章友弟邹维琏序；再次自序，署"崇祯己巳秋日之吉归安茅瑞征书于南鸿胪寺之嘉会轩"；复次《凡例》，署"苕上茅瑞征识"，后有"男胤京、胤武同订正"字样。《凡例》《目录》及正文版心有"芝园藏板"四字。该书乃茅瑞征任兵部职方郎中时所撰，以补嘉靖郑晓《皇明四夷考》。其自序略曰："郑端简公《吾学编》所次《四夷考》，精核简严，而根据多略，编纂亦止于世庙。余往在职方，间按历代史牒及耳目近事，稍为增定，以讫万历纪年。如佛郎机、鲁迷诸国，前考所缺者，并捃摭订入，庶几展卷可晰本末，蛮陬夷落如指诸掌矣。顷居鸿胪寺，多暇，因簏中旧稿，重加参证，题曰《象胥》。其他北虏、女真及西南溪洞诸蛮夷，别有裒辑。"是书对明代边境和通使梯航诸国，罗列略备，志在经国大业。

按：《综录》卷三著录茅瑞征万历四十三年刊《吴兴掌故集》十七卷，误。是书乃茅献征所刊，参见茅献征该条。

（十三、十四）茅胤武、茅胤京

1. 茅胤武编刊《孝经全书》二卷。是书刊于崇祯八年。现存，北大图书馆有藏。墨本，九行十九字，白口，单鱼尾，四周单边。

2. 茅胤京、茅胤武校订其父茅瑞征撰《禹贡汇疏》十二卷《图经》二卷《别录》一卷。浙图藏本《禹贡汇疏》卷一首页即题"吴兴茅瑞征纂并笺，男胤京、胤武仝订"。

3. 茅胤京、茅胤武校订其父茅瑞征撰《皇明象胥录》八卷。该书《凡例》后题"男胤京、胤武同订正"。

4. 校订、刊刻其父茅瑞征撰《虞书笺》二卷。《总目》第39页著录，明崇祯刊本，九行二十字，白口，四周单边，国图、中科院图书馆有藏。《四库全书存目丛书》经部第52册所收该书则为人大图书馆所藏崇祯刻本。有茅瑞征《虞书笺》自序、槜李门人黄承昊跋。自序曰："南局多暇，日取唐虞论治之书，再四读之，意有所会，辄次数语简端，

久便成帙。儿子偶发废簏，请付副墨，因漫题曰《虞书笺》。"《四库提要》卷十四亦据此曰："其子漫付剞劂耳。"又该书正文首页题"归安茅瑞征伯符著，男胤京、胤武仝订"。综上可知，该书为茅胤京、茅胤武校订、刊刻。

（十五）茅献征

校刊《吴兴掌故集》十七卷。《总目》第509页著录，万历刊本，八行十六字，白口，左右双边，浙图、上图等10馆有藏。浙图本已目验，万历四十三年（1615）刊，有嘉靖庚申浙江督学使吴邑范唯式序、万历乙卯（1615）夏日澹朴居士茅瑞征伯符《重订吴兴掌故集序》、菰芦后学茅献征彦先父《吴兴掌故集跋》。卷一首页题"九灵山长徐献忠辑，延州布衣吴梦旸阅，后学茅献征校"。按：《总目》作"明徐献志撰"，误。又《综录》卷三误以为该书是茅瑞征所刊。该书实为茅献征所刊。证据一：茅瑞征《重订吴兴掌故集序》曰："余翻阅之余，尝取事关吴兴者手录成帙。既得长谷先生所刻《掌故集》，赏其先获我心。会从兄彦先躬为校雠，索余作序。盖余三复斯集，至风土记而叹人代递降如江河，日趋于下也。"彦先即茅献征。证据二：茅献征《吴兴掌故集跋》曰："一日从友人案头得《掌故》一集，心窃异之，及竟读，始知为云间徐长谷先生所撰次。……先生往矣，九原可作，愿与执鞭。惜其书漫灭，不可久复，授之梓，悬之国门，敬邀先生之惠，且以明先生不忘吴人，吴人亦不忘先生。"茅献征本后来有嘉业堂翻刻本，原刊本已收入《原国立北平图书馆甲库善本丛书》第406册。

（十六）茅琛征

校刊《鹿门先生批点汉书抄》九十三卷。参见本书第四章第四节。

（十七）茅兆海

茅兆海，字巨宗，乃茅元祯子，茅翁积孙，茅坤曾孙，所刊书有3种。

1. 朱墨本《茅鹿门先生批评史记抄》一百零四卷。参见本书第四章第四节。

2. 套色本《新刻朱批武备全书》八种十二卷。潘曾纮纂辑，包括《皇明将略》五卷、《新刻朱批武备全书海防总论》不分卷、《新镌武备全书》一卷、《新刻武备三场韬略全书》不分卷、《战略》一卷、《诸葛武侯占风识地火攻正略》一卷、《秘刻武略神机火药》一卷、《新刻武略火器图说》一卷。现存，国图、北大、上图、日本尊经阁等藏，辽图等亦藏有《皇明将略》等散本。天启元年刊，八行十六字，白口，四周单边①。潘曾纮《题武备全书辞》曰："余从父崟山好谭边事，谓此书切近时务，殁而存之，不若镌而广之，而年家巨宗茅氏，雅好剞劂，谓此书不宜私藉也，刻而广之。"可见此书为茅兆海所刊，而《中国古籍善本总目》等因不知"巨宗"为茅兆海字，故仅曰此书为茅氏刊②。

3. 墨本《陶石篑先生批选唐宋六家表启》八卷。现存，上图，国图等藏。天启二年刊本，九行十九字，白口，四周单边。因为全书按人来分，其中苏轼、王安石分上下卷，另外柳宗元、欧阳修、苏辙、陆游各一卷，所以上图著录为不分卷，但实际上是八卷。首韩敬《六家表启选评序》，曰："巨宗家学代沿，青箱搜刻，斯编殆有救时深意，安得起知言如刘勰者与共商榷源流，辨归同异，俾六君子菁华上合声画之细，即歇庵先生而在，宁复有郑卫雅乐之叹哉！"次天启二年人日盐官陈梁《唐宋六家表启序》，曰："巨宗寿于是，研于越之峥峨，濡苕川之清润，而为之点额。"又有天启辛酉茅兆海跋，曰："（石篑先生）即所评六家表启，条贯义类，灿然更新，文府武库，鼓吹在是矣。……读书者似宜家置一帙也。予会先生令甥何君于武林，首示此编，爰命锓之，以公诸喜读唐宋文者。"

（十八）茅兆河

1. 刊《解庄》十二卷。《总目》第1139页著录。郭正域评，天启元年朱墨套印本，九行十九字，白口，四周单边，辽图、南图、中科院等11馆有藏。辽图藏本已目验，卷首依次有焦竑《庄子翼序》、韩敬序、茅兆河小引、司马迁《庄子列传》、阮籍《庄论》、郭象《南华真经序》、苏轼《庄子祠堂记》、林希逸《庄子口义发题》、《目录》。卷端首页题"江夏郭明龙先生评""会稽陶石篑先生解"，每卷后附音释。

---

① 种数与行款据《总目》著录。而蒋文、董文，据北大图书馆藏本，著录为七种十二卷（根据其所列七种卷数相加，乃十一卷，不知为何均误为十二卷），无《新镌武备全书》一卷、《战略》一卷，而有《国朝名公京省地舆户口钱粮丝棉绢布苎钞总论》一卷。据潘氏题辞，该丛书当有八种，故北大藏本非全帙。对此，蒋文已注意到，曰"应该有八种，今只余七种"；而董文却认为北大藏本是全书，乃孤本。关于该书刷印颜色，《总目》与蒋文均曰朱墨套印，然董文曰朱墨蓝三色套印，俟考。又董文、蒋文均曰《中国善本书提要》《明吴兴明板书目》著录该书，误。参见《总目》第三册，第818页；蒋文，第101—104页；董文，第20—22页。

② 《总目》第三册，第818页，

全书朱色眉批，行五字。是书底本来自韩敬，刊者则为茅兆河。韩敬序曰："余久蓄帐秘，谋诸巨源，为锓而广之。"巨源，即茅兆河。茅兆河《小引》亦曰：

> 昨岁屏居读《礼》，图史俱辍，案头仅存《南华》一编，痛定取读，亦复数墨辄罢。顷者，养疴横塘别馆，社友韩求仲（即韩敬）过访榻前，语及达生，因以会稽先生《解庄》相授。复得江夏先生手评《口义》，始于枕上卒业。……遂不忍私秘帐中，用授剞劂。帙成，以示求仲。

至于该书之刊刻时间，可从韩敬序署"辛酉（1621）长至日苕溪后学韩敬书于郭西湾之隘庵"得之，即天启元年辛酉。

2. 刊《绝祖》三卷。《总目》第1725页著录。茅翁积辑，明朱墨套印本，八行十八字，白口，四周单边，辽图藏。已目验，卷首有茅兆河《引》《凡例》。《引》曰："先王父苦吟，嗜古成痴，非建安、黄初不以抽毫，而尤喜五言，搜罗最博。探讨之暇，手录秦汉六朝十八诗及乐府歌谣二韵成帙，题曰《绝祖》。……因得展玩遗编，先人手泽，故友品题，不忍饱蠹鱼之腹，遂授之梓，以公诸好古者。"是书"仿杨用修先生《律祖》遗意"，"自秦汉迄隋，计选诗五百七十有奇"[1]。《凡例》曰："是编从秘帐中，偶于湖上与陈居一篝灯谈艺，出示相赏，谓为风雅奇观，遂加丹铅。"据此，其评点者乃陈万言，"居一"是其字，浙江嘉兴人，万历四十七年（1619）进士。

（十九）茅茮

评点、刊刻朱墨本《春秋胡安国传》三十卷，即《总目》第106页著录的"《春秋传》三十卷"：宋胡安国撰，明天启二年朱墨套印本，十行二十字，白口，四周单边，辽宁大学图书馆等藏。笔者未查阅是书，然据董捷所言，卷首依次是《春秋总例》《诸国兴废说》《凡例》十则、归安严有容广舆父《诠次》、防风门人茅茮芳茹跋。跋中有"爰授梓人，以公同志"之句，董捷据此判定为茅氏刻本[2]。

---

[1] 辽图藏茅兆河刊本《绝祖·凡例》。
[2] 见董文，第17页。

第九章　茅氏的编刊活动、编刊特点及《唐宋八大家文抄》的编刊传播　/　349

（二十）茅著

崇祯四年（1631）刊茅坤《唐宋八大家文抄》一百六十六卷①。具体情况参见本章第三节第二部分。

（二十一）茅震东

考订、刊刻《新镌武经七书》七卷，包括：《孙子》《吴子》《司马法》《李卫公》《尉缭子》《三略》《六韬》各一卷。现存，《总目》第817页著录，明王守仁评，胡宗宪参评，天启元年朱墨套印本，八行十七字，白口，四周单边，辽图、河南省图书馆等有藏。辽图本已目验，卷首依次有徐光启《阳明先生批武经序》、孙元化叙、胡宗宪识、茅震东《小引》以及《凡例》、《姓氏》、《目录》。徐光启序曰："嘉靖中有梅林胡公筮仕姚邑，而得《武经》一编，故阳明先生手批遗泽也。丹铅尚新，语多妙悟，辄小加研寻。……时余被命练兵，有□人初阳孙子携一编来谒，且曰：'此吴兴鹿门茅先生参梅林公幕谋，获此帐中秘，贻诸后昆，兹固其家藏也。缘其世孙生生氏，欲授剞劂，属请序于先生。'"可知此书原为王阳明手评本，胡氏为官余姚时得之，又稍有评点。该书后被胡宗宪幕僚茅坤所获，茅坤后人茅震东（字生生）因刊之。书中徐序乃茅震东请孙元化求得。孙元化（1581—1632），字初阳，号火东，上海嘉定人，曾从徐光启学西洋火器法。《凡例》特别指明："是书悉遵阳明先生手批原本，不同坊刻"；其评语"系梅林先生者，则特加'梅林曰'三字以别之"。其《姓氏》所列各项有：

批评：王守仁伯安，余姚人；

参评：胡宗宪汝钦，绩溪人；

标题：孙元化初阳，嘉定人；

考订：茅震东生生，武康人；

参阅：王承锦綗父、余姚人，闵昭明伯弢、乌程人，潘荣铨子仪、归安人，施元熊尚父、归安人。

（二十二）茅元铭

与韩绎祖校刊明陆自岩撰《守苔血谱》三卷。

---

① 见《总目》第五册，第1680页。按：一百六十六卷包括《韩文公文抄》十六卷、《柳柳州文抄》十二卷、《欧阳文忠公文抄》三十二卷、《五代史抄》二十卷、《新唐书抄》二卷、《苏文公文抄》十卷、《苏文忠公文抄》二十八卷、《苏文定公文抄》二十卷（《总目》误为二十八卷）、《王文公文抄》十六卷、《曾文定公文抄》十卷。然《提要》（第446页）据美国国会图书馆藏本著录为一百六十四卷，盖未加《新唐书抄》卷数；《明代版刻综录》卷三著录为一百四十四卷，不知何故。

（二十三、二十四）茅茹、茅彦征

茅彦征刊巾箱本《齐世子灌园记》三卷，七行十五字，四周单边，白口，无鱼尾。哈佛大学燕京图书馆有藏，已影印收入《美国哈佛大学哈佛燕京图书馆藏中文善本汇刊》第三十四册。前有茅茹《灌园小引》，曰："予童而嗜奇，栖心韵语，敢于声律稍窥一斑。其半縻于公车业想，终杲骨矣。……予弟公美有同好焉，乃衷而付之剞劂氏。七月既望，茅茹仲连甫书于生花馆。"每卷前题"西汉司马子长析传、大明张伯起氏汇编、吴兴茅彦征氏重梓"，卷三末题"万历乙巳年菊月梓于千里台，不二道人云津父校"。据各卷卷端和卷三末所题，该书由茅彦征刊于万历乙巳（1605）。茅彦征，生平未详，当为茅氏七世，与献征、瑞征等同辈。据《小引》，茅茹字仲连，是科举失意者，与其弟公美均喜欢戏曲，茅彦征所刊《灌园记》底本即由他提供。

（二十五）茅仲籍

参与茅一相刊《新刊唐荆川稗编》校阅工作，该书卷七十一署"后学归安茅仲籍校"。

二 茅氏的编刊特点

茅氏编刊活动特点有五。

（一）编刊者众多，所刊书籍数量庞大。茅坤家族参与编刊活动的达25人，所编刊的书籍约100部近1800卷。如果将茅氏所刊丛书、总集等书籍中的种数析出，那么可纳入茅氏编刊活动的书籍约170种。除掉只编撰而未能确定刊行过的8种，则可知茅氏曾刊行书籍约160种。且这些书籍仅佚失12种，现存约150种，参见本书附录八"茅氏编刊活动表"。可以说，无论是其书籍编刊总量，还是现存所刊书籍总量，在中国出版史上都比较罕见。

（二）所刊书籍内容广，质量高，影响大。茅坤家族所刊书籍四部皆备，其中集部最多，子部与史部次之，各约80、30、30种，经部极少，仅《禹贡汇疏》《虞书笺》《孝经全书》《春秋胡安国传》4种。不少书籍质量高，影响大。如茅坤选评、茅一桂和茅著两次刊刻的《唐宋八大家文抄》，"盛行于世，海内乡里小生无不知茅鹿门者"[1]，是明清两代最重要的唐宋八大家选本。茅一祯所刊《花间集》是第一个"把《花间集》没

---

[1] 陆心源等修：《归安县志》卷三十六，光绪八年刊本。

第九章　茅氏的编刊活动、编刊特点及《唐宋八大家文抄》的编刊传播　/　351

有涉及到的盛唐与南唐作品包括进来"的《花间集》刊本①。茅维所刊《东坡先生诗集注》与《东坡先生全集》，前者为明代著名苏诗刻本，也是近三百年来流行的苏轼诗歌类注本即康熙三十七年新安朱从延刊本的底本；后者是明代收苏文苏词最全的刻本，也是中华书局1986年版《苏轼文集》的底本。茅暎所刊《牡丹亭记》不仅校以汤显祖原本，保存了臧懋循改本有价值的评点，而且增加了自评。这些评点及其所作《题牡丹亭记》，既注意到了戏曲的综合性，又较能揭示《牡丹亭》肯定"情"的戏剧主题和浪漫精神，因而被学界所关注。茅坤选评、刊刻的《史记抄》与《汉书抄》，前者有茅兆海与闵振业两个套色重刊本，后者有茅琛征重刊本，盛行于时，成为《史记》与《汉书》的重要选本。另外，茅氏《武备志》《新镌武经七书》《新刻朱批武备全书》等子部兵家类刊本也享有名气。

（三）就印刷颜色来说，以墨本为主，但受同里闵、凌二氏套印影响，在天启崇祯间，茅坤家族也产生了一个刊刻套色书籍的团队，刊有套印本8部21种，它们是：茅暎刊《词的》《牡丹亭记》，茅兆河刊《解庄》《绝祖》，茅兆海刊《新刻朱批武备全书》8种与《茅鹿门先生批评史记抄》，茅䇹刊《春秋胡安国传》，茅震东刊《新镌武经七书》7种。五人中，除茅震东世系未明，其他四人团队关系密切，其中兆河与兆海是兄弟，茅䇹是兆河或兆海子，茅暎是兆河与兆海从叔。

（四）就所刊书来源而言，以自己编撰的著作为主，较少重刊他人著述。如所刊约50种别集中，他人别集仅7种，属重刊的仅《李文饶文集》《汉蔡中郎集》《东坡先生诗集注》《东坡先生全集》4种。《李文饶文集》此前有嘉靖刻本、万历郑惇典重刻本等，茅元祯是据韩敬评点本刊刻。《汉蔡中郎集》此前有杨贤、无锡华氏、陈子器、俞汝成等刊本，茅一相主要据俞氏校本刊刻。《东坡先生诗集注》是茅维在王十朋纂集本的基础上，删减补益而成。《东坡先生全集》是茅维在收集各种苏轼著作刊本、校本的基础上重新编刊而成。除别集外的约30种集部著作，自己编选的也占大部分，如《唐宋八大家文抄》《绝祖》《皇明策衡》《皇明论衡》《皇明表衡》《诗法》《词的》。或者有所辑补、考释与评点，如《花间集》，茅一祯辑补了此前刊本没有涉及的盛唐与南唐作品，且该书《音

---

① 见李冬红《〈花间集〉版本变化与接受态度》，《中国韵文学刊》2006年第2期。

释》二卷乃茅一祯自己所撰；又如《牡丹亭记》，茅暎不仅校以汤氏原本，而且择取臧氏删改本之评点，还亲自加以批点，并以朱墨本形式刊之；又如所刊约 30 种史部书籍中，刊刻他人史部著作的仅 5 种，即茅元仪刊王世贞《嘉靖以来首辅传》、黄凤翔《嘉靖大政类编》、茅一桂刊潘凤梧《安边济运本书》2 种、茅献征刊张献忠《吴兴掌故集》。

（五）就编刊目的而言，既有经世致用与立言留名因素，也有商业逐利的考量。相比同里闵、凌二氏，茅氏编刊活动所体现的经世致用与立言留名思想更明显，这从茅氏所撰所刊作品多与时局相关可窥一斑。像《石民未出集》《督师纪略》《禹贡汇疏》《皇明象胥录》《万历三大征考》《安边济运本书》《武备志》《新镌武经七书》《新刻朱批武备全书》等书籍的刊刻，很能体现茅坤家族成员的军事爱好与经国救世之思。晚明社会黑暗，问题丛生，有才之士难以一展抱负，而著书立说，编刊历史、地理、军事等著作，关注边防，筹划边计，是当时士人经世救世行动的一项重要内容，是对国势日危、江山飘摇深感忧虑的一种思想投射[①]。当然，茅坤家族刻书也体现了较浓厚的商业特征，主要如下。

1. 重刊茅刊本或茅评本畅销书。茅氏万历前期刊行的《史记抄》《汉书抄》《唐宋八大家文抄》，因其畅销，在天启、崇祯间都有重刊。如茅著崇祯四年重刊茅一桂万历七年所刊《唐宋八大家文抄》，茅兆海天启元年以朱墨本重刊茅坤万历三年所刊墨本《史记抄》，茅琛征崇祯八年重刊茅坤万历十七年所刊《汉书抄》。特别是茅著重刊《唐宋八大家文抄》之前，除了茅一桂万历刊本外，还有崇祯元年方应祥刊本。为了超越方氏这一畅销本，茅著不仅在题署上打出了"归安鹿门茅坤批评，孙男闇叔著重订"的牌子，而且在《跋》中强调"希绍祖业"，"总期八君子之性情与先大父之性情俱久传于弗替"之意。这种以茅氏正宗自居、继承祖业的口吻实际上体现了茅著本竭力赢得读者的商业特征。再如《史汉合编题评》，据董份万历十六年序，乃茅坤编选、辑评与自评，由金陵唐龙泉、周对峰刊行，而据茅一桂序与《凡例》，则是书由茅一桂编选、辑评、自评与刊刻，茅坤评点仅是其所辑评点中的一家。这种版权变化，只有从商业角度才能理解。又《词的》墨本和朱墨本的先后刊刻，也体现出茅暎编刊活动

[①] 参见刘天振《明清江南城市商业出版与文化传播》，中国社会科学出版社 2011 年版，第 191 页。

第九章　茅氏的编刊活动、编刊特点及《唐宋八大家文抄》的编刊传播

的商业性。

2. 刊刻历代经典与名人著作。如刊刻《牡丹亭记》《玉台新咏》《花间集》《春秋胡安国传》《解庄》，以及蔡邕、李德裕、苏轼、王世贞、唐顺之、屠隆等名人著作。既然是经典或名人著作，那就意味着有较多的读者，而且茅刊本着意打造亮点，容易成为畅销书。如《牡丹亭记》的刊刻，茅暎一方面打着反臧懋循删改而校以汤显祖原本的旗号，另一方面又保存了臧改本的优秀评点，而且还增加了自己的评点，并邀请吴门画师王文衡绘制了插图，且全书以套色刊之。显然，茅氏借臧氏评改《牡丹亭》之商机，制造了汤氏原本、臧氏评点、茅氏自评、朱墨印刷、精美插图等众多卖点，其畅销当不在话下。又如刊《玉台新咏》，校雠上打出了"比郑为精"的旗号，书工则反复标明为"吴郡徐普书""姑苏徐普书"。再如刊《花间集》，收了以前《花间集》没有涉及的盛唐与南唐作品。

3. 刊刻形式精美的书籍，特别是套色书籍。套色书籍凭借便于区分评点与正文内容等优点，以及色彩鲜明、行疏幅宽等美观形式，在晚明书籍市场深受欢迎，其商业盈利特征十分明显。茅坤家族有5人参与了套色印刷，共刊套色本8部21种。茅兆海刊朱墨本《史记抄》时，黄汝亨序曰："（茅兆海）举所刻布者而详为订正，精付剞劂氏，譬之美人倩妆而加研，古镜拂拭而重朗，形神俱开，心眼并爽，非特茅氏之家珍，抑亦艺林之国宝也。"这种可以使"形神俱开，心眼并爽"的形式精美的套色本，不仅胜过那些"木蔽字渝，浏览不快"的墨刻本，从而更吸引读者购买，甚至可以成为一种被人购藏把玩的艺术品，其商业利润自然更为可观。除了套色印本，还有一些茅刊本也很注重视觉冲击效果，以吸引购买者。如茅一相所刊《欣赏编》与《欣赏续编》，图文并茂，字体多样，名人序跋频现，印章纷呈，令观者赏心悦目。再如茅元祯所刊《玉台新咏》，请苏州著名书法家徐普书写，全书序跋与正文字体均十分美观悦目。

4. 刊刻迎合时代风气与社会需求的书籍。书籍迎合时代风气与社会需求也就意味着更有潜在读者与销售市场。茅氏编刊的经世文编、军事地理与典章制度之书，如茅坤《明名臣经济文抄》、茅维《皇明论衡》《皇明表衡》《皇明策衡》、茅元仪《武备志》《督师纪略》《嘉靖大政类编》、茅瑞征《万历三大征考》《东夷考略》《皇明象胥录》、茅一桂《安边济运

本书》、茅震东《新镌武经七书》、茅兆海《新刻朱批武备全书》等，主要迎合晚明士大夫经世致用思潮。茅一相重新编刊沈津《欣赏编》，并仿《欣赏编》而编《欣赏续编》，谈诗论弈，器物考古，游戏养生，迎合了晚明经济发达，生活富裕，士大夫钟情于清供雅玩，喜欢过风雅闲适生活的社会风气。茅维前后编辑苏轼诗集和文集的分类本，迎合了宋明以来分类编排名家诗文集的潮流。茅坤评点《唐宋八大家文抄》，既借八大家文章以谈文统与经世之略，也关注八大家文章的文学性，并侧重揭示其文法，迎合了晚明士子举业之需，而具备如此三大功能，《文抄》自然畅销无敌。

第三节 《唐宋八大家文抄》的编刊与传播

一 《文抄》编选的历史趋势、思想动因与商业因素

茅坤《唐宋八大家文抄》的诞生不仅与南宋以来唐宋文章的编选趋势相关，而且与茅坤思想创作转向唐宋派，希望通过评点唐宋文章展示自己文学观念，以及茅坤评点所具备的指导士子学习古文与时文的功能密不可分。

关于茅坤编选《唐宋八大家文抄》的渊源，学术界论述较多，梅篮予对此有较详细梳理①。南宋以来，吕祖谦《古文关键》、楼昉《崇古文诀》、周应龙《文髓》、谢枋得《文章轨范》等散文选本不断辑录韩、柳、欧、苏等人散文，逐步增强了八大家散文作为唐宋古文整体代表的趋势。《古文关键》不仅收录、评点除王安石之外的其他七家之文，而且建立了"以韩愈为宗主，以欧阳修为承先启后的关键人物，以苏轼为集大成者"的唐宋散文选本体系②，对后世唐宋诸家文章选编产生了重要影响。《崇古文诀》首次于同一选本中备齐了唐宋八家之文，对推动唐宋八大家之说的形成有较重要意义。《文髓》仅选唐宋韩柳欧苏五家之文，强化了甄选唐宋古文的意识。《文章轨范》进一步推进了文章选本评点之风，对后人研读和批点唐宋文章产生了较深刻影响。到了元末明初，朱右《唐宋六家

---

① 参见梅篮予《茅坤〈唐宋八大家文钞〉渊源与流传考论》（以下简称梅文），硕士学位论文，复旦大学，2010年。
② 黄强、章晓历：《南宋时期集唐宋八大家为古文流派的趋势》，《扬州大学学报》（人文社会科学版）2001年第5期。

第九章　茅氏的编刊活动、编刊特点及《唐宋八大家文抄》的编刊传播　/　355

文衡》首次在名称上标举唐宋古文,并首次专门编选唐宋韩愈、柳宗元、欧阳修、曾巩、王安石、三苏"六家"之文。朱氏所谓六家,是以苏氏父子三家为一家,实乃八家。因此,《四库提要》卷一百六十九曰:"八家之目,实权舆于此。其格律渊源,悉出于是。"

明中叶以来,唐顺之《文编》《六家文略》、归有光《四大家文选》、陆粲《唐宋四大家文抄》,也从不同方面对茅坤《文抄》的编选施以影响和触动。《文编》与《六家文略》在编选目的、作家作品取舍与评点上对茅坤《文抄》有影响。反对前后七子文必秦汉,提倡唐宋之文,力求揭示唐宋文之"文法",以供后人研习古文之用,在这些编选目的上,茅坤《文抄》显然与其相同。特别是《六家文略》已初具唐宋八大家文选本模样,与茅坤《文抄》非常接近。其所谓"六家",亦与朱右选本一样,是将苏轼父子三家视为一家,实乃八家。茅坤曾对唐顺之之子唐鹤征曰:"仆窃念生平所为文章之好,与其一切揣摩作者之旨,大较并自先中丞公发之。而仆所手次八大家之文,而为之镌引其旁者,谓其尽得韩、柳以来相传之心印,固不可;而谓其背而驰焉,亦不可。窃自谓,先中丞公于此书倘及寓目,或当解颐而额之者。"① 可见,《文抄》在评点方面,也多受唐顺之影响。《四大家文选》独立苏轼为一家的做法,可能触动茅坤将苏轼父子由一家拆分为三家。《唐宋四大家文抄》不仅在书名上足以启迪《文抄》,《文抄》只不过将"四"作"八",而且在"此吾举业之筌归"这一编选目的上②,与《文抄》"时有司益重以后场风诸生,则又搜唐宋诸家凡敷陈资于举子业者而以充广之"的编选动机相似③。值得一提的是,近些年来,学术界关注到,明嘉靖间王宠辑有《唐宋八家文》。就书名上同时出现"唐宋"与"八家"这两个概念而言,该书是首次④。然而,大概是未有刊本的缘故,该书影响不大,明清以来似乎未有文人提及,茅坤应该未见。

南宋以来唐宋散文编选局面的影响只是一个外因,茅坤《唐宋八大家文抄》的编撰与其自身创作思想的转变有关。茅坤原本受前七子"文必秦

---

① 《茅鹿门先生文集》卷四《与唐凝庵礼部书》,《茅坤集》,第 279 页。
② 沈位:《唐宋四大家文抄序》,见陆粲《唐宋四大家文抄》,上图藏明刻本。
③ 顾尔行:《八大家文抄题辞》,见茅坤《唐宋八大家文抄》,浙图藏万历七年茅一桂刊本。
④ 该书现存台北图书馆,稿本。具体版本情况,可参见钟志伟《明清唐宋八大家选本研究》,台湾文津出版社 2008 年版。

汉"主张的影响,作文刻意模仿《史记》,认为"唐以后,若薄不足为者"①。后来与唐顺之结交论文,接受唐氏一代又一代之文,唐宋之文自有其妙,非秦汉之文所能包举的思想,才细心揣摩韩、柳、欧、曾以及苏轼兄弟之文,认为他们的文章"调各不同,而其中律一也"②,并觉悟到以前刻意模仿司马迁之文,仅得其眉其发而未得其神理。茅坤的这一思想转变清晰地反映在其《与蔡白石太守论文书》中③。如果不是唐顺之的理论影响,茅坤不会转向唐宋派,也就不可能有《唐宋八大家文抄》这样一部标志唐宋派文学理论成就和实践意义的代表文献的诞生。茅坤通过《文抄》总序、论例、各家小引、随文批点等多种方式,较鲜明地表述了其唐宋派的文学主张。他认为唐宋之文之所以值得尊崇,是因为它们合于道,合于六艺之旨。如其《总序》说唐以后文,"其旨远,即不诡于道也;其辞文,即道之灿然,若象纬者之曲而布也,斯固庖牺以来人文不易之统也";《昌黎文抄引》说韩文"要之必本乎道,而按古六艺者之遗";《南丰文抄引》说曾巩之才焰虽不如韩、柳、欧、苏诸子,"然其议论必本于六经,而其鼓铸剪裁,必折衷之于古作者之旨"。又如其评柳宗元《答韦中立论师道书》曰:"有志于文,须本之六艺,以求圣人之道,其庶焉耳";评欧阳修《答吴充秀才书》曰:"论为文本乎学道,道胜者,文不难而自至,最为确论";评王安石《通州海门兴利记》曰:"荆公之文本经术处多"。正如夏咸淳所说,《文抄》反复申明唐宋文本于儒道与经术,是意图为唐宋派争得一个正统地位,以与风靡文坛的前后七子复古派相抗衡,从而为继承和发扬唐宋八家古文开辟道路④。至于其所选八大家之文,在多大程度上合于道,以致"究竟不免为才人学士穷奇逞怪之文"⑤,那是另外一个问题。

茅坤的评点一方面宣扬八大家文的载道功能,以与复古派抗衡,另一方面也努力通过评点揭示唐宋文之文法,以指导士子学习唐宋古文,把唐文之文作为学习古文的典范,而这是《文抄》诞生的直接原因。其甥顾尔行《八大家文抄题辞》曰:

---

① 茅坤:《茅鹿门先生文集》卷一《与蔡白石太守论文书》,见《茅坤集》,第 196 页。
② 同上书,第 195 页。
③ 同上书,第 194—197 页。
④ 参见夏咸淳《〈唐宋八大家文钞〉与明代唐宋派》,《天府新论》2002 年第 3 期。
⑤ 孙慎行:《孙宗伯精选唐宋八大家文抄》卷首《自序》,崇祯二年刻本。

《八大家文抄》者，行舅氏鹿门公手披而录之者也。舅氏性好读书，虽少入仕籍，而不能废书以自娱。其谪广平及官陪京，皆冷曹，无所事事，则诸家之籍咸批之，无不详且至。比不肖自既髫知诵习，尝时擘画以教焉。迩十余年来，表弟辈习为经生者日众，而时有司益重以后场风诸生，则又搜唐宋诸家，凡敷陈资于举子业者，而以充广之。八公其表表者也。表弟桂性好古，宝所习，而次为若干卷，板行焉。

据此，茅坤《文抄》不是一时编成，后来"充广"时，则明确以"资于举子业"为目的。它的问世与其所具备的举业指导功能分不开，作为晚明带有商业特征的著名刻书望族，茅氏付之刊刻一定是看到了这一功能带来的巨大商机。笔者甚至认为，有资举业的商机与弘扬唐宋派文学理论的企图，可能一开始就交织在一起，难分彼此。如本书第一章所述，茅氏家族成员多是治生好手，茅坤经营有多种商业，开有书市，这样背景的一个文人在选文批点时，自会有商业烙印。

二 《文抄》的刊刻与传播

关于茅坤《唐宋八大家文抄》的刊刻，就目前所知情况来看，明清两代共有 15 次，其中明代 10 次，清代 5 次。

1. 万历七年茅一桂刊本一百四十四卷。

此乃《文抄》首刊本。现存，《总目》第 1680 页著录，南图、浙图等 21 馆藏，其中南图藏本为丁丙跋本。付琼曾目见是书国图藏胶片，亦有丁丙跋，底本当是南图藏本。据付琼著录，该书六十册，九行十九字，白口，单白鱼尾，左右双边，有行线。一百四十四卷，收文 1313 篇：韩文 16 卷 173 篇、柳文 12 卷 131 篇、欧文 32 卷 280 篇、苏洵文 10 卷 60 篇、苏轼文 28 卷 229 篇、苏辙文 20 卷 156 篇、曾文 10 卷 87 篇、王文 16 卷 197 篇。卷前依次有丁丙跋、茅坤《唐宋八大家文抄总叙》《韩文公文抄引》，文末均镌"茅一桂校刊"字样；顾尔行《八大家文抄题辞》《八大家文抄凡例》、茅一桂《八大家文旨》。每家各有本传，各为序引。卷首题："唐大家韩文公文抄卷之一，归安鹿门茅坤批评。"正文中有圈点、行间注、文后评与题下评[①]。

---

① 见付琼《明人所辑唐宋八大家选本版本知见录》，《兰州学刊》2010 年第 1 期。

付琼引有丁丙跋，曰："坤字熙甫……自撰《总序》二篇，坤甥顾尔行题辞，坤侄一桂著《文旨》。首列《凡例》，中附评语，万历己卯刊版杭州。欧公《五代史抄》附入。有行人司图书记'万历戊申春行人司查明'。……□万历戊申刊书时方一十八年，不独有殊乎坤孙茅著之书雕，且得者见明代官书制度之一端也。"按此处所引有五个问题：一是茅坤字顺甫，而非熙甫；二是茅坤撰有《唐宋八大家文抄总叙》一篇，"《总序》二篇"不知何指①；三是茅一桂刊本无《五代史抄》，"欧公《五代史抄》附入"一句，很是奇怪；四是万历七年为公元1579年，万历戊申为公元1608年，"一十八年"不知何指；五是最后两句不通。查丁丙《善本书室藏书志》所收此跋②，除亦作"《总序》二篇"外，其他四个问题是：作字"顺甫"而非"熙甫"；"欧公"两字作"故无"；□万历戊申刊书时方一十八年"一句作"此万历戊申距刻书时才二十有八年"；最后两句"书雕"作"重雕"、"者见"作"考见"。据此，付琼很可能抄录有误。又梅篮予将丁丙跋"不独有殊乎坤孙茅著之重雕"句断为"不独有殊乎，坤孙茅著之重雕"，且曰：

  丁丙所见到的《文抄》是明行人司所藏之万历刊本，且言明行人司查明朱记在万历三十六年（1608），而其后又言"坤孙茅著之重雕，且得考见明代官书制度之一端也"。尚不明是误称，或是另有所指。而以茅著本为底本，附有丁丙跋的这一翻刻本要稍迟于前几个清刻本，可能刻于咸丰、同治年间。

按：丁丙没有误称，他的意思是说，他见到的茅一桂刊本，不仅与茅著重雕本不同，而且因为附有行人司图记，所以还可了解明代官书制度。很明显，附有丁丙跋的刊本就是茅一桂刊本，梅篮予所谓咸丰、同治间翻刻本的判断有误。

  茅一桂刊本之浙图本笔者已目验，与上述国图胶片本不同，十六大册，卷前序跋依次为：茅坤《唐宋八大家文抄总叙》，署"万历己卯仲春归安茅鹿门撰，侄茅一桂校刊"；顾尔行《八大家文抄题辞》，署"万历己卯仲春

---

① 按：后世刊本中有《八大家文抄论例》，有总论性质，然所谓《论例》，在浙图藏茅一桂刊本中，是隶属于《凡例》的，版心即题《凡例》。
② 丁丙：《善本书室藏书志》卷三十九，《续修四库全书》第927册，第655—656页。

第九章　茅氏的编刊活动、编刊特点及《唐宋八大家文抄》的编刊传播　/　359

日甥进士顾尔行撰，后学冯年书"；茅坤《韩文公文抄引》，署"归安鹿门茅坤题，侄茅一桂校刊"；茅坤《八大家文抄凡例》；《韩文公本传》《唐大家韩文公文抄目录》。不仅次序有所不同，而且无茅一桂《八大家文旨》。从全书的挖改情况看，当是万历七年刊本的递修本。经比照目录与正文，可知原来万历七年刊本有题存文缺情况，该书用手写形式增加了方应祥刊本所递增的篇目，纠正了题存文缺之失。如韩文卷七《送张道士序》目录为刊刻字体，而正文为手写；《送陈秀才彤序》目录与正文均为手写。若计入这些增加的篇目，韩文总数达到192篇。可见，古籍版本非常复杂，《总目》著录21馆所藏茅一桂万历七年刊本，相互间可能有差别，得亲自目验才能判定一些问题。

2. 崇祯元年方应祥刊本一百六十六卷。

此乃《文抄》现存的第一个重刊本，北师大、浙图有藏，但《总目》没有著录。北师大藏本付琼有著录①，三十五册，九行二十字，白口，单白鱼尾，四周单边，有行线。扉页题："茅鹿门先生唐宋八大家文抄，小筑藏板。"卷首题："唐大家韩文公文抄卷之一，归安鹿门茅坤批评。"正文有圈点、题下评、眉批。卷前茅坤《总叙》后为"崇祯元年西安方应祥撰"《重刻八大家文抄叙》，曰：

> 鹿门先生《白华》之篇已脍炙士口，至其所批评《八大家文抄》，归旨于道，取绳于法，原于性成之禀，而极于功力专一之至。……余向奉视学东省之命，窃计斯地结天地中粹之气，牺于此画卦，孔于此删经，为万世文字祖。爰是以树之，风声足倡予海内。因向吾友孝若氏，乞其家藏手批原本，捧持以往，为东方指南。此愿不遂，乃与子将暨其甥杨次弁谋校雠付梓人，公诸四方。

据此可知，方氏是在无法借到茅坤手批原本以教化山东士子的情况下，才与弟子闻启祥（子将）等筹划重刊《文抄》的。"此愿未遂"当指未能乞求到手批原本，而非指乞求到了但捧持以往的愿望未遂。因此，付琼所谓方应祥刻本是"根据所得茅坤'手批原本'"而来的说法有误②。

---

① 付琼：《明人所辑唐宋八大家选本版本知见录》，《兰州学刊》2010年第1期。
② 付琼：《明人所辑唐宋八大家选本版本知见录》，《兰州学刊》2010年第1期；亦见于付琼《唐宋八大家选本在明清时期的衍生和流行》，《中国社会科学院研究生院学报》2008年第4期。此误，梅篮予亦已指出，见梅文，第22页。

关于该书卷数，付琼说是一百四十五卷，因为《欧阳文忠公文抄》为三十三卷，其中含《五代史抄》一卷。然梅篮予说是一百六十六卷，因为"方应祥刻本在《欧阳文忠公文抄》之后，附入了《五代史抄》二十卷、《新唐书抄》两卷"①。两人所言方氏本均出自北师大藏本，若非北师大有两个方氏藏本，必有一人误，待核。因笔者所见浙图藏本、沈津所言日本内阁文库本、香港大学冯平山图书馆本均为一百六十六卷②，所以此处取一百六十六卷说法。该书收文1374篇，比万历首刊本增加了61篇，纠正了首刊本有题无文的情况。

除卷数外，笔者所阅浙图藏本与付琼著录的北师大藏本还有不同。卷前依次是："崇祯元年人日信安方应祥撰"《重刻八大家文抄叙》，茅坤《唐宋八大家文抄总叙》，《八大家文抄论例》（此《论例》在浙图藏茅一桂刊本中，隶属于《凡例》，其版心即题《凡例》），《八大家文抄凡例》，《凡例》（新），《韩文公文抄引》，《韩文公本传》，《唐大家韩文公文抄目录》。最为震撼的是，该书旧《凡例》后有下面将要介绍的茅著崇祯四年刊本中"右为旧刻《凡例》，尚有论文九则，即附于后，如著宝玉于土中……"一段话，以及所谓新《凡例》就是茅著刊本中"旧刻已经订补，不失鹿门先生初旨"等《凡例》五条。按：衢州古称西安，所以方应祥有作西安人；又衢江古称"信安江"，说方氏为信安人，亦无误。因此，亟须发现和目验一些方应祥刊本和茅著刊本，以判断这段话以及新《凡例》原本是归属于方氏刊本还是茅著刊本。因为目今所知茅著刊本似乎均有这个《凡例》，而付琼著录的方应祥刊本却无此《凡例》，所以暂时将其归属于茅著刊本。如果这样，那么浙图所藏方氏刊本很可能是书商伪造的。

3. 崇祯间方应祥刊本之节本一百零三卷。

这个刊本付琼、梅篮予未能注意到。王重民《提要》有著录③，九行二十字，美国国会图书馆藏。全书103卷，包括：《韩文公文抄》12卷、《柳柳州文抄》7卷、《欧阳文忠公文抄》11卷、《苏文公文抄》10卷、《苏文忠公文抄》28卷、《苏文定公文抄》20卷、《曾文定公文抄》10卷、《王文公文抄》5卷。有崇祯元年方应祥序、万历七年茅坤自序。笔

---

① 见梅文，第22页。
② 沈津：《中国珍稀古籍善本书录》，广西师范大学出版社2006年版，第671页；《香港大学冯平山图书馆藏善本书录》，香港大学出版社2003年版，第273页。
③ 王重民：《提要》，上海古籍出版社1986年版，第446页。

第九章 茅氏的编刊活动、编刊特点及《唐宋八大家文抄》的编刊传播 / 361

者认为，黄毅所说"方应祥序刻本一百零三卷"当出自此①。王重民先生说："持此本以校茅一桂刻本，每家各删落若干篇，又合并卷数，更改每家小引内卷数以符之。又目录上间有增益之篇名，集内实无其文。然则此为一节本，谓据手批原本上版者，待欺人之言耳。"② 可知，此本在崇祯元年方氏刊本后，当是书商在方氏刊本基础上制造的一个节本，其牟利意图不言而喻。除了卷数与篇目，王氏所引美国国会本方序，与付琼所引北师大藏本方序，也有不同，这亦可说明它们是不同版本。然梅篮予未注意到这一点，误将该本之"有题无文"情况，当作崇祯元年方氏本情况，以此反驳付琼崇祯元年方氏刊本纠正了茅一桂本有题无文之失的说法，认为题存文缺是方应祥崇祯元年本而非茅一桂本之疏漏③。另外，王重民认为该序刻本"据手批原本上版"的说法，有可能如付琼，只注意到方氏序"因向吾友孝若氏，乞其家藏手批原本，捧持以往"的说法，而没有理解方序中"此愿未遂"四字。

4. 崇祯四年茅著重订本一百六十六卷。

这是茅氏家族重订本。《总目》第1680页著录。九行二十字，白口，四周单边，眉上镌评，南图、安徽省博物馆、湖北省图书馆、中科院图书馆4馆有藏。以茅坤所批《五代史抄》二十卷、《新唐书抄》二卷，附于欧阳修文后，故卷数达到一百六十六卷。题"归安鹿门茅坤批评，孙男闇叔著订"。有茅著崇祯四年序，曰："虎林本行世既久，不无模糊，用是与舅氏吴毓醇重加考校，精于杀青。"虎林是杭州旧称，虎林本即指万历七年刊于杭州的茅一桂本。距崇祯四年，已五十余年，"岁久漫漶"，故茅著"复为订正而重刊之"④。茅著重订本沿袭方氏崇祯元年本优点，增文61篇，弥补了题存文缺之失；增入茅坤所批欧阳修《五代史抄》《新唐书抄》，以"览欧阳子之全者"；"讹脱处悉对善本全集证改"，校雠堪称精良；将附于原《凡例》后的"如著宝玉于土中"的九则论文文字，"分章另刻"，以突显其价值，即茅著《凡例》所谓"既可见先生选八大家之意，亦可开后人读八大家之眼"⑤。由于有以上数大优势，该本遂成为此

---

① 黄毅：《茅坤〈唐宋八大家文钞〉述评》，《古典文学知识》1997年第4期。
② 王重民：《提要》，上海古籍出版社1986年版，第446页。
③ 见梅文，第25页。
④ 《四库总目提要》卷一百八十九。
⑤ 以上引文见茅著刊本《唐宋八大家文抄·凡例》。

后最通行的《文抄》版本。

5. 崇祯间茅著重订本一百四十四卷。

王重民《提要》著录,北大图书馆藏,三十册,有茅著崇祯四年序和茅坤万历七年自序,题"归安鹿门茅坤批评,孙男闇叔著订"。按:《综录》卷三亦著录茅著刊《文抄》一百四十四卷。显然,此刊本无《五代史抄》与《新唐书抄》,或为茅著本之翻刻本[1]。按:下面第6—10种,与第5种一样,虽然都有崇祯四年茅著序跋,但不能据此断定为崇祯四年刊,很可能都是书商见茅著刊《文抄》畅销而制造的刊本[2]。

《(日本)京都大学人文科学研究所汉籍分类目录》著录有:"唐宋八大家文抄一百四十四卷,明茅坤辑,康熙三十年孙男闇叔重刻本。"[3] 因国内所藏茅坤《文抄》刊本中未见康熙三十年本,所以梅篮予认为京都大学著录的这个版本有可能是和刻本,而其底本则是崇祯四年的茅著本[4]。沈津则说:"'康熙三十年'或有所据,然'孙男闇叔重刻本'则有误,盖茅著刻本应刻于崇祯四年,此康熙本应为据茅著刻本重刻。"[5] 其实,《京都大学人文科学研究所汉籍分类目录》所谓"康熙三十年重刻本"《唐宋八大家文抄》即崇祯四年刻本,日本学者误以为该书序言落款"岁在辛未仲秋之望"是康熙三十年。也就是说,是因为崇祯四年与康熙三十年干支相同,导致日人误判,而不是"有所据",更不是有什么和刻本[6]。因为该书具体行款、序跋等情况未知,故暂列于此。

6. 崇祯间金阊拥万堂刊本一百六十四卷。

王重民《提要》著录,美国国会图书馆藏,一百六十四卷,五十册,封面题"金阊拥万堂梓"。原题:"归安鹿门茅坤批评,孙男闇叔著订。"《欧文》后仅附《五代史抄》二十卷,而少《新唐书抄》二卷。

---

[1] 黄毅曰茅著重订本有一百六十四卷和一百四十四卷两种。所谓一百四十四卷本,大概据此。见《茅坤〈唐宋八大家文钞〉述评》,《古典文学知识》1997年第4期。

[2] 邵懿辰:《增订四库简明目录标注》曾言:"著刊本亦不多见。后屡翻刻,字较小。"上海古籍出版社1979年版,第913页。

[3] 《京都大学人文科学研究所汉籍目录》,株式会社同朋舍出版社,昭和五十六年(1981)版,第1365页。

[4] 见梅文,第47页。

[5] 见沈津《中国珍稀古籍善本书录》之《唐宋八大家文抄》(清康熙刻本),广西师范大学出版社2006年版,第672页。

[6] 赵红娟本来认同沈津说法,是南京师范大学陆林先生在评审本课题成果时看出此乃日本学者判断失误,特此感谢。

第九章 茅氏的编刊活动、编刊特点及《唐宋八大家文抄》的编刊传播 / 363

王重民认为《四库提要》所谓"万历中坤之孙著复为订正而重刊之，始以坤所批《五代史》附《欧文》后"，即此本①。笔者认为，是书虽有茅著署"岁在辛未，跋于虎丘之卧石轩"之序，但并非茅著崇祯四年辛未刊本。茅著崇祯四年刊本，并无"金阊拥万堂梓"字样。它们应是两种刊本。

7—10. 崇祯间金阊簧玉堂刊一百六十四卷本、一百四十六卷本、一百四十四卷本（两种）。

《北京师范大学图书馆古籍善本书目》著录："《唐宋八大家文抄》九种一百六十四卷，（明）茅坤辑评，明崇祯四年（1631）金阊簧玉堂刻本，六十册。九行二十字，白口，四周单边，眉上镌评，封面镌'金阊簧玉堂梓'。是刻较方应祥刻本少《新唐书》二卷。又一部，四十八册。善834.4/516—02。"②

付琼曾经眼一个北师大藏金阊簧玉堂刻本，其版本情况如下。一百四十六卷，四函四十八册，九行二十字，四周双边，白口，单白鱼尾，有直格。卷首题"唐大家韩文公文抄卷之一，归安鹿门茅坤批评、孙男闇叔著订"；版心题"韩文卷一"。有圈点、题下评、文后评，无眉批。有茅著崇祯四年跋，末署"岁在辛未仲秋之望，茅著闇叔甫跋于虎丘之卧石轩"③。所述卷数、册数、眉批情况，均与《北京师范大学图书馆古籍善本书目》著录的一百六十四卷本相异，应是该书目所说的"又一部，四十八册"本。若这两个版本的情况介绍没有问题，那么这是两个金阊簧玉堂本。

浙图亦藏有金阊簧玉堂刊本。据笔者目验，三十五册，行款与上同，亦眉上镌评。扉页四行，中间两行以大字题"唐宋八大家""文抄"，右边行题"茅鹿门先生评选"，左边行上题"内附五代史"，下题"金阊簧玉堂梓"。核对全书，共一百四十四卷，并无扉页所言附有《五代史抄》。该书亦无《新唐书抄》，目录中也无显示附有这两书，《浙江图书馆古籍善本书目》将之著录为"一百六十六卷，存一百四十四卷"④，不知何据。卷前依次为茅著《文抄跋》（末署"岁在辛未仲秋之望茅著闇叔甫跋于虎

---

① 王重民：《提要》，上海古籍出版社1986年版，第446页。
② 《北京师范大学图书馆古籍善本书目》，北京图书馆出版社2002年版，第181—182页。
③ 付琼：《明人所辑唐宋八大家选本版本知见录》，《兰州学刊》2010年第1期。
④ 《浙江图书馆古籍善本书目》，浙江教育出版社2002年版，第397页。

丘之卧石轩"，钤"茅氏闇叔""茅著之印"）、茅坤《唐宋八大家文抄总叙》、旧刻《八大家文抄凡例》、新刻《凡例》《八大家文抄论例》《韩文公文抄引》《韩文公本传》《唐大家韩文公文抄目录》。卷首题"唐大家韩文公文抄卷之一，归安鹿门茅坤批评、孙男闇叔著订"。

天津图书馆亦藏有一个金阊簧玉堂刊本，三十二册，卷数、扉页、茅著跋及落款、正文行款与浙图本同，亦无扉页所言附有《五代史抄》，但茅著跋后所钤两个印章与浙图本有不同，其中"茅氏闇叔"容易辨别，另一个印章很潦草，不能确定是否为"茅著之印"，且茅著跋后依次为署"万历己卯仲春归安茅鹿门撰"的《重刻八大家文抄序》、署"崇祯元年信安方应祥撰"的《唐宋八大家文抄总叙》、《八大家文抄论例》、《八大家文抄凡例》、《韩文公文抄引》、《韩文公本传》、《唐大家韩文公文抄目录》，卷首题"唐大家韩文公文抄卷一，归安鹿门茅坤批评"。这与浙图本明显不同。特别是署"万历己卯仲春归安茅鹿门撰"的《重刻八大家文抄序》，漏洞很大，明显是商贾作伪，因为"万历己卯"是茅坤《唐宋八大家文抄》首刊本时间，即茅一桂刊本时间，不可能有所谓的茅坤重刻序。

以上四个金阊簧玉堂刊本册数不一，前三个刊本卷数也不一。就眉批情况而言，北师大一百六十四卷本、浙图本、天津图书馆本均有，而付琼所见北师大一百四十六卷本无。

11. 康熙四十二年云林大盛堂刊一百六十四卷本。

据茅著本刊刻。首都图书馆藏，二函三十二册。十行二十四字，白口，单黑鱼尾，四周单边，有直格。扉页题："唐宋八大家文抄，茅鹿门先生评选，内附五代史，云林大盛堂梓，康熙四十二年新镌。"卷首题："唐大家韩文公文抄卷之一，归安鹿门茅坤批评，孙男闇叔著重订。"正文有圈点、行间评、题下评、眉批。卷前序跋、凡例、正文所收篇目等均与崇祯四年茅著刻本同。

12. 康熙四十五年何焞校云林大盛堂刊一百六十四卷本。

国家图书馆藏。六函四十册。十行二十四字，白口，单黑鱼尾，四周单边，有直格。封面题："八家文抄。"扉页题："唐宋八大家文抄原本，茅鹿门先生评选，何屺瞻先生手校，内附五代史，云林大盛堂梓。"卷首题："归安鹿门茅坤批评，孙男闇叔著重订。"正文有圈点、眉批，间有文后评。卷前依次有茅著跋，钤"茅氏闇叔"印；何焞序，署"康熙丙戌年冬月长洲后学何焯屺瞻撰";以及茅著重刊本《凡例》①。

按:以上两种云林大盛堂刊本,付琼均言一百四十六卷。然据《清华大学图书馆藏善本书目》著录,云林大盛堂刊本为一百六十四卷,这当中包含了《五代史抄》二十卷,而无《新唐书抄》②。

13. 康熙间翻刻茅著本一百四十四卷。

哈佛大学燕京图书馆藏清康熙刻本三十册,一百四十四卷,清卢文弨过录卢元昌批校。十行二十四字,四周单边,白口,单鱼尾。书眉上刻批注。题"归安鹿门茅坤批评;孙男闇叔著重订"。该书避康熙"玄"字讳,而不避乾隆"弘""历"字,且字体、纸张也似不在明末,故沈津判定为康熙、雍正间刊。该书有卢文弨校,卢乃乾隆间著名校勘家。校笔中提及"元昌",当为卢氏据元昌所批过录。元昌,即卢元昌,字文子,自号半林居士,江苏华亭人。钤印为"卢文弨过批本"③。

14. 清皖省聚文堂刊一百四十六卷本。

复旦大学图书馆、韩国奎章阁藏。四函四十册。九行二十字,四周单边,白口,单黑鱼尾,有直格。扉页正中一行题"唐宋八大家文抄",右上角一行为"茅鹿门先生评选",左下角一行为"皖省聚文堂重校刊"。卷首题"唐大家韩文公文抄卷之一,归安鹿门批评"。正文有圈点、题下评、眉批。

15. 清安徽聚义堂刻一百四十四卷本。

四十册,见《山西省图书馆普通线装书目录》④。

由上可知,《文抄》自万历七年刊刻以来,不断有递修、重刊本,目前所知有15个刊本。其中崇祯时期有9个,康熙时期有3个,可见《文抄》最盛行的时期是明末清初。实际上,还有历史上刊行过递修本而现不存的情况。茅著刊本《文抄》之《凡例》曰:"旧刻已经订补,不失鹿门先生初旨。然尚有题存文缺者,今皆增入,不敢妄加评点。订补续本仍袭旧板,未免苟简,补苴间有头上安头,尾后接尾者,今悉依次改正。"关于这段话,梅篮予认为是指"旧刻"茅一桂刊本被方应祥刊本订补,而反

---

① 以上两种云林大盛堂刊本及以下第13种刊本,主要参见付琼《明人所辑唐宋八大家选本版本知见录》,《兰州学刊》2010年第1期。
② 《清华大学图书馆藏善本书目》,清华大学出版社2003年版,第218页。
③ 以上参见沈津《中国珍稀古籍善本书录》,广西师范大学出版社2006年版,第671—672页。
④ 北岳文艺出版社1998年版,第549页。

对付琼茅一桂刊本"万历时期虽已经过多次重修，因为'仍袭旧板'，所以'补苴间有头上安头、尾后接尾者'，终究没有大的改善"的说法①。笔者认为付琼的说法是正确的，在茅著刊本前，茅氏家族曾对茅一桂万历刊本的板片不断进行修订和刊刻。因为这种重修是在原来板片上进行，所谓"仍袭旧板"，所以出现"头上安头、尾后接尾"的情况。也就是说，其补刻的痕迹十分明显，即所谓"苟简"。而茅著则重新刻板，这可从茅一桂本是九行十九字而茅著本是九行二十字得到印证。茅著刊本前这些"苟简"的递修本，显然早于方应祥刊本，可惜已经不存。

在《文抄》刊本史上，也有存而没有得到辨别的情况。如方应祥刊本后来有一百零三卷节本；金阊簧玉堂刊本有四种；金阊簧玉堂刊本与金阊拥万堂刊本不仅属不同刊本，而且都不是茅著崇祯四年刊本；除簧玉堂与金阊拥万堂外，还有人据茅著刊本翻刻过一百四十四卷本，等等。总之，明清读书人均有耳闻或目见的《文抄》，绝不可能只有付琼著录的茅一桂、方应祥、茅著金阊簧玉堂、康熙云林大盛堂（2次）、清聚文堂共计6个版本②。只要仔细访查与辨别，我们将会发现更多刊本，而历史上实际存在过的刊本数量则会更多。

在清代，《文抄》还有不少批校本、评点本和抄本。如《中国珍稀古籍善本书录》著录的由卢文弨过录的卢元昌批校本："《唐宋八大家文抄》一百四十四卷，明茅坤辑。清康熙刻本，三十册，清卢文弨过录卢元昌批校。"③《中国古籍善本书目》著录的清祁班孙批点本："《唐宋八大家文抄》一百六十六卷，明茅坤编，明崇祯四年茅著刻本，清祁班孙批，存四十一卷。"④《中国古籍善本书目》著录的光绪邵章过录的方苞评点本："《唐宋八大家文抄》一百六十六卷，明茅坤编，明崇祯四年茅著刻本，邵章录，清方苞评。"⑤《别宥斋藏书目录》著录的清抄本"《唐宋八大家文抄》不分卷，明茅坤编，清抄本一册"。⑥

茅坤《文抄》历代刊本几乎都传播到了海外，特别是美、日、韩三国。如万历七年茅一桂刊本，美国国会图书馆、日本内阁文库、东京大

---

① 见梅文，第25页。
② 见付琼《明人所辑唐宋八大家选本版本知见录》，《兰州学刊》2010年第1期。
③ 沈津：《中国珍稀古籍善本书录》，广西师范大学出版社2006年版，第671页。
④ 《中国古籍善本书目》，上海古籍出版社1989年版，第1376页。
⑤ 同上。
⑥ 天一阁博物馆编：《别宥斋藏书目录》，宁波出版社2008年版，第555页。

第九章 茅氏的编刊活动、编刊特点及《唐宋八大家文抄》的编刊传播 / 367

学东洋文化研究所有藏；崇祯元年方应祥刊本、崇祯四年茅著刊本，日本内阁文库有藏①；崇祯间金阊拥万堂刊本、崇祯间方应祥刊本之节本，美国国会图书馆有藏②；崇祯间茅著重订本一百四十四卷，日本京都大学人文科学研究所有藏；康熙四十二年云林大盛堂刊本，日本静嘉堂文库、韩国高丽大学有藏③；康熙四十五年云林大盛堂刊本，韩国有藏④。另外，《韩国所藏中国汉籍总目》还著录了茅坤《文抄》3种朝鲜刊本和4种朝鲜写本⑤。

《唐宋八大家文抄》自万历七年刊行后，不仅多有递修重刊本、名人抄本与评本、流传海外本、海外刊本与写本，而且此后明清两代唐宋散文的编选与刊刻，都受到该书影响。据付琼统计，明清两代唐宋八大家再选本共有59种，其中崇祯时期9种，康、雍、乾时期36种。每个新选本都在扬弃茅氏《文抄》的基础上有所变革，同时又不可避免地因袭了茅氏《文抄》的基本特点。从表面上看，这主要是因为不满茅氏《文抄》而不断对它加以改编或再选，以适应不同时代、不同群体的不同需要，从而导致的唐宋八大家选本的一个再生产过程⑥。实际上，则是因为茅坤《文抄》有指导举业功能而在市场上很畅销，后来的编选者看到这一情形，企图通过优化它，来制造一个有卖点的新刊本。他们或在散文篇目上有所增减，如崇祯五年汪应魁刊钟惺评选《唐宋八大家选》二十四卷，收文减至352篇，不类《文抄》篇幅浩繁；或体例上有所改变，如康熙五十八年汪份编刊《唐宋八大家文分体读本》、乾隆十年储欣编刊《唐宋八大家类选》十四卷，不同于《文抄》按人编排，而是按文体来编排；或者篇目与体例均有变化，如崇祯二年孙慎行编刊《精选唐宋八大家文抄》六卷，不仅按文体编排，而且删减文章到432篇⑦；或对入选作家进行重新考量，

---

① 以上参见沈津《中国珍稀古籍善本书录》，广西师范大学出版社2006年版，第671—672页。
② 见王重民《提要》，上海古籍出版社1986年版，第446页。
③ 《静嘉堂文库汉籍分类目录》曰："唐宋八大家文抄一六四卷，明茅坤编，清康熙四二刊。"静嘉堂文库，昭和五年，第819页。全寅初主编《韩国所藏中国汉籍总目》第五册（集部）著录高丽大学所藏《唐宋八大家文抄》本曰："康熙四十二年镌，茅鹿门先生评选，内附五代史，云林大盛堂梓。"韩国学古房2005年版，第65页。
④ 全寅初主编：《韩国所藏中国汉籍总目》第五册（集部），韩国学古房2005年版，第65页。
⑤ 同上书，第62—70页。
⑥ 参见付琼《简论明清学人对茅坤〈唐宋八大家文钞〉的负面评价》，《文学评论》2012年第6期。
⑦ "352"与"432"的数量统计，参见付琼《明人所辑唐宋八大家选本版本知见录》，《兰州学刊》2010年第1期。

有所增删，如储欣《唐宋十大家全集录》，八家之外，增加了李翱、孙樵两家；或增添其他名人评点，如明末刘肇庆发祥堂刊《唐宋八大家文抄选》，不仅有茅坤评点，还有孙鑛、钟惺的评点，编刊者打出了三家合评的旗号。后世编选者通过去掉茅坤《文抄》篇目浩繁而不利于阅读等劣势，增加自己所刊书简明实用、按文体编排、名人合评以及自谓选文醇正等卖点，来迎合消费市场，从而造成了明清两代唐宋文章特别是八家文章的选编热潮。

在这些选本的序跋凡例中，编者、评点者或校刊者都会对茅坤及其《唐宋八大家文抄》发表自己的看法，无论是赞赏有加，还是痛斥其害，或褒贬兼有，都足以见出茅坤《唐宋八大家文抄》的传播与影响。

第十章 臧懋循的藏书与编刊活动及其《元曲选》的编刊传播

第一节 家世生平与个性交游

一 家世与生平经历

长兴臧氏为鲁公子僖伯之后，世居山东。晋时臧荣绪为京口教授，徙江苏无锡。宋代时，进士臧含文始从无锡迁浙江长兴。传十三世至思聪，思聪生璘，字润庵，是为臧懋循之高祖。璘无仕宦经历，但其弟琼字澹庵，以《易》中天顺己卯（1459）浙江乡试举人，成化己丑（1469）成进士，授工科掌印给事中、河南布正使参政，封中议大夫。璘生维，字菊坡，镇江卫副千户，为臧懋循曾祖。维有二子：应奎、应璧。应奎，字贤征，号损斋，正德丙子（1516）举人，丁丑（1517）进士，历任南兵部车驾司主事，北礼部精膳、清吏司主事。在礼部时，曾就学于著名学者湛若水。嘉靖三年（1524），因议兴献礼，遭廷杖而卒。隆庆时平反，追赠为光禄寺少卿，其师湛若水铭其墓。应璧为臧懋循之祖，字休征，号益斋，嘉靖己酉（1549）岁贡，授光禄寺署丞。应璧生三子，名继芳、继华、继荐，长子继芳即臧懋循之父。继芳字原实，号尧山，嘉靖庚子（1540）举人，癸丑（1553）成进士，历官工部虞衡司员外，直隶、松江、郧阳知府，河南按察副使。继芳生懋德、懋衡、懋循三子，以季子懋循科第最显，中万历庚辰（1580）进士。懋循叔继华出身举人，任都察院都事；继华子懋中为万历戊戌（1598）进士，历官广西按察司佥事；懋中六子，其中长子炅如、次子照如在万历丙辰（1616）同成进士，且照如是会魁。可见，从臧懋循伯祖应奎、臧懋循父继芳，到懋循、懋中从兄弟，再到懋中之子炅如、照如，长兴臧氏在明代正德、嘉靖、万历间是一门四代六进士。加上成化间进士，臧懋循高祖辈臧琼，臧氏在明代共是七进士。再加上与湖州望族竹墩沈氏、乌程韩氏、晟舍闵氏、德清蔡氏、孝丰吴氏等的联姻，长兴臧氏家族在明代的繁荣兴旺自不待言。

臧懋循生于嘉靖二十九年庚戌（1550），自幼颖异，三岁时即能诵《孝经》、古诗，五岁占对如流，九岁写文章，其师自愧不如，弗敢任教。为父亲同事吴维岳所赏识，许以其弟吴维京之女，是为臧懋循原配吴孺人。吴氏乃湖州孝丰名门望族，维岳、维京两兄弟及其父吴麟、其叔吴龙，皆于嘉靖间中进士，时称"父子叔侄四进士"。特别是吴维岳擅长书法，精通文学，尤卓于诗，声名最著。曾与王世贞、李攀龙等倡诗社，为"嘉靖广五子"之一，著有《天目山斋岁编》《海岱集》等。臧懋循妻所处时代正是吴氏家族最辉煌时期。臧懋循十四岁时，母亲去世。不久，祖母又去世，父臧继芳从松江知府任上奔丧归。由于为政清廉，加上几经丧事，臧继芳囊中羞涩，竟不能为其子完婚。吴维岳仗义相助，治装以嫁，时臧懋循十六岁。其后，臧继芳补郧阳知府，擢河南按察副使，卒于官。十九岁的臧懋循千里奔丧，扶柩而还。

父亲捐馆后，叔继华体弱，不任家政，祖应璧因析产授诸孙。臧懋循于是发奋读书，以求出人头地。一开始学《易》，后改《礼》。二十二岁补邑庠生，二十四岁成举人，但二十五岁、二十八岁两次春试不第。于是驰志诗文，结交友朋，甚至征歌选妓，饮酒蹴鞠，沉溺于声色之中。三年后的万历庚辰（1580），臧懋循始与同郡董嗣成、章嘉祯等十三人共成进士。这是湖州科举史上盛事，湖州城定安门内因此立起了"十三进士"牌楼①。次年，臧懋循出任湖北荆州府学教授。万历壬午（1582），被委派为应天乡试同考官。事毕，改署湖北夷陵知县。在任期间，锄强扶善，"孳孳问民疾苦"②。次年，迁为南京国子监博士。时与名人韵士游览六朝遗迹，命题分赋，吟诗作曲。"每出必以棋局、蹴球系于车后。又与所欢小史衣红衣，并马出凤台门。"③ 这种风流狂诞行为虽然是晚明社会的一种普遍风气，但还是为礼法之士所不容。万历十二年（1584），礼部主事屠隆就因与西宁侯宋世恩"淫纵"而被劾，削籍归鄞。次年五月，臧懋循也同样因好男风而被国子监祭酒黄仪庭弹劾，从而结束

---

① 见《闵谱》之《坊表志》。
② 见章嘉祯《墓志铭》，《臧懋循集》，第179页。
③ 钱谦益：《列朝诗集小传·丁集上》，上海古籍出版社1986年版，第465页。

了短暂的仕途生涯①。

此时南京户部主事唐仁卿却因谈经论道而被贬，与臧懋循同日离开南京。臧懋循、屠隆、唐仁卿三人都是汤显祖同僚好友，汤氏此时正在南京任职，因写诗赠别曰："君门如水亦如市，直为风烟能满纸。长卿曾误宋东邻。晋叔讵怜周小史。自古飞簪说俊游，一官难道减风流。深灯夜雨宜残局，浅草春风恣蹴球。杨柳花飞还顾渚，箬酒苕鱼须判汝。兴剧书成舞笑人，狂来画出挑心女。仍闻宾从日纷纭，会自离披一送君。却笑唐生同日贬，一时臧穀竟何云。"② 诗歌不仅生动刻画了臧懋循在南京的风流生活，而且对这种行为表示了一定的理解。汤氏略带调侃地说，不必为了一官而减风流，何况唐仁卿谈经论道，最后不也是落了个被贬谪的下场吗？关于中白简罢官这件事，《墓志铭》言臧懋循"怡然不以屑意"，且说："笼阳羡之茗，网五湖之鳊，课山田秔秫，备甘旨而实尊罍，吾愿足矣。"③ 臧懋循在给友人的信中亦曰："仆少无乡曲之誉，长多佻挞之癖，譬如沐猴而冠，其不能久假，明矣。今日见襥，大是本怀。"④ 这虽然是一种自我安慰，但其放诞不羁、不能忍受官场束缚却可能是事实。

臧懋循罢官归家仅七日，生母丁氏卒，远近吊唁，加上家中本来人口就多，旧宅已不能容纳，于是谋创新居。此时正碰上灾荒，臧氏供应粮食，请饥者前来做工，不仅很快落成新居，而且救活不少饥民。万历十六年（1588），从兄懋中乡试中式。臧懋循觉得家中已有重振门庭之人，于是更加放任江湖。他特制小船一只，里面日常用具齐备，不时过起浮家泛宅生活，所至登高集胜，寻幽吊古，饮酒赋诗，率意寄兴。

臧懋循是内阁首相申时行的门生、前首相徐阶孙子的岳父，他本人和一子两孙娶的都是知府之女。因此，尽管臧懋循罢官后未再出仕，但凭借婚姻、师友等关系，他依然过着赋诗征酒的优闲生活，不时往来于南

---

① 见沈德符《万历野获编》卷二十六"嗤鄙"云："今上乙酉岁，有浙东人项四郎名一元者，挟赀游太学，年少美丰标。时吴兴臧顾渚懋循为南监博士，与之狎。同里兵部郎吴涌澜仕诠亦朝夕过从，欢谑无间。臧早登第，负隽声，每入成均署，至悬毯子于舆后，或时潜人曲中宴饮。时黄仪庭凤翔为祭酒，闻其事大怒，露章弹之，并及吴兵部。得旨俱外贬。又一年丁亥内计，俱坐不谨罢斥。南中人为之语曰：'诱童亦不妨，但莫近项郎；一坏兵部吴，再废国博臧。'"

② 汤显祖《玉茗堂诗》之二《送臧晋叔谪归湖上时唐仁卿以谈道贬同日出关并寄屠长卿江外》，见《汤显祖诗文集》，上海人民出版社1973年版，第204页。

③ 这与汤显祖所言"仍闻宾从日纷纭"有一致之处。

④ 见《钱镜塘藏明代名人尺牍》第四册，上海古籍出版社2002年版，第102—105页。

京、杭州之间。其中主要活动有：万历二十四年（1596）四十七岁时，游历黄山、白岳；万历二十八年（1600）七月，与俞安期、冯梦祯等十五人结社于西湖；万历三十四年（1606），与曹学佺、吴梦旸等为金陵社集。臧懋循卒于万历庚申（1620）二月，享年七十一岁。两年后的天启壬戌（1622），与原配吴氏合葬于安吉苏门山。友人茅维挽诗曰："七岁五经通，奇童似孔融。才非称制锦，名自掩雕虫。倒薤书都圣，弹棋局并工。幡然释诸好，老学祝鸡翁"；"解组自清曹，五湖云卧高。非关盛名误，端合古人操。举体疑疏慢，寸心怀郁陶。仍闻持癖论，不数竹林豪。"①

二 个性与社会交游

臧懋循好男风，好词曲，是晚明玩世不恭、倜傥风流的典型人物。同治《长兴县志》卷三十一《杂识》曰："少年玩世，有类长卿，晚岁审音，不减中郎。每见过，谈及词曲，辄以扇击掌，唱叹移晷。"他气宇轩昂，个性幽默，谈吐风趣。《墓志铭》曰："公为人轩举，意常豁如，喜诙谐，矢口令人绝倒，雄辩亦能惊座，屈其曹耦。"一次臧懋循拜会冯梦祯，共赏宋版《文选》，"客有举杨用修云：'古书不独无谬字，兼有古香，不知香从何生？'"臧懋循应声曰："尔不觉新书纸墨臭味乎？"冯梦祯为之绝倒②。又一次，冯梦祯在西湖款待臧懋循等，事后冯氏作日记曰："晋叔论词曲及他谈谑，大有名理，可谓胜举。"③ 风流诙谐的个性，加上进士身份，臧懋循交游广泛。据笔者统计，有文献可考的达88人，具体如下：

1. 董嗣成（1560—1595），字伯念，号青芝，湖州南浔人，礼部尚书董份孙。《明诗纪事》庚签卷八、《皇明词林人物考》卷十二、周庆云《南浔志》卷十八等有传。万历庚辰（1580）进士，官至礼部主客司郎中。因不惧廷杖，倡言立储，坐以出位妄言罪，削籍为民。擅书画，工诗文，有《青棠集》。董嗣成与臧懋循是同年进士，此年湖州共有十三人中进士，其中臧懋循、章嘉祯、董嗣成三人相得甚欢。章嘉祯《墓志铭》曰："万历庚辰，吾郡与南宫选者十有三人，自洪、永至今独盛云。于时

---

① 见《臧氏族谱》卷一《挽晋叔社长十首》其四、其二。
② 见臧懋循《文选》卷三《题六臣文选跋》，《臧懋循集》，第123页。
③ 见冯梦祯《快雪堂集》卷五十八，《四库存目丛书》集部第165册，第32页。

称诗谈艺志经国之大业者，为臧国博晋叔。余肩随晋叔，窃同志焉，而董仪部伯念甫弱冠，辄复铮铮，三人者相得欢甚，千秋为期。"臧氏《负苞堂诗选》卷一有《少年行简董伯念》，赞扬董嗣成的任侠之气。董嗣成《青棠集》则收有与臧懋循唱和诗作 7 首：卷三《访臧博士晋叔山中二首》①《秋日王季孺姚伯道叔度臧晋叔见过斋头分赋得书字》、卷四《迟臧晋叔同行不至》、卷六《答臧晋叔见寄之作》、卷八《拟访臧博士晋叔闻有白下之行不值寄怀二首》。另外，吴梦旸《射堂诗抄》卷五有《喜晋叔过伯念斋头同赋》。从这些诗歌来看，两人或相互拜访，出门同行，或寄赠诗作，互相叹赏，确实相得甚欢。只是董嗣成早卒，不及见臧懋循所刊《元曲选》。

2. 欧大任（1516—1596），字桢伯，顺德人。年四十七，始获选优贡，后官至南京工部郎中。与梁有誉、黎民表、李时行、吴旦为南园后五子。其《欧虞部集》收与臧懋循唱和之作 15 首，它们是：《西署集》卷六《署中答臧进士晋叔因柬余进士君房》《臧晋叔辞邑得荆州教授因答其乞毡之作》、卷八《送臧进士晋叔赴教荆州五首》；《秣陵集》卷三《吴驾部公择斋中同晋叔、钱仲美二博士玩菊》、卷六《答臧博士晋叔荆州见寄》《冬日同苏大理子仁、方比部子及、金民部持甫、臧博士晋叔、李祠部道甫集李临淮清啸园得宫字》《元夕同周稚尊、陆伯生、吴公择、臧晋叔、陶懋中诸君集西宁侯宋忠甫宅得先字》《十六夜周稚尊、陆伯生、臧晋叔、陶懋中、黄白仲、宋忠甫、吴孟白枉集青溪馆迟吴公择、俞公临不至得关字》《西宁侯宋忠甫邀往郊游集天界寺同方子及、吴公择、臧晋叔、陶懋中诸子得门字》《从光大、邓忠父、臧晋叔、郑孟承、钱仲美五博士典试留都秋日见过》《同吴公择、方子及、臧晋叔、宋忠甫饯顾道行石城舟中再赋一首》。据此可知，臧懋循在南京交游圈甚大，仅这些诗题所涉就有 20 人之多。

3. 李宗城（1560—1623），字葵岳，号汝藩，南直隶凤阳人。明开国功臣李文忠九世孙。少以文学知名。万历中倭犯朝鲜，兵部尚书石星荐其为都督佥事，充正使，拟封丰臣秀吉为日本王，使罢兵。至朝鲜釜山，胆怯逃归，下狱论戍。其《李汝藩诗稿》卷二有《同方子及、臧晋叔钱吴明卿先生北上》《送臧晋叔国博还吴兴》两诗，后一首乃安慰臧懋循罢官之作。

---

① 作于臧懋循罢官后，赞扬臧懋循不谐世俗的个性。

4. 汤显祖（1550—1617），字义仍，号清远道人，江西临川人。万历十一年（1583）中进士，较臧懋循晚三年。因不愿接受辅臣申时行等招致，汤氏于次年出任南京太常寺博士，此时臧懋循正在南京国子监博士任上。两人同在南京为官，加上均喜好词曲，遂走在一起，偕游六朝遗迹，雅集赋诗①，结下了较深厚的友谊。万历十三年，臧懋循中白简罢官，汤显祖有诗赠别②，不仅重笔渲染了臧懋循的才情，"君门如水亦如市，直为风烟能满纸"，而且对他在南京的风流生活表示了一定的理解，"自古飞簪说俊游，一官难道减风流"。诗歌结尾说"会自离披一送君"，依依惜别之意跃然纸上。汤显祖在万历二十六年（1598）从遂昌县令任上弃官归家，家居期间曾写数诗送别臧懋循从兄臧懋中③。在《送臧伯顺还中吴二首》中，汤显祖想到了分别多年的臧懋循，诗前小序曰："前金溪明府群从而兄，顾渚予旧好，及之"④，并以"少弟同堂开秀色，小山能别大山鲜"这样的诗句来赞美他。就臧懋循这方面来看，他曾删改、评点、刊刻汤显祖《玉茗堂传奇》四种八卷。基于戏曲观的不同，他对汤氏剧作既有苛刻的批评，也有"北曲骎骎乎涉其藩矣"的赞美⑤。章嘉祯所撰《墓志铭》，将汤显祖列入臧懋循重要交游名单，曰："词坛文苑所推结，于檇李善冯开之……于豫章善汤义仍。"

5. 安绍芳（1548—1605），字懋卿，无锡人。太学生，工诗善书。曹

---

① 参见安绍芳《西林全集》卷五《分得乌衣巷同吴公择、臧晋叔、徐茂吴、汤义仍诸子赋》，天津图书馆藏明万历刻本。

② 见《送臧晋叔谪归湖上时唐仁卿以谈道贬同日出关并寄屠长卿江外》，收入《汤显祖诗文集》卷七《玉茗堂诗》之二，上海人民出版社1973年版，第204页。

③ 见《汤显祖诗文集》卷十八《玉茗堂诗》之十三《送臧伯顺还中吴二首》和《再送臧伯顺归苕二首》，上海人民出版社1973年版。臧懋中曾任江西金溪县令，其岳父沈之鉴曾在汤显祖家乡临川当郡丞，与汤氏交好。《再送臧伯顺归苕二首》小序曰："伯顺予郡丞沈公之鉴婿，公旋没，旅稚殊苦。"沈之鉴之弟之吟，号宫玺，万历中曾任永平府推官，以父丧哭死，汤显祖《再送臧伯顺归苕二首》其二即咏及此事："燕歌曾送永平推，死孝琅琅风木疑。别后何期见司马，素车添作路傍悲。"以此可知，汤显祖对臧懋中及其岳父家均颇为熟悉。

④ 据《臧谱》之臧懋中墓志铭，臧懋中生于嘉靖己酉（1549），可知比臧懋循（1550—1620）大一岁，故徐朔方《臧懋循简谱》以臧懋中为兄是正确的。而汤显祖《送臧伯顺还中吴二首》中，及之臧懋循的是第二首："金溪上谷王乔履，顾渚浮家罨画船。少弟同堂开秀色，小山能别大山鲜。"诗歌第一句点明臧懋中的金溪县令身份，第二句写其家乡美景顾渚山、罨画溪，三四两句则赞扬其弟懋循，"少弟""小山"都印证了臧懋循是弟。但上海人民出版社1973年版徐朔方笺校本《汤显祖集》却把此诗小序断作"前金溪明府群从，而兄顾渚予旧好，及之"，这样臧懋循又成了兄。故笔者改断为："前金溪明府群从而兄，顾渚予旧好，及之。"

⑤ 臧懋循：《负苞堂文选》卷三《元曲选序》，《臧懋循集》，第114页。

溶《明人小传》卷四有传。安氏《西林全集》卷五有《四君咏同徐茂吴、臧晋叔、吴公择、陆仍叔诸子分赋》《分得乌衣巷同吴公择、臧晋叔、徐茂吴、汤义仍诸子赋》两诗,乃与臧懋循等在南京雅集时所作。

6. 吴梦旸(1545—1616)①,字允兆,号北海,湖州归安人,与臧懋循、吴稼𨱇、茅维并称苕溪四子。同治《湖州府志》卷七十五、钱谦益《列朝诗集小传·丁集下》有传,朱彝尊《静志居诗话》卷十八、陈田《明诗纪事·庚签》卷二十六评录其诗。新安闵景贤辑明布衣诗,推为中兴之冠。吴、臧两人为知己,臧懋循曾说:"不佞故鄱一遗狂也。落拓好游,不事边幅,大不理于世人之口,独与允兆辈友善。"②又其《与吴允兆书》曰:"自允兆外,有几鲍叔?"《答曹能始书》曰:"生平知己如允兆、孝若。"吴梦旸逝世后,臧懋循意兴全无,心情恶劣,与友人通信中,反复言及。如《复李本宁书》曰:"吴允兆去冬物故,菰芦中从此无人矣。"《复陆伯生书》曰:"吴允兆是月舍我辈去矣。流水高山,谁复有赏音者。书及,不觉泪下。"《复李孟超书》曰:"近以哭允兆,意兴都尽。"据笔者统计,臧懋循《负苞堂诗选》收与吴梦旸交游诗 14 首③,吴梦旸《射堂诗抄》收与臧懋循交游诗 36 首。这些诗歌涉及两人许多交游细节:或一起听妓汪景纯宅,同访潘景升、曹能始、朱长春等;或宴集南京高座寺、湖州岘山等,赋诗怀古;或置酒相送,别后相思;或病中见访,寿辰相贺。诸如此类,不一而足,而情溢于诗,既印证了章嘉祯所言两人乃肺腑交④,亦足以让人理解臧懋循在吴梦旸卒后的悲痛心情。

7. 谢肇淛(1567—1624),字在杭,号小草斋主人。万历二十年(1592)进士,历任湖州、东昌推官,南京刑部主事、兵部郎中、工部屯田司员外郎等。曾上疏指责宦官遇旱仍大肆搜括民财,受到神宗嘉奖。入仕后,游历川陕、两湖、两广、江浙等地名山大川,所至皆有吟咏。其《小草斋集》收与臧懋循交游诗 10 首:《夏日怀臧晋叔》《怀臧晋叔》《同臧晋叔、陈伯孺游归云庵》《臧晋叔博士过访二首》《逢臧晋叔赋赠》《同曹能始、

---

① 生年参见张慧剑《明清江苏文人年表》,上海古籍出版社 1986 年版,第 220 页;卒年据臧懋循《负苞堂文选》卷四《复陆伯生书》。此文为是年作,且有"吴允兆是月舍我辈去矣"句,见《臧懋循集》,第 143 页。董斯张《静啸斋存草》卷六《挽吴允兆》,亦作于是年,可为之证,见《续修四库全书》集部第 1381 册,第 514 页。

② 见《负苞堂文选》卷四《与茅康伯书》,《臧懋循集》,第 131 页。

③ 《负苞堂文选》收与吴梦旸尺牍两札,见《臧懋循集》,第 128—130、137—138 页。

④ 章嘉祯《墓志铭》:"至所称肺腑交,则吴允兆、陆伯生。"见《臧懋循集》,第 179 页。

梅子马、殳质甫、林茂之集臧晋叔寓楼》《偕臧晋叔、曹能始、吴非熊、洪仲韦集梅子马水阁》《吴皋倩招泛秦淮仝臧晋叔诸子即席作》《寄金陵臧晋叔》。其中《怀臧晋叔》既表达了"寒窗十月梅花发，一夜思君君不知"的思念之情，还提到从臧懋循处读到戏曲一事："昔我过吴山，疠疥困床笫。得君读传奇，病色霍然起。"臧懋循还为谢氏刻过印章，见陈衍《大江草堂二集》卷六《有携谢在杭方伯印章求售乃臧晋叔国博所刻也为之慨然悲感》诗。

8. 李维桢（1547—1626），字本宁，湖北京山人。《明史》卷二百八十八、《列朝诗集小传·丁集上》等有传。隆庆二年（1568）进士，由庶吉士授编修。博闻强记，与同馆许国齐名。累迁提学副使，浮沉外僚几三十年。天启间，官至礼部尚书。性乐易阔达，文章弘肆，负重名垂四十年。其《大泌山房集》卷四有《臧晋叔博士过访》《送晋叔游中州》两诗。臧懋循《负苞堂诗选》卷三《李本宁招饮湖上二首》有"叹息时艰何所道，过从惟有一论文"之句，其宴饮地点是杭州西湖。又《负苞堂文选》卷四有《复李本宁书》，作于万历四十五年（1617），提及四年前过南京，李维桢来访而不遇之事。

9. 冯梦祯（1548—1605），字开之，号真实居士，浙江嘉兴人。万历丁丑（1577）进士，官编修，与沈懋学、屠龙以气节相尚。丁亥（1587）京察以浮躁谪官，家居多年。癸巳（1593），补广德州判，累迁南京国子监祭酒。万历戊戌（1598）中蜚语归，寓居杭州。臧、冯相识于南京，时两人俱未中举。冯梦祯《长兴横玉山观音寺募缘题语》："（吾友袁坤仪）遂出国子先生臧丈所撰疏文见示。余向识臧丈白下，时俱为诸生，气味甚合，今十年矣。目其文，不觉神动。"①《快雪堂集》卷三十五有与臧懋循尺牍一札，乃感谢臧懋循赠芥茶，并介绍婺州姜子干给臧懋循。两人之交游还可见于《快雪堂日记》，共计13处，如万历己亥（1599）十一月初四日，沈薇亭父子设席杭州西湖，款待冯梦祯及臧懋循，座中演《玉玦记》；万历庚子四月十一日，冯梦祯款臧晋叔、朱君采、姚叔度于西湖，臧懋循"论词曲及他谈谐，大有名理"；同年八月初四日，冯梦祯、臧懋循、俞策等结社西湖。臧懋循也曾携客拜会冯梦祯，冯氏出示宋板《文

---

① 见冯梦祯《快雪堂集》卷二十六，《四库存目丛书》集部第164册，第384页。

第十章　臧懋循的藏书与编刊活动及其《元曲选》的编刊传播　/　377

选》赏玩，并请臧懋循作跋①。

10. 朱长春，字太复，号淮瀛，湖州乌程人。万历十一年进士，历官兵部郎中。同治《湖州府志》卷七十五、《吴兴诗存》卷十一等有传。其《朱太复集》共收与臧懋循交游唱和诗《臧晋叔司教自荆州寄书答以诗》《大计后慰臧晋叔博士》《臧晋叔夜过酌秋水堂》《臧晋叔博士久客白下归集溪上有赠》《荐卿招同开之、元礼、晋叔、允兆、君采诸公泛西湖坐中谈道有述》等13首②。另外，《朱太复集》还收有《祭臧晋叔母文》以及与臧懋循尺牍6札。这些书信主要是切磋文章，其中有一札是请臧懋循印刷书籍，可以见出两人关系之密切。

11. 林古度（1580—1660），字茂之，号那子，别号乳山道士，福建福清人。诗文名重一时，但不求仕进，游学金陵，与曹学佺、钟惺等交好。明亡后以遗民自居，时人称为东南硕魁。晚年穷困，双目失明，卒年八十七岁。其《林茂之诗选》有《臧晋叔至同集清凉台看残雪》一诗。林氏曾参加臧懋循南京寓所雅集，见谢肇淛《小草斋集》卷十四《同曹能始、梅子马、殳质甫、林茂之集臧晋叔寓楼》。从时人诗作来看，两人一起参与的其他雅集很多，此不赘述。

12. 程嘉燧（1565—1643），字孟阳，号松圆、偈庵，安徽休宁人。应试无所得，侨居嘉定，折节读书。工诗善画，通晓音律，与同里娄坚、唐时升并称"练川三老"。其《松圆浪淘集》卷九有《吴兴吴允兆、臧晋叔席上同汪仲嘉诸君分韵送潘景升》诗。

13. 吴稼澄，字翁晋，湖州孝丰人。佥都御史吴维岳子。官南京光禄寺典簿，累迁云南通判。弱冠称诗，为王世贞、汪伯玉所推许，与臧懋循、吴梦旸、茅维号称苕溪四子。朱彝尊《静志居诗话》卷十七称其乐府"如健儿骑骏马，左右驰突，靡不如意"。其《玄盖副草》二十卷，由吴梦旸撰序，臧懋循刊之。该诗集收有与臧懋循交游诗作9首：卷二《古意二首贻臧晋叔》、卷四《曹能始招同焦弱侯、吴允兆、臧晋叔、俞羡长、朱文宁城南泛舟》、卷八《臧晋叔过访赋呈》《病中臧晋叔过访》、卷十一《广陵访谢在杭后将过金陵会臧晋叔先赋》、卷十四《臧晋叔过访值雪夜集楼中有作》《唁臧晋叔》、卷十五《归怀答臧晋叔》。其中《唁臧晋叔》

---

① 见臧懋循《文选》卷三《题六臣文选跋》，《臧懋循集》，第123页。
② 《朱太复文集》与《朱太复乙集》分别收有8首、5首，《续修四库全书》集部第1361—1362册。

乃安慰臧懋循罢官所作，为其深鸣不平："贝锦休嗟谤已成，清朝难得是狂名。鲈鱼归岂同张翰，鹦鹉才原妒祢衡。色为捧心翻绝代，璧因刖足转连城。如云赋客徒推毂，世路崎岖不可行。"

14. 茅维，字孝若，号僧昙。事迹参见本书第八章第一节。工诗善词，其诗与同郡臧懋循、吴稼澄、吴梦旸称苕溪四子；其词《柳塘词话》有很高评价："盛明以帖括之余而涉为诗词者，十不一工，孝若独浸淫于古。其词以宋人为圭臬，而才情又横放杰出，故一时艳称之。"其《十赉堂乙集》《十赉堂丙集》有涉及臧懋循诗歌27首，包括游湖州法华寺、为孙子长饯行、秋日过访诸事，以及臧懋循卒后所作《哭臧晋叔社长十首》①《水中曲悲臧晋叔次谢皋羽韵》《梅溪会葬晋叔社长怆然赋此》《岁晏过臧晋叔故居访其季子朗读书处》诸诗，可知两人情感深厚。

15. 吴仕铨，字公择，号涌澜，晚号摄庵山人。吴梦旸之兄。湖州归安人。万历甲戌进士，历官南京兵部车驾司郎中。著有《白门草》。臧、吴两人都曾在南京任职，都因好男风而罢官，此后往来于南京、湖州、杭州，征歌赋诗。陆心源《吴兴诗存》四集卷十二收吴仕铨《九日倪公甫招游摄山臧晋叔、张少石、张康叔、范君甫、允兆弟同往分体得五古》《雪夜迟晋叔不至》二诗。臧懋循则有《送吴驾部公择北上》《寄吴公择》两诗以及《与吴公择书》一札②。两人任职南京时，与长兴吴卫几交好，三人经常相聚③。另外，当时南京、杭州、湖州许多雅集饯行中，都有两人身影。如欧大任《秣陵集》卷六有《元夕同周稚尊、陆伯生、吴公择、臧晋叔、陶懋中诸君集西宁侯宋忠甫宅得先字》《西宁侯宋忠甫邀往郊游集天界寺同方子及、吴公择、臧晋叔、陶懋中诸子得门字》《同吴公择、方子及、臧晋叔、宋忠甫饯顾道行石城舟中再赋一首》；安绍芳《西林全集》卷五有《分得乌衣巷同吴公择、臧晋叔、徐茂吴、汤义仍诸子赋》；吴梦旸《射堂诗抄》卷十有《公择兄招俞行甫、袁子寿、徐茂吴、臧晋叔宴集高座寺分韵作》等。

16. 王穉登（1535—1612），字伯谷，《明史》卷二百八十八、《列朝

---

① 亦收入《臧氏族谱》卷一，作《挽晋叔社长十首》。
② 分别见于《负苞堂诗选》卷二、卷五，《负苞堂文选》卷二，《臧懋循集》，第11、56、136页。
③ 吴卫几《晋叔先生奠章》曰："宦荆楚兮入棘闱，文声起兮国博继。吴公择兮官职方，三人聚兮心相契。"见《臧谱》卷三《奠章》。

第十章 臧懋循的藏书与编刊活动及其《元曲选》的编刊传播 / 379

诗集小传·丁集中》等有传。江苏武进人，移居苏州。四岁能属对，六岁善擘窠大字，十岁能诗。长益骏发，有盛名。嘉靖四十三年（1564）游京师，深受大学士袁炜赏识。隆庆初，再游京师，时徐阶当国，与炜不洽，或劝其勿名袁炜客，不从。刻《燕市》《客越》二集，备书其事。吴中自文征明后，风雅无定属，穉登尝及征明门，遥接其风，主词翰之席三十余年。王穉登曾游湖州，臧懋循前往拜访而不遇，王氏因作诗寄之，有"牢落一官秦博士，风流千载晋贤人"之句，并告知臧氏，自己将亲赴长兴顾渚山回拜，"纵然兴尽苕川雪，肯负旗枪顾渚春"①。

17. 曹学佺（1574—1654），字能始，号西峰居士，福建侯官人。晚明闽派中最有成就之诗人。万历二十三年进士，授户部主事，调南大理寺正。居冗散七年，迁南户部郎中，历四川右参政，升按察使。刚直不阿，中典察议调。天启二年，起广西右参议，著《野史纪略》，秉笔直书梃击案本末。天启六年，被揭发私撰野史，下狱半年，削籍释归。鼎革后，参加抗清，事败自杀。曹学佺在南京为官时，与臧懋循多有雅集，其《石仓诗稿》卷一《金陵初稿》有《集臧晋叔希林阁寓目钟山》诗，据该卷系年，此诗作于万历己亥（1599）或次年。臧氏希林阁面对钟山，曹氏诗曰："金陵最高处，钟山展在望。君家构阿阁，故与山相向。"此次雅集，柳应芳、王嗣经、程可中均参与，并各有诗作。《石仓诗稿》卷二《金陵集》有《清凉台看积雪喜臧晋叔至》《同谢在杭诸子集臧晋叔楼上》《同在杭、晋叔、子马招方子及集秦淮水阁》《雨集喜晋叔到》《夏日秦淮泛舟臧晋叔、谢在杭、徐兴公、吴皋倩、梅子马、林茂之限刻成诗》《冬日同臧晋叔、陈从训、吴非熊、林茂之过玄祐秦淮水阁》等诸多涉及臧氏的交游诗。其中夏日泛舟秦淮，事在万历丙午（1606）；冬日过玄祐秦淮水阁，事在万历丁未（1607）。

18. 许自昌（1578—1623），字玄祐。擅作曲，有传奇《水浒记》《橘浦记》《弄珠楼》等；亦好藏书刻书，构有别业名梅花，聚书连屋，所刻有韩、柳文集及《太平广记》等。与曹学佺、董其昌、王穉登、陈继儒、钟惺诸名人均有交往。万历丁未（1607），臧懋循与曹学佺等在许氏秦淮水阁雅集，见曹学佺《冬日同臧晋叔、陈从训、吴非熊、林茂之过玄祐秦

---

① 王穉登：《清苕集》卷上《臧晋叔见访不值》，《四库禁毁书丛刊》集部第175册，第115页。

淮水阁》诗。

19—21. 柳应芳、王嗣经与程可中。三人曾参加臧懋循南京寓所的雅集，《列朝诗集》丁集七收有他们《集臧晋叔希林阁赋得雨中钟山春望》诗各一首①。柳应芳，字陈父，通州海门人。明万历时游学南都，受人敬重，有《柳陈父集》行世。王嗣经，字曰常，江西上饶人。《列朝诗集小传·丁集上》有传。故姓璩，身魁梧，多笑言，吟诗不辍。面圆而紫色，人戏呼为蟹脐，王笑而应之。博学多撰述，有《秋吟》八章，一时传之。程可中，字仲权，休宁人。博学能诗，入汪道昆白榆社。曾游京师，与梅守箕、何白、潘之恒等结社。其人短小精悍，傲放任侠，尤好山水。钱谦益论其诗在潘之恒、何白之间，有《汉上集》二十二卷。

22. 徐复祚（1560—1629?），原名笃儒，字阳初，后改讷川，别署阳初子、三家村老等，江苏常熟人。博学工文，尤擅长词曲，创作有《红梨记》《投梭记》《一文钱》等。其所著笔记《三家村老委谈》②，曾提到臧懋循邀其相会一事："《玉茗堂四传》，临川汤若士显祖先生作也。其《南柯》《邯郸》二传，本若士臧晋叔懋循先生所作元人弹词来。晋叔既以弹词造其端，复为改正四传，以订其讹，若士忠臣哉！晋叔最爱余诸传，逢人便说，且托友人相邀过彼，而余贫老不能往。未几而晋叔物化，负此知己，痛哉！晋叔不闻有所构撰，然其刻元人杂剧多至百种，一一手自删订，功亦不在沈先生下矣。"③据此，两人虽未谋面，但消息相通，互相叹赏。

23. 潘之恒（1556—1622），字景升，号冰华生，安徽歙县人。《列朝诗集小传·丁集下》有传。工诗，初受知于汪道昆、王世贞，既而赴公车不得志，乃渡江，从公安袁宏道兄弟游。爱好戏剧，撰有《叙曲》《吴剧》《曲派》等剧评，与当时剧作家汤显祖、屠隆、梁辰鱼、张凤翼等交好。曾与臧懋循在南京一起观看戏曲艺人吴亦史表演。潘之恒《鸾啸小品》卷三《赠吴亦史》诗后附记曰："汤临川所撰《牡丹亭还魂记》初行，丹阳人吴太乙携一生来留都，名曰亦史，年方十三。邀至曲中，同允兆、晋叔诸人坐佳色亭观演此剧。"又臧懋循《负苞堂诗选》卷四有《九

---

① 在明新都程氏家刊本《程仲权先生集》卷六中，该诗名《集臧晋叔希林阁同赋钟山春望仿应制体分得六鱼》。
② 又名《花当阁丛谈》，后人从中辑出论曲部分，另题名为《徐阳初曲论》、《三家村老曲谭》或《曲论》。
③ 徐复祚：《曲论》，《中国古典戏曲论著集成》（四），中国戏剧出版社1959年版，第240页。"本"后"若士"两字，原文如此。

月十五日同潘景升、吴允兆诸丈集湖上分得登字》，吴梦旸《射堂诗抄》卷五有《偕晋叔、嘿（默）孙访潘景升南屏寺》、程嘉燧《松圆浪淘集》卷九有《吴兴吴允兆、臧晋叔席上同汪仲嘉诸君分韵送潘景升》诗。可知，臧懋循、潘之恒等人有一个经常活动的圈子。共同的戏曲爱好，频繁的会面活动，足以见出两人私交甚好，章嘉祯在《墓志铭》中也将潘氏列入臧懋循好友名单。

24. 潘一桂，字木公，一字无隐，江苏吴江人。晚年卜居镇江。与李维桢、邹迪光、钟惺、陈继儒、方应祥等众多晚明名人有交游。所著《中清堂文集》卷五收有《与臧晋叔国博》尺牍一通。

25. 费元禄，字学卿，江西铅山人。铅山之河口有五湖，其一曰官湖，又名鼌采湖，元禄构馆其上，所著《鼌采馆清课》二卷，记其馆中景物及游赏闲适之事，被《四库提要》存目子部杂家类著录。其《甲秀园集》卷十五收《送王曰常游金陵兼寄柳陈父、臧晋叔、汪肇郎、谢少连、洪仲韦诸君子》七律一首。

26. 袁中道（1575—1630），字小修，湖北公安人，与其兄宗道、宏道并称"三袁"。万历四十四年（1616）进士，官至吏部郎中。袁、臧等人万历二十六年（1598）曾在真州谢肇淛处文酒赏玩数月。谢氏《小草斋集》卷二《重游天宁寺记》云："戊戌之夏，余自吴兴避地江上。每至炎歊，辄携枕簟就树下，箕踞散发。赤日蔽亏，凉飙徐引。维时四方同调之士响应云集。自臧晋叔、袁小修而下无虑数十人……三月有余，穷快心意……逮乎秋半，小修北游，晋叔南迁。"袁中道《珂雪斋集》卷二有《同臧顾渚、谢在杭、秦京避暑天宁寺树下三首》。又其《珂雪斋近集附楚狂之歌》卷四《过真州记》云："万历戊戌，予曾客此……城中有寺曰天宁。内有浮屠，为尉迟敬德建。下有僧舍，颇洁。门外茂树十余株。旧与吴兴臧顾渚、闽人谢在杭，同纳凉其下。文酒赏适甚快，题曰嘉树林。"

27. 黄汝亨（1558—1626），字贞父，钱塘人，万历二十六年（1598）进士，官至江西布政司参议。其《寓林集》卷一有《午后步臧懋循园林》诗。又臧懋循寓居杭州昭庆寺时，曾三得黄氏书。《元曲选》前五十种刊行后，臧懋循立即派人送一部给黄氏，希望他能"吹嘘交游间"，帮助扩大该书销路[①]。可见，黄氏是《元曲选》较早的接受与传播者。

---

① 以上见臧懋循《文选》卷四《寄黄贞父书》，《臧懋循集》，第144页。

28. 茅国缙（1555—1607），字荐卿，茅坤次子。万历癸未（1583）进士，官至监察御史，谪淅川知县，终工部主事。其《菽园诗草》卷四有《臧晋叔国博过官舍小集》《酬晋叔博士病中授诗》《秦淮水阁同何仲雅侍御、臧晋叔国博、吴载伯、周虞卿小集》。另据《朱太复乙集》卷十二《荐卿招同开之、元礼、晋叔、允兆、君采诸公泛西湖坐中谈道有述》，两人亦参加过西湖雅集。臧懋循有《访茅荐卿》诗，见《负苞堂诗选》卷二。茅氏卒后，臧懋循作《哭茅荐卿》，见《诗选》卷三；次年又作《茅大夫圹铭》，见《文选》卷四。

29. 梅守箕（？—1603），字季豹，安徽宣城人。太学生。其《梅季豹居诸集》甲乙卷有《臧晋叔》诗、丙丁卷有《臧晋叔博士》诗。梅氏与吴允兆、茅维、吴稼竳均为好友，吴允兆《七歌》曰："数千年来不采诗，好诗却有吴郎痴。两生者谁乃同好（孝若、季豹），自昔不疑郎所为。"又臧懋循《吴稼竳玄盖副草小记》曰："翁晋生平交，自吾两人（即吾与吴允兆）而外，唯梅季豹、茅孝若。"而臧懋循与吴允兆、茅维、吴稼竳并称苕溪四子，其与梅氏的交游，可能与此有关。

30. 李言恭（1541—1599），字惟寅，号青莲居士，南直隶凤阳人。明开国功臣李文忠八世孙，万历三年袭爵临淮侯，守备南京，累官至太保总督京营戎政。好学能诗，有《贝叶斋稿》《青莲阁集》等。李氏曾招臧懋循、俞安期等人在宅第雅集①。其《青莲阁集》卷九亦有《载酒江上同方子及、臧晋叔送吴明卿还》《臧晋叔还家听调送之诗》。

31. 章嘉祯，字元礼，湖州德清人。万历八年（1580）进士，历任蒲圻、当涂知县、兵部主事、大理寺丞。工诗，与汪道昆、冯梦祯、吴允兆等交游。章嘉祯与臧懋循是同年进士，又有姻亲关系，故交往密切。其《南征集》卷下有《冯开之太史招饮西湖同吴允兆、臧晋叔、朱太复、茅荐卿、吴子野诸君赋》。臧懋循《负苞堂集》有《寄章选部元礼》《寄赠章元礼》诸诗以及《与章元礼书》，信中主要讨论诗歌创作。在与其他友人通信中，臧懋循也时常念及章氏。如《与吴公择书》曰："章元礼在蒲圻，政声籍籍。"《与吴允兆书》曰："章元礼在蒲圻，音讯幸不疏阔。元礼政事之暇，锐意风雅，亦是可儿，乃以尊公之变解去。"《与钱惟凝书》

---

① 见俞安期《翏翏集》卷二十九《九月八日同陶懋中、臧晋叔、宋忠父集李临淮惟寅宅得城字》，《四库存目丛书》集部第143册，第269页。

曰："且元礼新命未下，犹可朝夕周还，正足愉快，无用书空为也。"臧懋循卒后，章氏为之作墓志铭，曰："万历庚辰，吾郡与南宫选者十有三人，自洪、永至今独盛云。于时称诗谈艺志经国之大业者，为臧国博晋叔。余肩随晋叔，窃同志焉。"

32. 唐汝询（1565—?），字仲言，松江华亭人。五岁而瞽。父兄抱膝上授以《三百篇》及唐诗，无不朗朗上口。尝撰《唐诗解》《唐诗十集》等书，援据赅博，被目为异人。工诗，其《西阳山人编蓬集》十卷《后集》十五卷中，有三首诗与臧懋循有关：《苕溪访臧博士晋叔不遇夜泊值雨有感》《访臧博士晋叔值卧未起归投以诗》《暮春访臧博士晋叔因陪诸君同泛西湖口占》。可知，唐氏虽双目失明，却起码三次访臧懋循。

33. 徐𤊹（1570—1645），字惟起，一字兴公，自号鳌峰居士，福建闽县人。生性恬淡，终生布衣。擅长书画，喜藏书，多宋元秘本，是晚明著名藏书家。亦工诗，与曹学佺主闽中诗坛。其《鳌峰集》卷五、卷八、卷十一、卷十二分别收有与臧懋循等雅集诗《端阳日同吴允兆、臧晋叔、谢友可、汤惟尹、司马弢叔、王太古、梅子马、吴翁晋、吴皋倩题王德操知希斋》《吴皋倩邀同晋叔、子马、能始、在杭、茂之诸子秦淮泛舟共享十蒸》《汤惟尹、谢友可二比部招同司马弢叔兵部、臧晋叔国博、谢在杭比部、曹能始户部》《同臧晋叔、梅子马、胡仲修、诸德祖、曹能始、林茂之避暑天界寺》《城南临泛同汪仲嘉、臧晋叔、梅子马、吴皋倩、谢在杭、曹能始齐用南字》。

34. 俞安期，字羡长，一名策，字公临，吴江人，徙宜兴，老于南京。尝以长律一百韵投王世贞，王为之倾倒。亦工书，为著名书法家。据冯梦祯《快雪堂日记》万历庚子八月初四日日记，俞氏曾与臧懋循等结社西湖。其《翏翏集》亦有《寄臧晋叔》《九月八日同陶懋中、臧晋叔、宋忠父集李临淮惟寅宅得城字》《访臧晋叔》等诗①。

35. 邢侗（1551—1612），字子愿，号知吾，晚号来禽济源山主，山东临邑人。明万历二年（1574）进士，官至太仆寺少卿。工书善画，书法与董其昌齐名，时有"北邢南董"之目。《明史·文苑传》之《董其昌传》附其传。亦能诗文，有《来禽馆集》二十九卷，其卷四收有

---

① 分别见于《翏翏集》卷二十三、卷二十九、卷三十九，《四库存目丛书》集部第143册，第203、269、371页。

《午日偶病暑从架上抽白长庆体集嚼玩良久因念晋叔臧君效为其体赠之》一诗①。

36—37. 邓原岳、蔡复一。邓原岳（1555？—1604），字汝高，号翠屏，福建闽县人。万历二十年进士，官至湖广按察司副使。工诗，初学郑善夫，后学后七子，既而一意摹唐人，晚年诗歌更趋宏肆。其《西楼集》卷六有《同臧晋叔博士、康元龙秀才游南湖》诗，卷十八有《与臧晋叔国博》尺牍一札。蔡复一，字敬夫，号元履，福建同安人。万历二十三年进士，曾任刑部主事、兵部右侍郎等。其《遯庵诗集》卷四有《张孟奇舟中赠臧晋叔》七律一首。

38. 吴国伦（1524—1593），字明卿，号川楼子、南岳山人。嘉靖二十九年（1550）进士，官至河南左参政。诗名很高，为明代后七子之一。其《甔甀洞稿》卷二十九有《李惟寅载酒楼船邀饯大江方子及、臧晋叔适至同集分得留字》诗。

39. 顾起元（1565—1628），字太初，号遯园居士，南京人。万历二十六年进士，官至吏部左侍郎兼翰林院侍读学士，著有《金陵古金石考》《客座赘语》等。其《懒真草堂集》卷二有《同臧晋叔、王幼度集何仁仲官舍赋得今日良宴会》五古一首。

40. 何三畏，号士抑，松江华亭人。万历十年举人，曾任浙江绍兴推官，著有《云间志略》《凤凰山稿》《芝园集》《何氏类镕》等书。臧懋循曾与吴仕诠饮于何氏芝园，并有诗答谢，事见何氏《新刻漱六斋全集》卷十《吴职方公择同臧国博晋叔至自苕溪诸社友邀饮余芝园归后以诗见贻次韵奉谢》一诗。

41. 颜俊彦，字开美，号雪臞，浙江桐乡人。崇祯元年进士，曾任广州推官，著有《盟水斋存牍》。颜氏曾与臧懋循在杭州灵隐相见，是臧懋循《元曲选》的早期读者。其序沈宠绥《度曲须知》曰："忆乙卯（1615）之岁，读书灵鹫山中，臧晋叔先生日夕过从。时先生方有元剧之刻，相对辄亹亹个中，余因是窥见一斑。"

42. 余寅（1519—1596），字君房、僧杲，浙江鄞县人。万历八年（1580）与臧懋循同中进士，官至太常寺少卿。其《农丈人诗集》卷三有《陈及卿邀集仝蒋景云、魏茂权、谢修之、刘国征、顾叔时、周明行、臧

---

① 此诗亦收入明天启刻本邢氏《沛园集》卷一，名《午日病暑因念晋叔臧君》。

晋叔分得高字》，卷七有《同年臧晋叔过访赋赠三首后二首仆与之有均慨焉》。

43—45. 张重华、徐应亨、吴玄。张重华，字虞侯，华亭人。其《沧沤集》卷二有《与苕溪臧晋叔国博》一札，卷八有《苕溪吴公择兵部、臧晋叔国博集何园二首》。徐应亨，字伯阳，浙江兰溪人。万历四十三年（1615）举人，官至巴州知州。其《徐伯阳诗文集》之《吴越集》卷二有《投臧晋叔国博》诗。吴玄（1565—1625？），字又予，江苏武进人。吴中行子。万历二十六年（1598）进士，曾任湖州府学教授、刑部主事等。所著《众妙斋集》之《赠言诗》有《国博臧懋循》。

46—48. 姚绍科、姚绍宪、姚光佑。三人均为湖州长兴人。姚绍科，字伯道；姚绍宪，字叔度，绍科弟；姚光佑，绍科子。姚、臧二氏是世交，最早可追述到绍科之父姚一元。臧懋循《文选》卷四有《与姚伯道书》《复姚叔度书》，《诗选》卷五有《答姚叔度》诗。《与姚伯道书》言及万历庚辰秋，与姚氏同出都门，促膝谈心。姚绍科、姚绍宪兄弟曾与臧懋循同访董嗣成，事见《青棠集》卷三《秋日王季孺、姚伯道、叔度、臧晋叔见过斋头分赋得书字》。姚光佑是臧懋循侄婿，臧氏曾去信南京户部郎中曹学佺，托其关照①。臧懋循卒后，姚光佑为之作传，曰："每脱草，辄以示佑。佑不自分，或妄有点窜，先生欣然是之。故怜爱弥笃，谈笑竟日，不能去。尝语佑曰：'吾邑自杨大理、顾司寇、徐方伯以来，代有作者。不佞与令先君唱和，称同调。今老矣，子其勉之。'顾佑椎鲁无知识，愧先生意焉。"②

49—52. 顾简、朱国祯、范汭、朱凤翔。顾简，字嘿孙，一作默孙。湖州归安人。祖顾震。父顾尔行，乃茅坤外甥，官至侍御史。顾简为万历戊子举人，工诗，有《蘧园诗集》十卷。顾、臧多有交往，不少雅集有两人身影，吴梦旸《射堂诗抄》卷五《偕晋叔、嘿孙访潘景升南屏寺》、卷八《湖上同晋叔、嘿孙邀诸君作》等皆可为证。朱国祯（1557—1632），字文宁，号平涵，湖州乌程人。万历十七年（1589）进士，官至礼部尚书兼东阁大学士。臧懋循《诗选》卷三有《送朱文宁赴任南少司成》。两人有共同交游圈子，见吴翁晋《玄盖副草》卷四《曹能始招同焦弱侯、吴

---

① 见臧懋循《文选》卷四《与曹能始书》，《臧懋循集》，第146页。
② 见《臧谱》卷三《明先贤传》。

允兆、臧晋叔、俞羡长、朱文宁城南泛舟》诗。范汭，字东生，湖州乌程人，徙居吴门。万历之际，操党议者多出湖州苕、霅间，汭与之相抵拄，一时词客不为汭许可者，希贵人。工诗，《列朝诗集小传·丁集下》《明诗别裁集》卷十、《静志居诗话》卷十八等均有传。臧懋循《诗选》卷二有《人日送范东生入洛》。朱凤翔，字君采，号襟汪，湖州长兴人。《长兴县志》卷二十三有传。万历十七年（1589）进士，授中书舍人，选江南道御史，巡按苏松，仕至南京礼部主事。臧、朱两人均是西湖雅集成员①，冯梦祯曾于西湖款待他们②。

53—55. 许孚远、钱镇、钱士完。许孚远（1535—1604），字孟中，号敬庵，浙江德清人。嘉靖四十一年（1562）进士，曾任广西按察副使、福建巡抚、兵部侍郎等，是臧懋循的老师。臧懋循《诗选》卷二有《许孟中先生开府岭南喜赠》。钱镇，字守中，号澹庵，湖州归安人，与懋循之父臧继芳是同年举人。其子钱士完，字惟凝，与臧懋循是同年进士。《文选》卷三《澹庵钱公墓志跋》："在嘉靖庚子，澹庵钱公与先大夫同举于乡，洎予小子循与公季子惟凝同举南宫，是为万历庚辰，以世讲，故益厚善，遂得附肝腑之戚。"又曰："公（钱镇）数以学规循，顾循以雕虫小技自好，未能从也。久之，始偕许孟中先生游，稍稍知学。"又《文选》卷四有《与钱惟凝书》。

56—60. 屠隆、梅蕃祚、梅台祚、汪道会、陆应阳。章嘉祯所作《墓志铭》言及臧懋循"词坛文苑所推结"，"于甬东善屠长卿，于宣城善梅子马、泰符，于歙善汪仲嘉"，"至所称肺腑交"则有陆伯生。屠长卿，即屠隆（1543—1605），浙江鄞县人，万历五年进士。与臧懋循一样，好男风，好戏曲。梅台祚，字泰符，安徽宣城人，有《弧矢集》。臧懋循《诗选》有《送梅泰符入楚吊丘谦之》《立秋日龙君御招同袁履善、徐茂吴、汪仲嘉、梅泰符湖心纳凉》等诗。梅蕃祚，字子马，安徽宣城人，与袁宏道、曹学佺、谢肇淛等有交游。臧懋循《诗选》有《送梅子马之长沙》《送梅子马之瑕丘》《清凉寺雨中送曹能始、梅子马分赋二绝》等诗。两人雅集甚多，仅谢肇淛《小草斋集》卷十四即有《同曹能始、梅子马、

---

① 朱长春：《朱太复乙集》卷十二《荐卿招同开之、元礼、晋叔、允兆、君采诸公泛西湖坐中谈道有述》，《续修四库全书》集部第1362册，第134页。

② 冯梦祯：《快雪堂日记》庚子五月初三："晴。款臧晋叔、朱君采、姚叔度于湖中。"见《快雪堂集》卷五十八，《四库存目丛书》集部第165册，第32页。

第十章　臧懋循的藏书与编刊活动及其《元曲选》的编刊传播　/　387

殳质甫、林茂之集臧晋叔寓楼》《偕臧晋叔、曹能始、吴非熊、洪仲韦集梅子马水阁》等诗。汪仲嘉即汪道会，徽州休宁人。诸生，与其兄汪道昆、汪道贯皆以能诗名，曾与王世贞、屠隆等在杭州举南屏社。臧懋循《诗选》有《答汪仲嘉》等诗。陆应阳，字伯生，松江府青浦县人，晚明著名山人，著有《广舆记》《樵史太平山房诗选》等。臧懋循《诗选》有《陆伯生过访分得迟字》《同陆伯生集雨花台分得多字》《同陆伯生、陈仲醇诸友集徐宾夫宅共赋冯昭仪当熊》等诗，《文选》有《复陆伯生书》。臧懋循卒前，"命以状属云间陆伯生"①。

61—63. 龙膺、徐桂、梅鼎祚。龙膺（1560—1622），字君善，后改字君御②，湖广武陵人。万历八年进士，官至南太常寺卿。工诗，是白榆诗社的发起者，有《龙膺集》等；亦擅曲，有《金门记》《蓝桥记》传奇。臧懋循《诗选》有《送龙君御校士金陵》《立秋日龙君御招同袁履善、徐茂吴、汪仲嘉、梅泰符湖心纳凉》等诗。徐桂，字茂吴，吴人，徙家杭州。万历五年进士，除袁州府推官。恃才自放，坐计吏斥免。工诗，是白榆诗社主要成员，有《徐茂吴诗集》。臧懋循湖心纳凉诗中即有徐桂身影。臧懋循《诗选》还有《和徐茂吴咏美人观画》《和徐茂吴艳体》二首。至于其他诗人诗作所述有臧、吴两人参与的雅集很多，此不赘述。梅鼎祚（1549—1615），字禹金，号胜乐道人，安徽宣城人。著名藏书家、戏曲家，现存传奇《玉盒记》《长命缕》、杂剧《昆仑奴》。亦工诗文，所著《鹿裘石室集》卷三有《答李临淮》，云秋日在南京"剧饮臧晋叔斋中"。

64. 陶允宜，字懋中，浙江会稽人。万历二年（1574）进士，官至兵部员外郎。有《镜心堂集》十六卷、《陶驾部选稿》十五卷。陶氏与臧懋循曾在南京雅集，欧大任《秣陵集》卷六有《元夕同周稚尊、陆伯生、吴公择、臧晋叔、陶懋中诸君集西宁侯宋忠甫宅得先字》《西宁侯宋忠甫邀往郊游集天界寺同方子、吴公择、臧晋叔、陶懋中诸子得门字》等诗。

65. 李三才（？—1623），字道甫，号修吾，陕西临潼人，寄籍顺天通州。万历二年进士，历官光禄寺卿、漕运总督等。臧懋循曾拒李氏之聘，章嘉祯《墓志铭》云："淮中丞李公道甫素慕公，见《诗所》，肃书

---

① 见章嘉祯所撰《墓志铭》，《臧懋循集》，第 177 页。
② 徐朔方：《臧懋循年谱》言"君御，名宗武"，不知何据。

币聘。公笑曰：'昔不为五斗折腰，今乃向铃阁作老书记耶？'赋《巡淮八叠》，坚谢之，不往。"臧懋循《诗选》卷五《李大夫巡淮歌》、《文选》卷四《复李中丞书》之"李大夫""李中丞"即李三才。两人还曾同集临淮侯李言恭清啸园赋诗[1]。

66—67. 何淳之、虞淳熙。何淳之，字仲雅，号太吴，江宁人。由进士官御史。工山水，兰竹并佳。亦善诗文，著有《足园稿》。臧懋循《诗选》卷二有《春日集何侍御仲雅园即席分得妙字》。另外，茅国缙《菽园诗草》卷四《秦淮水阁同何仲雅侍御、臧晋叔国博、吴载伯、周虞卿小集》亦提到有臧、何参加的一次雅集。其兄湛之，与编刊家凌濛初有交游。虞淳熙（1553—1621），字长孺，浙江钱塘人。万历癸未（1583）进士，授兵部职方主事，迁主客员外，补稽勋郎。好佛，好藏书，力不能购异书，则与弟淳贞（字僧孺）闭门抄书，昼夜不止，著有《德园先生集》。虞淳熙与臧懋循均是西湖诗社成员，冯梦祯《快雪堂集》卷五十八记载了有两人参加的一次社集。

68—69. 焦竑、王世贞。焦竑（1540—1620），字弱侯，号澹园，著名学者兼藏书家。山东日照人，寓居南京。万历十七年（1589）状元，官至南京司业。焦竑与臧懋循相识，吴稼澄《玄盖副草》卷四《曹能始招同焦弱侯、吴允兆、臧晋叔、俞羡长、朱文宁城南泛舟》诗可证之。王世贞（1526—1590），字元美，号凤洲，江苏太仓人。明代后七子领袖。嘉靖二十六年（1547）进士，累官刑部尚书。臧懋循《诗选》卷三《哭王元美》有"一夕文星殒自天，哭公才是识公年"之句。

70—72. 汪景纯、吴兆、陈邦瞻。汪景纯，名宗孝，字景纯，徽州歙县人。"邑诸生，以奇侠著。居恒，荐绅大人有风概者命驾造门，如平生欢，率不报谒，有难则千里赴援。李某爱姬为豪贵所夺，宗孝出之于深闺中，其家惊不敢问。"[2] 寓居南京，娶名妓孙瑶华。"好畜古书画、鼎彝之属"，经瑶华鉴别，"不失毫黍"[3]。臧懋循《诗选》卷四有《九月十六夜集汪景纯宅同吴允兆、诸德祖诸君子听妓》诗。吴兆，字非熊，安徽休宁人。晚明布衣诗人、戏曲家。万历中游金陵，与郑应尼合作《白练裙》杂

---

[1] 欧大任：《秣陵集》卷六《冬日同苏大理子仁、方比部子及、金民部持甫、臧博士晋叔、李祠部道甫集李临淮清啸园得宫字》，见《欧虞部集》，《四库禁毁书丛刊》集部第47册，第674页。

[2] 康熙《徽州府志》卷十五《尚义传》。

[3] 钱谦益：《列朝诗集小传·闰集》"孙瑶华"，上海古籍出版社2008年版，第759页。

剧，诗歌则有《金陵》《广陵》《姑苏》《豫章》诸稿。陈邦瞻（1557—1623），字德远，号匡左，江西高安人。万历二十六年进士，曾任南京吏部郎中、浙江参政、福建按察使等。吴氏、陈氏与臧懋循均是万历间金陵社集鼎盛期的领袖人物。钱谦益《列朝诗集小传》丁集上《金陵社集诸诗人》曰："缙绅则臧晋叔、陈德远为眉目，布衣则吴非熊、吴允兆、柳陈父、盛太古为领袖。台城怀古，爰发凭吊之篇；新亭送客，亦有伤离之作。笔墨横飞，篇帙腾涌。此金陵之极盛也。"另外，臧懋循曾为陈氏《元史纪事本末》作序，臧懋循与吴氏的社集可见之于谢肇淛《小草斋集》卷十四《偕臧晋叔、曹能始、吴非熊、洪仲韦集梅子马水阁》、曹学佺《金陵集》卷下《冬日同臧晋叔、陈从训、吴非熊、林茂之过玄祐秦淮水阁》等诗。

73—75. 顾大典、马之骏、喻均。顾大典，字道行，号衡寓，吴江人。隆庆二年进士，官至福建提学副使。工书画，擅诗歌，尤精戏曲，为明代吴江派重要戏曲家，有《清音阁传奇》四种。万历十二年（1584），顾道行自南京赴任山东，臧懋循曾与友人饯之舟中[①]。马之骏（1588？—1625），字仲良，河南新野人。万历三十八年（1610）进士，历任户部主事、郎中。博洽典籍，工诗文，有《妙远堂集》四十卷。臧懋循《诗选》卷一收《秋江歌再别马仲良》诗，有"君方少年余已老"之句。喻均，字邦相，南昌人。隆庆二年进士，万历十六年（1588）任松江知府。臧懋循曾前往松江拜会，《诗选》卷四《寄喻邦相》《再别喻使君邦相》两诗作于会面前后。

76—77. 宋应昌、杜文焕。宋应昌（1536—1606），字思文，号桐岗，浙江仁和人。嘉靖四十四年（1565）进士，万历二十年日本侵略朝鲜，宋应昌以兵部右侍郎身份与总兵李如松率军赴朝，次年收复平壤，不久败于碧蹄馆。臧懋循《诗选》卷一收《东征诗寄宋司马》，有"伤哉碧蹄役"之句。杜文焕，字弢武，别署三教逸史，江苏昆山人。以武功起榆林，曾任宁夏延绥总兵，战功较著。臧懋循《诗选》有《寄题杜弢武餐霞精舍》《寄题杜将军经武堂》《寄题杜将军荣福堂》诗，《文选》卷四有为杜氏所作《三教逸史传》。据此传，杜氏是一位文武兼备之人，所著有《孙子武

[①] 见欧大任《秾陵集》卷六《同吴公择、方子及、臧晋叔、宋忠甫饯顾道行石城舟中再赋二首》，收入《欧虞部集》，《四库禁毁书丛刊》集部第47册，第676页。

经》《左氏兵传》《六朝文范》《初唐诗则》《五岳统志》《餐霞秘籍》等。

78—80. 姚旅、洪仲韦、方沆。三人均为福建莆田人。姚旅，字园客，初名鼎梅。钱谦益《列朝诗集小传·丁集上》、朱彝尊《静志居诗话》卷十八有传。爱苦吟，诗不多作。好游，足迹遍天下。曾掇拾旧闻，撰《露书》十四卷，李维桢等为之序。臧懋循《诗选》卷五有《送姚园客还莆》诗。洪仲韦，名宽。擅小楷，与吴文中之花鸟、佛像、曾波臣之小像、黄允修之篆石，号称莆田"四绝"。谢肇淛《小草斋集》卷十四有《偕臧晋叔、曹能始、吴非熊、洪仲韦集梅子马水阁》诗。方沆，字子及，号汋庵。隆庆二年（1568）进士，官全州知州，后历南京户部、刑部侍郎，转督学云南。被人构陷，降为宁州知州，辑《宁州志》，复建濂溪书院，以湖广佥事致仕。著有《猗兰堂诗集》二十卷。臧懋循有《九日同谢在杭、曹能始集清凉寺时汪仲嘉自新都至谢比部友可自燕至方刺史子及还闽尹驾部子恒还蜀诗并及之》诗。方氏与臧懋循共同参与的雅集很多，欧大任《秣陵集》卷六《同吴公择、方子及、臧晋叔、宋忠甫饯顾道行石城舟中再赋二首》《西宁侯宋忠甫邀往郊游集天界寺同方子及、吴公择、臧晋叔、陶懋中诸子得门字》、吴国伦《甔甀洞稿》卷二十九《李惟寅载酒楼船邀饯大江方子及、臧晋叔适至同集分得留字》、李言恭《青莲阁集》卷九《载酒江上同方子及、臧晋叔送吴明卿还》、李宗城《李汝藩诗稿》卷二《同方子及、臧晋叔饯吴明卿先生北上》、曹学佺《石仓诗稿》卷二《金陵集》之《同在杭、晋叔、子马招方子及集秦淮水阁》等诗均可为证。

81—82. 吴六、王德操。吴六，即吴鼎芳（1582—1636），字凝父，江苏吴县人。钱谦益《列朝诗集小传·丁集下》有传。世居太湖西山，与范汭、董斯张、茅元仪等交好。工诗文，后出家为僧，名大香，字唵噆。有《吴居士集》。臧懋循《诗选》卷二有《十五夜同吴六作》诗。王德操（？—1640），名人鉴，江苏吴郡人。《列朝诗集小传·丁集下》有传。少学诗于居士贞，学佛茹素，面削而形癯，见者知为枯禅逸叟。所著《知希斋集》二卷，程孟阳评定，钱谦益为序。徐𤊹《鳌峰集》卷五有《端阳日同吴允兆、臧晋叔、谢友可、汤惟尹、司马弢叔、王太古、梅子马、吴翁晋、吴皋倩题王德操知希斋》诗。

83. 冒伯麟，名愈昌，江苏如皋人。《列朝诗集小传·丁集下》有传。诸生，作诗敏捷，游王世贞、吴国伦之门，颇有时名。与秦淮名妓马守贞、赵燕如、朱泰玉、郑妥娘均有交往，为之编《秦淮四美人选稿》。臧、冒两人在南京时多有交往，臧懋循还曾为冒氏诗集作序。臧懋循《文选》卷三《冒伯麟诗引》曰："伯麟束发希古即能诗，诗不尽于此，要之举一脔而全鼎可知也。予既辑《古诗所》，将举全唐附之。时客居秦淮，伯麟每过扬榷辄移日。"

84—85. 郑琰、陈伯孺。均为福建闽县人。郑琰，字翰卿，《明诗别裁集》卷十、《静志居诗话》卷十八、《列朝诗集小传·丁集》有传。万历中布衣，任侠，诗名藉甚，闽中词馆诸公争延致之，高文典册多出其手。游金陵，新安富人吴生以上客礼之。琰醉则唾骂，为吴构捕，瘐死狱中。著有《二酉诗稿》《草泽编》。臧懋循《诗选》卷一有《除夜留郑翰卿赋赠》，写郑氏客居情形："忆余前岁客新都，今年君亦滞三吴。可怜漂泊俱除夜，可怜痛哭并穷途。余昔萧然百无有，君今无钱犹有酒。"陈伯孺，名价夫。《列朝诗集小传·丁集下》有传。少为诸生，踏省门不见收，遂隐居赋诗以自娱，乡里妇孺皆知其名。与弟荐夫相唱酬，各有集行世。他与臧懋循的交游，见于谢肇淛《小草斋集》卷十三《同臧晋叔、陈伯孺游归云庵》一诗。

86. 陈仲醇（1558—1639），名继儒，号眉公，华亭人，明代著名文学家、书画家、山人。重然诺，饶智略，短章小词，皆有风致，"天子亦闻其名"①，有《陈眉公全集》。陈氏与湖州望族成员之闵元衢、茅维、董斯张等均有交游，与臧懋循的交游见于臧懋循《诗选》卷二《同陆伯生、陈仲醇诸友集徐宾夫宅共赋冯昭仪当熊》诗。

87. 李日华，字君实，嘉兴人。与闵齐伋有交游，事迹见本书第六章第一节。与臧懋循的交游，见于李氏《味水轩日记》万历三十七年七月二十七日日记："臧顾渚来。顾谈近日所刻异书，有《梦游》《仙游》二录，非词、非传奇，乃瞽媪弹琵琶调也而有深致。相传为杨廉夫避地江南时所作，尚有《侠游录》未见。顾渚又言，我明事事俱落古人后，其超绝者，茶、酒、墨与《打枣歌》而已。又言，貂鼠毫作笔，极圆转，右军所用者此也。"②

88. 沈德符（1578—1642），字景倩，又字虎臣，浙江嘉兴人。万历四十六年（1618）举人。精音律，熟掌故，所撰《万历野获编》卷二十六记臧懋循在南京国子监博士任上，因与浙东项士郎相狎，被祭酒黄凤翔

---

① 钱谦益：《列朝诗集小传·丁集下》，上海古籍出版社2008年版，第637—638页。
② 李日华：《味水轩日记》卷一，《嘉业堂丛书》本。

弹劾而罢官，并曰："臧多才艺，为先人乡试同年，与屠礼部俱两浙名流，同时用风流罪过，一弃不收。二公在林下与予修通门谊，其韵致固晋宋间人也。"

除了上述生平事迹可考的 88 人外，见于臧懋循或他人诗文，与臧懋循一起参与雅集活动而未考知其生平事迹的，大约还有 130 人，其中有姓名或字号的有 77 人：尹子恒、邵元让、吴幼如、陆成叔、周士昌、龙邑博、宗谦、戚不磷、吴载伯、周稺尊、袁履善、曹廷尉、王绍傅、陈季廸、叶奕甫、李文仲、梅戚畹、于纳言、沈永思、张康叔、陈允升、谢友可、吴阳伯、吴太宁、秦王伯闻、王季孺、邓忠父、郑孟承、钱仲美、宋忠甫、姜子干、黄白仲、吴孟白、苏子仁、金持甫、陈二酉、徐知白、诸德祖、俞行甫、袁子寿、顾仲穆、宿松上人、吴皋倩、殳质甫、顾仲方、吴太乙、陈从训、张惟桢、曹重甫、戴养吾、常仰坡、张喆门、刘惟心、沈薇亭、诸柴及、诸伯皋、丁存吾、陈舜芳、朱君采、吴元瑞、陆仍叔、汪肇郚、谢少连、康元龙、秦京、周虞卿、沈幼宰、王幼度、何仁仲、张孟奇、汤惟尹、王太古、司马戣叔、胡仲修、光大、李剑泉、吴卫几。

另外，进士出身的臧懋循，无论是为官时还是罢官后，都与朝廷大僚或地方父母官有着密切关系。从其《文选》来看，他与徐阶、叶向高、申时行等宰辅都有交往。特别是徐阶，不仅是臧懋循座师，而且是臧懋循女婿徐元旸（宾夫）之祖，两家距离又近，故而关系密切。通过徐家姻亲关系，臧懋循还与湖北麻城刘承禧有交往，借到了其家所藏元杂剧二三百种。至于地方上的父母官，有长兴知县熊明遇、濮中玉、游士任等[①]。加上臧懋循先世发达，子孙众多，通过各种姻亲关系，臧懋循交友圈中亦网罗了一批官场或文化界名人，如湖广巡抚闵宗德等。

笔者之所以如此不厌其烦地考证臧懋循的交游情况，并罗列相关交游者姓名，是因为这不仅可以给我们提供一个可借以想象的臧懋循的庞大交游圈，而且这些人如果是卒于《元曲选》刊行后，就很可能是《元曲选》的潜在赠阅者、购阅者和传播者。

[①] 熊明遇（1580—1650），字子良，号坛石，江西南昌进贤人。明万历二十九年（1601）进士，授长兴知县，次年到任。后官至尚书。工诗善文，颇享盛名。有《南枢集》《青玉集》等。濮中玉，字琢如，舒城人。万历三十五年进士，次年任长兴知县。游士任（1574—1633），字肩生，号鹤楼，又号鸥天。湖广嘉鱼人。万历三十八年进士，授长兴知县，后官至御史。臧懋循《负苞堂文选》有《复熊子良书》《复濮明府书》《送游明府入计序》等。

第二节　藏书与著述编刊活动

一　藏书活动及特色

臧懋循藏书的最大特色是数量之多、版本之秘的元杂剧收藏。这与其喜好词曲，能利用一切机会访书有关。《元曲选序》曰："予家藏杂剧多秘本。顷过黄，从刘延伯借得二百五十种，云录之御戏监，与今坊本不同。"①延伯乃刘承禧之号，以荫袭锦衣卫官。其曾祖刘天和是正德三年（1508）进士，官至兵部尚书。臧懋循此次访书是在万历四十一年（1613）春送孙子闵世基至河南汝宁完婚的归途中。从刘家究竟借到多少种元杂剧，臧氏自己说法不一。其《元曲选序》说"借得二百五十种"，但其《寄谢在杭书》又说"于锦衣刘延伯家得抄本杂剧三百余种"②。又，《复李孟超书》曰："仆壬子冬（1612）携幼孙就婚汝南，归途出麻城，从刘延伯锦衣家借得元人杂剧二百种。"③ 究竟是二百五十种，还是三百种，或二百种，目前已无法考证，但即便是新增二百种，再加上臧懋循原先所藏杂剧，其数量亦足以惊人，足以使其成为中国私家藏书史上著名的元杂剧收藏家。关于刘氏这批录自御戏监的元人杂剧的质量与价值，臧氏的评价亦时高时低。在《寄谢在杭书》中，他说："止二十余种稍佳，余甚鄙俚不足观，反不如坊间诸刻皆其最工者也。"④ 其《复李孟超书》则说，得到这些杂剧后，"展看殊快意"⑤，说明颇有些价值。《元曲选序》的评价则更高："与今坊本不同。因为校订，摘其佳者若干，以甲乙厘成十集，藏之名山，而传之通邑大都。"⑥ 似乎整个《元曲选》的编定，功劳主要归因于这批杂剧。对此，笔者认为，《元曲选序》的评价有拔高之嫌。因为臧懋循刊行《元曲选》是一种商业行为，强调其底本之异，拔高其价值，可以吸引购买者。

臧懋循从河南汝宁返回浙江，途中前往湖北麻城刘家访书，并非顺路，而是绕了远道。此前赴汝宁途中，臧懋循也安排出时间，造访了朗陵

---

① 《臧懋循集》，第114页。
② 同上书，第151页。
③ 同上书，第142页。
④ 同上书，第151页。
⑤ 同上书，第142页。
⑥ 同上书，第114页。

陈氏遗书。《寄谢在杭书》曰："去冬，挈幼孙就婚于汝宁守，因过朗陵，访陈海伯家遗书，乃知《天中记》及《学圃萱苏》所引用书目，皆非其家实有也。"① 朗陵乃今河南确山县，陈海伯即陈耀文，《天中记》与《学圃萱苏》为其所编之书，分别列入《明史·艺文志》类书类、杂家类。盖两书所引之书甚多，臧懋循对这些书颇有兴趣，所以特意相访。尽管此次访书无甚收获，但从臧懋循这样的访书劲头，可以想象其藏书数量的与日俱增。臧氏《荆钗记引》就记载，曾从河南开封访得古本《荆钗记》："往游梁，从友人王思延氏得周府所藏《荆钗》秘本，云是丹丘生手笔，构调工而稳，运思婉而匝，用事雅而切，布格圆而整，今坊本大异。"②

在臧懋循交往的人物中，有不少是著名藏书家，如许自昌、徐𤊹、梅鼎祚、虞淳熙、焦竑、冯梦祯、潘之恒等，亦可想象相互之间的赏书、借书、抄书。臧懋循《题六臣文选跋》提到，曾于南京冯梦祯官署赏玩冯氏"平日所秘珍宋板书"《文选》，数年后之万历庚子（1600），臧氏访冯氏于杭州西湖，"因索观前书"③。臧懋循亦藏有《文选》珍本，并情有独钟，不轻易借人，至于其他书籍，一般慷慨相授。其《答钱司理书》曰："所谕《文选》，苦无副本，此走斯须不能去身者，如方命何？《左传》《庄子》《楚辞》《唐诗选》《艺苑卮言》，敬授使者。"④ 著名曲家潘之恒曾两度访书于臧懋循，臧氏亦慨然以秘本相授，"书检娜嬛秘"⑤ "欲徵秘笈亲相授"⑥。臧懋循曾托友人李孟超访求秦王所藏词曲善本，其《复李孟超书》曰："向见周宪王乐府，大有元人风致。计秦王故藏，必多善本，幸一访之以见寄，亦病中良药也。"⑦ 以上书籍赏玩、借阅、访求之例，不仅体现了臧氏之嗜书，亦多少表明臧氏藏书之来源以及流通情况。

从上述情况来看，臧懋循藏书内容广泛，并不仅限于词曲。除了藏有《左传》《庄子》《唐诗选》等常见的史部、子部、集部书籍外，他亦感兴趣于《天中记》《学圃萱苏》所引偏僻之书。其诗集收藏，可从《古诗

---

① 《臧懋循集》，第 150—151 页。
② 同上书，第 123 页。
③ 同上。
④ 同上书，第 134 页。
⑤ 潘之恒：《访臧晋叔》，见国图藏明刻本《漪游草》卷一。
⑥ 潘之恒：《顾渚山中再访臧晋叔》，见国图藏明刻本《漪游草》卷一。
⑦ 《臧懋循集》，第 143 页。

所》《唐诗所》的编定窥见一斑。这两部总集卷帙浩繁,一为五十六卷,一为四十七卷,"自《三百篇》迄唐中晚,搜遗订讹,厘别体类"①,必须有一定的诗歌别集、总集收藏为基础。其《答曹能始书》即曰:"又闻赵玄度所辑中晚唐诗,丈悉抄录于《蜀中续梓诗纪》,不审果否,便间幸示之。仆两年间亦颇有所搜罗,向见徐兴公云,建宁杨氏有诸写本,未尽散失,拟于明岁过贵省访之。"②臧懋循还收藏有文征明《西苑诗》,"此卷所录《西苑诗》,比吴门刻本,肥瘦迥异,尤为得意之笔"③。

臧懋循之藏书不仅特色鲜明、内容广泛,而且与其编刊活动密切相关。《元曲选》的编刊即与其丰富的元杂剧收藏有关。《仙游》《梦游》《侠游》《冥游》四录的刊刻亦与其对杨维桢弹词的努力搜求有关。《文选》卷三《侠游录小引》曰:"余少时见卢松菊老人云,杨廉夫有《仙游》《梦游》《侠游》《冥游》录各四种,实足为元人弹词之祖,每恨无门物色之。后四十年而得《仙游》《梦游》二录于里中蚕姬家,校刻行世矣。"十年后,臧懋循又于长兴寿圣寺得杨氏《侠游录》,"较前二录小异,而豪爽激烈大过之,摹写当时剑仙诸状,若抵诸掌"。这是个残本,"其间脱落者十二三",臧懋循"为详其首尾,绎其意义,仿而足之"④,并付之梓。臧懋循后来还寻觅到杨氏《冥游录》,朱彝尊就曾说他"购得杨廉夫《仙游》《梦游》《侠游》《冥游》弹词,悉镂板以行"⑤。

二 撰述与刊刻情况

关于臧懋循的撰述与刊刻活动,《臧氏族谱》卷一《艺文志》(以下简称《谱志》)、同治《长兴县志》卷二十九《艺文》(以下简称《县志》)等均有载录,现分类考述如下。

(一)创作研究

1—2. 撰《负苞诗选》五卷、《负苞堂文选》四卷。臧懋循本人选定,卒后次年,即天启元年(1621),由其第三子臧尔炳刊刻行世,已影印收

---

① 同治《长兴县志》卷二十三《人物》。
② 《臧懋循集》,第145页。
③ 臧懋循:《跋文待诏西苑诗卷》,《臧懋循集》,第124页。
④ 以上见臧懋循《侠游录小引》,《臧懋循集》,第122页。
⑤ 朱彝尊:《静志居诗话》卷十五,人民文学出版社1998年版,第454页。

入《续修四库全书》和《四库全书存目丛书》①。臧尔炳识语曰:

> 孤尝于过庭时,间及风雅。府君以自选杂体诗百五十余篇示孤②。孤请益,府君不许,曰:"若不知杜必简氏名之藉藉而诗之寥寥乎?"孤请梓,府君复不许,曰:"若其待之。"亡何,府君见背。哀毁荒迷中,笔研都废,独不能不为先人不朽计。因携其稿若干册,谒茅先生孝若,谋可否。先生曰:"子姑承遗命,嗣为续集可也。"孤乃并府君文合付剞劂。文尤散逸不可稽,今亦但刻其存而自选者。

可见,这只是臧氏本人精选的诗文,实际所作远不止此。《族谱》卷一所载臧懋循诗歌二十七首,就有八首不见于《负苞堂诗选》。

关于臧懋循诗文集,各家著录不一。《四库全书总目》卷一百七十九、《续文献通考》卷一百九十四、《县志》、《谱志》均著录臧懋循《负苞堂稿》九卷,当即臧尔炳所刊《负苞堂诗选》五卷、《负苞堂文选》四卷。然《谱志》同时著录有《负苞堂集》十二卷,不知何据。黄虞稷《千顷堂书目》卷二十五也在《负苞堂诗选》五卷《文选》四卷外,同时著录《负苞堂集》,然非十二卷,而是十卷。又,《县志》引董斯张《吴兴备志》曰"《负苞堂集》八卷"。臧懋循究竟有没有《负苞堂集》,《负苞堂集》到底是十二卷、十卷还是八卷,它与现存的《诗选》五卷、《文选》四卷,即《负苞堂稿》九卷,究竟是什么关系,这些都存疑。

关于臧懋循诗文创作,《县志》引章嘉祯云:"顾渚破眼万卷,诗成有神。说者谓其绝句似李供奉、王龙标,五言近体似宋员外,七言近体似岑嘉州,惟不善杜少陵,每极口讥弹之。为文取材于古,匠心斐然。"章氏的这番话可以让我们了解臧懋循对杜甫的态度③,至于对其诗文的评价

---

① 1958 年,上海古典文学出版社曾出版臧懋循《负苞堂集》,内容即为《负苞堂文选》四卷、《负苞堂诗选》五卷,但只进行了点断,书中没有任何说明,包括底本来源。2012 年,浙江古籍出版社以《续修四库全书》所收臧尔炳刻本为底本,点校出版了《臧懋循集》。该书对臧懋循诗文进行了辑佚工作,书后还附有臧懋循传记评论资料、臧懋循交游资料以及经过补充勘误的徐朔方先生《臧懋循年谱》。

② 据笔者统计,臧尔炳所刊《负苞堂诗选》共收诗歌 177 首。

③ 这种态度在臧懋循所作《冒伯麟诗引》中亦有流露,曰:"夫诗之不可为史,犹史之不可为诗,世顾以此称少陵大家,此予所未解也。……少陵淹通梁选,出入楚骚,其志量骨力岂不凌厉千载,然而唐体亦自此亡矣。"《臧懋循集》,第 120 页。

显然是溢美。时人冯梦祯对臧懋循之诗就不看好，说其诗歌水平还比不上姚伯道书奴骆僎。其《快雪堂集》卷五十曰："姚（伯道）有书奴骆僎，美而能诗，于徐茂吴斋中见其《九秋诗》。复于张仲初扇上《阳台梦》排律甚佳。人言臧晋叔为其润笔，臧殆不及也。"① 如何实事求是地评价臧懋循诗文确实是一个问题。

总的来说，在明代诗坛，臧氏还是颇有声誉。他与同郡吴稼竳、吴梦旸、茅维并称吴兴四子或苕溪四子。钱谦益《列朝诗集·丁集上》、朱彝尊《明诗综》卷五十八、陈田《明诗纪事·庚签》卷十三均选有其诗作。朱彝尊《静志居诗话》卷十五赞扬他为"磊落之士"，说他虽与明代后七子之首王世贞宴游，但诗歌"不堕七子之习"②。据笔者看来，臧氏诗歌，特别是一些写景抒情诗，清新可取。其《江上送曹能始别》诗曰："相望江亭晚，尊空客渐稀。杨花不解别，到处逐君飞。"又《望亭夜泊》诗曰："向暝投何所，依微识望亭。客舟今复至，津路昔曾经。瑟瑟风吟树，离离雁度汀。翻令乡思逼，数起视明星。"其他如《送茅孝若应举》《得吴载伯书却寄》等，也写得自然清新，一如朱氏所言，无"七子"模拟之恶习。大概是受臧懋循本人风流放荡行为的影响，《四库全书总目》卷一百七十九在评价其诗歌时，想当然地说："多绮罗脂粉语，未免近靡靡之响。"在今天，我们倒是愿意看到一些能反映当时晚明那种适情纵性的时代特征的"靡靡之响"，但事实上，这类诗歌在《负苞堂诗选》中并不多见。甚至可以说，臧氏诗歌是挺严肃和正统的，不少诗歌关心时事，放眼社稷。如万历二十年（1592），宁夏致仕副总兵哱拜叛乱，明军一开始吃了几次败仗。臧懋循忧愁国事，作《壬辰书事》诗，"传道灵州事，经年未解纷。尚思萧相国，空出李将军"，希望有萧何、李广之类的能人出现，来早日平定叛乱③。同年，日本丰臣秀吉侵略朝鲜，直逼鸭绿江，明朝以兵部右侍郎宋应昌为经略，东征朝鲜，臧懋循作七律《代送宋司马》、七言排律《出塞》。次年正月初八日，宋应昌等大捷于平壤，臧懋循兴奋地作七律《闻捷》，曰："连年辽海事兵车，一月三传有捷书。"但明军被胜利冲昏了头脑，冒险轻进，于二十七日败于碧蹄馆。臧懋循因作《东征诗寄宋司马》，表达了无限惋惜之情，"伤哉碧蹄役，司马昧

---

① 见《四库存目丛书》集部第 164 册，第 711 页。
② 朱彝尊：《静志居诗话》卷十五，人民文学出版社 1998 年版，第 454 页。
③ 之后总兵官李如松临危受命，提督陕西讨贼军务，才平息这场叛乱。

远图"。朝鲜战事迟迟未能平定,最高统治者却穷奢极欲,只知敛财,派遣矿监税使,四处搜刮民脂民膏。臧懋循《关河》诗对万历皇帝这种置国事于不顾的昏庸行为,进行了谴责:"关河使者半垂珰,岁敛金钱入尚方。车马故应愁蜀道,兵戈犹自哭辽阳。"其《己亥书事》一诗对万历年间矿监税使横行这一弊政也进行了揭露:"水衡少府尚堪供,真是宸居惜费重。已见关河增榷赋,可能山谷借泥封。轺轩使者遥相望,画省郎官不自容。"这些诗歌与"绮罗脂粉语""靡靡之响"完全绝缘。

《四库全书总目》卷一百七十九曰:"懋循善顾曲,元明杂剧皆所梓行,故词曲序引屡见集中,亦其结习之所在也。"在《负苞堂文选》中,最有价值的就是这些词曲序引,它们充分表达了臧懋循的戏曲理论主张,是我国戏曲史上的宝贵财富。臧懋循认为诗、词、曲"源本出于一",但又各有特点。戏曲用语,需六经子史语、稗官野乘语,"雅俗兼收,串合无痕";戏曲情节千百其状,人物多种多样,作者必须"人习其方言,事肖其本色";戏曲强调音律,需"精审字之阴阳,韵之平仄"①。这就是臧懋循在《元曲选后集序》中提出的著名的"作曲三难"说:情词稳称之难、关目紧凑之难、音律谐叶之难。戏曲创作只有做到"事必丽情,音必谐曲",才能"使闻者快心,而观者忘倦"②。臧懋循还把戏曲作品分为"名家"和"行家"两类,称"名家"以"文彩斓然"见长,而"行家"则以表现上的"摹拟曲尽"为特点③。臧懋循注重戏曲的舞台实践和对生活情状的真实表现,大力推崇本色派的元杂剧作品,择选其中百种而编成《元曲选》,以尽元曲之妙,这是对明代中叶以来曲坛讲究藻丽之风的否定。戏曲文词之典雅骈俪始自高明《琵琶记》,然《琵琶记》语言尚能符合人物身份。自嘉靖间梁辰鱼作《浣纱记》,遂开启靡丽之风,而崇尚华靡的后七子领袖王世贞,又因同乡之谊,对梁大加吹捧,从而导致当时吴中剧坛语言绮丽、本色尽失的现象。臧懋循批评汪道昆《高唐梦》、张凤翼《红拂记》、郑若庸《玉玦记》等骈俪派作品,说它们"非不藻丽矣,然纯作绮语,其失也靡",而推崇本色的元人杂剧,说它们"妙在不工而工",这在当时有现实意义。从戏曲本色观出发,臧懋循对当时曲坛的一些热点问题,也发表了自己的看法。如明代中叶,关

---

① 以上见臧懋循《元曲选后集序》,《臧懋循集》,第 115—116 页。
② 臧懋循:《玉茗堂传奇引》,《臧懋循集》,第 121 页。
③ 臧懋循:《元曲选后集序》,《臧懋循集》,第 115 页。

于《琵琶记》和《拜月亭》(《幽闺记》)的高下,剧坛上展开了一场大论争。何良俊在《四友斋丛说》卷三十七中认为《拜月亭》本色当行,远胜于"专弄学问"的《琵琶记》。而后七子领袖王世贞则认为《琵琶记》有"琢句之工""使事之美","冠绝诸剧"。可以说,明代许多著名文人都以不同的方式参与了这场论争。臧懋循赞同何氏《幽闺记》胜于《琵琶记》的说法,认为《琵琶记》中【梁州序】【念奴娇序】二曲是刻意求工之曲,不类高明口吻,是后人窜入;而王世贞以修饰词章为美,反而对这些赝曲"津津称诩不置",讥笑王氏"是恶知所谓《幽闺》者哉"①。另外,臧懋循对徐渭杂剧语言之鄙俚、汤显祖传奇之疏于音律也提出了批评意见:"山阴徐文长《祢衡》《玉通》四北曲,非不伉俠矣,然杂出乡语,其失也鄙;豫章汤义仍庶几近之,而识乏通方之见,学罕协律之功,所下句字,往往乖谬,其失也疏。"② 这样的批评意见也是相当中肯。

3. 《金陵社集》八卷,《谱志》《县志》著录。黄虞稷《千顷堂书目》卷三十一亦著录《金陵社集诗》八卷,曰:"曹学佺、臧懋循、陈邦瞻及一时名士唱和之作。"可知这是一部多人唱和诗集,非臧懋循一人之作。其编者亦非臧懋循,而是曹学佺或其门客。《县志》卷三十一引《虞山集序》曰:"《金陵社集》,闽人曹学佺能始所辑也。"钱谦益曰:"戊子中秋,余以银铛隙日,采诗旧京,得《金陵社集诗》一编,盖曹氏门客所撰集也。"③ 钱氏《列朝诗集》中的《金陵社集诗》,收臧懋循等16人诗作32首。

4. 撰《文选补注》十五卷,《谱志》著录,佚。如前所述,臧懋循对《文选》有偏嗜,"斯须不能去身"④。

5. 撰《元律令》一篇,《谱志》著录,佚。

(二) 编刊校刊

以下书籍均为臧懋循所刊,但所做工作并不相同,其中《元曲选》是编辑、删改与刊刻;《古诗所》《唐诗所》《棋势》《六博碎金》是编

---

① 臧懋循:《元曲选序》,《臧懋循集》,第114页。
② 臧懋循:《元曲选后集序》,《臧懋循集》,第116页。
③ 钱谦益:《列朝诗集小传·丁集上》"金陵社集诸诗人",上海古籍出版社2008年版,第463页。
④ 臧懋循:《文选》卷四《答钱司理书》,《臧懋循集》,第134页。

辑与刊刻;《古本荆钗记》与《仙游录》等四录主要是校正与刊刻,其中《侠游录》有十之二三是臧懋循补写;《玉茗堂传奇》四卷是删改、评点与刊刻。

1. 编辑、删改、刊刻《元曲选》一百卷图一卷。具体参见本章第三节。
2. 编刊《古诗所》五十六卷附《历代名氏爵里》一卷。现存万历刊本。有自序、《凡例》。《凡例》后有"金陵徐智督刻"一行。《凡例》及正文每半页十行,行二十一字,小字双行同。白口,四周单边,有行线。版心题卷名、卷数及页码。所用竹纸,薄而韧。臧懋循自序末署"万历癸卯(1602)夏至日书于青溪客舍",后钤印"博士祭酒""臧懋循印"。此序亦收入臧懋循《文选》卷四,略云:"《诗三百篇》以降,作者无虑百千万言,而撰定之家最著者,无如萧德施、左克明、郭茂倩,或摘小疵而掩全璧,或综乐府而遗声诗,要以称得所,犹未也。明兴,北海冯如言氏《诗纪》出焉,篇什浩繁,诸体错杂,学者童而习之,白首而莫得其端。余不自量,间取其诗而宰割之,首列乐府,次汇古诗,析其疑滞,订其讹舛,补其漏佚,删其重复,都为五十六卷,题曰《诗所》。即不敢谓雅、颂皆得望鲁、卫之尘,窃于冯氏《诗纪》,薄有厘正功云。"① 《四库全书总目》卷一百九十三《总集类存目三》"《诗所》五十六卷"云:

> 初,临朐冯惟讷辑上古至三代诸诗为《风雅广逸》,后又益以汉魏迄于陈隋诸诗,总名曰《古诗纪》。懋循是编,实据惟讷之书为稿本。惟讷书以诗隶人,以人隶代,源流本末,开卷灿然。懋循无所见长,遂取其书而割裂之,分二十有三门:曰郊祀歌辞,曰庙祀歌辞,曰燕射歌辞,曰鼓吹曲辞,曰横吹曲辞,曰相和歌辞,曰清商曲辞,曰舞曲歌辞,曰琴曲歌辞,曰古歌辞,曰杂曲歌辞,曰杂歌谣辞,曰古语古谚,曰杂诗,曰四言古诗,曰五言古诗,曰六言古诗,曰七言古诗,曰杂言古诗,曰骚体古诗,曰阙文,曰璇玑图诗,曰杂歌诗,曰补遗。颠倒瞀乱,茫无体例……《诗纪》搜采虽博,亦颇伤泛滥。故后来常熟冯舒有《匡谬》一书,颇中其病。懋循不能有所考订,而掇拾饾饤,以博相夸,又不分真伪,神贩杂书以增之,甚至庾信诸赋

---

① 《臧懋循集》,第110—111页。

以句杂七言亦复收入，尤为冗杂矣。

四库馆臣对《古诗所》的评价显然很低，然是书在当时还是有一定传播和影响。刊行后，臧懋循赠书于同年举人通政使姚思仁，请他在同僚间代为宣传，并派家人到京城销售①。章嘉祯《墓志铭》说，漕运总督李三才，"见《诗所》，肃书币聘"。

3. 编刊《唐诗所》。这是臧懋循编刊的唐代诗歌总集，原计划分前集、后集与别集。其《唐诗所序》云："余因复辑《唐诗所》若干卷，与前书合。各体类从，仍如前例。搜引厘正，力倍于前。乃敢私寓轩轾，姑以初盛为前集，寻以中晚为后集，以中晚之可抑者为别集，抑之而不忍废者，尚为后乎唐者地也。"②

前集四十七卷，为初盛唐诗，现存，有万历三十四年（1606）臧懋循雕虫馆刊本，已收入《四库全书存目丛书》集部第326—327册。每卷卷首皆注"前集"二字。半页十行，行二十一字，小字双行同。白口，左右双边。有《凡例》与自序，序末署"万历丙午夏日书于秦淮僧舍"。亦附臧懋循所辑《历代名氏爵里》一卷。《四库全书总目》卷一百九十三《总集类存目三》"《唐诗所》四十七卷"云：

> 凡十有四门，曰古乐府，曰乐府诗，曰三言四言古诗，曰五言古诗，曰七言古诗，曰杂体古诗，曰风体骚体古诗，曰五言律诗，曰七言律诗，曰五言排律，曰七事排律，曰五言绝句，曰七言绝句，曰阙文。每门之内，又各以题目类从，饾饤割裂，亦张之象《唐诗类苑》之流也。

后集为中晚唐诗，书稿被盗，似乎未能刊行③。臧懋循《寄谢在杭书》曰："向集中晚唐人诗，已得十之八九，而庚戌冬为亡赖子盗去大半。搜罗校订之勤，一旦尽废，每顾及，未尝不怒恨几裂腹也。"④ 至于别集，

---

① 臧懋循：《寄姚通参书》，《臧懋循集》，第147页。
② 《臧懋循集》，第113页。
③ 同治《长兴县志》卷三十一《杂识》曰臧懋循有"《唐诗所》百余卷"，这是加了后集的卷数。这就有两种可能：一是此卷数是一个大概估计；二是后集刊行过。但第二种可能性很小，因为百余卷就是一个估计数，现在亦未能发现后集刊本。
④ 见《臧懋循集》，第150页。

不见记载，应是未刊，乃至未编。

4. 编刊《六博碎金》。《千顷堂书目》卷十五、《县志》著录为八卷，《谱志》著录为九卷。《续修四库全书》子部第 1106 册收入《六博碎金》七卷，言作者佚名。考是书版心均题"雕虫馆"，而"雕虫馆"乃臧懋循刻书堂号，可知为臧懋循编刊。它是一个残本，卷首无标识，开头即凡例，且凡例始页或开头数页缺失；最后一卷才三页，显然亦有脱落，或者不止七卷。现存七卷依次为：赏采、宣和谱①、续貂谱、除红谱、斗腰谱、双成谱、投琼谱。六博是古代一种掷采行棋的博戏类游戏，而《六博碎金》是六博这种游戏的棋谱。

5. 编刊《棋势》十卷。《谱志》《县志》均著录。臧懋循《寄谢在杭书》曰："曩有《棋势》十册，久在记室，幸便间捡掷，将并付梓人，以广其传，亦千金敝帚意也。千万勿忘！"② 据此，是书尝在谢肇淛处，臧氏欲讨回付梓。从"千金敝帚"之语来看，当为臧懋循所编。而《寄谢在杭书》作于万历四十一年（1613），《棋势》若刊行，当在此年后。其存佚情况未明。茅维《挽晋叔社长十首》其四评价臧懋循"弹棋局并工"。臧懋循"每出必以棋局、蹴球系于车后"③，正是这种风流放诞的性格，导致他中白简而罢官，并有了《棋势》与《六博碎金》这类书籍的编刊。

6—9. 校刊《仙游录》《梦游录》《侠游录》《冥游录》。以上四录为元人弹词，一般认为是杨维桢所撰。其中《仙游》《梦游》二录，臧懋循"得于里中蚕姬家，校刻行世"④。臧懋循《文选》卷三《弹词小序》即为刊刻这两录所作，曰："近得无名氏《仙游》《梦游》二录，皆取唐人传奇为之敷演，深不甚文，谐不甚俚，能使呆儿少女无不入于耳而洞于心，自是元人伎俩。或云杨廉夫避乱吴中时为之。闻尚有《侠游》《冥游》录，未可得，今且刻其存者。"⑤ 十年后，"岁壬子"（1612），臧懋循因采茶过长兴寿圣寺，其仆人在该寺阁楼中发现了一批藏书。臧懋循"亟命检之，则所谓《侠游》者在焉。读其书，较前二录小异，而豪爽激烈大过之，摹写当时剑仙诸状，若抵诸掌，诚千古快事。然其间

---

① 董说《栋花矶随笔》："苕溪臧晋叔增补宣和牌色，其首二叶无点，谓之太素。"上海图书馆藏清红印本。
② 《臧懋循集》，第 151 页。
③ 钱谦益：《列朝诗集小传》丁集上《臧博士懋循》，上海古籍出版社 2008 年版，第 465 页。
④ 臧懋循：《侠游录小引》，《臧懋循集》，第 122 页。
⑤ 《臧懋循集》，第 116 页。

脱落者十二三，不敢泥阙文之说，辄为详其首尾，绎其意义，仿而足之"①。据此，《侠游录》是个残本，然臧懋循在《寄谢在杭书》中却说："《仙游》《梦游》而外，复得《侠游录》四种②，较前二录稍优。"此所谓"稍优"，大概是就该录所存的文字而言。《谱志》只著录臧懋循校刻有以上三录，而无《冥游录》。然朱彝尊曰："（臧懋循）购得杨廉夫《仙游》《梦游》《侠游》《冥游》弹词，悉镂板以行。"③据此，臧懋循也曾访到《冥游录》而刊行之。

10. 删订、评点、刊刻《玉茗堂传奇四种》八卷。《谱志》著录④。臧懋循不仅删订汤显祖《玉茗堂传奇》，而且还予以评点并付之剞劂。其初版《雕虫馆校定玉茗堂新词四种》，现存美国加州柏克莱分校东亚图书馆⑤、英国伦敦博物院图书馆⑥。笔者亦曾在国图目见是书缩微胶片，其索书号为/18183。国图还藏有清乾隆二十六年书业堂重修本。九行十九字，白口，左右双边，栏上镌音注、评语。每种两卷，每卷卷端题"临川汤义仍撰，吴兴臧晋叔订"。每折一图，置于剧本之前。每种前均有臧懋循行草书《玉茗堂传奇引》，末署"万历徒维敦牂之岁夏五日东海臧晋叔书于雕虫馆"。此《引》亦收入臧懋循《文选》卷三，曰：

> 予病后，一切图史悉已谢弃，闲取四记，为之反覆删订。事必丽情，音必谐曲，使闻者快心而观者忘倦，即与王实甫《西厢》诸剧并传乐府可矣。虽然南曲之盛，无如今日，而讹以沿讹，舛以袭舛，无论作者，第求一赏音人不可得。此伯牙所以辍弦于子期，而匠石废斤于郢人也。刻既成，抚之三叹。⑦

---

① 臧懋循：《侠游录小引》。据该引，发现《侠游录》是在万历壬子（1612），而校刻《仙游》《梦游》二录是在十年前，即万历三十年（1602）。然徐朔方据《味水轩日记》，在《臧懋循年谱》中将《仙游》《梦游》二录的刊刻时间定为万历三十七年（1609）。查《味水轩日记》，其卷一万历三十七年七月二十七日日记曰："臧顾渚来。顾谈近日所刻异书，有《梦游》《仙游》二录，非词非传奇，乃瞽媪弹琵琶调也，而有深致。相传为杨廉夫避地江南时所作，尚有《侠游录》未见。"存疑俟考。

② 四录，今未见。据臧懋循《侠游录小引》，每录各有四种，见《臧懋循集》，第122页。

③ 朱彝尊：《静志居诗话》卷十五，人民文学出版社1998年版，第454页。

④ 《谱志》著录为四卷，误。据现存万历刊本，乃四种八卷。

⑤ 见朱恒夫《论雕虫馆版臧懋循评改〈牡丹亭〉》，《戏剧艺术》2006年第3期。

⑥ 刘修业：《古典小说戏曲丛考·玉茗新词四种》，作家出版社1958年版，第104页。值得注意的是，刘氏言初版封面题"玉茗新词四种"，而朱恒夫言初版封面题"玉茗堂新词四种"，不知孰是。

⑦ 《臧懋循集》，第121页。

另外，是书万历刊本之零本亦散见于世界各大图书馆。如黄仕忠曾于日本访见盐谷温旧藏《还魂记》二卷，有精刻绘图十八页三十五幅。首臧懋循《玉茗堂传奇引》，次汤显祖《牡丹亭还魂记题辞》[①]。国图亦藏有臧懋循刊《紫钗记》二卷。首臧懋循《玉茗堂传奇引》，共五页，每半页五行，行九或十字，单鱼尾，左右单边，文后钤"臧氏晋叔""雕虫馆"二印。正文九行十九字，白口，左右双边。正文栏上有评语，行五字。书后有吴梅跋及诗，均钤"老瞿"印。因涉及对臧懋循删订《玉茗堂传奇》的评价，故引录于下：

  晋叔删改《四梦》曲，余久未得见。《纳书楹（曲谱）》讥为孟浪汉，以为无足取者耳。及得此本，乃知不然。临川音调舛讹，音均乖方，不知凡几。《牡丹》《南柯》《邯郸》仅有钮、雷诸子为之订谱，而未能尽善。晋叔取四种而尽酌之，则案头、场上皆称便利，惟喜掩人美，不无小疵，究其所诣，亦足并辔奉常。怀庭所以讥诮者，以晋叔所改，就曲律以定文。怀庭制谱，则就文以定律，改过曲为集曲，变引子作正曲，怀庭亦未能自解也。要皆为临川功臣，可断言者。辛亥季冬老瞿吴梅志[②]。
  人天大梦寄词章，一曲氍毹泪万行。身后是非谁管得，吴兴晋叔沈吴江。
  半山诗法超陈俗，玉茗词业迈古贤。十载茂陵听风雨，而今低首两临川。老瞿。

上述吴梅评价以肯定为主，认为臧氏是汤显祖功臣。吴氏还在《三妇合评本还魂记跋》中将臧本与硕园（徐日曦）改本进行比较，认为臧本远胜硕园本。然吴氏早先受叶堂影响，在《顾曲麈谈》中对臧氏删改本也有严厉批评："臧晋叔删改诸本，则大有可议耳。晋叔所改，仅就曲律，与文字上一切不管，所谓场上之曲，非案头之曲也。且偶有将曲中一二

[①] 见黄仕忠《日本所藏汤显祖戏曲版本知见录（一）》，《文学遗产》（网络版）2012年第3期。

[②] 吴梅：《吴梅全集（理论卷）》收入此跋，名《小玲珑山馆旧藏〈紫钗记〉跋》，河北教育出版社2002年版，第849页。朱恒夫读《小玲珑山馆旧藏〈紫钗记〉跋》后曰："后来他得到了臧晋叔本，但是否为雕虫馆版则不得而知。"见《论雕虫馆版臧懋循评改〈牡丹亭〉》，《戏剧艺术》2006年第3期。现据此跋真迹可知，吴梅所得确为臧氏雕虫馆版。

语，改易己作，而往往点金成铁者……叶广明讥其为孟浪汉，诚哉孟浪也。"① 然《顾曲麈谈》中，吴氏对臧改本之曲律、排场等也还是肯定有加，认为"布置排场，分配角色，调匀曲白，则又洵为玉茗之功臣也"②。

事实上，肯定与否定主要取决于评价标准。臧氏的删改，若从场上之曲的标准来看，则有大功；若从案头之曲的标准来看，则有大罪。历代评价不过如此。如茅元仪《批点牡丹亭记序》曰："雉城臧晋叔以其为案头之书而非场中之剧，乃删其采，剡其锋，使其合于庸工俗耳。读其言，苦其事怪而词平，词怪而音节平，于作者之意，漫灭殆尽，并求其如世之词人非俯仰抑扬之常局而不及。"③ 茅暎《牡丹亭记·凡例》曰："臧晋叔先生删削原本以便登场，未免有截鹤续凫之叹。"④ 清叶堂《纳书楹曲谱正集》曰："观其删改'四梦'，直是一孟浪汉，文律曲律皆非所知。"⑤ 日本青木正儿曰："臧氏改本，不仅小改曲词使其音律谐和，而且或删全曲，或改宾白，狼藉之极。《还魂记》清晖阁本《凡例》称之曰：'如臧吴兴、郁蓝生二种，皆临川之仇也'，宜哉。"⑥

11. 校刊《元史纪事本末》六卷。是书为臧懋循友人陈邦瞻撰，臧氏为之序。臧懋循《文选》卷三收入该序，曰："于是刘侍御阳生氏发其议，陈司勋德远氏辑其书，余为校而梓之，以其板归之国学，而二十一史乃全。"⑦ 据此，臧懋循校对、刊刻过该书，然其所刊书不存。《元史纪事本末》现有四卷本、六卷本、二十七卷本，均题臧懋循补，然均非臧懋循所刊。六卷本为刘曰梧、徐申万历三十四年（1606）刊本，十行二十字，白口，左右双边，有刻工。四卷本为万历三十五年黄吉士重刊本，十一行二十二字，白口，四周单边。二十七卷本为明末张溥刊本，九行二十字，清华大学图书馆等藏，已收入《续修四库全书》史部第388—389册。

12. 校改、刊刻《古本荆钗记》。《湖录》《谱志》《县志》皆著录臧懋循校正《古本荆钗记》。其《荆钗记引》曰："往游梁，从友人王

---

① 吴梅：《顾曲麈谈》，台湾商务印书馆1966年版，第174—175页。
② 同上书，第175页。
③ 见国图藏茅暎朱墨刊本《牡丹亭记》。
④ 同上。
⑤ 叶堂：《纳书楹曲谱正集》卷二目录后按语，《续修四库全书》集部第1756册，第284页。
⑥ ［日］青木正儿：《中国近世戏曲史》，王古鲁译，作家出版社1958年版，第231页。
⑦ 《臧懋循集》，第100页。

思延氏得周府所藏《荆钗》秘本,云是丹丘生手笔,构调工而稳,运思婉而匝,用事雅而切,布格圆而整,今坊本大异。循环把玩,几至忘肉。"① 尽管目前尚未发现臧氏该书刊本,但《荆钗记引》是一篇刻书序。也就是说,臧懋循得到秘本后,刊行过是书。凌濛初曾批评臧懋循改变《荆钗记》原貌,"有以知其菲(非)元人面目也"②,说明他看到过臧氏校改本。

(三) 辑评校阅等

1. 编辑、校阅《兵垣四编》六卷。《谱志》著录臧懋循校刻有《兵垣四编》及《附编》。徐朔方《臧懋循年谱》亦认为臧懋循曾刊刻是书,时间是万历四十七年(1619),因为该书有臧氏是年所作跋。笔者以为,臧懋循并无刊刻之举,他的工作只是编辑、校阅。这个辑本后来被其外甥闵声所得,才刊刻行世,时间是天启元年,此时臧氏已卒。证据是上图所藏闵刻本《兵垣四编》四篇跋文。臧懋循跋:"因手辑诸编,而附以《边海图论》,汇为六卷,存之箧中,以俟知兵者识兵机之有在。"天启元年陈继儒跋:"臧晋叔酷好此书,高卧山中,批阅点定,悠然有隆中抱膝之思焉。闵襄子得之,因付剞劂氏。"闵声跋:"曾于先渭阳晋叔氏手受诸编。"闵暎张跋:"兹汇而梓之以传者,则张从父襄子氏也。"

2. 删改、评点《昙花记》四卷。《湖录》《县志》《谱志》皆著录臧懋循改定是书,其中《谱志》讹"昙"为"墨"。《昙花记》为臧懋循友人屠隆所作传奇③。臧懋循的工作除了删改,还有评点。日本内阁文库、国家图书馆均藏有臧氏评点删改本《昙花记》,乃明代朱墨套印本。目前尚未发现臧懋循刊行过朱墨套印本,该本不能确定是否为臧氏所刊。国图藏本仅存卷一与卷二。九行十九字,四周单边,无栏线,眉栏镌音注、评释。卷一首页题"甬东屠长卿撰""吴兴臧晋叔批评"。有臧懋循《昙花记小序》,曰:

余幼不善佞佛,窃谓轮回之说,犹夫抽添之术,皆荒唐也。乃世

---

① 《臧懋循集》,第 123 页。
② 凌濛初:《谭曲杂札》,《中国古典戏曲论著集成》(四),中国戏剧出版社 1959 年版,第 260 页。
③ 学界一般认为该剧创作于万历二十六年,然孙书磊以为是万历二十四年。参见孙书磊《玉茗堂本〈昙花记〉考论》,《文化遗产》2009 年第 4 期。

之达官居士，以及骏儿妇女，靡有不信心皈依者。故屠长卿氏为作《昙花》传奇，委婉援引，具有婆心。虽然，既云曲矣，则登场有唱法，有做法，况错综照应之间，矩矱森如，焉得以己意加损哉！盖长卿于音律未甚谐，宫调未甚叶，于搬演情节未甚当行，遂为闻见所局，往往有纰缪处。因病多暇日，取而删定焉。亡论奏曲筵上可谢长卿，而晚始回向，即藉手以谢瞿昙亦可。若下里人臧晋叔书。

《昙花记》原本五十五出，臧懋循删为三十出，减少近二分之一。其删后目录为：卷一定兴开宴、祖师说法、郊游点化、辞家访道、云游遇师、仙桃祝寿、夫人内修、檀积施功、公子侍亲；卷二超度沉迷、土地传书、西来遇魔、夫人得信、卓锡地府；卷三公子受封、上游天界、而圣辞官、郊行卜佛、东游仙都、窥园遭难、礼佛求禳、讨贼立功；卷四凯旋见母、西游仙都、尼僧说法、义仆遇主、菩萨临凡、西来悟道、还乡报信、法眷聚会①。

3. 点定闵声、闵暎张所刊《董解元西厢记》四卷。

4. 校订《季汉书》。是书六十卷附《正论》一卷《答问》一卷，乃明谢陛撰，北大、国图等有藏，收入《四库全书存目丛书》史部第30册，每卷首署"长兴臧懋循订"，不知是否为臧懋循所刊。

5. 编《古逸词》。《县志》著录。

由上可知，由于嗜好雕虫，又半生赋闲在家，臧懋循著述编刊成果颇为丰富。

三 发行销售及营利

相比当时湖州茅氏、闵氏等经济实力雄厚的刻书望族，臧懋循家族经济较为困顿，这主要有三个方面原因：一是臧懋循罢官后没有东山再起，也没有或不愿入幕②，其子孙亦无出仕者，门第走向衰落；二是万历后

---

① 参见潘星星《晚明杭州坊刻曲本研究》，硕士学位论文，南京师范大学，2011年。另外，关于臧懋循评改《昙花记》，有张星《臧懋循评改本〈昙花记〉传奇》，硕士学位论文，中山大学，2007年，未见。

② 朱恒夫：《论雕虫馆版臧懋循评改〈牡丹亭〉》一文曰："因臧氏被时人目为不守礼法之人，故多次求达官允其入幕，然皆未如愿。"见《戏剧艺术》2006年第3期。此说不知何据。就笔者所知，并无资料记载臧懋循曾主动寻求入幕，倒是有资料记载他拒绝了达官的邀请。章嘉祯《墓志铭》曰："淮中丞李公道甫素慕公，见《诗所》，肃书币聘，公笑曰：'昔不为五斗折腰，今乃向铃阁作老书记耶？'赋《巡淮八叠》，坚谢之，不往。"见《臧懋循集》，第180页。

期以来，湖州水旱灾害及蝗灾频发，土田收入大减；三是臧懋循子孙两代人口众多，所嫁所娶又多为仕宦大族，开支庞大。在这三个方面因素作用下，臧懋循一家入不敷出，先人遗产消耗殆尽，经济上日益拮据。在给友人的书信中，臧懋循时常叹穷。如《寄姚通参书》："弟播弃以来，值岁之不时，更为婚嫁所累，先人遗产荡不复存，乃汗漫江湖，佣文自活，穷途洒泣，谁见怜之？"① 又《与曹能始书》："弟入春来，为第四子娶妇，空囊本不能有所营办，而妇家又不见怜，往往求多，几至析骸决脑矣。屡谋入都，旋为债家所束，两月间怀抱恶甚，未可为知己道也。"②

臧懋循刻书的发行销售情况正是由这种经济状况所决定。因财力有限，而大部头著作的刊刻费用又很高，所以他一般是分集刊刻，以前集销售所得，支付前集出版费用，并买纸谋刻后集。而为了尽快将所刊书籍销售出去，臧氏一边派家人去都城发卖，一边赠送书籍给都城在职友人，请他们在士大夫圈中帮忙宣扬，一旦听说某人有意购买，就让在都城售书的家人送书过去。其《寄黄贞父书》曰："刻元剧本拟百种，而尚缺其半。搜辑殊不易，乃先以五十种行之，且空囊无以偿梓人，姑借此少资缓急。兹遣奴子赍售都门，亦先以一部呈览，幸为不佞吹嘘交游间，便不减伯乐之顾，可作买纸计矣。倘有所须，自当续致，不敢以此嗷丈也。"③ 又《寄姚通参书》曰："弟雕虫之嗜，老而不衰，以其暇辑古诗、初盛唐诗若干卷，命曰《诗所》。窃附于雅、颂各得之义，敬以奉览。别遣奴子，赍售都门，将收其值，以给中晚唐诗杀青资斧。幸丈留意，于长安贵人及计吏间多方借之吹，是即诗林大檀施，不独弟一婆人怀感已也。"④ 当然，臧懋循分集出版的策略，也是基于商业盈亏的考虑。如果前集销路不好，后集自然少出乃至不出，以免积压和亏损。

显然，臧懋循的编刊活动是以盈利为目的，所刊书籍是作为商品来销售。关于臧懋循书籍的销售获利情况，并无文献记载。然正如朱恒夫所说："《元曲选》一百种，多为罕见之本，收藏者与读书人谁不垂青？而临川之剧，正风行世上，几令洛阳纸贵，'西厢'减价，若能删繁就减

---

① 《臧懋循集》，第147页。
② 同上书，第146页。
③ 同上书，第144页。
④ 同上书，第147页。

第十章 臧懋循的藏书与编刊活动及其《元曲选》的编刊传播 / 409

(简),改律正音,适合于伶工演出,岂不使人视为书中之璧?射利也就不在话下了。"① 也就是说,像《元曲选》《玉茗堂传奇》这样的出版物,当时应是畅销的,利润由此可以想象。臧懋循所刊《玉茗堂传奇》中的《牡丹亭》,是现存《牡丹亭题辞》署年为"万历戊子"的众多刊本中最早的,这也许能说明臧懋循对剧本畅销先机的把握。刊刻《荆钗记》,臧懋循打出了从友人处得周藩王所藏"古本""秘本"的旗帜,"云是丹丘生手笔,构调工而稳,运思婉而匝,用事雅而切,布格圆而整",与"今坊本大异"②。然凌濛初批评它虽然"韵叶而调谐",但"穿凿斧痕","非元人面目","滹淄之味,善尝者自别之"③。可见,所谓古本《荆钗记》很可能是臧懋循自己删改制造的一个本子。而臧氏刊行这样一个所谓的大异于坊本的"古本",是因为当时《荆钗记》风行于世,可以之射利。另外,臧懋循评点、改定《昙花记》也是因该剧在当时很受欢迎,曾被晚明杭州翁文源、天绘楼两个书坊刊刻。且据冯梦祯《快雪堂日记》,冯氏曾于万历三十年八月十五与九月初十两次观看该剧演出,地点分别是杭州西湖与嘉兴烟雨楼。此剧的不断刊刻与上演,意味着它的知名度在提高,从而也激发了文人士大夫阅读购买剧本的兴趣,剧本畅销也就不在话下。因此,尽管我们现在尚未发现该剧的臧氏刊本,但他选择改定此剧,就已体现他的商业眼光。

一方面,我们可以从《元曲选》等书籍的畅销情况,来推知臧懋循刻书的获利情形;另一方面,我们还可从当时一卷书的盈利情况,来更具体地推算一部《元曲选》的利润。据袁逸《明代书籍价格考——中国历代书价考二》一文研究,明万历年间刻本的平均售价为每卷1.8钱,其刻印成本则是每卷0.124钱④。《元曲选》的一卷为一个杂剧,每卷篇幅不算小,而且比较均衡。若按这个平均数来算,则一部百卷本的《元曲选》,其售约为18两,而其成本不到2两,则其盈利可达16两。《元曲选》后集是据前集销售情况刊刻,而据《中国古籍善本总目》著录,目前国内就有30个图书馆藏有臧懋循刊《元曲选》万历本⑤,可见当时卖出的数

---

① 朱恒夫:《论雕虫馆版臧懋循评改〈牡丹亭〉》,《戏剧艺术》2006年第3期。
② 臧懋循:《荆钗记引》,《臧懋循集》,第123页。
③ 凌濛初:《谭曲杂札》,《中国古典戏曲论著集成》(四),中国戏剧出版社1959年版,第260页。
④ 袁逸:《明代书籍价格考——中国历代书价考二》,《编辑之友》1993年第3期。
⑤ 翁连溪:《中国古籍善本总目》,线装书局2005年版,第1907页。

量应是比较多的。若按卖出百部计，则大约可获利1600两，其收益还是颇为可观的。

谢文柏主编《长兴县志》说："（臧懋循）创办印刷工场，自选，自编，自刻，并亲自主持书籍发行，成为中国最早一代具有代表性质的私人出版商。"① 这段话常被研究臧懋循者引用②，但并没有人提供臧懋循创办印刷工场的文献资料。笔者在《朱太复文集》中翻阅到朱氏请臧懋循印刷书籍的一札尺牍："仆有书癖，辟雍图书之府，木板俱在，藏有奇籍，一一使闻，并示纸工直，当赍金从门下乞刷数百十册尔。"③ 臧懋循既然可以接受印刷业务，显然是开有刻书工场，所以这条资料很有价值。然其刻书地点是在长兴县城，还是水口老家，或是其寓居的南京，不得而知。现只能据其所刊书版心与序跋题署以及序跋后所钤印章等，得知其刻书处曰"雕虫馆"，像臧氏所刊《元曲选》《六博碎金》《玉茗堂传奇四种》《唐诗所》均有"雕虫馆"标记。

第三节 《元曲选》的编刊与传播

一 《元曲选》的编刊及其价值

现存的《元曲选》之前的元杂剧选集，被认为元刊本的仅《元刊杂剧三十种》一种，其他均为明刊本。这些明刊本除李开先《改定元贤传奇》刊于嘉靖间，其他均诞生于万历间，共计6种：陈与郊《古名家杂剧》、息机子《杂剧选》、黄正位《阳春奏》、顾曲斋《古杂剧》、赵琦美《脉望馆抄校本古今杂剧》、继志斋《元明杂剧》。显然，万历间出现了编选元杂剧的热潮，而臧懋循《元曲选》正是这一热潮中涌现的。臧懋循曾言："平生溺好雕虫篆刻，此虽壮夫不为，而小技倘成不朽。"④ 臧氏以所刊《元曲选》知名于后世，可谓不出自己所料。

《元曲选》分前、后两集，前集刊行于万历四十三年（1615），后集刊行于万历四十四年（1616）。每集收杂剧50种，两集共100种。其

---

① 谢文柏主编：《长兴县志》，上海人民出版社1992年版，第799页。
② 如朱恒夫《论雕虫馆版臧懋循评改〈牡丹亭〉》一文，但他误以为是出自上海人民出版社1992年版赵定邦修纂《长兴县志》，见《戏剧艺术》2006年第3期。按：赵定邦是同治间长兴知县，其主持修纂的《长兴县志》后来有光绪刊本。
③ 《朱太复文集》卷四十七《与臧晋叔》，《续修四库全书》集部第1361册，第643页。
④ 见《钱镜塘藏明代名人尺牍》第四册，上海古籍出版社2002年版，第103页。

第十章　臧懋循的藏书与编刊活动及其《元曲选》的编刊传播　/　411

中包括元人杂剧94种，入明的元人作品6种。在各种同类选本中，作品数量之多仅次于《也是园古今杂剧》。现存选本如《改定元贤传奇》《古名家杂剧》《新续古名家杂剧》《元明杂剧》，各为3至8种不等；《元刊杂剧三十种》《杂剧选》《古杂剧》《柳枝集》等，最多不超过30种，有的还包括明代作品；《古名家杂剧》正续编，连同脉望馆《古今杂剧》所收《古名家杂剧》，共65种，也只占《元曲选》的三分之二，而其中明代作品在三分之一以上。《也是园古今杂剧》抄本、刻本共242种，其中144种编为《孤本元明杂剧》，但其中可以确定为元代作品的不超过50种。而且也是园所藏杂剧数量虽多，但名作很少，流传不广，其影响远不能与《元曲选》相比。在《元曲选》中，除《西厢记》因当时刻本繁多而不重出外，元杂剧的精华可以说都已网罗在内，很少遗漏。《元曲选》所收《灰阑记》《陈州粜米》《虎头牌》《谢金吾》《冻苏秦》《昊天塔》《救孝子》《伍员吹箫》《东坡梦》《秋胡戏妻》《抱妆盒》《神奴儿》《争报恩》《冯玉兰》《来生债》等15种作品，还是孤本。可以说，没有《元曲选》，它们就不能流传到现在。不仅如此，《元曲选》所采用的底本通常也是较好的，校雠和刊刻的质量也很精良。臧懋循不仅自己收藏有许多戏曲秘本，而且向湖北刘延伯等各地收藏家访求了很多善本，其中不少是宫廷中所用的"御戏监本"。他对各种版本作了细致的比较，择其精者进行校订和整理，因此《元曲选》的讹误较少。其所收作品，体例一致，正衬清楚，科白齐全。每折之后还附有"音释"，为杂剧欣赏、演出和研究提供了方便。除此之外，《元曲选》前还有不少附录，其中《天台陶九成论曲》谈角色名目来源、北杂剧常用的五宫四调的500多种曲牌等；《元曲论》涉及杂剧音律宫调、元代杂剧家、杂剧名目、知音善歌者等内容；还有《燕南芝庵论曲》《高安周挺斋论曲》《吴兴赵子昂论曲》《丹丘先生论曲》《涵虚子论曲》等，也都是元代及明初重要的戏曲论著。"正因为如此，三百多年来《元曲选》几乎成为唯一选本兼全集本而为读者所接受"，"它在文学选本中占有的崇高地位只有南朝萧统的《文选》可以比美"[①]。后代读者因《元曲选》才得以全面享有元杂剧的光辉遗产，而当时不受重

---

① 徐朔方：《臧懋循简谱引论》，《臧懋循集》，第259页。

视的书会才人的绝代才华也因《元曲选》的存在才不至湮没无闻①，这就是臧懋循最伟大的历史贡献。

臧懋循编《元曲选》时对元杂剧有修改。其《寄谢在杭书》曰："比来衰懒日甚，戏取诸杂剧为删抹繁芜，其不合作者，即以己意改之。自谓颇得元人三昧。"对此，历来学者颇多诟病。其同时代人王骥德就说，《元曲选》"句字多所窜易，稍失本来。即音调亦间有未叶，不无遗憾"②。稍后的凌濛初亦批评臧懋循校刻《元曲选》"时出己见，改易处亦未免露出本相，识有余而才限之也"③。清人叶堂在《纳书楹曲谱正集》中更是指责臧懋循埋没元人佳曲："《元人百种》系臧晋叔所编。观其删改'四梦'，直是一孟浪汉，文律、曲律皆非所知，不知埋没元人许多佳曲，惜哉！"④ 郑振铎将《元曲选》摒弃于《古本戏曲丛刊》之外，其原因之一即为《元曲选》对元杂剧的窜改⑤。

关于臧懋循修改元杂剧的是非功过，笔者认为，需考虑以下四个紧密相关的问题。一是臧懋循的改动到底有多大。虽然"臧懋循笔削'元剧'，是为不争的事实"⑥，但《元曲选》本与《元刊杂剧三十种》等的不同，是否都是臧懋循所为，学术界还是颇有争议。孙楷第认为改动都是臧懋循所为，而且很大，其所著《也是园古今杂剧考》云："至臧懋循《元曲选》，本自内本出。而懋循，师心自用，改订太多，故其书在明人所选元曲中自为一系。"⑦ 又说："懋循重订本，校以元刊本，其所存原文不过十之五六或十之四五。三十年前究元曲者但据《元曲选》一书，是于元曲仅得四五也。"⑧ 然邵曾祺《元明北杂剧总目考略》曰："臧晋叔刊印《元曲选》时，所用底本恐已是改动过的明代演出本，不能贸然置罪于臧的头上。"⑨ 邓绍基《关于元杂剧版本探究》亦曰："《元曲选》的改动是臧氏所作的吗？我看也不像。……我的判断是，这个剧本（《张生煮海》）

---

① 徐朔方：《臧懋循简谱引论》，《臧懋循集》，第259页。
② 王骥德：《曲律》，《中国古典戏曲论著集成》（四），中国戏剧出版社1959年版，第170页。
③ 凌濛初：《谭曲杂札》，《中国古典戏曲论著集成》（四），中国戏剧出版社1959年版，第260页。
④ 叶堂：《纳书楹曲谱正集》卷二目录后按语，《续修四库全书》集部第1756册，第284页。
⑤ 参见邓绍基《关于元杂剧版本探究》，《中国社会科学院研究生院学报》2006年第1期。
⑥ 邓绍基：《臧懋循笔削"元剧"小议——元杂剧校读记之一》，《阴山学刊》1998年第3期。
⑦ 孙楷第：《也是园古今杂剧考》，上杂出版社1953年版，第151页。
⑧ 同上书，第153页。
⑨ 邵曾祺编著：《元明北杂剧总目考略》，中州古籍出版社1985年版，第213页。

第十章 臧懋循的藏书与编刊活动及其《元曲选》的编刊传播 / 413

到他手中的时候，已是这个面目。"① 杜海军《〈元曲选〉增删元杂剧之说多臆断——〈元曲选〉与先期刊抄元杂剧作品比较研究》一文，通过《元曲选》本与《元刊杂剧三十种》及早期明刊本的比较，认为《元曲选》对元杂剧的修订是在"明刊本基础上的修订，而非直接取于元刊本"②，其改动并不大。对此，笔者也倾向于改动不大的说法。若像孙楷第所说每个杂剧改动将近一半甚至一半多，这样大的工作量，对臧懋循来说，根本不可能完成，而臧氏作为一个志在营利的编刊者，也不可能如此费时地去删改。二是元杂剧原本是否存在。如果说臧懋循的修改使元杂剧失去了本来面目，那么其前提是存在着所谓的元杂剧原本，但这实际上也是存疑的。郑骞在《臧懋循改订元曲选平议》中就说："杂剧在元代只是流行于社会民间的一种通俗文艺，不是圣经贤传高文典册，谁也不理会甚么叫做尊重原文保持真象，而且经过长时期许多伶人的演唱，更免不了随时改动。所以，元杂剧恐怕根本无所谓真正的版本，只能求其比较接近者而已。一切改动，更无从完全归之于某一本书或某一个人。"③ 对此，奚如谷《臧懋循改写〈窦娥冤〉研究》也持同样的观点④。三是修改有改好和改坏两个结果。而根据目前学者们的研究，臧懋循的修改基本上是使剧本的质量提高。徐朔方就曾说："以《窦娥冤》和《赵氏孤儿》为例，臧刻本比别的版本更有资格列于世界大悲剧中而无愧色，如同王国维《宋元戏曲考》所说的那样。"⑤ 杜海军《从〈元曲选〉对元杂剧的校改论臧懋循的戏曲观》一文，从音律、情节、性格、语言四个方面，探讨了臧懋循对元杂剧的校改，认为这是"臧懋循对戏曲事业的贡献"⑥。四是选本质量的高低影响其生命力和传播效果。如果《元曲选》只是简单照录所选文本，那么从文献学、版本学存真为要的角度看虽然极其有益，但它很可能因为粗陋繁芜而被淹没于世。如同李玉莲所说，臧懋循对元杂剧的成功删改，从传播学的角度看，

---

① 邓绍基：《关于元杂剧版本探究》，《中国社会科学院研究生院学报》2006年第1期。
② 杜海军：《〈元曲选〉增删元杂剧之说多臆断——〈元曲选〉与先期刊抄元杂剧作品比较研究》，《广西师范大学学报》（哲学社会科学版）2008年第3期。
③ 郑骞：《臧懋循改订元曲选平议》，收入《景午丛编》，台湾中华书局1972年版，第409页；转引自管弦《从〈元曲选〉看臧懋循的戏曲思想——在戏剧史视野下探讨》，博士学位论文，中山大学，2011年。
④ 奚如谷：《臧懋循改写〈窦娥冤〉研究》，《文学评论》1992年第2期。
⑤ 徐朔方：《臧懋循年谱引论》，《臧懋循集》，第259页。
⑥ 杜海军：《从〈元曲选〉对元杂剧的校改论臧懋循的戏曲观》，《戏曲艺术》2010年第3期。

"导致的是受众范围的扩大,传播效果的增强"①。因此,笔者以为,关于臧懋循对元杂剧的修改,我们可以从不同的角度来评价。综合各方面因素来看,应是功大于过。

二 《元曲选》的版本与传播对象

迄今为止,《元曲选》刊本主要有以下几种。

1. 万历四十三年至四十四年(1615—1616)臧懋循雕虫馆刊本。这是《元曲选》最早刊本,所收剧本"以甲乙厘成十集",每集10种。其中甲、乙、丙、丁、戊五集为前集,刊于万历四十三年;己、庚、辛、壬、癸五集为后集,刊于万历四十四年。前、后两集共100种100卷100册,竹纸,九行二十字,白口,左右双边,有精美插图224幅②。上图、浙图等有藏③。浙图本已影印收入《续修四库全书》集部第1760—1763册。上图本编号为线善801006—49的《元曲选》,笔者已目验,首《元曲选(前集)序》,有缺页,署"万历旃蒙单阏之岁春上巳日书于西湖僧舍",钤"臧氏晋叔""雕虫馆"二印。序后依次有《天台陶九成论曲》《黄钟宫三十三章》《大石调三十五章》《燕南芝庵论曲》《高安周挺斋论曲》《丹丘先生论曲》。可能是因为缺页,所以上图本并无范爱萍所言"首有蓝印'雕虫馆刻精选元人杂剧百种'牌记"④。《续修四库全书》所收浙图本将《元曲选后集》序,置于《前集》序前,且前集序后无"臧氏晋叔""雕虫馆"二印。

2. 雕虫馆刊本之清初重修本。据程有庆介绍,国图藏有一种《元曲选》,扉页上写:"雕虫馆校定,元人杂剧百种,本衙藏版。"程先生又说国图此书有两本,其中一本扉页钤有印章两枚,印文为:"如有翻刻,千里必究";"是书向属精工,久矣脍炙人口,不幸兵燹播迁,遂多遗缺,今

---

① 见李玉莲《"网罗放佚"与"删汰繁芜"——元明清小说戏剧的选辑传播》,《齐鲁学刊》1998年第2期。
② 其中《唐明皇秋夜梧桐雨》等12部剧作各有4幅图像,其余88剧各有2幅图像,共计224幅。参见程有庆《〈元曲选图〉与元杂剧的题目正名》,《文津学志》第三辑,北京图书馆出版社2010年版,第73页。
③ 《总目》第1872页著录有30馆所藏《元曲选》明万历刻本,笔者怀疑其中可能有博古堂印本。
④ 范爱萍:《受到藏家青睐的明刻本》,《美术报》2010年3月27日,第31版。

第十章　臧懋循的藏书与编刊活动及其《元曲选》的编刊传播　/　415

特为鸠工，镌补全备，只字无讹，识者自能鉴之"。① 所谓"本衙藏版（板）"，据沈津研究，与"某某堂藏板"等意思一样，就是"雕刻本书的书版在完成刷印后所藏之处"②。据此，再加上"雕虫馆校定"字样，以及印文"是书向属精工"的口气，那么该书书版当属"雕虫馆"所藏，也即臧懋循原刊本之书版。又据印文中"兵燹播迁""镌补全备"等语，可知该书为雕虫馆入清后重修本。然臧懋循在《元曲选》刊行后四年即万历四十八年春就去世，因此该雕虫馆藏板当是臧氏后人所有，是书亦由其后人重印。

3. 清代博古堂印本。是书"除扉页标明'雕虫馆校定　元人百种曲　博古堂藏版'外，其版刻、内容均与臧懋循雕虫馆所刊《元曲选》完全相同"③。可知，它是雕虫馆刊本的又一后印本。因为其书版现已不属臧氏雕虫馆而属"博古堂"了，所以程有庆判定其刷印时间比上述扉页注明"本衙藏版"的重修本更晚。一是因为此本比上述清初"本衙藏版"更晚，二是因为明万历年间"周时泰博古堂刻书存世尚多，国家图书馆藏有多种，其版刻风格相类，但与《元曲选》不同"④，因此程先生认为博古堂是清代乾隆十七年刊刻《秋水庵花影集》的博古堂，而不是晚明金陵博古堂。就以乾隆十七年计，距书版产生的万历四十三、四十四年，已百余年，加上多次刷印，所以"它的版印较差"，清晰度明显不如臧氏原刊本⑤。据《总目》，博古堂本现有首图、中央党校、中科院、北京市委、四川省、东北师大、甘肃师大、重庆市等8馆收藏，流传颇广。

4. 1918年上海商务印书馆涵芬楼影印博古堂本。该书扉页右上角有"雕虫馆校定"字样，左下角是"博古堂藏板"，中间是书名"元人百种曲"。可能受此影响，后来学界把博古堂本与明刊雕虫馆本相混，认为博古堂本亦刊于明万历年间⑥。

5. 上海商务印书馆《万有文库》本，或曰《国学基本丛书》本。《万

---

① 见程有庆《明刊〈元曲选〉版本赘言》，《藏书家》第16辑，齐鲁书社2009年版。
② 沈津：《关于"本衙藏板"的研究》，收入《昌彼得教授八秩晋五寿庆论文集》，台湾学生书局2005年版，第211—219页。
③ 以上见程有庆《明刊〈元曲选〉版本赘言》，《藏书家》第16辑，齐鲁书社2009年版。
④ 同上。
⑤ 见程有庆《明刊〈元曲选〉版本赘言》，《藏书家》第16辑，齐鲁书社2009年版。按：程有庆依据的是国图藏本，但国图本却被《总目》著录为"明万历刻本"，而《总目》同时著录有"明万历刻博古堂印本"。
⑥ 如1994年河北教育出版社的《元曲选校注》就声称是以雕虫馆校定的明万历博古堂刻本为底本。

有文库》共两集，第一集 1000 种，于 1929 年开始分批推出，1931 年 10 月出齐。第一集中包含《国学基本丛书》100 种，其中就有影印博古堂本的《元曲选》，48 册，有图。《万有文库》的销售情况很好，"到抗战前第一集售出约 8000 套"①。随着《万有文库》行销全国各地的《国学基本丛书》，由于"定价低廉，购书者容易接受"②；加上"借本文库而新办之小图书馆不下二千所"③，这些图书馆的公开阅览，扩大了读者面，很好地推动了古籍的传播，这当中自然包括《元曲选》。也就是说，借助《万有文库》的传播，《元曲选》的传播也进入到一个新的高度。

6.1931 年上海中华书局《四部备要》本。仿宋排印本，线装 16 册。据明刻本校刊，无具体刊刻时间。署"桐乡陆费逵总勘，杭县高时显、吴汝霖辑校，杭县丁辅之监造"，版心有"珍仿宋版印"字样。《四部备要书目提要》云："《元曲选》十集，都百种，明臧晋叔辑。元代文学，以曲为盛，……所惜原书多佚，至今流传人间者绝少。……其菁华固已尽萃于是也。"1935 年，上海中华书局又印行洋装十六开点句本，1936 年再版并出缩印本，内容与初版相同。作为学习和研究古代文献的常备书籍，《四部备要》的刊行，也促进了《元曲选》的普及。

7.1936 年上海世界书局国学整理社《国学名著丛刊》本。仿宋排印，上下册；书脊题名前有"仿古字版"字样。相比《四库备要》本和《万有文库》本，世界书局的书"加上圈句，或加校勘记，或加评述，使卷帙浩繁的线装书，变成洋装普及本，便于翻检阅读和携带"④，做到了"价廉方便有用处"⑤。这进一步推动了《元曲选》的流传，使其成为一种普及性的读物，被更多的人阅读与研究。

8.1955 年北京文学古籍刊行社排印本，四册。

9.1958 年北京中华书局排印本，四册。与涵芬楼影印本对校，并重新审核断句，改正了两百余处错误。是书 1961 年、1977 年两次重印，1979 年第 3 次印刷，1989 年又有重排本。

---

① 刘洪权：《王云五与商务印书馆的古籍出版》，《出版科学》2004 年第 2 期。
② 同上。
③ 王建辉：《文化的商务》，商务印书馆 2000 年版；转引自刘洪权《王云五与商务印书馆的古籍出版》，《出版科学》2004 年第 2 期。
④ 见王余光等《中国新图书出版业的文化贡献》，武汉大学出版社 1998 年版，第 79 页。
⑤ 郑振铎赞语，转引自王余光等《中国新图书出版业的文化贡献》，武汉大学出版社 1998 年版，第 79 页。

10. 1970年台湾正文书局标点本。两册,有图。

11. 1977年日本京都大学人文科学研究所《元曲选释》本,署"明臧晋叔校,日本吉川幸次郎、入矢义高、田中谦二注"。

12. 1994年河北教育出版社王学奇主编《元曲选校注》本。8册,184421页,有图,印数为4000册。以博古堂印本为底本,参照中华书局排印本,并采用《古本戏曲丛刊》第四辑所收元明刊本为校本。是书为横排简化字印刷,加新式标点。其校注内容十分丰富,主要"包括元曲作家考订、元曲作品述评、文字校勘、词语注释、版本研究、曲论探讨等等"[1]。这是二十多年来出版的较有影响的校注本。

13. 1998年浙江古籍出版社《新编小四库》本。据上海商务印书馆涵芬楼1918年影印本缩印。

综上,《元曲选》不仅有明刊本与清代重修、重印本,而且民国以来被不断影印,甚至校点、排印出版。特别是中华人民共和国成立后,文学古籍刊行社和中华书局纷纷出版《元曲选》,其版本之多、发行量之大、受众和传播范围之广,是一般元杂剧选本所不能企及的。

明清时期《元曲选》的传播对象主要是文人,这与晚明以来戏曲文人化、案头化趋势有关。与通俗小说作者多为书商或举业无成者不同,晚明时戏曲作者多为举人进士、达官贵人,戏曲的文学体裁特质被强调,剧本的重要性日渐突出,人们对戏剧文学阅读的内在需求也在增加。当时,作为表演艺术的元人杂剧,已基本退出历史舞台,臧懋循编选、修改这些剧本,努力使之案头化,目的就是为时人阅读提供一个合适文本。

《元曲选》刊行不久,即被文人所关注,晚明王骥德、徐复祚、凌濛初、孟称舜等著名文人对《元曲选》都有评价。王骥德《曲律》曰:

> 近吴兴臧博士晋叔校刻元剧,上下部共百种。自有杂剧以来,选刻之富,无逾此。读其二序,自言搜选之勤,多从秘本中遴出。至其雌黄评驳,兼及南词,于曲家俨任赏音;独其跻《拜月》于《琵琶》,故是何元朗一偏之说。又谓:"临川南曲,绝无才情。"夫临川所拙者,法耳,若才情,正是其胜场,此言亦非公论。其百种之中,

---

[1] 参见张拱贵、孙羡《〈元曲选〉校注的成就》,《江苏教育学院学报》(社会科学版)1997年第1期。关于该版本的情况,还可参见孙繁信《喜读〈元曲选〉校注》,《渤海学刊》1995年第4期。

诸上乘从来脍炙人口者,已十备七八。第期于满百,颇参中驷,不免鱼目、夜光之混。又句字多所窜易,稍失本来,即音调亦间有未叶,不无遗憾。晋叔故俊才,诗文并楚楚,乃津津曲学,而未见其一染指,岂亦不敢轻涉其藩耶?要之,此举搜奇萃渙,典刑斯备,厥勋居多,即时露疵缪,未称合作,功过自不相掩①。

王氏既称赞《元曲选》"搜奇萃渙,典刑斯备","诸上乘从来脍炙人口者,已十备七八",又批评臧氏为追求"满百",而"不免鱼目、夜光之混",且"句字多所窜易,稍失本来",最后的结论则是"功过自不相掩"。

徐复祚把臧懋循编刊《元曲选》的功劳与吴江派领袖沈璟在戏剧史上的意义相提并论,其《三家村老委谈》曰:"晋叔不闻有所构撰,然其刻元人杂剧,多至百种,一一手自删定,功亦不在沈先生下矣。"凌濛初对臧懋循删改元曲虽然评价不高,但对其校刊《元曲选》则加以肯定,甚至认为臧氏戏曲格律修养在沈璟之上。其《谭曲杂札》曰:"吾湖臧晋叔,知律当行在沈伯英之上,惜不从事于谱。使其当笔订定,必有可观。晚年校刻元剧,补缺正讹之功,故自不少,而时出己见,改易处亦未免露出本相——识有余而才限之也。"孟称舜曾阅读《元曲选》,并在编刊《柳枝集》时多有取法。其《古今名剧合选序》曰:"元曲自吴兴本外,所见百余十种,共选得十之七。"② 所言"吴兴本"即《元曲选》。在《柳枝集》之《倩女离魂》中,孟氏亦曰:"吴兴本多所改窜。有意旨胜原本者,间亦从之。"

清代以来李渔、陈栋、叶堂等戏曲家无一不关注《元曲选》。李渔在《闲情偶寄》中屡屡提到《元曲选》而未及其他元杂剧选集:"元有天下,非特政刑礼乐一无可宗,即语言文学之末,图书翰墨之微,亦少概见。使非崇尚词曲,得《琵琶》《西厢》以及《元人百种》诸书传于后代,则当日之元,亦与五代、金、辽同其泯灭,焉能附三朝骥尾,而挂学士文人之齿颊哉";"而元曲之最佳者,不单在《西厢》《琵琶》二剧,而在《元人百种》之中"③;"予谓全本太长,零出太短,酌乎二者之间,当仿《元人百种》之意,而稍稍扩充之,另编十折一本,或十二折一本之新剧,以备

---

① 王骥德:《曲律》,《中国古典戏曲论著集成》(四),中国戏剧出版社1959年版,第170页。
② 吴毓华编著:《中国古代戏曲序跋集》,中国戏剧出版社1990年版,第199页。
③ 李渔:《闲情偶寄》卷一《词曲部》,清康熙刻本。

第十章 臧懋循的藏书与编刊活动及其《元曲选》的编刊传播 / 419

应付忙人之用"①。李渔屡及《元曲选》而未及其他选集，除了有推崇《元曲选》之意，很可能亦与清初《元曲选》盛行天下有关。乾嘉时期曲家陈栋在《北泾草堂曲论》中盛赞臧氏编刊《元曲选》："为功词坛，岂浅鲜哉！"与陈氏相反，乾隆间叶堂在《纳书楹曲谱正集》中以批判的眼光审视臧懋循《元曲选》，曰："《元人百种》系臧晋叔所编。观其删改'四梦'，直是一孟浪汉，文律曲律皆非所知，不知埋没元人许多佳曲，惜哉！"②《元曲选》甚至进入清代小说，成为小说中人物喜读书籍。如《红楼梦》第四十二回，薛宝钗就说他祖父藏书中有《元人百种》，姐妹弟兄们非常爱读，"他们背着我们偷看，我们也背着他们偷看"。这无疑是《元曲选》在清代广泛传播的最有力证据。

在清末民初学者眼中，《元曲选》几乎就是元杂剧的全部。郑振铎《跋脉望馆钞校本古今杂剧》："元人杂剧多赖臧晋叔《元曲选》而存。从前研究元剧的，几以臧选为唯一的宝库。臧选刊于万历四十四年，所选杂剧凡百种。殆为杂剧选中最丰富的一种。不仅前无古人，抑且后鲜来者。"③未收入《元曲选》的元人杂剧实已寥寥无几。吴梅《顾曲麈谈》说："（元人剧本）所传者臧晋叔之元百种曲而已。"④ 在《中国戏曲概论》"元人杂剧"一节中，他又补充说："第今人所见者，如臧晋叔《元曲选》百种外，日本西京大学《覆刊杂剧三十种》内，有十七种，为臧选本未及，而臧选本中，亦有六种为明初人作（《儿女团圆》《金安寿》《城南柳》《误入桃源》《对玉梳》《萧淑兰》），去之合百十有一种。再加《西厢》五剧，罗贯中《风云会》、费唐臣《赤壁赋》、杨梓《豫让吞炭》，实得一百十有九种，吾人研究元曲尽此矣。"⑤

当时著名学者对《元曲选》多有论述与评价。如王国维曾在《元曲散论》中论及《元曲选》，说："此百种岿然独存。呜呼，晋叔之功大矣！"⑥孙楷第在《戏曲小说书录解题》中对《元曲选》作过"解题"，斥其原本词句"或易以他调，或尽换其词，甚至意增意减"，"故所录去

---

① 李渔：《闲情偶寄》卷四《演习部》。
② 叶堂：《纳书楹曲谱正集》卷二目录后按语，《续修四库全书》集部第 1756 册，第 284 页。
③ 郑振铎：《西谛书话》，生活·读书·新知三联书店 1983 年版，第 419 页。
④ 吴梅：《顾曲麈谈》，台湾商务印书馆 1966 年版，第 151 页。
⑤ 吴梅：《中国戏曲概论》，江苏文艺出版社 2008 年版，第 155 页。
⑥ 王国维：《戏曲散论》之《元曲选跋》，见《王国维戏曲论文集》，中国戏剧出版社 1957 年版，第 361 页。

原本甚远,不可依据","唯所采既博,元人旧本多赖是而保存,百种之中尚多为其他选集所未收者,今日元曲存者无几,治元曲者仍不得不以是编为林薮"①。余嘉锡在《述也是园旧藏古今杂剧序》中大力肯定臧氏保存元杂剧之功,说:"自臧晋叔以外无能表彰传播之者。"② 王季烈《孤本元明杂剧序》也论及《元曲选》:"臧氏选刻,务取名作";"臧氏百种,或疑其去取未当,不免采碔砆而遗珠玉,以此书证之,则臧氏所遗,诚然有之"③。这些评价无论是正面还是负面,都说明了《元曲选》的传播与影响。

---

① 孙楷第:《戏曲小说书录解题》,人民文学出版社1990年版,第431页。
② 《余嘉锡论学杂著》(上册),中华书局1963年版,第585页。
③ 见《孤本元明杂剧》,中国戏剧出版社1957年版。

余论 晚明湖州望族编刊活动在中国文化史上的意义

关于晚明湖州望族编刊活动在中国文化史上的意义,我想主要有以下几个方面。

第一,晚明湖州四大望族的编刊活动是晚明社会的生动缩影。四大望族的编刊活动是以望族本身的政治地位、经济实力、文化特征以及望族成员的生平经历、社会交游与个性特征为基础的,通过对晚明四大望族编刊活动的研究,可借以观照晚明社会政治、经济、文化状况与士人生态及其文化创造能量。四大望族从事编刊活动的达79人之多,他们当中既有在职官吏,亦有退休或罢官闲居之人,但以科举失利的庠生、贡生阶层为主。著名编刊家凌濛初与闵齐伋皆因科举失利而投身于书籍编刊事业,并分别刊刻有25和34种书籍。从事书籍编刊业,既可发挥自己的文化才能,亦可借以谋生,这是晚明士子面对科举失利的不错选择,但同样是科举蹭蹬者,凌濛初的功名心理似乎比闵齐伋更为根深蒂固。在凌濛初心目中,通过科举仕宦实现人生价值,远远高于投身文化事业,所以他后来还是踏上了入京选官之路,而闵齐伋终其一生都在进行着他的编刊事业,这很可能是闵齐伋刻书数量多于凌濛初的主要原因。而作为罢官后从事编刊事业的典型代表臧懋循,通过《元曲选》《古诗所》《玉茗堂传奇》等书籍的编刊,加上打秋风等,居然也能过上优裕的生活,并能大操大办子女的嫁娶典礼。闵梦得则是以在职高位支撑家族编刊事业的代表,凭借在官场上的广泛交游,不仅为家族成员获取了不少刊刻底本,而且将家族成员所刊作品在同僚中宣扬,以扩大传播与影响。据不完全统计,现存晚明四大望族成员编撰刊刻的书籍达300余种,馆藏约3000部,几乎达到了《中国古籍善本书目》著录种数的两百分之一,这充分说明了晚明四大望族的文化创造能量。

　　第二，晚明四大望族的编刊活动对中国文化传承与普及有重要意义。四大望族所编撰或刊刻的书籍不仅数量庞大，留存众多，而且不少书籍成为典范之本。茅坤《唐宋八大家文抄》行世后风靡天下，引发了明清两代唐宋八大家文章的选编热潮。臧懋循《元曲选》因保存了一百个杂剧，近四百年来几乎成为元杂剧的唯一选本兼全集本而为广大读者所接受。凌濛初《两拍》成为我国最早的文人撰著的白话短篇小说集，并与《三言》一起，引发了明清之际白话短篇小说的创作与刊刻热潮。凌濛初刊本《西厢记》因校雠精良、体例完善而成为现今刊行的众多《西厢记》的底本。凌濛初《南音三籁》不仅是著名的南曲选本，而且超越了单纯选本的意义，成为中国戏曲史上重要的曲谱文献和理论批评文献。凌稚隆《史记评林》因裒辑了自唐至明约两百余家《史记》评点著作，而成为《史记》研究的集大成者。茅元仪《武备志》汇集了历史上两千余种兵书，而成为著名的军事百科全书。茅维的《东坡先生诗集注》《东坡先生全集》在历代苏轼作品集中也是可圈可点，贡献卓著。其他还有茅一桢《花间集》、凌迪知《万姓统谱》、茅坤《史记抄》《汉书抄》等也都很值得一提。另外，四大望族编刊的书籍有许多是套色印刷，据现存套印本的馆藏量可以证明，这些套色本比同类内容的墨本要更畅销，也因此借由套印本传承的文学文化会比墨本影响更广。

　　第三，晚明四大望族的编刊活动在中国出版印刷史上有重要意义。这主要体现为三个方面。一是套版印刷所代表的先进技术。套版印刷法是印刷术发展过程中的新成就，与雕版印刷、活字印刷并称为中华印刷史上的"三变"。欧洲在18世纪才知道套版印刷，后来虽说铅印、石印、胶印发展得很快，但它们的基本原理和方法，都是从我们的套版印刷法中演变出来的。尽管套版印刷不是由湖州望族首创[1]，但湖州闵、凌、茅氏在普及、提高及灵活运用套印这一独特的印刷方法上却是作出了重大贡献，他们共刻有套版书133种[2]，

---

　　[1] 据王重民先生判定，最早发明套版印刷法的是徽州人，时间是1602年前后。几年后这种印刷法才传到湖州，发展为闵版、凌版。见王重民《套版印刷法起源于徽州说》，原载《安徽历史学报》创刊号，收入《版本学研究论文选集》，书目文献出版社1995年版，第40—57页。

　　[2] 其中闵齐伋21种，其他闵氏37种，凌濛初17种，其他凌氏37种，茅氏21种。按：闵齐伋外其他闵氏、凌濛初外其他凌氏套色本数量据第四章第一节统计，其中闵氏《枕函小史》按5种计，《兵垣四编》附4种按8种计，闵齐伋、凌濛初、茅氏种数则分别参见第七、第八、第九章的统计。

几乎是明代192种套色印本的70%①。特别是闵齐伋与凌濛初是印刷史上公认的最有名的两位套版刻家，两人分别刻有套版书21种与17种。套版刻书技术难度大，特别是两色以上的套印，但目前所见闵、凌、茅氏套版书却很少有诸色重叠现象，这是中国出版印刷史上的骄傲。目前各大图书馆一般都会把套色书籍列入珍本，因此像凌氏所刊五色本《刘子文心雕龙》《苏长公合作》、四色本《世说新语》《南华经》，以及凌、闵二氏所刊《唐诗归》《楞严经》等15种三色本更是珍本中的珍本。二是晚明四大望族的刻书反映了从家刻到坊刻这一变化过程。万历前期四大望族所刊墨刻本，主要目的是传承文化、弘扬家族声誉，更偏向家刻，而万历末至明亡前刊本，特别是那些套色印本，主要以获利为目的，坊刻特征十分明显。三是晚明四大望族所刊书籍非常强调视觉冲击效果。这不仅体现在彩色批点、精美插图上，还体现在序跋、题辞等文字的漂亮书法上，具有艺术品般的审美与收藏价值。

第四，晚明四大望族的编刊活动对研究晚明家族文化、地域文化、出版文化、都市文化、评点文化、科举文化、消费文化等也不无意义。四大望族，特别是凌、闵、茅三氏的编刊活动，都是典型的家族集团作战，而且由于同处湖州一地，相互之间既有联姻交游与出版互助，又有竞争仇妒。四大望族的编刊活动内容与编刊特点都与其家族文化特征密切关联，其中闵氏所刊以经部、集部为著，凌氏所刊以集部、史部为著，闵、凌二氏所刊多为套印本，而茅氏所刊多为墨本，以史部、子部为著，特别是子部兵书类著作，臧氏所刊全是墨本，以集部之戏曲类为著。当然整体来看，四大望族所刊书籍最可观的当是集部，总集类、楚辞类、别集类、词类、曲类、诗文评类，一应俱全，几乎囊括了整个中国文学史上最杰出之作。晚明繁荣的都市文化，不仅为望族编刊家提供了名人评点本与序跋获得的机会，而且为他们所刊书籍的销售提供了广阔市场。晚明评点之风的盛行，使评点不仅成为望族编刊家编刊活动的组成部分，而且成为辑评、刊刻对象。晚明四大望族编刊本多为名人评点本，而这些评点本又多与举业相关。四大望族的编刊本还有不少是插图本，这主要是供人娱乐的小说与戏曲，或宗教宣传的佛经。服务于举业或提供娱乐是晚明四大望族编刊本畅销、编刊事业走向繁荣的主要原因。

---

① 明代套色书籍数量参见蒋文，第1页。

附　录

一　明晟舍闵氏科举仕宦情况表①

明代闵氏进士、举人、贡生情况

姓名	字	号	科举	仕宦、封赠、荐辟
闵珪	朝瑛	孺山	景泰四年举人 天顺八年进士	刑部尚书
黄（闵）著	诚夫	恒斋	天顺六年举人 成化五年进士	云南道监察御史
闵如霖 珪从孙	师望	午塘	嘉靖七年举人 嘉靖十一年进士	礼部尚书
闵一范 珪玄孙	仲甫	龙池	万历元年举人 万历八年进士	巴陵知县
闵世翔	仲升	凤寰	万历七年举人 万历八年进士	邵武知县
闵远庆 珪曾孙	基厚	宁台	万历十年举人 万历十四年进士	建昌知府
闵梦得 一范子	翁次	昭余	万历二十二年举人 万历二十六年进士	兵部戎政尚书
闵洪学 世翔子	周先	曾泉	万历二十五年举人 万历二十六年进士	吏部尚书

① 主要据《晟舍镇志》卷三《进士》、《举人》、《贡生》、《历仕》、《荐辟》和《闵谱》之《支图谱录》《荐绅录》等制作。

续表

姓名	字	号	科举	仕宦、封赠、荐辟
闵宗德 如霖曾孙	景宗	纫弦	万历三十一年举人 万历三十五年进士	安徽巡抚
闵心镜	非台	符娄	万历四十四年举人 天启二年进士	福建布政使司右参政
闵及申 洪学子	生甫	园客	天启元年举人 崇祯元年进士	礼部精膳司员外
闵度	裴卿	中介	天启七年举人 崇祯十年进士	湖广辰常兵备道
闵肃	同生	白於	崇祯六年举人 崇祯十年进士	福建福兴泉兵备道
闵渠黄 远庆曾孙	蕳云	浮樽	崇祯十五年举人 顺治六年进士	雷州知府
闵宜邵 珪孙	安卿	北渠	嘉靖十年举人	荆州府通判
闵道鸣 如霖子	子扬	樱圃	嘉靖三十一年举人	
闵道充 如霖侄	子容	槐津	嘉靖三十四年举人	广济知县
闵于经 闵良士	公权 公休	中醒 云和	万历三十七年举人	昌化教谕
闵自寅 洪学子	人生	睡石	万历四十年举人	常州知府
闵考生 一范孙	令名		天启四年举人	
闵亥生 洪学子	未孩	菊如	崇祯十五年举人	西乡知县
闵象鼎	用新	新伯 御风	天启元年武举人	广武卫指挥使经历
闵洪得	用光		天启元年武举人	四川都指挥使
黄（闵）荃	秀夫	守谷	成化八年岁贡	云南盐课司提举
黄（闵）华	廷彩		弘治元年岁贡	高邮判官

续表

姓名	字	号	科举	仕宦、封赠、荐辟
闵旦	东白		嘉靖十六年岁贡	太平训导
闵一鹤	声甫	芝山	隆庆二年选贡	永定知县
闵德庆	原明	石林	隆庆六年岁贡	秀水教谕
闵一琴	静甫	涵山	万历二十一年岁贡	候选训导
闵宗鲁	君望	东岱	万历二十九年岁贡	淳安教谕
闵仲濂	叔茂	文楼	万历三十年恩贡	象山教谕
闵宗明	尔诚	晴虚	万历三十四岁贡	福建镇海卫学正
闵宗时	尔中	怀虚	万历四十三年岁贡	平阳教谕
闵宗焕	闇伯	文玉	万历四十六年岁贡	杭州府训导
闵齐华	赤如	东庵	崇祯三年岁贡	常熟训导、沙河知县
闵燧	存岩 大生	指薪	崇祯九年岁贡	
闵聿修	德祖	念庵	崇祯十年岁贡	秀水训导
闵振声 闵声	毅甫 襄子	骏有 雪襄	崇祯十五年副贡	
闵皋	达生	匡山	崇祯十六年选贡	松江通判
闵晋德	彦昭	翼望	例贡	

明代闵氏庠生、增生、廪生、太学生等情况①

姓名	字	号	科举仕宦	生卒年
闵璋	廷玉		郡廪生	约宣德—正德间
闵兰	时芳	春谷	太学生	约成化—嘉靖间
闵芹	时献	东轩	太学生	成化己丑—嘉靖壬戌
闵闳	渊之	滨溪	太学生	弘治庚戌—嘉靖壬辰
闵如椿	寿夫	南山	邑庠生	弘治乙丑—嘉靖丙寅
闵如松	秀夫	西岩	邑庠生，入太学， 颍州判官	弘治癸丑—嘉靖壬戌
闵如桂	贞夫	震南	郡庠生	弘治庚申—隆庆辛未
闵如楩	干夫	南陇	邑庠生，入太学	弘治辛酉—隆庆壬申

---

① 因为成秀才的时间无考，所以据《闵谱》列其生卒年，以见其生活年代。

续表

姓名	字	号	科举仕宦	生卒年
闵宜勤	文卿	东溪	太学生	成化庚子—嘉靖壬寅
闵宜勋	武卿	友月	邑庠生	成化辛丑—嘉靖甲辰
闵宜勩	懋卿	谦斋	郡庠生	弘治乙卯—嘉靖壬子
闵宜效	忠卿	荷亭	郡庠生	弘治乙卯—嘉靖壬寅
闵宜励	进卿	东斋	太学生	弘治甲寅—嘉靖壬戌
闵宜力	仁卿	石塘	郡庠生，入太学，赠南昌知县	正德己卯—万历壬午
闵宜劲	廉卿	艮泉	邑庠生	正德乙亥—万历壬辰
闵宜勄	正卿	会泉	太学生	正德己卯—万历庚寅
闵宜嘉	淑卿	晟阳	邑庠生	正德乙亥—嘉靖乙丑
闵宜劼	宪卿	晟川	邑增生	正德己卯—万历癸未
闵宜男	子卿	静修	郡庠生	正德戊辰—万历丁丑
闵道亨	子衢	规亭	邑庠生，入太学，星子县主簿	正德庚辰—隆庆丁卯
闵道生	子立	春涵	归安庠生	嘉靖丁酉—万历辛丑
闵道孚	子远	肖塘	邑庠生，入太学，赠湖广右布政使	嘉靖戊子—嘉靖丙寅
闵崇庆	行可	充吾	廪生	正德癸酉—嘉靖辛酉
闵嘉庆	原礼	主敬	郡庠生，入太学，东城兵马司副指挥使	弘治甲子—嘉靖丁巳
闵胥庆	原祥	左川	廪生	正德壬申—隆庆己巳
闵心庆	原丰	石城	邑庠生	正德癸酉—万历乙未
闵顺庆	原孝	莼泉	郡庠生	正德乙亥—隆庆壬申
闵延庆	原始	明吾	邑庠生	正德己巳—嘉靖壬寅
闵宝庆	原善	瑶泉	邑庠生	正德戊寅—万历辛卯
闵允庆	原信	文川	邑庠生，入太学，江西布政使司经历司都事	嘉靖丁亥—万历庚戌
闵伟庆	原伟	蘋洲	邑庠生，入太学，广西都指挥使司经历司都事	嘉靖己亥—万历辛亥
闵弘庆	原道	环川	邑庠生，入太学，抚州府通判	嘉靖甲午—万历己酉

续表

姓名	字	号	科举仕宦	生卒年
闵道庆	原修	澄心	郡庠生	嘉靖癸卯—隆庆壬申
闵友会	原鲁	怀海	郡增生，入太学	嘉靖丁未—万历丁巳
闵贞庆	原吉	思成	太学生	正德辛巳—嘉靖辛丑
闵和庆	协征	月怀	郡庠生	嘉靖癸丑—万历丁巳
闵旋庆	原周	云泉	郡庠生	嘉靖辛丑—万历丁巳
闵暹庆	原积	震泉	邑庠生	嘉靖乙卯—崇祯己巳
闵朝庆	原桢		郡庠生	嘉靖辛丑—嘉靖辛酉
闵纯庆	原德	朝阳	邑庠生	嘉靖丙申—万历乙酉
闵芳庆	原馥	翠微	邑庠生	嘉靖乙巳—万历戊寅
闵仲泗	叔文	鹤楼	郡庠生，史馆效力	嘉靖丁未—万历甲午
闵仲渊	叔纯	蜃楼	邑庠生	嘉靖己巳—万历辛亥
闵世文	德政	抱一	太学生，山东衡府审理正	嘉靖戊申—崇祯壬申
闵世隆	寿昌	宁寰	归安庠生	嘉靖甲寅—天启癸亥
闵世跃	仲鱼	龙渊	郡庠生，入太学 忻州同知	嘉靖庚戌—崇祯辛未
闵世南	叔明	晟源	邑庠生，入太学， 汝宁府通判	嘉靖辛亥—万历乙卯
闵世魁	季文	斗阳	邑庠生，入太学， 云南府同知	嘉靖壬子—泰昌庚申
闵世宠	伯承	龙宇	郡庠生	嘉靖戊申—隆庆己巳
闵世绯	鲲池		邑庠生	嘉靖辛亥—隆庆丁卯
闵世桢	叔翼	麟寰	邑庠生，入太学， 松江府通判	嘉靖乙卯—万历丁巳
闵世荩	季忠	天倪	太学生，赠修职佐郎	嘉靖丙寅—崇祯戊寅
闵一阳	来甫	复斋	邑庠生	嘉靖癸巳—嘉靖壬戌
闵允登	子良	见吾	长兴庠生	嘉靖乙巳—天启癸亥
闵一贯	道甫	鲁斋	郡庠生	嘉靖丙申—万历丁巳
闵一科	登甫	养初	邑庠生	嘉靖壬寅—天启壬戌
闵一麟	文甫	诚斋	邑庠生	嘉靖壬辰—万历壬子
闵一清	乾甫	健庵	邑廪生	嘉靖辛丑—万历癸酉
闵一敬	熙甫	海楼	邑庠生	嘉靖辛丑—万历庚子

续表

姓名	字	号	科举仕宦	生卒年
闵一策	献甫	翠崖	邑庠生	嘉靖癸丑—万历辛丑
闵一楷	景则	裴庵	邑庠生	万历癸酉—崇祯戊辰
闵一栻	景修	荆巫	邑庠生	万历乙亥—崇祯庚辰
闵振先	景哲	玉京	郡庠生	万历丁丑—顺治丙申
闵振彦	景倩	水明	郡庠生，入太学	隆庆庚午—万历壬子
闵振廉	靖季	襄城	廪生，入太学	万历甲申—崇祯辛未
闵聿怀	德昭	管涔	郡庠生	万历庚子—康熙甲辰
闵振业	隆仲	华釜瞻台	郡庠生，入太学 按察司经历	万历丁丑—崇祯辛未
闵振胄	士昌	符禺	邑庠生，入太学 光禄寺监事	隆庆己巳—天启乙丑
闵颖	以约	景梅 印度	归安增生	万历癸酉—顺治丁亥
闵光瑜	韫孺	韫如	邑庠生	万历庚辰—顺治戊戌
闵于越	彦超	若华	归安庠生	万历戊戌—崇祯辛巳
闵心鉴	克类		郡廪生	万历己卯—？
闵于纲	张仲		邑庠生	万历癸亥—？
闵于惺	天然	复初	邑庠生	隆庆己巳—天启丁卯
闵树奇	士拔	佩我	吴江庠生	万历癸酉—崇祯丁丑
闵弘道	能之		邑庠生	万历丙戌—？
闵树勋	汝达	建安	吴江庠生	嘉靖庚申—？
闵树籓	价卿	振华	邑庠生	嘉靖乙丑—？
闵绳初	维始	玄宰	归安先生	隆庆辛未—天启甲子
闵绳厚	培之	五陵	郡庠生	万历戊寅—崇祯庚辰
闵之珍	以待	儒有	邑庠生	万历庚辰—崇祯丁丑
闵继贞	元会	念修	归安庠生	万历辛卯—崇祯庚午
闵元震	伯渊	君求	郡庠生	万历壬午—崇祯辛未
闵元霆	宾生	君义	邑庠生	万历乙酉—崇祯戊辰
闵位	坤维	子元	邑庠生	万历庚戌—？
闵亮工	孟豪	若工	长兴庠生	万历壬辰—？
闵习孔	希圣		长兴庠生	万历戊戌—天启乙丑

续表

姓名	字	号	科举仕宦	生卒年
闵有行	伯玉		吴江庠生	万历乙未—？
闵文炳	简如		归安庠生	万历辛丑—？
闵显名	韫朴	还实	郡廪生	万历己丑—康熙丙午
闵纯孝	生仲		邑庠生	万历戊戌—？
闵毓懿	圣孩		郡庠生	万历己卯—？
闵乘运	我开		郡庠生	万历戊午—康熙丁巳
闵光德	竑翇 宾王	云来	郡增生，入太学，光禄寺署丞	隆庆辛未—泰昌庚申
闵光升	敬仲	岠崿	太学生，隰州州判	万历癸酉—天启辛酉
闵启	牖迥	拙存	邑廪生，入太学	万历庚子—顺治乙酉
闵潘超	英齐	莫干	郡庠生	万历丙午—康熙己未
闵似公	玄明	锡尔	邑庠生，都指挥使司佥事	万历甲午—顺治戊戌
闵毕成	玄晖	君山	郡增生	万历壬寅—顺治辛丑
闵肇霈	东明		郡庠生	天启丙寅—康熙某年
闵肇震	润础		邑庠生	崇祯戊辰—康熙某年
闵昶	征七	抑庵	郡庠生	崇祯丁丑—康熙丙申
闵其仕	征三		邑增生	天启乙丑—康熙壬寅
闵旦遇		果斋	邑增生	崇祯辛未—康熙乙亥
闵旦选		安愚	邑廪生	崇祯丙午—康熙癸未
闵旦纲	鸿符		郡庠生	崇祯庚午—康熙丁卯
闵溯祖	我彝		长兴庠生	崇祯己卯—康熙戊午
闵仪德	厚昌	翼龙	邑庠生	万历癸酉—崇祯丁丑
闵伟德	硕甫	起龙	邑庠生	万历丙子—崇祯己卯
闵儆德	百里	敬亭	归安庠生	万历丁丑—崇祯某年
闵迈德	日斯	旸谷	归安庠生	万历壬午—崇祯乙亥
闵洪德	尔谷	含斋	归安庠生	万历己丑—顺治癸巳
闵有纶	经甫	自求	吴江庠生	万历己亥—崇祯己卯
闵修己	行父		归安庠生	万历己酉—康熙戊午
闵羽文	君阊		海宁庠生	万历丙申—崇祯癸酉
闵廷甲	朝辅		邑庠生	万历甲辰—崇祯辛巳
闵峙溥	鳞仲		邑庠生	天启乙丑—康熙乙卯

续表

姓名	字	号	科举仕宦	生卒年
闵有壬	许右	林生	邑庠生	万历壬子—康熙丙寅
闵应德	孝昭	莪蔚	郡庠生，入太学，光禄寺署丞	万历壬寅—顺治己丑
闵序	士行		归安庠生	万历甲午—天启癸亥
闵广	致卿	中逸	归安庠生	崇祯辛未—康熙壬午
闵大章	文思		邑庠生	崇祯甲戌—康熙丙午
闵经文	左宿	竹台	邑庠生	万历丁巳—崇祯辛巳
闵维文	二宿		邑庠生	万历己未—康熙癸丑
闵玠	霞碧	公桓	郡廪生	崇祯甲戌—康熙丁卯
闵珍	雯灿	复庵	归安庠生	崇祯己卯—康熙戊寅
闵元德	伯达		邑庠生，入太学，太常寺典簿	万历甲戌—万历丁未
闵遴德	众甫	讱庵	邑庠生，入太学，江西布政使司理问	万历壬午—顺治甲午
闵吉士	吉甫	卷阿	邑庠生，入太学	万历丙申—顺治己丑
闵洪业	大夏	持衡	郡庠生，入太学	万历甲寅—康熙丁巳
闵洵	眉生		邑庠生	崇祯庚午—顺治壬辰
闵昭明	伯夐	融斋	郡庠生	万历丙申—康熙丁未
闵倬	仲闇	牅中	郡庠生	万历庚子—康熙癸卯
闵宗煜	仲文	天谷	归安庠生	万历甲辰—康熙壬子
闵燦	君明	陶公	邑庠生	万历己亥—崇祯丙子
闵无颇	遵皇	蒲帆	郡庠生	万历乙未—康熙庚戌
闵无倾	祖安	鹿吴	归安庠生	万历庚戌—顺治甲午
闵南金	悁度		郡庠生	泰昌庚申—康熙丁卯
闵三锡	师中		邑庠生	天启壬戌—康熙庚戌
闵时行	可贞	启周	归安庠生	崇祯庚午—？
闵绪延	缵武	迲仪	邑庠生	万历丁酉—顺治癸巳
闵缙延	允绅	企庵	郡庠生	万历辛亥—顺治戊戌
闵垣延	昭武		归安庠生	万历丁巳—康熙甲寅
闵祈延	永年	泰阶	邑庠生	万历乙未—康熙甲寅
闵胤锡	汝谐	固庵	郡庠生	天启辛酉—顺治辛丑

续表

姓名	字	号	科举仕宦	生卒年
闵鸣谦	徕西	朗岩	归安庠生	崇祯庚午—康熙己丑
闵宗孔	君成	淘华	邑庠生	嘉靖壬子—万历丁酉
闵宗昌	文叔	三池	邑庠生	嘉靖戊午—万历丙午
闵宗汶	君尚	屏霞	邑庠生	隆庆丁卯—天启丙寅
闵宗洙	君源	古淘	邑庠生	隆庆己巳—崇祯己巳
闵公润	玄淑		邑庠生	万历甲辰—？
闵士蒸	似孙		郡庠生	万历庚戌—康熙戊午
闵士杰	品先		邑庠生	万历癸丑—顺治丙戌
闵堦	子上		郡庠生	崇祯辛未—康熙戊午
闵元京	子京		郡庠生，入太学	万历庚寅—崇祯辛巳
闵洪泰	貳缶	詹岩	归安庠生，入太学，光禄寺监事	万历丙申—顺治壬辰
闵洪觉	彻侯	觉斯	邑廪生，入太学	万历丙申—顺治丙戌
闵右申	右侯		邑庠生	万历戊申—顺治戊戌
闵若辰	仲若		邑庠生	万历丙辰—顺治乙酉
闵丁声	瀛仙	衣白	郡增生	天启丁卯—康熙丁亥
闵亥声	贞侯	靖庵	郡庠生	崇祯乙亥—康熙庚辰
闵在寅	叔夏	东阳	郡庠生	崇祯戊寅—康熙丙戌
闵三辰	以旂		郡庠生	崇祯庚辰—康熙甲戌
闵晖吉	右军	羲午	邑庠生	天启丁卯—康熙辛未
闵恬	宁人		归安庠生	崇祯丁丑—康熙戊子
闵慎	敬人		归安庠生	崇祯丁巳—康熙庚申
闵元健	弱翁	若翁	郡庠生，入太学	万历甲戌—万历癸丑
闵元宏	钜侯	澹园	邑庠生，入太学，光禄寺署丞	万历壬辰—顺治甲午
闵先甲	豫三	逊庵	邑廪生	崇祯辛未—康熙壬寅
闵开祖	念修	思约	杭郡庠生	万历庚戌—康熙辛亥
闵西生	偕生	叔子	邑庠生，入太学	万历己酉—顺治辛卯
闵昌辰	明生	熙来	郡庠生	万历丙辰—康熙壬午
闵兆午	征仲		郡庠生	万历戊午—康熙己未
闵琦	日休		郡增生	万历辛亥—康熙戊午

续表

姓名	字	号	科举仕宦	生卒年
闵宜孟	涵似	叔有	归安增生	万历丁巳—顺治乙酉
闵宣孟	宣子	客尘	邑庠生	万历戊午—康熙庚申
闵宸孟	子羽	金则	邑庠生	天启癸亥—顺治辛丑
闵宅孟	子揆		邑庠生	崇祯壬申—康熙丙寅
闵东仲	启明	鲁人	邑廪生	万历乙卯—康熙乙巳
闵南仲	子湘	湘人	钱塘庠生	崇祯戊辰—康熙癸酉
闵士瑛	超宗	缄庵	武康庠生	崇祯辛巳—康熙戊寅
闵咸吉	尔思		太学生	崇祯乙亥—康熙辛巳
闵升	友于		邑庠生	崇祯辛巳—康熙甲申
闵元衢	康侯	欧余	郡庠生，入太学	万历庚辰—顺治某年
闵洪应	延之		邑庠生，入太学	万历癸巳—崇祯壬午
闵洪举	嘉宾	圣水	太学生，指挥使佥事	万历庚子—顺治丙申
闵元卫	籓侯	饮和	归安庠生	万历戊申—崇祯癸未
闵长庚	西有	又白	郡庠生	万历庚戌—？
闵维寅	伯旸		郡庠生	万历甲寅—崇祯壬午
闵允祚	永锡	公胤	邑增生	天启辛酉—康熙丙寅
闵来泰	尔常		郡庠生	万历乙酉—崇祯己卯
闵洪震	宜生	大涤	邑庠生	万历甲午—顺治乙酉
闵洪孳	开之		郡庠生	万历壬寅—康熙丙辰
闵禹锡	公纯	蝶庵	郡廪生	万历庚申—顺治戊子
闵皇戌	方中		郡廪生	天启壬戌—康熙戊午
闵亮寅	采臣	潜庵	归安庠生	天启丙寅—康熙甲戌
闵及辰	子美		邑庠生	崇祯戊辰—顺治戊子
闵象泰	用和	兰雪	郡庠生	万历丁酉—顺治壬辰
闵之骐	君行		郡庠生	万历庚子—崇祯辛巳
闵廷玑	伯龙	古愚	郡廪生	万历丙辰—顺治丁酉
闵中璘	雯紫	云客	邑庠生	天启丁卯—康熙丁巳
闵中瑜	武玉	傲霞	归安庠生	崇祯辛未—康熙庚申
闵中琛	嘉玉		郡庠生	崇祯己卯—康熙辛未
闵会禧	似鲁	剑崖	郡庠生	崇祯乙亥—康熙壬午
闵会祺	若孩	霭若	郡庠生	崇祯丁丑—康熙癸巳

续表

姓名	字	号	科举仕宦	生卒年
闵宗周	君材	汶源	邑庠生	隆庆己巳—崇祯丙子
闵宗圣	尔集	存素	太学生，岳州经历司经历	万历戊子—顺治己丑
闵寅生	虎臣		邑庠生	万历甲寅—康熙乙卯
闵子生	万肇	饮虹	郡增生	天启甲子—康熙庚申
闵人龙	司水		郡庠生	崇祯戊辰—顺治壬辰
闵喆生	迪斯	隐桃	归安庠生	崇祯癸酉—康熙乙酉
闵人彪	价人	岩瞻	郡庠生	崇祯乙亥—康熙壬戌
闵维城	元音		郡庠生	崇祯丙子—康熙戊午
闵维锦	绣叔		归安庠生	崇祯壬申—顺治乙未
闵宗彝	君实	灵修	归安庠生	嘉靖庚申—万历庚戌
闵宗芳	石帆		邑庠生	隆庆辛未—万历某年
闵齐参	鲁孺	太玄	邑庠生	嘉靖己未—万历丁巳
闵文齐	简若	复元	郡增生	嘉靖癸亥—崇祯戊寅
闵齐商	友若	苏门	邑庠生	隆庆己巳—崇祯辛未
闵齐伋	及武	寓五 遇五	邑庠生 入太学	万历庚辰—康熙壬寅
闵豫生	令公	贞石	邑庠生，入太学，刑部清吏司主事	万历丁未—康熙丙午
闵耆生	伯龄		邑庠生	万历癸巳—崇祯丙子
闵睿生	圣之		郡庠生	万历癸丑—？
闵广生	由庚	周埏	邑庠生	万历庚子—康熙庚申
闵云祁	康只	醒回	郡庠生	崇祯戊辰—顺治庚子
闵风	仲虔	扫瑕	邑庠生	崇祯己巳—康熙庚申
闵冰	叔受	凝庵	邑增生	崇祯辛未—康熙戊子
闵云祚	绵季	了庵	安吉庠生	崇祯癸酉—康熙壬午
闵彝铭	公传	含英	郡庠生	万历丁巳—顺治甲午
闵嗣章	元礼		邑庠生	天启甲子—康熙壬申
闵嗣相	赞侯		郡庠生	崇祯辛未—康熙丙寅
闵嗣会	时臣		邑庠生	崇祯癸酉—康熙壬申
闵嗣同	来之	双溪	归安庠生	崇祯乙亥—康熙甲午
闵雒	学之	东川	郡廪生	约成化—嘉靖

续表

姓名	字	号	科举仕宦	生卒年
闵孝原	思荣	前溪	归安庠生	弘治戊午—隆庆庚午
闵巚	蕫熊		归安庠生	万历辛亥—顺治戊戌
闵名	介子	五湖	邑庠生	万历壬寅—康熙丙午
闵乙森	食其		邑庠生	天启乙丑—？
闵巘	紫房	玉山	邑庠生	天启丙寅—康熙乙丑
闵京	子潜	京仲	邑庠生	崇祯辛未—顺治戊子
闵涟漪	圣生		邑增生	万历癸卯—康熙庚戌
闵河澄	六飞		庠生，入太学	万历甲辰—康熙乙巳
闵渊审	九名	资三	邑庠生	万历丙辰—顺治辛丑
闵沆润	元孟	又李	邑增生	万历己酉—康熙乙卯
闵玉亮	亮生		郡庠生	万历辛丑—崇祯壬午
闵雯	寓生	众妙	邑庠生	万历壬子—康熙壬戌
闵达	右宏		邑庠生	天启癸亥—顺治甲午
闵遵	子集		邑庠生	天启甲子—顺治甲午
闵榭	台孙	坡仙	邑庠生	万历己未—康熙丁未
闵棶	铨木		邑庠生	天启甲子—康熙壬戌
闵楎	左臣		邑庠生	天启丙寅—康熙乙亥
闵坛	松牗		邑庠生	天启丁卯—康熙丁丑
闵枳	宣六	始音	邑庠生	崇祯庚午—康熙壬午
闵梯	云阶		郡庠生	崇祯乙亥—康熙丙辰
闵宗闵	华父	涤凡	长兴庠生	隆庆戊辰—万历甲辰
闵宗点	吾与	解叟	长兴庠生	隆庆壬申—顺治戊子
闵宗雍	君度	翘楚	太学生	万历癸酉—天启甲子
闵宗尹	质夫	云间	长兴庠生	万历癸未—顺治癸巳
闵子锡	与君	更隐	长兴庠生	万历丙戌—顺治丁亥
闵文蔚	于盘	日新	长兴庠生	万历甲午—康熙壬子
闵日镜	以昭	心解	长兴庠生	万历癸巳—崇祯戊寅
闵虬	倩玉		郡廪生	万历乙卯—顺治庚寅
闵鑛	群玉	迈庵	长兴庠生	万历庚申—康熙己卯
闵燕生	盖雅		长兴庠生	万历丁巳—康熙戊午
闵淳	大培	培风	邑庠生	万历庚子—康熙丙辰

续表

姓名	字	号	科举仕宦	生卒年
闵沆	李卿		太学生	万历壬子—康熙甲子
闵济	君齐		郡庠生	泰昌庚申—康熙庚戌
闵永昌	聿斐	应五	长兴庠生	天启辛酉—康熙辛酉
闵超	郇雨	逸人	长兴庠生	崇祯甲戌—顺治辛丑
闵廷兰	晋陶		郡庠生	崇祯己巳—康熙辛巳
闵宗尼	圣伯	陶初	邑庠生	嘉靖辛酉—天启壬戌
闵宗宣	君朗	澹如	邑庠生	隆庆辛未—万历庚子
闵先秀	异进	激楚	郡庠生	万历戊申—康熙丙辰
闵杲	子将	仲因	邑庠生	万历丁亥—顺治癸巳
闵星炜	瑞章		邑庠生	万历己丑—崇祯辛巳
闵曼谷	曼卿		邑庠生	万历丙申—万历丁巳
闵绣生	季美	备五	郡庠生	万历庚申—康熙壬寅
闵希哲	在兹	文斯	国学生	天启甲戌—康熙癸亥
闵萼舒	绿野		邑庠生	天启甲子—康熙癸丑
闵镕如	仲曾	汝兰	归安庠生	万历丁亥—崇祯辛巳
闵仍	彦云		吴江庠生	万历甲辰—康熙庚戌
闵琦	奇玉	润公	邑庠生	万历戊午—康熙戊午

二 明晟舍凌氏科举仕宦情况表[①]

明代凌氏进士、举人、贡生情况

姓名	字	号	科举	仕宦、封赠、荐辟
凌迪知	稚哲	绎泉	嘉靖三十四年举人 嘉靖三十五年进士[②]	常州府同知
凌嗣音	孟昭	存彝	万历四年举人 万历八年进士	广西布政司使右参政
凌义渠	骏甫	茗柯	天启四年举人 天启五年进士	大理寺卿

---

① 主要据《晟舍镇志》卷三《进士》、《举人》、《贡生》、《历仕》、《荐辟》与《光绪凌谱》卷八等制作。
② 《晟舍镇志》卷三《进士》言"嘉靖二十五年",误。

续表

姓名	字	号	科举	仕宦、封赠、荐辟
凌约言	季默	藻泉	嘉靖乙酉选贡 嘉靖十九年举人	刑部员外郎
凌震	时东	练溪	正德戊辰岁贡①	黔阳训导
凌述知	稚明	次泉	嘉靖壬戌恩贡	光禄寺寺丞
凌后嘉 一名溁初	元汉	天承	万历丙辰恩贡	扬州卫参军兼淮 北盐运使分司
凌濛初	玄房	初成	天启辛丑副贡②	徐州通判
凌元燮	梅仲	揆二	崇祯壬申拔贡	中书舍人
凌元爔	广成		崇祯壬午副贡	州判
凌启康③ 一名恒德	安国	天印	廪贡生	候选内阁中书

明代凌氏庠生、增生、廪生、太学生等情况

姓名	字	号	科举仕宦	生卒年
凌敷	达夫	怡云	荫生	永乐甲辰—正德辛未
凌绅	子摺	春谷	太学生	成化戊戌—嘉靖庚寅
凌纪言	子承	兰谷	郡庠生	失考
凌隽	秀卿	南墅	太学生	嘉靖壬午—万历甲辰
凌遇知 一名稚隆	以栋 际叔	磊泉	邑庠生，入太学， 鸿胪寺序班	嘉靖乙未—万历庚子
凌遂知	稚良	岳泉	太学生	嘉靖丙午—万历乙亥
凌嗣彰	仲昭	完彝	邑庠生	嘉靖辛酉—万历甲辰
凌嗣学		养元	太学生	嘉靖丙午—天启壬戌
凌湛初	玄旻④	洞湖	郡廪生	嘉靖庚戌—万历甲戌
凌润初	玄雨	岘石	邑庠生	嘉靖辛亥—隆庆庚午
凌涵初	玄勃	屺瞻	太学生，布政司经历	嘉靖己未—万历癸卯
凌浚初 一名取俊	玄静	自雄	庠生，入太学， 五城兵马司	万历辛巳—崇祯甲戌

---

① 此据《晟舍镇志》。《光绪凌谱》言"正德癸未岁贡"。
② 凌濛初屡中副贡，这是其中之一。
③ 此条据《光绪凌谱》。凌启康，生于万历戊寅，卒于崇祯辛巳。
④ "玄"字，《光绪凌谱》因避康熙玄烨之讳作"元"，下同。

续表

姓名	字	号	科举仕宦	生卒年
凌莅初 一名起祥	玄观	浮玉	庠生，入太学，通州别驾	嘉靖丙辰—崇祯辛巳
凌瀛初	玄洲	凭虚	庠生，入太学，卫经历	嘉靖壬戌—？
凌沐初	玄心	保真	郡庠生	嘉靖壬戌—万历庚寅
凌洪初	玄度		邑庠生	隆庆己巳—万历辛卯
凌浣初	玄纯	贞白	太学生，怀远县丞	隆庆庚午—天启乙丑
凌澄初	玄清	彻侯	邑庠生	万历甲戌—崇祯癸未
凌治初	仲融	二如	郡庠生	万历乙亥—崇祯甲申
闵棐	正初	与石	邑庠生	万历丙戌—崇祯甲戌
闵怀德	宁一	邃修	庠生，入太学	隆庆戊辰—万历乙卯
凌宏宪 一名慎德	叔度	天池	郡庠生	万历辛巳—顺治己亥
凌惇德	季允	天目	邑庠生	万历壬午—顺治戊子
凌毓梢	殿卿	觉宇	郡庠生	万历戊寅—崇祯癸酉
凌楷 一名南荣	明卿		太学生	万历丁酉—康熙甲辰
凌琛	献之	遗献	邑庠生	万历乙巳—顺治乙未
凌葆	元之	遗元	郡庠生	万历丙辰—康熙丁卯
凌槃	五之	讱庵	邑庠生	崇祯壬申—康熙癸酉
凌瑶林	天绘		邑庠生	万历癸巳—崇祯丙子
凌瑞森	延喜		礼部儒士	万历乙未—崇祯戊寅
凌汝亨	文起		邑庠生	万历乙酉—顺治甲午
凌枢臣	宿中	凝庵	邑庠生	万历丙辰—？
凌森美	君实	橘隐	邑庠生	万历丙申—康熙戊申
凌森生	仲达		郡庠生	万历癸卯—康熙丙午
凌森发	文将	谦山	安吉廪生	万历乙巳—康熙己巳
凌森铧	鄂不		邑庠生	万历戊申—康熙甲子
凌义康	长康	香岩	安吉庠生	万历癸丑—康熙乙亥
凌义远	仲远		安吉增生	万历乙卯—康熙甲子
凌义征	征异		郡庠生	万历丙辰—康熙庚午
凌义仍	式如		邑庠生	天启癸亥—康熙己丑

续表

姓名	字	号	科举仕宦	生卒年
凌义集	所生		邑庠生	万历乙巳—？
凌义业	宜之	懒山	邑廪生	万历庚戌—崇祯辛巳
凌犀渠 一名义杰	贞宇	我宝	邑庠生	万历乙卯—顺治乙酉
凌石渠 一名义案	平子		邑庠生	万历戊午—顺治乙酉
凌元煊 一名云	宣之	竹门	郡庠生	万历辛丑—康熙癸卯
凌元煃	文之		庠生，入太学	万历己酉—顺治乙酉
凌秉均	台衡	禹撰	郡庠生	万历己未—康熙戊午
凌秉圻	同文		郡庠生	天启丁卯—康熙丙辰
凌玺	介侯		邑庠生	崇祯庚午—康熙庚辰
凌之埈 一名秉均	雄陶		邑庠生	天启乙亥—康熙癸未
凌元琰	纲甫		太学生	万历庚申—顺治庚寅
凌元勋	经孚	甘石	安吉庠生	万历庚申—康熙辛未
凌焯	宁辅	似峰	安吉庠生	天启乙丑—康熙己卯
凌元灿	仲明		邑廪生	万历甲辰—顺治乙酉

三 明花林茅氏科举仕宦情况表①

明代茅氏进士、举人、贡生情况

姓名	字	号	科举	仕宦、封赠、荐辟
茅坤	顺甫	鹿门	嘉靖十三年举人 嘉靖十七年进士	广西兵备佥事
茅国缙	荐卿	二岑	万历十年举人 万历十一年进士	郎中
茅国器			万历十三年武举人 万历二十三进士	山东备倭都司

---

① 主要据《练溪文献》之《科第》《辟荐》《历仕》《封荫》，以及《归安县志》之《恩锡录》《选举录》等制作。

续表

姓名	字	号	科举	仕宦、封赠、荐辟
茅瑞征	伯符	五芝	万历二十五年举人 万历二十九年进士	光禄寺卿
茅国昌			万历二十八年武举人 万历四十四年武进士	游击
茅明期			崇祯三年武举人① 崇祯四年武进士	四川都司
茅兆元	巨和		万历十三年武举人	都司佥事
茅一桂	国芳	中茇	万历十六年举人	黎平知府
茅兆河	巨源		万历三十一年举人	
茅楷征	公范		万历四十年举人	
茅维	孝若	僧昙	万历四十三年贡生	都察院知事
茅元祯	公良	师山	万历贡生	中书舍人 工部员外郎
茅一臯	星海		万历恩贡生	光禄寺丞 以子瑞征封中大夫光禄寺卿
茅汉	倬云		天启元年应天副贡	湖广按察使经历
茅琯征	君房		天启四年副贡	
茅允京	子京		天启四年副贡	以父瑞征荫知州
茅允隆			崇祯贡生	训导
茅允昌	浚侯		崇祯岁贡	崇祯中钦聘纂修熹庙实录
茅佺	尧仙		崇祯岁贡	
茅曾勋②	克臣		明岁贡	
茅乾	健甫		胄监	任广东都司经历 升广西南宁府通判 以子一桂封中宪大夫、 黎平知府
茅艮	静甫		胄监	任河南布政司经历 调大宁都司经历 以子一臯赠承德郎光禄 寺署丞；以孙瑞征赠 大夫光禄寺卿

① 据《归安县志》卷三十二。
② 为清代学者茅星来祖父。

续表

姓名	字	号	科举	仕宦、封赠、荐辟
茅一桢	贞叔		由庠生入监	任邵阳县主簿 升贵州乌撒卫经历
茅一相	国佐	康伯	由例贡入监	光禄寺寺丞
茅一夔	乐卿	凤仪	由庠生入监	庆阳府通判 以子献征赠承德郎 光禄寺署正
茅文征	伯章		胄监	云南盐课司提举
茅献征	彦先		由庠生入监	任光禄寺署正
茅瑜征	季完		胄监	内阁中书
茅兆海	巨宗		由庠生入监	鸿胪寺署正
茅兆澄	子渊		由庠生入监	上林苑署丞 重庆府经历
茅翁积	穉延			以子元祯封奉直 大夫工部员外郎
茅栴	森如		以祖瑞征荫入监读书	邵武府教授
茅元仪	止生	石民	崇祯初辟荐	以荐任待诏 又举边材任总兵， 署大将军印

四　明长兴臧氏科举与仕宦情况表①

明代臧氏进士、举人、贡生情况

姓名	字	号	科举	仕宦、封赠、荫袭等
臧琼 懋循叔高祖	文瑞	澹庵	成化三年己卯举人 成化五年己丑进士	工科给事中、 河南布政使参政； 崇祀乡贤名宦
臧应奎 懋循伯祖	贤征	损斋	正德十一年丙子举人 正德十二年丁丑进士	礼部精膳司主事 崇祀乡贤祠
臧继芳 懋循父	原实	尧山	嘉靖十九年庚子举人 嘉靖三十二年癸丑进士	松江知府 崇祀乡贤祠

---

① 主要据《长兴县志》之《职官》《选举》《例仕》《封赠》《荫袭》《人物》以及《臧谱》之《世系表》等制作。

续表

姓名	字	号	科举	仕宦、封赠、荫袭等
臧懋循	晋叔	顾渚	万历元年癸酉举人 万历八年庚辰进士	南京国子监博士 崇祀乡贤祠
臧懋中 懋循从兄	用甫	静涵	万历十六年戊子举人 万历二十六年戊戌进士	金溪、盐城县令； 广西按察使佥事；以子照如赠奉政大夫行人司行人；崇祀乡贤祠
臧炅如 懋循从子	日升	孟渚 存涵	万历四十年壬子举人 万历四十四年丙辰进士	行人司行人 崇祀乡贤祠
臧照如 懋循从子	明远	正庵 醒涵	万历三十七年己酉举人 万历四十四年丙辰会魁	南京吏部文选司郎中 崇祀乡贤祠
臧继华 懋循叔	原顺	茗泉	隆庆元年丁卯举人 嘉靖间贡生	南京都察院都事 以子懋中赠文林郎 盐城知县；崇祀乡贤祠
臧爚如 懋循侄	抑之	旭岫	天启元年辛酉举人	崇祀乡贤祠
臧玘	仰松		成化间贡生①	江阴知县
臧忠			成化间贡生	
臧志观	北山		正德己巳岁贡	龙南知县
臧鲁	希曾	省斋	正德壬申岁贡	直隶徐州同知
臧瀚	月川		嘉靖间贡生	汀州府通判
臧瀹	近斋		嘉靖壬子贡生	枣阳教谕
臧应璧 懋循祖	休征	益斋	嘉靖己酉岁贡	光禄寺署丞；以子继芳赠承德郎工部主事；崇祀乡贤祠
臧应轸	文台		隆庆间贡生	金坛县学训导
臧大咸			万历间贡生	
臧士龙	慎吾		万历癸丑岁贡	
臧士英	荣实	拔林	天启甲子岁贡	柳城知县
臧道范	孟楷	水帘	崇祯间贡生②	嘉兴府学教授
臧尔焕	宏舒	印渚	万历间廪贡生	崇祀乡贤祠

① 《臧谱》记载是天顺八年岁贡。
② 《臧谱》记载是天启丁卯岁贡。

续表

姓名	字	号	科举	仕宦、封赠、荫袭等
臧尔焜	慈明	元渚	廪贡生	崇祀乡贤祠
臧奬如	际旦	旭岫	岁贡生	崇祀乡贤祠
臧燧如	启新		例贡	光禄寺署丞
臧煛如	圣俞	芝城	贡生	
臧尔炳 懋循子	文疆	少文	弘光时贡生	
臧应元	乐山		监生	望江知县
臧志节	一清		监生	腾冲卫经历、腾越州同知
臧煦如	幼惺			湖广按察副使
臧继荐	原宾	震泽	监生	兵马司指挥 崇祀乡贤祠
臧懋德	敬伯	心尧	监生	鸿胪寺序班
臧懋和	节甫	位宇	监生	上林苑署正 崇祀乡贤祠
臧炜如	翼明	著宇	监生	鸿胪寺序班
臧烨如	履冲	昆明	郡庠生	鸿胪寺序班
臧芸	梅雪			杭州前卫指挥
臧容	时望			恩例指挥
臧颜	时瞻			恩例指挥
臧蓼	时用			恩例指挥
臧思聪	廷谋			以子琼赠工科给事中
臧维	菊坡			以子应奎赠承德郎 礼部主事；崇祀乡贤祠
臧蕃	时茂			恩例千户；以子应元 赠征仕郎陕西经历

臧氏十四世庠生、增生、监生等情况

姓名	字	号	科举	仕宦、封赠、荫袭等
臧继荗	原孝	舜田	隆庆二年以父应奎荫入监	南京都察院照磨
臧继荐	原宾	震泽	监生	兵马司指挥
臧继贤	金山		庠生	

续表

姓名	字	号	科举	仕宦、封赠、荫袭等
臧继隆	凤矶		庠生	
臧继勋	凤台		庠生	
臧继升	孔塘		郡庠生	
臧继光	太宇		庠生	
臧继业	南沙		庠生	
臧继芝	会泉		庠生	
臧继美	原充	含吾	庠生	
臧继哲	瞻峰		庠生	
臧大器	鲤山		廪膳生	
臧大化	金山		庠生	
臧大辂	龙山		庠生	
臧标	金沙		庠生	

臧氏十五世庠生、增生、监生等情况

姓名	字	号	科举	仕宦、封赠、荫袭等
臧懋宗	浣沙		增生	
臧懋寅	玉楼		监生	
臧懋完	石门		庠生	
臧懋远	士远		庠生	
臧懋宠	士吉		郡庠生	
臧懋德	敬伯	心尧	监生	鸿胪寺序班
臧懋和	节甫	位宇	监生	上林苑丞
臧懋佺	若生		庠生	
臧杞	尊生		监生	
臧懋元	贞寰		庠生	
臧懋俊	宏宇		庠生	
臧梦龙	敬泉		庠生	
臧士鳌	素涵		庠生	
臧懋功	参宇		庠生	
臧指南	澄若		庠生	
臧懋藻	五明		庠生	

续表

姓名	字	号	科举	仕宦、封赠、荫袭等
臧懋熙	敬所		庠生	
臧懋行	玉帆		庠生	
臧懋官	石帆		庠生	
臧士骥	怀真		庠生	
臧之龙	行素		庠生	
臧懋新	玉涵		庠生	
臧懋蕲	素涵		庠生	
臧懋进	君达		庠生	
臧懋章	齐云		庠生	

臧氏十六世庠生、增生、监生等情况

姓名	字	号	科举	仕宦、封赠、荫袭等
臧其衮	湛源	龙抒	庠生	
臧孙谋	延祖		庠生	
臧景夔	仲卿	元晦	庠生	
臧耀如	允卿	贲闻	庠生	
臧炲如	以昭		庠生	
臧燧如	余量		庠生	
臧天如	仲上		廪生	
臧强如	叔明		庠生	
臧尔熠	彦祖	五云	廪生	
臧尔熉	彦元	仲明	庠生	
臧尔㸑	彦昭		庠生	
臧尔炳	文疆	少文	廪生	
臧尔㸒	季长	兰渚	庠生	
臧尔灿	元晖	五渚	庠生	
臧尔熠	子郎		庠生	
臧尔爌	广思		庠生	
臧熹如	文蔚	艾衲	监生	
臧炜如	翼明	著宇	监生	鸿胪寺序班
臧烨如	履冲	昆明	郡庠生	鸿胪寺序班

续表

姓名	字	号	科举	仕宦、封赠、荫袭等
臧焯如	履纯	五芝	庠生	崇祀乡贤祠
臧炌如	季儒	于石	庠生	
臧燐如	履初	元亮	监生	
臧辉如	履孚	闽柯	庠生	
臧焕	孔昭		庠生	
臧焪	端亮		庠生	
臧学鲁	缵祖		庠生	
臧莹	行玉		廪生	
臧延垣	天掖		庠生	
臧姚伟	叔度		增生	
臧璆	士燹		庠生	
臧鼎	坦之		郡庠生	
臧尔进	升之	康侯	庠生	
臧尔遂	可大		监生	
臧烜如	临远		庠生	
臧烽如	仲昌		郡庠生	
臧美如	叔莹		庠生	
臧奏	君峙		庠生	
臧辉	硕儒		庠生	
臧熥如	采霞		庠生	
臧冕	佑元	霞屏	顺治丙申岁贡	
臧昶	永日	长书	监生	广西思明府经历
臧凭如	稺衡	毅庵	庠生	
臧畏	幼署		庠生	
臧荧如	藜炳		顺治庚子副贡	候选知县
臧肇西	尔癹		廪生	
臧尔昌	五岑		庠生	
臧道宏	人能		郡庠生	
臧之翰	光远	价人	庠生	
臧为楫	蔺然		庠生	

臧氏十七世庠生、增生、监生等情况

姓名	字	号	科举	仕宦、封赠、荫袭等
臧裴基	时夏		庠生	
臧武基	介公		庠生	
臧国基	定之		庠生	
臧世基	辅之		庠生	
臧祚基	文斐		监生	娶巡按胡石屏女
希荣	子山		增生	
臧裕基	思旷	疏庵	庠生	
臧赓	载飏		岁贡生	候选训导
臧忱	子孟		增生	娶花林茅巨源女
臧悦	次仲		庠生	
臧函	含叔		庠生	
臧基辰	勇青		监生	
臧正岳	孟龄		庠生	
臧正岱	人瞻		庠生	
臧封	湘友	龙潭	庠生	
臧崖	云际		庠生	
臧郿	嗣文		庠生	
臧勋	侯初		庠生	
臧希点	子舆		庠生	
臧基鲁	东侯		庠生	
臧埠	兖儒	铁崖	增生	赠奉直大夫 崇祀乡贤祠
臧基周	京叔		庠生	
臧埰	瞻叔		增生	
臧基嵊	山甫		庠生	
臧基宏	在宥		庠生	
臧嘉	仲蕃		庠生	
臧牲	鹿友		廪生	
臧珏	比玉		庠生	
臧喆	吉人	敬亭	康熙癸酉举人	
臧文龄	嵩年	肄庵	郡庠生	
臧坤	以南		郡庠生	

续表

姓名	字	号	科举	仕宦、封赠、荫袭等
臧时叙	叙彝		庠生	
臧时枚	敏来		庠生	
臧兆昌	乾与		庠生	
臧时丰	逢年		郡庠生	
臧直如	南吉	古愚	庠生	
臧培	荆玉		庠生	
臧彝生	五玉	伦叙	庠生	
臧麟趾	振公		庠生	
臧一旂	龙章		庠生	
臧钟骅	禹服		庠生	
臧孙吉	微先	六皆	庠生	
臧宸埴	紫望	闲存	庠生	
臧璐	式玉		庠生	
臧球	瑞臣		庠生	
臧宸兰	畹臣	浣尘	康熙丙申岁贡	金华府训导
臧宸襄	虞臣	竺庵	庠生	
臧道典	学山		庠生	
臧宸荃	葵忱	勉园	庠生	
臧宸献	采臣		廪生	
臧宸谟	日宣	默存	增生	
臧宸简	枚臣			候选州同知
臧宸坦	薇臣	维城	庠生	
臧宸陛	丹臣		增生	
臧宸圻	甸臣		廪生	
臧宸翼	思赞		庠生	
臧宸衷	觐侯	心一	庠生	
臧蕴曹	子建		庠生	
臧蕴王	仲先		庠生	
臧蕴新	孔璋		庠生	
臧文起	公肇		庠生	
臧南金	兆佳		庠生	

五　晚明四大望族出版物之序跋凡例所涉与名人交游关系表

望族出版物	编刊者	交游人物简介	序跋凡例等中能说明交游关系的文字
《练溪集》	凌震撰 凌约言刊	戚贤，字秀夫，号南元，安徽全椒人，官至刑科都给事中	戚贤序："丙戌释褐，叨宰归安，得候先生（凌震）起居，而先生谢铎黔阳，悬车闭户已数岁矣"，"今藻泉（凌约言）孝思之余，检箧中遗稿，梓之官署。刻成示余，且属序之。"
《凤笙阁简抄》	凌约言撰 凌迪知刊	王世贞①	王世贞序："余友人济南李攀龙、歙县汪道昆、吴都俞允文皆以尺牍名，今并凌公四矣。凌尤精二氏学，俱见集中。"②
《国朝名公翰藻》	凌迪知编刊	1. 屠隆 2. 卢舜治，字恭甫，号志庵，浙江乌程人。官通判 3. 王穉登 4. 吴京，字朝卿，号伯峰，浙江乌程人	1. 屠隆叙："吴兴凌君稚哲，人伦之□□古，藏书为当今邺侯家，诸所□□业遍方内，又博搜我朝学士大夫尺牍，汇为一编，名之曰《国朝名公翰藻》。" 2. 卢舜治序："绎泉先生，予少时雅游其□，□箧挟筴，师其家大人，与之束□□，因素服先生奇。" 3. 王穉登序："会吴兴凌公留心此道"；"凌自黔博士公而降，代擅丘坟，人娴笔札，等万卷于百城，托群籍于南面，巨述小篆，充栋盈箱，此编之作，特其染指一脔。" 4. 吴京叙："凌大夫稚甫氏，清修恬淡，而独酷嗜古学……生平著述已夥矣，乃复选辑国朝诸名公启札，汇为五十卷，题曰《名公翰藻》。"
《国朝名世类苑》	凌迪知编刊	皇甫汸（1497—1582），字子循，号百泉，江苏长洲人。嘉靖八年进士，官尚书吏部郎。有《皇甫司勋集》等	皇甫汸序："吴兴凌大夫燕居，取本朝名臣著称籍甚者，汇次之，题曰《名世类苑》。乃驰一介之使，奉咫尺之书，属序于司勋氏。"
《楚骚绮语》	凌迪知编刊	张玄超	凌迪知序："适云间张君玄超持所摘《骚》语印证，余重订之，梓布海内。"

---

①　如果人物简介空白，说明第二章第三节已提到此人，或本表格中前面部分已介绍；另外，四大家族成员因本书其他部分有较详细介绍，亦略，或仅揭示辈分关系。

②　王世贞《与凌稚哲》提及凌迪知托华存叔请己作序事，见《国朝名公翰藻》卷三十二，《四库存目丛书》集部第314册，第109页。

续表

望族出版物	编刊者	交游人物简介	序跋凡例等中能说明交游关系的文字
《古今万姓统谱》附《姓氏博考》	凌迪知编刊	1. 王穉登 2. 王世贞 3. 吴京	1. 王穉登序:"余往岁有苕之役,凌大夫实授简焉,曰:'……箧既盈矣,窃欲以命厥氏也,子幸序其首。'余既谢,不获命,携其草归,旦夕阅者,又几易弦朔矣。" 2. 王世贞序:"盖自唐宋而来,其谱姓毋虑数十家,而吴兴凌大夫始合而为一。……凌大夫名迪知,壮而解郡绶归,著书成一家言,兹亦其卓然者。"① 3. 吴京叙:"凌大夫稚哲甫,早年解组,沈酣典籍……已辑《姓谱》卷一百有五十而梓行矣,复考方册所载之说,汇为一编,而折衷之,题曰《氏族博考》,授余。余读之,作而叹曰";"大夫居家好闲,有羔羊素丝之风,读书也专,述古也多,此其述之大者云。"
《五车韵瑞》	凌稚隆编刊	谢肇淛	谢肇淛序:"以栋得余言,必有莫逆于心者,则书而归之。"
《史记评林》	凌稚隆编刊	1. 王世贞 2. 茅坤 3. 徐中行 4. 金学曾、张之象	1. 王世贞序:"余读《史记》者三,尝掩卷而叹其未逮也,乃今凌以栋先之矣。以栋之为《史记》也,其言则自注释以至赞骂……自今而后,有能绍明司马氏之统,而称良史至文者,舍以栋,奚择哉!" 2. 茅坤序:"予乡凌君稚隆氏,少随其父尚书郎藻泉公读诸家之评,辄自喜,稍稍日镌而夕次之……刻既成,题之曰《评林》。嘻!兹编也,殆亦渡海之筏也!" 3. 徐中行序:"凌氏以史学显著,自季默有概矣。加以伯子稚哲所录,殊致而未同归。以栋按其义以成先志,集之若林而附于司马之后。观乎所哀次,其才可概见已……顾余尝有所评,以栋未之及知,乃引其大都于端,亦以备百家之一云尔。" 4. 凌稚隆识:"乃伯兄稚哲、友人金子鲁来自国门,获所录诸名家批评总总焉,私窃艳之。而云间张玄超持所纂发微者,造余庐而印证也……金子鲁名学曾,张玄超名之象,先大夫讳约言,伯兄名迪知。"

① 王世贞《与凌稚哲》曰:"《万姓统谱》成,遂为三千年指掌图。"见《国朝名公翰藻》卷三十二,《四库存目丛书》集部第314册,第109页。

续表

望族出版物	编刊者	交游人物简介	序跋凡例等中能说明交游关系的文字
《汉书评林》	凌稚隆编刊	1. 王世贞 2. 王宗沐 3. 何洛文 4. 陈文烛 5. 茅坤	1. 王世贞序:"凌际叔于世无所嗜,独嗜书……赘而以书,请得一言标其旨。"① 2. 王宗沐叙:"吴兴凌以栋以固书无善本,乃并叙古今之窃有题评者,节附于束末刻之,题曰《评林》。因友人蔡生大节而问序于余。" 3. 何洛文序:"先是吴兴凌子稚隆镂《史记评林》,海内学士读而赏者半,病者半。凌子意不自持,间以问余。余为之说……凌子爽然释,坚然信,归复镂《汉书评林》而以余言弁其端。" 4. 陈文烛序:"吴兴凌以栋博学善藏书,承其先大夫季默与其兄工部郎稚哲之训,作《史记评林》,复取《汉书》者而汇次之。" 5. 茅坤序:"凌太学囊抱先大夫藻泉公所手次诸家读《史记》者之评,属予序而梓之,已盛行于世矣。世之缙绅先生嘉其梓之工,与其所采诸家者之评,或稍稍概于心也,复促之并梓《汉书》为一编。工既竣,复来属予序之。"
《春秋左传注评测义》	凌稚隆纂刊	1. 王世贞 2. 陈文烛 3. 范应期	1. 王世贞序:"凌以栋少习《春秋》,而于《左氏》尤称精诣。中年以来,乃尽采诸家之合者而荟蕞之……以栋之忠于左于杜,其尤炳然哉!盖以栋之于太史公、班氏皆有书曰《评林》,而兹独曰《注评测义》。曰注曰测义,则进于评矣。余故得而序之,异日左氏之乡有岿然而宫者,以栋不在两庑,而在堂坫之间矣。" 2. 陈文烛序:"此凌以栋《注评测义》所由作也。谓余有《左》癖,而问序于章江之浒……以栋钻厉精且详焉,斯已勤矣。" 3. 范应期叙:"余友凌以栋氏,笃古耆修,下帷发愤,业已校评马、班二史,梓行海内,播诵艺林颇久。顷复潜心左氏,搜集群书,阅五载而成。"
《史记纂》	凌稚隆纂刊	王世贞	王世贞序:"以栋既梓其《史记评林》而行之,不佞为叙之矣。已又梓所谓《史记纂》者,何也?……是故《史记纂》行,而治太史公者固不必皆贵近有力也。"②

---

① 《国朝名公翰藻》卷三十二载王世贞《与凌以栋》,有评价《汉书评林》之言,曰:"此书行,所谓班氏朽骨得蒙荣造矣,但往往令小鸟抛粪佛头,恐成蛇足。顾已相许,旬后可令人见取也。"

② 王世贞《与凌以栋》曰:"既许为草《史记纂》序,忽忽忘之,使者以手教至,方醒属。有人事之累,不获刻精其辞。"见《国朝名公翰藻》卷三十二,《四库存目丛书》集部第314册,第110页。

续表

望族出版物	编刊者	交游人物简介	序跋凡例等中能说明交游关系的文字
《汉书纂》	凌稚隆纂刊	王兆云	王兆云序:"乃者《汉书评林》成,以栋复辑《汉书纂》,亦如《史(记)纂》也者,而抉摘愈隽永……时又杀青,大搜古今竹素类缀之,命曰《三极志统》,即《汉书》不过其畸支耳。于是见以栋闳材兼总,其于编摩家,盖能博约互为用也。"
《申椒馆敞帚集》	凌湛初撰凌迪知刊	1. 皇甫汸 2. 陈鎏(1506—1581),字子兼,别号雨泉,苏州府吴县人。学者、书法家。嘉靖十七年进士,官至四川布政使 3. 陆光祖(1521—1597),字与绳,浙江平湖人。嘉靖二十六年进士,官至吏部尚书 4. 何良俊(1506—1573),字元朗,松江华亭人,明代戏曲理论家。 5. 黄姬水(1509—1574),字致甫,又字淳父。苏州府吴县人。黄省曾之子。书法家 6. 文嘉 7. 沈仕(1488—1565),字懋学,号青门山人,浙江仁和人,画家、诗人 8. 王穉登 9. 释方泽,字云望,号冬溪,浙江嘉善人 10. 刘兼,号樗社散人,浙江绍兴人	1. 皇甫汸序:"隆庆四载,朱明末垂,司勋氏方消渴茂陵,避暑河朔。乃有使从苫雪来者,持尺牍届吾庐。发缄申素,烂若点绚,响如振玉,盖文学玄旻所移书也,以尝著《敞帚集》属余为序。" 2. 陈鎏序:"吴兴凌玄旻,以英敏之姿,渊邃之学,业举之暇,为古诗文,……集成,将付之梓,因崔君篁洲问序于余。" 3. 陆光祖《申椒馆敞帚集序》:"《敞帚》者何?吴兴凌玄旻子所作也。……凌子天异其才,又弗替于学,以是发之为文,则走班马于毫端,卧潘曹于纸上。" 4. 何良俊序:"余求文士于天下,吴兴得二人焉,练溪凌先生、太初孙先生,最后又得凌洞湖云。……洞湖君名湛初,字玄旻,即练溪先生孙也。" 5. 黄姬水:"吴兴玄旻凌子梓其所为文暨书而以赠言附焉,命曰《敞帚集》。百里走仆,命余为序。" 6. 文嘉《申椒馆敞帚集序》:"《敞帚集》者何?玄旻凌子自命其所著之集之名也。家有敞帚,享之千金,不自见意也,玄旻奚取焉?嘻!此玄旻之谦也。" 7. 沈仕《申椒馆敞帚集序》:"吾取其放言之成章也,卉辑而永言之,命之曰天放乎敞帚。天放子曰:子言其知言。擢而纪于副墨氏之上方。" 8. 王穉登《申椒馆敞帚集序》:"于是穉登读凌子言而羡之,不能以口自愧,其文鄙,欲尽弃遗之,以请凌子。凌子顾不鄙,而属序若集。" 9. 释方泽《申椒馆敞帚集序》:"玄旻凌子,早岁读经子史汉百家之书,即掩卷叹曰……既冠,成巨帙,名曰《敞帚》,志谦也。因晋川孙子视余,余发之,灿烂若星彩之炫耀也。" 10. 刘兼序:"凌子玄旻幼而循齐,……即一字片札,直欲追踪秦汉之困阃。"①

---

① 刘序转引自黄仁生《日本现藏稀见元明文集考证与提要》,岳麓书社2004年版,第261页。其他见《天津图书馆孤本秘籍丛书》第11册所收明刻本《申椒馆敞帚集》四卷。

续表

望族出版物	编刊者	交游人物简介	序跋凡例等中能说明交游关系的文字
《薄蹄书》	凌湛初撰 凌迪知刊	1. 王世贞 2. 俞允文（1513—1579），字仲蔚，昆山人。明代书法家，善诗文，有《俞仲蔚集》 3. 张文栋	1. 王世贞序："元旻之为书，大者数百千言矣，称'薄蹄'，示抑也。"① 2. 俞允文序："吴兴凌自玄旻文学奇分天出，雄志迈伦，研百家之言，摘瑰丽之藻，而于尺牍尤极翩跹，积久成帙，命之曰《薄蹄》。" 3. 张文栋跋："此吾友凌子玄旻遗文也。……缮部公之刻也，则使予序之。"
《叹逝录》	凌润初撰 凌湛初刊	王世贞	王世贞序："盖凌世世受文，至玄旻兄弟，益茂矣。玄雨志不满万古，而仅止弱冠。"又王氏《与凌玄旻》曰："昨从匆匆中叙《叹逝》，乃足下加灾于木矣。"② 凌湛初《上王观察元美》："曩俞君之以《叹逝》序请也，谓先生当噤吟哦也，而先生乃许我也。"③
《圣门传诗嫡冢》	凌濛初撰刊	1. 何万化 2. 潘湛，字朗叔，又名阳升，字朗士，号画山。潘季驯孙。以荫任职都察院，历任刑部郎中。有《画山楼诗集》④	1. 何万化序："西吴凌子初成，穷经嗜古，尝以合子夏序为《孔门两弟子言诗翼》，已深玩笃好。更合《鲁诗》毛传、郑笺诠正，以己意名曰《圣门传诗嫡冢》。寅长潘昭度先生，其戚也，居闽，尝出示余索序。" 2. 凌濛初《凡例》："表弟潘湛朗士父⑤、子凌琛献之父同订。"
《后汉书纂》	凌濛初纂刊	王穉登	王穉登序："《后汉书》无纂，纂之，自余友凌玄房始"，"纂而出玄房手，犹丹萤化为腐草，紫磨炼于顽铁"，"然玄房之鼎，可函太牢，乃以烹鸡小用，岂不惜哉！"

---

① 凌湛初《与王观察（王世贞）》："刻书记一本，命曰《薄蹄书》，阁下所不少我者，不吝作《薄蹄书》一叙也。"又王世贞《与凌玄旻》："今复欲序《薄蹄书》，何足下之偏嗜也……舟次小暇，当为命笔。"分别见《国朝名公翰藻》卷五十二、卷三十二，《四库存目丛书》集部第314册，第605、110页。
② 见《国朝名公翰藻》卷三十二，《四库存目丛书》集部第314册，第110页。
③ 见《国朝名公翰藻》卷五十二，《四库存目丛书》集部第314册，第606页。
④ 乾隆《湖州府志》卷五十八《艺文略》、卷七十二《人物》。
⑤ 凌濛初在《圣门传诗嫡冢凡例》中称潘湛为表弟，但在《游杼山赋》中称潘湛为表兄，两者相左，不知何故。

续表

望族出版物	编刊者	交游人物简介	序跋凡例等中能说明交游关系的文字
《陶靖节集》	凌濛初刊	何公露①，名湛之，号矩所，南京人，万历十七年进士，官四川参议，草书绘事并臻绝妙	凌濛初识："从来以继陶者莫如左司，而两集无合刻者。合之，自何观察公露始。余游白门时，以其刻见示，为之爽然。"
《孟浩然诗集》	凌濛初刊	潘景升（1556—1622），名之恒，号冰华生，安徽歙县人。工诗好曲	凌濛初识："《襄阳诗集》，刘须溪先生批校本乃其全者，近更得友人潘景升家所梓行。"
《识英雄红拂莽择配》	凌濛初撰刊	1. 孙起都，字子京，号幼如，又号意在亭主人，南京人。万历时监生。著有《意在亭集》 2. 丘荩明，俟考 3. 马云，字犹龙，更字辰翁，画家	1. 孙起都序："吾友凌初成，天赋特异，而知者绝少。即知者，复与药师微时所遇类。故感以元术，谱其事，曲折如画，说者谓此初成自道。" 2. 凌濛初小引："顷者薄游南都，偶举此事，余友丘荩明大称快，督促如索逋。南中友孙子京每过逆旅，必征观。间日一至，问更得几行。出视，即抚掌绝倒。" 3. 凌濛初识："余既以三传付剞劂氏，友人马辰翁见而击节，遂为余作图……辰翁名云，字犹龙，今以字行，更字辰翁，博雅多能，此特其一斑也。"
《东坡禅喜集》	凌濛初刊	1. 冯梦祯，字开之，号真实居士，浙江嘉兴人。明万历五年进士，官至南京国子监祭酒。冯梦祯孙冯延生娶凌濛初女② 2. 行忞，即复元上人，紫柏法师弟子，与冯梦祯、朱国祯、董斯张等结方外社，有《且止庵诗集》	1. 冯梦祯《跋传灯录》："今春遇菩凌玄房夸示余此本，与余藏本无异，而装潢有加焉。" 2. 凌濛初识："此开之先生所跋余元板《传灯录》语也。" 3. 凌濛初跋："岁之癸卯，开之先生有吴闻之游，招余往。因联舟以行，各有诗……问余奚囊携得何书，余以《景德传灯录》及苏、黄《禅喜集》对……先生爱《传灯录》之精好，为书一跋，又点阅二《禅喜集》。在坐有释行忞。"

---

① 四库馆臣误以为"公"是尊称，其人为"何露"，见《四库总目提要》卷一百九十三"陶韦合集"条。目前学界亦屡见此误。

② 据《光绪凌谱》卷八，凌濛初有女嫁仁和冯延生；又据《快雪堂集》卷二十八，冯梦祯曾在凌濛初府上见到"其女字次孙者"。见《四库存目丛书》集部第164册，第419页。

续表

望族出版物	编刊者	交游人物简介	序跋凡例等中能说明交游关系的文字
《孔门两弟子言诗翼》	凌濛初纂刊	1. 凌义渠 2. 邹忠胤,字肇敏,江苏武进人。万历四十一年进士,官至江西按察副使。穷研经学,著述甚多 3. 钟惺(1574—1624),字伯敬,竟陵派领袖	1. 凌义渠序:"叔初成氏沉酣于《诗》……往在长安,见邹肇敏氏言有子贡《诗》……今初成叔广搜而得之,以吒示余……闻叔氏云,行且别有以阐扬之。" 2. 凌濛初叙:"曩竟陵钟伯敬于燕邸示余以所评《诗》本,独为《三百篇》开生面。"
《二刻拍案惊奇》	凌濛初撰	睡乡居士,俟考	睡乡居士:"即空观主人者,其人奇,其文奇,其遇亦奇。因取其抑塞磊落之才,出绪余以为传奇,又降而为演义,此《拍案惊奇》之所以两刻也。"
《世说新语》八卷	凌瀛初刊	1. 凌濛初 2. 冯梦祯	凌瀛初识:"嗣后家弟初成(凌濛初)得冯开之(冯梦祯)先生所秘辰翁、应登两家批注本,刻之为《鼓吹》。"
《千秋绝艳图》	凌瀛初刊	闵振声(即闵声)	闵振声跋:"花月郎闵振声为冯虚兄(凌瀛初)书并跋。"
《苏长公合作》	凌启康刊	钱一清,俟考。钱序中"内兄康仲"当指凌启康。又据《光绪凌谱》,凌启康娶同邑进士福建参政钱拱辰女①。可知,凌、钱二氏多有联姻	钱一清序:"适内兄康仲编阅是集,复穷搜诸什,以发其奥,质予于孤芦蒿径中。予久病渴,阅竟忘疲,因就《合作》为康仲缀其余论如此。"
《苏长公小品》	凌启康刊	施峣宾,字我嘉,号蟹庵居士。凌云之塾师,凌性德、凌启康、凌弘宪之友	施峣宾序:"余友安国凌次公读而嗜之,嗜而丹铅之,以广同嗜者……是为叙。友弟施峣宾题。"

---

① 蒋文仙说钱一清是钱拱辰子,见蒋文,第254页。然据序,凌启康是钱氏妻兄,并非钱一清是凌氏妻兄,故钱一清不可能是钱拱辰子。

续表

望族出版物	编刊者	交游人物简介	序跋凡例等中能说明交游关系的文字
《红梨记》	凌性德刊	1. 玉蟾道人，湖州人①。俟考 2. 顾茂安，俟考	1. 玉蟾道人："于是晟溪朗庵子（凌性德）为之寻宫摘调，指事谐声……。" 2. 凌性德识："予今岁梓《红梨》，闻之友人顾茂安者珍此像为世宝，购名笔往摹之。"
《曹子建集》	凌性德刊	施辰宾	施辰宾序："至辑遗订谬，颜朱杀青，为之振藻词坛，社友成之（凌性德）兄实董成已。"
《虞初志》	凌性德刊	朱白民，名鹭，苏州人。诸生，有俊才，工书画。与王芥庵、赵凡夫称"吴下三高"	凌性德序："去年游吴门，遇友人朱白民斋头，其案上所读则《虞初》也……曰：'是予令吴石公所手识也'"；"遂请曰：'石公往矣，无泯其所嗜，愿梓之以公同好。'"
《诗经》	凌杜若刊	1. 钟惺 2. 凌濛初	1. 凌濛初序："吾友钟伯敬以《诗》起家，在长安邸中示余以所评本。" 2. 凌杜若识："仲父初成自燕中归，示余以钟伯敬先生所评点《诗经》本，受而卒业。"
《唐诗绝句类选》	凌云刊	1. 施辰宾 2. 陈之佶（1591—1644），字吉人，号钟鳌，浙江海宁人。太学生，陈与郊孙②	1. 施辰宾序："而宣之甫复新是集也何？盖宣之仅弱冠耳，曾问字于蒙，执经时颇好韵语，恒与余谭及之。越三载，过斋头，见取东谷评，略为芟薙……遂就余请曰：'先生肯惠一言弁之乎？'余笑曰：'子以四始补博士弟子行，以四声蜚名木天矣。'" 2. 凌云识："外兄陈钟鳌至，寓目焉，嗾予曰：'若里中梓绘不胫而走海内者种种矣，何不并是集而颜之？'" 3. 凌云题辞："后于陈钟鳌处复得顾东桥选本。"
《苏文忠公策论选》③	凌汝亨刊	1. 沈绪蕃，字弱瞻，湖州归安人，万历壬子（1612）举人 2. 韩昌箕，字仲弓，乌程人。崇祯癸酉副贡。工诗文。有《王谢世家》《历代史衡》等	1. 沈绪蕃序："余友文起（凌汝亨），精心此道，并欲出以公世。" 2. 韩昌箕叙："吾友文起遴而合梓之，有稗今日学者之实用。"

---

① 序中有"以暨吾湖故鄣之晋叔亦邈矣"之句。
② 关于海宁陈氏，可参见闫勖《陈与郊研究四题》，硕士学位论文，浙江大学，2011 年。
③ 此书乃凌汝亨所刻，安徽大学图书馆有藏，误以为茅氏所刻。见郑玲、黎如芷《馆藏古籍入选国家珍贵古籍名录》，《导读》第 59 期，转引自 http://www.lib.ahu.edu.cn/daodu/daodu59.htm。

续表

望族出版物	编刊者	交游人物简介	序跋凡例等中能说明交游关系的文字
《南华经》十六卷	凌森美、沈汝绅刊	沈汝绅,字荐卿,吴兴人。凌森美姐夫或妹夫	沈汝绅序:"余始有于《南华》,而汇集诸家评点,择其最以从。偶语与友人凌君实氏,渠鼓掌谓余曰:'《庄子》一书,久沉沉锢,如果一新,诚为快举。然窃怪批点世都滥觞,堪为识者鄙。先祖以栋,家藏有刘须溪批本,此亦海内罕睹者,当出箧以示。'余因得是集。"
《会稽三赋》	凌弘宪刊	1. 凌启康 2. 施扆宾	凌弘宪序:"适家仲安国（凌启康）取苏文忠公《合作》《小品》俱授之梓,几无剩简,而王文忠公文缺焉不讲。商之友人施我嘉,亦曰:'王文忠文辞少见……。'"
《唐诗广选》	凌瑞森、凌南荣（楷）刊	1. 凌述知 2. 王世贞 3. 徐中行	凌瀛初序:"他日,客复馆先君子所,出其本相示,家仲叔（凌述知）欣然授诸梓,而《选》始传。后元美（王世贞）观察吾郡,见而语先君子曰:'此当有漏,其完者,子与（徐中行）行且校之。'先君子更从子与所请,得其原抄本,则子与时自有丹铅评骘之草犁然,秘之书簏。"
《琵琶记》	凌瑞森刊	凌瀛初	凌瑞森识:"会同叔即空观主人度《乔合衫襟记》,更悉此道之详。旋复见考覈《西厢记》,为北曲一洗尘魇。因请而致力于《琵琶》,以为双绝。遂相与参订,殚精几年许,始得竣业。"
《幽闺怨佳人拜月亭记》	凌瑞森刊	1. 凌瀛初 2. 沈璟（1553—1610）,字伯英,号词隐先生,吴江派领袖	凌瑞森跋:"乃家仲父即空观主人（凌瀛初）,素与词隐生伯英沈先生善,雅称音中埙箎。每晤时,必与寻宫摘调,订格考误,因得渠所抄本。"
《庄懿公集》十卷	闵珪撰 闵闻刊	王瓒（1462—1524）,字思献,号瓯滨。永嘉人。弘治九年榜眼,官吏部右侍郎	王瓒序①:"公由御史历宫保,前后四十余年,大政庶务,丛集沓至,无一日之隙也。"
《闵庄懿公诗集》八卷	闵珪撰 闵一范刊	萧良有（1549—?）,字以占,号汉中。湖北汉阳人。明万历八年榜眼,官国子监祭酒	萧良有序:"闵仲父氏（闵一范）与若曇仲升氏（闵世翔）同举于朝,而仲父氏与不佞同门,尤雅相善。"

---

① 按:此刊本佚,王序转引自《晟舍镇志·著述》。

续表

望族出版物	编刊者	交游人物简介	序跋凡例等中能说明交游关系的文字
《午塘先生集》	闵如霖撰 闵道孚、闵世誉刊	姚弘谟（1531—1589），字继文，号禹门，浙江秀水人。闵如霖门人。嘉靖三十二年进士，官至吏部侍郎兼翰林院侍读学士	姚弘谟序："兹集为午塘先生遗文若诗，其子道孚、孙世誉辑而刻之。"
《春秋左传》	闵齐伋刊	韩敬，字简与、求仲，号止修，湖州归安人。万历三十八年状元	韩敬序："复有吾乡闵赤如、遇五、用和昆从，手创分次经传，特受先生之评，以朱副墨，一览犁然"；"今赤如昆友，复以分次题评，擅有其一。"
《读风臆评》	闵齐伋刊	1. 闵梦得，齐伋兄，官至光禄大夫、太子太保、协理京营戎政兵部尚书 2. 戴君恩（1570—1636），字忠甫，号紫宸。湖南澧州人。万历癸丑进士。撰有《读风臆评》	闵齐伋跋："戊午之后，我仲兄翁次氏（闵梦得）承乏监试蜀闱，遂得与先生（戴君恩）朝夕焉。"
《绘孟》	闵齐伋刊	龚惟敬，戴君恩之婿	龚惟敬跋："已而乌程闵遇五太学得于其尊兄方伯昭余先生（闵梦得），复加朱黛，为刻于吴中，海内人士竞相传诵。"①
《草韵辨体》	闵齐伋刊	闵梦得	闵梦得序："季弟齐伋三订六经，既竣事，于是恭摹神宗皇帝御制二篇及《草韵辨体》，并六经以流通。"
《檀弓》	闵齐伋刊	闵元京，字子京，太学生	闵齐伋序："顷从从弟子京所，见谢高泉先生所校本，盖旧本也。"
《唐孙职方集》	闵齐伋刊	潘曾纮（？—1644）字昭度，湖州乌程人。万历四十四年进士，官至南赣巡抚。著名藏书家，搜集宋室野史甚多	闵齐伋跋："家有写本，为吾亡友潘昭度所遗，存箧中久矣。"

---

① 按：龚惟敬此跋非为闵刻本而作，不能证明他与闵氏有交游，但据所引文字，他对闵氏兄弟及其所刊书籍多有耳闻。

续表

望族出版物	编刊者	交游人物简介	序跋凡例等中能说明交游关系的文字
《文选瀹注》	闵齐华撰刊	1. 钱谦益，字受之，号牧斋，明末清初文坛领袖 2. 孙鑛（1543—1613），字文融，号月峰，余姚人，万历二年会元，官至南京兵部尚书。明代著名学者 3. 闵梦得	1. 钱谦益序："吴兴闵赤如先生，高才闳览，博极群籍，研核于《文选》有年，遂为《瀹注》一书"；"今先生簪缨累世，俛首青毡……他日修明史者，与有唐之李氏并传，而虞山为先生之汴郑，牵连得书，亦与有荣施焉。" 2. 闵齐华《凡例》："仲兄翁次（闵梦得）宦游南都，先生（孙鑛）手授焉。"
《文选后集》	闵于忱刊	沈绪蕃	沈绪蕃小引："小子何知鉴定，自松筠主人（闵于忱）斯在。"
《孙子参同》	闵于忱刊	郎景愚，当是湖州孝丰郎文焕，号心葵。万历中岁贡，曾官南京工部郎，冬官是工部的通称。工诗文，有《含心集》①	闵于忱小引："甲寅岁，余留邺邸，冬官景愚郎公以所刊凤洲批注十三篇见示。"
《兵垣四编》	闵声、闵暎张刊	1. 陈继儒（1558—1639），字仲醇，号眉公。华亭人。明代著名文学家、书画家、山人。有《陈眉公全集》 2. 顾天埈（1561—?）字升伯。江苏昆山人。万历二十年探花。曾参与安抚朝鲜内战。谢政归乡后，致力于著述 3. 徐亮，字元亮，江苏东海人 4. 臧懋循 5. 闵暎张	1. 陈继儒叙："博士臧晋叔酷好此书，高卧山中，批阅点定，悠然有隆中抱膝之思焉。闵襄子得之，因付剞劂氏。" 2. 顾天埈叙："襄子（闵声），西吴名隽，当借玉阶盈尺，集锦窠满万，与榷所长，此特婆心一叶而已。" 3. 徐亮跋："岁庚申，余有西吴山水之约。会春明，薄游若上，逗留闵襄子斋，声气偶合，遂订交焉……因出《四编》相示……得从刊阅之役。" 4. 闵声跋："小子不敏，不能请缨阙下……曾于先渭阳晋叔（臧懋循）氏手受诸编。" 5. 闵暎张跋："兹汇而梓之以传者，则张从父襄子氏也……而张不敏，得共刊阅。"

---

① 参见龚肇智《郎文焕家族——孝丰郎氏（一）》，http://blog.sina.com.cn/s/blog_9f3e220201019vz5.html。然龚氏言文焕字"景白"，而非"景愚"，俟考。

续表

望族出版物	编刊者	交游人物简介	序跋凡例等中能说明交游关系的文字
《欧余漫录》	闵元衢撰、刊	1. 陈继儒 2. 焦竑（1540—1620）字弱侯，号漪园、澹园、龙洞山农。万历十七年（1589）状元，官至南京司业。明代著名学者、藏书家	1. 陈继儒序："康侯精公车言，跻跋词场，于少年无两。居恒闭关，纵读天下书"；"康侯为宗伯名德之后，才情横溢，顾能颏首而就千秋，即《欧余》一录，不能尽康侯名山之副"；"读《欧余漫录》，弥恨无以当康侯，而康侯固邀余一言弁其首，且订异日为百尺楼上语。" 2. 焦竑序："吴兴闵君康侯，英年绩学，乐善好古，每有见闻，辄登之录。洒洒千言，纠传闻之讹，补史乘之阙，阐先世之轶事，拾名贤之伟撰，此古称有为而作者。……然则通人、端士合而为一人者，康侯也夫。"
《罗江东外纪》	闵元衢刊	1. 闵及申，字生甫，号园客，崇祯戊辰进士，官至礼部精膳司郎中 2. 闵元京 3. 闵齐伋	1. 闵及申序："叔氏荟总佚志，班班简册"；"叔氏闲居赜览，渊衷森穆，襟抱所期，故应有托。" 2. 闵元京序："顾百世之后有吾兄一人为知己，昭谏可不恨矣。" 3. 闵元衢识："叔氏襄子（闵声）得陆五湖先生手书晞发道人（谢翱）近稿泊《天地间集》于松陵①。余从遇五兄（闵齐伋）借观近稿。"
《类次书肆说铃》	闵元衢刊	刘诚季，俟考	闵元衢序："岁己亥，邂逅刘诚季君，偶睹其所藏书《书肆说铃》一帙。"
《合疏董彦远除正字谢启》	闵元衢、董斯张撰	陈继儒	陈眉公《答康侯问》："前读吾丈与遐周先生合疏董启，真国朝第一奇博，即起用修、元美两先生而问之，愕不知置对。"②
《草堂赓咏》《咒园吟》	闵元衢撰	叶秉敬（1562—1627）字敬君，号寅阳，衢州府西安县人。万历二十九年进士，官至荆西道布政司参议。著作宏富，《四库总目》著录有四十余种	叶秉敬序："往予与闵昭余公同在冬官时，得康侯手书，并得《（欧余）漫录》诸刻而读焉，予辄赏心而不能自已。兹复得《草堂赓咏》与其《咒园吟》而反复讽诵，若有一阵清风，不知何自而来。"③

---

① 陆五湖，名师道（1517—？），字子传，长洲人。嘉靖十七年进士，官礼部主事。明代画家。
② 董斯张：《吹景集》卷十三，《续修四库全书》子部第 1134 册，第 119 页。
③ 是书佚，叶序转引自《晟舍镇志》卷六《著述》"《草堂赓咏》《咒园吟》"条。

续表

望族出版物	编刊者	交游人物简介	序跋凡例等中能说明交游关系的文字
《梅听录》	闵元衢撰	董斯张,字然明,号遐周,湖州乌程人。晚明文人,重气节	董斯张序:"闵君康侯,吾僚婿……所著《欧余漫录》为澹园、眉公印可。近复有《梅听录》一书……升庵复生,当首肯康侯矣。"
《文致》	闵无颇、闵昭明刊	1. 沈圣岐,字千秋,乌程人。万历丁未进士,官至济南知府。善书。《吴兴诗存》卷十二、《明诗综》卷六十五有传 2. 闵元衢	1. 沈圣岐序:"适以平（闵无颇）、伯戣（闵昭明）两君,各出其意中独得者,问叙于余。" 2. 闵元衢叙:"愚尝读《文致》而佳其命题倩丽,辞采娟娟,惜取材近而鱼鲁淆,犹觉致短,政拟穷披焉,而不意以平、伯戣先之。"
《秦汉文抄》	闵迈德刊	1. 臧懋循 2. 闵暎璧	臧懋循序:"我湖闵氏称望族,古文词大半为其家刻,而曰斯（闵迈德）诸君复取秦汉文,一订政之。批点宗融博氏,参评集诸大家,闭户精批,阅岁而告成事。属余弁诸首,则文仲君（闵暎璧）也。"
《古诗归》	闵振业校刊	吴德舆,俟考。钱谦益有《吴德舆次东坡狱中寄子由韵,作丁丑纪闻诗,感而和之》	吴德舆叙:"《古诗归》凡十五卷,《唐诗归》凡三十六卷,余友闵士隆所重校也。赤文绿字,玉质金镶,崇时尚也。"
《史记抄》	闵振业刊	陈继儒	陈继儒序:"今见吴兴闵士隆新刻朱评,大较本于鹿门,而旁采诸家之题品者参半";"若使见闵士隆所镌朱评,其心目开张,手足舞蹈,又不知何如也";"闵氏三变而为朱评,书日富,亦日精";"吴兴朱评书错出,无问贫富好丑,垂涎购之。"
《湘烟录》	闵元京、凌义渠辑刊	1. 陈之湑,字淡夫,湖北江夏人。万历庚戌进士,官晋江知县、山西副使等 2. 董斯张	1. 陈之湑题词:"每读子京之文,风神隽远。……一日,手一编,属余弁。" 2. 董斯张叙:"《湘烟录》者,余友凌骏甫暨其舅闵子京所辑云。始骏甫访余病中,一晤对便推今古。"
《苏文》	闵洪德刊	沈闇章,俟考	沈闇章序:"余友闵氏尔容（闵洪德）复取而综核之……授其编,属余序。"
《初潭集》	闵遽刊	闵昊	闵昊跋:"诸从子剞事告竣,索跋于余。"

续表

望族出版物	编刊者	交游人物简介	序跋凡例等中能说明交游关系的文字
《光禄寺珍馐署查刷事迹》	闵世桢撰	唐文献（1549—1605），字符征，号抑所，松江华亭人。万历十四年状元，官至礼部右侍郎。有《占星堂集》十五卷，首刻《东坡禅喜集》	唐文献序："公在光禄，某事省岁额金者千，某事省月供者百，累纤积微，俱有万画。"
《白华楼藏稿》《续稿》《吟稿》	茅坤撰 茅翁积等刊	1. 王宗沐 2. 陈文烛	1. 王宗沐序："（茅坤）因出其子翁积所衰刻《白华楼集》若干卷，曰：'平生竭力在此，何如作者？君为我序之'。" 2. 陈文烛序："《白华楼藏稿》《续稿》《吟稿》，鹿门先生所著也。先生文章尔雅，雄视宇内，谓余可闻斯旨，曾序其文，先生以全集寄豫章，属予序焉。"
《东坡先生全集》	茅维编刊	焦竑	1. 焦竑序："《经解》，余向刻于沧州，茅君孝若复取诸集，合为此编，而属余为序。" 2. 茅维序："既嗟所阙，复憾其伪，丐秣陵焦太史所藏阁本，外集太史公咏，博而有专嗜，出示手校甚核。"
《皇明策衡》	茅维辑刊	1. 黄汝亨（1558—1626），字贞父，钱塘人，万历二十六年进士，官至江西布政司参议。有《天目记游》《寓林集》《寓庸子游记》等 2. 李衷纯，字玄白，浙江秀水人。万历壬子举人，官如皋县令，累官至两淮盐运使。《静志居诗话》卷十七、《牧斋初学集》卷五十四有传	1. 黄汝亨序："孝若夙有妙才，文弱登坛，乃其志略在当世，黯然未究于用，而露一班之识，衡鉴兹编，领袖末学，良亦远矣。" 2. 李衷纯序："友人茅孝若氏，赤帜艺坛，又抱经济之略，最湛心衡策……严采之，得三百二十余首……余谓：'此宁忍私之帐中？'孝若唯唯，遂板镂以公四方。"

续表

望族出版物	编刊者	交游人物简介	序跋凡例等中能说明交游关系的文字
《皇明论衡》六卷	茅维辑刊	1. 李维桢（1547—1626），字本宁，京山人。隆庆二年（1568）进士。累官至礼部尚书。有《大泌山房集》一百三十四卷 2. 黄汝亨	1. 李维桢《论表策衡序》："吴兴茅孝若衷弘治以来诸录策为《策衡》，已而为《论衡》《表衡》，冯开之、黄贞父、李玄白三公为序。又十年，所收日益，则属不佞为序……（其录五策）传者半归不佞，孝若谬收之，不胜形秽之惭。" 2. 黄汝亨序："万历乙巳，孝若刻《策衡》，予实为之序……又十年，而《论衡》《表衡》成，予又序之……孝若以为此《衡》也，则铢之两之，钧之石之，在善用权者哉。"
《北闱赘言》	茅维撰刊	1. 朱国祯（1558—1632），字文宁，号平涵，湖州乌程人。万历进士，天启时官礼部尚书兼东阁大学士，有《皇明史概》《涌幢小品》等 2. 李衷纯 3. 夏嘉遇，字正甫，松江华亭人。万历三十八年进士，官至吏部文选郎 4. 王士昌，字永叔，号斗溟，浙江临海人。万历十四年进士，官至福建巡抚。其父王宗沐、兄王士琦亦官至巡抚，时称"一门三巡抚"。有《三垣摘疏》《镜园藏草》等 5. 温体仁（1573—1639），字长卿，号园峤，湖州乌程人。万历进士，崇祯时官礼部尚书兼东阁大学士 6. 章光岳，字仲山，江西临川人。万历进士，官至刑部侍郎	1. 朱国祯序署"万历丁巳新正浮上友弟朱国祯撰" 2. 李衷纯序署"长水友弟李衷纯" 3. 夏嘉遇序 4. 王士昌题词署"乙卯秋闰八日友人王士昌" 5. 温体仁引署"乙卯闰月七日友弟温体仁属于燕山文似斋" 6. 章光岳引署"临川友弟章光岳"

续表

望族出版物	编刊者	交游人物简介	序跋凡例等中能说明交游关系的文字
《十赉堂甲乙集》	茅维撰刊	1. 冯时可，字元成，号文所，松江华亭人。隆庆五年进士，官至贵州布政司参政。与邢侗、王穉登、李维桢、董其昌并称"中兴五子" 2. 屠隆 3. 吴梦旸，字允兆，号北海，与同郡茅维、臧懋循、吴稼竳并称四子。有《射堂诗抄》十四卷 4. 陈继儒 5. 梅守箕，字季豹，安徽宣城人。太学生。有《居诸集》 6. 黄汝亨	1. 冯时可《十赉堂甲乙集序》："孝若十五操缦，二十登坛，名字在人间最早。今海内且以尊宿事之，孝若则忽忽不自聊，有髭短信长之叹。不知其年甫壮盛，青缃之业藏山悬都者已如是，孝若何不自雄哉！……孝若结集，自名《甲》《乙》，岂有仿于樊南生耶？" 2. 屠隆《初集叙》署"万历丙申夏五友弟屠隆纬真甫书于南屏禅舍" 3. 吴梦旸《茅孝若初集叙序》署"友人吴梦旸撰" 4. 陈继儒叙署"友弟云间陈继儒撰" 5. 梅守箕诗评 6. 黄汝亨《十赉堂文集序》署"丁巳夏五黄汝亨书于寓林"
《茅孝若书义》	茅维撰刊	黄汝亨	黄汝亨序："孝若负异才，自舞象时，即能作魏晋人诗，而下笔为文已不凡，冉冉至今，亦渐种种矣。于诗古文竟擅作者之场，而于应试今文亦颇揣时人意。"
《玉台新咏》	茅元祯刊	方大年，俟考	方大年序："万历己卯季冬，余过吴兴花林里，故友茅穉延所居，其子元祯虑其书之如郑君之日也，爰命工者重刻之，而复加雠校于其间。"
《李文饶文集》二十卷《别集》十卷《外集》四卷	茅元祯刊	韩敬	韩敬序："《会昌集》向无善本，余偶抄录，手为评骘，亡友茅巨源（茅兆河）爱而欲刻之，未竟其志。尊人师山（茅元祯）先生，好古特甚，遂寿诸梓。"
《虞书笺》	茅瑞征撰 茅胤京、茅胤武校刊	黄承昊，字履素，号暗斋、如如居士，浙江嘉兴人。万历四十四年进士，官至福建按察使	黄承昊跋："承昊少承先绪，长佩遗言，暝辑晨研，粗通奕奥。岁在柔兆，南宫拔隽，出吾师芝翁之门必。"

续表

望族出版物	编刊者	交游人物简介	序跋凡例等中能说明交游关系的文字
《禹贡汇疏》	茅瑞征撰刊	申绍芳,首辅申时行之孙。万历四十年进士,崇祯五年官福建按察使	申绍芳序:"惟吾师体蕴三才,神周八极。"序署"壬申季夏闽观察使门下士申绍芳熏沐谨序"。
《万历三大征考》	茅瑞征撰刊	东园老人,俟考	东园老人序:"余友茅伯符,以循良异等,诏入中枢,与谋军国事。伯符亦留意阨塞险要,陈诸指掌,诸所擘画,动中机宜。会有浮言侵之,竟拂衣苔水,阖户著书……间出以观余,即令属史抽毫。"
《皇明象胥录》	茅瑞征撰刊	1. 吴光义,字行可,号觉庵,安徽无为人。万历三十五年进士。曾任兵部职方司,出辖山海关,官至兵部右侍郎 2. 邹维琏,字德辉,江西新昌人。万历三十五年进士。天启中为兵部主事,官至福建巡抚	1. 吴光义序:"年友茅伯符往郎职方,最留意边防扼塞。兹以勋卿领大鸿胪,局闲务简,乃出其向所搜次《四夷考》,更加订定,间手以示余……余受而卒读,深服其证引宏博……余往事山海,伯符适典职方。" 2. 邹维琏序:"天启癸亥,予与伯符茅公同事兵曹,读其所著《万历三大征纪》……已又读其所著《四夷考》,引古证今,确有根据,益征博雅。乃擢鸿胪职典,复出前编,详加考订,改题《象胥》。"
《吴兴掌故集》	茅献征刊	茅瑞征	茅瑞征序:"既得长谷先生所刻《掌故集》,赏其先获我心,会从兄彦先(献征)躬为校雠,索余作序。"
《牡丹亭记》	茅暎辑校评刊	茅元仪	茅元仪序:"家季为校其原本,评而播之,庶几知其节,知其情,知其态者哉!"
《解庄》	茅兆河刊	韩敬	1. 韩敬序:"余久蓄帐秘,谋诸巨源(兆河),为锓而广之。" 2. 茅兆河引:"顷者,养疴横塘别馆,社友韩求仲(韩敬)过访榻前,语及达生,因以会稽先生《解庄》相授……帙成,以示求仲。"
《绝祖》	茅兆海刊	陈万言,字居一,嘉善人。万历乙未进士。工书法,善篆刻。为文精思,有《文在堂集》《谦九堂续集》等	1. 茅兆海引:"陈居一以为探珠龙渊,得未曾有,谓其取材等于《律祖》,而遒劲过之。" 2. 茅兆河《凡例》:"偶于湖上与陈居一箦灯谈艺,出示相赏","居一凤擅骚坛,品题自别"

续表

望族出版物	编刊者	交游人物简介	序跋凡例等中能说明交游关系的文字
《武备全书》	茅兆海刊	1. 潘曾纮 2. 潘康	潘曾纮序:"余从父垒山(潘康)好谭边事,谓此书切近时务,殁而存之,不若镌而广之,而年家巨宗茅氏,雅好剞劂,谓此书不宜私藉也,刻而广之。"
《陶石篑先生批选唐宋六家表启》	茅兆海刊	1. 韩敬 2. 陈梁(1573—1619),海宁盐官人。国子监生 3. 何氏,陶望龄甥	1. 韩敬序:"巨宗家学代沿,青箱搜刻,斯编殆有救时深意。" 2. 陈梁:"巨宗寿于是,研於越之峥峨,濡苕川之清润,而为之点额。" 3. 茅兆海跋:"予会先生(陶望龄)令甥何君于武林,首示此编,爱命锓之,以公诸喜读唐宋文者。"
《茅鹿门先生批评史记抄》	茅兆海刊	黄汝亨	黄汝亨序:"先生(茅坤)之曾孙巨宗,好古嗜学,不忘祖武,乃举所刻布者而详为订正,精付剞劂氏。……昔予弱冠,从先生折衷文旨而私窥龙门之脯,故喜巨宗之有是举而弁其端。"
《史汉合编》	茅坤编 茅一桂重刊	1. 董份(1510—1595),字用均,号浔阳,湖州南浔人。嘉靖二十年进士,官至礼部尚书 2. 凌稚隆	董份序:"余友鹿门茅君,少渔猎百氏于二家,尤洞彻神髓,乃本《梁书》萧琛之说,合史汉而次第之……编既竣,金陵龙泉唐君、对峰周君,遂梓以惠天下。" 茅一桂《凡例》:"一《史》《汉》评,予友人凌以栋氏《评林》之详矣,不佞虽无录可也。"
《唐宋八大家文抄》	茅坤编辑 茅一桂刊	顾尔行(1536—1611),字孟先,号儆韦,湖州归安人。茅坤外甥。万历二年进士,官至南康知府①	顾尔行题辞:"《八大家文抄》者,行舅氏鹿门公手披而录之者也。"
《淮南鸿烈解》	茅一桂刊	温博,字允文,湖州乌程人。与茅一桂、茅一相、茅一桢有交游	茅一桂序:"乌程温博允文氏,尝为余论诸子……今年春,与允文汇藏经抄本,参相校雠。"
《淮南鸿烈解》	茅坤评 茅氏刊	王宗沐	王宗沐序:"鹿门从子一桂故嗜书,业已订《淮南鸿烈解》行海内,而鹿门子犹病其太略,载取批评续之。"

① 参见李维桢《大泌山房集》卷九十三《南康守顾公施孺人墓志铭》,《四库存目丛书》集部第152册,第643—645页

续表

望族出版物	编刊者	交游人物简介	序跋凡例等中能说明交游关系的文字
《欣赏编》	茅一相刊	温博	温博《刻砚谱序》："安得尚古如康伯（茅一相）者，出而与之，共正什物之制耶？"
《欣赏续编》	茅一相刊	1. 徐中行 2. 王逸民，俟考	1. 徐中行《续欣赏编序》："余往见《欣赏编》十卷，吴郡沈润卿所定也。茅子康伯爱之，颇有中郎之风，复以己意为续卷十，将梓而谒余序。" 2. 王逸民《诗法序》："吴兴茅子康伯一见，酷赏之，因采唐宋及今诸家语之要者合为《欣赏诗法》。"
《新刊唐荆川稗编》	茅一相刊	1. 茅坤 2. 唐顺之（1507—1560），字应德，号荆川，江苏常州人。唐宋派领袖	1. 茅坤序："荆川中丞公没，予过吊其家，访其遗文……顷之，予侄一相复得左所梓公《稗编》者，仅什其三。" 2. 茅一相引："先生与余世父鹿门先生，并以文章名海内，其为交也甚欢。往者得一再承咳唾，其论议古今，剖断黑白，真若黄河决而飞泉注也。间亦口及是书，似临池所著意者。"
《新镌武经七书》	茅震东	1. 徐光启（1562—1633），字子先，号玄扈，上海徐汇人，崇祯时官至礼部尚书兼文渊阁大学士 2. 孙元化（1581—1632），字初阳，号火东，上海嘉定人。天启间举人。徐光启门人，官至右佥都御史	1. 徐光启序："时余被命练兵，有门人初阳孙子，携一编来谒，且曰：'此吴兴鹿门茅先生参梅林公幕谋，获此帐中秘，贻诸后昆，兹固其家藏也。缘其世孙生生（茅震东字）氏，欲授剞劂，属请序于先生。'" 2. 孙元化叙："顷者，将图北上，辞友人于苕水，偶从通家弟生生氏案头，见《武经》一编……因请以付欹劂。"

六 闵齐伋编刊活动表

序号	书名卷数	四部分类	作者或评点者	闵齐伋工作	印刷颜色	刊刻时间	行款	馆藏情况①
1	《读风臆评》不分卷（一卷）	经·诗经	明戴君恩评	翻刻跋钤印	朱墨	万历四十八年（1620）	九行十九字，小字双行同，白口，四周单边	上图、辽图等27馆藏

---

① 馆藏情况主要据翁连溪《中国古籍善本总目》统计，亦有赵红娟据其他书目和目验情况累加的；赵红娟点明的馆藏单位，若无特别说明，则意味着该馆所藏原本或影印本为赵红娟目验过。

续表

序号	书名卷数	四部分类	作者或评点者	闵齐伋工作	印刷颜色	刊刻时间	行款	馆藏情况
2	《诗经集传》八卷	经·诗经	宋朱熹注	刊	墨	崇祯六年(1633)	九行十七字，小字同，白口，上下单边	据《总目》，故宫博物院有藏
3	《书集传》六卷	经·书	宋蔡沈撰	校订刊钤印	墨	崇祯元年(1628)	九行十七字，小字双行同，白口，左右双边	国图等4馆藏
4	《绘孟》七卷(十四卷)①	经·四书	明藏君恩评	校订翻刻	朱墨	天启六年(1626)②	九行十九字，白口，四周单边	辽图等5馆藏
5	《孟子》二卷	经·四书	宋苏洵批点	刊跋钤印	朱墨黛	万历四十五年(1617)	八行十八字，白口，左右双边	杭州市等19馆藏
6	《檀弓》二卷	经·礼·礼记	宋谢枋得批点、明杨慎注	辑评刊序钤印	朱墨	万历四十四年(1616)	八行十八字，白口，左右双边	上图等20余馆藏
7	《考工记》二卷③	经·礼·周记	明郭正域批点④	刊	朱墨	万历四十四年(1616)	八行十八字，白口，左右双边	上图等15馆藏

---

① 历代著录闵齐伋刊《绘孟》有七卷、十四卷之别，如《续修四库提要·经部》（中华书局1993年版，第921页）即著录为十四卷。这是因为该书分七篇，每篇分上下，实无卷数。又《中国古籍善本书目·经部》（上海古籍出版社1989年版，第312—313页），著录《绘孟》七卷有"明天启闵齐伋刻朱墨套印本""明天启刻本"两条，其中后一条的收藏处有辽图。侯美珍曰："既分为两条，则版本应不同，'天启刻本'疑为单色。"（见侯氏《晚明〈诗经〉评点之学研究》，博士学位论文，台湾"国立"政治大学，1992年，第194页）然笔者以为，之所以"分为两条"，可能是因为著录时只抄录卡片而未目睹原书，赵红娟已目验辽图所藏即闵齐伋朱墨刻本。

② 《续修四库提要·经部》（中华书局1993年版，第921页）著录《绘孟》时，曰："书为吴兴闵齐伋朱墨套印本，刊于天启甲子。"然据笔者目见辽图藏本，是书龚惟敬跋虽署天启甲子(1624)，然黄汝亨序署"天启丙寅（1626）夏六月"，故其刊刻时间当为天启六年丙寅。

③ 以上三种有《三经评注》丛书本。《普志》第26页著录闵齐伋《考工记》亦为朱墨套印本，然著录者曰："闵刻《三经评注》，尚有朱墨蓝三色套印本。"疑初本朱墨两色，后复增为三色也。"当是因《三经评注》本之《孟子》为三色，而误以为三书皆为三色。

④ 郑振铎以为该书实乃周梦旸批点、吴澄考注，见郑氏《西谛书话》，生活·读书·新知三联书店1983年版，第385—386页。

续表

序号	书名卷数	四部分类	作者或评点者	闵齐伋工作	印刷颜色	刊刻时间	行款	馆藏情况
8	《礼记集说》十卷	经·礼·礼记	元陈澔撰	校订刊钤印	墨	崇祯六年(1633)	九行十八字,小字双行同,白口,左右双边	国图等5馆藏
9	《春秋左传》十五卷	经·春秋	明孙鑛批点	分次经传①校订考证刊凡例钤印	朱墨	万历四十四年(1616)	九行十九字,白口,四周单边	辽图、上图、浙图等84馆藏
10	《春秋公羊传》十二卷《考》一卷	经·春秋	战国公羊高撰	辑评裁注批点校勘撰《考》钤印	朱墨蓝	天启元年(1621)	九行十九字,小字双行同,白口,四周单边	上图、辽图等17馆藏
11	《春秋穀梁传》十二卷《考》一卷	经·春秋	战国穀梁赤撰	辑评裁注批点校勘撰《考》钤印	朱墨蓝	天启元年(1621)	九行十九字,小字双行同,白口,四周单边	辽图、上图等18馆藏
12	《春秋胡传》三十卷《纲领》一卷《列国图说》一卷《诸国兴废说》一卷《提要》一卷	经·春秋	宋胡安国撰	校订刊钤印	墨	崇祯六年(1633)	九行十八字,小字双行同,白口,左右双边	浙图等13馆藏
13	《周易本义》四卷《易图》一卷《筮仪》一卷《卦歌》一卷	经·易	宋朱熹撰	刊	墨	崇祯六年(1633)	十一行二十三字,白口,四周单边	据《总目》著录,故宫博物院、复旦有藏

① 意即一经一传,鳞次栉比。

续表

序号	书名卷数	四部分类	作者或评点者	闵齐伋工作	印刷颜色	刊刻时间	行款	馆藏情况
14	《周易本义》四卷《易图》一卷《筮仪》一卷《卦歌》一卷	经·易	宋朱熹撰	刊	墨	崇祯十四年（1641）	九行十七字，小字同，白口，四周双边	据《总目》著录，故宫博物院有藏
15	《国语》九卷	史·杂史	吴韦昭注，明汪道昆、屠隆等评	裁注辑评刊跋钤印	朱墨黛	万历四十七年（1619）	九行十九字，白口，四周单边	上图等13馆藏
16	《战国策》十二卷《元本目录》一卷	史·杂史	东汉高诱、宋鲍彪、元吴师道注	辑评裁注批点刊跋两篇钤印	朱墨黛	万历四十八年（1620）①	九行十九字，小字双行同，白口，四周单边	上图44馆藏
17	《老子道德经》上下篇《音义》上下篇	子·道家	无评点	刊校钤印	朱墨②	不可考	九行十九字，白口，四周单边	浙大、上图等33馆藏
18	《庄子南华真经》四卷《音义》四卷	子·道家	明孙矿评?	辑评校刊钤印	朱墨	不可考	九行十九字，白口，四周单边	浙大、上图等33馆藏
19	《列子冲虚真经》一卷《音义》一卷	子·道家	明孙矿评?③	辑评校刊钤印	朱墨	不可考	九行十九字，白口，四周单边	浙大等33馆藏

① 《四库未收书辑刊》第一辑第16册收入，扉页题"万历四十七年刻本"。按：是书末有闵齐伋识，曰："皇明万历己未（1619）嘉平被之梓"，每卷后亦有"万历己未仲秋乌程闵齐伋遇五父裁注"字样，但书前刘向《战国策序》后之闵齐伋识语却署"皇明万历庚申（1620）立春日乌程闵齐伋识"。盖裁注之年是万历四十七年己未八月（仲秋），刊刻则始于是年十二月（嘉平），完成于次年万历四十八年庚申。

② 只有朱色圈点，而无评语。

③ 《三子合刊》之《老子》无评点，《庄子》《列子》有评点，但未标明姓氏。浙大藏本卡片作"《孙月峰三子评》十四卷"，不知何据。

续表

序号	书名卷数	四部分类	作者或评点者	闵齐伋工作	印刷颜色	刊刻时间	行款	馆藏情况
20	《列子冲虚真经》八卷附《音注》①	子·道家	明孙鑛评？	辑评校刊钤印	墨	万历四十四年（1616）或以前	九行十九字，白口，四周单边	浙大
21	《草韵辨体》五卷②	子·艺术·书画	明郭谌辑	刊摹	朱墨蓝	崇祯六年（1633）	六行十二字，白口，四周双边	辽图、国图等7馆藏
22	《心印绀珠经》二卷	子·医科·内科	元朱㧑撰	刊	墨	崇祯六年（1633）	十行十九字，小字双行同，白口，左右双边	国图
23	《痘疹活幼心法》不分卷	子·医科·儿科	明聂尚恒撰	刊	墨	崇祯六年（1633）	十行十九字，小字双行同，白口，四周双边，或左右双边	国图
24	《女科百问》二卷	子·医科·妇科	宋齐仲甫撰	校刊序	墨	崇祯十三年（1640）	十行十九字，小字双行同，白口，四周双边	中科院
25	《产宝杂录》一卷附《芸窗万选方》一卷③	子·医科·妇科	宋齐仲甫撰	校刊	墨	崇祯十三年（1640）	十行十九字，小字双行同，白口，四周双边	中科院、国图
26	《东坡先生志林》五卷	子·杂家	宋苏轼撰，明焦竑评	刊	朱墨蓝	不可考	八行十八字，白口，四周单边	辽图等14馆藏
27	《韩文》	集·别集	唐韩愈撰，明郭正域评	刊识④钤印	朱墨	万历四十五年（1617）	八行十八字，白口，左右双边	上图、杭州市等17馆藏

① 浙大藏《列子冲虚真经》八卷，二册，圈点、眉批均为墨刻，眉批行四字，批语用方框框住。这说明闵氏此时很可能还没有使用套印。也就是说，其刊刻时间当在第一部朱墨本《春秋左传》之前。《三子合刊》中的套色本《列子冲虚真经》，很可能是由此墨本改刻而成。

② 该书有北京新民印书馆1941年影印本。

③ 《产宝杂录》目录中有"《芸窗万选方》一卷"，正文中《芸窗万选方》没有另起页，且版心仍题"产宝杂录"，因此笔者将《芸窗万选方》视作《产宝杂录》附录，而不作两种计。

④ 仅"万历丁巳夏六月乌程闵齐伋识"一行。

续表

序号	书名卷数	四部分类	作者或评点者	闵齐伋工作	印刷颜色	刊刻时间	行款	馆藏情况
28	《杜子美七言律》不分卷（一卷）	集·别集	唐杜甫撰，宋刘辰翁、明郭正域评	辑评刊跋钤印	朱墨蓝	万历四十五年（1617）	八行十八字，白口，左右双边	上图等17馆藏
29	《空同诗选》一卷	集·别集	明李梦阳著，杨慎选评	刊跋钤印	朱墨	万历四十六年（1618）	九行十九字，白口，四周单边	上图等22馆藏
30	《楚辞》二卷	集·楚辞	明王世贞、冯梦祯等评点	刊校	朱墨蓝	万历四十八年（1620）	九行十九字，白口，四周单边	辽图等32馆藏
31	《会真六幻》十九卷	集·曲	元稹、王实甫、李日华、陆采等撰	刊序跋钤印撰《五剧笺疑》	正文墨插图彩色	崇祯十三年（1640）①	十行二十字，小字双行同，白口，四周双边	国图等4馆藏
32	《刘拾遗集》一卷	集·别集	唐刘蜕撰	刊序钤印	墨	崇祯十三年（1640）	九行十八字，白口，左右双边	浙大、国图
33	《唐孙职方集》十卷	集·别集	唐孙樵撰	刊跋	墨	崇祯十三年（1640）	九行十八字，小字双行，左右双边	浙大
34	《欧阳文忠公文抄》九卷	集·别集	宋欧阳修撰	刊	朱墨	不可考	八行十八字，白口，四周单边	国图藏，未目验

---

① 学界一般认为现藏德国科隆东方艺术博物馆的《西厢记图》为该书插图，其第十五幅题"庚辰（1640）秋日寓五"，据此判定该书刊于是年。

七　凌濛初编刊活动表

序号	书名卷数	四部分类	作者或评点者	凌濛初工作	印刷颜色	刊刻时间	行款	馆藏情况①
1	《东坡书传》二十卷	经·书	苏轼撰袁了凡等12家评点	集评序并书刊	朱墨	无	九行十九字，白口，四周单边	上图、辽图等16馆藏
2	《孔门两弟子言诗翼》不分卷	经·诗经	凌濛初编撰钟惺等批点	编撰集评自评序凡例刊	墨	崇祯三年（1630）	九行二十字，白口，单边	上图等6馆藏②
3	《圣门传诗嫡冢》十六卷《附录》一卷	经·诗经	凌濛初编撰凌濛初批点	编撰批点考证序凡例刊	墨	崇祯四年（1631）	九行二十字，白口，四周单边，单鱼尾	浙图等11馆藏
4	《诗逆》不分卷《诗经人物考》一卷	经·诗经	凌濛初编撰	编撰辑评自评序凡例刊	墨	天启二年	九行廿二字，白口，四周单边	复旦等3馆藏
5	《世说新语》六卷《世说新语补》四卷	子·小说	刘义庆撰	编辑辑评自评校注凡例刊	墨	未知	九行二十字，白口，左右双边	上图等8馆藏
6	《维摩诘所说经》十四卷附《释迦如来成道记》	子·释家	鸠摩罗什译附录王勃撰	刊草书《维摩诘十譬赞》	朱墨	未知	八行十八字，白口，四周单边	浙图等3馆藏
7	《景德传灯录》	子·释家	道原撰	刊	未知	未知	未知	佚

①　馆藏情况主要据翁连溪《中国古籍善本总目》统计，亦有赵红娟据其他书目和目验情况累加的；赵红娟点明的馆藏单位，若无特别说明，则意味着该馆所藏原本或影印本为赵红娟目验过。
②　上图本无凌濛初序。

续表

序号	书名卷数	四部分类	作者或评点者	凌濛初工作	印刷颜色	刊刻时间	行款	馆藏情况
8	《选诗》七卷附《诗人世次爵里》一卷	集·总集	萧统选 郭正域批点	编辑评订注校勘序凡例刊	朱墨	未知	八行十八字，白口，四周单边	上图、辽图等45馆藏
9	《陶靖节集》八卷《附录》一卷	集·别集	陶渊明撰，高元之等30余家评	集评校勘跋刊	朱墨	未知	八行十八字，白口，四周单边	上图等20馆藏
10	《韦苏州集》十卷《拾遗》一卷《总论》一卷	集·别集	韦应物撰 顾璘等评	集评校勘刊	朱墨	未知	八行十八字，白口，四周单边	辽图、浙图等20馆藏
11	《孟浩然诗集》二卷	集·别集	孟浩然撰	编辑评校勘跋	朱墨	未知	八行十九字，白口，左右双边	浙图、上图等20余馆藏
12	《王摩诘诗集》七卷	集·别集	王维撰	辑评跋	朱墨	未知	八行十九字，白口，左右双边	浙图、上图等20余馆藏
13	《李长吉歌诗》四卷《外诗》一卷	集·别集	李贺撰 刘辰翁评	编辑评跋	朱墨	未知	八行十九字，白口，左右双边	浙图、浙大、上图等20余馆藏
14	《孟东野诗集》十卷	集·别集	孟郊撰 国材、刘辰翁评	辑评校勘跋刊	朱墨	未知	八行十九字，白口，左右双边	浙图、浙大、上图等20余馆藏
15	《李诗选》五卷	集·别集	李白撰 钟惺等评	辑评凡例刊	朱墨	未知	八行十八字，白口，四周单边	上图等藏
16	《杜诗选》六卷	集·别集	杜甫撰	刊	朱墨	未知	八行十八字，白口，四周单边	上图等藏
17	《苏老泉集》十三卷	集·别集	苏洵撰 茅坤、凌濛初等22家评	编辑评自评序凡例刊	朱墨	未知	八行十八字，白口，四周单边	上图等15馆藏

续表

序号	书名卷数	四部分类	作者或评点者	凌濛初工作	印刷颜色	刊刻时间	行款	馆藏情况
18	《东坡禅喜集》十四卷	集·别集	苏轼撰 冯梦祯批点 凌濛初辑增	编辑增订辑评跋刊	朱墨	天启元年(1621)	八行十八字,白口,四周单边	上图、浙图等21馆藏
19	《山谷禅喜集》	集·别集	黄庭坚撰 冯梦祯批点	刊	未知	未知	未知	佚
20	《苏长公表启》五卷	集·别集	苏轼撰 钱士鳌等评	辑评序刊	朱墨	未知	八行十八字,白口,四周单边	辽图等14馆藏
21	《西厢记》五卷《解证》五卷《会真记》一卷《附录》一卷	集·词曲	王实甫、元稹等撰 王骥德、凌濛初等评	撰《解证》集评自评校注凡例刊	朱墨	未知	八行十八字,白口,左右双边,有图	上图等10馆藏
22	《南音三籁》四卷	集·词曲	凌濛初编 凌濛初评	编选评点序凡例刊	朱墨	未知	九行二十二字,白口,四周单边,有图	上图、南图等藏
23	《识英雄红拂莽择配》一卷	集·词曲	凌濛初撰 凌濛初评	撰、评小引跋刊	朱墨	未知	八行十八字,白口,四周单边,有图	上图
24	《李卫公薯忽姻缘》	集·词曲	凌濛初撰	撰刊	未知	未知	未知	佚
25	《虬髯翁正本扶余国》	集·词曲	凌濛初撰	撰刊	未知	未知	未知	凌濛初刊本佚

八　茅氏编刊活动表

序号	书名卷数	四部分类	茅氏编刊工作	印刷颜色	刊刻时间	行款	馆藏情况[①]
1	《禹贡汇疏》十二卷《图经》二卷《别录》一卷	经部·书类	茅瑞征纂、笺、刊；茅胤京、茅胤武校订	墨	崇祯五年(1632)	九行二十字，白口，四周单边，单鱼尾	上图、浙图等
2	《虞书笺》二卷	经部·书类	茅瑞征撰，茅胤京、茅胤武校订、刊刻	墨	崇祯	九行二十字，白口，四周单边	人大等
3	《孝经全书》二卷	经部·孝经	茅胤武编刊	墨	崇祯八年(1635)	九行十九字，白口，单鱼尾，四周单边	北大
4	《春秋胡安国传》三十卷	经部·春秋	茅荚评点、刊刻	朱墨	天启二年(1622)	十行二十字，白口，四周单边	辽大（未见）
5	《史记抄》九十一卷	史部·史抄类	茅坤编选、评点、刊刻	墨	万历三年(1575)	十行二十一字，白口，四周单边，有刻工	浙图等10馆
6	《茅鹿门先生批评史记抄》一百零四卷	史部·史抄类	茅兆海校刊	朱墨	天启元年(1622)	九行十九字，白口，四周单边	福建师大等
7	《汉书抄》九十三卷	史部·史抄类	茅坤编选、评点、刊刻	墨	万历十七年(1589)	十行二十一字，小字双行同，白口，左右双边，单鱼尾，有刻工	浙图等14馆
8	《鹿门先生批点汉书抄》九十三卷	史部·史抄类	茅琛征校刊茅瑞征序	墨	崇祯八年(1635)	九行十九字，白口，四周单边	浙图等

[①] 馆藏情况主要据翁连溪《中国古籍善本总目》统计，亦有赵红娟据其他书目和目验情况累加的；赵红娟点明的馆藏单位，若无特别说明，则意味着该馆所藏原本或影印本为赵红娟目验过。

续表

序号	书名卷数	四部分类	茅氏编刊工作	印刷颜色	刊刻时间	行款	馆藏情况
9—10	《五代史抄》二十卷、《新唐书抄》上下二卷	史部·史抄类	茅坤编选、评点；茅著刊	墨	崇祯四年(1631)	九行二十字，白口四周单边	上图等
11	《纲鉴删要》十卷	史部·编年类	茅坤编撰	未知	未知	未知	佚
12	《史汉合编题评》	史部·纪传类	茅坤编选、辑评金陵唐氏、周氏刊	墨	万历十四年(1586)	未知	佚
13	《史汉合编题评》八十八卷	史部·纪传类	茅坤编选、辑评茅一桂重编、刊刻	墨	万历十六年(1588)	十行二十一字，有行线，单鱼尾，左右双边	浙大、上图等
14	《晋史删》四十卷	史部·纪传类	茅国缙编纂、刊刻	墨	万历	十行二十字，白口，左右双边	北师大等
15	《南史删》三十一卷	史部·纪传类	茅国缙编选、刊刻	墨	万历	十行二十字，白口，单鱼尾，左右双边	浙图、浙大等
16—17	《北史删》《东汉史删》	史部·纪传类	茅国缙编纂、刊刻	墨	未知	未知	佚
18—20	《五代史删》《三国史删》《唐书删》	史部·纪传类	茅国缙编纂	未刊	未刊	未刊	未刊
21	王世贞《嘉靖以来首辅传》八卷	史部·传记类	茅元仪刊	墨	万历四十五年(1617)	九行十八字，白口，四周单边	上图、浙大等
22	《启祯臣节录》二卷	史部·传记类	茅元仪参撰	未见茅刊本	未见茅刊本	康熙刻本	南图
23	黄凤翔《嘉靖大政类编》二卷	史部·杂史类	茅元仪校刊	墨	未知	未知	佚
24	《督师纪略》十三卷	史部·杂史类	茅元仪撰、刊	墨	明末	八行十八字，白口，四周单边	国图

续表

序号	书名卷数	四部分类	茅氏编刊工作	印刷颜色	刊刻时间	行款	馆藏情况
25	《平巢事绩考》一卷	史部·杂史类	茅元仪编撰	未见刊本	未见刊本	抄本	国图、上图
26	《辽事砭呓》六卷	史部·杂史类	茅元仪编撰	未见刊本	未见刊本	抄本	北图
27	《清油史漫》二卷	史部·杂史类	茅元仪编撰	未见刊本	未见刊本	清抄本	上图
28—29	《万历三大征考》三卷附《东夷考略》一卷	史部·杂史类	茅瑞征撰、刊	墨	天启元年(1621)	九行十九字，白口，四周单边	上图等
30	《六月谭》	史部·史评类	茅元仪撰刊	墨	崇祯	八行十八字，白口，四周单边	国图
31	《皇明象胥录》八卷	史部·地理类	茅瑞征撰、刊；茅胤京、茅胤武校订	墨	崇祯二年(1629)	九行十九字，白口，四周单边	国图
32—33	潘凤梧《安边济运本书》（包括《治河管见》与《边事》）	史部·地理类	茅一桂刊	墨	万历刊本		台湾汉学研究中心藏《治河管见》；《边事》佚
34	《吴兴掌故集》十七卷	史部·地理类	茅瑞征序茅献征校刊	墨	万历四十三年(1615)	八行十六字，白口，左右双边	浙图等
35	《解庄》十二卷	子部·杂家类	茅兆河刊	朱墨	天启元年(1621)	九行十九字，白口，四周单边	辽图等
36	《淮南鸿烈解》二十一卷	子部·杂家类	茅坤评点茅一桂刊	墨	万历八年(1580)	九行十九字，白口，左右双边	上图、浙图等
37	屠隆《鸿苞》四十八卷	子部·杂家类	茅元仪刊	墨	万历三十八年(1610)	八行十九字，白口，左右双边	上图、天津、辽图等

续表

序号	书名卷数	四部分类	茅氏编刊工作	印刷颜色	刊刻时间	行款	馆藏情况
38	《暇老斋杂记》六卷	子部·杂家类	茅元仪撰、刊	墨	崇祯	八行二十字，白口，四周单边	上大
39	《戍楼闲话》四卷	子部·杂家类	茅元仪撰、刊	墨	天启	八行十八字，白口，四周单边	无锡市
40	《掌记》六卷	子部·杂家类	茅元仪撰、刊	墨	崇祯元年（1628）	同上	国图
41	《澄水帛》十三卷	子部·杂家类	茅元仪撰	墨	明末	同上	华师大
42	《三戌丛谭》十三卷	子部·杂家类	茅元仪撰	墨	崇祯	同上	国图
43	《野航史话》四卷	子部·杂家类	茅元仪撰	墨	崇祯	同上	国图
44—50	《新镌武经七书》七种七卷	子部·兵家类	茅震东考订、刊刻	朱墨	天启元年（1621）	八行十七字，白口，四周单边	辽图等
51—58	《新刻朱批武备全书》八种十二卷	子部·兵家类	茅兆海刊	朱墨	天启元年（1621）	八行十六字，白口，四周单边	国图、上图等
59	《武备志》二百四十卷	子部·兵家类	茅元仪撰、刊	墨	天启	九行十九字，白口，四周双边，单边不一，有刻工	南图等
60	《新刊唐荆川稗编》一百二十卷《目录》三卷	子部·类书类	茅一相刊茅一桂、茅一桢、茅仲籍等校	墨	万历九年（1581）	十行二十字，小字双行同，白口，单鱼尾，四周双边，有刻工	上图、浙图等
61	《弈选》一卷	子部·艺术类	茅翁积辑	墨	万历八年（1580）《欣赏续编》本	行字不一，白口，四周单边	国图、上图等

续表

序号	书名卷数	四部分类	茅氏编刊工作	印刷颜色	刊刻时间	行款	馆藏情况
62	《绘妙》一卷	子部·艺术类	茅一相辑	墨	同上	行字不一，白口，四周单边	国图、上图等
63	《西峰谈话》一卷	子部·小说家类	茅元仪撰	未见刊本	未见刊本	未知	首图藏清顺治三年宛委山堂刻《说郛续》本
64	《西玄青岛记》一卷	子部·小说家类	茅元仪撰	未见刊本	未见刊本	未知	《说郛续》本
65—74	《欣赏编》十种十四卷	丛书·汇编丛书	茅一相重编、刊刻	墨	万历八年(1580)	行字不一，白口，四周单边，有刻工名	国图、上图等
75—84	《欣赏续编》十种十卷	丛书·汇编丛书	茅一相编刊	墨	万历八年(1580)	行字不一，白口，四周单边，有刻工名	国图、上图等
85—91	《芝园秘录初刻》七种十四卷	丛书·汇编丛书	茅瑞征编刊	墨	崇祯间浣花居刻本	八行十八字，白口，左右双边	湖北省图书馆
92	《绝祖》三卷	集部·总集	茅翁积辑茅兆河刊	朱墨	万历	八行十八字，白口，四周单边	辽图
93	《玉台新咏》十卷《续》五卷	集部·总集	茅元祯刊	墨	万历七年(1579)	九行十八字，白口，左右双边，有刻工	上图、国图等
94—101	《唐宋八大家文抄》八种一百四十四卷	集部·总集	茅坤编选、评点；茅一桂刊	墨	万历七年(1579)	九行十九字，白口，左右双边	浙图等
102—109	《唐宋八大家文抄》八种一百四十四卷①	集部·总集	茅坤编选、评点；茅著刊	墨	崇祯四年(1631)	九行二十字，白口四周单边	南图等

---

① 《新唐书抄》《五代史抄》两种已析出，计入史部。

续表

序号	书名卷数	四部分类	茅氏编刊工作	印刷颜色	刊刻时间	行款	馆藏情况
110	《陶石篑先生批选唐宋六家表启》八卷	集部·总集	茅兆海刊	墨	天启二年（1622）	九行十九字，白口，四周单边	上图等
111	《明名臣经济文抄》	集部·总集	茅坤编辑	未知	未知	未知	佚
112	《皇明策衡》二十六卷	集部·总集	茅维编刊	墨	万历三十三年（1605）首刊；万历四十二年（1614）续梓	十行二十一字，小字双行同，白口，左右双边	国图等
113	《皇明论衡》六卷	集部·总集	茅维编刊	墨	万历四十三年（1615）	十行二十一字，小字双行同，白口，左右双边	哈佛大学燕京图书馆
114	《皇明表衡》十二卷	集部·总集	茅维编刊	墨	万历四十三年（1615）	十行二十一字，小字双行同，白口，左右双边	日本内阁文库
115	《花间集》十卷《补》二卷《音释》二卷	集部·词类	茅一桢校释、刊刻	墨	万历八年（1580）	九行十八字，白口，左右双边，单鱼尾	上图、国图等
116	《词的》四卷	集部·词类	茅暎辑评、刊刻	墨	未知	九行十八字，白口，四周单边	上图等
117	《词的》四卷	集部·词类	茅暎辑评、刊刻	朱墨	未知	九行十八字，白口，四周单边	辽图等
118	《牡丹亭记》四卷	集部·曲类	茅暎评、刊	朱墨	未知	九行十八字，白口，四周单边，有图	国图等
119	《凌霞阁内外编》	集部·曲类	茅维撰、刊	未知	未知	未知	佚

续表

序号	书名卷数	四部分类	茅氏编刊工作	印刷颜色	刊刻时间	行款	馆藏情况
120	《齐世子灌园记》三卷	集部·曲类	茅彦征刊	墨	万历三十三年（1605）	七行十五字，白口，四周单边	哈佛燕京图书馆
121	《诗法》一卷	集部·诗文评	茅一相辑	墨	万历八年（1580）《欣赏续编》本	行字不一，白口，四周单边	国图、上图等
122	《汉蔡中郎集》十卷《外传》一卷	集部·别集	茅一相刊	墨	万历八年（1580）	九行十九字，白口，四周单边	上图等
123	李德裕《李文饶文集》二十卷《别集》十卷《外集》四卷	集部·别集	茅元祯刊	墨	天启四年（1624）	九行十九字，白口，四周单边	上图等
124	《东坡先生诗集注》三十二卷《东坡纪年录》一卷	集部·别集	茅维编刊	墨	万历三十二年（1604）	十行二十一字，小字双行同，白口，左右双边	浙图等
125	《东坡先生全集》七十五卷	集部·别集	茅维编刊	墨	万历三十四年（1606）	墨本，十行十九字，白口，左右双边	浙大等
126	《任侯会试卷》	集·别集	茅一桂刊	未见	未见	未见	佚
127	费朗《玉碎集》四卷	集部·别集	茅元仪刊	未见	未见	未见	佚
128	陆自岩撰《守苕血谱》三卷	集部·别集	茅元铭等校刊	墨	崇祯十六年（1643）	九行二十字，单黑鱼尾，四周单边	美国国会图书馆
129	《白华楼藏稿》十一卷	集·别集	茅坤撰茅翁积刊	墨	嘉靖四十三年（1564）	九行十八字，白口，左右双边	浙图、浙大等

续表

序号	书名卷数	四部分类	茅氏编刊工作	印刷颜色	刊刻时间	行款	馆藏情况
130—131	《白华楼续稿》十五卷、《白华楼吟稿》十卷	集·别集	茅坤撰 茅国缙刊	墨	万历十一年（1583）	同上	浙图、浙大等
132	《玉芝山房稿》二十二卷	集·别集	茅坤撰 茅国绶刊	墨	万历十六年（1588）	同上	浙图等
133	《耄年录》九卷	集·别集	茅坤撰 茅氏刊	墨	万历二十三年（1595）	同上	上图等
134	《茅鹿门先生文集》三十六卷	集·别集	茅坤撰 茅氏刊	墨	万历十六年（1588）	十行十九字，白口，左右双边	浙大等
135	《白华楼所藏四书义》	集·别集	茅坤撰 茅国缙刊	未见	未见	未见	佚
136	《菽园诗草》六卷	集·别集	茅国缙撰、刊	墨	万历刊本①	九行十八字，白口，左右双边，单白鱼尾	日本内阁文库
137	《凌霄阁杂著》十六卷	集·别集	茅维撰、刊	墨	崇祯九年（1636）	未见	佚
138—140	《十赉堂集》（《北闱蒉言》二卷、《十赉堂甲集》诗五卷文十二卷、《乙集》诗十七卷词一卷）	集部·别集	茅维撰、刊	墨	万历四十五年（1617）	九行十八字，白口，左右双边，单黑鱼尾	上图、日本内阁文库
141	《十赉堂丙集诗部》十二卷	集部·别集	茅维撰、刊	墨	万历	九行十八字，白口，左右双边，单黑鱼尾	国图

① 日本内阁文库藏《菽园诗草》第一册后有"万历三十一年六月十九日李凤筠送茅二岑《菽园记》二本"小字一行。

续表

序号	书名卷数	四部分类	茅氏编刊工作	印刷颜色	刊刻时间	行款	馆藏情况
142—156	《茅洁溪集》二十四卷（包含13种作品2个杂剧）	集部·别集	茅维撰、刊	墨	崇祯	同上	台湾"国家图书馆"等
157	《茅孝若书义》	集部·别集	茅维撰、刊	墨	万历四十三年至天启二年间（1615—1622）	未知	佚
158	《菰园初集》六卷	集部·别集	茅维撰、刊	墨	万历二十四年（1596）	九行十八字，白口，左右双边，单白鱼尾	日本内阁文库
159—161	《石民未出集》二十卷《霍谋》十三卷、《冒言》四卷、《靖草》三卷	集部·别集	茅元仪撰、刊	墨	天启七年	八行十八字，白口，左右双边	国图
162	《石民西崦集》三卷	集部·别集	茅元仪撰、刊	墨	明末	八行十八字，白口，四周单边	中国社科院文研所
163—169	《石民甲戌集》存五卷、《石民四十集》九十八卷、《石民江村集》二十卷、《石民又岘集》五卷、《石民渝水集》六卷、《石民横塘集》十卷、《石民赏心集》八卷	集部·别集	茅元仪撰、刊	墨	崇祯	八行十八字，白口，四周单边	国图

续表

序号	书名卷数	四部分类	茅氏编刊工作	印刷颜色	刊刻时间	行款	馆藏情况
170—1173	《澹朴斋集》二十四卷（《澹朴斋初集》十七卷）、《澹朴斋外集》四卷三种（《愚公麈谈》上下卷、《燕槎碎录》一卷、《武部杂志》一卷）	集部·别集	茅瑞征撰刊	墨	崇祯	九行十九字，单白鱼尾，四周单边	日本尊经阁文库

参考书目

一 著作

蔡蓉升、蔡蒙等修:《双林镇志》,民国六年上海商务印书馆铅印本。
蔡毅编:《中国古典戏曲序跋汇编》,齐鲁书社1989年版。
曹萌:《中国古代戏剧的传播与影响》,中国社会科学出版社2006年版。
曹学佺:《石仓诗稿》三十三卷,《四库禁毁书丛刊》集部第143册。
陈迩冬、郭隽杰校注:《二刻拍案惊奇》,人民文学出版社1996年版。
陈迩冬、郭隽杰校注:《拍案惊奇》,人民文学出版社1995年版。
陈尚古:《簪云楼杂说》,《四库存目丛书》子部第250册。
陈旭耀:《现存明刊〈西厢记〉综录》,上海古籍出版社2007年版。
程国赋:《明代书坊与小说研究》,中华书局2008年版。
储欣:《唐宋十大家全集录》,《四库存目丛书》集部第404册。
丁丙:《善本书室藏书志》四十卷,《续修四库全书》史部第927册。
董斯张:《吹景集》十四卷,《续修四库全书》子部第1134册。
董斯张:《静啸斋存草》卷四《静啸斋遗文》十二卷,《续修四库全书》集部1381册。
董斯张等辑:《吴兴艺文补》七十卷,《续修四库全书》集部第1678—1680册。
杜信孚:《明代版刻综录》,江苏广陵古籍刻印社1983年版。
冯梦祯:《快雪堂集》六十四卷,《四库存目丛书》集部第164册。
付琼:《文学教育视角下的文学选本研究》,江西人民出版社2010年版。
顾志兴:《浙江出版史研究——元明清时期》,浙江人民出版社1993年版。
郭孟良:《晚明商业出版》,中国书籍出版社2011年版。
何良俊:《四友斋丛说》三十八卷,《四库存目丛书》子部第103册。

湖州市文化艺术志编委会编：《湖州市文化艺术志》，浙江古籍出版社 1994 年版。

黄季鸿：《西厢记研究史》（元明卷），中华书局 2013 年版。

黄仁生：《日本现藏稀见元明文集考证与提要》，岳麓书社 2004 年版。

黄汝亨：《寓林集》三十二卷《诗集》六卷，《四库禁毁书丛刊》集部第 42 册。

黄裳：《来燕榭读书记》，辽宁教育出版社 2001 年版。

计发：《鱼计轩诗话》，《丛书集成续编》第 158 册。

贾晋华主编：《香港所藏古籍书目》，上海古籍出版社 2003 年版。

江澄波等：《江苏刻书》，江苏人民出版社 1993 年版。

蒋星煜：《〈西厢记〉的文献学研究》，上海古籍出版社 1997 年版。

蒋星煜：《明刊本〈西厢记〉研究》，中国戏剧出版社 1982 年版。

李国庆：《明代刊工姓名索引》，上海古籍出版社 1998 年版。

李清志：《古书版本鉴定研究》，台北文史哲出版社 1986 年版。

李田意辑校：《拍案惊奇》，香港友联出版社 1967 年版。

李维桢：《大泌山房集》一百三十四卷，《四库存目丛书》集部第 152—153 册。

李贽：《焚书》，社会科学文献出版社 2000 年版。

凌濛初刊朱墨本：《晏子春秋》六卷，国图藏本。

凌迪知编刊：《国朝名公翰藻》五十二卷《氏名爵里》一卷，《四库存目丛书》集部第 313、314 册，影印南图藏明万历十年刊本。

凌迪知辑：《万姓统谱》一百四十六卷《氏族博考》十四卷，《文渊阁四库全书》第 956—957 册。

凌迪知辑刊：《国朝名世类苑》四十六卷，《四库存目丛书》子部第 240 册，影印人大藏万历四年刊本。

凌迪知刊：《楚骚绮语》六卷，《四库存目丛书》子部第 194 册，影印辽图藏万历四年至万历五年吴兴凌氏桂芝馆刊本。

凌迪知刊：《文选锦字录》二十一卷，《四库存目丛书》子部第 184 册，影印山东省图书馆藏万历四年至万历五年吴兴凌氏桂芝馆刊本。

凌迪知刊：《左国腴词》八卷、《太史华句》八卷、《两汉隽言》十六卷，《四库存目丛书》史部第 138、139 册，影印首图藏万历四年至万历五年吴兴凌氏桂芝馆刊本。

凌迪知刊墨本：《文林绮绣》五种五十九卷（《两汉隽言》十六卷、《楚骚绮语》六卷、《左国腴词》八卷、《文选锦字录》二十一卷、《太史华句》八卷），浙大藏万历四年至万历五年吴兴凌氏桂芝馆刊本。

凌杜若刊：《周礼》二十卷，杭图、辽图、哈佛燕京图书馆藏本。

凌杜若刊朱墨本：《诗经》四卷，辽图藏本。

凌弘宪刊：《唐诗广选》七卷，辽图藏本。

凌弘宪刊朱墨本：《会稽三赋》四卷，国图藏天启元年刊本。

凌弘宪刊朱墨黛三色本：《楞严经证疏》十卷，国图、辽图藏天启元年刊本。

凌濛初编刊：《南音三籁》四卷，《续修四库全书》第1744册，影印明刊本、1963年上海古籍书店影印明刊本。

凌濛初辑刊：《东坡禅喜集》十四卷，《四库存目丛书》集部第13册，影印南图藏明天启元年刊本。

凌濛初辑刊墨本：《后汉书纂》十二卷，浙图藏本。

凌濛初辑刊朱墨本：《陶韦合集》十八卷，《四库存目丛书补编》第14册，影印人大图书馆藏本。

凌濛初辑评、刊刻朱墨本：《选诗》七卷《诗人世次爵里》一卷，上图本、《四库存目丛书》集部第340册，影印辽图藏本。

凌濛初刊墨本：《圣门传诗嫡冢》十六卷附《申公诗说》一卷，《四库存目丛书》经部第66册，影印中国科学院图书馆藏明崇祯四年本。

凌濛初刊朱墨本：《东坡书传》二十卷，国图本、浙图本。

凌濛初刊朱墨本：《李长吉歌诗》四卷《外集》一卷，杭图藏本。

凌濛初刊朱墨本：《李诗选》五卷，上图藏本。

凌濛初刊朱墨本：《孟东野诗集》十卷，国图藏本。

凌濛初刊朱墨本：《孟浩然诗集》二卷，辽图本、浙大本。

凌濛初刊朱墨本：《苏长公表启》五卷，辽图藏本。

凌濛初刊朱墨本：《苏老泉文集》十三卷，上图藏本。

凌濛初刊朱墨本：《陶靖节集》八卷，浙图藏本。

凌濛初刊朱墨本：《王摩诘诗集》七卷，杭图本、浙大本。

凌濛初刊朱墨本：《西厢记》五卷，上图藏本。

凌濛初撰：《二刻拍案惊奇》四十卷，上海古籍出版社1985年版，影印明尚友堂刊本。

凌濛初撰：《拍案惊奇》四十卷，上海古籍出版社1985年版，影印明覆尚友堂本。

凌濛初撰刊：《孔门两弟子言诗翼》七卷，《四库存目丛书》经部第66册，影印上图藏明崇祯三年刊本。

凌濛初撰刊：《诗逆》四卷附《诗考》一卷，《四库存目丛书》经部第66册，影印复旦图书馆藏明天启二年刊本。

凌濛初撰刊朱墨本：《识英雄红拂莽择配》，上图藏本。

凌启康刊：《苏长公合作》八卷，上图藏本。

凌启康刊朱墨本：《苏长公小品》四卷，辽图藏本。

凌汝亨刊朱墨本：《管子》二十四卷，国图藏万历四十八年本。

凌汝亨刊朱墨本：《苏文忠公策论选》十二卷，上图藏本。

凌瑞森、凌南荣刊：《唐诗广选》七卷，上图藏本、《四库存目丛书补编》第34辑，影印北图分馆藏本。

凌瑞森刊朱墨本：《琵琶记》四卷，辽图藏本。

凌瑞森刊朱墨本：《幽闺怨佳人拜月亭记》四卷，上图藏涉园影印本。

凌森美刊朱墨本：《史记纂》二十四卷，上图藏本。

凌森美刊朱墨本：《选赋》六卷，上图藏本。

《凌氏宗谱》，光绪甲辰重修本。

《凌氏宗谱》，顺治抄本。

凌氏刊朱墨蓝三色本：《诗经》四卷，上图、辽图藏本。

凌性德刊朱墨本：《曹子建集》十卷，辽图、浙大藏天启元年刊本。

凌性德刊朱墨本：《红梨记》四卷，国图本、《丛书集成续编》第162册。

凌性德刊朱墨本：《虞初志》七卷，辽图、上图藏本。

凌以栋批点、凌汝亨刊朱墨本：《道德经》四卷《老子考异》一卷，辽图藏本。

凌义渠撰：《凌忠介公集》六卷，《文渊阁四库全书》第1297册。

凌瀛初订注、刊刻：《韩非子》二十卷，浙图藏本。

凌瀛初刊朱蓝黄墨四色本：《世说新语》八卷，上图藏本。

凌瀛初刊朱墨套印图册：《千秋绝艳图》，上图藏本[①]。

---

① 上图还藏有董康辑《千秋绝艳图》二卷，民国间影印本，收：王伯良香雪居本（图二十幅，长洲钱叔宝原本，吴江汝文淑摹，新安黄应光镌）、徐天池本（图十幅，新安黄应光镌、刘裕刊）、王凤洲李卓吾合评本、李卓吾评本、闵振声本（图二十幅，长洲钱罄室原本，吴江汝文媛摹，又宋画院待诏陈居中摹像一幅，此本与香雪居本同，小有出入）、闵刻凌初成本（图十幅）、张深之本、毛西河论定本。

凌瀛初校刊：《红拂记》四卷，上图藏泰昌元年刊本。

凌毓枏刊朱墨本：《楞严经》十卷，辽图藏本。

凌毓枏刊朱墨本：《吕氏春秋》二十六卷，辽图、上图藏万历四十八年刊本。

凌毓枏刊朱墨本：《唐骆先生集》八卷《附录》一卷，辽图藏本。

凌云刊朱墨蓝三色本：《苏文嗜》六卷，辽图藏本。

凌云刊朱墨蓝三色本：《唐诗绝句类选》四卷，上图、浙大藏本。

凌湛初撰：《申椒馆敝帚集》四卷，《天津图书馆孤本秘籍丛书》第11册，影印明刻本。

凌稚隆辑：《五车韵瑞》一百六十卷，《四库存目丛书》子部第219—220册，影印首图藏明叶瑶池刊本。

凌稚隆辑校，李光缙增补：《史记评林》，天津古籍出版社1998年版。

凌稚隆纂刊墨本：《春秋左传注评测义》七十卷，《四库存目丛书》经部第126—127册，影印湖北省图书馆藏万历十六年刊本。

凌稚隆纂刊墨本：《汉书评林》一百卷，浙图藏万历九年刊本。

凌稚隆纂刊墨本：《汉书纂》不分卷，浙大藏万历十一年刊本。

凌稚隆纂刊墨本：《史记评林》一百三十卷，上图藏万历二年至万历四年刊本、《四库未收书辑刊》第1辑第11、12册。

刘尚荣：《苏轼著作版本论丛》，巴蜀书社1987年版。

刘天振：《明清江南城市商业出版与文化传播》，中国社会科学出版社2011年版。

刘修业：《古典小说戏曲丛考》，作家出版社1958年版。

陆心源等修：《归安县志》，光绪八年刊本。

罗时进：《地域·家族·文学——清代江南诗文研究》，上海古籍出版社2010年版。

罗愫等纂修：《乌程县志》，乾隆十一年刊本。

茅琛征刊：《鹿门先生批点汉书抄》九十三卷，浙图藏崇祯八年刊本。

茅国缙辑刊：《晋史删》四十卷，《四库存目丛书》史部第30—31册，影印北师大藏明刊本。

茅国缙辑刊：《南史删》三十一卷，浙大藏万历刻本。

茅国缙撰：《菽园诗草》六卷，日本内阁文库藏明刻本。

茅坤刊：《史记抄》九十一卷，浙图藏本、《四库存目丛书》史部第138

册,影印首图与浙图藏万历三年刊本。

茅坤评选、刊刻:《汉书抄》九十三卷,浙图藏万历十七年刊本。

茅坤撰:《白华楼藏稿》十一卷《续稿》十五卷《吟稿》十卷《玉芝山房稿》二十二卷《耄年录》九卷,《四库存目丛书》集部第105—106册,影印嘉靖万历间递刻本。

茅坤撰:《茅鹿门文集》三十六卷,浙大藏茅氏万历刻本。

茅瑞征刊:《诗论》一卷,《四库存目丛书》经部第60册,影印湖北省图书馆藏浣花居刻《芝园秘录》本。

茅瑞征撰:《万历三大征考》三卷《东夷考略》一卷《东事答问》一卷,《北京图书馆古籍珍本丛刊》第13册、《续修四库全书》史部第436册,影印上图藏本。

茅瑞征撰:《虞书笺》二卷,《四库存目丛书》经部第52册,影印人大藏茅胤京、茅胤武崇祯五年校刊本。

茅瑞征撰刊:《澹朴斋集初集》十七卷《澹朴斋外集》三种四卷,日本尊经阁文库藏明刊本。

茅瑞征撰刊:《皇明象胥录》八卷,《国立北平图书馆善本丛书》第一集,影印明崇祯本、《四库禁毁书丛刊》史部第10册,影印崇祯本。

茅瑞征撰刊:《禹贡汇疏》十二卷,浙图本、《四库存目丛书》经部第52册,影印北大藏崇祯五年刊本。

茅维:《菰园初集》六卷,日本内阁文库藏万历刊本。

茅维编刊:《皇明表衡》十二卷,日本内阁文库藏明刻本。

茅维编刊:《皇明策衡》二十六卷,《四库禁毁书丛刊》集部第151、152册,影印北大藏万历三十三年刊本。

茅维编刊:《皇明论衡》六卷,《美国哈佛大学哈佛燕京图书馆藏中文善本汇刊》本,广西师范大学出版社2003年版。

茅维刊墨本:《东坡先生全集》七十五卷,浙大藏万历三十四年刊本。

茅维撰刊:《十赍堂丙集诗部》十二卷,《原国立北平图书馆甲库善本丛书》第890册,影印明万历刊本。

茅维撰刊:《十赍堂集》三十七卷(《北闱賷言》二卷、《十赍堂甲集诗部》五卷《文部》十二卷、《十赍堂乙集诗部》十八卷),上图藏明万历四十五年刊本。

茅翁积刊:《白华楼藏稿》十一卷《续稿》十五卷,浙大藏万历十一年刊本。

茅献征刊：《吴兴掌故集》十七卷，浙图藏万历间刊本。

茅一桂辑：《史汉合编》八十八卷，浙大藏万历十六年刊本。

茅一桂刊墨本：《淮南鸿烈解》二十一卷，浙图藏万历八年刊本。

茅一桂刊墨本：《唐宋八大家文抄》一百四十四卷，浙图藏万历七年刊本。

茅一相编刊：《欣赏续编》，《北京图书馆古籍珍本丛刊》第78册。

茅一相刊墨本：《欣赏编》十种十四卷，浙图藏万历间刻本。

茅一相刊墨本：《新刊唐荆川稗编》一百二十卷，浙图藏万历九年文霞阁刊本。

茅暎刊：《牡丹亭记》四卷，国图、中国社科院文学研究所藏万历四十八年刊本。

茅暎刊墨本：《词的》四卷，上图藏本。

茅暎刊朱墨本：《词的》四卷，辽图藏本。

茅元仪刊：《武备志》二百四十卷，《四库禁毁书丛刊》子部第23—26册，影印北大藏天启刊本、《续修四库全书》第963—966册。

茅元仪刊墨本：《鸿苞》四十八卷，《四库存目丛书》子部第88—90册，影印天津图书馆藏明万历三十八年刊本。

茅元仪撰：《辽事砭呓》六卷，《四库存目丛书补编》第22辑，影印北大藏清抄本。

茅元仪撰：《平巢事迹考》一卷，《四库存目丛书》史部第55册，影印国图藏清抄本。

茅元仪撰：《青油史漫》二卷，《四库存目丛书》史部第288册，影印上图藏清抄本。

茅元仪撰：《石民甲戌集》存五卷，国图藏明崇祯刻本。

茅元仪撰：《石民江村集》二十卷，《四库禁毁书丛刊》集部第70册，影印北大藏明刊本。

茅元仪撰：《石民赏心集》八卷、《石民渝水集》六卷、《石民横塘集》十卷、《石民又岘集》五卷，《四库禁毁书丛刊》集部第110册，影印国图藏崇祯刊本。

茅元仪撰：《石民四十集》九十八卷，《续修四库全书》第1386—1387册、《四库禁毁丛刊》集部第109—110册，影印北大图书馆藏明末刊本。

茅元仪撰：《石民未出集》二十卷（包括《藿谋》十三卷、《冒言》四卷、

《靖草》三卷），《四库禁毁书丛刊补编》第 73 册，影印国图藏本。

茅元仪撰：《石民西崦集》三卷，《四库禁毁书丛刊补编》第 73 册，影印中国社科院文学所图书馆藏明刻本。

茅元仪撰：《戍楼闲话》四卷，《四库禁毁书丛刊补编》第 34 册，影印湖北省图书馆藏清抄本。

茅元仪撰：《西峰淡话》一卷，《四库存目丛书》子部第 244 册，影印首图藏清顺治三年《说郛续》本、《续修四库全书》第 1190 册。

茅元仪撰：《西玄青鸟记》一卷，《续修四库全书》第 1192 册，影印《说郛续》本。

茅元仪撰：《暇老斋杂记》三十二卷，《续修四库全书》第 1133 册、《四库禁毁书丛刊》子部第 29 册，影印国图藏清光绪李文田抄本。

茅元仪撰：《野航史话》四卷，《续修四库全书》第 1133 册，影印国图藏崇祯本。

茅元仪撰：《野航史话》一卷，《续修四库全书》第 1190 册，影印《说郛续》本。

茅元仪撰刊：《督师纪略》十三卷，《四库禁毁书丛刊》史部第 36 册，影印国图藏明刻本、《北京图书馆古籍珍本丛刊》第 9 册。

茅元仪撰刊：《三戍丛谈》十三卷，《续修四库全书》第 1133 册，影印国图藏明崇祯刻本。

茅元仪撰刊：《掌记》六卷，《四库禁毁书丛刊》子部第 110 册，影印国图藏崇祯刊本。

茅元祯刊：《李文饶文集》二十卷《别集》十卷《外集》四卷，上图藏天启四年刊本。

茅元祯刊墨本：《玉台新咏》十卷《续》五卷，上图藏本。

茅兆海刊墨本：《陶石篑先生批选唐宋六家表启》八卷，上图藏天启二年刊本。

茅兆海刊套色本：《武备全书》八种十二卷，国图藏天启元年刊本。

茅兆海刊朱墨本：《皇明将略》五卷，辽图藏天启元年刊本。

茅兆河刊朱墨本：《解庄》十二卷，辽图藏本、《四库存目丛书》子部第 256 册，影印本。

茅兆河刊朱墨本：《绝祖》三卷，辽图藏本。

茅震东刊：《新镌武经七书》七种七卷，辽图藏天启元年刊本。

茅著刊本：《唐宋八大家文抄》一百四十四卷，浙图藏崇祯间簧玉堂刊本。

闵宝梁撰：《晟舍镇志》，同治间抄本。

闵光瑜刊朱墨本：《邯郸梦》三卷，国图藏天启元年刊本。

闵珪：《闵庄懿公诗集》八卷，《四库存目丛书》集部第38册，影印北大藏闵一范万历十年刊本。

闵洪德刊朱墨蓝三色本：《苏文》（即《苏文忠公文选》）六卷，上图藏本。

闵迈德刊朱墨本：《秦汉文抄》六卷，上图藏万历四十八年刊本。

闵迈德校刊朱墨本：《尺牍隽言》十二卷，辽图本、《四库存目丛书》集部第334册，影印首图藏本。

闵齐华刊墨本：《文选瀹注》三十卷（又名《孙月峰先生评文选》），辽图藏本、《四库存目丛书》集部第287册，影印广西师大图书馆藏本。

闵齐华刊朱墨本：《九会元集》，国图藏天启元年刊本。

闵齐伋编撰：《六书通》十卷，浙图藏康熙五十九年基闻堂刊本、《四库存目丛书》经部第200册，影印人大藏康熙五十九年刊本。

闵齐伋辑刊：《会真六幻》十九卷，国图藏本①。

闵齐伋刊墨本：《产宝杂录》一卷附《芸窗万选方》一卷，《续修四库全书》子部第1007册，影印中科院图书馆藏崇祯十三年刊本。

闵齐伋刊墨本：《春秋胡传》三十卷，浙图藏崇祯六年刊本。

闵齐伋刊墨本：《礼记集说》十卷，国图藏崇祯六年刊本。

闵齐伋刊墨本：《刘拾遗集》一卷，国图、浙大藏崇祯十三年刊本。

闵齐伋刊墨本：《女科百问》二卷，《续修四库全书》子部第1007册，影印中科院图书馆藏崇祯十三年刊本。

闵齐伋刊墨本：《书集传》六卷，国图藏崇祯元年刊本。

闵齐伋刊墨本：《唐孙职方集》十卷，浙大藏崇祯十三年刊本。

闵齐伋刊墨本：《周易》四卷，复旦图书馆藏崇祯六年刊本。

闵齐伋刊朱墨本：《春秋左传》十五卷，浙图、上图藏万历四十四年刊本。

闵齐伋刊朱墨本：《读风臆评》不分卷，上图藏本、辽图藏本《四库全书存目丛书》经部第61册，影印首都图书馆藏万历四十八年刊本。

闵齐伋刊朱墨本：《韩文》不分卷，杭图藏万历四十五年刊本。

闵齐伋刊朱墨本：《考工记》二卷，上图藏万历四十四年刊本。

---

① 国图藏本均指国图藏是书胶卷本。

闵齐伋刊朱墨本：《空同诗选》一卷，上图藏本。

闵齐伋刊朱墨本：《三子合刊》（《老子道德经》上下篇、《庄子南华真经》四卷、《列子冲虚真经》一卷），浙大藏本。

闵齐伋刊朱墨本：《檀弓》一卷，上图、浙图藏万历四十四年刊本。

闵齐伋刊朱墨黛三色本：《国语》九卷，上图藏万历四十七年刊本。

闵齐伋刊朱墨黛三色本：《孟子》二卷，杭图藏万历四十五年刊本。

闵齐伋刊朱墨黛三色本：《战国策》十二卷，上图藏万历四十八年刊本。

闵齐伋刊朱墨蓝三色本：《草韵辨体》五卷，浙图、辽图藏崇祯六年刊本。

闵齐伋刊朱墨蓝三色本：《楚辞》二卷，辽图藏万历四十八年刊本。

闵齐伋刊朱墨蓝三色本：《春秋公羊传》十二卷，上图、辽图藏天启元年刊本。

闵齐伋刊朱墨蓝三色本：《春秋穀梁传》十二卷，上图、辽图藏天启元年刊本。

闵齐伋刊朱墨蓝三色本：《东坡志林》五卷，辽图藏明刊本。

闵齐伋刊朱墨蓝三色本：《杜子美七言律》（《杜律》）不分卷，上图藏万历四十五年刊本。

闵齐伋朱墨本：《绘孟》七卷，辽图藏天启六年刊本。

闵齐伋撰：《闵遇五六幻西厢记五剧笺疑》一卷，广陵古籍刻印社1979年重印，民国八年（1919）贵池刘世珩刊《暖红室汇刻传剧》本。

闵如霖：《午塘先生集》十六卷，《四库存目丛书》集部第96册，影印中央党校图书馆藏闵道孚等万历二年刊本。

《闵氏家乘》，道光十三年刻本。

闵绳初、凌云刊朱墨蓝紫黄五色套印本：《刘子文心雕龙》二卷《注》二卷，国图藏本。

闵遂刊朱墨本：《初潭集》三十卷，辽图本、上图本、《四库存目丛书》子部第124册，影印山东省图书馆藏本。

闵无颇、闵昭明刊朱墨本：《文致》不分卷，国图藏天启元年刊本。

闵一栻刊朱墨本：《唐诗艳逸品》四卷，辽图藏天启元年刊本。

闵暎璧刊朱墨本：《花间集》四卷，辽图、浙大藏万历四十八年刊本。

闵暎璧刊朱墨本：《玉茗堂摘评王弇州先生艳异编》十二卷，上图本、《续修四库全书》子部第1267册本。

闵于忱刊朱墨本：《孙子参同》，《四库存目丛书》子部第30册，影印中科院图书馆藏万历四十八年刊本。

闵于忱刊朱墨本：《文选后集》五卷，辽图藏本。

闵于忱刊朱墨本：《枕函小史》四卷，上图本、《四库存目丛书》子部第149册，影印辽图藏本。

闵元京、凌义渠辑：《湘烟录》十六卷，《四库存目丛书》子部第145册，影印北大图书馆藏明天启刊本。

闵元衢辑刊：《罗江东外纪》三卷，《四库存目丛书》史部第86册，影印湖北省图书馆藏明崇祯二年刊本。

闵元衢类次、刊刻叶秉敬撰：《书肆说铃》二卷，《四库存目丛书》子部第110册，影印中科院图书馆藏万历刊本。

闵元衢撰刊：《欧余漫录》十三卷，《四库存目丛书》子部第110册，影印北图藏万历三十四年刊本。

闵振声、闵暎张刊朱墨本：《兵垣四编》四卷，上图藏天启元年刊本。

闵振声、闵振业、闵暎张刊朱墨本：《唐诗选》七卷，复旦大学图书馆藏万历刊本。

闵振业、闵振声刊朱墨本：《东坡文选》二十卷，辽图藏万历四十八年刊本。

闵振业刊朱墨本：《史记抄》九十一卷，上图藏泰昌元年刊本。

闵振业刊朱墨蓝三色本：《古诗归》十五卷《唐诗归》三十六卷，《续修四库》集部第1589册，影印复旦图书馆藏万历四十五年刊本。

缪咏禾：《明代出版史稿》，江苏人民出版社2000年版。

南京图书馆编：《南京图书馆珍本图录》，江苏人民出版社2007年版。

聂付生：《晚明文人的文化传播研究》，中国戏剧出版社2007年版。

欧大任：《欧虞部集》七十二卷，《四库禁毁书丛刊》集部第47册。

潘建国：《古代小说文献丛考》，中华书局2006年版。

潘之恒：《亘史抄》一百一十六卷，《四库存目丛书》子部第193册。

[日] 青木正儿：《中国近世戏曲史》，王古鲁译，作家出版社1958年版。

钱谦益：《列朝诗集小传》，上海古籍出版社2008年版。

钱谦益：《牧斋初学集》一百一十卷，《续修四库全书》集部第1389—1390册。

钱谦益：《牧斋有学集》五十一卷，《四库禁毁书丛刊》集部第116册。

清华大学图书馆编：《清华大学图书馆藏善本书目》，清华大学出版社2003年版。

全寅初主编：《韩国所藏中国汉籍总目》，韩国学古房 2005 年版。
任道斌：《方以智、茅元仪著述知见录》，书目文献出版社 1985 年版。
沈德符：《万历野获编》，《明代笔记小说大观》本，上海古籍出版社 2005 年版。
沈津：《中国珍稀古籍善本书录》，广西师范大学出版社 2006 年版。
沈汝绅、凌森美刊朱墨蓝紫四色本：《南华经》十六卷，辽图藏本。
沈泰：《盛明杂剧二集》，董氏诵芬室 1925 年刻本。
首都图书馆编：《古本戏曲版画图录》，学苑出版社 1997 年版。
宋莉华：《明清时期的小说传播》，中国社会科学出版社 2004 年版。
孙楷第：《戏曲小说书录解题》，人民文学出版社 1990 年版。
孙楷第：《也是园古今杂剧考》，上海杂志出版社 1953 年版。
孙康宜、宇文所安主编：《剑桥中国文学史》，生活·读书·新知三联书店 2013 年版。
孙琴安：《中国评点文学史》，上海社会科学院出版社 1999 年版。
孙志熊纂：《菱湖镇志》，光绪十九年本。
天一阁博物馆编：《别宥斋藏书目录》，宁波出版社 2008 年版。
王桂平：《家刻本》，江苏古籍出版社 2002 年版。
王桂平：《清代江南藏书家刻书研究》，凤凰出版传媒集团 2008 年版。
王国维：《王国维戏曲论文集》，中国戏剧出版社 1957 年版。
王丽娜：《中国古典小说戏曲名著在国外》，学林出版社 1988 年版。
王秋桂主编：《善本戏曲丛刊》，台湾学生书局 1984 年版。
王荣国等：《明代闵、凌刻套印本图录》，广陵书社 2006 年版。
王世伟、郑明主编：《上海图书馆藏明代尺牍》，上海科学技术文献出版社 2002 年版。
王世贞：《弇山堂别集》，中华书局 1985 年版。
王世贞：《弇州四部稿》，上海古籍出版社 1987 年版。
王余光等：《中国新图书出版业的文化贡献》，武汉大学出版社 1998 年版。
王穉登：《王百谷集十九种》三十九卷，《四库禁毁书丛刊》集部第 175 册。
王重民：《中国善本书目提要》，上海古籍出版社 1986 年版。
魏同贤、安平秋主编：《凌濛初全集》，凤凰出版社 2010 年版。
魏同贤主编：《冯梦龙全集》，凤凰出版社 2007 年版。
翁连溪：《中国古籍善本总目》，线装书局 2005 年版。

吴稼澄：《玄盖副草》二十卷，《四库存目丛书》集部第 186 册。
吴梅：《吴梅全集（理论卷）》，河北教育出版社 2002 年版。
吴梅：《中国戏曲概论》，江苏文艺出版社 2008 年版。
吴梦旸：《射堂诗抄》十四卷，《四库存目丛书》集部第 194 册。
吴毓华编：《中国古代戏曲序跋集》，中国戏剧出版社 1990 年版。
《吴兴闵氏两尚书诗集》十五卷，《天津图书馆孤本秘籍丛书》第 16 册，
　　影印万历十年闵宜力等刊本。
谢文柏主编：《长兴县志》，上海人民出版社 1992 年版。
谢肇淛：《五杂组》，《明代笔记小说大观》本，上海古籍出版社 2005 年版。
徐邦达编：《中国绘画史图录》，上海人民美术出版社 1981 版。
徐定保：《凌濛初研究》，黄山书社 1999 年版。
徐朔方：《徐朔方集》，浙江古籍出版社 1993 年版。
徐朔方：《元曲选家臧懋循》，中国戏剧出版社 1985 年版。
徐朔方笺校：《汤显祖集》，上海人民出版社 1973 年版。
薛冰：《插图本》，江苏古籍出版社 2002 年版。
叶德辉：《书林清话》，北京燕山出版社 1999 年版。
叶德辉：《郋园读书志》，上海古籍出版社 2010 年版。
叶德均：《戏曲小说丛考》，中华书局 2004 年版。
叶树声：《明清江南私人刻书史略》，安徽大学出版社 2002 年版。
叶堂：《纳书楹曲谱正集》四卷，《续修四库全书》集部第 1756 册。
叶向高：《苍霞草》二十卷，《四库禁毁书丛刊》集部第 124 册。
叶再生：《出版史研究》，中国书籍出版社 1998 年版。
疑似闵刊朱墨本：《欧阳文忠公五代史抄》二十卷，辽图、浙大藏本。
印永清辑：《顾颉刚书话》，浙江人民出版社 1998 年版。
余嘉锡：《余嘉锡论学杂著》，中华书局 1963 年版。
俞安期：《翏翏集》四十卷，《四库存目丛书》集部第 143 册。
俞樾：《经籍会通》（外四种），北京燕山出版社 1999 年版。
臧懋循刊：《（古）诗所》五十六卷《历代名氏爵里》一卷，《四库存目丛
　　书》集部第 325 册，影印明万历三十年雕虫馆刻本。
臧懋循刊：《唐诗所》，《四库存目丛书》集部第 326—327 册。
臧懋循刊：《玉茗堂传奇四种》八卷，国图藏万历四十六年本。
臧懋循撰：《负苞堂诗选》五卷《文选》四卷，《四库存目丛书》集部第

168 册，影印明天启元年臧尔炳刻本。

《臧氏族谱》，1934 年刻本。

曾异撰：《纺授堂集》二十六卷，《四库禁毁书丛刊》集部第 163 册。

张楚叔、张旭初：《吴骚合编》四卷，《续修四库全书》集部第 1743 册。

张大芝、张梦新点校：《茅坤集》，浙江古籍出版社 1993 年版。

张慧剑：《明清江苏文人年表》，上海古籍出版社 1986 年版。

张履祥：《杨园先生全集》，中华书局 2002 年版。

张梦新：《茅坤研究》，中华书局 2001 年版。

赵定邦等修：《长兴县志》，同治十三年修、光绪十八年增补刊本。

赵红娟：《拍案惊奇——凌濛初传》，浙江人民出版社 2007 年版。

赵红娟点校：《臧懋循集》，浙江古籍出版社 2012 年版。

赵园：《制度·言论·心态——明清之际士大夫研究续编》，北京大学出版社 2009 年版。

浙江图书馆编：《浙江图书馆古籍善本书目》，浙江教育出版社 2002 年版。

郑元庆等：《吴兴藏书录·皕宋楼藏书源流考》，上海古典文学出版社 1957 年版。

郑振铎：《西谛书话》，生活·读书·新知三联书店 1983 年版。

郑振铎：《中国文学研究》，人民文学出版社 2000 年版。

中国古籍善本书目编辑委员会：《中国古籍善本书目》，上海古籍出版社 1989 年版。

中国图书馆学会学术委员会古籍版本研究组：《版本学研究论文选集》，书目文献出版社 1995 年版。

中国戏曲研究院编：《中国古典戏曲论著集成》，中国戏剧出版社 1959 年版。

周子美：《天一阁藏书经见录》，华东师范大学出版社 1986 年版。

周作人：《知堂书话》，海南出版社 2000 年版。

朱长春：《朱太复文集》五十二卷《朱太复乙集》三十八卷，《续修四库全书》集部第 1361—1362 册。

朱崇志：《中国古代戏曲选本研究》，上海古籍出版社 2004 年版。

朱国祯：《涌幢小品》，《明代笔记小说大观》本，上海古籍出版社 2005 年版。

朱万曙：《明代戏曲评点研究》，安徽教育出版社 2002 年版。

朱闻撰：《练溪文献》，同治十一年本。

朱彝尊：《静志居诗话》，人民文学出版社 1998 年版。

朱彝尊：《明诗综》，人民文学出版社 1998 年版。

宗源瀚等修：《湖州府志》，同治十三年刊本。

邹式金：《杂剧三集》，清顺治十八年刻本。

邹思明、邹德延校刊朱墨绿三色本：《文选尤》十四卷，辽图、浙图藏天启元年刊本。

二　论文

[日] 表野和江：《明末吴兴凌氏刻书活动考是——凌濛初和出版》，《中国典籍与文化》2003 年第 3 期。

[日] 佐藤仁史：《清朝中期江南的一宗族与区域社会——以上海曹氏为例的个案研究》，《学术月刊》1996 年第 4 期。

陈多：《凌濛初和他的〈南音三籁〉》，《中国文学研究》1988 年第 1 期。

陈学文：《明代中叶湖州府乌程县的社会经济结构》，《中国社会经济史研究》1992 年第 2 期。

程有庆：《〈元曲选图〉与元杂剧的题目正名》，《文津学志》第 3 辑，北京图书馆出版社 2010 年版。

程有庆：《明刊〈元曲选〉版本赘言》，《藏书家》第 16 辑，齐鲁书社 2009 年版。

邓国光：《古文批评的"神"论——茅坤〈史记钞〉初探》，《首都师范大学学报》（社会科学版）2006 年第 1 期。

邓绍基：《关于元杂剧版本探究》，《中国社会科学院研究生院学报》2006 年第 1 期。

邓绍基：《臧懋循笔削"元剧"小议——元杂剧校读记之一》，《阴山学刊》1998 年第 3 期。

董捷：《明末湖州版画创作考》，博士学位论文，中国美术学院，2008 年。

杜海军：《〈元曲选〉增删元杂剧之说多臆断——〈元曲选〉与先期刊抄元杂剧作品比较研究》，《广西师范大学学报》（哲学社会科学版）2008 年第 3 期。

杜海军：《从〈元曲选〉对元杂剧的校改论臧懋循的戏曲观》，《戏曲艺术》2010 年第 3 期。

范景中：《套印本和闵刻本及其〈会真图〉》，《新美术》2005 年第 4 期。

冯保善：《凌濛初家世述略》《艺术百家》2003 年第 2 期。
冯保善：《凌濛初史实四考》，《东南大学学报》（哲学社会科学版）2001 年第 1 期。
付琼：《简论明清学人对茅坤〈唐宋八大家文钞〉的负面评价》，《文学评论》2012 年第 6 期。
付琼：《明人所辑唐宋八大家选本版本知见录》，《兰州学刊》2010 年第 1 期。
付琼：《唐宋八大家选本在明清时期的衍生和流行》，《中国社会科学院研究生院学报》2008 年第 4 期。
傅衣凌：《明代江南地主经济新发展的初步研究》，《厦门大学学报》（文史版）1954 年第 5 期。
葛兆光：《思想史视野中的图像》，《中国社会科学》2002 年第 4 期。
管弦：《从〈元曲选〉看臧懋循的戏剧思想——在戏剧史视野下探讨》，博士学位论文，中山大学，2011 年。
韩结根：《〈亘史〉与"两拍"——"两拍"蓝本考之一》，《复旦学报》2004 年第 1 期。
韩结根：《〈广艳异编〉与"两拍"——"两拍"蓝本考之二》，《复旦学报》2005 年第 5 期。
侯美珍：《晚明〈诗经〉评点之学研究》，博士学位论文，台湾国立政治大学，1992 年。
黄强：《凌濛初戏曲理论三题》，《文学研究丛刊》1986 年第 2 辑。
黄强、章晓历：《南宋时期集唐宋八大家为古文流派的趋势》，《扬州大学学报》2001 年第 5 期。
黄裳：《说〈中国罕见书录〉》，《读书》1993 年第 12 期。
黄裳：《晚明的版画》，《读书》1981 年第 1 期。
黄仕忠：《日本所藏汤显祖戏曲版本知见录（一）》，《文学遗产》（网络版）2012 年第 3 期。
黄毅：《茅坤〈唐宋八大家文钞〉述评》，《古典文学知识》1997 年第 4 期。
姜娜：《茅元仪与〈武备志〉》，硕士学位论文，内蒙古师范大学，2008 年。
蒋文仙：《明代套色印本研究》，博士学位论文，华东师范大学，2005 年。
李伯重：《明清江南蚕桑亩产考》，《农业考古》1996 年第 1 期。
李伯重：《明清江南的出版印刷业》，《中国经济史研究》2001 年第 3 期。
李冬红：《〈花间集〉版本变化与接受态度》，《中国韵文学刊》2006 年第

2 期。

李玉莲：《"网罗放佚"与"删汰繁芜"——元明清小说戏剧的选辑传播》，《齐鲁学刊》1998 年第 2 期。

林琼华：《茅元仪研究》，硕士学位论文，浙江大学，2008 年。

刘昶：《茅坤编选〈八大家文钞〉与明时文取士关系考》，《求是》2010 年第 10 期。

刘洪权：《王云五与商务印书馆的古籍出版》，《出版科学》2004 年第 2 期。

刘军政：《明代〈草堂诗余〉版本述略》，《南阳师范学院学报》（社会科学版）2004 年第 2 期。

柳无忌：《关于凌濛初的〈拍案惊奇〉》，《读书》1983 年第 6 期。

柳无忌：《臧懋循与〈元曲选〉》，《读书》1986 年第 9 期。

路善全：《论明代建阳书坊编辑工作的角色特征》，《莆田学院学报》2009 年第 6 期。

马孟晶：《耳目之玩——从〈西厢记〉版画插图论晚明出版文化对视觉性之关注》，《美术史研究集刊》2002 年第 13 期。

梅篮予：《茅坤〈唐宋八大家文钞〉渊源与流传考论》，硕士学位论文，复旦大学，2010 年。

潘建国：《凌濛初刊刻、评点〈世说新语〉考述》，《上海师范大学学报》（哲学社会科学版）2004 年第 5 期。

潘建国：《明凌濛初尺牍真迹考释》，《文学遗产》2001 年第 5 期。

潘星星：《晚明杭州坊刻曲本研究》，硕士学位论文，南京师范大学，2011 年。

宋耕：《元杂剧改编与意识形态——兼谈"宏观文学史"的思考》，《二十一世纪》（网络版）2003 年第 14 期。

孙书磊：《〈书舶庸谭〉所载日藏中国戏曲文献考略》，《戏曲研究》第 70 辑，文化艺术出版社 2006 年版。

孙书磊：《玉茗堂本〈昙花记〉考论》，《文化遗产》2009 年第 4 期。

陶湘：《明吴兴闵板书目》，《青鹤》1937 年第 5 卷第 13 期。

王家范：《明清江南市镇经济结构与历史价值初探》，《华东师范大学学报》1984 年第 1 期。

王裕明：《新见凌濛初史料三则》，《明清小说研究》2013 年第 3 期。

奚如谷：《文本与意识形态：明代改编者与北杂剧》，华玮、王瑷玲主编《明清戏曲国际研讨会论文集》，台北"中央"研究院中国文哲研究所筹备处 1998 年版。

奚如谷：《臧懋循改写〈窦娥冤〉研究》，《文学评论》1992 年第 2 期。

夏咸淳：《〈唐宋八大家文钞〉与明代唐宋派》，《天府新论》2002 年第 3 期。

徐丽华：《〈吕氏春秋〉文献学研究》，硕士学位论文，黑龙江大学，2013 年。

徐永斌：《凌濛初〈红拂〉杂剧创作考》，《内蒙古大学学报》2008 年第 4 期。

许建中：《凌濛初戏曲存目考补》，《扬州师院学报》（社会科学版）1991 年第 2 期。

许振东、宋占茹：《明代金陵周氏家族刻书成员与书坊考述》，《河北大学学报》（哲学社会科学版）2011 年第 2 期。

袁逸：《明代书籍价格考——中国历代书价考二》，《编辑之友》1993 年第 3 期。

臧嵘：《〈平巢事迹考〉为茅元仪所著考——兼及茅元仪著作》，《文献》1982 年第 1 期。

张伯伟：《〈东坡禅喜集〉的文化价值》，《中华读书报》2004 年 12 月 22 日。

张萍：《茅维研究》，硕士学位论文，浙江大学，2006 年。

张秀玉：《〈欣赏编〉版本考辨》，《图书馆界》2010 年第 1 期。

赵红娟：《哈佛燕京图书馆藏茅维〈茅洁溪集〉及其价值》，《中国文学研究》第 31 辑，复旦大学出版社 2018 年版。

赵红娟：《凌濛初的编撰、刊刻活动及其刻书特点》，《古典文献研究》第 19 辑上卷，凤凰出版社 2016 年版。

赵红娟：《凌濛初生平与交游五题》，《厦门广播电视大学学报》2014 年第 1 期。

赵红娟：《茅维的编撰与刊刻活动考述》，《创意城市学刊》2019 年第 1 期。

赵红娟：《闵齐伋的编刊活动、刊刻特点与影响及其刊本流布》，《文献》2014 年第 2 期。

赵红娟：《晚明湖州四大望族的戏曲编刊活动及其特点》，《中国文学研究》第 28 辑，复旦大学出版社 2016 年版。

赵红娟：《晚明江南望族的编刊活动与晚明都市》，《浙江社会科学》2014 年第 12 期。

赵红娟：《晚明望族的编刊活动、编刊者身份心态及其人员聘雇》，《古典文献研究》第 21 辑上卷，凤凰出版社 2018 年版。

赵红娟:《五位著名闵版刻书家考述》,《江苏图书馆学报》2000年第5期。

赵红娟:《新发现的明代戏剧家茅维的两个杂剧》,《戏曲与俗文学研究》第4辑,社会科学文献出版社2017年版。

赵红娟:《著名刻书家闵齐伋的家世与生平活动考》,《杭州学刊》2017年第2期。

赵俊玲:《邹思明〈文选〉评点著作——〈文选尤〉略论》,《湖南大学学报》(社会科学版)2007年第5期。

郑志良:《凌濛初佚作及交游补考》,《明清小说研究》2001年第2期。

周春霞:《试述明代图书刊刻发行销售情况》,硕士学位论文,湖南师范大学,2007年。

周建渝:《从〈史记评林〉看明代文人的叙事观》,《复旦学报》(社会科学版)2010年第3期。

周凌云:《〈绣襦记〉版本考述》,《艺术百家》2004年第5期。

周录祥:《明湖州出版家凌稚隆辑著文献考》,《湖州师范学院学报》2009年第6期。

周越然:《书谈·套印书》,《小说月报》1931年第22卷第7期。

朱恒夫:《论雕虫馆版臧懋循评改〈牡丹亭〉》,《戏剧艺术》2006年第3期。

后　记

还是在核查资料阶段，我就想到了这个后记。那天我离开上海图书馆，走在回青松城老干部招待所的路上。当时上海已有持续多个超过四十摄氏度的高温天，但两边枝繁叶茂的梧桐树搭建了一个清凉通道，加上台风"潭美"快来了，一路上颇有些清风扑面的感觉。就在不经意间，我抬头看见了两边众多的酒吧和咖啡店，诧异于以前来来往往不知多少次，居然没有发现这么一个有情调的所在。于是在咖啡的浓香中，一种浪漫情怀弥漫开来，图书馆、招待所这样一个两点一线的阅书生活，忽然变得十分美好，连着梧桐树上知了的叫声也变得悦耳起来。我当时就想，以后一定要把这个感觉写入后记中。

自2010年立了《晚明望族的文学编刊活动与传播研究》这个国家课题，至2014年8月提交结项，每年寒暑假，我总有一些时间是在图书馆度过，而上图因为距离近，馆藏丰富，每个暑假必来一两周。它的古籍阅览室很小，工作人员监管严格，不戴手套、用相机与手机偷拍，都会被发现。虽然可以请求扫描，但善本每拍一百元的资料费，很是吓人。因此，我也就非常安心地阅览和手抄。每天赶在八点半开馆时入馆，坚持到下午五点闭馆才出来，除去午饭的十几分钟，整整阅览和抄录八个小时。晚上吃好饭，在简陋的招待所整理白天抄录的资料，亦有好几个小时。十几天下来，精神耗尽，体力不支，就只好打道回府。虽然这种生活很累，两周就是一个极限，但因有规律，很纯粹，所以精神上并不觉得苦，甚至还是一种享受。享受可以随时取阅身后那些大型的工具书，《四库全书》《续修四库全书》《四库存目丛书》《四库禁毁书丛刊》《四库未收书辑刊》《丛书集成初编》《中国地方志集成》等，一应俱全；享受可以随时借阅所需古籍善本，除了午饭时间。经过不断地更新借阅，电子书稿中用红色打的问号,变得越来越少,而笔记本中准备看的书籍,看后打叉,叉叉变得越来越多,心欢乐地简直要飞起来。当然,也有碰上雨天因湿度大而不能借阅善本的黯淡日子。甚至一到阴天,我就想到白居易"心忧炭贱愿天寒"的诗句,觉得自己是"心忧天雨书难阅",宁可天天毒日头。

除了阅书方便,也较享受上图其他高品质服务:工作人员绝大部分热情耐心,有问必答,会帮助查阅一些目录;复印也十分方便,而且质量好,有正式报销发票;特别是扫描,极其清晰,若作书影,没有任何问题;还有洗手间,干净温馨,且配有消毒皂,可以不惧古籍残本弄黑我手。图书馆餐厅的菜虽然总是老三样,但我也能从番茄炒蛋中品出自己喜欢的甜味,加上一个大白馒头或花卷,午餐就可以雅致地应付过去了。在上图阅书,青松城的招待所也住得舒服,不到两百元一晚这样的价廉是一个方面,主要还是因为不面对大街,没有喧扰。特别是离上图步行仅十几分钟,吃了早饭去图书馆,正好散步消食,并能准时在图书馆开馆时到达。虽然早饭永远是一碗稀饭、一个鸡蛋、一点雪里蕻、几丝榨菜,还有大小有变的馒头,从一开始一个,到后来半个,再后来四分之一个,但对我来说也够吃饱,也就从没抱怨。晚上回到招待所大致是五点半,因暑热而不想再下楼,就顺便将晚餐打包到房间,洗澡后舒舒服服地吃。两荤两素十块钱,切切实实地享受了老干部的饮食待遇。

去辽宁省图书馆阅书是个冬天。想象中东北的冬天,室内是暖洋洋的,得脱了大衣外套才行。出乎意料的是,辽图古籍阅览室内,暖气如游丝,我不得不穿着臃肿的羽绒衣,边阅读边打字。原来供暖也要靠单位实力!然而我还是很享受,因为陶湘的套印本尽被其囊括,那精致的金镶玉装,还有看上去簇新的函套,都让我眼睛闪耀出幸福的光芒。记得喜之不尽的我,还发了短信给爱书的朋友,来分享这种快乐。有个瘦瘦的工作人员,面貌酷似我东北来的一个同事,直让我怀疑是他弟弟,后来才知道他们并非同姓。他态度特别好,我离开时特意让他写了名字在我的笔记本上,想到以后万一出书,亦有他一份功劳,可寄赠一本。至今耳边仍能回响起,那里的工作人员推着笨拙的铁轮车上下书库、出入电梯时,远远就传来的十分刺耳但又十分令人期盼的轮动声。也终生难忘,自己在所住宾馆至图书馆的那段路上,因为结冰而频频滑倒。后来通过观察和实践,我才总结出经验:走冰路不能小心翼翼,只有放松大胆地走,才能利用其惯性顺利前行。2017 年，中华书局影印出版了辽宁图书馆所藏的这些闵、凌刻本，共 130 册，淘宝最低售价 89660 元。偶见有散本销售，我陆续买了一些。每当在家翻阅这些陶湘旧藏本之影印本，想起那时冒雪踩冰、听轮动声而喜的情景，真恍如隔世。

有次在国家图书馆，一开始觉得自己真是悲剧，因为千里迢迢而来，却正赶上它和浙图一样搞整理装修，善本书室不开放。继而得知，北海分馆有部分善本胶卷可阅，遂转悲为喜。更让我喜出望外的是，在国图工作的朋友告知，这些胶卷可以还原，费用一张仅一元。想起此前，国图善本复制的门槛也很高，仅资料费就得六十元一张，还要加上复印费，于是只好如放电影般在阅览室里摇胶卷。有时因心急手笨而摇速过快，突然间摇到了尽头，胶卷一头就掉了出来，于是只好耐着性子重装。如此多次，费时不说，关键是影响心情。整个阅读过程如同噩梦一般，转动的胶卷直晃得我眼晕心慌，有次甚至因气闷而差点晕倒。因为这些不愉快的经历，那些年我常对人哀叹手摇胶卷的落后。有朋友笑说，它是固定资产，若不用就报废了，那资产总值岂不大大减少？然而我现在常常"点赞"国图如今搞的"中华古籍资源库"，库中古籍可以在线阅览并下载打印。每当面对这些曾在国图手抄过的古籍的下载打印本，想起当初手摇胶卷而抄录的情景，也是恍如隔世。

与当初哀叹国图成鲜明对照的是，我常惊叹杭州市图书馆硬件设施之先进、环境之美好。气派古典的木桌椅，安静温馨的沙发区，你可以端坐看书，亦可放松休息。不仅有咖啡店、茶吧的优雅浪漫，而且可以无线上网，随时查阅网络资源。自助餐厅也高端大气，饮食丰富多样。然而遗憾的是，一般读者无法阅读其古籍善本，即使你认识古籍部的某个工作人员也不行。因为要看善本，须经馆长批准，而图书馆并没有提供读者一套申请馆长批准的程序，理由是保护善本。我费了很大气力，通过同为馆长的友人的沟通，才终于借到所需善本。看来号称"乞丐也能进"的平民化杭图，在古籍借阅上还是不能一视同仁。

2012 年底浙江图书馆古籍部终于内部装修完毕，但阅览的地方似乎没有任何改变，以前那个态度不甚友好的工作人员仍在。那次他取来的书与书目上有异，我就想让他再去看看，是否拿错了。结果他就在那里嘟嚷，说没有就是没有。幸好图书馆的其他人员态度很不错，向我宛转解释，才使气氛不至那么尴尬。然而，这次数天的阅书倒是很开心。一来那件尴尬之事毕竟已过去很久，图书馆工作人员服务周到。二是以往在上图等地阅书，总觉得出门一趟不容易，所以午饭匆匆，而且饭后立马投入工作，精神高度集中与紧张，而浙图毕竟在家门口，随时可来，心情要放松很多。三是浙图食堂虽简陋，但读者可拥有与图书馆员工一样的饭菜待遇，而且有我从小爱吃的霉干菜烧肉。最重要的是，虽冬日严寒，但阳光极其灿烂，而浙图古籍室中午有一个半小时不开放，就算我午饭解决得再快，也不能继续工作，于是我就利用这段阳光灿烂的时间，在图书馆附近的黄龙景区，或长椅上闭目养神，思飞天外；或散步登山，消食锻炼；或观赏美景，寻访古迹。有次，我先登上初阳台，再转到牛皋墓，下山正好是午后开馆，且那日借书阅书十分高效，一个下午抄录了数个善本之序跋。那些天，我好像远离了尘俗，精神的纯粹、惬意与充实难以言说，遂作《古籍》诗一首：

> 逃离白手套的麻木
> 指尖偷偷触摸你的身体
> 滑过桃花溪涧
> 渡过夜月古桥
> 红色的印章吻入你黄色的肌肤
>
> 白云为虹
> 夜灯结晕
> 朱鸟窗前
> 是谁神魂驰荡
> 墨香芬芳的跋识
> 偶然留下
> 酿雪未成暖竟满室的心情

当年从家中出发去浙图，公交车半小时可到。然而，要说阅书最方便，还属浙大图书馆。它就在我浙外老校区斜对面，不仅有不少我想看的书，而且可以随时回自己学校来处理一些事情。古色古香的桌椅，环境足以留人，借阅书籍也只需要我在自己单位开个证明。靠近文三路的浙大餐厅可供我这样的校外人员就餐，新出炉的寿司、兰州牛肉拉面，都给人很不错的印象。只是有一年冬天，古籍室中央空调的声音很大，风力也过猛，且忽冷忽热，把我搞成了重感冒。

2014年8月，本课题提交结项后，我前往美国哈佛大学访学。哈佛大学图书馆众多，其燕京图书馆不仅中文出版物很全，连我的两本书亦赫然在书架上，而且珍本古籍全部上线，可随意阅览下载。除纸质中文古籍，燕京图书馆还藏有大量中文古籍缩微胶卷，其中不少是美国国会图书馆、原国立北平图书馆、原"国立中央"图书馆、台湾故宫博物院等珍藏的古籍。也就是说，坐拥一馆，可阅览多馆藏书，省却许多旅途奔波之苦。哈佛大学图书馆不仅资料丰富，极显"土豪"之气，更重要的是查阅和获取十分方便。学校各图书馆都配备有扫描仪与复印机，可随意复印扫描，而不必借出图书馆，再找复印之处。如果是复印或打印，只需在ID卡上充点钱；如果是扫描，则完全免费。阅览古籍善本，是在一个玻璃房里，可自由拍摄。与连做成电子文本的古籍也不允许拍照的上图相比，真乃天壤之别！在上图，碰到序跋中那些不认识的行草书，我只能拿餐巾纸偷偷摹写，再拿回来慢慢琢磨或请人辨认。利用哈佛大学图书阅览的这些便利，结合陆林老师的审阅意见，我把结项书稿好好修改了一遍，将能找到的引文资料也都核了一遍。

不同的图书馆，有不同的感觉和回忆，伴随着这些感觉和回忆的是一个个疑惑的解开。如学界认为湖州望族所刊五色本只有《刘子文心雕龙》一种，而不知凌启康所刊《苏长公合作》不仅有三色本，亦有五色本。台湾东海大学图书馆藏有三色本《苏长公合作》，其网站所刊《馆藏苏轼〈苏长公合作〉版本述略》一文即对五色本提出质疑："就已见的著录及版本皆无'五色套印'，所谓'五色套印'的说法还需印证。"《苏长公合作》到底有没有五色本？在上图，我兴奋地发现，编号为834181—92的12册本《苏长公合作》是朱墨黛三色本，而编号为95394—413的20册本《苏长公合作》则是朱墨黛黄绿五色本。那天真是有点鬼使神差，感觉冥冥之中这个五色本要与我相遇。打开它，浏览序跋后，我一下就翻到了《择胜亭铭》一篇，而这篇即有五色：正文墨色，眉批茅坤与李贽批语为朱色，解释考订性批注为浅绿色，圈点有朱、黛两色，尾批则黛与黄两色，其中黄色虽然有点泛白，但"东坡怀旧别子由诗云""年谱元祐七年先生在颍州""外纪杭州有西湖颍上亦有西湖""按铭中有云"四段明显为黄色。

又如《图书馆学刊》2009 年第 11 期刊刘冰《明代吴兴闵氏刻本〈明珠记〉》一文，介绍辽图所藏《明珠记》为闵氏刻本，有王文衡绘图，曾为陶湘收藏。我在辽图网站亦检索到索书号为 20143 的《明珠记》，注明是明陆采撰、王文衡绘闵刻朱墨套印本。然而，我在辽图亲自查验该书时，却发现全书四册并无任何闵刻标记，亦无王文衡绘图标记。也许因为辽图这批书是陶湘旧藏，而陶湘《闵吴兴闵板书目》又著录有闵刻王文衡绘图《明珠记》，故刘文和古籍条目标注者就据此认定辽图所藏为闵刻王文衡绘图《明珠记》。这让我深深觉得，写作版本目录学方面的论文，要保证论述的准确，必须亲自查验原书。特别是类似《中国古籍善本总目》《明代版刻综录》等涵盖面广的大型工具书，主要起到一个查阅线索的作用，如果没有目验所论述的书籍，拿来就用，容易出错。尤其是像晚明这种商业出版繁荣的时代，畅销书会有众多版本，而这些版本都可能有原刊本的序跋，我们千万不能根据这些序跋来确定刊刻时间。只有把所有的馆藏本都目验，或尽可能绝大部分目验并比较后，才能对各个版本的情况有所判定。因为湖州四大望族所刊书籍众多，而且绝大部分书籍有多个馆藏地，故本人亦未能做到一一目验。也正是因为这个原因，本书稿迟迟未敢出版。

时至今日，想到错误总是难免，丑媳妇也总要见公婆，再加上也有这么些跑图书馆的经历作为底气支撑，而且资料方面还可再核一下现已出版的《辽宁省图书馆所藏陶湘旧藏闵凌套色刻本集成》，心情一下子轻松很多，感觉还是可以画个句号。感谢国内外有关图书馆及其工作人员，没有它们或他们提供的良好的阅读条件和服务，就不可能有本书稿的资料基础。感谢《文献》《浙江社会科学》《中国文学研究》《古典文献研究》《出版业》等刊物陆续发表或转载本课题研究相关论文，使我有勇气一直坚持撰写和修改本课题书稿。感谢中国美术学院钱伟强博士，不厌其烦，帮我识读序跋中的一些行草书文字。他古文功底深厚，一些句读问题，我也不时打扰他。特别感谢陆林老师，他四千余字的审读意见让我充满感动和钦佩。当我面对众多文献资料，感觉枯燥无味时，他在邮件中鼓励我："资料梳理、归纳和辨析，也同样重要，而且是许多人所做不到的。你在这方面做得很好，要坚持下去。期待看到你的大著尽快出版。"心痛的是，他在 2016 年 3 月因病去世，未能看到本书出版。在此，谨致以最诚挚的怀念！最后也要感谢我的家人，是他们承担了家务，使我有较多时间从事课题研究。特别是立项后至结题前的那几年寒暑假，我几乎不干家务，打理好自己就坐下来慢慢磨课题。这样日积月累，才有了这个课题近四十万字的书稿。当然所划的这个句号还很小，有些书籍还有待查阅或再次查阅，有些问题还有待考证或重新思考，有些材料也有待更好地利用，敬请学界各位同仁批评指正。

赵红娟
乙亥夏于小和山